江苏历代文化名人传·王世贞

贾飞 著

江苏文库

研究编

江苏历代
文化名人传

江苏文脉整理与研究工程

江苏人民出版社

图书在版编目(CIP)数据

江苏历代文化名人传.王世贞/贾飞著.--南京:
江苏人民出版社,2023.12
(江苏文库.研究编)
ISBN 978-7-214-28230-9

Ⅰ.①江…　Ⅱ.①贾…　Ⅲ.①文化-名人-列传-江
苏②王世贞(1526-1590)-传记　Ⅳ.①K825.4
②K825.6

中国国家版本馆CIP数据核字(2023)第121112号

书　　　名　江苏历代文化名人传·王世贞
著　　　者　贾　飞
出 版 统 筹　张　凉
责 任 编 辑　石　路
责 任 监 制　王　娟
装 帧 设 计　姜　嵩
出 版 发 行　江苏人民出版社
地　　　址　南京市湖南路1号A楼,邮编:210009
照　　　排　江苏凤凰制版有限公司
印　　　刷　苏州市越洋印刷有限公司
开　　　本　718毫米×1000毫米　1/16
印　　　张　28.5插页4
字　　　数　430千字
版　　　次　2023年12月第1版
印　　　次　2023年12月第1次印刷
标 准 书 号　ISBN 978-7-214-28230-9
定　　　价　95.00元

(江苏人民出版社图书凡印装错误可向承印厂调换)

江苏文脉整理与研究工程

总主编

信长星　许昆林

学术指导委员会

主　　任　周勋初

委　　员　（按姓氏笔画排序）
　　　　　冯其庸　邬书林　张岂之　郁贤皓　周勋初
　　　　　茅家琦　袁行霈　程毅中　蒋赞初　戴　逸

编纂出版委员会

出版说明

　　江苏文化源远流长、历久弥新，文化经典与历史文献层出不穷，典藏丰富；文化巨匠代有人出、彪炳史册，在中华民族乃至整个人类文明的发展史上有着相当重要的地位。为科学把握江苏文化的内涵与特征，在新时代彰显江苏文化对中华文化的贡献，江苏省委、省政府决定组织实施"江苏文脉整理与研究工程"，以梳理江苏文脉资源，总结江苏文化发展的历史规律，再现江苏历史上的文化高地，为当代江苏构筑新的文化高地把准脉动、探明趋势、勾画蓝图。

　　组织编纂大型江苏历史文献总集《江苏文库》，是"江苏文脉整理与研究工程"的重要工作。《文库》以"编纂整理古今文献，梳理再现名人名作，探究追溯文化脉络，打造江苏文化名片"为宗旨，分六编集中呈现：

　　（一）书目编。完整著录历史上江苏籍学人的著述及其历史记录，全面反映江苏图书馆的图书典藏情况。

　　（二）文献编。收录历代江苏籍学人的代表性著作，集中呈现自历史开端至一九一一年的江苏文化文本，呈现江苏文化的整体景观。

　　（三）精华编。选取历代江苏籍学人著述中对中外文化产生重要影响、在文化学术史上具有经典性代表性的作品进行整理，并从中选取十余种，组织海外汉学家翻译成各国文字，作为江苏对外文化交流的标志性文化成果。

　　（四）方志编。从江苏现存各级各类旧志中选择价值较高、保存较好的志书，以充分发挥地方志资治、存史、教化等作用，保存江苏的地方文献与历史文化记忆。

（五）史料编。收录有关江苏地方史料类文献，反映江苏各地历史地理、政治经济、文化教育、宗教艺术、社会生活、风土民情等。

（六）研究编。组织、编纂当代学者研究、撰写的江苏文化研究著作。

文献、史料、方志三编属于基础文献，以影印方式出版，旨在提供原始文献，以满足学术研究需要；书目、精华、研究三编，以排印方式出版，既能满足学术研究的基本需求，又能满足全民阅读的基本需求。

"江苏文脉整理与研究工程"工作委员会

江苏文库·研究编编纂人员

主　编

王月清　张新科

副主编

徐之顺　姜　建　王卫星　胡发贵　胡传胜　刘西忠

一脉千古成江河

——江苏文库·研究编序言

樊和平

　　"江苏文脉整理与研究工程"是江苏文化史上继往开来的一个浩大工程。与当下方兴未艾的全国性"文库热"相比,江苏文脉工程有三个基本特点:一是全面系统的整理;二是"整理"与"研究"同步;三是以"文脉"为主题。在"书目编—文献编—精华编—史料编—方志编—研究编"的体系结构中,"研究编"是十分独特的板块,因为它是试图超越"修典"而推进文化传承创新的一种学术努力。

　　"盛世修典"之说不知起源于何时,不过语词结构已经表明"盛世"与"修典"之间的某种互释甚至共谋,以及由此而衍生的复杂文化心态。历史已经表明,"修典"在建构巨大历史功勋的同时,也包含内在的巨大文化风险,最基本的是"入典"的选择风险。《四库全书》的文化贡献不言自明,但最终其收书的数量竟与禁书、毁书、改书的数量大致相当,还有高出近一倍的书目被宣判为无价值。"入典"可能将一个时代的局限甚至选择者个人的局限放大为历史的文化局限,也可能由此扼杀文化多样性而产生文化专断。另一个更为潜在和深刻的风险,是对待传统的文化态度。文献整理,尤其是地域典籍的整理,在理念和战略上面临的最大考验,是以何种心态对待文化传统。当今之世,无论对个体还是社会,传统已经不仅是文化根源,而且是文化和经济发展的资源甚至资本。然而一旦传统成为资源和资本,邂逅市场逻辑的推波助澜,就面临沦为消费和运作对象的风险,从而以一种消费主义和工具主义的文化态度对待文化传统和文献整理。当传统成为消费和运作的对象,其文化价值不仅可能被误读误用,而且也可能在对传统的消费中使文化坐吃山空,造就出文化上的纨绔子弟,更可能在市场运作中使文化不断被糟蹋。"江苏文脉整理与研究工程"的"整理工程"以全面系统的整理的战略应对可能存在的第一种风险,即入典选择的风险;以"研究工程"应对第二种可能的风险,即消费主义与工具主义的风险。我们不仅是既往传统的继承者,更应当是未来传统的创造者;现代人的使命,不仅是继承优秀传统,更应当创造新的优秀传统,这便是传统的创造性转化与创新性发展的真义。诚然,创造传统任重道远,需要经过坚忍不拔的卓越努力和大浪淘沙般的历史积淀,但对"江苏文脉整理与研究工程"而言,无论如何必须在"整理"的同时开启"研究"的千里之行,在研究中继承和发展传统。这便是"研究编"的价值和使命所在,也是"江苏文脉整理与研究工程"在"文库热"中于顶层设计层面的拔群之处。

一 倾听来自历史深处的文化脉动

20 世纪是文化大发现的世纪,20 世纪以来西方世界最重要的战略,就是文化战略。20 世纪 20 年代,德国社会学家马克斯·韦伯的《新教伦理与资本主义精神》,揭示了西方资本主义文明的文化密码,这就是"新教伦理"及其所造就的"资本主义精神",由此建构"新教伦理+资本主义"的所谓"理想类型",为西方资本主义进行了文化论证尤其是伦理论证,奠定了 20 世纪以后西方中心论的文化基础。20 世纪 70 年代,哈佛大学教授丹尼尔·贝尔的《资本主义文化矛盾》,揭示了当代资本主义最深刻的矛盾不是经济矛盾,也不是政治矛盾,而是"文化矛盾",其集中表现是宗教释放的伦理冲动与市场释放的经济冲动分离与背离,进而对现代西方文明发出文化预警。20 世纪 70 年代之后,亨廷顿的《文明的冲突与世界秩序的重建》将当今世界的一切冲突归结为文明冲突、文化冲突,将文化上升为西方世界尤其是美国国家战略的高度。以上三部曲构成西方世界尤其是美国文化帝国主义的国家文化战略,正如一些西方学者所发现的那样，时至今日，文化帝国主义被另一个概念代替——"全球化"，显而易见，全球化不仅是一种浪潮，更是一种思潮，是西方世界的国家文化战略。文化虽然受经济发展制约甚至被经济发展水平所决定，但回顾从传统到现代的中国文明史，文化问题不仅逻辑地而且历史地成为文明发展的最高最难的问题，正因为如此，文化自信才成为比理论自信、道路自信、制度自信更具基础意义的最重要的自信。

在全球化背景下，文脉整理与研究具有重大的国家文化战略意义，不仅必要，而且急迫。文化遵循与经济社会不同的规律，全球化在造就广泛的全球市场并使全球成为一个"地球村"的同时，内在的最大文明风险和文化风险便是同质性。全球化催生的是一个文化上的独生子女，其可能的镜像是：一种文化风险将是整个世界的风险，一次文化失败将是整个人类的文化失败。文化的本质是什么？梁漱溟先生说，文化就是人的生活的根本样法，文化就是"人化"。丹尼尔·贝尔指出，文化是为人的生命过程提供解释系统，以对付生存困境的一种努力。据此，文化的同质化，最终导致的将是人的同质化，将是民族文化或西方学者所说地方性知识的消解和消失；同时，由于文化是人类应对生存困境的大智慧，或治疗生活世界痼疾的抗体，它所建构的是与自然世界相对应的精神世界和意义世界，文化的同质性将导致人类在面临重大生存困境时智慧资源的贫乏和生命力的苍白，从而将整个人类文明推向空前的高风险。应对全球化的挑战和西方文化帝国主义的国家战略，"江苏文脉整理与研究工程"是整个中华民族浩大文化工程的一部分和具体落实，其战略意义决不止于保存文化记忆的自持和自赏，在这个全球化的高风险正日益逼近的时代，完整地保存地方文化物种，认同文化血脉，畅通文化命脉，不仅可以让我们在遭遇全球化的滔滔洪水之时可以于故乡文化的山脉之巅"一览众山小"地建设自己的精神家园和文化根据地，而且可以在患上全球化的文化感冒甚至某种文化瘟疫之后，不致乞求"西方药"来治"中国病"，而是根据自己的文化基因和文化命理，寻找强化自身的文化抗体和文化免疫力之道，其深远意义，犹如在今天经过独生子女时代穿越时光隧道，回首当年我们的"兄弟姐妹那么多"

和父辈们儿孙满堂的那种天伦风光,不只是因为寂寞,而且是为了中华民族大家庭的文化安全和对未来文化风险的抗击能力。

"江苏文脉整理与研究工程"是以江苏这一特殊地域文化为对象的一次集体文化自觉和文化自信,与其他同类文化工程相比,其最具标识意义的是"文脉"理念。"文脉"是什么? 它与"文献"和文化传统的关系到底如何? 这是"文脉工程"必须解决的基本问题。

庞朴先生曾对"文化传统"与"传统文化"两个概念进行了审慎而严格的区分,认为"传统文化"可能是历史上曾经存在过的一切文化现象,而"文化传统"则是一以贯之的文化道统。在逻辑和历史两个维度,文化成为传统都必须同时具备三个条件:历史上发生的,一以贯之的,在现实生活中依然发挥作用的。传统当然发生于历史,但历史上发生的一切,从《道德经》《论语》到女人裹小脚,并不都成为传统,即便当今被考古或历史研究所不断发现的现象,也只能说是"文化遗存",文化成为传统必须在历史长河中一以贯之而成为道统或法统,孔子提供的儒家学说,老子提供的道家智慧,之所以成为传统,就是因为它们始终与中国人的生活世界和精神世界相伴随,并成为人的生命和生活的文化指引。然而,文化并不只存在于文献典籍之中,否则它只是精英们的特权,作为"人的生活的根本样法"和"对付生存困境"的解释系统,它必定存在于芸芸众生的生命和生活之中,由此才可能,也才真正成为传统。《论语》与《道德经》之所以成为传统,不只是因为它们作为经典至今还为人们所学习和研究,而且因为在中国人精神的深层结构中,即便在未读过它们的田夫村妇身上,也存在同样的文化基因。中国人在得意时是儒家,"明知不可为而偏为之";在失意时是道家,"后退一步天地宽";在绝望时是佛家,"四大皆空",从而建立了与自给自足的自然经济结构相匹合的自给自足的文化精神结构,在任何境遇下都不会丧失安身立命的精神基地,这就是传统。文化传统必须也必定是"活"的,是在现实中依然发挥作用的,是构成现代人的文化基因的生命因子。这种与人的生活和生命同在的文化传统就是"脉",就是"文脉"。

文脉以文献、典籍为载体,但又不止于文献和典籍,而是与负载它的生命及其现实生活息息相关。"文脉"是什么? "文脉"对历史而言是

"血脉",对未来而言是"命脉",对当下而言是"山脉"。"江苏文脉"就是江苏人的文化血脉、文化命脉、文化山脉,是历史、现在、未来江苏人特殊的文化生命、文化标识、文化家园,以及生生不息的文化记忆和文化动力。虽然它们可能以诸种文化典籍和文化传统的方式呈现和延续,但"文脉工程"致力探寻和发现的则是跃动于这些典籍和传统,也跃动于江苏人生命之中的那种文化脉动。"江苏文脉整理与研究工程"的最大特点就在于它是"文脉工程"而不是一般的"文化工程",更不是"文库工程"。"文化工程""文库工程"可能只是一般的文化挖掘与整理,而"文脉工程"则是与地域的文化生命深切相通,贯穿地域的历史、现在与未来的生命工程。

　　"江苏文脉整理与研究工程"是"整理"与"研究"的璧合,在"研究工程"中能否、如何倾听到来自历史深处的文化脉动,关键是处理好"文献"与"文脉"的关系。"整理工程"是对文脉的客观呈现,而"研究工程"则是对文脉的自觉揭示,若想取得成功,必须学会在"文献"中倾听和发现"文脉"。"文献"如何呈现"文脉"? 文献是人类文明尤其是人类文化记忆的特殊形态,也是人类信息交换和信息传播的特殊方式。回首人类文明史,到目前为止,大致经历了三种信息方式。最基本也是最原初的是口口交流的信息方式,在这种信息方式中,信息发布者和信息传播者都同时在场,它是人的生命直接和整体在场并对话的信息传播方式,是从语言到身体、情感的全息参与,是生命与生命之间的直接沟通,但具有很大的时空局限。印刷术的产生大大扩展了人类信息交换的广度和深度,不仅可以以文字的方式与不在场的对象交换信息,而且可以以文献的方式与不同时代、不同时空的人们交换信息,这便是第二种信息方式,即以印刷为媒介的信息方式或印刷信息方式。第三种信息方式便是现代社会以电子网络技术为媒介的信息方式,即电子信息方式。文献与典籍是印刷信息方式的特殊形态,它将人类文化史和文明史上具有特殊价值的信息以印刷媒介的方式保存下来,供后人学习和研究,从而积淀为传统。文字本质上是人的生命的表达符号,所谓"诗言志"便是指向生命本身。然而由于它以文字为中介,一旦成为文献,便离开原有的时空背景,并与创作它的生命个体相分离,于是便需要解读,在解读中便可能发生误读,但无论如何,解读的对象并不只是文字本身,而是文字背后的生命现象。

文献尤其是典籍是不同时代人们对于文化精华的集体记忆,它们不仅经受过不同时代人们的共同选择,而且经受过大浪淘沙的历史洗礼,因而其中不仅有创造它的那个个体或文化英雄如老子、孔子的生命表达,而且有传播和接受它的那个民族的文化脉动,是负载它的那个民族的文化生命,这种文化生命一言以蔽之便是文化传统。正因为如此,作为集体记忆的精华,文献和典籍是个体和集体的文化脉动的客观形态,关键在于,必须学会倾听和揭示来自远方的生命旋律。由于它们巨大的时空跨度,往往不能直接把脉,而需要具有一种"悬丝诊脉"的卓越倾听能力。同时,为了把握真实的文化脉动,不仅需要对文献和典籍即"文本"进行研究,而且需要对创造它们的主体包括创作的个体和传播接受的集体的生命即"人物"进行研究。正如席勒所说,每个人都是时代的产儿,那些卓越的哲学家和有抱负的文学家却可能成为一切时代的同代人。文字一旦成为文献或典籍,便意味着创作它的个体成为一切时代的同代人,但无论如何,文献和它们的创造者首先是某个时代的产儿,因而要在浩如烟海的文献和典籍中倾听到来自传统深处的文化脉动,还需要将它们还原到民族的文化生命之中,形成文化发展的"精神的历史"。由此,文本研究、人物研究、学派流派研究、历史研究,便成为"文脉研究工程"的学术构造和逻辑结构。

二 中国文化传统中的江苏文脉

江苏文脉是中国文化传统的一部分,二者之间的关系并不只是部分与整体的关系,借助宋明理学的话语,是"理一"与"分殊"的关系。文脉与文化传统是民族生命的文化表达和自觉体现,如果只将它们理解为部分与整体的关系,那么江苏文脉只是中国文化传统或整个中华文化脉统中的一个构造,只是中华文化生命体中的一个器官。朱熹曾以佛家的"月映万川"诠释"理一分殊"。朗月高照,江河湖泊中水月熠熠,此番景象的哲学本真便是"一月普现一切水，一切水月一月摄"。天空中的"一月"与江河中的"一切水月"之间的关系是"分享"关系，不是分享了"一月"的某一部分，而是全部。江苏文脉与中国文化传统之间的关系便是"理一分殊"，中国文化传统是"理一"，江苏文脉是"分殊"，正因为如此，关于江苏文脉的研究必须在与整个中国文化传统的关系中整体性地把握和展开。其中，文化与地域的关系、江苏文化在中华文化发展中的贡献和地位，是两个基本课题。

到目前为止的一切人类文明的大格局基本上都是由以山河为标志的地理环境造就的，从轴心文明时代的四大文明古国，到"五大洲四大洋"的地理区隔，再到中国山东—山西、广东—广西、河南—河北，江苏的苏南—苏北的文化与经济差异，山河在其中具有基础性意义。在这个意义上，可以将在此以前的一切文明称为"山河文明"。如今，科技经济发展迎来一个"高"时代：高铁、高速公路、电子高速公路……正在并将继续推倒由山河造就的一切文明界碑，即将造就甚至正在造就一个"后山河时代"。"后山河时代"的最后一道屏障，"山河时代"遗赠给"后山河时代"的最宝贵的文明资源，便是地域文化。在这个意义上，江苏文脉的整理与研究，不仅可以为经过全球化席卷之后的同质化世界留下弥足珍贵的"文化大熊猫"，而且可以在未来的芸芸众生饱尝"独上高楼、望尽天涯路"的孤独之后，缔造一个"蓦然回首"的文化故乡，从中可以鸟瞰文化与世界关系的真谛。江苏独特的地域环境与江苏文化、江苏文脉之间的关系，已经不是所谓"一方水土一方人"所能表达，可以说，地脉、水脉、山脉与江苏文脉之间的关系，已经是一脉相承。

我们通过考察和反思发现，水系，地势，山势，大海，是对江苏文脉尤其是文化性格产生重大影响的地理因素。露水不显山，大江大河入大海，低平而辽阔，黄河改道，这一切的一切与其说是自然画卷和自然事件，不如说是江苏文脉的大地摇篮和文化宿命的历史必然，它们孕生和哺育了江苏文明，延绵了江苏文脉。历史学家发现，江苏是中国唯一同时拥有大海、大江、大湖、大平原的省份，有全国第一大河长江，第二大河黄河（故道），第三大河淮河，世界第一大人工河大运河，全国第三大淡水湖太湖，全国第四大淡水湖洪泽湖。江苏也是全国地势最低平的一个省区,绝大部分地区在海拔 50 米以下,少量低山丘陵大多分布于省际边缘,最高峰即连云港云台山的玉女峰也只有 625 米。丰沛而开放的水系和低平而辽阔的地势馈赠给江苏的不只是得天独厚的宜居,更沉潜、更深刻的是独特的文化性格和文脉传统,它们是对江苏地域文化产生重大影响的两个基本自然元素。

不少学者指证江苏文化具有水文化特性,而在众多水系中又具长江文化的特性。"水"的文化特性是什么?"老聃贵柔",老子尚水,以水演绎世界真谛和人生大智慧。"天下莫柔弱于水,而攻坚强者莫之能胜。"柔弱胜刚强,是水的品质和力量。西方文明史上第一个哲学家和科学家泰勒斯向全世界宣告的第一个大智慧便是:水是万物的始基。辽阔的平原在中国也许还有很多,却没有像江苏这样"处下"。老子也曾以大海揭示"处下"的智慧:"江海所以能为百谷王者,以其善下之,故能为百谷王。"历史上江苏的文化作品、江苏人的文化性格,相当程度上演绎了这种"水性"与"处下"的气质与智慧。历史上相当时期黄河曾经从江苏入海,然而黄河改道、黄河夺淮,几番自然力量或人力所为,最终黄河在江苏留下的只是一个"故道"的背影。黄河在江苏的改道当然是一个自然事件或历史事件,但我们也可能甚至毋宁将它当作一个文化事件,数次改道,偶然之中有必然,从中可以发现和佐证江苏文脉的"长江"守望和江南气质。不仅江苏的地脉"露水不显山",而且江苏的文化作品,江苏人的文化性格,一句话,江苏文脉,也是"露水不显山",虽不是"壁立千仞",却是"有容乃大"。一般说来,充沛的水系,广阔的平原,往往造就自给自足的自我封闭,然而,江苏东临大海,无论长江、淮河,还是历史上的黄河,都从这里入大海,归大海,不只昭示江苏的开放,而且演绎江苏文化、江苏文脉、江苏人海纳百川的博大和静水深流的仁厚。

黄河与长江好似中华文脉的动脉与静脉,也好似人的身体中的任督二脉,以长江文化为基色的江苏文化在中华文脉的缔造和绵延中作出了杰出贡献。有学者指出,在中国文明史上,长江文化每每在黄河文化衰弱之后承担起"救亡图存"的重任。人们常说南京古都不少为小朝廷,其实这正是"救亡图存"的反证,"天下兴亡,匹夫有责"的口号首先由江苏人顾炎武喊出，偶然之中有必然。学界关于江苏文化有三次高峰或三次大贡献，与两次大贡献之说。第一次高峰是开启于秦汉之际的汉文化，第二次高峰是六朝文化，第三次高峰是明清文化。人们已对六朝文化与明清文化两大高峰对中国文化的贡献基本达成共识，但江苏的汉文化高峰及其贡献也应当得到承认，而且三次文化高峰都发生于中国社会的大转折时期，对中国文化的承续作出了重大贡献。在秦汉之际的大变革和大一统国家的建构中，不仅在江苏大地上曾经演绎了波澜壮阔的对后来中国文明产生深远影响的历史史诗，而且演绎这些历史史诗的主角刘邦、项羽、韩信等都是江苏人，他们虽然自身不是文化人，但无疑对中国文化产生了深远影响。董仲舒提出"罢黜百家，独尊儒术"的主张，奠定了大一统的思想和文化基础，他本人虽不是江苏人，却在江苏留下印迹十多年。江苏的汉文化高峰对中国文化的最大贡献，一言概之即"大一统"，包括政治上的大一统和思想文化上的大一统。六朝被公认为中国文化发展的高峰，不少学者将它与古罗马文明相提并论，而六朝文化的中心在江苏、在南京。以南京为核心的六朝文化发生于三国之后的大动乱，它接纳大量流入南方的北方士族，使南北方文化合流，为保存和发展中国文化作出了杰出贡献。明朝是中国历史上第一次在南京，也是第一次在江苏建立统一的帝国都城，江苏的经济文化在全国处于举足轻重的地位，扬州学派、泰州学派、常州学派，形成明清时代中国文化的江苏气象，形成江苏文化对中国文化的第三次重大贡献。三大高峰是江苏的文化贡献，在重大历史转折关头或者民族国家危难之际挺身而出，海纳百川，则是江苏文化的精神和品质，这就是江苏文脉。也正因为如此，江苏文化和江苏文脉在"匹夫有责"的担当精神中总是透逸出某种深沉的忧患意识。

江苏文脉对中国文化的独特贡献及其特殊精神气质在文化经典中得到充分体现。中国四大文学名著，其中三大名著的作者都来自江苏，这就是《西游记》《红楼梦》《水浒》，其实《三国演义》也与江苏深切相关，虽然罗贯中不是江苏人，但却以江苏为重要的时空背景之一。四大名著中不仅有明显的江苏文化的元素，甚至有深刻的江苏地域文化的基因。《西游记》到底是悲剧还是喜剧？仔细反思便会发现，《西游记》就是文学版的《清明上河图》。《清明上河图》表面呈现一幅盛世生活画卷,实际却是一幅"盛世危情图",空虚的城防,懈怠的守城士兵……被繁华遗忘的是正在悄悄到来的深刻危机。《西游记》以唐僧西天取经渲染大唐的繁盛和开放,然而在经济的极盛之巅,中国人的精神世界却空前贫乏,贫乏得需要派一个和尚不远万里,请来印度的佛教,坐上中国意识形态的宝座,入主中国人的精神世界。口袋富了,脑袋空了,这是不折不扣的悲剧。然而,《西游记》的智慧,江苏文化的智慧,是将悲剧当作喜剧写,在喜剧的形式中潜隐悲剧的主题,就像《清明上河图》将空虚的城防和懈怠的士兵淹没于繁华的海洋一样。《西游记》喜剧与悲剧的二重性,隐喻了江苏文脉的忧患意识,而在对大唐盛世,对唐僧取经的一片颂歌中,深藏悲剧的潜主题,正是江苏文脉"匹夫有责"的担当精神和文化智慧的体现。鲁迅说,悲剧将人生的有价值的东西毁灭给人看。《西游记》是在喜剧形式的背后撕碎了大唐时代人的精神世界的深刻悲剧。把悲剧当作喜剧写,喜剧当作悲剧读,正是江苏文化、江苏文脉的大智慧和特殊气质所在,也是当今江苏文脉转化发展的重要创新点所在。正因为如此,"江苏文脉研究"必须以深刻的哲学洞察力和深厚的文化功力,倾听来自历史深处的江苏文化的脉动,读懂江苏,触摸江苏文脉。

三 通血脉,知命脉,仰望山脉

江苏文化的巨大魅力和强大生命力,是在数千年发展中已经形成一种传统、一种脉动,不仅是一种客观呈现的文化,而且是一种深植个体生命和集体记忆的生生不息的文脉。这种文化和文脉不仅成为共同的价值认同,而且已经成为一种地域文化胎记。在精神领域,在文化领域,江苏不仅有灿若星河的文学家,而且有彪炳史册的思想家、学问家,更有数不尽的才子骚客。长江在这片土地上流连,黄河在这片土地上改道,淮河在这片土地上滋润,太湖在这片土地上一展胸怀。一代代中国人,一代代江苏人,在这里缔造了文化长江、文化黄河、文化淮河、文化太湖,演绎了波澜壮阔的历史诗篇,这便是江苏文脉。

为了在全球化时代完整地保存江苏文脉这一独特地域文化的集体记忆,以在"后山河时代"为人类缔造精神家园提供根源与资源,为了继承弘扬并创造性转化、创新性发展中国优秀传统文化,2016 年江苏启动了"江苏文脉整理与研究工程"。根据"文脉"的理念,我们将研究工程或"研究编"的顶层设计以一句话表达:"通血脉,知命脉,仰望山脉。"由此将整个工程分为五个结构:江苏文化通史,江苏历代文化名人传,江苏文化专门史,江苏地方文化史,江苏文化史专题。

"江苏文化通史"的要义是"通血脉",关键词是"通"。"通"的要义,首先是江苏文化与中国文明的息息相通,与人类文明的息息相通,由此才能有民族感或"中国感",也才有世界眼光,因而必须进行关于"中国文化传统中的江苏文脉"的整体性研究;其次是江苏文脉中诸文化结构之间的"通",由此才是"江苏",才有"江苏味";再次是历史上各个重要历史时期文化发展之间的"通",由此才能构成"史",才有历史感;最后是与江苏人的生命与生活的"通",由此"江苏文脉"才能真正成为江苏人的文化血脉、文化命脉和文化山脉。达到以上"四通","江苏文化通史"才是真正的"通"史。

"江苏文化专门史"和"江苏文化史专题"的要义是"知命脉",关键词是"专",即"专门"与"专题"。"江苏文化专门史"在框架上分为物质文化史、精神文化史、制度文化史、特色文化史等,深入研究各类专门史,总体思路是系统研究和特色研究相结合,系统研究整体性地呈现江苏历史上的重要文化史,如哲学史、文学史、艺术史等,为了保证基本的完整性,我们根据国务院学科分类目录进行选择;特色研究着力研究历史上具有江苏特色的历史,如民间工艺史、昆曲史等。"江苏文化史专题"着力研究江苏历史上具有全国性影响的各种学派、流派,如扬州学派、泰州学派、常州学派等。

"江苏地方文化史"的要义是"血脉延伸和勾连",关键词是"地方"。"江苏地方文化史"以现省辖市区域划分为界,13 市各市一卷。每卷上编为地方文化通史,讲述地方整体历史脉络中的文化历史分期演化和内在结构流变,注重把握文化运动规律和发展脉络,定位于地方文化总体性研究;下编为地方文化专题史,按照科学技术、教育科举、文学语言、宗教文化等专题划分,以一定逻辑结构聚焦对地方文化板块加以具体呈现,定位于凸显文化专题特色。每卷都是对一个地方文化的总结和梳理,这是江苏文化血脉的伸展和渗入,是江苏文化多样性、丰富性的生动呈现和重要载体。

"江苏历代文化名人传"的要义是"仰望山脉",关键词是"文化"。它不是一般性地为江苏历朝历代的"名人"作传,而只是为文化意义上的名人作传。为此,传主或者自身就是文化人并为中国文化的发展、为江苏文脉的积累积淀作出了重要贡献;或者虽然自身主要不是文化人而是政治家、社会活动家等,但对中国文化发展具有重大影响。如何对历史人物进行文化倾听、文化诠释、文化理解,是"文化名人传"的最大难点,也是其最有意义的方面。江苏历史上的文化名人汗牛充栋,"文化名人传"计划为 100 位江苏文化名人作传,为呈现江苏文化名人的整体画卷,同时编辑出版一部"江苏文化名人辞典",集中介绍历史上的江苏文化名人 1000 位左右。

一脉千古成江河,"茫茫九派流中国"。江苏文脉研究的千里之行已经迈出第一步,历史馈赠我们一次千载难逢的宝贵机遇,让我们巡天遥看,一览江苏数千年文化银河的无限风光,对创造江苏文化、缔造江苏文脉的先行者们献上心灵的鞠躬。面对奔涌如黄河、悠远如长江的江苏文脉,我们惟有以跋涉探索之心,怵惕敬畏之情,且行且进,循着爱因斯坦的"引力波",不断走近并播放来自江苏文脉深处的或澎湃,或激越,或温婉静穆的天籁之音。

我们一直在努力;

我们将一直努力!

目　录

第一章 宗族流传耀史册

中国的姓氏命名传统由来已久,成为宗族文化的重要组成部分,据《百家姓》所言的"赵钱孙李、周吴郑王",王姓排在第八位,而随着时间的推移,在战争、疾病、礼俗等多种因素的影响下,各姓的人员数量有所变化。2018年公安机关曾登记了全国姓氏情况,从数据的统计情况可知,全国共有王、李、张、刘、陈、杨、黄等23个姓氏户籍人口数量超过一千万,其中王姓、李姓的户籍人口数量更是超过1亿,王姓以微弱的优势排在了第一位。可见,王姓自古以来就是姓氏构成的重要部分,其数量呈现出向上发展的趋势。在人口数量占据优势的情况下,历史上的王姓名人层出不穷,如王翦、王羲之、王勃、王维、王安石、王守仁、王国维等人,本书传主王世贞也是其中之一。本章旨在对王世贞一脉的王姓传承演变进行梳理,以更好地了解王世贞家族历史。

第一节 源于王室

很多人在溯源自己一脉的家族历史时,往往喜欢追溯到相关的历史名人,最好是德才兼备之人,从而凸显家族历史的显赫,以提升自我的文化底蕴和自信,如孔姓之人常常以自己是孔子后人而倍感自豪,即使是唐朝的君王,他们的地位已经非常崇高,但他们还是奉李耳为先祖,唐高宗在乾封元年(666)更是追封他为太上玄元皇帝。然而,有这么一姓,似乎是自带光环,不用过多地去解释,一看即知该姓在历史上是非常的尊贵,此姓即为王姓,也是传主王世贞的姓氏。

　　王，在《说文解字》中的解释为："天下所归往也。董仲舒曰：'古之造文者，三画而连其中谓之王。三者，天、地、人也，而参通之者，王也。'孔子曰：'一贯三为王。'凡王之属皆从王。"①其文字图形是一把竖立的斧头轮廓，象征着至高无上的权力。"王"关系到天地人，并且掌握权力，可见其高贵之处。至于王姓的来源，综合当下的研究成果，主要有三种情况②，一种是出自姬姓，为周文王之后；一种是出自妫姓，为齐王田和的后代；还有一种是出自子姓，为殷商王子比干之后。在这之外，还有部分少数民族，因为后期的民族融合，他们部分姓氏汉化，变成了王姓，如可频氏之王、钳耳族之王、阿布思之王、大理白族之王等等。另外，还有部分人因为做出过突出贡献而被帝王赐予王姓，这是一种高级别的奖赏，如王莽建立新朝，王姓则上升到国姓的地位，异常尊贵，燕太子丹的玄孙燕嘉，因为上献符命，被王莽赐予王姓。但无论这些王姓的来源如何，这些王姓之人的身份在当时都是高贵的。

　　在王姓的多种来源中，源自姬姓一脉是最主要的，而姬姓在周文王之后又衍化为三支，一是周文王第十五子毕公高的后裔，一是东周灵王太子晋的后裔，还有一支是战国时期信陵君魏无忌的后裔，这支与周王朝没有直接关系，而是魏国被秦国灭亡后，魏无忌的孙子卑子逃往秦山，后被汉高祖刘邦招抚，封为兰陵侯。尽管这三支宗族发展变化的原因不尽一样，他们的身份也有所不同，但因为他们都是出身王族，是王室成员、王家之人，世人就尊称他们为"王家"，久而久之，他们最终也以"王"为姓。

　　在东周灵王太子晋的后裔中，由于周灵王太子晋后来被废为庶人，其发展有其独特性。东汉王符在《潜夫论》中有详细的记载："周灵王之太子晋，幼有成德，聪明博达，温恭敦敏。谷、雒水斗，将毁王宫，欲壅之。太子晋谏以为不顺天心，不若修政。晋平公使叔誉聘于周，见太子，与之言，五称而三穷，逡巡而退。归告平公曰：'太子晋行年十五，而誉弗能与言，君请事之。'平公遣师旷见太子晋，太子晋与语。师旷服

---

① [汉]许慎：《说文解字》，中华书局 2011 年版，第 9 页。
② 钟兴由：《王姓的祖先在哪里？》，《中国地名》2006 年第 2 期，第 19 页。

德,深相结也。乃问旷曰:'吾闻太师能知人年之长短。'师旷对曰:'女色赤白,女声清汗,火色不寿。'晋曰:'然,吾后三年将上宾于帝。女慎无言,殃将及女。'其后三年而太子死。孔子闻之曰:'惜夫杀吾君也!'世人以其豫自去期,故传称王子乔仙。仙之后,其嗣避周难于晋,家于平阳,田氏、王氏其后。子孙世喜养性神仙之术。"①可见,周灵王太子晋自小就有德行,聪明伶俐,性格温和,并且从爱护百姓的角度出发,进行劝谏,但与君王之意相违背,被贬后,他及其后人深知政治的险恶,便纷纷远离朝局,当然,此时他们的身份也不同往日。

欧阳修、宋祁等人在《新唐书》中更是直接言及:"王氏出自姬姓。周灵王太子晋以直谏废为庶人,其子宗敬为司徒。时人号曰'王家',因以为氏。八世孙错,为魏将军。生贲,为中大夫。贲生渝,为上将军。渝生息,为司寇。息生恢,封伊阳君,生元,元生颐,皆以中大夫召,不就。生翦,秦大将军。生贲,字典,武陵侯。生离,字明,武城侯。二子:元、威。元避秦乱,迁于琅琊,后徙临沂。"②虽然他们对周灵王太子晋被贬之事一笔带过,没有详细地阐明原因,但是他们对王氏家族进行了溯源,并且把迁往山东临沂时的前后家族谱系做了简单梳理,方便后人的整体认知。

之所以在探究王姓渊源时,对周灵王太子晋进行详细介绍,而不过多涉及其他两支宗族,是因为本书的传主王世贞,即来源于此脉,关于王世贞乃周灵王太子晋的后人之论,他人文献有相关的记载。如王士骐③在悼念父亲王世贞时说道:"先府君讳世贞,字元美,别号凤洲,晚又自号弇州山人。自《弇州四部稿》之行于世也,世之学者又多称弇州先生。吾王之称琅琊,自汉而迨晋,为太保元公祥、贞子览。"④王锡爵⑤则

---

① [汉]王符撰,马世年译注:《潜夫论》,中华书局 2018 年版,第 514 页。
② [宋]欧阳修、宋祁等撰:《新唐书》卷七十二《宰相世系二中》,中华书局 1975 年版,第 2601 页。
③ 王士骐,字伯伯,江苏太仓人,王世贞之子。万历十七年(1589)进士,授兵部主事,任至吏部郎中。后为权者所嫉,坐妖书狱削籍归。屡荐不起,刚直以终。著有《四侯传》《醉花庵诗选》等文集。
④ [明]王士骐:《明故资政大夫南京刑部尚书赠太子少保先府君凤洲王公行状》,[明]王士骐、[明]屠隆、[明]王锡爵撰:《王凤洲先生行状》,上海图书馆藏明刻本,第 1 页。
⑤ 王锡爵(1534—1611),字元驭,号荆石,江苏太仓人。嘉靖四十一年(1562)会试名列第一(会元),廷试名列第二(榜眼),授编修,历任国子监祭酒、礼部尚书等职,并于万历二十一年(1593)为内阁首辅,卒后,赠太保,谥"文肃",赐葬,敕建专祠。著有《王文肃集》《王文肃疏草》等文集。

言及:"公名世贞,字元美,凤洲其号,系出琅琊王氏。自晋丞相始公导渡江而南,世为浙人。"①至于王世贞自己,也常常以琅琊王氏自居,并有自豪感,他曾自述道:"余琅琊之重,在晋宋齐梁间,至于赵宋益有闻。而明之重,则自世大父工部公始,实与宫保公同。第成化乙未进士,两家乔木相望,至于今。吴中之甲姓鼎族,莫能三焉。"②清人王家祯更是在《研堂见闻杂录》中直接说道:"娄东鼎盛,无如琅琊、太原。琅琊自王倬起家少司马,子忬亦少司马,被法。忬子世贞、世懋,一为南司寇、一为南奉常。世贞子士骐,为铨曹主事。四代科甲。"③

周灵王太子晋虽然后来被贬,但是其王室的身份并没有被历史抹去,即使王世贞后来生活在太仓,与中原相去甚远,也无法改变其王姓的历史渊源。因此,王世贞家族源于王室,此论不假。

第二节　迁徙多地

前文在探究王姓渊源时,已经提及王氏家族的部分迁徙之地,具体而言,周灵王太子晋的族人,直到第十八世孙王元才因为战乱,举家迁徙到琅琊,然后再从琅琊迁徙至临沂,至今,在临沂多地均有琅琊王氏的历史痕迹。秦朝统一全国后,推翻旧制,积极改革创新,在行政区域规划上废除了分封制,实行郡县制,将全国分为三十六郡,琅琊郡即为三十六郡之一,该郡的主要行政范围在山东半岛东南部,下辖东武、诸县、折泉等县。临沂则位于山东半岛东南部,地近黄海,在秦国时属于

① [明]王锡爵:《王文肃公文集》卷六《太子少保刑部尚书凤洲王公神道碑》,上海图书馆藏明刻本,第1页。

② [明]王世贞:《弇州山人续稿》卷五十四《吴江吴氏家乘序》,美国普林斯顿大学东亚图书馆藏明刻本,第9页。另外,需要特别说明的是,本书所涉及的王世贞《弇州山人四部稿》《弇州山人续稿》等著述文本,基本为笔者在美国搜集的资料,虽然《弇州山人四部稿》《弇州山人续稿》等部分文本在国家图书馆、上海图书馆等国内各大馆也有所收藏,但是这些文本只能现场查阅,不能拍照,即使复印的话,不让全本复印,只能复印书稿的三分之二。而在美国哈佛大学燕京图书馆、普林斯顿大学东亚图书馆等馆的藏书可以全部免费拍照,笔者借2014年夏前往美国哈佛大学交流之机,对有关王世贞的著述文本进行了拍照留存,以方便校对和研究,因此在本书的写作过程中,会大量涉及这些版本,在行文引文和参考文献中皆一一注明。在此,非常感谢郑炳文先生、王小鹤先生、王系女士、马丁先生等人提供的帮助。

③ [明]王家祯:《研堂见闻杂记》,商务印书馆1927年版,第27页。

琅琊郡和郯郡。在这次大规模的迁徙之前,王氏十八世依次为太子晋、王宗敬、王森、王诩、王昇、王宥、王硕、王错、王贲、王渝、王息、王恢、王元、王顺、王翦、王贲、王离、王元,其中著名的有王渝为上将军,王息为司寇,王翦为大将军,王贲、王离则分别为武陵侯和武城侯,其家族至此就已经十分显赫,成为名副其实的望族。而名气最大者,莫过于当时可以与白起齐名的王翦,司马迁在《史记·白起王翦列传》中说道:"王翦者,频阳东乡人也。少而好兵,事秦始皇。始皇十一年,翦将攻赵阏与,破之,拔九城,十八年,翦将攻赵。岁余,遂拔赵,赵王降,尽定赵地为郡。明年,燕使荆轲为贼于秦,秦王使王翦攻燕。燕王喜走辽东,翦遂定燕蓟而还。秦使翦子王贲击荆,荆兵败。还击魏,魏王降,遂定魏地。……秦始皇二十六年,尽并天下,王氏、蒙氏功为多,名施于后世。"①王翦是将帅之才,英勇善战,南征北战,攻城拔寨,为秦国王朝的建立立下了不朽功勋,极大地提升了王氏家族的声誉,他也成了家喻户晓的英雄人物。

在这之后,王元的四世孙王吉由皋虞迁往临沂都乡南仁里,皋虞是古地名,皋虞古城坐落于温泉镇东皋虞村北,公元前 110 年,汉武帝封胶东康王刘寄之子刘建为皋虞侯,在这里修筑都城,其子孙一直沿袭了六代,临沂都乡南仁里则是今天的山东临沂市兰山区白沙埠镇孝友村。欧阳修在《新唐书》中言及其家族迁徙之后的发展:"(王元)四世孙吉,字子阳,汉谏大夫。始家皋虞,后徙临沂都乡南仁里。生骏,字伟山,御史大夫。二子:崇、游。崇字德礼,大司空、扶平侯。生遵,字伯业,后汉中大夫、义乡侯。生二子:时、音。音字少玄,大将军掾。四子:谊、睿、典、融。融字巨伟。二子:祥、览。"②虽然在汉代,王氏家族人员未能在先辈们的基础上更进一步,相比先辈们的丰功伟绩,此时的表现有点黯淡,但他们的功绩以及官职,均在普通大众和一般官吏之上,王氏家族仍然不失为一大豪门望族。

据历史的发展可知,有深厚底蕴的家族,不会一直沉沦,经过若干

---

① [汉]司马迁:《史记》卷七十三《白起王翦列传》,中华书局 1982 年版,第 2338—2341 页。
② [宋]欧阳修、宋祁等撰:《新唐书》卷七十二,中华书局 1975 年版,第 2601 页。

年后，随着人才的茁壮成长，家族将会迎来新的希望。王氏家族经历过平淡期后，历史来到了魏晋之际，此时家族便迎来了璀璨的明珠。

房玄龄在《晋书》中为王祥和王览立传，足见他们的重要性。《王祥传》言及："王祥，字休微，琅琊临沂人，汉谏议大夫吉之后也。祖仁，青州刺史。父融，公府辟不就。祥性至孝。早丧亲，继母朱氏不慈，数谮之，由是失爱于父。每使扫除牛下，祥愈恭谨。父母有疾，衣不解带，汤药必亲尝。母常欲生鱼，时天寒冰冻，祥解衣将剖冰求之，冰忽自解，双鲤跃出，持之而归。母又思黄雀炙，复有黄雀数十飞入其幕，复以供母。乡里惊叹，以为孝感所致焉。有丹柰结实，母命守之，每风雨，祥则抱树而泣，其笃孝纯至如此。……母终，居丧毁瘁，杖而后起。……武帝践祚，拜太保，进爵为公，加置七官之职。……祥故乞骸骨，诏听以睢陵公就第，位同保傅，在三司之右，禄赐如前。"①由此可知，王祥即为众人所熟知的"卧冰求鲤"故事的主人公。即使继母想毒害他，被父母嫌弃，他也没有过多的怨言，而是恭谨地对待他们。在父母患有疾病时，他侍奉左右，喂以汤药，盼望着他们早日康复；母亲在冬天想吃鱼，他更是卧冰化之，待鱼跃出而捕，这种种孝行感天动地，使王祥享有美誉，并以孝道闻名朝野，被他人称赞。再加上自己的才华，他受到朝廷重用，最终官拜西晋太保，封睢陵公。

至于王览，《王览传》则言及："览字玄通。母朱，遇祥无道。览年数岁，见祥被楚挞，辄涕泣抱持。至于成童，每谏其母，其母少止凶虐。朱屡以非理使祥，览辄与祥俱。又虐使祥妻，览妻亦趋而共之。朱患之，乃止。祥丧父之后，渐有时誉。朱深疾之，密使鸩祥。览知之，径起取酒。祥疑其有毒，争而不与。朱遽夺反之。自后，朱赐祥馔，览辄先尝。朱惧览致毙，遂止。览孝友恭恪，名亚于祥。及祥仕进，览亦应本郡之召，稍迁司徒西曹掾、清河太守。五等建，封即丘子，邑六百户。泰始末，除弘训少府。职省，转太中大夫，禄赐与卿同。……后转光禄大夫，门施行马。咸宁四年卒，时年七十三，谥曰贞。"②从中可知，王祥和王览

① [唐]房玄龄等撰：《晋书》卷三十三，中华书局1996年版，第987—988页。
② [唐]房玄龄等撰：《晋书》卷三十三，中华书局1996年版，第990—991页。

为兄弟,王览没有因为自己受宠,而加害王祥,反而屡次劝谏母亲不要殴打王祥。后来王祥的名气盖过自己,朱母为了减少王祥对王览的阻碍,想要毒害王祥,而王览在察觉后,便与王祥如影随形,一起共用饭食,以保护王祥。所以王览虽然官职和德行都不如王祥有名,但是他对王祥的保护,也得到了他人的赞赏,王祥也是因为有了这样的弟弟,才不至于早年被朱母所害。在一定程度上,王祥功业的取得,王览功不可没,做出了巨大的贡献和牺牲。当然,王览的这份胸襟,也是世上所少有的。

王祥、王览两兄弟在政治上取得巨大成就,极大地提升了王氏家族的地位,并且名垂青史。然而在时局的大变化之下,家族发展存在着诸多不可确定性,毕竟一个家族很难左右时局之变,王氏家族亦是如此。在深受政治环境的影响时,王氏家族没有选择一味地抗拒,而是跟随王室进行迁徙。永兴元年(304),匈奴贵族刘渊在左国城(今山西离石)起兵,随后用武力控制并州部分地区,僭越称汉王,并遣石勒等大举南侵,屡破晋军。永嘉二年(308),刘渊正式称帝,永嘉四年(310)刘渊死,其子刘聪继位,在次年,刘聪遣石勒、王弥、刘曜等大将继续率军攻晋,最终攻入京师洛阳,俘获怀帝。西晋经历永嘉之乱后,国力大衰,中原汉族为躲避战乱,开始纷纷向南方地区进行迁徙,史称"衣冠南渡"。南渡之后,晋宗室司马睿依靠北方士族支持,采取联合南方士族地主的策略,建立了新的东晋政权,偏安江左。由于王氏家族一直都是跟随着君王迁徙,再加上之前的积淀,王氏家族也就在江左地区迎来了新的发展时期。

继承王祥、王览衣钵的是王览之孙王导,他在先辈们的基础上进一步发展,在当时,其官职和声名都远远超过了王祥和王览,从而使琅琊王氏在新的朝局中大放光彩。房玄龄在《王导传》中有近10页的详细记载,现摘取部分,其言曰:"王导字茂弘,光禄大夫览之孙也。父裁,镇军司马。导少有风鉴,识量清远。年十四,陈留高士张公见而奇之,谓其从兄敦曰:'此儿容貌志气,将相之器也。'初袭祖爵即丘子,司空刘实寻引为东阁祭酒,迁秘书郎、太子舍人、尚书郎,并不行。后参东海王越军事。时元帝为琅琊王,与导素相亲善。导知天下已乱,遂倾心推奉,潜有兴复之志。帝亦雅相器重,契同友执。……帝乃使导躬造循、荣,二人皆应命而至。由是吴会风靡,百姓归心焉。……晋国既建,以导为丞相军咨祭酒。……及帝登尊号,百官陪列,命导升御床共坐。导固辞。……及明帝即位,导受遗诏辅政,解扬州,迁司徒,一依陈群辅魏故事。王敦又举兵内向。……敦平,进封始兴郡公,邑三千户,赐绢九千匹,进位太保,司徒如故,剑履上殿,入朝不趋,赞拜不名。固让。帝崩,导复与庾亮等同受遗诏,共辅幼主,是为成帝。……俄而贼退,解大司马,复转中外大都督,进位太傅,又拜丞相。……谥曰文献,祠以太牢。"①从中可知,王导年少有才,富有远见,能够和帝王共谋建国大业,并且事成之后,不骄不躁,恪守本分,做好臣子之职,不怀叛逆之想。同时王导又具有军事才能,不仅善于计谋,使天下归心,也能带兵平定地方叛乱,建立不朽勋业。更为难能可贵的是,王导随着名望的提升,他多次按先帝遗诏辅政,不存任何僭越之心,从而没有成为臭名昭著的权臣,最终获得"谥曰文献,祠以太牢"的荣誉,这是对他一生的极大肯定。也正因为此,祖先之德荫护后人,王导的子孙枝繁叶茂,高官厚禄者络绎不绝,《新唐书》中言及:"导字茂弘,丞相始兴文献公。六子,悦、恬、劭、洽、协、荟。洽字敬和,散骑侍郎。二子:珣、珉。珣字元琳,尚书令、前将军,谥曰献穆。五子:弘、虞、柳、孺、昙首。昙首,宋侍中、太子詹事、豫宁文侯。二子:僧绰、僧虔。僧绰,中书侍郎,袭豫宁愍侯。生俭,字仲宝,齐侍中、尚书令、南昌文宪公。生骞,字思寂,梁给事中、南昌安侯。生规,字威明,左户尚书、南昌章侯。生褒,褒字子渊,后周光禄大夫、石泉康侯。生鼒,字玉铉,隋安都通守、石泉明威侯。子弘让、弘直。"②一代代王氏子孙大多供职于朝廷,非富即贵,不仅丰富了王氏家族的历史内涵,而且让历史铭记了王氏家族的荣耀,琅琊王氏逐渐成了一个特定符号,光环璀璨,让人仰望,同时也让人羡慕。

后来隋唐虽然统一了全国,但是在统一的过程中,仍伴随着战争,以及百姓的颠沛流离,在天下时局大变的背景之下,如前所言,家族力

---

① [唐]房玄龄等撰:《晋书》卷六十五,中华书局1996年版,第1745—1754页。
② [宋]欧阳修、宋祁等撰:《新唐书》卷七十二,中华书局1975年版,第2601—2602页。

量显得那么渺小,面对战争,琅琊王氏也不能幸免,身在迁徙的人群之中。与此相应的是,战争还会带来部分历史的空白,人们难以和往日一样,保持对历史的记录,即便记录了,也可能在迁徙中不小心散失,所以对于战争时发生的一切,很难有完整的文字记载,以致部分内容难以考证。国家尚且如此,个体家族更是苦不堪言,王氏家族在战乱中,失去了往日的荣耀,家族的部分人员传承也有点模糊不清,失于记载。关于这时期琅琊王氏的迁徙,周颖曾考证道:"至唐,琅琊王氏一支居睦州桐庐。其人可考者名曰煦封,乃鄞江琅琊王氏始祖。至五代,煦封曾孙名仁镐者,仕吴越明州节度衙推,卒葬于斯。子孙遂家焉。"①桐庐和鄞江两地相隔不远,睦州桐庐即现在的杭州桐庐县,睦州为古代地名,隋仁寿三年(603),隋朝以新安故城置睦州,治理新安县,在大业三年(607),行政区域有所调整,朝廷改睦州为遂安郡,桐庐县归属其辖区,并改新安县为雉山县,仍为该郡治理。鄞江,则位于宁波市海曙区,在鄞江镇南部,源于上游章溪,从它山堰至南三江口,旧称兰江,为奉化江的主要支流之一。王炜在《鄞江王氏世谱·鄞江世系传》中较为详细地记录了王氏家族新的发展过程,提及:"煦封府君,世居睦之桐庐。唐任侍御史。生二子,长淘,次匡襗。……淘府君,煦封长子。官至大理评事。生一子耕。……耕府君,淘子,以文行称于世。避五代乱,周干化时仕吴越王官,至湖州乌程县丞。生三子,仁镐、仁干、佑。……仁镐府君,耕之长子。周显德间仕吴越忠懿王,官至明州节度衙推,卒葬于州之城南。子孙遂家于鄞西桃源乡圣女山下。生二子,居策、居简。"②此时王氏家族的发展轨迹失去了昔日的辉煌,没有能够出现一位力挽狂澜、主政一方的名士,家族历史趋于平淡。我们也可从历史中知道,没有任何一个家族能够长盛不衰,兴盛都只是暂时的,不过历史不会忘记他们的辉煌。

直到南宋时期,王氏家族才出现了一位以直谏闻名的朝臣,他为王仁镐的曾孙王缙,张栻在《王司谏墓志铭》中说道:"公讳缙,字子云。王

①周颖:《王世贞年谱长编》,上海三联书店2016年版,第28页。
②[清]王炜纂修:《鄞江王氏世谱·鄞江世系传》,上海图书馆藏清乾隆十五年(1750)蓝格钞本,第7页。

氏系出琅琊,晋司徒导南渡,始家江左。其后有居睦州桐庐者,曰胸封,仕唐,为和州刺史。生肃清主簿淘,淘生梁乌程丞耕,耕生周明州衙推仁镐。因家于明,而处者为严州分水人。"①分水县,古县名,后与新登、於潜等县一并裁撤,分水县城即浙江省桐庐县分水镇,建于唐武德四年(621),隶属严州治理,严州现在为浙江建德市梅城镇。按照地域而言,王缙的居住地和先祖们还是很近的。

对于王缙,孙矿在画作《宋先司谏公告身真迹》的题跋中直言:"司谏王公者,名缙。……是时,台谏讽公同论张右相公,不惟不从,且上疏论刘光世等骄惰、王德忠勇、郦琼辈潜谋有日。方防秋之际,张浚未可遽罢。台谏遂劾公观望,欲为后图,以此出知温州云。"②王世贞对这位擅长讽谏的先祖,也是赞赏有加,他曾说道:"右直秘阁,知常州军州兼管内劝农事告身一通,为世贞十五世祖。……府君在谏垣数上章,抗论国是,有直声。"③这种直声,是秉持公道、不攀附奸相秦桧的可贵。如在绍兴七年(1137),秦桧将当时四万淮西军叛变的罪责推给张浚,并诬陷他为卖国之贼,王缙在知道事情的来龙去脉之后,在当年七月向朝廷上疏《言张浚可以复用》,分析事情的原委,认为淮西军叛变不是张浚造成的,况且现在是防秋之际,急需稳定军心。宋高宗看完奏疏后,采用了王缙的建议,从而使秦桧的如意算盘没有成功。再如,在绍兴八年(1138),朝廷战事不力,重新启用秦桧为丞相,并且主张和议,朝廷上下议论纷纷,多有爱国志士感到屈辱。有一次,秦桧与王缙在桐庐与分水的浪石亭相遇,在谈论起时局时,两人为战和一事各抒己见,王缙更是没有屈服于秦桧的淫威,直斥他有损国威,指出和谈的危害,最终两人论争激烈,不欢而散。而秦桧在那时贵为朝廷宰相,前后执政长达十九年,把持朝纲,任人唯亲,不攀附他的,马上会被打压,断送仕途。王世贞说道:"张右相以吕尚书失律不自安,而是时,奸桧方任元枢嗾台谏论

---

① [宋]张栻:《南轩集》卷三十八《王司谏墓志铭》,文渊阁《四库全书》本第1167册,上海古籍出版社1987年版,第15页。

② [明]孙矿:《书画跋跋》卷一《墨迹·宋先司谏公告身真迹》,上海图书馆藏清乾隆五年(1740)刻本,第5页。

③ [明]王世贞:《弇州山人四部稿》卷一百三十《宋先司谏公告身真迹》,美国哈佛大学燕京图书馆藏明刻本,第5页。

之冀,得代其处,公独不可,盖桧欲相而公先出谏垣矣,公之守常,又以不礼桧党之仕敌庭者,为所潜罢主崇道观,则公之始出谏垣与罢郡,皆桧意也。"①他还言及:"吾王之先,出晋丞相始兴文献公。五季时,徙严州之分水。有司谏公缙者,显重,于宋为名臣,以上寿终。"②从而进一步确定了王缙之于王氏家族的身份,王世贞对王缙非常推崇,深受其影响,其日后不攀附严嵩、不畏陆炳等行为,均可以看到王缙的影子。这是一个漫长的时间段,王氏家族经过了唐宋时期的各种社会阵痛,迁徙多地,以其顽强的生命力,仍然在延续着,虽没有往日的荣耀,但不失其底蕴。

第三节　太仓新始

在农耕文明的社会生活中,人们的流动性不大,相对稳定,多为世代与田地相伴,经常是脸朝黄土背朝天。家族的迁徙更是只有因战乱、自然灾害等原因才可能发生,不过不管是哪种原因,家族迁徙至新的地方,注定是新的开始。王世贞在《纶音世贲录后序》中说道:"自司谏五易世而为梦声,沿牒理昆山学事,遂家昆山。其后人能不废其业,然内薄元德,不仕。而至于永乐中,稍稍有闻者,盖成弘之间而青紫相禅矣。"③在《太中大夫河东都转运盐使司运使少葵公暨元配归安人合葬志铭》中又自述道:"又数传而至古川先生,讳梦升,薄元德,不仕,仅从行省辟为昆山州学正。逾三十年,老不能归,遂为昆山州人。后割昆山之东垂为太仓州,故王之裔或称昆山,或称太仓,其居亦相错如绣。"④因此据王世贞所言,可知王梦声为王氏家族在昆山地区的新始,自此,吴中地区和琅琊王氏结下了深厚情缘。

昆山一地,历史悠久,在新石器时代就已经有人类居住,其古名娄

---

① [明]王世贞:《弇州山人四部稿》卷一百三十《〈宋先司谏公告身真迹〉又》,美国哈佛大学燕京图书馆藏明刻本,第7页。

② [明]王世贞:《弇州山人续稿》卷一百十五《太中大夫河东都转运盐使司运使少葵公暨元配归安人合葬志铭》,美国普林斯顿大学东亚图书馆藏明刻本,第14页。

③ [明]王世贞:《弇州山人四部稿》卷七十一《纶音世贲录后序》,美国哈佛大学燕京图书馆藏明刻本,第3页。

④ [明]王世贞:《弇州山人续稿》卷一百十五《太中大夫河东都转运盐使司运使少葵公暨元配归安人合葬志铭》,美国普林斯顿大学东亚图书馆藏明刻本,第14页。

邑,由于政权更替的原因,它在春秋战国时期先属吴,后属越,继又归楚,其地名和辖区历来多变。天宝元年(742),唐朝朝廷将苏州复为吴郡,乾元元年(758),又复改吴郡为苏州,而昆山均为苏州属县。至北宋太平兴国三年(978),宋朝朝廷将吴越之地除去国名,改苏州为平江军,昆山则属平江军,政和三年(1113),又升平江军为平江府,昆山便属平江府。后来到元朝至元十三年(1276),朝廷升平江府为平江路,昆山随之属平江路。至元贞元年(1295),因昆山地区户口增多,朝廷便升昆山县为昆山州,但仍属江浙行省平江路管辖。至正二十七年(1367),平江路改名为苏州府,昆山州并没有独立出来,而是顺属苏州府管辖。

在这之前,昆山和太仓没有直接联系。太仓靠近江海,在古代为滨海村落,人烟稀少,发展缓慢,春秋时属吴地,秦属会稽郡,汉为吴郡娄县惠安乡,三国时期,吴国在此建仓屯粮。直到元朝时期,朝廷在刘家港开创漕粮海运后,该地遂日益繁盛,逐渐成为万家之邑,朝廷后来便在此筑建太仓城。明朝初期,朝廷在太仓置镇海卫,以屯兵驻防。直到弘治十年(1497),朝廷调整行政规划,才将昆山的新安、惠安、湖川三乡独立出来,新建太仓州,而余下的昆山县仍属苏州府管辖。所以王世贞才会说道:"后割昆山之东垂为太仓州,故王之裔或称昆山,或称太仓,其居亦相错如绣。"他还直接言及:"其先世为即丘子,讳览。即丘孙始兴文献公,讳导,迁江东。至宋左司谏讳缙者,仕高宗朝,称名臣,以不能事秦桧中废。居分水,为分水人。数传而至元古川先生,讳梦声,仕昆山州学正,家焉,遂为昆山人。已,割昆山支地属太仓,遂又为太仓人。"①可见昆山琅琊王氏和太仓琅琊王氏实为一支,均为王梦声的后代,只是后来人为的行政划分造成的地域名称有所不同而已。归有光亦说道:"王氏之族,元末有讳梦声者,自分水来为昆山州儒学正,遂居州之束乡。今州为县,而东乡隶太仓州。太仓之王,于今多在仕籍,亦既显矣。"②可为佐证。

---

① [明]王世贞:《弇州山人四部稿》卷九十八《先考思质府君行状》,美国哈佛大学燕京图书馆藏明刻本,第1—2页。

② [明]归有光撰,周本淳校:《震川先生集》卷五《题王氏旧谱后》,上海古籍出版社2007年版,第120页。

至于王梦声的部分生平事迹,方鹏在《昆山人物志》中曾提及:"王梦声,字应甫,号古川。其先严州人,宋司谏缙之后。咸淳进士,授迪功郎,秘书省检阅。致仕复起,任昆山州儒学正,因家湖州。时兵燹之余,学宫颓圮。梦声始至,捐己资,力为经营。自殿堂而下,鼎鼎一新,邦人称之。"①再结合王世贞之言,可知王梦声如王缙等王氏家族人员一样,有其气节和风骨,他是咸淳(1265—1274)年间进士,在南宋灭亡之后,他怀念故国,不满元朝的统治,拒绝出仕为官,后来迫于压力,只是出任昆山州学正而已,服务于当地的教育事业。任职后,他以身作则,执行学规,考校训导,造福于民,如他在看到由于战乱而荒废的学堂后,便私自出资进行修复,使当地的教育设施焕然一新,乡人为之称赞。王梦声身仕两朝,不变的是勤政为民之心。

昆山和太仓辖区的调整,导致王氏家族在地域上分为东西两族,王世贞对此说道:"吾王故有东西族,至是皆悉集马鞍山之阳塘北。第东族齿卑而行尊,诸少葵子之大父行者皆东族,曰不佞少司寇世贞、保御氏世望等若而人,负屏南向立。称诸父者,则合东西族,曰公乘、一敬、一纶、大有、乡进士士骐若而人,西向立。少葵子东向立。稍下称弟而从者,尚书刑部郎周绍、诸生无逸等若而人,皆东向立。诸称少葵之子姓若孙者,录事定鼎、乡进士亮臣及太学某某等若而人,前后北向立。"②他还说道:"古川先生有三子,其中子夭绝。而长者,则吾少葵君始,曰西族。少者则余始,曰东族。积数世而后,少者分日益以尊。故吾齿亚于君二十年,成进士亦后一纪,而忝大父行。"③因此,琅琊王氏东西两支④的整体特点是"东族齿卑而行尊",随着时间推移,也印证了王世贞

① [明]方鹏:《昆山人物志》卷九《王梦声》,《四库全书存目丛书补编》第93册,齐鲁书社1997年版,第11页。
② [明]王世贞:《弇州山人续稿》卷三十四《寿宗耆大中大夫少葵子八十叙》,美国普林斯顿大学东亚图书馆藏明刻本,第10页。
③ [明]王世贞:《弇州山人续稿》卷一百十五《太中大夫河东都转运盐使司运使少葵公暨元配归安人合葬志铭》,美国普林斯顿大学东亚图书馆藏明刻本,第14页。
④ 关于东西两族的具体区分时间,程穆衡在《娄东耆旧传》卷二《琅琊》中说道:"古川公讳梦声,字应甫。……其第三子廪,字德辅,元任山东东昌府教谕。生二子,逢吉、遇吉。遇吉字隐君,生二子约、绎。绎字方泽,生一子琬,字公琬,法名元朴。生平多历艰难,不失儒业。居闽头东,始称东分。生子三、球、琳、瑗。"这时间与王世贞所言的"而长者,则吾少葵君始,曰西族。少者则余始,曰东族"有所出入,今从王世贞之说。

之论的正确性，东族从根底上而言，是源自西族，其辈分自然低人一等，但是东族后来在朝廷为官者众多，而西族寥寥无几，东族的整体发展逐渐好过西族，并最终成为琅琊王氏家族这一时期在吴中地区的代表。

王梦声的五世孙王琳，是王世贞的高祖父，虽然他崇尚儒学，却没有仕宦，只是凭借其孙王倬的显贵而获朝廷封赠南京兵部右侍郎，其妻石氏，则封赠太常淑人，均不是实职。程穆衡提及："琳字叔润，生三子，昇、辂、厚。业儒不仕，以次房孙倬贵赠南京兵部右侍郎、通议大夫。"①顾鼎臣在《明故通议大夫南京兵部右侍郎质庵王公墓志铭》中说道："公姓王氏，讳倬……祖琳，以公贵赠通议大夫、南京兵部右侍郎。妣石氏，赠淑人。"②王辂为王世贞的曾祖父，他不喜仕宦，乐善好施，交友甚广，他和父亲王琳一样，因子贵而获朝廷赠封官职，累赠通议大夫、南京兵部右侍郎，其妻张氏则累赠淑人。钱肃乐、张也对此有所记载，他们说道："王辂，侨、倬父，以侨赠工部主事。侨母张氏，封太安人。妻陆氏，封安人。以倬累赠侍郎，妻陈氏封淑人。"③王世贞则详细地叙述道："封知县累赠南京兵部右侍郎，先大王父夷庵公讳辂，字尚殷，少读书修行，不乐仕进，忠信肫切，与物无迕。家大人尝语不肖：公有田三千亩，岁收不能盈一囷。里中有丐者、借贷者，以其时至，则令从佃人所取资故也。而又嗜酒好客。每晨起坐于门，里中儿过之，小堪坐谈者辄呼入而酒之，酩酊至暮，乃散去，不复问姓名也。张淑人间谓曰：'生计日薄，奈何？'公笑指少子曰：'此钑花金带人也。'谓长子：'仅钑花银带人耳，或可望金，我何忧贫？'少子者，王父司马公也。长子，则工部公，五品，而以老遇诏恩，赐爵一级，得横金。盖公尝遭胡僧，受相书一卷，遂得其妙云，然不轻为人相。"④可见王辂虽家有良田三千亩，但是每年的收成却十分微薄，他乐善好施，资助丐者、借贷者，且嗜酒好客，屡屡请友人或陌生人畅饮，以致"生计日薄"，其至情至性如此，对后人影响深远，王世

---

① [清]程穆衡：《娄东耆旧传》卷二《琅琊》，上海图书馆藏清抄本，第5页。

② [明]顾鼎臣，蔡斌点校：《顾鼎臣集》，上海古籍出版社2013年版，第130页。

③ [明]钱肃乐修、张采纂：《太仓州志》卷六《选举志·恩典》，广陵书社2014年版，第11页。

④ [明]王世贞：《弇州山人续稿》卷一百五十一《琅琊先德赞》，美国普林斯顿大学东亚图书馆藏明刻本，第2页。

贞伯父王愉及王世贞等人皆喜交游、饮酒，且性格豪爽，乐于施舍，这与王辂不无关系。

王辂长子王侨，深受王世贞推崇，王世贞认为琅琊王氏在太仓的兴盛，始自王侨，他说道："余琅琊之重，在晋宋齐梁间，至于赵宋益有闻。而明之重，则自世大父工部公始，实与宫保公同。第成化乙未进士，两家乔木相望，至于今。吴中之甲姓鼎族，莫能三焉。"①也即从此时起，王氏家族重新走上了仕途，屡任朝廷要职，开始续写新的篇章，在王世贞看来，这是能和晋宋齐梁间媲美的，在吴中地区的望族之中首屈一指。对于王侨的经历，王世贞曾做过整体概括，他言及："先伯祖易轩公者，讳侨，字德高，成化乙未进士。授江西武宁令，外艰归。服除，补山东曹令。前后九载，始入为南京工部营缮司主事，内艰归。服除，补故官。久之，进都水员外郎，复为营缮郎中，授奉政大夫。以老疾致仕，用两宫尊号恩进阶四品。卒年七十有四。"②虽然四品官职不算高，远不及前人的将军、丞相之职，但是比起之前不愿从事仕途的祖辈而言，的确是跨越式发展，至少又在朝廷中体现了王氏家族的存在，先祖也因他们而获封赠。

王辂长子王倬，是王世贞的祖父，很有才干，成化十四年（1478）进士，后任都察院右副都御史，并奉诏整饬蓟州边备，兼巡抚顺天等府，累官至南京兵部右侍郎，为正三品，比其兄王侨的官职更高，从而进一步推动了王氏家族的发展，扩大了其影响力。

在直系的祖辈之外，与王世贞有密切关系的外祖父对他的影响也很深，虽然外祖父不是王氏宗族的成员，但鉴于他对王世贞的影响，有助于我们更加全面地了解王世贞，况且王世贞也是一位极重孝道之人，故在此稍微提及。在王世贞的印象中，外祖父郁氏祖上也不是吴中地区的人，而是先晋高平冠带族迁徙至此，并以生活在昆山和常熟为主，在外祖父将女儿嫁给王愔之后，王愔非常平顺，做官至御史时，自己也

① ［明］王世贞：《弇州山人续稿》卷五十四《吴江吴氏家乘序》，美国普林斯顿大学东亚图书馆藏明刻本，第9页。
② ［明］王世贞：《弇州山人续稿》一百五十一《琅琊先德赞》，美国普林斯顿大学东亚图书馆藏明刻本，第2—3页。

高中进士,外祖父异常高兴,感到自豪,他认为这样的大喜之事,自己之前只是在历史中有所听闻,而现在不仅看到了,还是自己家族之事,值得庆贺。不过后来在外祖父四十八岁之际,一子将要行及冠之礼,成为成年人时,却突然夭折了,以致白发人送黑发人,此事给外祖父带来了巨大打击,其身体也逐渐衰弱。后来因为脾疾而逝世,享年只有六十三岁。外祖母后来卧病在床,得益于两个女儿的精心服侍,才得以安享晚年。对于外祖父的离世,王世贞倍感痛心,同时也非常自责,认为:"世贞少则侍公,恺悌尔雅,所谈说引喻居然有前辈典刑。已矣,邈乎辽矣!"①从王世贞的成长轨迹来看,他有外祖父的身影,并且也深受脾疾之扰。

虽然祖父辈及先人所取得的功绩对王世贞的成长有一定影响,但客观的年龄差,导致祖父辈年老时,王世贞才刚刚懂事,无法深度交流。因此,从整体上来看,这种影响有限,还是不如王世贞经常接触的父辈们来得更加直接。祖父王倬有二子,为王愔、王忬,王愔为长子,王忬是王世贞的父亲,王愔作为王世贞的伯父,两人的交往非常密切,对伯父的性格和生平,王世贞曾直接说道:"公性内辨了而貌示椎,廓落有大志。读书好涉猎,独不肯龌龊经生业。"②可以说这是王愔一生的写照。如王愔有园林之好,在宴请宾客时,奏伎一旁演唱,自己与友人则通宵达旦,不知疲惫,当人问到他的人生志趣时,他认为人生如寄,不如及时行乐,以慰平生。再加上他乐善好施,交游广泛,日常开支颇巨,以致他后来为了维持自己安逸的生活,不惜变卖家产,遭来非议。当然,王愔也具有勇于担当的一面,他因为父亲在外为官,自己则勇于挑起家庭重担,侍奉继母、二伯,抚养年幼的弟弟,虽然喜欢读书,涉猎天文、地理、兵法等内容,却不好科举之业,最终以山东布政司都事之职致仕,无意官场。

王世贞平时与王愔交往颇多,他对园林的喜好,对友人的乐善好

---

① [明]王世贞:《弇州山人续稿》卷一百四十一《右泉郁公暨元配刘孺人合葬志》,美国普林斯顿大学东亚图书馆藏明刻本,第4页。

② [明]王世贞:《弇州山人续稿》卷一百一《明故承事郎山东承宣布政使司都事静庵王公墓志铭》,美国普林斯顿大学东亚图书馆藏明刻本,第13页。

施,很可能是受王忬的直接影响,以致他对园林的认知也与王忬类似,如他曾说道:"世父麋场泾园,雄丽始为吴地冠。捐馆后,为吾伯氏所狼籍,几不可游。吾季氏尝乞余言记之,以志不忘而已。后余治中弈,石从而徙,然仅十七耳。今之土冈、溪池、竹柏犹有存者,以余记考之,或得其仿佛也。"① 后来更是与王忬的第四子王世望重整麋场泾园,以慰其志。因此在王忬离世后,王世贞悲痛万分,其《祭伯父文》言曰:"呜呼!伯父弃诸子焉之耶? 始也一再疑其疾,而不能走一介之信也,既也闻讣矣,而不能弃其官还哭也,疾而毋以躬药膳也,殁而毋以躬含敛也,葬而毋以躬窆岁也,非人哉!"② 这种非人之感,也是源自内心的自责,伯父不仅对父亲照顾有加,对自己也是有恩,而在伯父患疾时,自己不能亲侍汤药,伯父去世时,自己在外为官,无法奔丧哭泣,更无法料理伯父后事,其情深也。

　　王忬有四个儿子,其名分别为王世德、王世业、王世闻、王世望,在四子中,唯有王世望能承其业,两人性格也最为相似。王世望受父亲的影响,也不喜欢从事科举之业,但是自有其才情,偶尔创作的诗文,也是非常的工整,符合创作体例。所以当他因祖上功绩,被补博士弟子,前往应天学习,准备考试,在学习了一段时间后,便无心学习,感觉困乏、无趣。王世贞虽然帮助过他,最终还是无济于事。不过王世望经常跟从王世贞出游,参与集会,自己也逐渐通晓诗句,并且自学史传等书。久而久之,其才学渐进,举手投足之间,也具有儒者之风。他和王世贞之间也还有诗作来往,如为贺王世望乔迁之喜,王世贞有诗作《瞻美弟移居,是吾宗始构,乔木森然,赋此美之》。除此之外,王世望还有侠士之风,能够急人所难,乐于助人,崇尚义气,甚至是他人临时向他求助,他都会倾囊相助,毫不犹豫,即使是自己向他人借贷也在所不惜,这种行为赢得众多好友的肯定。王世望这种性格的形成,与其父有很大原因,但在一定程度上而言,也是受到了王世贞的影响,王世贞就经常资助他人,在中进士后,与友人相聚,也经常是他出资出力。

① 〔明〕王世贞:《弇州山人续稿》卷六十《太仓诸园小记》,美国普林斯顿大学东亚图书馆藏明刻本,第11页。
② 〔明〕王世贞:《弇州山人四部稿》卷一百四《祭伯父文》,美国哈佛大学燕京图书馆藏明刻本,第4页。

当然,相比于伯父王憬,王世贞的父亲王忬,对他的影响更大,且王忬把琅琊王氏在太仓的发展推上了新高度。王忬字民应,号思质,嘉靖二十年(1541)进士,初授行人司行人,后选江西道监察御史,历湖广、顺天巡按,在庚戌事变中,拜右佥都御史,经略通州军务,累官至兵部左侍郎兼右都御史,总督蓟辽、保定军务,成为名震一时的封疆大吏。后因滦河战事失利,被严嵩①从中左右,最终下狱论死。而王世贞的弟弟王世懋,则进一步助推了琅琊王氏的发展,王世懋字敬美,号麟洲,嘉靖三十八年(1559)进士,授兵部郎,因父亲下狱论斩,后忧居数年,隆庆二年(1568)起任南京礼部仪制司主事,擢员外郎,累官至南京太常寺少卿。对于王忬和王世懋的主要生平事迹,在以后的叙述中会一一涉及,在此先不展开。

由上述可知,王世贞一支的太仓琅琊王氏家族并不是太仓土生土长的,而是远承周灵王太子晋,在朝局、战争、疾病等因素的影响下,经过多次的迁徙,途中至琅琊,且因家族显赫而得名。纵观其家族历史,王氏家族人才辈出,为国家的发展鞠躬尽瘁,为百姓的幸福甘于奉献,历来被史官注意,留下了许多翔实的资料。虽然部分宗族的传承人名不可具体考证,但是太仓琅琊王氏家族的演变发展轨迹,至王世贞一支,还是大致可以勾勒出来。即:

周灵王太子晋—王宗敬—王森—王诩—王昇—王宥—王硕—王错—王贲—王渝—王息—王恢—王元—王顺—王翦—王贲—王离—王元—王质—王渊—王吉—王骏—王崇—王遵—王音—王融—王览—王裁—王导—王洽—王珣—王昙首—王僧绰—王俭—王骞—王规—王褒······后至王煦封—王淘—王耕—王仁镐—王居简—王震—王欣—王缙—王日休—王正民—王滋—王享之······后至王梦声—王廙—王遇吉—王绎—王琬—王琳—王辂—王倬—王忬—王世贞、王世懋······

① 严嵩(1480—1567),字惟中,号介溪,袁州府分宜(今江西省分宜县)人。明孝宗弘治十八年(1505)进士,累迁礼部尚书、翰林院学士,嘉靖二十一年(1542)入阁,加少傅兼太子太师、谨身殿大学士,后改少师、华盖殿大学士,嘉靖二十七年(1548)诬害夏言后,再任内阁首辅。后在嘉靖四十四年(1565)严世蕃被判斩首,严嵩被没收家产,削官还乡,无家可归。隆庆元年(1567),严嵩在贫病交加中去世。著有《钤山堂集》《直庐稿》《南还稿》等文集。

在传承发展中，秦朝初期、魏晋时期、明朝中晚期，是王世贞家族历史上的三个重要时间段，而中晚明时期，虽然王世贞的官职不如其父王忬尊贵，但是其主盟文坛而形成的影响力，远远超过其父亲，甚至后人多因王世贞而识王忬，进而对太仓琅琊王氏充满敬畏。

第二章　年少成名应科举

立德、立功、立言，是追求人生不朽的三种路径。"德"主要是指个人人格的价值，树立高尚的道德，这实属太难，往往只有大圣大贤才能达成，如老子、孔子、墨子等人；"功"是指个人的事业，为国为民建立功绩，如烛之武退秦师、诸葛亮辅佐刘备建立蜀国，等等，这难度也不小；"言"则指个人的著作，如司马迁著述《史记》，李白、杜甫创作诗歌，等等，这比起前两者，难度小了点，但对个人的才学要求颇高。三者如只能选其一的话，则选立功者居多，毕竟立言是无奈之举，如孟子周游列国之后，没有被重用，只能退而著述，司马迁说道："天下方务于合纵连衡，以攻伐为贤，而孟轲乃述唐、虞、三代之德，是以所如者不合。退而与万章之徒序诗书，述仲尼之意，作《孟子》七篇。"①而至于王世贞，如前所述，祖上以仕宦为荣，不同时代的仕宦之路有所不同，汉至魏晋可以举孝廉，至明则一般是通过科举之路，求取功名，进而建功立业。可以说，王世贞出生时，其进取之路，就已经规定好了。不过此路并非一帆风顺的，王世贞经历了一个从厌恶举业，名落孙山，到尽心举业，最终金榜题名的演变过程。

第一节　初生之时

1368 年，朱元璋在应天称帝，年号"洪武"，建立明朝，王世贞的生

---

① [汉]司马迁：《史记》卷七十四《孟子荀卿列传》，中华书局 1982 年版，第 2343 页。

卒年为 1526 年到 1590 年,经历了明代的嘉靖、隆庆和万历三个朝代,关于明代的分期问题,一般研究者均采用前、中、后的三个时期分法,如南炳文先生从历史发展的角度认为:"正统十四年(1449),明朝与瓦剌打了一仗,明朝皇帝英宗在土木堡作了瓦剌的俘虏。这件大事,一般将之看作明代中期的开端。万历九年(1581),张居正在全国推行一条鞭法,进行了中国赋役制度史上的一次大改革。这次改革,一般看作是明代中期的下限。"①因此王世贞生活在明代中期到晚期的过渡时段,而明代中后期,社会经济、思想、文学等方面均发生了不同维度的转变。

如在社会经济方面,长期以来,在封建社会的价值体系中,商人经商、匠人作工等等商业行为,皆被视为最末等的"贱业",但是到了中晚明时期,在长江和东南沿海地区,由于其地理位置的优势,便于与海外联系,某些地区已经有了资本主义萌芽。虽然这种新的经济形式还没有发展到足够撼动封建经济基础的程度,但是,这使越来越多的人留意这种新的经济形式,并改变对经济发展的看法。李贽②则站在商贾的角度思考,并为以工商业为主体的阶层争取地位,对于经历风险去求财富的商贾亦表示欣赏,他认为:"商贾亦何鄙之有? 挟数万之赀,经风涛之险,受辱于官吏,忍诟于市易,辛勤万状,所挟者重,所得者末。然必结交于卿大夫之门,然后可以收其利而远其害,安能熬然而坐于公卿大夫之上哉!"③李贽赞扬了商贾们不畏艰险的精神,并为商贾们"受辱""忍诟"之后,得到的却是"所挟者重,所得者末"的结果而感到愤愤不平。

在社会思想方面,针对封建社会森严的等级制度,明清时期的许多

---

① 南炳文、汤纲:《明史》上,上海人民出版社 2003 年版,第 205 页。

② 李贽(1527—1602),初姓林,名载贽,后改姓李,名贽,字宏甫,号卓吾,别号温陵居士、百泉居士等,福建泉州人,明代思想家、文学家,深受"阳明学"支流"泰州学派"影响,且以"异端"自居。嘉靖三十一年(1552)举人,不应会试。历任共城教谕、国子监博士,万历中为姚安知府,治理有方,后来期满考核,朝廷准备升迁时,却弃官不做,寄寓湖北麻城芝佛院。在麻城讲学时,从者数千人,最后被诬下狱,自刎死于狱中。他批判重农抑商思想,肯定商贾功绩,倡导功利价值,符合明中后期资本主义萌芽的发展要求,独树一帜。著有《藏书》《续藏书》《焚书》《续焚书》等书。

③ 张建业主编:《李贽文集》第 1 卷,社会科学文献出版社 2000 年版,第 41 页。

有识之士纷纷提出平等愿望。王守仁①提出"良知人人皆有"的主张,泰州学派也提出了"百姓日用条理处,即是圣人条理处"一说,而这种思想主要是主张道德上的平等,具有乌托邦的倾向,并没有把这种平等拉到现实社会之中。李贽则从这一平等出发,并把这种平等进一步展开,提出了"天下无一人不生知,无一物不生知,亦无一刻不生知者"②,即认为在"生知"这一点上,人人都相同,甚至认为"尧、舜与途人一,圣人与凡人一"③。

再如在文学发展方面,杨遇青认为:"经历了成化、弘治、正德年间'茶陵派'的奠基,与弘治、正德、嘉靖年间'前七子'的开导,文学复古的潮流一度勃发。"④王慎中、唐顺之是嘉靖前期主张复古论的文学家,只不过后来他们深受阳明心学影响,日益重视文与道的关系,走出复古,主张学习唐宋古文,与稍后的茅坤、归有光并称为"唐宋派"。而薛蕙、高叔嗣、皇甫兄弟、杨慎、王廷陈等人,或师法中唐,以情韵深远为美,或师法六朝,以藻思丽逸为尚,在嘉靖前期文坛上别立一宗。还有部分文人在仕途之外找到了新的人生归宿,如文徵明⑤,为吴中风雅之主,不专事唐宋,或者汉魏。孙学堂认为:"嘉靖前期的主要文学倾向可以看出,当时的文学思想虽然表现出多元发展的格局,但在总体上仍然呈现出受道学影响日深和宗法对象向六朝唐宋拓展转移的特点。人们针对弘

---

① 王守仁(1472—1529),幼名云,字伯安,别号阳明。浙江绍兴府余姚县(今浙江余姚)人,明代著名思想家、文学家、哲学家和军事家,精通儒家、道家、佛家三家,是陆王心学之集大成者,与孔子、孟子、朱熹并称为孔、孟、朱、王。弘治十二年(1499)进士,历任刑部主事,贵州龙场驿丞、南赣巡抚、两广总督等职,累官至南京兵部尚书、都察院左都御史。因平定宸濠之乱时军功卓著而被封为新建伯,隆庆年间朝廷追赠为新建侯,谥文成,因此后人常称他为"王文成公"。其立德、立功、立言于一身,成就冠绝有明一代,心学思想更是对后世产生了深远影响,并远传至日本、朝鲜半岛以及东南亚诸国,日本名将东乡平八郎曾说:"一生俯首拜阳明。"著有《大学问》《传习录》等书。
② 张建业主编:《李贽文集》第1卷,社会科学文献出版社2000年版,第16页。
③ 张建业主编:《李贽文集》第7卷,社会科学文献出版社2000年版,第361页。
④ 杨遇青:《论"嘉靖十才子"的文学活动和创作趋向——以唐顺之早期文学思想演变为中心》,《中国文学研究》2009年第4期,第85页。
⑤ 文徵明(1470—1559),原名壁(或作璧),字徵明,四十二岁起,以字行,更字徵仲。因先世为衡山人,故号衡山居士,世称"文衡山",苏州府长洲县(今江苏苏州)人。嘉靖二年(1523)以岁贡生参加吏部考试,被授予翰林院待诏之职。嘉靖五年(1526),文徵明便辞官归乡,专事创作。其诗、文、书、画无一不精,人称"四绝",与沈周共创"吴派",在画史上与沈周、唐寅、仇英合称"明四家"。在文学上,与祝允明、唐寅、徐祯卿并称"吴中四才子"。

正文学复古思潮排斥性理之学和宗法对象比较单一的偏失，在折衷调剂中为文学发展探寻新路，尽管所取得的成就参差不齐，但在文学思想发展中承前启后的意义是不容抹杀的。"①这是时代发展的总趋势。

之所以提及当时的时代背景，主要是先走进王世贞所生活的时代，特别是了解当时社会思想和文学发展方面的情况，以更好地把握王世贞的成长历程。

历经"大礼议"②事件的嘉靖皇帝，逐渐掌握了帝王的自主权，社会也趋于稳定，呈现出一片祥和之气。在嘉靖五年(1526)十一月初五，太仓州州城东牌楼市中，一个婴儿呱呱坠地，他的出生没有什么离奇故事，也没有奇异现象，更没有什么预言，只有一个关于他的小梦，即母亲在生他之前，忽然梦见两只燕子汇集于两肩之上，王瑞国言及："明世宗皇帝嘉靖五年丙戌，长公以是年十一月初五日未时生。按是时父大司马公方为诸生。而祖居在州城之东四十里牌楼市，则公实生于是乡。闻之故老云，公母郁太夫人梦双燕集两肩。占者云当生二贵子，以文章名世。未几生公，又十年而生太常公，应其兆云。"③

王世贞出生时，父亲王忬才二十岁，暂为诸生，精于经术，"少以文学名三吴"④，并热衷科举之业，这是家族传统的延续，少有名声的他"十九出应试，州举第一。试提学御史，复第一，补州诸生，明年复在高等"⑤，这也充分说明了王忬自身的优秀，并非依靠祖上功德而浪得虚名。

该年，文徵明五十七岁，他从翰林院待诏致仕回到了吴中地区，由于他德才兼备，非常喜欢与别人一同游玩，并且提携后进，而与他同时

---

① 孙学堂：《嘉靖前期承前启后的文学思想》，《殷都学刊》2001年第3期，第73页。
② 明武宗驾崩后，由于未留下任何子嗣。按明朝祖制，该由他的堂弟朱厚熜继承大统，这就是历史上著名的嘉靖皇帝。嘉靖皇帝刚即位之初，便在追尊其已故生父兴献献王朱佑杬一事上与朝臣们产生了矛盾，因为以杨廷和为首的朝臣非要把武宗和世宗的堂兄弟关系变成亲兄弟关系，最终嘉靖皇帝动用帝王权柄赢得了这场胜利。
③ [清]王瑞国：《琅琊凤麟两公年谱合编》，于浩辑：《明代名人年谱》第7册，北京图书馆出版社2006年版，第107页。
④ [明]李春芳：《贻安堂集》卷七《资善大夫都察院右都御史兼兵部左侍郎思质王公墓志铭》，《泰州文献》第四辑第23册，凤凰出版社2015年版，第323页。
⑤ [明]王世贞：《弇州山人四部稿》卷九十八《先考思质府君行状》，美国哈佛大学燕京图书馆藏明刻本，第2—3页。

期的唐寅等人,早已离世,他还注重子女的教育,热爱文学事业,从而使其声名更盛,自然而然的就成为了文坛的盟主。王世贞说道:"其最善后进者,王吏部谷祥、王太学宠、秀才彭年、周天球,而先生之二子彭、嘉亦名,能精其业,时时过从,谈榷艺文,品水石,记耆旧故事,焚香燕坐,萧然若世外。"①另外,此时谢榛②二十八岁,吴维岳③十三岁,俞允文④十四岁,归有光⑤二十一岁,李攀龙⑥十三岁,汪道昆⑦两岁,吴国伦⑧三岁。这些人后来均与王世贞有着紧密联系,是王世贞人生路上必须叙述的对象。

第二节　年少成长

王世贞的童年生活较为平稳、顺畅,他五岁时开始记事,他说道:"某五、六、七岁时,稍识别人事。"⑨虽然不具备天赋异禀的神童特征,但是也符合一般小孩的成长历程。六岁时,该年五月十八日,与他同母的

---

① [明]王世贞:《弇州山人四部稿》卷八十三《文先生传》,美国哈佛大学燕京图书馆藏明刻本,第9页。

② 谢榛(1495—1575),字茂秦,号四溟山人、脱屣山人,山东临清人。嘉靖间,挟诗卷游京师,与李攀龙、王世贞等结诗社,为"后七子"之一,后为李攀龙排斥,削名"七子"之外,便客游诸藩王间,以布衣终其身。著有《四溟集》《四溟诗话》等文集。

③ 吴维岳(1514—1569),字峻伯,号霁寰,孝丰(今属安吉)人。嘉靖十六年(1537)举人,十七年(1538)联捷成进士,授江阴县令,擢刑部主事,升兵部郎中,历山东按察副使、山东学政、湖广参议、河南按察使等职。著有《天目山斋岁编》《海岱集》等文集。

④ 俞允文(1512—1579),字仲蔚,昆山(今江苏昆山)人。年未四十,不应科举,专力于诗文书法,与王世贞善,为"嘉靖广五子"之一。著有《俞仲蔚集》。

⑤ 归有光(1507—1571),字熙甫,又字开甫,别号震川,又号项脊生,江苏昆山人。崇尚唐宋古文,其散文风格朴实,感情真挚,是"唐宋派"的代表作家,与唐顺之、王慎中并称为"嘉靖三大家",后人称其文为"明文第一",著有《震川先生集》《三吴水利录》等。又归有光元配魏氏,是吴中名士魏校之侄女,而王世贞妻子魏氏为魏校之侄孙女,因此归有光应为王世贞的姑丈。

⑥ 李攀龙(1514—1570),字于鳞,号沧溟,山东济南府历城(今山东济南)人。嘉靖二十三年(1544)赐同进士出身,历任刑部广东司主事、刑部员外郎、刑部山西司郎中等职,后辗转郎署,官职闲散。继"前七子"之后,与谢榛、王世贞等倡导文学复古运动,为"后七子"的领袖人物,被尊为"宗工巨匠"。主盟文坛二十余年,对明清文学产生了深远影响,著有《沧溟集》。

⑦ 汪道昆(1525—1593),字伯玉,号南溟,又号太函。嘉靖二十六年(1547)进士,初任义乌知县,后历任襄阳知府、湖广巡抚等职,累官至兵部左侍郎。著有《太函集》《远山戏》等文集,《明史》有其传。

⑧ 吴国伦(1524—1593),字明卿,号川楼、惟楚山人、南岳山人,武昌人。嘉靖二十九年(1550)进士。初授中书舍人,历任建宁同知、高州知府、河南左参政等职。著有《藏甲岩稿》《甄甋洞稿》等文集。

⑨ [明]王世贞:《弇州山人续稿》卷一百二《中顺大夫知泉州府事云川周公暨继配陶硕人合葬志铭》,美国普林斯顿大学东亚图书馆藏明刻本,第15页。

妹妹出生，八月，父亲王忬参加郡试，以第一名的优异成绩被推荐参加应天乡试，王世贞提及："至嘉靖辛卯郡试，为郡守故大司马聂公所赏；试提学御史，为御史丘公养浩所赏，俱第一。遂荐应天乡试。"①当然，父亲在追求功名之时，也未曾忘记对王世贞的教育，也正是在父亲的影响下，王世贞开蒙读书，不过父亲对于他选择稗官野史、古文辞类的书籍颇感惊讶，"六岁出就傅，辄取稗官野史及古文之易晓者读之，凡数万言。大司马心异之"②，幸运的是，王忬还是比较开明，并没有完全制止王世贞的这种行为，从而使王世贞从小的学识视野就不局限于四书五经，这为他后来的博学多才奠定了基础。有了这样的家庭氛围，加上王世贞喜欢看书，因此到七岁时，他读书就达数十万字，王锡爵说道："公幼称为圣童，六、七龄已能读父书至数十万言。"③可见，有时所谓的神通、圣童等称谓，只不过是长期积累而来，儿时没有过多地玩耍罢了。父亲虽早有声名，也异常勤奋努力，不过颇为遗憾的是，他赴京参加会试时，却因病不能进入考场，只能作罢而归。

在王世贞九岁时，祖母陈氏病重，父亲虽然各处奔跑寻求良医，但是祖母最终还是在医治无效后离世。按照礼制，父亲为之守丧，他谨遵儒礼，没有参加下次的会试考试，王世贞说道："明年壬辰会试……居二年而陈太淑人疾病。府君不脱衣冠而侍汤药，悉橐中装，走诸郡邑医治弗效，搏颡叩天，请得以身代，竟弗效。府君痛，几不欲生，水浆不入口者三日。其视含殓棺椁，靡所不诚信，然不一杂浮屠及吴俗礼，时人翕然称之。"④第二年，父亲开始规划王世贞的学业，聘请姜周⑤讲授句读，增强他的阅读能力，并请陆邦教⑥作为私塾老师，教授王世贞《易》，以为

① ［明］王世贞：《弇州山人四部稿》卷九十八《先考思质府君行状》，美国哈佛大学燕京图书馆藏明刻本，第3页。
② ［明］王士骐：《明故资政大夫南京刑部尚书赠太子少保先府君凤洲王公行状》，［明］王士骐、［明］屠隆、［明］王锡爵撰：《王凤洲先生行状》，上海图书馆藏明刻本，第1页。
③ ［明］王锡爵：《王文肃公文集》卷六《太子少保刑部尚书凤洲王公神道碑》，上海图书馆藏明刻本，第1页。
④ ［明］王世贞：《弇州山人四部稿》卷九十八《先考思质府君行状》，美国哈佛大学燕京图书馆藏明刻本，第3页。
⑤ 姜周，字佐舟，曾任归德府通判。
⑥ 陆邦教，字子才，号爱溪，长洲人，嘉靖十六年（1537）举人，任过东乡县知县。

以后的科举考试做准备。不过刚学《易》的时候，王世贞并不知道里面的具体内容，陆师"竟一夕罢去"①。据明朝的科举制度，考试一般分为三场，第一场考经义，其取题源自《论语》《孟子》《大学》《中庸》《诗经》《尚书》《礼记》《周易》和《春秋》，即所谓的四书五经，第二场考实用文体写作，第三场考时务策论。幸运的是，王世贞此时并没有放弃学《易》，所以他以后参加科举考试，主要是治《易》。然而王世贞自小阅读便十分广泛，对于科举之业还是有点抵触，不想用功于此，但是父命不敢违，父亲想让他通过科举之途走向仕途，并且以身作则，用心于科举考试，同时对王世贞所阅读的书籍有所限制，不似之前那样的无拘无束。于是王世贞只能想尽各种办法读自己喜欢的古文辞类书籍，如私自夹带书本，帐中、厕所便成了美好的阅读场地。王士骐曾说道："（府君）十岁而举太常叔……而督令习举子业。府君心厌薄之，辄弃去。大司马忧之曰：'儿好读古书，如异日鼓瑟齐门何？'于是苦相禁制。府君窃挟古文辞，阴避大司马，从帐中、厕上读之。"②

王世贞十一岁时，该年五月二十六日，家里有一大喜讯，即弟弟王世懋出生，父亲又得一子，甚是高兴，并寄予厚望，在取名时详加斟酌，"先大司马公尝命之曰：'吾闻东海有凤、麟洲，尔才庶几埒而兄乎？'署其读书之室曰麟洲。……然而天下故知弟号麟洲，其称如故。"③此时，王世贞的妹妹已经六岁，聪慧质仁，受惠于家庭的读书氛围，她跟从母亲读书，每日能读上千言，且通晓其意，父亲甚爱之，认为如果她是男孩的话，当不在王世贞之下，对此王世贞言及："（妹）六岁从母夫人受四子、《孝经》《列女传》诸书，日千言，辄能解其意。先君子奇之，时抱诸膝，戏余曰：'儿男者，当不后汝矣。'稍长，精女红。针绣纤刺，不习而解，多所妙创，出人意表。"④

---

① ［明］王世贞：《弇州山人续稿》卷一百二《承直郎贵州程番府通判爱溪陆先生墓志铭》，美国普林斯顿大学东亚图书馆藏明刻本，第 6 页。

② ［明］王士骐：《明故资政大夫南京刑部尚书赠太子少保先府君凤洲王公行状》，［明］王士骐、［明］屠隆、［明］王锡爵撰：《王凤洲先生行状》，上海图书馆藏明刻本，第 1—2 页。

③ ［明］王世贞：《弇州山人续稿》卷一百五十一《亡弟中顺大夫太常寺少卿敬美行状》，美国普林斯顿大学东亚图书馆藏明刻本，第 1 页。

④ ［明］王世贞：《弇州山人四部稿》卷九十三《亡妹太学生张与龄孺人王氏墓志铭》，美国哈佛大学燕京图书馆藏明刻本，第 6 页。

另外，伯父王愔自山东布政司都事归吴中，大建园林，与友人宴饮，后来经过几年的修整，使麋场泾园的富丽程度在东南地区首屈一指，成为享誉当时的名园。王世贞十分羡慕，他说道："遂受山东之布政司都事以归。公故豪有园林声色之奉，至是益发舒。于居第后种竹万余竿，长松半之，它奇卉异木复半之。筑山凿池，列崎洞庭，锦川斧劈。诸峰间以亭榭桥道宛转向背，恍若有神。叫窱深靓，非复人境。春时，游者舄屦相啮，衫珥狼籍。公盛帷张，张乐合宴。临观之，则咋指叹咤，以公非仙则神。不然者，岂十万户侯裔耶？"①这种耳濡目染对王世贞的人生观产生了深远影响，如王世贞言及："余自为诸生，则已侍静庵公杖屦游山中。"②王世贞晚年构筑弇山园，并不断地修整园林，广邀友朋相聚、畅饮，享受山水之乐，这与伯父王愔有一定的内在联系。

在陆师走后，王世贞便从周道光学习《易》，由于周师的严格要求，加上王世贞的聪慧，他仅学习一年，就达到了科举的水准，王世贞回忆道："先大夫一日顾余：'为儿得一良师，能折节事之否？'俾修弟子礼以见。公抗席正色，指摘文字谬误无所避。某偶小惫，即摄齐请去，皇恐谢罪乃已。以是从公仅一岁所，而其为举子业渐中程。"③不过父亲参加会试，虽然"其文奇甚"④，但是再次不中，只能遗憾地回乡。别人对父亲文章的高度评价，使他名声大振，愿意从其治学者络绎不绝，可是这毕竟治愈不了父亲内心的悲伤和失望。

基于从小的阅读，王世贞十四岁时，就非常清楚自己喜欢读的书籍是什么，其文学主张也在慢慢形成，他说道："余十四岁从大人所得王文成公集，读之而昼夜不释卷，至忘寝食，其爱之出于三苏之上。稍长，读秦以下古文辞，遂于王氏无所入，不复顾其书，而王氏实不可废。"⑤即他

① [明]王世贞：《弇州山人续稿》卷一百一《明故承事郎山东承宣布政使司都事静庵王公墓志铭》，美国普林斯顿大学东亚图书馆藏明刻本，第15页。
② [明]王世贞：《弇州山人四部稿》卷七十四《先伯父静庵公山园记》，美国哈佛大学燕京图书馆藏明刻本，第18页。
③ [明]王世贞：《弇州山人续稿》卷一百二《中顺大夫知泉州府事云川周公暨继配陶硕人合葬墓志铭》，美国普林斯顿大学东亚图书馆藏明刻本，第16页。
④ [明]王世贞：《弇州山人四部稿》卷九十八《先考思质府君行状》，美国哈佛大学燕京图书馆藏明刻本，第3页。
⑤ [明]王世贞：《读书后》卷四《书王文成公集后一》，上海图书馆藏明刻本，第7页。

喜欢读王阳明、三苏的文章,并且王阳明在三苏之上,达到了废寝忘食的地步,后来虽然读了秦以下的古文辞,但仍认为王阳明之文"不可废",王阳明开创"心学",注重真情的抒发,三苏也是注重创作中情感的抒发,可见,此时王世贞真性情的种子已经种下,并开始萌芽①,而没有被科举之业遮蔽内心的选择。

王世贞年少时,最被他人所议论的一事,恐怕还得数他十五岁时创作的《宝刀歌》。当时他在山阴骆行简②处学《易》,平时在学习科举内容之外,还经常翻阅司马迁、韩愈、柳宗元等人的文集,以开博识趣,调节学习内容和节奏。一日有卖刀者经过,骆师便教他以此场景创作诗歌,当"少年醉舞洛阳街,将军血战黄沙漠"一语出时,骆师为之赞叹,并认为他以后定有所成。对于此事,王世贞也颇为得意,在其文集中多有提及,如在《艺苑卮言》中言及:"余十五时,受《易》山阴骆行简先生。一日,有鬻刀者,先生戏分韵教余诗。余得'漠'字,辄成句云:'少年醉舞洛阳街,将军血战黄沙漠。'先生大奇之,曰:'子异日必以文鸣世。'是时畏家严,未敢染指,然时时取司马、班史,李、杜诗,窃读之,毋论尽解,意欣然自偷快也。"③在《奉寿广州司理容山骆翁尊师九十序》中说道:"世贞十五而先司马公延山阴骆翁主宾塾,俾受博士家言。翁不甚帖帖于训故,而操心匠解,理刃恢乎有余地焉。赏激咏言之下,有不假丹铅而为鼓舞者,即世贞亦不自知其所以进。而翁犹少之,时时取左氏、司马、昌黎、河东遗旧以开博其识趣。而又一日,翁为人赋《宝刀篇》得'漠'字韵,顾谓世贞试押一语。世贞应声云:'少年醉舞洛阳街,将军血战黄沙漠。'翁起而揖,且叹曰:'子必以大雅名世哉,吾且拜下风!'"④他人亦有所提及,如屠隆在《大司寇王公传》中言曰:"十五已淹纬如宿学,然未尝为韵语。属有鬻宝刀者,其师戏令公咏之。公应声曰:'少年醉舞洛阳

---

① 参见拙文:《复古派领袖王世贞:"性灵说"的先驱》,《求索》2016 年 11 期,第 139 页。
② 骆行简,山阴(今浙江绍兴)人,与王忬同举于嘉靖十年(1531)乡试。
③ [明]王世贞:《弇州山人四部稿》卷一百五十《艺苑卮言七》,美国哈佛大学燕京图书馆藏明刻本,第 16 页。
④ [明]王世贞:《弇州山人续稿》卷三十四《奉寿广州司理容山骆翁尊师九十序》,美国普林斯顿大学东亚图书馆藏明刻本,第 4 页。

街,将军血战黄沙漠。'师大诧赏,以语司马公,知异日必为命世才。"①王世贞后来回忆此事,进一步完善了《宝刀歌》,并附有小序,全诗为:

予十五时,目不知诗,会经师骆先生为人作宝刀歌,戏以"漠"字命韵,予辄应曰:少年醉舞洛阳街,将军血战黄沙漠。先生大激赏,谓子他日必以诗名。予谢不敏。又三载,举应天荐,将计偕,有鬻刀者,因据旧语补之,存一时故事耳,不必计其词之工拙也。

昆吾精铁光灼烁,不论风胡手中作。涪江水淬明月寒,汉冶风廻赤蛟跃。锋尖七曜隐芙蓉,匣里双环吐龙雀。少年醉舞洛阳街,将军血战黄沙漠。记取衔恩一片心,扶君直上麒麟阁。②

这首诗作,不仅因为被骆师赞赏而令王世贞满心欢喜,此诗还是王世贞少年时的代表作。该诗抒写了一个热血男儿内心的远大志向,渴望建功立业,"扶君直上麒麟阁",赢得生前身后名,这是王世贞的自我写照。此时的他,还喜谈国事,好发表议论,他自述道:"不佞则舞象时,雅已好谈说国家公卿大夫之业。而坐生僻,虽家世受宦,然无所得之。"③此才情是在性灵种子发展基础之上形成的,他对自己的文学取向也有了清晰的感悟和认知,他说道:"仆自束发时操觚为辞章,雅已好先秦、西京言,然非能有所得也。"④

在师从骆师后,王世贞还拜王材⑤为师,不过他还是不局限于举业的学习内容,在这之外,猎取百家,增强学识,以致学业日渐精进,他言曰:"世贞束发而为进士业,而稚川先生实造之。自是得通门人籍。数以燕见,谈说道术经济,次乃泛滥子史百家,以逮雕虫之技,毋所不辨

① [明]屠隆:《大司寇王公传》,[明]王士骐、[明]屠隆、[明]王锡爵撰:《王凤洲先生行状》,上海图书馆藏明刻本,第2页。
② [明]王世贞:《弇州山人四部稿》卷十六《宝刀歌》,美国哈佛大学燕京图书馆藏明刻本,第1页。
③ [明]王世贞:《弇州山人四部稿》卷七十一《弇山堂小识》,美国哈佛大学燕京图书馆藏明刻本,第10页。
④ [明]王世贞:《弇州山人四部稿》卷一百二十八《与海盐杨子书》,美国哈佛大学燕京图书馆藏明刻本,第13页。
⑤ 王材(1509—1586),字子难,号稚川,江西抚州黎川县人。嘉靖二十年(1541)进士,改庶吉士,历官翰林院检讨、南太常寺卿、通政大夫等职。后因与严嵩不合而被罢官归里,著有《念初堂集》。

曙。"①可见,举业和喜好并不是互斥的存在,二者还是可以兼顾的,兼顾得好,甚至还可以起到互助的作用。

第三节　科举高中

王世贞转益多师,勤奋刻苦,积极上进,十六岁时,另拜季德甫②为师,也是学习《易》,他说道:"世贞年十六而受《易》观察使宁斋公。公是时甫三十有四,游太学,负重声,而其为人恂恂长者。即之,和风拂而甘雨沐也。至取予好恶,则又巍然山立矣。先司马心器之,间谓世贞曰:'夫此公者,宁独而经师哉?'"③他与季德甫年龄相差不大,颇有往来,后来还共事过,钱宝琛曾记载道:"季德甫,字仲修,太仓州人。嘉靖二十三年进士,出守滨州,入为刑部郎中,曾与世贞同僚,后仕至江西按察使。"④这是一段亦师亦友的人生经历。

在屡试不中后,该年其父终于传来喜讯,此次高中进士,隶事礼部,授行人司行人,这极大地鼓舞了王世贞,让他看到了前进的希望,在其伯父不喜仕宦而热爱游玩的情况下,其父肩负起王氏家族的发展重任。王世贞言曰:"辛丑遂举进士,隶事礼部。府君为歌诗,雅有声,然意殊不自喜,则取廷尉洁法诵读之,曰:'是三尺,人主所用以提衡天下者。吾一旦获从事,安能嘤喈睨猾吏面孔也?'是岁,授行人司行人。"⑤

王世贞后来出应小试,由于其才学渊博,被他人视为奇童,王士骐提及:"盖十五而读书已半袁豹矣……居一年,出应小试。时州大夫冯公汝弼、督学使者杨公宜俱有文名,号知人者,咸有奇童之目。"⑥次年,

---

① [明]王世贞:《弇州山人续稿》卷三十三《寿大司成稚川王先生七十序》,美国普林斯顿大学东亚图书馆藏明刻本,第1页。

② 季德甫,字仲修,太仓州人,嘉靖二十三年(1544)进士,历任袁州知府、按察使等职。

③ [明]王世贞:《弇州山人续稿》卷三十二《寿观察宁斋季尊师七十序》,美国普林斯顿大学东亚图书馆藏明刻本,第4页。

④ [清]钱宝琛:《壬癸志稿》卷六《人物·宦绩》,上海图书馆藏清刻本,第6页。

⑤ [明]王世贞:《弇州山人四部稿》卷九十八《先考思质府君行状》,美国哈佛大学燕京图书馆藏明刻本,第3页。

⑥ [明]王士骐:《明故资政大夫南京刑部尚书赠太子少保先府君凤洲王公行状》,[明]王士骐、[明]屠隆、[明]王锡爵撰:《王凤洲先生行状》,上海图书馆藏明刻本,第2页。

王世贞为州学附学生,学习《易》,出行至山东时,结识张逊业,其字有功,号瓯江,永嘉人,前首辅张璁之子,以恩入太学,授中书舍人,累官至太仆寺丞,后与王世贞交游颇多。

随着对古人书籍阅读的增加,以及与友人的交游,王世贞更加知道学习古文辞的内涵所在,主张创作要向处于鼎盛的时代学习,他说道:"始余谢诸生学,即喜为古文辞,与一二友生信眉谈说西京、建安业,以为后世无当者。"①即对于古文的创作而言,西京、建安时期的成就最高,其文章之法值得后人取法,这影响到他后来诗文体系的形成,以及对文学复古运动的倡导。

嘉靖二十二年(1543)秋天,王世贞十八岁,以其才学中应天乡试,在所有高中的人员中,他是年龄最小的一位。然而由于其考试文章颇为老成,内容渊博,纵横上下,令人拍案叫绝,考官便认为此文必出自老秀才之手,便将其名次稍微置后,直到他们与王世贞相见时,才知是一少年,顿时大为懊悔,认为是他们的误判,导致埋没了青年才俊。王士骐叙述道:"午塘闵公、鸿山华公读府君文七篇,异之,读论、表,警叹以为奇绝,已复发所对策,纵横上下,条答无余,心更自疑,以为'此岂老于场屋者耶? 不然,何该博如是?'名小次于后。比引见,弱冠少年也。两公始大悔恨,不以冠多士。"②

当年冬天,王世贞准备北上赴试,碰巧父亲处理完公事准备回朝,于是便与父亲同行。此时王世贞科举顺利,也与元配魏氏订婚,可谓是人生得意,再加上自己才情甚高,对未来充满憧憬,如他此时的诗作:"神都亘天北,长河万里开。文星起吴会,熠煜凌金台。朔气日夜深,我行何壮哉!君看孤舟去,应驱驷马来。丈夫但有足,迹当遍九垓。长揖辞故知,肯为儿女怀。"③该诗境界宏阔,颇有盛唐气象之味,蕴意深远,自比文星,高度自信,意气风发,踌躇满志,是他当时内心真性情的抒发。

① [明]王世贞:《弇州山人续稿》卷四十五《冯佑山先生集序》,美国普林斯顿大学东亚图书馆藏明刻本,第 7 页。

② [明]王士骐:《明故资政大夫南京刑部尚书赠太子少保先府君凤洲王公行状》,[明]王士骐、[明]屠隆、[明]王锡爵撰:《王凤洲先生行状》,上海图书馆藏明刻本,第 2 页。

③ [明]王世贞:《弇州山人四部稿》卷十四《将赴计偕呈同志》,美国哈佛大学燕京图书馆藏明刻本,第 17 页。

第二年三月，王世贞在京城参加会试，并与袁尊尼游玩，得袁尊尼①赠诗以共勉，诗曰：

> 随侯蹑灵蛇，举手握潜珠。流光烛天坏，宁论十二车。至宝神所靳，伏见与世俱。秦楚方扇夺，沉沦东海隅。到今几千载，浮辉润三吴。仲宣逞逸足，得此负而趋。元精振幽夜，璀粲纷陆离。掞之为丽藻，翩若烟云舒。激扬我文澜，徽赞我皇图。弱冠充旅献，非复暗投嗤。弃繻发南国，仗剑即修途。春阳变河柳，色映征人裾。相逢一倾盖，酌酒慰离思。惭予沙砾贱，偕与荐征书。行行入燕蓟，燕蓟焕皇居。挟策汇髦士，敷言纠硕儒。少年有余勇，万里足长驱。登坛拔汉帜，定霸在须更。譬彼騄耳骏，瞥然还过都。一顾冀群空，再过天闲虚。冀群岂无良，天闲宁乏驹。龙媒逞奇态，神姿诚独殊。三月长安陌，腾绰谁能羁。香风生后陈，花满曲江迷。光尘倘相假，努力共亨衢。②

王世贞和袁尊尼在去年参加应天考试时就已经认识，此次在京重逢，并且共同参加会试，在古代，这种情谊是非常珍贵的，可遇不可求。从诗中可见，袁尊尼此时的情感比王世贞稍微复杂，有着更多的人生思绪和对历史的反思，"到今几千载，浮辉润三吴"，但全诗的基调和王世贞之前的诗作如出一辙，具有年轻人的热血和气概，"少年有余勇，万里足长驱。登坛拔汉帜，定霸在须更"。两人不仅有欢聚的快乐，亦有对未来的希冀，"光尘倘相假，努力共亨衢"。袁尊尼后来成了王世贞的挚友，经常一起游玩，相互酬唱。

然而当会试结果公布时，王世贞和袁尊尼两人双双落榜，这对于心高气傲的少年而言，无疑是当头一棒，两人均对这个结果感到失落，当然，与王世贞一同落榜的不止一二友人。王世贞既然无法留在京城参加接下来的考试，也没有颜面继续留在京城，那他即将面对的便是与友

---

① 袁尊尼（1523—1574），初名梦熊，字鲁望，号吴门，苏州府长洲（今江苏苏州）人。嘉靖四十四年（1565）进士，历任新郑知县、刑部主事、山东提学副使等职，后因病告归，不久病故，卒年五十二。其诗被王世贞所推重，且喜好书法，文徵明引为忘年交，著有《礼记集说正讹》《鲁望集》等文集。

② ［明］袁尊尼：《袁鲁望集》卷一《赠同年王元美》，沈乃文主编：《明别集丛刊》第三辑，第19册，黄山书社2016年版，第5—6页。

人惜别,如其《送蒋子南归》诗曰:

> 乍逐春风上帝畿,如何短棹又将归。看君身似潇湘雁,不厌年年南北飞。(其一)
>
> 潞水驿前双画桡,送君频上又相邀。征衣半湿离筵酒,心到阊门第几桥。(其二)①

离别的心绪总是伴随着惆怅,京城科举圆梦是众多士子们的心愿,为此他们不辞劳苦,从全国各地奔赴京城,"看君身似潇湘雁,不厌年年南北飞",但是中举者毕竟是少数,含泪离开者居多,"征衣半湿离筵酒"。

京城有离别,回到家中后亦有,王世贞相送经常共处的表兄时,颇为伤感,连作诗两首以抒怀,曰:

> 中庭桃李树,蓁蓁夹庭阶。枝枝交荫带,叶叶互相依。雨露方齐润,东风亦均吹。何必同根蒂,然后乃宜家。此树本无言,移者自为蹊。昔合尚有分,今分合何时。送子出门去,挥泪不成辞。
>
> 今夕高宴会,登歌含惨吁。借问何为尔,送子以离居。离居多苦辛,歌浅思有余。忆昔童冠时,朝暮两相干。胡为向康庄,改辙行自驱。比邻固匪遥,疏者日以疏。但令心期迩,踪迹岂必俱。再拜与子别,四望野踟蹰。②

此时的诗作风格,和之前进京赶考时的意气风发形成了鲜明对比。此次科举失败,对王世贞而言,是其人生中的一次重要打击,也是他经历的第一次失败。如果说在京城送别友人时,他尚能保持其气度,而回家之后,他则是灰心丧气,纵情诗酒,放浪形骸,并不再用心于科举之业。幸运的是,知道王世贞科举失败之后的失落,其父及时地站了出来,阻止了王世贞的堕落行径,劝导他重拾信心,继续从事科举之业,毕竟其父也不是一次科举考试就高中的。王士骐提及:"府君侍行,入礼

---

① [明]王世贞:《弇州山人四部稿》卷四十七《送蒋子南归》,美国哈佛大学燕京图书馆藏明刻本,第16页。

② [明]王世贞:《弇州山人四部稿》卷十三《送表兄出居》,美国哈佛大学燕京图书馆藏明刻本,第1页。

闱,文奇甚,不录。府君失意归,遂纵心千古,溢而为诗歌,间呼酒人放于寥廓。司马公闻之,弗善也。府君乃俯首故业。"①可见其父对王世贞的影响之大,亦可见王世贞的成功并不是一帆风顺的,他人的肯定和推崇,与科举考试的结果其实没有必然的内在联系。

当年春,文徵明过访,之前王世贞只是知其名,而未见其人,毕竟两人的年岁相差较大,在之前的生活中,很少有交集。王世贞此次不仅见其人,还有幸与之交谈,在探讨唐人墨迹之后,他请文徵明书写前后《出师表》,潘仕成言及:"嘉靖甲辰春日,偶过元美斋头,出示唐人墨迹,精绝可爱,不胜景仰。复以佳纸索前后《出师表》。"②两人此次相见有其独特意义,文徵明七十五岁,时为吴中地区的文坛盟主,德高望重,王世贞十九岁,为吴中地区的青年才俊,有鸿鹄之志,文徵明对王世贞赞不绝口,看到了年轻一辈的希望,王世贞对文徵明则推崇备至,领略到文坛盟主的魅力,这为两人以后的交往打下坚实基础,有利于王世贞的进一步发展。

在日常生活方面,既然科举之事自己不能把握,那就把握可以把握的,王世贞在这时期完成了人生中的一件大事,由订婚到结婚,正式迎娶元配魏氏。魏氏妇德贤淑,端庄典雅,不仅王世贞很满意这门亲事,其家人也很是欢喜,疼爱有加,不用过多的家法束缚她,李维桢曾说道:"明年(魏)来归,年甫及笄。而姑郁夫人故严重难事,又心少淑人,琐科条不休。淑人自修饬,终不以柔曼取容。司马语夫人:'新妇有郝钟礼法,毋督过也。'"③人生有三大喜,他乡遇故知、洞房花烛夜、金榜题名时,可以说,王世贞赶上了其中的两喜,就只等下次科举考试的高中了。

在王世贞二十岁时,父亲由修职郎调任江西道御史,"满三载,报最,授修职郎。乙巳,都察院以阙御史请。诏独选御史,府君为第二人,得江西道"④。江西与太仓相隔千余里,自此,父亲在外为官的时日居

① [明]王士骐:《明故资政大夫南京刑部尚书赠太子少保先府君凤洲王公行状》,[明]王士骐、[明]屠隆、[明]王锡爵撰:《王凤洲先生行状》,上海图书馆藏明刻本,第2—3页。
② [清]潘仕成:《海山仙馆藏真三刻》,广东人民出版社2016年版,第22页。
③ [明]李维桢:《大泌山房集》卷九十八《王母魏淑人墓志铭》,上海图书馆藏明刻本,第10页。
④ [明]王世贞:《弇州山人四部稿》卷九十八《先考思质府君行状》,美国哈佛大学燕京图书馆藏明刻本,第4页。

多,对家里的照应自然少了。王世贞作为家中长子,家里的事情就自然地落到了其肩上。此时王世懋才十岁,差点患上痨病,也需要人照料。鉴于此,父亲也不再强加举业给王世贞,以减轻其压力,的确,没有身体的健康,一切都无从谈起。随后王世贞长女出生,"吾女生二十岁而合于婿,合二岁而离,离又八岁而幽之合复继之"①,初为人父的他,生活更是变得忙碌起来,责任也越来越大。

在处理好家庭事务之余,王世贞好交游,如他拜访徐阶②,一起研讨文学创作时,言辞如何更好地达意。他说道:"始贞弱冠,谒公旅次。笑语从容,傍及六艺。寻睹贞文,未允公意。胡乃屈诘,辞达为贵。余谢不敏,各行所是。"③再如他与华云外出游玩,"江以南,文献无虑数十百家,毋如锡山之华。其著于华者,无虑数十百人,毋如故秋官大夫补庵公。余以通家子获从公游。而是时,少岳先生为秋官公伯子……余虽从秋官公游,第游先生之日长,而以爱女女先生少子,其知先生最深"④,正因为此,华云视王世贞为"小友"⑤。这些人均为王世贞的长辈,徐阶时年四十三岁,华云更是达五十七岁,长者人生阅历丰富,与其交游,极大扩展了王世贞的人生视野,是他成长路上的宝贵财富。

时间飞逝,转瞬间,王世贞已经二十一岁了,他再次迎来了参加会试的机会,相比上次,他也更加成熟,学识更加全面和深邃。如除了正常的习举业之外,他还有阅读邸报(即政府公文)的习惯,陆应阳曾记载道:"王司寇元美自丁未试礼闱,主司得其五策,诧曰:'此必朝贵人子。

---

① [明]王世贞:《弇州山人续稿》卷一百五十四《祭婿及女文》,美国普林斯顿大学东亚图书馆藏明刻本,第6页。

② 徐阶(1503—1583),字子升,号少湖,一号存斋,松江府华亭县(今上海市松江区)人。嘉靖二年(1523)考中探花(进士第三名),被授以翰林院编修的职务,后因忤张孚敬,被贬为延平府推官,受此挫折,方知侍奉上司须持谨慎的态度,后历任黄州府同知、浙江按察佥事、江西按察副使、吏部侍郎等职。严嵩倒台后,在嘉靖后期至隆庆初年任内阁首辅,盛誉一时,卒后获赠太师,谥文贞,著有《世经堂集》《少湖文集》等文集。

③ [明]王世贞:《弇州山人续稿》卷一百五十三《祭太师徐文贞公文》,美国普林斯顿大学东亚图书馆藏明刻本,第3页。

④ [明]王世贞:《弇州山人续稿》卷三十八《少岳华司谕先生七十序》,美国普林斯顿大学东亚图书馆藏明刻本,第11页。

⑤ [明]王世贞:《弇州山人续稿》卷五十四《华补庵先生诗集序》,美国普林斯顿大学东亚图书馆藏明刻本,第14页。

不然,何习知邸报有是?'比折卷,为王公世贞也。时王尊君居台中,众谓主司有识。"①这自然有助于他的科举考试。该年冬,王世贞再次北上京城赴试,出门时有诗曰:"此夜不忍旦,匆匆垂去家。回看小弱女,犹未解呼爷。冻雪依檐草,轻飙散烛花。莫挥分手泪,吾道自天涯。"②赴京途中,他还有诗作,曰:

> 阊门女儿妆髻轻,十三十四学银筝。行人不解丝中语,都道阳关送别声。(其一)
>
> 金陵望中山抹烟,铁瓮城头浪拍天。居人尽说风波恶,江口何时不放船。(其二)
>
> 日落徐河水乱流,高城椎柝漏声愁。相逢欲解珊瑚玦,不见胡姬旧酒楼。(其三)
>
> 济河北流复南流,行到天津南北愁。人生顺逆虽有分,耐可此身居上游。(其四)③

他夜泊贞女庙时,亦有诗作,言曰:"南来夜泊贞女庙,有客一二时相通。孤蓬倚树鸟惊宿,白露湿衣人在空。遥怜故乡共明月,独有游子知寒风。何事长安浑不见,无数浮云北望中。"④

这些诗都是王世贞作于路途中的,其诗歌风格和第一次参加会试时相比,已经发生了明显变化。离家时,他已经有了牵挂,不忍心离开家人,特别是幼小的女儿,路途中,他虽然欣赏美景,但更多的是感悟人生,"人生顺逆虽有分,耐可此身居上游",以及对家乡的深深思念,"遥怜故乡共明月,独有游子知寒风"。此时的王世贞,少却了三年之前的踌躇满志和锋芒毕露,成了一个多情、多思之人,自然也多了一份沉稳。

会试在第二年的二月开始,依照明朝制度,"乡试以八月,会试以

① [清]陆应阳:《樵史》卷二,《四库禁毁书丛刊》第71册,北京出版社1997年版,第16页。

② [明]王世贞:《弇州山人四部稿》卷二十三《丁未计偕将出门夕》,美国哈佛大学燕京图书馆藏明刻本,第1页。

③ [明]王世贞:《弇州山人四部稿》卷四十七《计偕途中四绝句》,美国哈佛大学燕京图书馆藏明刻本,第16—17页。

④ [明]王世贞:《弇州山人四部稿》卷三十三《应试,夜泊贞女庙,示一二友》,美国哈佛大学燕京图书馆藏明刻本,第1页。

二月,皆初九日为第一场,又三日为第二场,又三日为第三场"①。这次会试,王世贞终于如愿以偿,获得了第八十二名的好成绩,有资格进入下一轮的殿试。在殿试之前,恰逢三月初三上巳节,王世贞饶有兴趣地与友人共游京师西郭,并作《水调歌头》词作一首,其小序言曰:"记丁未清明为上巳,予与同人出游西郭。杯酒落魄,颇谐幽兴,遂成《水调歌头》一阕。三月又三日,上巳复清明。问君几许高兴?儿女队中行。数点洗尘,芳雨一脉,养花天气,信马出郊坰。"②词风清新淡雅,没有浮躁之气,毕竟对于当下的科举结果已经稳操胜券,其内心也就较为平和了。

三月十五日,王世贞入内府参加殿试,凭借着优异表现,他最终高中进士,获二甲第八十名。嘉靖二十六年的科举考试,录取三百余人,被后人屡屡提及,甚至认为这是明朝综合实力最为强劲的一届。首先看读卷官有夏言、严嵩、闻渊、王杲、陈经、文明、王以旗、孙承恩、张治等人,保证了阅卷的质量。虽然严嵩以权奸之名被后人熟知,但他也是富有才学的,其早年《钤山堂集》一出,众人相互传阅,更有张治、杨慎、王廷相等 11 人先后为之作序,王世贞痛恨严嵩之余,还是客观地肯定其文章创作水平之高,他认为"孔雀虽有毒,不能掩文章"③。其次,在录取的人中,后来青史留名的多达七十多位,官至尚书衔的多达十位,入阁辅政者三位,著名的有张居正、王世贞、杨继盛、李春芳、凌云翼、殷士儋、殷正茂④、汪道昆等人。而所有录取人的年龄,以三十至三十九岁之间的为主,而王世贞才二十二岁,远低于平均年龄,前途可谓是不可限量,因此他名声大噪,再加上其显赫的家族,以致引起他人的嫉妒。屠

① [清]张廷玉等撰:《明史》卷七十《选举二》,中华书局 1974 年版,第 1693 页。
② [明]王世贞:《弇州山人四部稿》卷五十四《水调歌头》,美国哈佛大学燕京图书馆藏明刻本,第 13 页。
③ [明]王世贞:《弇州山人续稿》卷二《袁江流钤山冈当庐江小妇行》,美国普林斯顿大学东亚图书馆藏明刻本,第 19 页。
④ 殷正茂(1513—1593),字养实,号石汀,徽州歙县(今安徽歙县)人。嘉靖二十六年(1547)进士,授行人。累迁右金都御史,巡抚广西,因征剿苗乱有功,升为兵部右侍郎,提督两广军务,又以平倭之功升任兵部尚书兼右副御史,后改授南京户部尚书。万历六年(1578)致仕归乡,万历九年(1581)又起为南京刑部尚书。万历十一年(1583)因遭弹劾,辞官回乡,直至去世。

隆曾说道:"丁未,举进士,文名益大噪长安,时已有忌之者。"①

中进士后,还有一系列的规定动作,得向朝廷谢恩,得拜谒孔庙,如《嘉靖二十六年进士登科录·恩荣次第》言及:"三月二十日,赐宴于礼部。宴毕,赴鸿胪寺习仪。三月二十二日,赐状元朝服冠带及进士宝钞。三月二十三日,状元率诸进士上表谢恩。三月二十四日,状元率诸进士诣先师孔子庙行释菜礼。礼部奏请命工部于国子监立石题名。"②礼毕,才算是拥有正式的进士身份了,也意味着这届科举考试程序的全部结束。

---

① [明]屠隆:《大司寇王公传》,[明]王士骐、[明]屠隆、[明]王锡爵撰:《王凤洲先生行状》,上海图书馆藏明刻本,第2页。
②《嘉靖二十六年进士登科录·恩荣次第》,上海图书馆藏明刻本,第1页。

第三章　仕途坎坷逢家难

　　王世贞科举高中后，真正拉开了其传奇人生的序幕，踌躇满志之时，也对未来充满了憧憬，初到京城就广交好友，诗文唱和，组织诗社，并且秉公执法，仗义执言，不依附严嵩等权贵的拉拢，导致其过早地就被他人打压，后以刑部员外郎的身份奉诏察访庐州、扬州、凤阳、淮安四郡狱事，在这期间，曾短暂居家，接触到吴中诸多名流，对文学复古进行了新的思考，逐渐组建"五子"诗社，并在此基础上形成"后七子"，随后便再次奉诏察访京畿狱事。任职刑部郎九年后，终获升山东按察司副使，兵备青州，实乃严嵩等人有意困之。任职青州，这与其志向背道而驰，已有隐退之意。但在青州任上，他恪尽职守，维护百姓利益，在筑城、治河、赈荒、缉盗、教学等方面皆有政绩，并开始编纂《艺苑卮言》《弇山堂识小录》等书，以求成一家之言。这也就招来了他人的妒忌，屡屡不得升迁，甚至差点被罢职，多亏徐阶等人力保才得以幸免。仕途的坎坷，让其辞官归乡的意愿越来越明显，但是迫于家族的使命而只能坚持。奈何突如其来的父亲王忬被捕入狱一事，打破了他原有的规划，在自劾罢官后，与王世懋为父亲之事奔走呼救，放弃一切尊严，饱尝人间冷暖，让他对社会有了更加清醒的认知。自己尽了最大的努力，不过最终父亲还是被斩于市，这令他悲痛万分，其家族和个人的命运都在慢慢地发生着变化。

第一节　京城结社

　　年轻的王世贞完成了人生中的大登科和小登科，且身在京师，较为自由,虽然家人不在身旁,但是好交游的王世贞不会让时间在孤寂中流逝,不过他不是纨绔子弟,不是没有选择性地泛泛游玩,杨继盛言曰:"岁丁未,余得隽同年三百余人,独东仓两年兄差强人意,一为元美王郎,一为懋称顾郎。懋称又为元美师。余三人者,每聚首谈时政,辄感慨填膺,欷歔泣下。"①因此同道中人一起游玩,讨论的问题也愈加深刻,对社会的责任感也愈加突出。况且其父对他的要求很高,即使他成为进士了,父亲写给他的信,在祝贺之余,更多的还是叮嘱,他说道:"时世贞已举进士,府君贻书谆谆,谓:'士重始进,即名位当自致,毋濡迹权路。'"②父亲用自己的人生经验告诉他,进入仕宦之途后,要靠自己的努力和能力去获得相应的名位,不能依附权贵。可以说,王世贞高中科举后,走上了仕宦之路,和父亲的交集会越来越多,而此时的父亲,和王世贞是一种亦父亦友的关系,此后两人在家庭、仕宦、交友等方面,均有平等的对话和交流,这对王世贞的一生产生了重要影响,王世贞有这样的父亲,也是何其幸运。

到目前为止,王世贞所取得的成就均与学识有关,他也热衷于文学创作,在以文交友方面,王世贞登第后,便与刘尔牧③结社,钱谦益言及:"尔牧,字成卿,东平人。嘉靖甲辰进士。王元美初登第,即与结社。"④虽然在王世贞文集中,关于刘尔牧的叙述不多,但是从刘尔牧的人生轨迹可知,王世贞与他在年龄、才识和人生观方面,都十分接近,这恐怕也是王世贞与之结社的主要原因。

在完成相应的礼节规定后,四月份,王世贞开始隶事大理寺观政,观政类似于实习,是一个过渡期,观政结束后,朝廷再根据他们各自的才能委派新职。王世贞是年龄最小的一位,且当时风气清闲,人们多喜好交游,这恰恰非常符合他的兴趣,所以他刚到不久,就能够与大家打

---

① [清]金鸿修,[清]李鳞纂:《镇洋县志》卷十四《杂缀类·逸事》,上海图书馆藏清乾隆十年(1745)刻本,第9页。
② [明]王世贞:《弇州山人四部稿》卷九十八《先考思质府君行状》,美国哈佛大学燕京图书馆藏明刻本,第5页。
③ 刘尔牧(1525—1567),字成卿,号尧麓,山东东平人,刘源清之子,嘉靖二十三年(1544)进士,授户部主事,累至户部山西司郎中,后因告发严世蕃爪牙的不法之事,被劾以他事,遭到廷杖、削籍。
④ [明清]钱谦益:《列朝诗集小传》丁集上,上海古籍出版社2008年版,第435页。

成一片,朝夕相乐。如他说道:"贞无似,幸得以职守隶贵署。辱诸君子不鄙弃之,降屈齿位,加接援,使得厕采从之末席。惟是不肖之身承诸君子之下风,岁几半矣。入则二骑,出则后先,假以颜旨,纵以谈笑,师师怡怡。"①这使他很快地适应了新的工作环境,而且同僚之间的氛围十分融洽,没有过多的钩心斗角,后来他经常回忆起这段无拘无束、自由快乐的美好时光。

不过这种工作环境也有不利的一面,就是在安逸的环境下,个人的进取之心可能就没有那么强烈。如王世贞每天的安排较为固定,基本上都是从公署回来后,就闭门读书,增长学识,不过多地过问朝廷之事。以致等到朝廷从他们那一批进士中遴选庶吉士②时,他的热情度也不是那么高,即使有人劝他向夏言等人主动投靠,以考取庶吉士,从而增加以后仕途的筹码,他也不为之所动,并耻于如此做。王士骐曾叙述道:"举进士后,自公署散归,闭门读书而已,绝不与闻馆试事。一日以燕间谒座师王先生,先生好谓曰:'子能诗乎?即诗,无益也,必有为两相公道地者而后可。'府君乃前曰:'夫馆试,储材以为他日大用者也。托人地道,则失己;相公求材而得地道者,则失人。毋若信其一日之长短以去取,可乎?'先生面赪不答。府君亦不获与试需次。"③王锡爵对此事也说道:"丁未成进士。会选馆,举主讽公贽文于夏学士。公耻干谒,谢之。"④也可能因此缘故,王世贞最终未能入选庶吉士,失去一次再进取的机会,这对他以后的仕宦之路有一定影响。

---

① [明]王世贞:《凤洲笔记》卷七《与棘寺诸长官》,上海图书馆藏明刻本,第5页。

② 庶吉士兴起于明朝,是翰林院内的短期职位,是朝廷对高中进士之后的学子们的再次选拔,并且只选拔科举进士中排名靠前列、具有较高潜质的优秀人员,让他们集中在翰林院学习,之后再授予官职。在明英宗后,这种选拔方法逐渐成为惯例,当时流行"非进士不入翰林,非翰林不入内阁"一说。因此庶吉士是明朝内阁辅臣的重要来源之一,当时有"储相"之称,如杨廷和、张居正等人都曾为庶吉士。

③ [明]王士骐:《明故资政大夫南京刑部尚书赠太子少保先府君凤洲王公行状》,[明]王士骐、[明]屠隆、[明]王锡爵撰:《王凤洲先生行状》,上海图书馆藏明刻本,第3页。

④ [明]王锡爵:《王文肃公文集》卷六《太子少保刑部尚书凤洲王公神道碑》,上海图书馆藏明刻本,第1页。

由于大理寺交游之风盛行，王世贞先结识了同年李先芳[1]，他自述道："既举进士，稍稍学为诗矣。而始隶籍大理，与濮人李先芳游。李自其微时即已厌罢时俗，顾日夜工为诗，格调出襄阳、嘉州间，秀越温润，悟入象外。"[2]从中可知，他的交游不是泛泛之交，是建立在有共同的诗文主张基础之上。李先芳才华横溢，以诗作著称于世，取法唐代诗人孟浩然和岑参，力倡古文辞，不避俚语，为文以意为先，追求内心情性的抒发。因此，王世贞与李先芳持论不相上下，李先芳年长几岁，对王世贞也是赞赏有加，并时常帮助他。如王世贞回忆道："公登上第，肆棘寺政。其于歌诗，业已彪炳。余齿最劣，托载末乘。公不余少，有昌必应。余朴汝削，汝装余镜。睥睨一世，扬挖千春。"[3]李先芳对王世贞的青睐，也是基于王世贞自身的才学，能够实现平等交流，而不是随意为之。

当然，李先芳也是一位喜欢交游之人，他和谢榛、李攀龙、靳学颜等山东籍的名士早有诗歌往来，相互标榜，于慎行说道："中丁未进士，时先生诗名已著，而不与馆选，识者惜之。乃与历下殷文庄公、李宪使于鳞、任城靳少宰、临清谢山人结社赋咏，相推第也。"[4]可见，李先芳也是一位爱好文学胜过仕宦之人。后来由于有人因病回家、朝廷委任新职等原因，在京城的友人逐渐变少，李先芳和高岱在京城结社后，便极力招揽王世贞入社，王世贞欣然接受，钱谦益提及："岱，字伯宗，钟祥人。嘉靖庚戌进士，除刑部主事，出为景府长史。伯宗初与李伯承结社长安，进王元美于社中。"[5]

王世贞进入李先芳的诗社后，便由李先芳认识了仲春龙，又由仲春龙结识了莫如忠[6]，他说道："而始隶籍大理，与濮人李先芳游。……已，

---

① 李先芳(1510—1594)，字伯承，号北山，濮州人，嘉靖二十六年(1547)进士，后为户部主事、刑部曹郎，累官至宁国府同知，万历初年，即辞官回归故里，联络郡人名士祝尧焕、孙忠翰、苏濂等人编修《濮州志》。著有《东岱山房稿》《李先芳杂纂》等文集。

② [明]王世贞：《凤洲笔记》卷六《明诗评后叙》，上海图书馆藏明刻本，第1页。

③ [明]王世贞：《弇州山人续稿》卷一百五十五《祭李伯承尚宝文》，美国普林斯顿大学东亚图书馆藏明刻本，第3页。

④ [明]于慎行：《谷城山馆文集》卷二十一《明故奉直大夫尚宝司少卿北山先生李公墓志铭》，北京图书馆藏明刻本，第10页。

⑤ [明清]钱谦益：《列朝诗集小传》丁集上，上海古籍出版社2008年版，第435页。

⑥ 莫如忠(1508—1588)，字子良，号中江，南直隶松江府华亭(今上海松江)人。嘉靖十七年(1538)进士，累官浙江布政使，寻告归。其洁修自好，笃志好学，师从唐顺之，废寝忘食读书，老而不倦。

因李识秀水仲春龙,仲生雅尚,亦在襄阳及一二右丞,才具微短。已,又因仲识华亭莫如忠,莫颇清令,蔚蔚唐人,多从游吴彦类,益者其名著,志实满矣。"①交游虽然能够认识更多志同道合之人,以提升自己的知名度,但此项活动也颇费钱财,王世贞粗略地算了下当年迎来送往、参加各种宴会的支出,最终花费竟高达六七百金,他说道:"余举进士,不能攻苦食俭,初岁费将三百金,同年中有费不能百金者。今遂过六七百金,无不取贷于人。盖赟见大小座主、会同年,及乡里官长酬酢、公私宴处、赏劳座主仆从与内阁吏部之舆人,比旧往往数倍,而裘马之饰又不知省节。若此,将来何以教廉?"②如此频繁地交往,确实让王世贞声名鹊起,知之者众,这对于他以后在文坛的发展益处颇多,且对于王氏家族而言,这些花费还是承受得起的,不过王世贞已经认识到这些花费还是有点多了。

除了自己的事情外,当年八月,其外祖父郁遵因为脾疾离世,他回忆道:"我外王父右泉公之捐馆舍也,实丁未八月十一日云。……自吾姊之为公长女而归先大夫,为御史,而世贞后成进士,公乃大喜曰:'吾始者得闻之,而今得见之,又身与有之也。'然亡何以脾疾卒,得寿仅六十有三。"③前面已经提及王世贞与外祖父的情感,而现在外祖父去世,他尚在京城,古代交通不便,他又有公务在身,不能奔丧,只能在京城暗自神伤。

另外,他虽热衷交游,但也不是完全忽视官场之事,如十一月方皇后离世,举国哀悼,他便及时作了挽诗,以回应此事,诗曰:"仙驭何其杳,神君不可凭。还应从此日,起观望昭陵。"④以及"振木长飚劲,回空霁雪明。河山俄改色,天地有悲声"⑤。因此王世贞当时更多地是沉醉于文学世界中,较少考虑仕宦之路,也没有处心积虑地攀附他人,但也

---

① [明]王世贞:《凤洲笔记》卷六《明诗评后叙》,上海图书馆藏明刻本,第2页。

② [明]王世贞:《觚不觚录》,上海图书馆藏明刻本,第7页。

③ [明]王世贞:《弇州山人续稿》卷一百四十一《右泉郁公暨元配刘孺人合葬志》,美国普林斯顿大学东亚图书馆藏明刻本,第1页。

④ [明]王世贞:《弇州山人四部稿》卷二十三《大行方皇后挽歌二章》,美国哈佛大学燕京图书馆藏明刻本,第2页。

⑤ [明]王世贞:《弇州山人四部稿》卷二十三《雪后入临大行皇后》,美国哈佛大学燕京图书馆藏明刻本,第2页。

不是一个书呆子。

　　嘉靖二十七年,王世贞二十三岁,在京城与众好友时常游玩,酒是游玩中不可或缺的,久而久之,他培养了自己好饮的习惯,如他曾详细地叙述自己与袁祖庚①的宴饮情况②,当时正月十四日为袁祖庚的生日,他邀请王世贞前往自家宴饮,为了活跃氛围,王世贞还想相邀陈鎏等人一同前往,但是陈鎏等人不得空闲,就只剩袁祖庚和王世贞对饮,后来恰逢张逊业过来了,知道今日之事后,便拉他们去自己家接着喝酒,三人一起,氛围超过了两人之间的对饮,再加上三人情谊非同一般,一来二往,喝得自然高兴,一直到第二天天明时才各自离去。自此以后,几人之间的相互宴饮不断,陈鎏《冬夜同袁绳之、王元美畅饮次韵》曰:"厌俗索幽期,芳邻月上时。灯花寒不结,杯酒夜偏宜。谁谓多狂态,天涯总故知。长安勤事者,未晓又驱驰。"③这是他们几人当时心态和境遇的真实写照,在外的游子有其内心的孤寂,挚友相遇,一起痛饮,方能解怀。

　　该年春天,同僚们一起集会,众人诗作颇多,擅长于此的王世贞顿时脱颖而出,得到了大理卿朱廷立④的高度赞赏,其诗曰:"肃肃廷尉署,蔼蔼滋春阳。熏风自东来,吹万悦群芳。幽花媚和色,绣柏辞玄霜。化永公府寂,政简初日长。振策从英义,幸遭此高堂。"⑤基于共同的爱好,以及对贤才的渴望,朱廷立开始注重对王世贞的培养,因此后来朱廷立

---

① 袁祖庚,字绳之,生于明正德十四年(1519),自小天资聪慧,十四岁就下笔如流,十六岁补县学,二十二岁中三甲进士。历任礼部客司主事、荆州知府、浙江按察司副使等职,后因其部下金事王德私自外出被倭寇杀害之事,遭受牵连,于嘉靖三十七年(1558)被朝廷罢官,削职为民。

② 当嘉靖中,公为礼部郎,而余以通家子得侍公邸。公抑行而与之为尔汝交。戊申之正月十四日,公诞辰也。暝色敛矣,公折简召余至邸舍。时陈水部子兼以他事不至,独余两人对饮,笾豆落落,数之不能至十。街鼓动,张尚宝有功闯而入,以一炮岁余坐下,欲以见惊。不能,则拉余至有功赐第,华灯满堂,酒徒接席,不能识其人。调嘲歌呼,卷白畅饮,夜分不得醉。余三人乘兴踏月,至张祠部先生所。祠部亦余丈人行也,宴客甫散,相与大噱呼酒,几质明而后散。自是或过公,或过有功,或过子兼,而三君子亦时时过余。已而有功谪,子兼分司通州,寻视蜀学政,而公以久次出守荆州,遂星散矣。见[明]王世贞:《弇州山人续稿》卷三十六《宪副定山袁公七十寿序》,美国普林斯顿大学东亚图书馆藏明刻本,第1页。

③ [明]陈鎏:《已宽堂集》卷一《冬夜同袁绳之、王元美畅饮次韵》,北京大学图书馆藏明刻本,第6页。

④ 朱廷立(1492—1566),字子礼,一字两崖,湖北通山县人。嘉靖二年(1523)中进士,1549年任礼部右侍郎,后因不满朝局而回故里。

⑤ [明]王世贞:《弇州山人四部稿》卷十一《棘寺春集》,美国哈佛大学燕京图书馆藏明刻本,第1页。

多次提携他，他也屡次在文中感谢其知遇之恩，但是自己也有苦衷，如他在《上朱大卿书》中言及："某少岁粗晓窥弄笔墨，便得解去。既释褐，从诸荐绅先生后，睹记触感，消沮用世之志，加以行能鄙劣，习懒成癖，不敢与今侪辈兢晋显，退而思欲效尺寸于古人。伥伥焉若师瞽无相，孰翼行哉？……且某周旋于省役者，几乎满岁矣。"①日常生活的欢乐，对古人的效仿，弥补不了他此时仕途上的伤感，大理寺只是一个由进士到委派实职官员的过渡地方，即使朱廷立再尽力地呵护，他也将离去，况且他最后的新职去向，朱廷立也不能决定。

到了六月份，身边的友人一个个离自己而去，被派往他地担任新职，王世贞时常送别，而自己却迟迟没有新的任命信息，往昔之乐，终成记忆，只剩下自己孤身一人时，这份伤感更是涌上心头。他曾作诗一首，没有题目，只是以小序为题，抒发了当时感受："嘉靖丁未夏四月，余以进士隶大理，得左寺，凡九人，朝夕甚乐也。又明年六月，则八人者以次授去，独予在。晨候大吏升揖，散步空馆，顾影凄然，为赋一章。"②再加上他之前没有听信友人规劝，去报选庶吉士，从而对自己在官场的未来发展充满失望，以致想放弃仕宦之路，转而走向立言以求不朽之路，他与友人陆象孙说道："仆隶政大理且二年矣，尚未得一官。……仆自顾已矣。驽钝之才，不复受鞭策矣。需次垂及，冒滥一官，请告而归，买小舟，期足下游。行名山大川，不问所向，遇好便留，博其所见闻之奇落可爱可骇者。盖足下不止今足下，仆不止今仆也。而后归，归追而力古，先所以作者之旨而后发于文若诗，庶几哉足以成一家言，毕吾事耳。仲则向望。夫仆进矣而为退者言，足下必不信。足下向所谓沦落偃蹇者也，壮心不已，亦非仆所信也。请置功名二字勿道，士君子有出于功名之外者，足下其熟思之。"③当然，这只不过是王世贞一时的牢骚之论而已，他并没有完全放下功名的念想去著书立言，年少的踌躇满志也不

---

① ［明］王世贞：《凤洲笔记》卷七《上朱大卿书》，上海图书馆藏明刻本，第9页。
② ［明］王世贞：《弇州山人四部稿》卷十三《嘉靖丁未夏四月，余以进士隶大理，得左寺，凡九人，朝夕甚乐也，又明年六月，则八人者以次授去，独予在，晨候大吏升揖，散步空馆，顾影凄然，为赋一章》，美国哈佛大学燕京图书馆藏明刻本，第1—2页。
③ ［明］王世贞：《凤洲笔记》卷七《答陆象孙》，上海图书馆藏明刻本，第12页。

会因此而消失殆尽。

又过了一段时间，王世贞的任命终于下来了，他被授予刑部主事一职，留在了京城，然而到了新的环境，却又勾起了他对往昔欢乐时光的回忆，他曾作《过秋曹后，怀棘寺旧欢，寄谢诸丈人》以缅怀，并与友人说道："初亦意棘署云曹相距仅数舍许……而别且一月矣，司寇严稽核升散之期，迫于卯酉，案牍索扰，数舍之武不能屈诸君子玉趾，又不敢以望旧游之轨。右领而聆，促步以感，诸君子其毋望某薄哉！"①到了新的地方，面对的是一群陌生的同僚，在前期难免会回忆之前的时光，这是人之常情，从中也可见王世贞情感丰富，是至情至性之人。

思念归思念，在新的职位上，王世贞快速地调整自我，以适应刑部之事，并且在具体的执法过程中，他能做到不避权贵，铁面无私。如固安崔令因事惹恼了厂校，而下层官吏竟然为了攀附厂校，而罗织罪名，以盗藏之罪诬陷他，使他被捕入狱，王世贞知道后，立刻调查事情原委，还他清白。另有司礼监文书之侄锦衣校阎某杀妇，锦衣卫都督陆炳②仗着自己的权势和地位，便将阎某私自藏了起来。王世贞得知后，便组织得力人手，突击搜查陆炳的家，最终将阎某抓捕归案。陆炳由于和严嵩关系很好，便请严嵩出面说情。王世贞虽然面对着多重压力，但是他毅然拒绝所有人的请求，并认为法律是大家都要遵守的，不能为了个人而徇私枉法，这就维护了国法的尺度和尊严。王锡爵、屠隆等人对这两件事均有所记载，王士骐则更加详细。③ 刚入官场的王世贞是如此行径，

---

① ［明］王世贞：《凤洲笔记》卷七《与棘寺诸长官》，上海图书馆藏明刻本，第 10 页。

② 陆炳（1510—1560），字文孚，一说字文明，号东湖，浙江嘉兴府平湖县人，其母为明世宗朱厚熜乳母。嘉靖十一年（1532）中武进士，授锦衣卫副千户，后因救驾有功，得明世宗恩宠，升为都指挥同知。嘉靖二十四年（1545），掌锦衣卫事，累官至后军都督府左都督。去世后谥武惠，赠忠诚伯。

③ 对于陆炳托人之事，《明史·王世贞传》中有"炳介严嵩以请"之语，而在王士骐之论中，是指徐阶，如他说道："久之，选刑部主事。固安崔令持法严，厂校以事谒者，不为礼。而会醇吏具牍诬崔盗库，督厂大珰捕之狱，煅炼无所得，复送法曹。府君奋曰：'吏为盗，更诬令。令，一邑长也，少不当校意，而嗾其长缚之若孤豚，又罗织加罪焉，则环京师数百里鱼肉矣。'竟按吏戍之，而崔还职如故。锦衣校阎某者，司礼文书珰侄也。有外嬖，殴妇死。府君下兵马逮之。兵马辱于缇帅者再，匿不出。府君索出之。缇帅炳不能庇，至流涕诉诸执政徐公，以语府君。府君曰：'三尺法，人主所以共天下者也。奈何私一锦衣校？吾知奉天子法耳，安知陆公？'徐公无以应。"在前人年谱中也有不同的叙述。对于这种出入，本书从《明史》之论，特此说明。见［明］王士骐：《明故资政大夫南京刑部尚书赠太子少保先府君凤洲王公行状》，［明］王士骐、［明］屠隆、［明］王锡爵撰：《王凤洲先生行状》，上海图书馆藏明刻本，第 3 页。

不给他人情面,自然与当时官场的潜规则不相适应,这对其以后的仕途之路产生了深远影响。

当然,从整体上来看,当时刑部的事情还是较少的,在工作之余,同僚们也喜欢写作文章,诗歌酬唱,这和王世贞之前的工作氛围类似,只不过同僚换了而已。在刑部,吴维岳、王宗沐、袁福征等人皆喜欢文学创作,并结成了刑部诗社,吴维岳为盟主,其诗文取法王慎中和唐顺之,宣扬唐宋之风。鉴于王世贞的才学,他自然成了吴维岳要吸引的成员,他后来在给吴维岳的书籍作序时说道:"予始从事尚书刑部,而同舍郎吴峻伯先生与河中王丈学甫、天台王新甫俱以精谳比经断,主尚书章奏,而峻伯、新甫尤名能文章。尚书以下有所撰者,辄左右顾而非二子不以任。诸公卿上事、岳牧出镇,以不得一言为耻。会新甫与学甫相继迁去,独峻伯留,日益重。……济南以追古称作者,先生即逡逡师古,然犹以师心为能。其持论宗毗陵,其独造盖有足多者。"①如前所论,王世贞其实已经有了自己的文学认知,喜欢王阳明、三苏之文,特别是源于情性之文,但是王慎中、唐顺之之文的核心在于"道",注重文以载道,文为道服务,他们的学说是承明初风气,如宋濂倡导的复古是与道相结合,文章也只不过是体现道德仁义和礼乐刑政的一种工具,他论述道:"文之至者,文外无道,道外无文。粲然载于道德仁义之言者,即道也;秩然见诸礼乐刑政之具者,即文也。"②明朝建国百余年来,仍然是深受程朱理学的影响,黄宗羲认识道:"有明学术,从前习熟先儒之成说,未尝反身理会,推见至隐,所谓'此亦一述朱,彼亦一述朱'耳。"③孟森在纵观明代的文道关系后,更是发出"明代学术,皆尊程朱"④的感慨。因此对于王慎中和唐顺之,王世贞是发自内心的不喜欢,不过此话当时不能和吴维岳等人谈及,他只好向王世懋言及:"记吾守尚书郎时,稍一搦管,得致语沾沾,与吴下昌谷差肩足矣,何敢望献吉?然至读献吉文,心

① [明]王世贞:《弇州山人续稿》卷五十一《吴峻伯先生集序》,美国普林斯顿大学东亚图书馆藏明刻本,第3页。

② [明]宋濂:《宋学士文集》卷五十一《徐教授文集序》,上海图书馆藏明刻本,第1页。

③ [明清]黄宗羲:《明儒学案》,中华书局2008年版,第178页。

④ 孟森:《明朝的历史》,新世界出版社2018年版,第257页。

则已疑之。又一时驰好若晋江、毗陵二三君子。有作,每读竟,辄不快者浃日。以是尽出世嗜,刿心古则。"①晋江、毗陵即为王慎中和唐顺之,这才是其内心的真实想法,"尽出世嗜,刿心古则"遮蔽了内心情性的抒发,使文章创作失去了原动力。

也正因为此,王世贞在与陆粲②的书信中,肯定其文与王慎中和唐顺之不同,且不蹈六朝风气,他说道:"远辱寄高文,读之至再三,不作一今人语,又不袭一古人语,抑何奇也。某所知者海内王参政、唐太史二君子,号称巨擘,觉挥霍有余,裁割不足。执事之文,如水中之月,空中之相,不落蹊径,不窘边幅。仆间与吴峻伯论之,谓正统在执事也。吾苏作者后先固不乏,何至掇六朝诸公之败缕结鹑,联络而成章。"③其实这也是王世贞当时文学观念的集中体现,即推崇陆粲"不作一今人语,又不袭一古人语",是源于情性之作,是诗文创作的"正统"所在。

在这不久后,李先芳被新任命为新喻县令,这位曾经和王世贞结下深厚友谊的诗文爱好者即将离开,无疑增加了王世贞内心的伤感,毕竟虽然刑部环境和之前大理寺类似,但是诗文主张却完全不同,他只能表面迎合,内心却是煎熬。临别之际,王世贞赋诗曰:"平生寡所识,识君恨不早。到处诵新诗,山东李白好。岂无长安一席地,令汝却向青门道。道傍车马何喧阗,我欲试奏钟期弦。柔丝弱指冻不发,玉轸金徽空自怜。掩泪持将赠君子,相随锦囊行万里。吟龙高调结冰霜,别鹤孤怀寄山水。宓子风流竟惘然,遥传清响下吴天。期君一鼓南熏什,莫咏琵琶江上篇。"④也许是被王世贞的真情所感动,或许是知道王世贞文学创作的真正主张,李先芳在离开京城之前,将刑部同僚李攀龙介绍给了王世贞。

王世贞和李攀龙进行了深入的文学交流,他详细地叙述道:

① [明]王世贞:《弇州山人续稿》卷一百八十八《寄敬美弟》,美国普林斯顿大学东亚图书馆藏明刻本,第9页。

② 陆粲(1494—1551),字子余,一字浚明,苏州府长洲(今江苏苏州)。嘉靖五年(1526)中进士,早入词馆,颇负盛名。官工科给事中,敢直言,后得罪张璁、桂萼,谪贵州都镇驿丞,迁永新知县,著有《左传附注》《春秋胡氏传辩疑》《陆子余集》等文集。

③ [明]王世贞:《弇州山人四部稿》卷一百二十五《与陆浚明先生书》,美国哈佛大学燕京图书馆藏明刻本,第3页。

④ [明]王世贞:《弇州山人四部稿》卷十六《赠李伯承之新喻令》,美国哈佛大学燕京图书馆藏明刻本,第17页。

而是时,有濮阳李先芳者,雅善余,然又善济南李攀龙也。因见攀龙于余,余二人者相得甚欢。间来约曰:夫文章者,天地之精而不朽之盛举也。今世所慕说贵人,沾沾自喜,夸诩其粗而龁吾精,以为无益世治乱。即季札所陈兴衰大端,又曷故焉?夫君子得志,则精涣而为功;不得志,则精敛而为言。此屈信之大变通于微权者也。《诗》《书》,吾窃有志焉,而未之逮也。《诗》变而屈氏之《骚》出,靡丽乎长卿圣矣;乐府,三诗之余也;五言古,苏李其风乎,而法极黄初矣;七言,畅于《燕歌》乎,而法极杜李矣;律,畅于唐乎,而法极大历矣;《书》变而《左氏》《战国》乎,而法极司马史矣。生亦有意乎哉![①]

　　可见,在文学主张上,王世贞和李攀龙存在着高度一致,均肯定文章创作是立言,是追求不朽之业的盛举,而要创作好的文章,就要回归到诗文文体本身,追根溯源,取法各类文体发展的最好阶段,如文学司马迁,诗学李杜。所以对于李先芳的离去,王世贞有伤感,对于李攀龙的新识,他有喜悦,他说道:"天实妒之,公出邑臣。余既失公,而得于鳞。谢生厕焉,皆公邑人。"[②]李攀龙对此也曾说道:"先是,濮阳李先芳亟为元美道余。及元美见余,时则稠人广坐之中,而已心知其为余,稍益近之,即曰:'文章,经国大业,不朽盛事。今之作者,论不与李献吉辈者,知其无能为已。且余结发而属辞比事,今乃得一当生。仆愿居前先揭旗鼓,必得所欲,与左氏、司马千载而比肩。生岂有意哉?'盖五年于此,少年多时时言余。元美不问也,曰:'世贞奈何乃从诸贤大夫知李生乎?'自是之后,少年乃顾愈益知余。"[③]可见,李攀龙对于结识王世贞也是非常高兴,两人的相互认可,是基于共同的文学主张,也许他们没有想到,几年之后,居然能够引领文坛的发展方向。王世贞随后通过李攀

---

① [明]王世贞:《弇州山人四部稿》卷七十一《王氏金虎集序》,美国哈佛大学燕京图书馆藏明刻本,第4—5页。

② [明]王世贞:《弇州山人续稿》卷一百五十五《祭李伯承尚宝文》,美国普林斯顿大学东亚图书馆藏明刻本,第3页。

③ [明]李攀龙著,包敬第标校:《沧溟先生集》卷十六《送王元美序》,上海古籍出版社2014年版,第491页。

龙认识了谢榛,与他们志同道合之人逐渐增多,各自的名声也越来越大。

随着王世贞与李攀龙交往的频繁和深入,他们已经谈论到具体的文学主张了,李攀龙认为:"以余观于文章,国朝作者无虑数十家。称于世,即北地李献吉辈。其人也,视古修辞,宁失诸理。今之文章如晋江、毗陵二三君子,岂不亦家传户诵?而持论太过,动伤气格,惮于修辞,理胜相掩。彼岂以左丘明所载为皆侏离之语,而司马迁叙事不近人情乎?故同一意一事而结撰迥殊者,才有所至不至也。"①即李攀龙在看完明朝文学的发展轨迹时,认为能够享誉当世的人不多,盛名如李梦阳等人,也是有着明显的缺陷,一味地追求古人言语,而当下的王慎中和唐顺之等人虽然家喻户晓,但是他们的文学创作议论太过,没有注重修辞,太在乎理,缺少情性的抒发,历史上的左丘明和司马迁则是才至者,值得取法。如前所论,在李攀龙之前,王世贞已经不满王慎中和唐顺之之风,奈何没有与之共鸣之人,况且他被吴维岳招揽进诗社,还要创作违背内心主张的作品,何其煎熬。所以李攀龙此论一出,让王世贞看到了新的希望,他内心所推崇的,终于有人懂了,自己也不再是孤掌难鸣。两人之间的联系愈加紧密,陈继儒说道:"王元美与李于鳞初为刑曹郎,相约读书,手抄《史记》二部。每相对饮酒,谈笑唏嘘,率若与子长相周旋。自是文章始有发窍。"②对于此,王世贞曾向张助甫提及:"不佞少窃父兄余波,污版籍。赖天之灵,不令入从中秘诸先生游,而以游于鳞故,并盛年壮气,却黜人间之好,相与劘琢其辞,以为亡论身后名,即人生舍死亡足娱者。而又赖天之灵,不遂懵昧。自六经而下,于文则知有左氏、司马迁;于骚则知有屈宋;赋则知有司马相如、杨雄、张衡;诗古则知有枚乘、苏李、曹公父子,旁及陶谢;乐府则知有汉魏鼓吹、相和及六朝清商、琴舞、杂曲佳者;近体则知有沈宋、李杜、王江宁四五家。盖日夜

---

① [明]李攀龙著,包敬第标校:《沧溟先生集》卷十六《送王元美序》,上海古籍出版社2014年版,第492页。
② [明]陈继儒:《陈眉公先生全集》卷一《朱批〈史记〉序》,上海图书馆藏明刻本,第3页。

说。"①当然,他们还在一起探讨诗文创作之法,以推动文坛的发展,如八月中秋节时,王世贞与李攀龙、谢榛在李孔阳家中论诗,谢榛记载道:"己酉岁中秋夜,李正郎子朱延同部李于鳞、王元美及予赏月。因谈诗法,予不避谫陋,具陈颠末。于鳞密以指掐予手,使之勿言。予愈觉飞动,亹亹不辍,月西乃归。于鳞徒步相携曰:'子何太泄天机?'予曰:'更有切要处不言。'曰:'何也?'曰:'其如想头别尔。'于鳞默然。"②王世贞《十五月夜无月,同于鳞、茂秦于李郎中席上分韵,得钟字》、谢榛《中秋无月,同李子朱、王元美、李于鳞比部赋,得城字》等诗作,皆能印证此次聚会。

该年,儿果祥生,王世贞甚是高兴,名为果祥乃是此儿出生前,父亲王忬以御史巡楚,夜梦橘果丰硕,故取此名,且家中新添男丁,是祥瑞之兆。王世贞说道:"余举进士之明年,魏安人来京师。又明年,儿果祥生。时家大人方按治楚,得报,喜曰:'余昔之夜梦橘累累而实者,其征乎?'遂名之曰果祥,志梦也。"③加上之前已有的一女,此时王世贞膝下算是儿女双全,且其仕途目前也刚刚起步,尚有可期。

来年二月,王宗沐④赴广西任按察金事,三月,李先芳事情办完后,要回新喻县,好友接二连三离去,又是一波又一波的送别,王世贞说道:"今年春,新甫乃自员外郎擢按察金事,视广西学。"⑤根据王世贞《天宁寺同谢山人茂秦、章行人景南、李比部于鳞饯李伯承明府,分韵得花字》、谢榛《天宁寺同章景南、李于鳞、王元美饯别李伯承还宰新喻,得春字》、李先芳《天宁寺院留别章景南给事、李于鳞、王元美二郎中、谢茂秦山人,得城字》等诗赋,可以想象他们之间的那种惜别,那种依依不舍。

① [明]王世贞:《弇州山人四部稿》卷十六《苦旱歌》,美国哈佛大学燕京图书馆藏明刻本,第5页。
② [明]谢榛著,李庆立、孙慎之笺注:《诗家直说笺注》,齐鲁书社1987年版,第437页。
③ [明]王世贞:《弇州山人四部稿》卷九十三《亡儿果祥瘗志铭》,美国哈佛大学燕京图书馆藏明刻本,第19页。
④ 王宗沐(1523—1592),字新甫,号敬所,临海城关人。嘉靖二十三年(1544)进士,授刑部主事。历任广东参议、江西提学副使、山东左布政使等职,累官至刑部左侍郎,著有《敬所文集》《江西大志》《宋元资治通鉴》等文集。
⑤ [明]王世贞:《弇州山人四部稿》卷五十五《送王员外新甫视广西学政序》,美国哈佛大学燕京图书馆藏明刻本,第1—2页。

随着新一轮科举的结束,梁有誉①、宗臣②、徐中行③、吴国伦等人高中进士,他们皆喜好诗文创作,并热衷交游,这些新鲜力量将进一步壮大以李攀龙、王世贞为首的复古队伍。

三月二十八日,王忬自湖广巡按结束后,返回京师,在天宁寺休息,王世贞闻讯,立马前往天宁寺侍奉,父子二人得以久别重逢,各自都有很多话语需要言说,王世贞更是有很多困惑需要父亲来指点。第二天午饭后,父子二人一同观赏天宁寺塔所放之光。④ 也是在那时,王世贞受寺内童子的推荐,知道了钟丫髻的相关情况,并前去白云观拜访,钟丫髻是嘉靖年间居住在白云观的一位老道人,其具体事迹少有记录,也没有准确的生卒年,但是当时传闻他已经有114岁了,这种年龄,在五十而知天命、医疗技术不是很先进的古代,是十分罕见的,且他长期在道观修炼,一心问道,更是增添了不少传奇色彩。王世贞在游记中写道:"记佛光之明日,大人有同伦之约于它刹者。余以间信屦消摇于门,顾童子六七连袂而过曰:'曷不一往礼钟丫髻乎?'……问:'何寓?'曰:'白云观。''观去寺若干里?'曰:'里可五而遥。'"⑤他对此还是有着一颗好奇之心的。

后来王世贞因病休假,在家中闲居时,回忆起明朝时期吴中的诸多贤人,于是选取了其中的四十位进行歌颂,作组诗《四十咏》,⑥其所咏的

---

① 梁有誉(1519—1554),字公实,明代文学家,广东顺德人,嘉靖二十九年(1550)中进士,授刑部主事,后得寒病而卒,年仅 36 岁。著有《兰汀存稿》。

② 宗臣(1525—1560),字子相,号方城山人,兴化人。嘉靖二十九年(1550)进士,由刑部主事调吏部,以病归,后任吏部稽勋员外郎,因杨继盛死得罪严嵩,出任福建参议,以御倭寇有功而升任福建提学副使,卒于任上。著有《宗子相集》。

③ 徐中行(1517—1578),字子舆,一作子与,号龙湾,又称天目山人,湖州长兴人(今属浙江)。嘉靖二十九年(1550)进士,初授刑部主事,历员外郎中端州同知、山东佥事、云南参议、福建副使、参政等职,累官至江西布政使。著有《天目山堂集》《青萝馆诗》等文集。

④ 王世贞回忆道:"庚戌之春三月二十八日,大人还自楚,以述楚事。未即朝,憩于城西郭天宁寺之方丈。世贞时承乏秋官署,得出侍焉。其明日午饭,于比丘间有谈寺塔光者……一沙弥入而呼曰:'光现矣!'世贞乃奉大人出至塔所。……后复与僧无心有谈及之,因追记其事。"见[明]王世贞:《弇州山人续稿》卷六十一《天宁寺塔放光记》,美国普林斯顿大学东亚图书馆藏明刻本,第6—7页。

⑤ [明]王世贞:《弇州山人续稿》卷六十一《游白云观记》,美国普林斯顿大学东亚图书馆藏明刻本,第22页。

⑥ 序曰:"庚戌之春,予以病休曹假,伏枕不怿,忆数父哲,彬彬多巨公异人。龙质凤章,云霞霞烂,虽潜见异则,托就大小,然亦盛矣。因绅绎所闻,自我明始高代迄今,共成四十章。匪辞挂漏之惭,聊见仰止之私耳。"见[明]王世贞:《弇州山人四部稿》卷十四《四十咏》,美国哈佛大学燕京图书馆藏明刻本,第8页。

对象有高启、姚广孝、吴宽、王鏊、沈周、文徵明、陆粲等人,他们大多以诗文、书法名于世,可见吴中地区的文人传统,亦可知吴中地区人才辈出,王世贞为明朝以来吴中地区有如此多的英杰而感到自豪,其实这也是他内心对自己的一份期望。

待病稍微好转之后,王世贞便在立秋前与吴维岳、徐文通、李攀龙等人相聚于宣武城楼,一起宴饮,并诗歌唱和,吴维岳《立秋前一夕,元美邀集宣武城楼,限秋字》、谢榛《立秋先一夜,同吴峻伯、孙文揆、徐汝思、李于鳞、王元美五比部登城,得秋字》、王世贞《立秋夕,与谢山人、孙、徐、李、吴四比部登宣武城楼,共得秋字》等诗皆作于此时。

七月,博学多识、擅长诗文的顾应祥[①]出任刑部尚书,这对于一向久居人下、鲜有提拔,且与刑部整体诗风相左的王世贞和李攀龙等人而言,是一个好时机。徐中行在顾应祥的行状中提及:"明年庚戌,升刑部尚书。……时李攀龙、王世贞并陆沉署中,鲜所推与。公一见其文,心异之,过谓中行曰:'海内操觚家,人人能矣。乃若正始之音,殆在兹乎?'"[②]王世贞也曾言及:"公当之南京,未上。召为刑部尚书。……时郎李攀龙文高,寡推与。公得其一篇读之,辄叹曰:'少年树颐颏,操觚翰,吾不知其若而人。即正始,舍是生奚属哉?'"[③]有了顾应祥的高度肯定,王世贞和李攀龙不再被刑部诗风打压,再加上他们之前已经小有名气,此时更是声名顿起,称赞声不断。对于这种效应,黄宗羲直言:"嘉靖庚戌,升刑部尚书。……在曹中荐拔于鳞、元美,由是知名天下。"[④]在多人的文集中对此事均有提及和评论,可见顾应祥对初期的王世贞助力非常大。当然,顾应祥对王世贞的肯定不是因为琅琊王氏家族的强大,而是建立在对王世贞文学创作及其主张高度认可的基础之上,同时给予了王世贞极大的发展信心。

---

① 顾应祥(1483—1565),字惟贤,号箬溪,长兴人,王阳明弟子。弘治十八年(1505)进士,先后任江西饶州推官、广东按察佥事兼岭东道、兵部右侍郎、刑部尚书等职,晚年调任南京刑部尚书。其博学多识,善诗文,曾与乡里蒋瑶、刘麟等结社于岘山。着有《传习录疑》《致良知说》《测圆海镜分类释术》等文集。

② [明]徐中行:《天目先生集》卷十五《明故资善大夫南京刑部尚书赠太子少保箬溪顾公行状》,上海图书馆藏明刻本,第7页。

③ [明]王世贞:《弇州山人四部稿》卷八十六《明故资政大夫南京刑部尚书赠太子少保箬溪顾公墓志铭》,美国哈佛大学燕京图书馆藏明刻本,第11页。

④ [明清]黄宗羲:《明儒学案》卷十四《尚书顾箬溪先生应祥》,中华书局2008年版,第296页。

六月,战事再起,俺答从大同大举入侵,到八月十五日就已经入袭到古北口,进逼通州,而古北口是山海关、居庸关两关之间的长城要塞,距京城仅 240 余里,直接关系到京城的安危。当时恰逢王世贞父亲巡按顺天,在得知敌情后,王忬冷静思考,沉着应对,一面上疏给朝廷汇报军情,告知当下的危急情况,一面马上赶到通州,开始整顿军事防务,安抚官民,并迅速采取斩断舟楫、阻绝水路等措施,不给敌方进军的便利。然而这些事务艰巨、繁重,又是临时的安排,以致到深夜时还没完成,而俺答大军却滚滚袭来,他们夜晚行军的火把照亮了夜空。幸亏王忬采取措施及时,以致俺答大军一时间找不到足够的渡船来渡河西进,只能望河兴叹。半月以来,王忬丝毫不敢懈怠,甲不离身,治军严谨,与军民一起抗击敌人,从而使通州之地没有受到俺答大军侵犯,得以保全,这也是此次俺答入侵时,唯一一块没有受到侵害的地方。此事一出,朝野为之轰动,王忬更是因为在此次战争中的优异表现,被嘉靖皇帝所知,并特批王忬升任都察院右佥都御史①,经略通州以东诸军。《明世宗实录》中有简单记载:"嘉靖二十九年八月甲申,升巡按御史王忬为都察院右佥都御史,代仪;命新敕都指挥佥事欧阳安充东官厅参将,代领锦军。"②王世贞则有更为详细的描述。③

---

① 督察院是直属于皇帝的监察部门,下设左右督御史(正二品)、左右副督御史(正三品)、左右佥督御史(正四品),再往下又设十三道监察御史(当时中国分为十三个省),有一百余人,分管每个省的检查工作,如察纠内外百司之官邪,或露章面劾,或封章奏劾。虽然监察御史的品级不高,仅为正七品,但是他们与直属于皇帝的六科给事中统称"科道",属于言官范畴,能够直接上奏朝廷,具有很大的权力。因此,在非常时期,监察御史具有很高的威望以及决策权。

② "中央研究院"历史语言研究所校印:《明世宗实录》卷三百六十三,南京图书馆藏 1965 年版,第 6470 页。

③ 庚戌代还,复按顺天。八月,虏万骑犯古北口。时三辅自己已土木难后,可百年不被兵,谓虏无何,当自退。府君时以万寿节留京师,独忧之,谓世贞曰:"古北单薄,与虏共一墙耳。吾所恃者,京兵、蓟兵,俱柔脆不习战。虏文阑入而夕驰于都门之外,谁能御之?通州,吾咽喉也,六师之储聚焉,吾当为上守通州。"乃具其事以闻,且请速出禁兵屯南关厢,召文武廷臣计议战守长策。而即日按部之通州,勒戒士,授兵登陴,收诸舟楫之河东岸。通人心非府君轻喜事,然畏法严,莫敢后。缮治至夜半甫毕,而虏骑已大入,突至通,火竟夕红烛天,然竟不能渡河而西。凡半月,府君昼夜不解甲而治军,通以获全。上时坐西斋宫策虏,忧之甚,念无以闻者,独府君疏。而所使谍觇诸辅城,独通州完,又独府君昼夜睥睨间。会相嵩及大宗伯、今元相徐公请见,言边事。上曰:"王某可一升。"至次日,遂特批超府君都察院右佥都御史,经略通州以东诸军。府君念天子方旰食,用边事擢,不敢辞,而益治军。见[明]王世贞:《弇州山人四部稿》卷九十八《先考思质府君行状》,美国哈佛大学燕京图书馆藏明刻本,第 6—7 页。

可以说,这次战役直接改变了王忬的个人命运,他由七品的监察御史直接破格提拔为四品的右佥都御史,并且进入了最高统治者嘉靖皇帝的视野,如此看来,王忬的前途不可限量。当然,王忬的仕途方向也发生了根本性变化,监察御史虽然监察的内容较广,涉及司法、经济、农业等方面,但总体而言,它属于文官,与军队的接触较少,不过鉴于王忬在此次战役中所表现出非凡的军事才能和领导能力,他在升官之后,侧重点就转移到治理军队了,偏向武官将领的职责。王忬的命运得以改变,也带动着家族命运的变化,如前所论,王氏家族的先辈们较多地在军事上取得丰功伟业,从而奠定自己的历史地位,王氏家族迁徙到昆山、太仓之后,虽然也有声名,被百姓称赞,但是比起之前祖辈们的功劳,显然是相差甚远,王忬的崛起,让王氏家族看到了新的希望,如王世贞就对自己父亲所取得的功绩,很是自豪,并认为父亲以后能够取得更大的功绩。

在这之前,国家安定,王世贞在京城生活期间,在日常工作之余,经常与好友为伴,探讨文学创作之法,诗歌酬唱,把酒言欢,非常逍遥。庚戌秋事则如当头一棒,强大的国家居然被俺答入侵,并且直逼京师,而文人们空有男儿身,却无法报效祖国,他对自己的文学选择颇有懊恨之意,其组诗《书庚戌秋事》曰:

> 传闻边马塞回中,候火甘泉极望同。风雨雕戈秋入塞,云霄玉几昼还宫。书生自抱终军愤,国士谁讥魏绛功。北望苍然天一色,汉家高碣倚寒空。(其一)

> 匈奴万骑纵西山,天险谁当百二关。今日安危任边将,异时恩泽满朝班。乌边白骨那能辨,马首红妆若个还。冗散书生空哽咽,截书谁为破愁颜。(其二)

> 汉朝宫树自苍苍,万马风生紫塞长。是处烽烟欺太白,几家关月恨流黄。千金剑客辞军垒,三殿兵符下室皇。解道云中飞将在,露书何以慰明光。(其三)

> 长陵松柏气成龙,极望苍然撼汉封。盘木西来是符拔,扶桑东尽见朦朣。旌旗夜摄千烽偃,玉帛春看万国从。七萃貔貅今不乏,

坐骄胡骑出居庸。(其四)①

　　王世贞历经失败、冷落,被社会磨去些锋芒,此时已经没有年少科举高中时的那份踌躇满志,但是其渴望建功立业之心却一直存在,如他和汪道昆言及曾怀有"尚庶几铅刀之割,以少吐文士气"②的梦想,故在国家危难时,他的内心还能发出"书生自抱终军愤,国士谁讥魏绛功""冗散书生空哽咽,截书谁为破愁颜""是处烽烟欺太白,几家关月恨流黄"的感慨,《书庚戌秋事》充满着自责,以及对建功立业之人的赞赏,从中也可以看出,喜好文学创作的王世贞,并不是只有自己的文学世界,他还时刻关心着国家的安危,并且荣辱与共。

　　十一月,由于俺答入侵造成的恶劣影响,朝廷不满意当下的布防,于是对部分地区的军事部署做出了调整,他们从各地抽调数十万军队进驻京郊,以拱卫京师,确立易州、昌平州及通州为三辅,并在三辅之中增设经略都御史,因为此次调整,王忬便以都察院右佥都御史督理蓟州粮饷,兼守通州,遂为经略使,《皇明大政纪》记载道:"(庚戌嘉靖二十有九年)十有一月,置三辅经略大臣,以易州、昌平州及通州为三辅,各设经略都御史。以翁万达至愆期,谪驻易州,召许宗鲁驻昌平州及通州王忬,为三辅经略使。"③

　　战争是短暂的,战争过后,国家稳定,人们的日常生活也恢复到往常的节奏。次年正月,王世贞邀请李攀龙、谢榛等人相聚,一起为吴维岳、徐文通、袁福征送行,因为朝廷对他们有新的安排,三人将分别监察山西、四川、广西的刑狱。在宴席间,李攀龙有诗作《集元美宅,送汝思、吴峻伯、袁履善三比部》,吴维岳有《审录江右,李于鳞、谢茂秦集王元美宅相饯,分得中字》,谢榛有《初春夜集王元美宅,饯别吴峻伯、徐汝思、袁福征三比部出使,得杯字》,王世贞则在《送比部吴峻伯江西抚刑序》《送袁履善郎中审录广西序》等文中有所记载。二月,王世贞等人在城外正式饯送吴维岳、徐文通、袁福征三人离京,当时正好碰到莫如忠赴

---

① [明]王世贞:《弇州山人四部稿》卷三十三《书庚戌秋事》,美国哈佛大学燕京图书馆藏明刻本,第4页。
② [明]王世贞:《弇州山人四部稿》卷一百十九《汪伯玉》,美国哈佛大学燕京图书馆藏明刻本,第7页。
③ [明]雷礼:《皇明大政纪》卷二十四,北京大学图书馆藏明刻本,第5页。

贵州上任按察司提学副使一职,于是众文人再次相聚宴饮,最后吴维岳、徐文通、袁福征和莫如忠四人便一同离京,如谢榛有诗作《春日潞河舟中饯别莫子良、吴峻伯、徐汝思、袁履善,赋得樽字》。

三月二十四日,对王世贞全家而言,是非常悲痛的,由于通州都察院公廨失火,之前搬来与父亲一起居住、即将出阁的妹妹,在此次火灾中不幸致疾,从此不愈,王世贞记载道:"汝年二十,且字,从先君子于通之使院。火作,汝有贞姜之操,几殆坐,是心怦怦有血疾矣。"[1]父亲也因为在此次大火中敕书被烧毁而被朝廷夺俸三个月,以示惩戒。

该年春,震惊一时的卢柟案以其平冤昭雪而终结。关于此案,是因为卢柟得罪县令,而被构以他事逮捕入狱,谢榛坚信卢柟的清白,并为之奔走相救,陆光祖后为县令,通过多方搜集证据,力证卢柟无罪,是他人陷害所致。最初卢柟家境富饶,为太学生,奈何受此案牵连长达十年之久,以致卢柟家道逐渐趋于衰弱,最终穷困潦倒。王世贞和李攀龙虽然供职刑部,推动了此事解决进展,但是谢榛全程参与,出力最大,案情大白于天下之后,他的义举被众人称赞,极大地提升了知名度。谢榛能够通过布衣之身,救卢柟于狱中,更是让王世贞感到无比震撼,充满敬佩。当卢柟将出狱时,王世贞感到非常高兴,作《闻卢生将出狱,志喜》三首,其一言及:"闻道游梁狱,斯人实可悲。红颜翻自累,白璧转堪疑。失意乾坤小,孤踪雨露迟。向来吹黍律,开落竟由谁。"[2]这次翻案的意义非凡,不仅体现了司法的公正,同时让王世贞认识到文人有用于世。

另外,王世贞和李攀龙在探讨诗法之余,注重扩大诗社影响,招揽新生力量。如科举后入职刑部的宗臣、徐中行等人,都经常跟从王世贞和李攀龙游玩[3]。除了吸引新人之外,他们也注重对已成名的文人进行

---

[1] [明]王世贞:《弇州山人四部稿》卷一百五《哭亡妹王氏文》,美国哈佛大学燕京图书馆藏明刻本,第16页。

[2] [明]王世贞:《弇州山人四部稿》卷二十三《闻卢生将出狱,志喜》,美国哈佛大学燕京图书馆藏明刻本,第9页。

[3] 王世贞记录宗臣"明年成进士高第,授刑部广西司主事。太宰李公默见君文而奇之,调为其属,得考功。故事,吏部郎自相贵,绝不复通他曹郎。而君日夜与其旧曹李于鳞、徐子与、梁公实及不佞世贞游,益相切劘为古文辞。考功署中自公令外,多不复酬往,而君少年骤贵显,诸曹偶不无目摄之矣"。见[明]王世贞:《弇州山人四部稿》卷八十六《明中宪大夫福建提刑按察司提学副使方城宗君墓志铭》,美国哈佛大学燕京图书馆藏明刻本,第14页。

招揽,如皇甫汸素有才名,来京谒选官职时,便被王世贞邀请游玩。皇甫汸自述道:"后免太夫人丧,赴阙补职。时比部郎王世贞、李攀龙及诸进士、谢山人并辱造余。"①如果说招揽年轻的后辈是为了长远的发展,并保持诗社的活力,那么招揽有才名的贤士,则是为了迅速地扩大诗社的知名度,提升影响力,从而在众多诗社中脱颖而出。

七月七日,谢榛将要离京,王世贞、李攀龙等人一同为之饯行,从年龄来看,谢榛(1495—1575)、李攀龙(1514—1570)、王世贞(1526—1590)三人中,谢榛明显属于年长一辈,他早就负有文名,再加上此次营救卢柟成功,自然成为王世贞和李攀龙辈景仰的对象。王世贞在送别中,新创了一首长诗,对谢榛歌功颂德,全面肯定谢榛的文学成就、傲然气骨和侠义精神,诗曰:

> 长安送别今七夕,北斗卓地银河昊。此时痛饮不快意,青衣行酒无颜色。呜呜击筑为秦声,和以短铗霜纵横。大白入手葡萄惊,慷慨为尔歌平生。谢生长河朔,奇笔破万卷,日月纵游翱,乾坤任偃蹇。开元以来八百载,少陵诸公竟安在。精爽虽然付元气,骨格已见沉沧海。先朝北地复信阳,一柱不障东澜狂。人握隋珠户和璧,及吐中夜无精光。谢家一瓯椒浆水,晨兴自荐开元鬼。俯仰宁教俗子骂,声名肯傍豪贤起。妻孥生计环向愁,掉头且吟五岳游。青春断不淹富贵,白眼何以干公侯。赵王自是平原君,玳簪珠履三千人。生衣短衣巾角巾,握管从容踞上宾。从此王名贤好士,浊漳往往成清醴。座中谁出夷门右,海内愿为公子死。生岂不恋王家濡,龌龊忍为辕下驹。仰天大笑失所向,忽复束书来帝都。帝都云甍接九衢,委巷独满群公交车。剧谈麈尾击唾壶,囊中欲探一钱无。其时卢柟下浚狱,白雪无功白云辱。九歌草就人不知,生也手持向人读。读之未竟泪籁籁,清霜倒飞鬼神哭。绣衣使者从天来,幽谷暖吹邹律灰。欢声欲动黄金台,朝为俘囚夕贵客。生言于柟何有哉,忆初识尔崔都尉。何人不慑回天势,谑浪时存尔汝交。酒

---

① [明]皇甫汸:《皇甫司勋集》首附《集原》,文渊阁《四库全书》第1275册,上海古籍出版社1987年版,第3页。

盍肯及县官事,乃知豪杰无不可。婴儿世态狎乳虎,词组能令万象归。雄心直向千秋吐,生今去余向何所。生不在天之上地之下,前不值古人后不值来者。纵无长绳系汝足,安能一撝轻相舍。为言聚散等流萍,贯月查来可暂停。明年牛女桥成夜,指点依稀见客星。①

全录此诗,还在于这首诗基本上是王世贞对谢榛几十年来生活的总结,该诗的赞美之情,溢于言表。也正因为谢榛身上有如此多的亮点,所以后来王世贞和李攀龙极力拉拢他组建以"后七子"为首的复古阵营。当时常从王世贞和李攀龙游玩的,还有梁有誉、宗臣、吴国伦、余曰德、高岱、魏裳、刘景韶等人,日后都是文学复古阵营中的重要成员。

时间飞逝,到十一月时,王世贞迎来了现任职位的三年期满考核,虽然没有取得惊天动地的成绩,但是他恪尽职守,很好地完成各项任务,因此很顺利地通过此次考核,并被朝廷新任命为刑部员外郎。对于仕宦上的第一次考核,他有所感触,其诗《比曹初考,述职有感》曰:"岁月不我即,禄食三已期。揣分冒兢惕,程己惭素尸。出负友朋属,入惭父兄规。殿最他所任,得失中自知。伊予少浅涉,夙好经生期。稍见事乃谬,渐习心永暌。咎繇固圣者,其究亦趋时。南容复白圭,已甚非仲尼。滔滔亘天路,戚戚将向谁。"②这算是他对自己最初三年工作的全面概述,对未来如何,他也存在一定的困惑。与此同时,其妹嫁给了张希九③,就在父亲的通州邸舍完成婚礼。他说道:"(妹)二十一,婚张氏。时先君子方持中丞节,治畿饷。而与龄父小岩公携其子来,就邸舍成礼。又二载,始归于张。"④

有了之前的基础,共同游玩者越来越多,王世贞在新年的正月初六日、初七日、十四日夜、十五日,就同李攀龙、谢榛、梁有誉、徐中行、宗臣

① [明]王世贞:《弇州山人四部稿》卷十六《谢生歌,七夕送脱屣老人谢榛》,美国哈佛大学燕京图书馆藏明刻本,第10页。

② [明]王世贞:《弇州山人四部稿》卷十《比曹初考,述职有感》,美国哈佛大学燕京图书馆藏明刻本,第4页。

③ 张希九,字与龄,国子生,建宁郡守张文麟之孙,太学生张一桁之子,素有文名。

④ [明]王世贞:《弇州山人四部稿》卷九十三《亡妹太学生张与龄孺人王氏墓志铭》,美国哈佛大学燕京图书馆藏明刻本,第6页。

等人多次相聚,且每次宴饮必有分韵赋诗,相互唱和。如王世贞《正月六日雨阻江上,因记昨岁同于鳞诸君访茂秦于华严庵,分韵赋诗,一时之盛,怅然有怀,爰赋十韵》《人日同茂秦、于鳞、公实、子与夜集子相考功分韵》《正月十四日夜同茂秦、于鳞、子与、子相集灵济宫公实馆,分韵得灯、微二字》、徐中行《人日同谢茂秦、李于鳞、梁公实、王元美集宗子相宅》、宗臣《人日谢茂秦、李于鳞、徐子与、梁公实、王元美偕集,席上口占,得风字》、徐中行《十四夜同茂秦、于鳞、公实、子相、元美集灵济宫》、谢榛《元夕,道院同公实、子与、于鳞、元美、子相五君,得家字》等等,从他们诗作的名字便可知相聚之频繁,这有利于提升诗社的知名度。不过在二月末、三月初的寒食休沐时,王世贞闭门自眠,突然觉得目前在京城生活五年了,在工作上非常平庸,没有大的进取,虽然在诗社组织上有所成就,但这只是友朋之间的游玩,比起在战场上建功立业,还是逊色不少,况且他内心求铅刀一割的梦想并没有消失殆尽,他于是作诗自嘲道:“问汝次促何所图? 马曹懒否能支吾。北枝南鸟意殊左,长铗短歌秋转孤。欲呼愚公未白发,拟作醉士无青蚨。汝道挂冠亦易尔,五见咸阳春草枯。”[1]三月,朝廷让王忬以都察院右佥都御史之职巡抚山东,不仅有王世贞为父亲送行,还有李攀龙、宗臣、梁有誉等人作诗相赠,这就体现出王世贞的交友范围以及诗社的优越性了。

该年春天,王世贞与李攀龙、徐中行、梁有誉、宗臣等人再次游玩唱和,[2]他们的交游,比起最初已经有所深入,更加注重文学主张的一致性。后来谢榛被招揽进诗社,他们请人绘制《六子图》,以记录游玩之盛,谢榛回忆道:“嘉靖壬子春,予游都下,比部李于鳞、王元美、徐子与、梁公实、考功宗子相诸君延入诗社。一日,署中命李画士绘《六子图》,列坐于竹林之间,颜貌风神,皆得虎头之妙。”[3]其后李攀龙更是倡导诸

---

① [明]王世贞:《弇州山人四部稿》卷三十三《休沐偶成,自嘲》,美国哈佛大学燕京图书馆藏明刻本,第15页。

② 王世贞《陈于韶先生卧雪楼摘稿序》云:“余为郎燕京时,颇得游诸名隽间。而诸名隽独盛于庚戌之对公交车者,若吴兴徐子与中、武昌吴明卿、广陵宗子相、南海梁公实,以气谊相激昂,还往至穷,听夕亡他。”见[明]王世贞:《弇州山人续稿》卷四十四《陈于韶先生卧雪楼摘稿序》,美国普林斯顿大学东亚图书馆藏明刻本,第13页。

③ [明]谢榛著,李庆立、孙慎之笺注:《诗家直说笺注》,齐鲁书社1987年版,第433页。

子各作《五子诗》，以纪念一时交游之谊，同时向他人推广他们的诗社。王世贞说道："已，于鳞所善者布衣谢茂秦来。已，同舍郎徐子与、梁公实来，吏部郎宗子相来。……而茂秦、公实复又解去。于鳞乃倡为五子诗，用以纪一时交游之谊耳。"①至于五子，有多种说法，周颖经过文献考察后认为："上海图书馆藏明宗书刻《宗子相集》十五卷中附李攀龙、徐中行、梁有誉、王世贞四人之《五子诗》。李诗所咏五子依次谢榛、徐中行、梁有誉、宗臣、王世贞，徐诗所咏依次为谢、李、梁、宗、王。梁诗所咏以谢榛为首，攀龙次之，以下为徐、宗、王；世贞诗亦以谢榛为首，攀龙次之，以下为徐、梁、宗。是集卷四有宗臣《五子诗》，所咏五子依次为谢、李、徐、梁、王。总之，此集中所录诸子《五子诗》，皆以谢榛为首，攀龙次之，徐中行又次之，梁有誉又次之，宗臣又次之，最末为世贞，当以齿相序。"②廖可斌更是指出："显然按年龄排列，大约诸子结社之初，大家还是比较谦虚还能'相序以齿'。"③所以王世贞以年龄最幼者居于末。至此，五子或六子之称已经完备，这也成为后来七子之称的基础，他们诗社的构成不同于李先芳、吴维岳，论文学创作也与唐宋派的主张相左，实自为一派，预示着文坛新时代的开始。

自嘉靖二十六年二月至嘉靖三十一年春，王世贞在京有五年多了，这是他高中科举后，初入官场的第一个五年，在这五年间，如同他自己反思的一样，在建功立业方面着实没有什么建树，碌碌而为，这与他刚开始的踌躇满志形成了鲜明对比。不过在诗文交友方面，他从最初的依附他人，到最终和李攀龙一道，形成自己的诗文主张，并逐渐结成以谢榛、李攀龙、梁有誉、徐中行、宗臣和自己为核心的诗社，则功绩大焉，因为他们将主导文坛的发展方向，对晚明文学思想产生重要影响。

① [明]王世贞：《弇州山人四部稿》卷一百五十《艺苑卮言七》，美国哈佛大学燕京图书馆藏明刻本，第17页。
② 周颖：《王世贞年谱长编》，上海三联书店2016年版，第127页。
③ 廖可斌：《明代复古文学运动研究》，商务印书馆2008年版，第230页。

第二节　奉诏察狱

结社是因为有共同志向而走在一起,并不是结社之后的相互妥协,不过他们的相聚唱和一般都是小范围内的,毕竟各自的工作岗位不一样,各自的身体、家庭情况也不一样,要诗社所有成员大规模齐聚是非常困难的。如暮春之时,梁有誉因为身患疾病,故上书给朝廷以疾乞告,将要离开京师回到南海,王世贞则与李攀龙、徐中行拜访梁有誉,其诗曰:"春暮和烟满凤城,茂陵词客病金茎。灯前古剑回霜色,杯外残花入雨声。尽许寸心倾国士,即论千载失时名。越南燕北天何限,浊酒狂歌意未平。"①至于梁有誉离开的具体原因,说者不一,如王世贞说道:"(梁)补尚书刑部郎……而一旦念其太夫人,竟移病。满三月,上书请告归。"②是说梁有誉思念家人而致病,何乔远则言及:"梁有誉,字公实。……以进士授刑部主事,李攀龙辈结社为声诗,有誉业先成家。严世蕃欲亲有誉,有誉耻为褒狎,遂谢病归。"③是说梁有誉为了躲避严氏父子的拉拢,而以患病为由离开京城。据后来五月份王世贞与李攀龙、徐中行、宗臣四人再次拜访梁有誉时,梁有誉有诗作说道:"卧病长安愁毒热,雨来爽气满乾坤。西山雷过蛟龙斗,北极云垂海岳昏。万里乡心还促膝,百年风物谩开樽。彩丝艾叶随时俗,弹剑酣歌怆客魂。"④可见他那时还在病中,最初的离开应该主要是因为疾病,但是受制于身体患疾,需要卧床休养,从而导致迟迟没有启程回归南海。后来,谢榛离京,宗臣乞休,诸子一起相聚的机会更加稀少,聚少离多成为常态。

五月,王世贞抱病已久,不过对他更大的打击莫过于其儿果祥因疹夭折,以致他病中早晚哭泣,时常回忆小孩的外貌和生活中的一些举

① 〔明〕王世贞:《弇州山人四部稿》卷三十三《春夕同于鳞、子与访公实。时公实在告,将归南海,分韵声字》,美国哈佛大学燕京图书馆藏明刻本,第14页。

② 〔明〕王世贞:《弇州山人四部稿》卷九十四《明承直郎刑部山西司主事梁公实墓表》,美国哈佛大学燕京图书馆藏明刻本,第15页。

③ 〔明〕何乔远:《名山藏》卷八十六《臣林记·梁有誉》,上海图书馆藏明刻本,第17页。

④ 〔明〕梁有誉:《兰汀存稿》卷四《五月五日雷雨,时于鳞、子与、子相、元美过访,共赋》,《明代论著丛刊》,台湾伟文图书出版有限公司1976年版,第136页。

止，如果祥在书房中听姐姐背诗，几遍之后便耳熟能详。当着别人的面背诵所听之诗时，没有任何差错，大人都非常喜欢他。这些场景，细细想来，令人神魂颠倒，悲痛万分。[①] 文章写作不能尽情地抒发其内心悲痛，他还创作十首悼念儿果祥的诗作，如其一："得汝三年内，那能一日忘。谁知浪惊喜，翻为助悲伤。处处难开眼，时时总断肠。病夫骨髓尽，未数泪千行。"其六："不禁西河眼，悲深渐欲枯。逢人失应对，散帙强支吾。颠倒还疑梦，依稀或类呼。谁将二女慰，转见一身孤。"[②] 果祥是王世贞的第一个儿子，虽然他还有两个女儿，但是在封建社会，儿子和女儿对他而言的意义不太一样，以致王世贞发出"谁将二女慰，转见一身孤"的感慨。

六月底，梁有誉病情好转，开始启程归还南海，王世贞与众人在天宁寺为之送行，由于多种原因，这是他们几个月后的再次相聚宴饮。席间，他们的诗作唱和颇多，如王世贞《天宁寺同诸子饯别公实》、李攀龙《夏日同元美、子与、子相天宁寺送别公实》、宗臣《天宁寺同于鳞、子与、元美饯别公实，各赋二首》、梁有誉《喜归述怀，留别李于鳞、徐子与、宗子相、王元美四子一百韵》等等。随后徐中行因为捕猎一鹿，便邀请王世贞、李攀龙、宗臣一同食脯豪饮，大家各自创作《击鹿行》以助之，李攀龙言及："余往与王生过子与，见伏鹿于庭，戏相谓曰：'余将携徐夫人匕首刺此鹿麑，腊之也。生岂不愿为我掎角之哉？'又与王生过子与，则子与刺杀此鹿，食王生。既而宗生亦至，相与批脯饮也，亦大豪举哉！乃各赋《击鹿行》壮之矣。"[③]

之前的离别送行多是王世贞送别友人，毕竟他科举高中留京后，就没有离开过。直到当年七月份，王世贞将以刑部员外郎的身份，奉诏前

---

① 王世贞曾说道："儿既周岁，眉目秀朗，口泽兰发，肤玉莹可念也。而性又最颖利，言笑偎媚，便辟举止，故少于姐，然其智足衣食之矣。姐尝衣文绣衣。儿艳，欲得之。予笑谓儿：'误矣，非女子，何从衣此文绣也？'儿谢曰：'此文绣诚不足儿所，他日当衣大父衣耳。'会家大人治饷还，见儿益爱，娱弄之。尝从书室听姐所诵诗不一，再过，辄熟。见客长揖毕，令诵所听诗，不爽也。给事凌君云鹄大奇儿，许以女。儿趣前拜曰：'甚愧，毋以报舅，许代舅给事乎？'凌君益大喜。亡何，忽疹发被体，治之不效，死。死时揽余袂而呼者三，意若有属者。家大人时治山东，闻，哭之恸曰：……儿以己酉生，以壬子死。死之逾月，余始过里，乃归儿骨而瘗之先墓之傍……"见[明]王世贞：《弇州山人四部稿》卷九十三《亡儿果祥瘗志铭》，美国哈佛大学燕京图书馆藏明刻本，第 20 页。

② [明]王世贞：《弇州山人四部稿》卷二十三《悼亡儿果祥诗十首》，美国哈佛大学燕京图书馆藏明刻本，第 16—17 页。

③ [明]李攀龙著，包敬弟标校：《沧溟先生集》卷五《击鹿行》，上海古籍出版社 2014 年版，第 134 页。

往卢州、扬州、凤阳、淮安四郡察访狱事,他才有离开京城的机会。京城诸友得知王世贞即将离京前往江南的消息后,便纷纷送别,如宗臣《送王比部元美使江南六首》、吴国伦《送元美使淮阳过吴中四首》、魏裳《送元美使江南》等诗作皆有记载。

古代的出行方式,选择的空间不大,一般是骑马走陆路,或是坐船行水路,长时间的骑马,较多颠簸,身体可能难以承受,不着急赶时间的话,大多选择水路为主,一来人较为舒坦,二来可以欣赏沿途的风景,毕竟古代的诸多大城市、繁华之地,基本是沿河而建的。因此,王世贞此行首选的是水路,其路线是出京城后,取道天津,过白河、新河,再南经德州、清源等地,中秋时至彭城沛河。不过这一路走来,他却没有看到多少美景,而是看到多处水路遭遇水患,部分陆地也被洪水淹没,以致百姓流连失所,民生疾苦,官府却漠不关心,这令王世贞非常愤怒,只能用笔触反映社会现实,痛斥那些官吏,同情百姓的遭遇,其诗言曰:"脉涌中原破,堤平万穴趋。青天回碣石,大壑播方壶。甲子尧年偶,庚辰禹佐殊。向来分水陆,兹往混江湖。……客程兹地险,民力几时苏。沈灶生涯尽,投薪骨髓枯。茫茫上帝远,吾意欲招巫。"[1]他还与友人说道:"某别后,八月始抵家……所经由淮以北望清源,千余里亡不陆沈者。邑之民仅免鱼鳖,易子析骸,亡但象见。又黄河别延浸,漫漫成巨洼。运河顿长,土若平地。此喉咽也,患已剥肤矣。节镇诸公日望迁为一身计则可,如天下何? 弟非与于此者,不忍见耳。"[2]对于此,王世贞有心无力,他此行的目的是察访江淮狱事,而不是治理水患,他有自身的使命,经过苦难之地,也无法停留去帮助受灾的人们。

由于此次察访狱事属于公差,王世贞诗社中的成员没有与之同行者,再加上他中进士后,主要生活在京城,没有参与外地诗社的相关活动,认识的人有限,且他和李攀龙等人组织的诗社,其影响力还没有覆盖到全国,在京城之外,认识他的人也有限,尚没有慕名而来拜谒的。

---

① [明]王世贞:《弇州山人四部稿》卷三十一《自天津南,所经由亡不陆沉者,聊成短述,兼志忧年,得十六韵》,美国哈佛大学燕京图书馆藏明刻本,第2页。
② [明]王世贞:《弇州山人四部稿》卷一百二十五《瞿师道》,美国哈佛大学燕京图书馆藏明刻本,第9页。

因此，之前习惯了诗歌唱和的他，此时对李攀龙诸子无比思念，于是他作诗《结交行，寄赠于鳞诸子》以抒发内心所怀，其诗曰："自从管鲍不复见，天下黄金斗胶漆。往者吾过翟公门，其雀可罗树萧瑟。时来肯怕贫贱讥，势去还将姓名失。吾侪此聚若有神，骊珠荧荧夜光溢。但忆论文碣石空，宁知凿窍高天嫉。即今逼侧荒城畔，残月犹明梦回室。饥鸢冻鸥慰相语，丹凤哀呼问其匹。淮南万木迎风愁，浮云淡泊寒不收。凭高四顾乏羽翼，要使黄河西北流。"①这诗中既有他没有与友人相聚的失落，也有对社会现实的反映，所以全诗的基调是悲愁、凄凉的，"其雀可罗树萧瑟""淮南万木迎风愁"，可以想象当时王世贞的心境。后来他经淮阴、高邮，到扬州，他此时想起了以前的好友张逊业，内心稍有激动，奈何主动去拜访他却没有相遇，于是停泊在仪真（今江苏仪征），准备经丹阳，抵吴门，然后去探访一下阔别五年有余的老家太仓，这或许是此行中唯一一处能够与亲友相遇的地方。

作为在外的游子，离家太久，回去的感受是不仅太仓有所变化，就是之前的亲朋好友也多少与当年有所不同，因此王世贞舟行吴江时，遇到叶氏姑之子、表兄叶良才，刚开始两人相互不认识，在久久凝望、上下打量后，方才相认。他说道："叶君之先曾大父曰文庄公。始文庄公与吾先大父司马公异起，不相及，然俱时名臣。而司马女女文庄之孙衡州公，两家子弟声习慕好，欢甚。……余使淮扬，道还，遇叶君吴江舟中，不识为叶君也。与之语，声非叶君声也。久而辨其志慷慨，屹亡见病态者，乃定知为叶君。"②对此，王世贞内心既有一份惊喜，自然也有一份忧愁，毕竟自己长期在外，何尝不想念家乡的一切啊。

到达吴门，王世贞与父亲小会之后便归乡里。之前其父以都察院右佥都御史巡抚山东，后来因为倭寇入侵浙江，烧杀抢掠，而当地官员抗倭不力，于是朝廷考虑到其父的军事才能，便让他用原官提督军务，巡视浙江，后来直接将巡视改为巡抚，其父官职得到提升，所以王世贞

① ［明］王世贞：《弇州山人四部稿》卷十七《结交行，寄赠于鳞诸子》，美国哈佛大学燕京图书馆藏明刻本，第6—7页。

② ［明］王世贞：《弇州山人四部稿》卷八十四《叶君传》，美国哈佛大学燕京图书馆藏明刻本，第12—13页。

这次回吴中,得以和父亲短暂一聚。成为巡抚后,其父掌握军政大权,责任自然也重大,他招贤纳士、整顿防务、严刑峻法,积极抵抗倭寇侵扰,抗倭名将俞大猷、汤克宽即此时被提拔和重用的将领。在其父的一系列措施之下,倭寇的嚣张气焰得到压制,不敢随便进犯,当地百姓的生活也渐趋平稳。范守己详细地叙述道:"秋七月,以都御史王忬巡视浙江海道及福、兴、漳、泉地方。倭寇猖獗日甚,廷议复设巡视重臣。乃以忬提督军务,巡视浙福海道。时忬巡抚山东,闻命,即日至浙。度所治军府皆草创,而浙人柔脆不习战,所受简书轻,不足督率吏士。乃上疏请假事权,诛赏得便宜,且欲严应援之律、宽损伤之条,且剿且抚,勿拘文罔。从之。忬任参将俞大猷、汤克宽为心膂,征狼土诸兵及募温台诸下邑桀黠少年,分隶诸将,布列濒海各镇堡,严督防御。浙人恃以无恐。"①

王世贞归家后,乡里的应酬往来自然少不了,再加上他多年未回,更是不能怠慢亲朋好友,而这种应酬,不是他所喜欢的京城宴饮,诗歌唱和,这就增加了其内心的苦楚。他向好友吴国伦诉说道:"归后,接俗客,欲作胸中所无语,酬应甚苦。"②并且因为太仓靠近海滨,容易受到倭寇侵袭,故他想和母亲前往阊阖避乱,但此事最终未能成行,他提及:"且家滨大海,与贼共之。彼少见迫驱此,便婴焚掠。归仅旬日,欲奉老母避地阊阖,卜筑未果。"③

十月下旬,王世贞因为尚有公事在身,故离家前往淮南,十一月十七日,公事处理妥当后,他又返回家中,他说道:"昨者抵家,仅月许,公私顿迫,食寝都废。又坐期逼,星夜走淮南,会成侍御。十七日役毕,使复南,不拟作儿子应酬矣。"④在这期间,他听闻大将军仇鸾⑤被斩,家被

---

① [明]范守己:《皇明肃皇外史》卷三十二,上海图书馆藏明刻本,第5—6页。
② [明]王世贞:《弇州山人四部稿》卷一百二十一《吴明卿》,美国哈佛大学燕京图书馆藏明刻本,第1页。
③ [明]王世贞:《弇州山人四部稿》卷一百二十六《王稚川太常先生》,美国哈佛大学燕京图书馆藏明刻本,第6页。
④ [明]王世贞:《弇州山人四部稿》卷一百二十五《刘子成》,美国哈佛大学燕京图书馆藏明刻本,第13页。
⑤ 仇鸾(1505—1552),字伯翔,号枳斋,明陕西镇原(今属甘肃)人。明朝中期将领,官至太傅、太保、太子太师、太子太傅、太子太保。嘉靖三十一年(1552)八月二十二日,仇鸾因背上生疮去世,享年四十七岁。他病逝后,被陆炳检举种种不法罪证。最终他被判犯有谋反罪,开棺戮尸。

抄没,顿时感到欣喜,认为国家除去一公害,将有助于社稷,真乃"东海波臣窃自惊喜,以为赖宗庙社稷之灵决疽去瘅,亡损支节,此非人力所及也"①。王世贞是非常痛恨仇鸾的,这种痛恨更多的是出于一颗公心,因为仇鸾经常谎报军情、抢占军功,作为严嵩的党羽,祸害天下。王世贞曾创作《将军行》一诗,对其进行辛辣的嘲讽,诗曰:

> 娄猪化为龙,头角故不分。贪狼长百兽,那不食其群。有何短老公,自称大将军。从兵三十万,华盖若飘云。尺一丹棱篋,细刺蛟螭文。一署臣某字,直入铜龙门。忽开青天笑,雷公不得闻。前驱碧眼儿,惯骑大宛驹。与公同卧起,锦带貂襜褕。朝令谒天子,暮令拜单于。单于开篋看,中有尺一书。织成紫氍毹,恰恰覆穹庐。犀毗黄金造,密嵌珊瑚珠。团龙五色帛,百匹为一角。单于大欢喜,亲为割肉炙。小妇弹琵琶,大妇奉羊酪。手取一束箭,墨文何错落。为语而将军,物微意不薄。箭锋但相近,各各相引却。归还告将军,将军大欢喜。今年敌却去,好复开茅土。幕府上功簿,两两对金紫。鬼伯何催促,将军向蒿里。严霜一夜零,华堂遍荆杞。翩翩执金吾,缇骑类貔虎。急为发其私,丞相下御史。支磔将军骸,分枭十二边。车裂两分张,划肉施乌鸢。红颜夫人妇,悬首映旌斿。白面羽林郎,含咽向重泉。小女配人奴,歌舞侯家筵。田园亿千疆,各自称新阡。生为众人恨,死为众鬼怜。寄语二心臣,贻臭空万年。

这其实也是对仇鸾一生的写照,《将军行》是王世贞"乐府变十九首"中的其五,而"乐府变"是他抱有"庶几以被异时信史一二云尔"②的目的进行创作,其内容叙述,大多基于历史上真实的事件。对于王世贞"乐府变"创作的内容及其意义,笔者曾对此进行过专题研讨,在此不多论述③。

---

① [明]王世贞:《弇州山人四部稿》卷一百二十六《王稚川太常先生》,美国哈佛大学燕京图书馆藏明刻本,第6页。

② [明]王世贞:《弇州山人四部稿》卷六《将军行》,美国哈佛大学燕京图书馆藏明刻本,第18页。

③ 参见拙文:《论王世贞的乐府诗及其"乐府变"的历史地位》,《江苏师范大学学报》2017年第2期,第58—63页。

年底，王世贞还在家中居住，通过他的行程可知，自离京以来，他没有与好友宴饮，没有诗社相聚，也没有与他人一起讨论诗文之法，以及诗歌唱和，因此他比离京之初更加想念李攀龙诸子，其《岁暮家居有感》曰："伏腊京华会，今从海上看。中原散朋旧，故国倦衣冠。诗卷供人笑，尊醪把自宽。枯桑朔意久，过鸟夕阳寒。节序颦眉得，人才屈指难。未堪时揽镜，吾鬓欲如潘。"①即说自己处在太仓，遥想昔日的京华会，虽然他也尝试过主动去结交新友，但是"节序颦眉得，人才屈指难"，有深厚文学造诣者寥寥无几，如他经宝应时，得朱曰藩诗二卷，其素有文名，不过在王世贞看来，其不足之处非常明显，他也不太认同其创作之法，言及："壬子冬，余以使事道维扬，朱子价为出二卷。其一为近体，旋失之。此卷多齐梁乐府语，虽不无小出入，而宛情秾至，不失箕裘。书法萧散流宕，有林下风气，尤称合作。自后固时时诗寓余，然绝不可入眼。"②齐梁乐府本来就不是王世贞、李攀龙诸子的诗学取向，甚至会批判时人对齐梁文风的学习，即使朱曰藩后来主动邮寄诗文过来，"绝不可入眼"也顺理成章。而在这期间，他推崇俞允文的诗文之风，与吴中文人不同，便主动投诗给他，与之定交，他提及："余以嘉靖癸丑有维扬谳而投冲先生诗，与定交。……余所扬鹭俞先生，虽后先殊，其大致谓诗五言古能步趋建安以下迄齐梁，错而不悖格；七言歌辞翩翩自肆，或深或浅，不名一家；独近体为小赢，而绝句时自会心。文主东京语，间入晋、宋，旨不必隽而骨在，纬不必丽而质胜。其于泉石，最谐本色，毋亦布衣之赤帜乎哉！"③但这种交往还是不如其在京城与众人的宴饮和酬唱，一来，他与俞允文相识不久，情谊有限，二来，俞允文诗风与吴中当时的整体风格有所出入，缺少更多志同道合之人，酬唱之风自然很难形成。

其实，王世贞好交游，但是在吴中地区交友却少，这道出的一个本

---

① ［明］王世贞：《弇州山人四部稿》卷三十一《岁暮家居有感》，美国哈佛大学燕京图书馆藏明刻本，第6页。

② ［明］王世贞：《弇州山人四部稿》卷一百三十二《朱射陂卷》，美国哈佛大学燕京图书馆藏明刻本，第12页。

③ ［明］王世贞：《弇州山人续稿》卷四十四《俞仲蔚先生集序》，美国普林斯顿大学东亚图书馆藏明刻本，第20—21页。

质问题就是他的诗文主张和当下吴中之风存在着不同。王世贞、李攀龙等人诗文取法盛唐、秦汉，认为大历以后之书不可观，而吴中盛行的却是唐宋之风，他们对于前七子也是诋毁为主，否定李梦阳、何景明等人对前人之作的模拟，甚至谩骂他们为盗侠，王世贞向李攀龙说道："足下所讥弹晋江、毗陵二公及其徒，师称而人播，此盖逐影响、寻名迹，非能心睹其是也。……吴下诸生则人人好褒扬其前辈，燥发所见，此等便足衣食，志满矣，亡与语汉以上者。其人与晋江、毗陵固殊趣，然均之能大骂献吉，云献吉何能为？太史公、少陵氏为渠剿掠尽，一盗侠耳。仆恚甚，乃又笑之不与辨。呜呼，使少有藻伟之见，可以饰其说，仆安能无辨也？夫献吉盗太史公、少陵氏，而不怨也。吴子辈尊二君子，二君子不知也。仆甚怪公实持吾辈五作遍示，人人那可与语，适自辱矣。"①因此对于吴中文风，王世贞也知道不可能凭借一己之力去改变，只能对于他们的评论保持沉默。这种情况，和京城一样，吴维岳等人提倡的就是唐宋之风，以致当他知道好友李先芳由新喻县令升职为户部郎，要归还京城时，他特意写信告诉李攀龙，勿让李先芳加入其他诗社，"伯承计已到，规之，勿令入它道"②，毕竟当时李先芳不在京城，王世贞、李攀龙诸子结社时，没有招揽李先芳入社。其实对于此事，李先芳是有想法的，他的诗名比李攀龙、王世贞等人都要早，且之前介绍李攀龙给王世贞认识，所以他埋怨王世贞、李攀龙等人成立诗社时，却没有招他入社。到达京城后，李先芳没有和诸子有过多的来往，甚至是有意回避，邢侗叙述道："先生辛巳向予言：'余为诗成，而于鳞始学诗；余见于鳞于元美，而元美悦；元美兢称五子，而余见汰；余归，独来独往……试取余言而与五子较，同乎？异乎？是宜弗相急而寖相遐也。'"③自此以后，李先芳与诸子渐行渐远，毕竟在他看来，诸子在此事上，没有对他抱有足够的尊重。

之前所言，由于儿果祥以疹夭折，王世贞十分悲痛，而在此之外，王

---

① [明]王世贞：《弇州山人四部稿》卷一百十七《李于鳞》，美国哈佛大学燕京图书馆藏明刻本，第2页。
② [明]王世贞：《弇州山人四部稿》卷一百十七《李于鳞》，美国哈佛大学燕京图书馆藏明刻本，第4页。
③ [明]邢侗：《来禽馆集》卷十九《奉训大夫尚宝司少卿北山先生濮阳李公行状》，上海图书馆藏明刻本，第12页。

世贞父亲和母亲也悲伤不已,并且希望王世贞辈再有新的子孙出生,于是督促他再娶妾,以早日完成家族香火的传递。父母之命,王世贞不敢违抗,况且自己也知道生儿的重要性,因此他先后娶妾李氏、高氏,李维桢曾提及:"先生成进士,寻除比部郎。淑人至京师,举子果祥,甚慧,而夭。司马、郁夫人伤之,亟欲抱孙,于是如淑人者李若高以次进矣。"①这种现象,在当时非常普遍。

嘉靖三十二年,王世贞二十八岁,由于通信不便,去年因杨继盛②起复兵部武选司员外郎而致书贺喜的信件,于当年正月才到达京城,但是杨继盛之前上书弹劾严嵩,列其专权误国十大罪、五大奸,惹怒了皇上,并认为他是怀怨在心,肆意上奏,便下令将其逮捕入狱。王世贞书信到达时,杨继盛已经被捕入狱三日了,因此当时他没有看到王世贞写的书信。王世贞言及:"(杨继盛)疏奏,上恚公戆,而相嵩方以他事得上意,构公。复下锦衣狱,诘公何自引二王。"③

该年春天,王世贞收到与李攀龙有关的信息,但是更增加了他的担忧,他尚在吴中,而李攀龙即将离京出守顺德,这样一来,他这次回去京城后,能够与之交游的知己又少了,诸子盛游之景恐将不复存在,特别是李攀龙,以致他向北望而怅然若失,恨不得此刻就北上到达京城,与李攀龙欢聚。

王世贞平生好书,购书颇盛,春夏间,他在家新建万卷楼,以藏书之用,但后来倭寇突然入侵太仓,万卷楼藏书一事只能暂罢,他仓皇间和母亲等家人一同前往吴中地区躲避战乱。他向宗臣说道:"过淮不能待足下。……归后事小拨,构一楼,扁曰万卷楼,拟了此春夏。岛寇暴发,仓皇奉老母避兵吴中。"④虽然是避乱去的吴中,但对于王世贞而言,却是一次文学交友的好时机。当时文徵明、陈鎏、黄姬水、彭年、杜惠、张

---

① [明]李维桢:《大泌山房集》卷九十八《王母魏淑人墓志铭》,上海图书馆藏明刻本,第10页。

② 杨继盛(1516—1555),字仲芳,号椒山,直隶容城(今河北容城县北河照村)人。嘉靖二十六年(1547)进士,初任南京吏部主事,后任南京户部主事、兵部武选司员外郎等职,嘉靖三十二年(1553)上疏弹劾严嵩,遭诬陷下狱。在狱中备经拷打,于嘉靖三十四年(1555)遇害,年仅四十。明穆宗即位后,以杨继盛为直谏诸臣之首,追赠太常少卿,谥号"忠愍"。著有《杨忠愍文集》。

③ [明]王世贞:《弇州山人四部稿》卷九十九《杨忠愍公行状》,美国哈佛大学燕京图书馆藏明刻本,第8页。

④ [明]王世贞:《弇州山人四部稿》卷一百十九《宗子相》,美国哈佛大学燕京图书馆藏明刻本,第9页。

献翼等人均在吴中地区,王世贞和他们之前或已经认识,或已有耳闻,不过由于王世贞高中科举后一直在京城,没有与之游玩,也没有深入地切磋诗文之法,此次都在吴中,为他们的交游创造了机会。王世贞在多篇诗文中有所提及,如在《衡翁诗画卷》中言及:"癸丑,余避地吴中。一日,以间谒文太史,手此卷索题。太史坐隅画兰石毕,觉秀色朗朗射人眉睫间。已,书数古体诗,诗亦清拔,是平生合作者。而书法从豫章来,尤苍老可爱。"①《赠彭年、黄姬水》诗曰:"日余仇夷峤,委迹寊吴中。虽无兰椒臭,托佩君子躬。彭生掞秋实,黄友撷春荣。参差申微尚,婉娈未逮终。"②《吴人杜惠由小侯弃官归卧,好谈玄理。余时避地,过从甚得,赋此赠之》言曰:"何必避名姓,雅无廛市风。少年结剑客,中岁礼壶公。白石贫家事,青山静者功。买田从此约,俱卧五湖东。"③这样密集地交游,王世贞获益良多,一是让他更加熟知吴中文风,了解其与复古主张之间的异同性,为以后传播复古主张打下基础;二是提升了他的知名度,这些与之交游的人都是吴中地区的中坚力量,甚至是盟主,他们相互标榜,自然让更多的人知道王世贞之名;三是使他的内心得到安慰,之前他在太仓没有与他人游玩,故时常怀念京城诸子,再加上战乱暂住吴中,其内心有所波动,不过与吴中诸友的交游,则很好地化解了内心焦虑。如在七月时,除了之前的吴中之友,王世贞还和常熟县令王鈇游虞山,与袁洪愈游虎丘寺,诗作《王令招游虞山》《南轩远眺示王令》《过子游、虞仲祠》《游虞山拂水岩》等皆作于此时,这皆是其避乱吴中所致。

王世贞的先祖们不仅具有深厚的文学素养,还具有极高的军事才能,太远的不多提及,就近几代而言,其祖父王倬就是如此,成化十四年(1478)的进士,初授山阴知县,后整饬苏州边备,累官至南京兵部右侍郎,其父王忬更是不用多言,由御史之职入职军队,当时就在浙江地区

---

① [明]王世贞:《弇州山人四部稿》卷一百三十八《衡翁诗画卷》,美国哈佛大学燕京图书馆藏明刻本,第12页。
② [明]王世贞:《弇州山人四部稿》卷十三《赠彭年、黄姬水》,美国哈佛大学燕京图书馆藏明刻本,第9页。
③ [明]王世贞:《弇州山人四部稿》卷二十四《吴人杜惠由小侯弃官归卧,好谈玄理,余时避地,过从甚得,赋此赠之》,美国哈佛大学燕京图书馆藏明刻本,第5页。

负责边防，抵御倭寇进犯，并大获全胜，功勋卓著，朝廷屡有赏赐。范守己言及："（癸丑嘉靖三十有二年）三月，王忬督兵破倭寇于普陀诸山。……而倭魁王直等结砦海中普陀诸山，顾时出近洋袭我军。忬侦知之，乃夜遣俞大猷帅锐兵先发，而汤克以巨艘继之，径趋倭砦，纵火焚其庐舍。贼仓皇觅馀艎走。我兵随击，大破之，斩首一百五十余级，获生倭一百四十三人，焚溺死者无算。"① 王世贞似乎得到了家族这方面的遗传，他在面对倭寇时，敢于组织乡人奋起抗倭，当然，他不是仅靠蛮勇，而是富有谋略。如他先是从乡绅豪族中，选取两三百壮年，授以作战方略，倭寇进犯时，他们迅速斩杀二三人，其他倭寇则望风而逃，王士骐说道："癸丑，还里。倭奴�海上，府君择乡中豪子弟二三百人，授以方略。贼跳而前，或击之，歼二三人，以其首献。倭遂遁去，乡人借以活者万计。"② 倭寇退却后，他与王世懋相聚，颇有感触，诗曰："与尔同兹难，重逢恐未真。一身初属我，万事欲输人。天意宁群盗，时艰更老亲。不堪追往昔，醉语亦伤神。"③ 虽然面对倭寇，王氏父子皆取得了胜利，但是已经嫁给了张希九的妹妹，不知道具体情况，时常思虑父母和家人的安危，寝食难安，再加上之前大火时所患疾病的病情加重，而自己却不向张希九等人说道，使其病情不容易被他人发现④。

夏，王世贞突然听闻杨继盛被逮入狱后逝世的消息，悲伤不已，连作《三杨者，廿年中人也。始射洪至太仆，次富平为御史，最后容城武部矣。咸不自量，批亢拂坚，罹大谴，何言也。予窃觊其志，哀之，妄为三章，同日之义，罪亦甘矣》诗三首，其一曰："矫矫射洪君，累资奉卿列。勋称或后人，所治多惠辙。金紫外相糜，生平一短褐。权貂干天纪，况挟左道蠥。内禅移褕袡，社稷丝系绝。群公满台省，往往比稷卨。相顾

---

① [明]范守己：《皇明肃皇外史》卷三十三，上海图书馆藏明刻本，第8—9页。

② [明]王士骐：《明故资政大夫南京刑部尚书赠太子少保先府君凤洲王公行状》，[明]王士骐、[明]屠隆、[明]王锡爵撰：《王凤洲先生行状》，上海图书馆藏明刻本，第5页。

③ [明]王世贞：《弇州山人四部稿》卷二十四《乱后初入吴，舍弟小酌》，美国哈佛大学燕京图书馆藏明刻本，第13页。

④ 王世贞言及："癸丑，汝归于张氏。属先君子治军越，而吾使归吴。两地岛寇大作，先君子拮据矢石间，余兄弟奉老母避地奔窜。汝远虞越而近虞吴，至废食寝，几朝夕矣。汝自是病渐痼，秘之，弗告也。"见[明]王世贞：《弇州山人四部稿》卷一百五《哭亡妹王氏文》，美国哈佛大学燕京图书馆藏明刻本，第16页。

但摇首,彼睹恒结舌。君也义所愤,草奏遂身诀。神仙归杳茫,药石吐裯褺。秦王与汉武,远鉴乃昭晰。岐嶷固齐圣,万几恐未哲。臣某甘砧盎,为国谋岂拙。是时阊阖开,宿卫浴金铁。一传常侍诏,班行胆为裂。青天朱云槛,碧日苌弘血。皇灵终动变,魑魅亦归灭。至今穆清表,帝座炯长彻。国事甘一身,微诚竟何雪。万古涪江流,剑岭更巀嶭。"①诗中赞赏杨继盛的义举,人微言轻,却是真心为国谋,没有私心杂念,自己愿意与他一同赴义,"罪亦甘矣",由此可见,王世贞内心的一腔热血并没有因为喜好文学而被浇灭,恰恰相反的是,他用文学创作更好地表达出了内心情怀。

除了获知有关杨继盛的信息而痛心外,还有一则信息令王世贞感到痛惜,即谢榛自去年离京返回大名后,不和五子诗,而主动去结交宗藩权贵,并多从侠邪倡家游玩,李攀龙已经移文责骂他。王世贞虽然也批判谢榛背叛五子的行径,但他还是极力想挽留他,其《再赠谢榛》诗曰:"浮云四何之,高天莽回互。空谷非所依,畴能测衷慕。念我平生欢,挥手不反顾。朔气日夜侵,霜霰浩无度。洪流飒然交,万木倏改素。庐巷塓户炊,停车饭中路。吐沫鲜余润,裁襦狭广步。隐士代失职,达者惭其故。欲以俭世工,御风而飱露。"②可见,王世贞希望谢榛能够留恋以前诸子相聚的美好时光,不要去攀附权贵,以免诸子之名受辱。在此时,谢榛还是在五子之中,没有被除名,王世贞说道:"文博士寿承为余书《五子篇》。五子者,谢榛、李攀龙、徐中行、梁有誉、宗臣,并余六也。为篇凡二十有五。寿承此书,最为圆熟丰妍。其后五子稍有去取,辞亦微改易,第其人并书家四君皆游道山,仅余一硕果耳。"③

吴中久居,王世贞逐渐适应新的环境,也新结交了众多好友,但他毕竟是京城官员,还有使命在身,在启程返京时,其伯父王愔送他到吴门,两人均不忍离别,虽然伯父不热衷于功名,喜欢游山玩水,自在逍

---

① [明]王世贞:《弇州山人四部稿》卷十四《三杨者,廿年中人也,始射洪至太仆,次富平为御史,最后容城武部矣,咸不自量,批亢拂坚,罹大谴,何言也,予窃觊其志,哀之,妄为三章,同日之义,罪亦甘矣》,美国哈佛大学燕京图书馆藏明刻本,第14页。

② [明]王世贞:《弇州山人四部稿》卷十三《再赠谢榛》,美国哈佛大学燕京图书馆藏明刻本,第8页。

③ [明]王世贞:《弇州山人续稿》卷一百六十四《有明三吴楷法二十四册》,美国普林斯顿大学东亚图书馆藏明刻本,第8页。

遥,但对于王世贞,他还是正言劝勉,不希望他完全学自己①。此行,王世贞不是独自一人,他还携带了其妾李氏,留妻子魏氏在家,这是母亲的要求,他也不敢违抗,毕竟之前果祥夭折,他们想王世贞尽早完成接续香火之事,从而使家族发展有望。

除了家人送别外,还有吴中诸友为之饯行,如文徵明、彭年、黄姬水等人,他们或诗或画,王世贞说道:"右扇卷甲之六,皆徵仲画也,凡二十面,前一面乃癸丑秋送余北上者。时年八十四矣,尚能作蝇头小楷,题七言见赠。彭孔嘉以排律继之。"②即文徵明以画作送之,而彭年有诗作《赋送凤洲秋卿还朝》、黄姬水有《送王秋官元美北上》,王世贞则有《赠彭年、黄姬水》相唱和。在这些为之送行的好友中,俞允文比较特别,他以《送王郎中元美还京师序》送别,而王世贞以组诗《赠俞山人允文》三首赠还之,诗曰:

> 束发慕姣服,远媾托幽燕。名都富奇娟,入门各自妍。何意南威子,晦迹厕通壓。烂若朝霞际,濯若澄露鲜。蕴步肌芳发,黛粉出天然。璞璧铲光辉,何悟天质完。惜哉狎游客,口观失朱颜。葹杜满中洲,兰芬竟何言。(其一)

> 冠盖罗长道,畸人困偃仰。极眺六合间,浮云何惝怳。焉睹槁与壤,含露发清响。浩浩沧溟流,珊瑚胃其网。虽靡任公力,躐步思决滂。相顾及千载,时好忽以往。灼灼中园华,畴能无欢赏。不因凉飔候,宁知同草莽。(其二)

> 伊予际微遘,素短应人略。冠佩婴其躬,容颜为时作。鸿鹄渐华阶,虽重非所托。贵贱当岐趣,念欲两居薄。人生非根株,取愿谁能博。华卿縻好爵,管生蹈丘壑。龙质既以殊,低昂成虚度。慨

---

① 王世贞言及:"犹记曩者癸丑之秋,决狱过里。北也,伯父舟祖于吴门,世贞固恋恋不忍醒。伯父正容谓曰:'若以予老耄而汝儿女子哉?若辞书生为天子李官,七尺之是恤而三尺之是抱。夫昵昵杯酒道疾苦不休者,儿女子也。若异日得谢归,雁行而差池以游,则庶几焉。'世贞长跽如教。"见[明]王世贞:《弇州山人四部稿》卷一百四《祭伯父文》,美国哈佛大学燕京图书馆藏明刻本,第4—5页。
② [明]王世贞:《弇州山人四部稿》卷一百三十八《画扇卷甲之六》,美国哈佛大学燕京图书馆藏明刻本,第14页。

然革余往，从子甘藜藋。（其三）①

之前有所论及，俞允文对王世贞的诗文主张是高度认可的，王世贞也知道目前他们诸子没有形成文坛创作的主流，支持者不多，特别是在吴中地区，所以他很注重有才华的俞允文，希望他无论处于何时，都能一直支持，"蒩杜满中洲，兰芬竟何言""灼灼中园华，畴能无欢赏。不因凉飔候，宁知同草莽""贵贱当岐趣，念欲两居薄"。从他们后来的交往来看，俞允文做到了王世贞所言的，一直恪守自己的诗文主张，不蹈袭唐宋之风，并为复古文学摇旗呐喊。对于该组诗的创作，王世贞还作了一小序说明缘由，再次否定王慎中、唐顺之的诗文主张，其序曰："仲蔚足下亡恙。长沙新建，据高收广。挟声起听，号为霸儒。逮迄晋江、毗陵歘起创立，耳观之辈，蝇袭若狂。五鹿岳岳，畴能折角哉？仆每心语，未尝不扼腕发噎也，然又有小异不然者。吴中一二君子，岂负阶位足重？童习妪解，便翕然见称，今遂成习耳，不复可拔矣。何图眼底李生之外，更睹足下。扳荆晤言，自足千古。居谓李生，苟于斯域无窥，虽令贵洛阳之纸，靡救湮没。诚悟一二覆瓿之余，必有起而诵者。名山大川，藏亦何晦，显亦焉怍，足下勖之。夫严郑鲜华，扬马淹秩，既备其长，复修厥短，不传何哉？仆将北矣，久苦兵革，兼徇简书，形离神授，能有几何？聊贡数言，效其区区。"②这可以看作是王世贞吴中久居之后的文学反思，他没有被吴中之风改变，反而是更加坚定自己的复古主张。

到扬州时，王世贞遇见归里的吴国伦，旧友相逢，异常欢喜，他们相聚数日，泛舟游玩，王世贞有《维扬遇吴明卿舍人，泛舟夜酌》《雨中同思伯、明卿登芜城阁》等诗，吴国伦有《维扬遇王元美，泛舟夜酌》《同元美登芜城阁，得秋字》。到高邮时，与宗臣相遇，与其游玩，倍感亲切，听其叙述目前京城诸子的近况，大家都分散了，不复昔日相聚的盛况，两人颇为神伤，感触良多，宗臣说道："十月上书，幸主上恩赐，俾得就医故园。……谢以春归，子以夏去，元美与仆相继出都，独于鳞、子与、明卿

---

① ［明］王世贞：《弇州山人四部稿》卷十三《赠俞山人允文》，美国哈佛大学燕京图书馆藏明刻本，第3页。

② ［明］王世贞：《弇州山人四部稿》卷十三《赠俞山人允文》，美国哈佛大学燕京图书馆藏明刻本，第3—4页。

落落京邑，海内豪杰，能复几人？一岁之间，萍分云散，良可念也。"①王世贞则感叹道："剪烛频相藉，邻鸡月又新。隔年唯一笑，回首竟何人。湖海神偏王，云霄梦未真。所嗟从此别，辛苦易沉沦。"②确实，离散之后的相聚往往很难，充满了各种未知。

八月中旬，王世贞到达彭城，但时值天气炎热，雨水较少，沛河水浅不能渡，于是他留住几日，后来他过济宁，游览太白楼，写下了著名的诗篇《登太白楼》：

> 昔闻李供奉，长啸独登楼。此地一垂顾，高名百代留。白云海色曙，明月天门秋。欲竟重来者，潺湲济水流。③

《登太白楼》是杜甫的名篇，历来模拟者不绝，王世贞的《登太白楼》也是脱胎于杜甫《登岳阳楼》，在众多模拟之作中，实属上乘，尽得杜甫之精髓，沈德潜阅诗无数，对王世贞所作也是为之赞叹，认为："天空海阔，有此眼界、笔力，才许作《登太白楼》诗。"④评价甚高。

九月，王世贞终于到达京城，而李攀龙早已离京出守顺德，他内心有些失落，幸好徐中行、汪一中、魏裳等人时常过来相聚，得以慰藉。对于当时的诸子情况，他向李攀龙提及："奈何之京应酬种种，欲息无端，一行入曹，便尔堆案。子与数相过慰藉，杯酒睨视，黯然河山。间有二三谈者，所谓异方之乐，徒令人增悲耳。汪正叔飞鸟依人，魏生志意渐强，亦落寞中一助也。"⑤再加上之前谢榛之事，王世贞等诸子便将谢榛从六子中除名，同时纳入吴国伦。王世贞说道："又明年而余使事竣还北，于鳞守顺德，出茂秦，登吴明卿。"⑥在与京城好友相聚之外，让王世贞感到非常高兴的消息，则是杨继盛没有死，尚在监狱中，不过身体情

---

① [明]宗臣：《宗子相文集》卷十四《报梁公实》，上海图书馆藏明刻本，第13页。
② [明]王世贞：《弇州山人四部稿》卷二十四《子相草堂夜话》，美国哈佛大学燕京图书馆藏明刻本，第12页。
③ [明]王世贞：《弇州山人四部稿》卷二十四《登太白楼》，美国哈佛大学燕京图书馆藏明刻本，第13页。
④ [清]沈德潜：《明诗别裁集》卷八，上海古籍出版社2008年版，第209页。
⑤ [明]王世贞：《弇州山人四部稿》卷一百一十七《李于鳞》，美国哈佛大学燕京图书馆藏明刻本，第3页。
⑥ [明]王世贞：《弇州山人四部稿》卷一百五十《艺苑卮言七》，美国哈佛大学燕京图书馆藏明刻本，第17页。

况很是糟糕。而王世贞此时不为流言所动,时常进汤药、纳橐饘,小心地照顾杨继盛。张萱说道:"王公世贞为曹郎时,分宜相当国……而相所仇郎中杨继盛下狱,公为纳橐饘。"①何乔远也曾记载道:"兵部郎继盛论劾嵩下狱,世贞纳弃饘。"②王世贞如此做,是公开地反抗严嵩,可见其骨气之高。

在江淮察狱之后,王世贞很好地完成了应尽职责,朝廷便升他为刑部云南司郎中,此官设在北京,不在云南,是刑部下属的一个部门,专门处理云南地区的事务。当时王世贞所在司的管理范围较广,狱事案件非常多,而且头绪繁杂。何尚书最初以为王世贞仅仅擅长诗文写作,是一诗人,难以胜任狱吏一职,但是对于质疑,王世贞没有过多地辩驳,而是通过实际行动去证明何尚书的判断错误。在工作中,他处理案件娴熟,轻重得当,且时效快,不到三日就把之前的案件全部处置妥当,无积压,从而令何尚书等人刮目相看,为之赞赏③。然而王世贞的志向远不在此,他渴望受到朝廷的重用,建功立业,而不是每天阅览讯牍,以致他曾上书朝廷乞休,不过没有获得批准,对于当下的处境,他自嘲道:"我不能六翮飞上天,又不能摧眉折腰贵人前。为郎五载,偃蹇不迁。讯牍再过心茫然,但晓月费司农钱。移书考功令,愿赐归田。考功笑谓:汝犹须眉在人面,留之何益去不全。西山山色青刺眼,为我拥鼻赋一篇。乃公调笑亦常事,有酒且逐东风颠。"④不如意时,只能将愁苦寄托在杯酒中。

之前提及谢榛没有与五子唱和,而是结交权贵,其实在这之外,他还不满李攀龙的诗论,这通过李攀龙在《戏为绝谢茂秦书》中之言可知,

---

① [明]张萱:《西园闻见录》卷二十一,《续修四库全书》第1168册,上海古籍出版社2002年版,第527页。

② [明]何乔远:《名山藏》卷八十六《臣林记·王世贞》,上海图书馆藏明刻本,第7页。

③ 王士骐叙述道:"壬午秋,审决淮扬。癸丑,还里。……未几还部,迁云南司郎中。司所隶京辇中外以罪至者,投牍如猬,而动有所掣曳。尚书何公初难府君,曰:'王郎中诗人,岂任狱吏耶?'府君日坐公署,狱至,为详谳。度得情,辄手补牍,竟则付吏,趣书之。不三日而毕,各以轻重决遣,圄无句条、庭无宿证者。尚书更大喜曰:'吾始难王郎中,今不更易耶?'"见[明]王士骐:《明故资政大夫南京刑部尚书赠太子少保先府君凤洲王公行状》,[明]王士骐、[明]屠隆、[明]王锡爵撰:《王凤洲先生行状》,上海图书馆藏明刻本,第5—6页。

④ [明]王世贞:《弇州山人四部稿》卷十七《短歌自嘲》,美国哈佛大学燕京图书馆藏明刻本,第2页。

他言及:"我与元美狎主二三兄弟之盟久矣,尔犹是囊鞬鞭弭在左右,与吴生、徐生周旋中原,不能一矢相加遗,我是以大不列尔于二三兄弟。……我祇役大行,称诗二三兄弟,其在二三兄弟,则同心之赋,而亦尔所不能为妒口者。尔有二心于吴生曰:'称诗如此,他何用粪土为?'吴生固甚憎尔,是用告我。"①即谢榛将内心不满李攀龙诗论之事告诉了吴国伦,但是不承想吴国伦将此事转告给了李攀龙,从而让李攀龙知道了谢榛的真实态度。不过在知道其他诸子的强硬态度之后,谢榛稍微放低了自己的姿态,主动与李攀龙论诗,两人关系有所缓和。到年底时,李攀龙邀请谢榛到家中相聚,谢榛按时赴宴,并保持之前的谦卑姿态,赋诗两首,极力推崇李攀龙,其《岁暮宴李太守于鳞宅二首》曰:"别来吾更老,蓟北尚征尘。词赋偏忧国,声名实在人。风驱平野雾,地转浊河春。侠气空成叹,荆卿旧入秦。""为郎殊客礼,领郡重予招。积雪留孤馆,飞觞动几宵。有家何处定,多难此身遥。国士淹今日,应悲豫让桥。"②通过这次相聚,他们之间的关系得到了进一步的缓和。对于此事来龙去脉,李攀龙曾对王世贞说道:"茂秦穷来归我,我犹尚哀怜之。即论太行诸篇,吾见其胆破,无复向时倔强气,为可喜。蜡后,过郡斋,见某无少厌薄意,即自咄咄向家人语云:'大恩久不报,何能重为诋焉?'某稍举足下与明卿微辞,则吞声。"③从中可以看出,李攀龙还是具有大局意识,能够原谅谢榛的诋毁,尽量维护诸子之间的关系。而对于谢榛,其内心肯定是很复杂的,毕竟在这之前,他早有诗名,其地位在诸子之上。

素以诗才闻名的蔡汝楠④,其持论推崇王慎中、唐顺之等人主导的唐宋派,注重文道的关系,归之于理,排斥李攀龙、王世贞之论,他在顺德与李攀龙论诗文之法后,又在京城与王世贞进行辩论。对此,王世贞

---

① [明]李攀龙著,包敬弟标校:《沧溟先生集》卷二十五《戏为绝谢茂秦书》,上海古籍出版社2014年版,第684—685页。

② [明]谢榛著,朱其铠、王恒展、王少华点:《谢榛全集》,齐鲁书社2000年版,第148页。

③ [明]李攀龙著,包敬弟标校:《沧溟先生集》卷三十《与王元美》,上海古籍出版社2014年版,第825页。

④ 蔡汝楠(1514—1565),字子木,号白石,浙江湖州德清人。嘉靖十一年(1532)进士,年仅18岁,授职行人,不久升刑部外郎,累官至南京刑部,与尚书顾璘引为忘年交。著有《说经札记》《衡湘问辨》《太极问答》《自知堂集》等文集。

没有当场和蔡汝楠争辩，只是笑而不语，因为这种意见不同的现场辩论，是很难达到最终的一致结果，况且蔡汝楠年长王世贞十余岁，是其长辈，不争辩也是出于对他的尊敬。当然，不争辩不代表着不能阐释自己的文学主张，王世贞在《赠李于鳞序》一文中进行了回应，强烈捍卫诸子的诗文主张，其文曰：

> 海内称文章家不相下，更龃龉胜己者，此其常云。日吾之使而南也，于鳞辱之言。计于鳞所许，亡过北地李生矣，其次为仲默，又次昌谷，而其微词多讥切某郡、某郡二君子。二君子固蠖伏林野，其声方握柄，所襃诛足浮沉天下士，而其徒某某诸贵人，日相与尊明其道……夫于鳞之不胜二君子固当，仲默沾沾气弗克充志，所长诗耳，昌谷修靡丽弱不习古文辞，北地生习古文辞而自张，大语错出，不雅驯，二君子卑卑成章也……吾闻之君子不得志于今，则欲信之后，既不得志于今，庸冀后哉。则又欲征之古，所谓古者，独其言在耳，其人与骨皆已朽矣，奈之何其恃而胜之。吾复游京师，属于鳞已出守顺德，吴兴蔡某从西来，过于鳞而论文。某者，故二君子友也，其所持议与识亡以长于鳞，则谓吾："李守文大小出司马氏，司马氏不六经隶人乎哉？士于文当根极道理亡所蹈，奈何屈曲逐事变模写相役也？"吾笑不答。于乎古之为辞者，理苟塞，不喻假之辞。今之为辞者，辞不胜，跳而匿诸理。六经，固理区薮也。已尽，不复措语矣。繇秦汉而下二千年，事之变何可穷也？代不乏司马氏，当令人举遗编而跃如，胡至今竟泯泯哉？蔡子无称六经乃已，蔡子而称六经具在，又宁作录中语，喋喋而占占，繁固奚当也？世之文行者曰碑、志、序、记、论、辩，固皆史变体也。冒其名，不曙所繇，苦而要之理，亦冤矣。或更谓："如君言，于鳞诚文人。文人者，易事自喜，宜不称为守。"今诸生相聚而訾易太史氏者，非货殖、游侠耶？乃其辨方俗、要塞、纤侈其民，人羯羠与物土膏瘠所宜否，介若指掌。然令他书生周行人间，白首奚晰也。而班氏稍能密于文，叙循吏所以状委致，如其自叙亡憾，此岂龌龊工纸上言者？汉时君臣小用之为郡国守相，彼其所因利巧中，肯出吴公、赵、张下哉？天地之精英，发之于文章而粗迹及政事，亡二也。子何以一时

而骄吾千万年？吾故举之遗于鳞，即二君子之徒移目吾，吾且甘之矣。①

这篇文章不仅仅是王世贞写给李攀龙的赠序，更是他对诸子复古主张的一次全面梳理，高举旗帜地倡导，同时也是对王慎中、唐顺之等人的集中批判，他认为当下的创作以理成文，实际上是文辞匮乏，跳而匮诸理，没能很好地继承前人精髓，只是空洞的泛泛而谈，不知道《史记》《汉书》的本质所在。他对于自己的言论很是负责，直言不怕时人的攻击，并且享受这场论辩。王世贞之所以这么言辞犀利地做出回应，其根本原因在于唐宋派和诸子主张的不兼容性，且唐宋派占据着文坛主流，诸子的复古主张要被世人广泛接受，势必要战胜唐宋派，这没有妥协的余地。

杨继盛尚在狱中，王世贞除了细心地照顾之外，还想多方营救，奈何自身能力有限，无法改变朝廷对杨继盛所定的罪责。来年正月，王世贞作《怀容城生》念怀之，诗曰："已决千秋事，还余万死身。避人应有惜，谈尔竟难真。鸟雀同迷岁，荆榛可望春。不知缧绁畔，谁与授书频。"②两人情真意切，杨继盛也感王世贞的恩情，并将后事及家人全部托付给他，屠隆说道："杨忠愍公继盛抗章劾相嵩专权误国，下狱。公访之狱中，相共饮泣，继盛以其孤托公。"③正月初七，他和魏裳一同拜访徐中行，有诗作《人日同魏顺甫过子与，分韵枣字》为证，李攀龙虽然不在京师，但是他们普通的文学交游活动仍在断断续续地进行着。

三月，谢榛再次入京，刚到时，王世贞便前去拜访，在交流之后才知，去年年底关系有所缓和的谢榛和李攀龙，最近又生间隙，这次是因为谢榛赴京前，曾去拜谒李攀龙，然而李攀龙有事未能及时相见，谢榛便不满李攀龙的做法，两人最终不欢而散。不过李攀龙还是给了谢榛

---

① [明]王世贞：《弇州山人四部稿》卷五十七《赠李于鳞序》，美国哈佛大学燕京图书馆藏明刻本，第3—5页。

② [明]王世贞：《弇州山人四部稿》卷二十四《怀容城生》，美国哈佛大学燕京图书馆藏明刻本，第18页。

③ [明]屠隆：《大司寇王公传》，[明]王士骐、[明]屠隆、[明]王锡爵撰：《王凤洲先生行状》，上海图书馆藏明刻本，第4页。

赠金,并赋诗赠行,如《于郡楼送茂秦之京》言曰:"把酒高楼眺暮春,孤城落照浊漳滨。自怜白发常为客,谁道青山不负人。西署诗名干气象,中原宦迹任风尘。元龙未下当时傲,湖海看君意转亲。"①访问谢榛之后,王世贞作诗《访茂秦有感,茂秦时与李顺德有隙,索书不得》有感:"上客梁园赋转工,相逢忽忆帝城东。停杯句就乾坤别,回首人怜道路同。每饭岂能忘巨鹿,尺书虚已问冥鸿。亦知彼地张陈迹,怅望千秋洒泪中。"②委婉地说出了对谢榛行径的不满。李攀龙如此厚待谢榛,谢榛也意识到自己的不对,后来遣使答谢以表示悔过,不过李攀龙对此尚未释怀,因为事出有因,不是自己故意怠慢,自己的一片好心换来的却是他人的不满。

然而令人感到吃惊的是,不知为何,谢榛在京城大肆诋毁李攀龙,说他能力有限,在郡治理无状,混乱不堪,顿时流言四起,幸好魏裳知道李攀龙治理的实际情况,及时出来制止,与谢榛理论,原来谢榛也只不过是道听途说罢了,谢榛被魏裳数落之后,自知理亏,便不再言语,王世贞曾言及:"所善如于鳞、明卿及吴兴徐子与,顺甫皆兄事之。所最庄事于鳞,亦以于鳞故推东郡谢生。一日,谢生恨于鳞,数其郡不法事。众默然。顺甫独前质曰:'为先生见之耶? 抑闻之人耶?'生遽曰:'亦闻之人耳。'顺甫曰:'于鳞之善先生,天下莫不闻。先生宜得之久。今以人言而遂信之,则不明;有所闻而不以告于鳞,则不忠;不以告于鳞而告之士大夫显者,则不厚。裳请改事矣。'遂拂衣去,谢生潜乃败。"③对于诸子之间的种种复杂情况,离散的离散,诋毁的诋毁,而不去考虑如何团结一致回击唐宋派,将诸子的复古事业推向高潮,王世贞对此非常不满,很是伤心,作《恨》以释怀,诗曰:"零落先朋旧,艰危但甲兵。陆沉应有任,瓦解向谁明。展转疑吾道,低回愧此生。不知巫峡水,流恨几时

① [明]李攀龙著,包敬弟标校:《沧溟先生集》卷八《于郡楼送茂秦之京》,上海古籍出版社2014年版,第244页。
② [明]王世贞:《弇州山人四部稿》卷三十四《访茂秦有感,茂秦时与李顺德有隙,索书不得》,美国哈佛大学燕京图书馆藏明刻本,第5—6页。
③ [明]王世贞:《弇州山人四部稿》卷八十二《魏顺甫传》,美国哈佛大学燕京图书馆藏明刻本,第17—18页。

平。"①当然,王世贞也努力过,如之前在三月三日,他还与谢榛、徐中行、魏裳共同游玩姚园,赋诗《上巳同茂秦、子与、顺甫游姚令园,分韵》《暮春同茂秦、子与、顺甫、正叔游韦园,分韵得村字》,徐中行有《三日同茂秦、顺甫、元美游姚园分韵》、魏裳有《三月三日同子与、元美宴茂秦姚园,得尊字》,不过王世贞还是无法从根本上改变诸子现状。

在谢榛散布诋毁李攀龙的流言时,王世贞曾致书向李攀龙询问此事,李攀龙当即回书进行辩解,称的确是谢榛单方面的诋毁。李攀龙说道:"某不幸中于流言。足下爱我,乃能缕缕为语如污己者,是犹不以某为非人。足下囊固虑及于此。仆虽倔强,亦已郡国一吏矣。方且局促辕下也,元美自信仆岂能以伯乐望众人? 即间及仆它事,某一不敢知。某惰民,苟升斗粟糊口,即饮河之愿,不欲为卢至长者,仆亦名为守哉? 迹仆所御,一朱幡而抱关者尔,犹尚不免于流言,胡为尔日藺然磬折路旁? 早晚解绶去,已定矣。"②在知道李攀龙勤政爱民的真实行为后,作为他的挚友,王世贞绝对不允许谢榛有如此的诋毁之论,于是痛斥之,直言谢榛是负心汉,应该速死,并对谢榛脱离诸子的行为一并责骂。如他回信给李攀龙时言及:"老谢此来,何名狼狈失策? 六十老翁,何不速死,辱我五子哉! 且不轻用常人态责于鳞。彼不记《游燕集》中力,真负心汉。遇虬髯生,当更剐去左目耳。生平交好,叛溃殆尽。仆唯仗醇酒一浇磊块,要成送兄文及十绝,情思昏昏,且遂欲从吏人牍,不及作。少缓数日,必无负也。"③自此以后,大家都知道了谢榛的恶劣品性,一心为名利而奔波实可理解,不过诋毁他人而抬高自己的手段,着实不可取。谢榛遭到了众人排挤,以致其声名在京城日益衰落。

由于王世贞和其父长期在外,以致家人很难相聚。当时王世贞在京师,其母和弟则与父亲在一起,妻子和女儿还留在吴中地区,然而倭寇之患并没有彻底清除,王世贞十分牵挂家人的安危,其作《闻警》五首以记之,其一曰:"羽檄中原旧,戈船下濑新。梦牵兵后信,心死战余人。

---

① [明]王世贞:《弇州山人四部稿》卷二十四《恨》,美国哈佛大学燕京图书馆藏明刻本,第19页。

② [明]李攀龙著,包敬弟标校:《沧溟先生集》卷三十《与王元美》,上海古籍出版社2014年版,第824页。

③ [明]王世贞:《弇州山人四部稿》卷一百十七《李于鳞》,美国哈佛大学燕京图书馆藏明刻本,第6页。

缓急俱时见,安危况老亲。飞扬诸侠少,或恐爱风尘。"其三曰:"怕询开府使,秋鬓雪添无。母弟俱依越,妻孥尚隔吴。愁憎双眼在,拙弃一身孤。奋欲长缨请,终军竟小儒。"①

七月份,外族入侵大同,覆灭朝廷军队,杀害大将,抚臣因战不力而被捕入狱,嘉靖帝于是点名让王忬代任此职,朝廷便任命他为都察院右副都御史,巡抚大同,此官为正三品。本来是正常的升迁,并且没有大幅度地破格提拔,但是此次不仅是嘉靖皇帝亲自点将,还破例使用手敕,可见嘉靖皇帝对此事异常重视,也因此,受到礼遇的王忬遭到了众人嫉妒。王世贞叙述道:"甲寅秋七月,虏入大同,杀大将,覆其师。抚臣坐失律下狱,议置代未决。上密谕相嵩:'中外臣谁为真忠者?'相嵩惶恐,不知所以对。上曰:'吾能得之,吾向所自拔者王某耳。'相嵩顿首谢。遂手敕吏部:'朕思大同抚臣须得人,王某可都察院右副都御史巡抚大同,赞理军务,仍促之往,毋候代。'故事,唯置相用手敕,盖异数也。"②正因为被朝廷重用,王忬的升迁速度也快于一般人,在任职都察院右副都御史后才过四个月,他十一月就升任兵部右侍郎兼右佥都御史,虽然也是正三品官,但是其权力和职责范围不一样,治理军队的话,兵部右侍郎之职显然更加正统,以后的仕途之路也更加长远。

该年秋,王世贞、谢榛、吴国伦、徐中行等诸子与蔡汝楠论诗,虽然诸子憎恨谢榛之前的行径,但是总体而言,这是诸子之间的内部矛盾,他们之间的诗文主张并没有发生根本性冲突,而蔡汝楠不同,他完全是与诸子文学主张相对立的持论者,因此在这一立场上,谢榛还是能够与诸子一起的。他们与蔡汝楠展开论辩,是不满他凌于谢榛之上,毕竟,凌于谢榛之上就是对诸子的否定。王世贞说道:"余为比部郎,尝与蔡子木枭副、徐子与主事、吴明卿舍人、谢茂秦布衣饮。谢时再游京师,诗渐落,子木数侵之。已,被酒高歌其夔州诸咏,亦平平耳。甫发歌,明卿辄鼾寝,鼾声与歌相低昂。歌竟,鼾亦止,为若初醒者。子木面色如土,

① [明]王世贞:《弇州山人四部稿》卷二十五《闻警》,美国哈佛大学燕京图书馆藏明刻本,第3页。
② [明]王世贞:《弇州山人四部稿》卷九十八《先考思质府君行状》,美国哈佛大学燕京图书馆藏明刻本,第12页。

虽予辈亦私过之。子与复与子木论文,不合而罢。"①他们的这次辩论,对方都想说服另外一方,不过分歧过大,最终只能以持论不和而作罢。

九月末,徐中行奉诏要决狱江北,王世贞、吴国伦、谢榛等诸子为之饯行,吴国伦有诗作《余曰德席上饯别子与,同茂秦、元美赋,得回字》,王世贞更是有《再赠子与十绝》组诗,其情之深也。随后,王世贞还与诸子送别刘景韶兵备贵州,王世贞有《送刘子成兵备贵州》《同诸君饯子成,怅然有感,盖予以前岁是月使归》等诗作。好友的离去,诗社的分散,使王世贞神伤,每次送别,其内心都是怅然若失,稍微让其感到释怀和高兴的是,该年冬,余曰德始授刑部贵州司主事,将在京城工作,并且鉴于之前的交游,余曰德有诗文才能,很认同诸子的复古主张,对李攀龙和王世贞等人很是恭敬和推崇,故诸子遂想招揽其入社,王世贞言及:"明年还朝,至冬始授刑部贵州司主事。……时历下李于鳞与世贞相劘琢为古文辞,而吴兴徐子与南海梁公实实同舍郎,赵人谢茂秦自布衣、扬人宗子相自吏部、楚人吴明卿自两制,入与朋焉。亡何,梁生死,谢生解,而公与司农郎蜀人张肖甫继入。公最名晚合,然年最长,而其事于鳞最恭,于于鳞诗所涵哜最深至。"②

继父亲升迁的喜讯之后,王世贞之姜李氏生一子,是为长子王士骐,当时王世贞尚在病中,几殆,见到儿子后,才满心欢喜。不过父亲认为姜生长子,恐怕会引起家庭以后的不和谐,然而家族有了传承的希望,还是值得庆祝,他于是让郁夫人携带魏氏早日入京,与王世贞等人团圆。张世伟曾记载道:"始余闻先生之为曹郎而卧病邸舍也,时年未三十,而再不宜子。既病,则益急得子。而夫人娠,且就馆矣,旦夕视药饵,不敢逸,内顾其重,不敢劳,极虑者弥月。而举伯,如達示先生,始一顾而笑。当是时,微夫人举伯者,病几殆。"③另外,王世懋也娶妻成家立业了,这样一来,两兄弟就各有妻室,家庭更加和睦。

① [明]王世贞:《弇州山人四部稿》卷一百五十《艺苑卮言七》,美国哈佛大学燕京图书馆藏明刻本,第12页。

② [明]王世贞:《弇州山人续稿》卷一百十二《明故中宪大夫福建按察副使午渠余公墓志铭》,美国普林斯顿大学东亚图书馆藏明刻本,第5—6页。

③ [明]张世伟:《张异度先生自广斋集》卷三《王母李夫人六十寿序》,沈乃文主编:《明别集丛刊》第五辑,第1册,黄山书社2016年版,第589页。

嘉靖三十四年,王世贞三十岁,已经是而立之年,很多事情有待他去完成,很多选择有待他去确定,这一年,也确实发生不少事情,他的选择影响到他未来的出路,甚至是家族的命运。

正月,王世贞收到了梁有誉的讣告,梁有誉之前屡有提及,他经常跟王世贞游玩,诗歌唱和,并且十分坚定地支持李攀龙、王世贞的复古主张,他的离去,让王世贞非常痛心,他收到讣告后,与尚在京城的吴国伦、宗臣一起痛哭,然后立即修书告诉李攀龙、徐中行等其他诸子,其《哀梁有誉》言及:"嘉靖甲寅孟冬,友人梁有誉以疾卒于南海。明年乙卯春,讣至自南海。故善有誉者,武昌吴国伦、广陵宗臣、吴郡王世贞相与为位哭泣燕邸中。又走书西南报李攀龙、徐中行,哭如三人。又十月,而友人户部郎张佳胤奉辖粤中,国伦等乃寓椒絮而南,为文授张生,使告于梁氏之丧。"①除此之外,他还创作《哭梁公实》组诗十首,如其十曰:"西郭招提外,临溪一笑轻。诸天应有听,五子尚寻盟。震旦谁相启,恒沙汝独行。春云空尽日,驻马不胜情。"②当时诸子较为分散,在各地仕宦,再加上谢榛的反复,他们亟需更多人的支持,"五子尚寻盟",梁有誉的离去,对于诸子结社而言,无疑又是一个不小的挫伤。

五月,是个舒适的时节,但是倭寇再次侵扰苏州地区,打破了此时的安逸,王世贞虽然不在吴中地区,不过他非常牵挂之前在吴中结交的好友俞允文,担心他可能被困。一想及此,王世贞便寝食难安,于是致书俞允文,邀请他全家北上,以避免战乱,同时又想刊刻他的诗文。王世贞之所以想如此做,一来是两人之间的情谊非常深,曾一起游玩、宴饮、诗歌唱和,二来俞允文是王世贞避难吴中时,一个非常认同他诗文复古主张的盟友,且俞允文在吴中地区素有名声,如果获得他的大力支持,那以后在吴中地区传播复古主张,也较为便利。王世贞向俞允文说道:"三得足下书,良至。……昨见南来人,寇似小缓。然数十白手叩台城,横杀将吏,从容归。其大众彼不肉我哉?久计以江而南与贼共之,幸彼中乏英雄耳。……前书邀足下拔家而北,恐未易。……全集何时

---

① [明]王世贞:《弇州山人四部稿》卷二《哀梁有誉》,美国哈佛大学燕京图书馆藏明刻本,第18—19页。
② [明]王世贞:《弇州山人四部稿》卷二十五《哭梁公实》,美国哈佛大学燕京图书馆藏明刻本,第5页。

付我？世贞冬尽当得三辅谳狱使者，十月可了，径归卧矣。"①对于乱局，再加上年轻盟友的离去，有志立言求不朽的诸子们，感觉到生命的短促，顿生忧患意识，王世贞与吴国伦、宗臣商议，各人先将平生著述中的一卷相授，到时集中刊刻，以备不测，像梁有誉猝然离世，其文集不可能全部刊刻，就带来了不可挽回的损失。他说道："昨与宗臣、吴国伦约，平生所著述，人书一卷相授，以备卒然不可。奈何所得仲蔚篇什，虽出妙翰，恨未悉。今颛人需仲蔚平日诗，亡论卷帙，幸一一寄来。秋凉，当手为诠次。来岁倘遂乞外，付之梓人，以比于名山大川之义，仲蔚毋过自抑。南海梁有誉，亦五子之一，而今死矣。"②这是王世贞的先见之明，他之前也患过大病，差点离去，并且对一般文人而言，立德立功太难，立言尚可为之，然而立言不朽的价值体现，最终还是要立足于文稿本身，而不是时人的相互标榜。

旧友的离去让诸子感到悲伤，但是新人的加入，又让诸子倍感欣喜。之前张佳胤③在滑县为县令时，李攀龙守顺德，两地相近，且李攀龙已有诗名，张佳胤便主动拜访李攀龙。在交往的过程中，张佳胤对李攀龙十分恭敬，虚心请教，李攀龙也非常善待张佳胤，自此，两人之间的来往逐渐增多。后来张佳胤升任户部主事，前往京城上任，李攀龙便写了一封推荐信给王世贞，恳请王世贞多加照顾。初到京城，张佳胤便和余曰德一同拜访王世贞，在知道李攀龙的想法后，王世贞立即招揽张佳胤入社。王世贞提及："公居邑多暇，乃益为歌诗。而李于鳞守德为比壤。于鳞郎刑部时，与余及同舍郎徐子与、梁公实、宗子相及吴舍人明卿歌诗酬倡，颇传于人人。公意艳之，乃谒于鳞，出其诗为贽。于鳞大善之，与折节讲钧礼，然公益心仪于鳞矣。……擢户部主事。命下，于鳞以书寄余：'盟坛中有一当齐秦赋者，张肖甫也。公实不死矣。'公既入，遂与

---

① [明]王世贞：《弇州山人四部稿》卷一百二十七《俞仲蔚》，美国哈佛大学燕京图书馆藏明刻本，第2—3页。

② [明]王世贞：《弇州山人四部稿》卷一百二十七《俞仲蔚》，美国哈佛大学燕京图书馆藏明刻本，第2页。

③ 张佳胤（1526—1588），后避雍正帝讳，又作佳印、佳允，字肖甫、肖夫、肖父，四川布政使司重庆府铜梁县（今重庆市铜梁区）人。嘉靖二十九年（1550）进士，初授滑县县令，历任户部福建司主事、礼部郎中、山西按察使，累官至兵部尚书，兼都察院右副都御史，卒后追赠少保，谥号"襄宪"。

余比部德甫同造我。"①既然张佳胤已经入社,那在七夕时,王世贞便邀请张佳胤与吴国伦、宗臣等人共同游玩张园,恰逢雨水,众人便分韵赋诗,如王世贞有《七夕,张园遇雨,与子相、明卿、肖甫、德甫各赋》、吴国伦有《七夕,张肖甫至,同诸子邀集旅舍》等诗。

随着众人游玩次数的增加,诗社成员有所增加,他们所奉行的诗文主张又趋于一致,之前的"五子"也逐渐变成了"七子",关于"七子"的确立过程,王世贞曾简单地梳理道:"明年为刑部郎⋯⋯而伯承者前已通余于于鳞,又时时为余言于鳞也。久之,始定交,自是诗知大历以前,文知西京而上矣。已,于鳞所善者布衣谢茂秦来。已,同舍郎徐子与、梁公实来,吏部郎宗子相来。休沐则相与扬扢,冀于探作者之微,盖彬彬称同调云。而茂秦、公实复又解去,于鳞乃倡为五子诗,用以纪一时交游之谊耳。又明年而余使事竣,还北,于鳞守顺德,出茂秦,登吴明卿。又明年同舍郎余德甫来,又明年户部郎张肖甫来。吟咏时流布人间,或称七子,或八子。吾曹实未尝相标榜也。"②对于此,周颖注释道:"世贞云'七子'之称并非七人标榜,李攀龙等人文集亦未对'七子'有所指定。此称或为世人所奉,且明人说法各异,难以统一。而世贞所言'七子',除己之外,当有李攀龙、徐中行、吴国伦、宗臣、余曰德、张佳胤等六人,已摈去谢榛与梁有誉。'八子'则疑有谢榛或梁有誉在内。"③即"七子"应为李攀龙、王世贞、徐中行、吴国伦、宗臣、张佳胤、余曰德,王世贞对此有明确的解释,他说道:"余德甫时已登第,为尚书比部郎。郎有李攀龙、徐中行、梁有誉、吴国伦、宗臣及余世贞者,与德甫相切劘为古文辞。有誉死,而得张佳胤,名籍籍一时,或以比邺中七子。"④对于此,钱大昕也曾说道:"盖自茂秦、公实二人,一摈一死,遂以德甫、肖甫补七子。"⑤钱谦益则将"五子"和"七子"进行了对比,使该过程更加清晰,他认为:

① [明]王世贞:《弇州山人续稿》卷一百二十三《光禄大夫太子太保兵部尚书居来张公墓志铭》,美国普林斯顿大学东亚图书馆藏明刻本,第3—4页。
② [明]王世贞:《弇州山人四部稿》卷一百五十《艺苑卮言七》,美国哈佛大学燕京图书馆藏明刻本,第17—18页。
③ 周颖:《王世贞年谱长编》,上海三联出版社2016年版,第168页。
④ [明]王世贞:《弇州山人续稿》卷一百十一《瑞昌王府三辅国将军龙沙公暨元配张夫人合葬志铭》,美国普林斯顿大学东亚图书馆藏明刻本,第5页。
⑤ [清]钱大昕:《潜研堂集》卷十六,上海古籍出版社1989年版,第267页。

"于时称五子者：东郡谢榛、济南李攀龙、吴郡王世贞、长兴徐中行、广陵宗臣、南海梁有誉,名五子,实六子也。已而谢、李交恶,遂黜榛而进武昌吴国伦,又益以南昌余曰德、铜梁张佳胤,则所谓七子者也。"①由此可见,"七子"成员是在不断变化之中,但始终以李攀龙和王世贞为核心,而谢榛基本上都不在其内,这与谢榛本人的态度和日常行为有关。

然而,部分后人还是将谢榛列入七子之中,如梁有誉在《梁比部行状》中说道:"辛亥,授刑部山西司主事,徐子与亦为同舍郎。于时,山东李于鳞、吴郡王元美、广陵宗子相、武昌吴明卿、山人谢茂秦,一时同社,意气文章声走海宇,称为中原七子云。"②邢云路在《刻谢茂秦诗序》中认为:"嘉靖中,东郡谢征君茂秦、济南李观察于鳞、吴王大司寇元美、广陵宗宪使子相、武昌吴参政明卿、吴兴徐右丞子与、南海梁比部公实,结社为诗,世于是称七子。"③而对后世影响最大的莫过于《明史》中所言:

> 攀龙之始官刑曹也,与淮州李先芳、临清谢榛、孝丰吴维岳辈倡诗社。王世贞初释褐,先芳引入社,遂与攀龙定交。明年,先芳出为外吏。又二年,宗臣、梁有誉入,是为五子。未几,徐中行、吴国伦亦至,乃改称七子。诸人多少年,才高气锐,互相标榜,视当世无人,七才子之名播天下。④

有了《明史》的盖棺论定,后世所说的"七子"通常为:李攀龙、王世贞、谢榛、宗臣、梁有誉、徐中行、吴国伦。钱大昕也持此论,他说道:"明嘉靖间,济南李于鳞倡为诗古文社,吾乡王元美和之,而谢茂秦、徐子与、梁公实、宗子相、吴明卿羽翼焉,当时有'七才子'之称。"⑤本书以王世贞的生平经历为主,对于"七子"的称呼及其人员的确定,谨遵王世贞所论。

八月,王世懋参加乡试,虽然当时他已经小有文名,但是有嫉妒其

---

① [明清]钱谦益:《列朝诗集小传》丁集上,上海古籍出版社 2008 年版,第 431 页。
② [明]梁有誉:《兰汀存稿》附录,《明代论著丛刊》本,台湾伟文图书出版有限公司 1976 年版,第 287—288 页。
③ [明]谢榛著,朱其铠、王恒展、王少华校点:《谢榛全集》,齐鲁书社 2000 年版,第 12 页。
④ [清]张廷玉等撰:《明史》卷二百八十七,中华书局 1974 年版,第 7377—7378 页。
⑤ [清]钱大昕:《潜研堂集》卷十六,上海古籍出版社 1989 年版,第 266 页。

父亲者,特意指出他考试书题中的小错误,并夸大之,从而让他名落孙山。之前已经提及多人嫉妒王忬的升迁速度,且今年三月,他再次获得朝廷提拔,升为兵部左侍郎,总督蓟辽、保定,妒忌者更甚。在不第后,王世懋归家侍奉父亲,自己愈加勤奋学习。王世贞说道:"乙卯,当应顺天试,其文已藉藉人耳。而会有忌大司马公者,摘书题小误,独其文不入内棘。弟乃归,侍公使院。公故以经术擅诸生名,晚而益精其业,为弟日切磋者三载。"①因此,从王忬、王世贞、王世懋三人的科举来看,虽然他们早有名气,才学超过一般的举子,但是想要一次中的还是非常困难的。

九月,王世贞得察访京畿狱事之命,恰逢李攀龙将入京城,王世贞因为曾主动写信给谢榛,但是谢榛却屡次不回,且谢榛没有为梁有誉的离去作诗文哀悼,乃无情无义之举,从而导致王世贞愤怒不已,斥责谢榛,他向李攀龙诉说道:"得足下书,知已面张户曹,良悉哭公实诗。……眇君子死未耶? 即不得李绝书,吾二人飞诸怀数章,亦当恶入地,且乏公实哀挽,鸿毛矣。……足下可嘉平前发足,吾为治传城西寺中。"②之前王世贞还在挽留谢榛,而谢榛的如此行径,无疑加剧了他和王世贞,乃至和诸子之间的矛盾。

王世贞收到狱报,获知杨继盛之事急,可能将要被处以极刑,王世贞为之悲伤,不过他还想为之努力,左思右想之后,因为此时座师王材已由南国子监祭酒转北国子监祭酒,且他为严嵩门生,所以王世贞立即拜访座师王材,并与之谋划,希望能够通过他去说服严嵩,以释放杨继盛。王材答应王世贞之请,便直接向严嵩说情,但是不小心透露实为王世贞之意。严嵩获悉后,鉴于之前和王世贞的间隙,他此时更只是表面上答应,内心里却不曾想放过杨继盛。其实,王世贞也大概知道这个结果,他早就认识严嵩,而之前严嵩多次想收王世贞为门生,却屡次遭到拒绝,故此次王世贞也没有直接去找严嵩说情。另一方面,杨继盛的妻子欲向朝廷上代死疏,希望用自己的生命换取朝廷释放杨继盛,王世贞

---

① [明]王世贞:《弇州山人续稿》卷一百四十《亡弟中顺大夫太常少卿敬美行状》,美国普林斯顿大学东亚图书馆藏明刻本,第2—3页。

② [明]王世贞:《弇州山人四部稿》卷一百十七《李于鳞》,美国哈佛大学燕京图书馆藏明刻本,第7页。

知道后，被其妻子的壮举感动，于是为之削稿，使该疏增色不少，可是代死疏虽上，奈何朝廷不同意此请求。王士骐记载道："杨忠愍公亦以露劾分宜忤旨系狱。……而明年，公竟论报矣。府君谓事急，踉跄驰骑，谋之前座师王太常。太常许为营救。凌晨入西苑直，见分宜，语甚恳。分宜曰：'上未必有意杀之，而何以救为？'太常曰：'旨迫矣。'分宜谓：'汝不为法曹，而不安所，觇旨之有异？'太常迫，则曰：'门人刑部王某言之。'分宜复色变，曰：'何与彼事？'王太常乃曰：'王某之爱师，而不意其有此举也，与材偶同耳。'分宜乃不复言。"①所以，这其中的关键还是在于严嵩。

营救未果，十月二十九日，杨继盛将被斩于西市，诸臣畏惧严嵩，无人敢前去送行，只有王世贞、吴国伦、宗臣敢前往校场，与杨继盛诀别。次日，三人更是出宣武门，为杨继盛收尸，并酹酒泣奠，办理后事。徐开任记录道："方赴市曹，时继盛吟无目若。其时朝臣揣嵩意恨继盛，莫有省者。独公与吴人王世贞、世懋、楚人吴国伦省诸市曹。继盛临刑……与世贞等四人视公刑毕，为经纪其丧。"②诸子的如此行径，无疑更加激怒了严嵩，这为他们后来的不幸遭遇埋下了隐患，但与此同时，众人赞赏他们的义举，也让诸子声名鹊起，为文学复古运动的开展打下坚实基础。

除了王世贞与严嵩有间隙之外，其父王忬与严嵩也有，他之前弹劾过宋兴的不法之事，宋兴试图寻求严嵩的庇护，然而王忬并没有因此退却，导致宋兴最终被罢官。李春芳言及："先是，公监视中城，时有中贵人宋兴者领东厂缇骑，瓜牙张甚。京师侧目，莫敢谁何。公则抗疏劾之。兴盖尝行万金近幸及严，至是复倍行金，疏且辩。严乃调以温旨，然上业知兴横，竟罢之。而严负金怀惭，佯曰：'侍御好手，一白简散大珰二万金耶？'自是不能忘情于公。"③后来随着王忬的官职越来越大，并

---

① [明]王士骐：《明故资政大夫南京刑部尚书赠太子少保先府君凤洲王公行状》，[明]王士骐、[明]屠隆、[明]王锡爵撰：《王凤洲先生行状》，上海图书馆藏明刻本，第6页。

② [明]徐开任：《明名臣言行录》卷六十八《尚书王恭肃公遴》，上海图书馆藏清康熙二十年（1681）刻本，第6页。

③ [明]李春芳：《贻安堂集》卷七《资善大夫都察院右都御史兼兵部左侍郎思质王公墓志铭》，《泰州文献》第四辑第23册，凤凰出版社2015年版，第325页。

受到嘉靖帝的恩宠,这对严嵩的利益带来一定的威胁,两人之间的利益冲突也就更加凸显。李春芳曾在王忬的墓志铭中较为详细地说道:"始镇蓟辽时,而秉兵政者则今冢宰杨公,诸黜陟将臣无不取公意。而严氏父子方贪饕于馈师,乃竟不得一染指,大以为憾。及代杨公者,其所陟黜则惟严意所欲。公觖然曰:'将者,三军之司帅也。不程其材勇而惟贿之,畀不败公事耶?'会员外郎杨君继盛者以劾严受祸,公闻之恨,弹指出血。而宪副君又故与杨善,为经纪其丧事。严氏耳目伺得之,憾乃深于骨髓矣。"①王忬和严嵩之间的冲突也是不可避免的。

该月,王世贞妻子魏氏生下一子,王忬认真观察小孩的模样后,认为他与果祥太像,疑为不祥之兆,内心有所不悦,果祥是夭折而亡,王忬则希望此子能够长寿,故取名为"荣寿"。小孩的新生,意味着家里又有新的希望,还是给家人带来许多喜悦和期盼,况且此子是魏氏所生,也更加重视。不过此时王世贞的身体却不容乐观,可能之前经历之事颇多,伤了心神,幸好最后无恙,也许是托了新生儿的福气,其内心由忧转喜。

十一月初五日,是王世贞三十岁的生日,适逢重病初愈,他独自饮酒至醉,情到深处,便感慨这些年来的窘况,自己之前踌躇满志,也认为高中进士之后能够大展宏图,建功立业,然而几年下来,还是一事无成,内心郁闷,当晚有诗作一首:

> 东风吹酒星,倏忽辞青天。自堕吴江湄,一住三十年。十年抱案尚书前,腰腹半已成杯棬。归来览镜忽大笑,笑汝低眉为俸钱。忽逢萧相营未央,虽有月请归朝堂。酒肠唧唧如欲诉,且向文君乞鹔鹴。阳昌垆头春酒香,白眼瞠视天茫茫。杜曲梨花飞,灞陵杨花落。不愁花落无处归,只恐长条坐萧索。以兹日作烂漫游,妻嘲女谏安足酬。汝曹骨肉偶相合,世间万事俱蜉蝣。君不见王元美,昨者病欲死。眼前七尺无奈何,胸中万卷长已矣。只今幸逐春阳苏,

① [明]李春芳:《贻安堂集》卷七《资善大夫都察院右都御史兼兵部左侍郎思质王公墓志铭》,《泰州文献》第四辑第23册,凤凰出版社2015年版,第325页。

那不尽倒白玉壶。当时倘便骑鲸去,北斗南箕未可沽。①

这是王世贞真性情地抒发,更是他对三十年来人生的总结,虽然此诗的整体基调有点悲观,"世间万事俱蜉蝣""眼前七尺无奈何,胸中万卷长已矣",但是对于未来还是有所期待,"只今幸逐春阳苏"。

年底,李攀龙入京,徐中行外出办事后也返回了京中,此时诸子在京中者居多,便时常相聚,诗歌唱和,甚是欢乐,如王世贞《于鳞至,分韵得鸣字》诗曰:"把酒千门朔思生,太行高雪照天京。道傍燕石昼俱陨,匣里并刀风自鸣。遂有群灵开黯淡,即看五马顿峥嵘。相违岁月无劳数,屈指人间几大名。"②一扫之前生日时的悲伤,吴国伦《子与至,同子相、元美夜集,得看字》诗曰:"自君持节下长安,明月常同远燧看。乍喜兵戈仍见面,岂绿衣食更弹冠。青枫落尽乾坤暮,白雪歌来海岳寒。道路逢人俱惨淡,未妨兹夕酒杯宽。"③这些诗作均是作于此时,有酒、有诗、有景、有情。除了他们相聚之外,李攀龙和谢榛之间已经冰释前嫌,两人重归于好。王世贞自然也与谢榛握手言和,他说道:"别后再辱书,不报,岂其冗夺也?以足下之未解于鳞故,既于鳞来,谓杯酒郡斋,释然矣,且为诸郎君解装焉。乃某则何敢一日忘足下?曳裾王门,醴酒无苦。"④从种种迹象来看,诸子团结一致,京城欢聚,朝越来越好的方向发展,复古之势,大有可期。

第二年正月,王世贞奉命察访京畿诸郡狱事,恰逢李攀龙要返回顺德,两人便相约同日出发,诸子前来送别,诗文交流不断,王世贞有《被命省狱畿郡有述》《子相席上别诸子分韵》《别李邢州、宗考功、徐比部、吴给事诸君,时方有三辅之役》《赠别于鳞还邢州》等诗文,李攀龙有《将归郡,属元美出使畿内,作此为别》《留别元美辈四子》、徐中行《天目先

① [明]王世贞:《弇州山人四部稿》卷十七《乙卯病后,遇生日,独酌至醉,漫歌》,美国哈佛大学燕京图书馆藏明刻本,第4页。

② [明]王世贞:《弇州山人四部稿》卷三十五《于鳞至,分韵得鸣字》,美国哈佛大学燕京图书馆藏明刻本,第2页。

③ [明]吴国伦:《甔甀洞稿》卷二十《子与至,同子相、元美夜集,得看字》,上海图书馆藏明刻本,第10页。

④ [明]王世贞:《弇州山人四部稿》卷一百二十七《谢茂秦》,美国哈佛大学燕京图书馆藏明刻本,第14页。

生集》有《于鳞、元美同日发,偕吴、宗二生送之,分赋》、宗臣有《再送王元美四绝》等诗作,虽然是离别,但有如此多的诗文之作,足以让人欣慰。

离京后,王世贞先至檀州拜见父母,三月到蓟门时,便惊闻京中多事大变,如吏部尚书李默因得罪严嵩一党,被下狱论死,其职位暂时由辅臣李本代替,张廷玉言及:"李默任吏部尚书。严嵩柄政,擅黜陟权。李默每持己意,于严嵩、赵文华多有忤逆,为二人所恨。时赵文华因抗倭无功,妄以攻讦他事蔽其罪。嘉靖三十五年,李默试选人策问,赵文华遂指摘策士文中语,诬陷李默诽谤。李默被下狱论斩,同年二月瘐死狱中。"[1]严嵩和赵文华充分利用京察之机,大肆摒斥异己者,攀附严嵩之人不胜枚举,《明世宗实录》说道:"是时严嵩子世蕃专恣贪婪,政以贿成。赵文华一出,江南之公私匮竭,刑赏倒植。由是士论恶此三人已甚。嵩虑有他故,欲锄排异己,以慑众志。本毅然承其指授,亦借以行其私。所黜虽多茸阘不称,然凡疏远不附严氏及文华所不悦者,一切屏斥无遗,故公论为之不平云。"[2]吴国伦被谪豫章,大概是因为之前杨继盛之事牵累,为严嵩所恨,冯梦祯提及:"会杨忠愍公以曹郎言事,丑诋相嵩,论死,而倡为奔哭、赙赠、作诗挽之且经纪其丧者,皆六子之属。先生所作挽诗六章,犹称悲愤。飞语既闻,相嵩大恚曰:'吾故疑吴生非长者,果然。'时以星变察吏,谪先生江西按察司知事。"[3]这些事情或多或少与王世贞有关系,他没有受到直接的打击,或许是他此时在外察访狱事,暂时逃离了严党的迫害而已。

春,王世贞察访狱事途经密云、崆峒、盘山,后行至渔阳道中,怀念宗臣,寄《渔阳道中有怀子相考功,却寄》诗以释怀,又闻徐中行因李默之事受牵连,被严嵩打压,将离京外出江南察访狱事。这样一来,本来在京城欢聚的诸子,现在又开始分散,且遭受到政治上的迫害,前途未卜。念及此,王世贞独自哀叹,其《赠子与》诗曰:

---

① [清]张廷玉等撰:《明史》卷二百二《李默传》,中华书局1974年版,第5337页。
② "中央研究院"历史语言研究所校印:《明世宗实录》卷四百三十三,南京图书馆藏1965年版,第7465页。
③ [明]冯梦祯:《快雪堂集》卷九《吴明卿先生传》,上海图书馆藏明刻本,第3页。

衔命首皇畿,遵途蓟北疆。阊阖风云至,回瞻浩苍苍。慨我同心友,携手周道傍。廓落鲜故欢,踟蹰问他方。行人无期返,留者恐不长。念欲更余辙,偕子以遨翔。(其一)

遨翔黄鹄颠,焦螟望为疑。昔与二三子,坚白守空规。天贻乔松质,何惧风不持。岂意雷霆举,击我双连枝。宁无一杯酒,杯尽华嵩移。延首盼穹荒,悚然中奋飞。(其二)①

王世贞在诗中透露出种种无奈,诸子皆位居下品,成为政治博弈的牺牲品,屡受打压,有所茫然,不知道未来之路如何,"踟蹰问他方",不过作为主盟者的他,还是坚信诸子以后可以一起奋进,有着光明的前途,"偕子以遨翔""延首盼穹荒,悚然中奋飞",所以王世贞在诗前有一小序言及:"丙辰春,余北驻渔阳,则闻子与戒辕而南。余一二兄弟星散矣。不佞岂以聚散为吾道嗟?乃有遗懘焉。"②即他认为诸子目前选择的道路是对的,是对道的守护,不能因为聚散而放弃,在没有办法实现立德立功的前提下,再放弃立言,则会离不朽的梦想越来越遥远。

因此当七子被他人冠以狂名、被人无故打压时,王世贞勇敢地站出来,维护七子声誉,其《闻谮》诗言及:"薄谮元非假,高名敢遽攀。未归惭地下,且住看人间。湖海藏烽色,云霄递客颜。五噫何敢咏,挥手出燕关。"以及"故旧纷相谓,狂名得已迟。卿仍用卿法,吾更爱吾诗。枉责元龙礼,虚劳惠子疑。吴山青片片,或恐妒归期"③。不过对于当下的黑暗现状,他非常失望,在与友人的信中,屡屡表现出辞官归隐之意,如他和李攀龙说道:"又数日抵渔阳。……间者一命驾焉,忘二三君子之不在侧,为语触舌而止。因大悲,呼浊醪浇之矣。足下知事近变耶?明卿坐儇薄谪,愈益沾沾自喜。徐生驾矣,子相岐足长安门。中外耳浮议籍籍,以足下与仆渠魁焉。竟无奈我辈,何也?则何可以不挂冠?"④与俞允文言及:"春时附一诗及书……仲蔚知吴明卿谪耶?坐以谈文章

① [明]王世贞:《弇州山人四部稿》卷十三《赠子与》,美国哈佛大学燕京图书馆藏明刻本,第10—11页。

② [明]王世贞:《弇州山人四部稿》卷十三《赠子与》,美国哈佛大学燕京图书馆藏明刻本,第10页。

③ [明]王世贞:《弇州山人四部稿》卷二十五《闻谮》,美国哈佛大学燕京图书馆藏明刻本,第19页。

④ [明]王世贞:《弇州山人四部稿》卷一百十七《李于鳞》,美国哈佛大学燕京图书馆藏明刻本,第8页。

故。当事者几一网尽,然谓仆乃其魁焉,所深恨。仆则以左右死者,常自厌,恨业障不自割断,借人了之。"①当然,封建社会的主流价值取向,家族的仕宦传统,父母对他的期望,让他不能轻易地离开官场。所以,在王世贞内心里,其实这些方面一直是矛盾的。

既然不能自主离开,那七子之业还得好好经营,在诸子中,谢榛最年长,早有诗名,且和诸子的关系已经缓和,故王世贞想裁定其《游燕集》,传之江南大地,以进一步宣扬诸子的复古主张,他向谢榛说道:"余与于鳞悲歌长安邸中,更甚畴曩耳。所不醒者,梁生游岱已矣,而足下滞漳河,二三子复漂转南北山岳,卒起为欢鲜嗣。奈何于鳞亟言曾于《游燕集》有所雌黄,余亦得效一二。可即封寄,加订裁,为传之江以南,无秘也。按部渔阳,垂当发传,聊于于鳞布其区区。"②同时,王世贞还安慰处在险境中的宗臣,当时他和李攀龙、张佳胤等人已离京,吴国伦、徐中行也将要离开,诸子中就将只剩宗臣一人在京,而宗臣不仅因为历来受李默重用,还由于杨继盛之事,被严嵩所恨。宗臣向王世贞诉说道:"仆方坐愁,握书大喜。已读,则又黯然悲也。……我辈已触诸贵人大怒。李与足下幸远,吴又谪,独日夜急者,仆也。仆已久置冠冕,独不肯并其身置之一瞬,千念棼焉如丝。已谋乞外,即不得挂冠去耳。……足下日夕卢龙,驿书渐远,二生且数日登途,四顾踯躅,为情如何?"③王世贞马上回复道:"书来,念我殊至,唯有挥泪耳。酒间见答一章,慷慨高咏,清霜昼飞。即仆不死,而二三君子健饮无恙。天地未大穷也。讯牒计将毕,后五日可遂东。抵卢龙……吾以漆园拟吴生,以湘累视足下,以腐令当于鳞,以盲史肩子与,日自相下上耳,不能郁郁久作使者态也。长安诸贵人横弄风雨,即尽逐我辈相苦耶?苦我辈者,如人之苦飞鸟,铄而绦束之,无奈耳。逐之广莫之墟,乃所以相乐也。足下无害。"④这

① [明]王世贞:《弇州山人四部稿》卷一百二十七《俞仲蔚》,美国哈佛大学燕京图书馆藏明刻本,第1页。

② [明]王世贞:《弇州山人四部稿》卷一百二十七《谢茂秦》,美国哈佛大学燕京图书馆藏明刻本,第14页。

③ [明]宗臣:《宗子相文集》卷十四《报元美》,上海图书馆藏明刻本,第9页。

④ [明]王世贞:《弇州山人四部稿》卷一百十九《宗子相》,美国哈佛大学燕京图书馆藏明刻本,第10页。

是对他的安慰,鼓励他在乱局之中,要有定力保持自我。

对于诸子内部,王世贞倾尽所有地给予帮助,而对于严嵩党羽的种种恶行,他则用笔墨声讨之,如他在《即事三绝》中讽刺严嵩党羽赵文华在抗倭时,独揽军务大权,却没有功绩,只能靠瞒上欺下、陷害忠良等小人行径,抢占他人军功,以致祸国殃民,其诗曰:

> 阊阖城外闪旌旗,荡寇楼船十万师。为问幕中诸上客,何人不揖羽林儿。(其一)
>
> 欲提长剑斩长鲸,归拥春农海畔耕。纵有微勋麟阁上,柏梁先逊侍中名。(其二)
>
> 护军旌传有光辉,马首黄金意气归。挑尽机头红女泪,又劳天子赐春衣。(其三)①

赵文华属于严嵩党羽的核心,位高权重,其对天下的危害甚重。除他之外,严嵩党羽遍布天下,恶行累累,王世贞便对他们打击豪贤的丑恶行径进行了强烈抨击,他在《自燕中来者,云斥逐轻薄朝士殆尽,赋此解嘲》中言及:"一言斗突兀,万目纷眴眴。猛虎欲啗人,不肯避豪贤。腐鼠岂入眼,鹓雏遇鹰鹯。执戟鬓垂白,巧宦笑其玄。举世逐狂且,南威故不妍。头颅无凡骨,不爱插貂蝉。君自吹胡管,我自挟朱弦。请君勿相忌,君亦勿见怜。但令放之去,归种南山田。野夫事真宰,肯受时人权。"②

当然,王世贞没有忘记自身的公职使命,而是勤勤恳恳地履行。四月,他到土木驿,经鸡鸣山响水铺,度居庸关,至上谷。五月,他经怀来、昌平等地。朝廷对他的表现很是满意,铨部曾推他督学中州,以及新任福建督学副使,但是这两次提拔均被严嵩直接否定了。王士骐说道:"而会分宜更用他事,衔府君刺骨。铨部以中州督学请,寝,弗报。继又

---

① [明]王世贞:《弇州山人四部稿》卷四十七《即事三绝》,美国哈佛大学燕京图书馆藏明刻本,第20页。

② [明]王世贞:《弇州山人四部稿》卷十五《自燕中来者,云斥逐轻薄朝士殆尽,赋此解嘲》,美国哈佛大学燕京图书馆藏明刻本,第1页。

以闽请,分宜弗悦曰:'此生日抵掌讥我辈,而若昵之,不虞七闽士子麋耶?'"①屡次提拔都被罢免,而王世贞任职刑部近九年,如果再不得升迁的话,按照惯例,他得自我弹劾免职。对于这种不公正的待遇,他自有要诉说之言,其《敖士赞》序曰:"嘉靖中,余守尚书郎,九岁不迁,当自劾罢。客有过者,谓贵人申申而詈:'子非吴中小儿耶?奈何阔武膺视,不置长安睫间也?而又多使酒骂坐,抵掌谈说世事,一二少年嬲之不休。夫夫安能自罢?'客谓:'吾子敖士也。'余愧谢无有因。忆曩者不自怿,间从历下小妇索苦满引,实不敢作步兵眼孔向人。性畏热,伏时从曹中还,以急谢谒刺。不善捉发,晨恒令家人捉之,以故蓬解不受枎。腰腹小肥,磬折差碍耳。即使酒骂坐,与世龌龊争长,岂真能为敖者?"②这不仅是王世贞的自辩之文,亦是他的控诉之文。当他听闻沈炼③因弹劾严嵩而被谪戍保安州时,便与友人前往拜访。之前两人未曾谋面,但是王世贞素仰其名,敬佩其气节,故借此机会与之相聚。他说道:"余守尚书刑部郎,而沈公由清丰令入为锦衣卫经历,数从故尚宝丞张逊业饮。沈公少饮辄醉,醉则击缶呜呜,诵《出师》二表、《赤壁赋》。已,慷慨曼声长啸,泣数行下。余私心慕异之。……乃抗疏言相嵩父子翼虎鼠社,误国大计,请僇之以谢天下;太宰阿私亡所异,同宜从坐。诏以公昔岁喧哗亡人臣礼,今复诬诋大臣自为名,廷榜之数十,谪田塞外……沈公当田保安仓。"④两人有着相似的经历,痛恨严嵩及其党羽,一见如故,相谈甚欢。

长期在外察访狱事,舟车劳顿,饮食不规律,导致王世贞的身体也不如从前,这次又在途中患病,甚至到了差点离世的地步。其诗作《病》曰:"病岂长途事,仍劳药饵扶。未饶诗寂寞,且厌酒模糊。入塞身初

① [明]王士骐:《明故资政大夫南京刑部尚书赠太子少保先府君凤洲王公行状》,[明]王士骐、[明]屠隆、[明]王锡爵撰:《王凤洲先生行状》,上海图书馆藏明刻本,第6页。
② [明]王世贞:《弇州山人四部稿》卷一百一《敖士赞》,美国哈佛大学燕京图书馆藏明刻本,第19页。
③ 沈炼(1507—1557),字纯甫,号青霞,会稽人。嘉靖十七年进士,始任溧阳知县,后为锦衣卫经历。因上书弹劾严嵩父子及吏部尚书夏邦谟,被杖五十,谪戍保安州。嘉靖三十六年九月,被严党构以妖人事,被害于宣府。着有《青霞集》《剑鸣集》。
④ [明]王世贞:《弇州山人四部稿》卷八十六《明故锦衣卫经历赠奉议大夫光禄寺少卿青霞沈公墓志铭》,美国哈佛大学燕京图书馆藏明刻本,第18—19页。

属,论兵气未苏。犹闻羽书至,战血满三吴。"①直到六月底,王世贞才返回京中,在碧云寺与宗臣再次相聚,两人此次相见,共谈之事颇多,感触也颇多,其《夜遇子相城西,同宿》曰:"天地事何限,风霜吾自仇。如何三月别,顿尽百年愁。未易蛾眉老,何当骏骨留。停鞭又挥手,斗气浅幽州。"②不过此次返京并不是察访狱事已告终结,之后王世贞便从京城向南走,道出中山,察狱赵地。在路途中,他听说京城已经有所传言,严嵩非常痛恨他,一直想要夺去其官职。父亲王忬也有听闻,非常担心王世贞的处境,便写信询问详情。王世贞回信告诉父亲,让其放心,他并没有过错,也没有把柄在他人之手,上面无法追查,即使是被严嵩等人借由罢官,他也可以回归书屋,乐读天下之书,反倒自由自在,没有牵绊。他向好友宗臣说及此事,同时叮嘱他也要多加小心,他说道:"然道出中山,须烹葵之月,可颠倒邢使君裳耳。顷闻政府此人云:'吾老,不分见轻薄少年。吾去之略尽,独竟余王某也。'家君颇郁郁,书来诮仆何状、作何策免。余谓所坐非墨污、败隳宗绪,即不以施市人而诎朝士之籍者,请十岁尽人间书,十岁尽人间游,屡从南岳,还道钤冈,絜酒知己之醑,彼岂其恶余哉?足下自爱,彼视而当门兰也。"③其与宗臣联系颇多,主要在于京城诸子大多离开,且宗臣处境与自己十分类似。

继去年因为倭寇之患担心俞允文之后,王世贞此时再次表示担心,他说道:"春时附一诗及书,知当达也。贼益深,无复下理。贵人悉海内兵攻之,吾恐遂一掷耳。仲蔚佳士,颒肉作青精气,何可着贼手?无力,不能挽梦寐仙仙耳。仲蔚知吴明卿谪耶?坐以谈文章故,当事者几一网尽。"④并且赋诗《贼深矣,俞生颇有桑梓之恋,胡能北哉?恐一旦之不戒,赋此寄怀,凡十二韵》,希望俞允文可以远离兵患之地,到北方生活,其实这也是王世贞想进一步扩大诸子阵营的想法。

---

① [明]王世贞:《弇州山人四部稿》卷二十六《病》,美国哈佛大学燕京图书馆藏明刻本,第2页。
② [明]王世贞:《弇州山人四部稿》卷二十六《夜遇子相城西,同宿》,美国哈佛大学燕京图书馆藏明刻本,第2页。
③ [明]王世贞:《弇州山人四部稿》卷一百十九《宗子相》,美国哈佛大学燕京图书馆藏明刻本,第11页。
④ [明]王世贞:《弇州山人四部稿》卷一百二十七《俞仲蔚》,美国哈佛大学燕京图书馆藏明刻本,第1页。

王世贞后经河间而东,到达高阳时恰逢河决,又遭遇大风雨,因此改乘小舟,经安州至保定。一路走来,他目睹洪水泛滥给百姓带来的苦难,遂致书保定巡抚吴岳,希望他们能够多多救济灾民,王世贞说道:"错轮之道,改就击楫,出北门泛而安州,又从安州泛而郡城。波涛汹汹,望不见涘。垂阳宿秒,视若蒲苇,篙师时从舟底捞粟梗。人家依高阜余者,十可一存。灶突无烟,大类荒岛。所经由城市,老幼牵道聚哭,谓潦且四岁,日夜希半菽之入,今又空矣。旁邑踵困,亡所移食,盗则不敢,饥又难忍,计唯有自尽耳。……仁公抚有兹土,素所恻怛,宁但如某口语而已耶? 窃以为速上疏,蠲额租,量为赈勖。"①王世贞时刻站在百姓的立场,体察民情,为民做实事,这是他的行动指南,他第一次察访江淮狱事时,经德州至彭城沛河,目睹水患给百姓带来的灾难,也是为之呼救。

出保定后,王世贞至真定府,行定州,并登定州塔和大佛阁。游必有诗,其《与俞按察登大佛阁,分韵得深字》《又得身字》《咏大佛又得身字》《与故赵使君登定州塔》《真定刘使君子易月夜宴城北池亭,观捕鱼》等诗均作于此时。到达恒阳时,即将到浚县,之前提及过,浚县乃卢枏家乡,王世贞素来景仰卢枏,也曾为其冤狱暗中出力,虽然此时卢枏不在家中,但王世贞还是致书浚县县令,请其派遣四五位县吏遣币、笔札至卢枏家拜访,后王世贞受卢枏所著诗文集若干卷。他言及:"按部过浚,当疾飞骑载来,并组北首。斗酒之后,扬扢风雅身,与足下旗鼓相当。勉旃自爱。兹仆已抵恒阳,颛命邑大夫致不腆之币,笔札者四五人,受足下所草赋及诸诗歌,从邮中附来,毋见避也。"②

行至顺德,这可能是王世贞此次行程中,最为高兴的地方,因为李攀龙在顺德,即将与好友相聚,难以按捺内心的喜悦。他在顺德察访狱事时,李攀龙相陪同,只用了三天,就完成任务。于是李攀龙邀请王世贞在家中私下相聚,并杀了一头麋鹿来款待他,吃鹿肉,喝鹿血,两人畅

---

① [明]王世贞:《弇州山人四部稿》卷一百二十四《吴中丞》,美国哈佛大学燕京图书馆藏明刻本,第1—2页。
② [明]王世贞:《弇州山人四部稿》卷一百二十七《卢次楩》,美国哈佛大学燕京图书馆藏明刻本,第12页。

饮至醉,席间各赋诗以助之。王世贞曾向宗臣说道:"某以三日治邢狱毕,则过于鳞斋中矣。牵生鹿手刺杀,出蔡姬酒,荐血肠作热洛河,饮啖醉饱,分十二体,悉赋之。御风雨,登郡楼歌,两欲决漳河灌襄国也。"①其《秋日于鳞邢州郡斋,分韵赋十二体》《秋日过于鳞郡斋,分赋十体,得发字》《秋日过于鳞郡斋,分赋十二体,得俱字》《秋日过于鳞郡斋,分韵十二体,得门字》等诗皆是此时之作,可见两人相聚之乐也。

依依不舍地离开李攀龙之后,王世贞到广平察访狱事,用时五日,后至大名,用时十日,李攀龙曾提及王世贞此次的行程,他说道:"嘉靖丙辰,公既领治狱使者,渡滹沱,缘太行,乃从某三日而谳顺德,又五日而谳广平,又十日而谳大名。"②到大名时,已经是八月份了,王世贞与郡丞王道行、推官罗良③一起游玩,彼此之间不以各自官职相约束,只做好友间的普通交游,正巧谢榛、卢柟来大名拜谒王世贞,便相约一同游玩。王世贞向罗良提及:"公故善古文辞,尤好读秦汉诸家言,与建安、大历韵语。其在大名时……会余以谳狱至,而阳曲王明辅为同守。余谓二子:'毋以职事见余,且得而客焉。'时布衣谢榛、卢柟亦与席,为一时盛事。"④此次相会,是王世贞与卢柟的初次见面,虽然之前对卢柟已多有耳闻,但是两人因为各种原因,都是只知其名,而未曾谋其面。见面后,两人相谈甚欢,相见恨晚,连饮三日,王世贞说道:"吴人王世贞治狱大名……柟故亦慕称世贞……至是见世贞郡台,把臂为布衣饮三日,酒语慷慨,恨相见晚也。"⑤后来李攀龙至大名,谢榛、卢柟再次过来相聚,更乐也,这是京城之外少有的相聚。

八月中秋时,王世贞再次选择水路出发,此次是从大名东行经益津

① [明]王世贞:《弇州山人四部稿》卷一百十九《宗子相》,美国哈佛大学燕京图书馆藏明刻本,第12页。

② [明]李攀龙著,包敬弟标校:《沧溟先生集》卷十六《送河南按察副使王公元美自大名之任浙江左参政序》,上海古籍出版社2014年版,第495页。

③ 罗良,字虞臣,万安人。嘉靖三十二年(1553)进士,授大名推官,历任礼部主事、山东按察副使、山西参政,累官至太仆寺卿。

④ [明]王世贞:《弇州山人续稿》卷六十八《太仆寺卿罗公传》,美国普林斯顿大学东亚图书馆藏明刻本,第4页。

⑤ [明]王世贞:《弇州山人四部稿》卷八十三《卢柟传》,美国哈佛大学燕京图书馆藏明刻本,第17—18页。

后返回京中。卢柟送行于道旁,两人都充满着不舍之情,而谢榛、顾季狂虽然错过了最初的相送时间,但是他们从水路追赶,最后与王世贞相见于卫河舟中。后来谢榛又独自追送王世贞至馆陶,此时,两人独处,王世贞才斥责谢榛往日的反复行径,认为他颠倒是非,诋毁李攀龙,不利于诸子的内部团结和长远发展,王世贞俨然是一副主盟者的姿态,谢榛自知理亏,不与多辩,也不过于推卸责任,全盘接受王世贞的批评,"唯唯谢洗心以从二三子,不复能作态"①。这也许就是谢榛多次送别王世贞,甚至是主动创造机会单独送别王世贞的原因,毕竟七子主盟者是李攀龙和王世贞,且两人当下身在郎署,均有盛名,而谢榛之前与李攀龙之间的矛盾,虽然得到了李攀龙谅解,但是王世贞曾为李攀龙指责过谢榛,两人之间也有些许误会,谢榛还没有取得王世贞的直接原谅,近来多次相聚时,王世贞也不方便过多言及。所以谢榛此次的低姿态,更多的是想取得王世贞原谅,以更好地回归到诸子之间,从而提升自己的名气。

八月,李攀龙由于之前出色的治理能力,被朝廷提拔为陕西提学副使,此职位非常符合他的文学追求,闻此信息,王世贞欣喜之情溢于言表,立即书写诗文相赠,其《喜于鳞视关中学,因寄二首》《赠李于鳞视关中学政序》便作于此时。王世贞在这时也注意对自己文集的梳理,或许是他近几年经常患病,甚至是到了将死的境地,再加上之前他曾鼓励诸子互赠诗文,以刊刻后方便保存和流传,他向徐中行说道:"昨取先后稿大芟洗,得赋一卷,四言古一卷,乐府三卷,五言古三卷、律四卷、排律二卷、绝一卷、七言古二卷、律三卷、绝一卷,杂文十一卷,凡三十余万言,足下以为何如?"②从中不仅可以窥见王世贞立言以不朽的想法,亦可见其著述之勤、之繁也。

后来王世贞察访京城附近的莫州狱事,在秋天时得俞允文诗文集十卷,最终删定为四卷,并为之作序,他在序中说道:"仲蔚投余集十卷,

---

① [明]王世贞:《弇州山人四部稿》卷一百十七《李攀龙》,美国哈佛大学燕京图书馆藏明刻本,第11页。
② [明]王世贞:《弇州山人四部稿》卷一百十八《徐子与》,美国哈佛大学燕京图书馆藏明刻本,第3页。

不佞得寓目焉,更之为四卷,赋及诗、杂文若干篇。"①这是他们之前的约定。接下来王世贞还过通州,移司顺义,在工作之余,将之前所有的察访狱事经历编册成书,取名为《大狱招拟》,想存此志以备后人参考,他在《大狱招拟小序》中说道:"此于当于辟传爱书者也,乃余有录焉。……将一二志考焉尔。"②因此,立言不仅仅是文学创作,还可以包括历史等方面的著述,只要有益于后人。

也许一切有其巧合,王世贞可能不知道在总结察访狱事经历时,他的刑部生涯即将结束。十月十八日,王世贞被朝廷提拔为山东按察司副使,兵备青州,他的人生也翻开了新的一页。

第三节　治理青州

按察司副使本来是明初所设按察司的副长官,正四品,但洪武十四年(1381),朝廷将其改为从四品,其职责范围如果按事情分的话,一般分为巡察兵备、学政、海防、清军、监军等,按地区分的话,则一般分为巡察、俭视刑名按劾等。王世贞之前的刑部云南司郎中之职为正五品,此次任山东按察司副使,兵备青州,则为从四品,属于期满考核后的提拔任用,负责的是青州兵备事宜。青州,地处山东半岛中部,东临昌乐县,西靠淄博的淄川、临淄,南接临朐,北与东营的广饶接壤,东北与寿光毗连,其地理位置具有重要的军事价值,历来是兵家必争之地。

对于此次升迁,王世贞是颇为不满的,他在与徐中行的书信中自嘲道:"晨见燕中信,仆乃得青州一老兵。刀笔九岁复着黄皮裤褶,称主人长枪大剑中,真为羊裘所笑。"③毕竟,王世贞刑部所任之职属于刀笔吏,是文官,他与李攀龙所主盟的七子之业也是在于诗文的复古,是文事,而且当时他非常热衷诸子的文学事业,是求立言以不朽。所以当听闻

①[明]王世贞:《弇州山人四部稿》卷六十四《俞仲蔚集序》,美国哈佛大学燕京图书馆藏明刻本,第9页。

②[明]王世贞:《弇州山人四部稿》卷七十一《大狱招拟小序》,美国哈佛大学燕京图书馆藏明刻本,第12页。

③[明]王世贞:《弇州山人四部稿》卷一百十八《徐子与》,美国哈佛大学燕京图书馆藏明刻本,第3页。

李攀龙任陕西提学副使时，他便第一时间送上祝福，陕西提学副使是四品，且主管一省的教育事业，是学子们学习的楷模，这无疑与诸子的文学复古事业是完全匹配的，任这样的职位，是能够起到助推作用的。而兵备青州，负责青州的军事，可以说，这基本上与诸子的文学复古事业没有任何关系，因此，王世贞对于任职青州的自我感觉是"称主人长枪大剑中，真为羊裘所笑"。这也似乎是朝廷给他开的一个大玩笑，对于此次调任的原因，他也做过相关分析，他认为："余往者则已有一时名，既名日以削，而宦日以薄。守尚书郎满九岁，仅得迁为按察，治青齐兵。此其意将困余以所不习故于乎？即令余未见嫉，司命削其官，与田父猎徒角寸阴于南山之下，又不可，而使之御魑魅、咏山鬼，亦有以自乐也。乌在其为困哉？"①即他认为这是朝廷有意为难他，想让他远离京城，将其困在青州，青州虽然自古有名，但是在中晚明时，该地却是偏僻荒凉之所，不过他却以另外一种心态对待，"御魑魅、咏山鬼"，能自找乐趣，这是自我的安慰。对于这一情况，邓元锡曾分析道："时相嵩故好古文辞，见诸人文，则大喜奖掖之……而世贞辈肮脏不附也。会杨主事继盛论相嵩十罪，痛诋讦。嵩切齿，坐重法死。而世贞与吴明卿、宗子相等治其丧，则大怒龁之。世贞在曹，以名法理名蒲。九岁迁按察督学，不许。青齐盗作，则迁儑青齐兵，欲困之也。"②则是直言王世贞和严嵩之间的矛盾，是造成他兵备青州的主要原因。其实王世贞是知道的，只是不点破罢了，因为之前吴国伦、徐中行等诸子皆受到了严嵩及其党羽的打压。

也许是家族传统的延续，王世贞由传统文官，进而担任管理军事的岗位，而即将赴任新职，陌生的环境和新的工作内容，导致王世贞思友甚重。如他近来时常梦见吴国伦，甚至梦见他辞官归乡了，不过吴国伦之前被贬至江西豫章时，曾致诗给王世贞，言曰："自尔趋车塞上行，天涯厄酒异平生。即看一夜风涛色，何损千秋日月明。微禄暂甘彭泽卧，

① [明]王世贞：《弇州山人四部稿》卷七十一《王氏金虎集序》，美国哈佛大学燕京图书馆藏明刻本，第5页。
② [明]邓元锡：《皇明书》卷三十九《文学》，上海图书馆藏明刻本，第9页。

短衣应老鹿门耕。"①即不满自己被贬,但不会轻易折腰,愿意效法陶渊明,可见王世贞之梦不是空穴来风。梦后,王世贞便写信给吴国伦,他说道:

> 别后再把于鳞臂,一遇子相,独于足下仅从邮中得数行耳。人生忽忽可念,既无王乔越境之送,又乖叔夜千里之驾,足下以仆非人哉?凡三梦足下,最后乃葛巾来,谓余不能折腰乡里小儿,径解官去矣。岂足下真有之耶?适得邸报,仆已作青州老兵,足下能屈为郡僚否?庶几尚可朝夕也。②

对于吴国伦的现状,王世贞也是为其鸣不平,梦中之景实乃思念过深所致,他便邀请吴国伦前往青州作僚属,以共同面对当下的局面。他还寄诗道:"梦尔秋风出豫章,还如陶令赴柴桑。折腰手板青云外,回首巾车大道傍。自是江湖新气象,岂令辞赋独辉光。觉来孤枕山城里,愁望吴云万里翔。"③其实,王世贞也是想要诗友相伴左右,以解青州荒凉之苦。

莫州之后,王世贞此次京畿察访狱事的任务算是圆满完成,除了之前完成《大狱招拟》,他还在察访狱事的过程中以及前往青州上任前,出于年少时对《世说新语》的喜爱以及对当下通行修改本的不满,以刘义庆《世说新语》为基础,结合何良俊《语林》,以及自己对时风的认知和理解,合编成《世说新语补》④,他说道:

> 余少时得《世说新语》善本吴中,私心已好之。每读,辄患其易,竟又怪是书仅自后汉终于晋,以为六朝诸君子,即所持论风旨,宁无一二可称者?最后得《何氏语林》,大抵规摹《世说》,而稍衍之至元末,然其事词错出不雅驯,要以影响而已。至于《世说》之所长,或造微于单辞,或征巧于只行,或因美以见风,或因刺以通赞,

---

① [明]吴国伦:《甔甀洞稿》卷三十一《寄别元美》,上海图书馆藏明刻本,第7页。

② [明]王世贞:《弇州山人四部稿》卷一百二十一《吴明卿》,美国哈佛大学燕京图书馆藏明刻本,第3—4页。

③ [明]王世贞:《弇州山人四部稿》卷三十五《梦明卿弃官归,醒而有寄》,美国哈佛大学燕京图书馆藏明刻本,第12页。

④ 关于《世说新语补》的成书过程及其版本形态,本书不多言及,详情可参见胡海英:《〈世说新语补〉成书与版本考》,《明清小说研究》2015年第2期,第164—177页。

往往使人短咏而跃然，长思而未馨，何氏盖未之知也。余治燕赵郡国狱，小间无事，探橐中所藏，则二书在焉。因稍为删定，合而见其类。盖《世说》之所去，不过十之二，而何氏之所采，则不过十之三耳。余居恒谓，宋时经儒先生往往讥谪清言致乱，而不知晋宋之于江左一也，驱胄而经生之乎？毋乃驱介胄而清言也，其又奚择矣。①

《世说新语》不是诗文，可以说对《世说新语》的修订是王世贞私下的行为，和诸子之间的交游、唱和没有多大联系，然而这却是王世贞文学思想的重要组成部分，从中可以窥探其小说观念。王世贞的诗文复古虽然不提倡魏晋文学，但对于魏晋风度之下的诸君子，还是有所肯定，并学习《世说新语》之长，发挥其美刺功能，以警醒当下。自《世说新语补》一出，《何氏语林》便少有人问津，且《世说新语补》还曾流传至东亚，深受人们的喜爱，掀起了一股"世说热"，对东亚文学产生了重要影响②。

王世贞即将赴任青州，京中诸友自然前往送别，王世贞与李先芳相别于报国寺，李先芳赠诗《送王元美赴青州兵备海道》，但不承想这是两人的最后一次见面，以后只是书信来往。另外，宗臣以豸衣一袭、腰带一束、古剑一口相赠，并作诗《古剑篇》以赠别，其诗曰：

> 赤堇使者昆吾子，碧眼烔烔虬髯紫。手持双剑下山麓，上有蛟龙缺其齿。道上相逢忽相赠，怪云悲风生席几。胡僧为制珊瑚鞘，南海琅玕袭其里。佩之朝夕不离身，北游燕赵南江圯。江上秋风倚剑行，波涛上沸如山峙。老鲸毒螭数千尺，金甲火鬣巾流起。刺来一一烹其髓，鲛人终夜泣瑜珥。况复山中豹与兕，又况人间鹿与豕。自吾佩此二十年，处处江山半戎垒。明时不得抱鼓旗，腐儒空复谈箟簬。国仇未报壮士耻，永夜高歌常拊髀。剑乎剑乎吾负汝，吾今有友吴郡生，紫豸朱缨乘骕骦。青天开府泰山巅，落日饮马蓬

---

① ［明］王世贞：《弇州山人四部稿》卷七十一《世说新语补小序》，美国哈佛大学燕京图书馆藏明刻本，第13页。

② 至于《世说新语补》的传播对东亚文学的影响，前人已经提及，在此不再赘述，详情可参见刘强：《王世贞及其〈世说新语补〉》，《文史知识》2017年第3期，第121—127页。

莱址。吾解一剑赠生去,星辰乱落莽不止。生乎生乎吾语汝,左挟图书右弓矢。豺狼只在大道傍,魍魉岂必深山里。生乎此剑一在握,上天入地任君使。只恐风雷日日生,海上千关尽掩耳。天吴海若俱远徙,真宰闻之或不喜。呜呼,古来神物有离合,斗间紫气无终始。他日中原倘相遇,双剑雌雄各相砥。与汝并驱千万里,世上风尘空复尔。①

宗臣所赠之物和所言之诗,非常符合王世贞新的岗位需求和特征,寄托了宗臣对王世贞的美好祝福,尹守衡曾解释道:"取象于物,惟豸性为能触邪,故赠君豸衣一袭。夫群邪,所自邪也,亦自上之约束为之。不束之而遽收之,是谓不教而杀,非圣谟所贵。君子之束人也,必先自束其身,故赠君腰带一束自束。束人矣,犹有不若者,则付之三尺,以彰国威,以著足下之明信,故赠君古剑一口。明有豸豹,幽有魍魉,无不靡之矣。"②宗臣希望王世贞在保全自我时,能够建功立业,也希望两人日后还能欢聚。然而不幸的是,两人此次的临别成了永诀,二人以后未曾相见。离别是痛苦的,更是残酷的。

十二月,王世贞再次前往檀州拜辞父母,此时其父因为十一月的战事失利,尚处于夺俸之中,雷礼在《皇明大政纪》中记载道:"十一月,虏入辽塞。总兵官殷尚质、游击将军阎懋官御虏死之。虏众十余万,八寇镇静堡诸处。殷尚质等帅兵出御,力屈死之。事闻,赠恤有差。总督御史王忬夺俸三月,巡抚苏志皋夺官二级。"③这次损兵折将,是近几年来,王忬在正面战场上少有的失败,对他的内心有所打击和震撼。同时,也给了严嵩把柄,严嵩早就对王世贞父子俩怀恨在心,之前兵部尚书之职空缺时,嘉靖皇帝和朝廷众臣都推荐王忬补缺,但是严嵩巧舌如簧,有自己的打算,认为许论做事干练,适宜掌管内事,王忬带兵能力强,勇敢有魄力,适宜负责外事。朝廷对此有所争论,不过最终还是让许论成为

---

① [明]宗臣:《宗子相文集》卷五《古剑篇》,上海图书馆藏明刻本,第6页。
② [明]尹守衡:《皇明史窃》卷九十六《李攀龙七子、三甫、汪道昆列传》,中国科学院图书馆藏明刻本,第3页。
③ [明]雷礼:《皇明大政纪》卷二十四,北京大学图书馆藏明刻本,第11页。

了兵部尚书,许论便听命于严嵩。① 再加上王世贞此次任职青州,也是严嵩背后操控所致,王世贞父子皆感觉身在官场,无法掌握自己的命运,以后之路定当艰难险阻,困难重重。当月,王世贞侧室李氏生下一女,给家族带来一丝喜气,不过这种喜气在当时能量有限。

王世贞在与父母小聚后,便从檀州出发,经静海、沧州、吴桥、济南等地,到达青州,而在立春日抵达济南时,他就接到了上级的檄文,需要他在青州立即招募兵勇三千人,以充实当地的军事力量,维护社会治安,因为"青州大盗侠处处皆是"②,而官府的兵勇却严重不足,没有力量剿灭匪盗。

嘉靖三十六年正月初八日,王世贞正式抵达青州上任,刚到不久,江淮之地就因倭寇进犯而告急,江淮帅臣便传檄王世贞,需要募兵三千,而当时青州匪盗异常猖狂,欺压百姓,妄杀官吏,号称雄师的官兵却孱弱不可用,无法有效地管制匪盗,王世贞对此深为不满。随后朝廷又按照往年惯例,安排青州采矿之役,然而青州的矿脉微细,已经快要被挖干净了,很难寻找到新的矿脉开矿,以致官府白白承担工人的工钱,百姓也不胜其扰。这种矛盾的存在,很难解决,而王世贞在考虑周全后,便由山东左布政使丁以忠③请命于巡抚刘采④,希望能够如实地向朝廷上奏,反映青州的困境,恳求朝廷免去摊派给青州的采矿之役,最终朝廷根据实际情况,批准了王世贞所请。王世贞曾在给丁以忠的神道碑中写道:"公素习山东省事,至则厘革其弊殆尽,胥吏洗手奉职。时有诏开矿,矿脉且竭,而开未已。民不胜困。独公与世贞意合,而请之

---

① 王世贞曾言及:"丙辰,兵部尚书阙。廷推府君,副宣大许公。上雅欲用府君,谕相嵩:首不如副。相嵩意有所向,极言许公长而练事,宜内;府君强力果势,宜外。……前是杨公为政,时府君所纠治诸将臣,无不听。凡府君所纠治,或以善迁者,即问府君所当代为谁,以前一日论罢,次一日奏补。即相嵩及其子世蕃有所欲,上下不及发,颇以是为恨。许公代之,一切取相嵩指,不复关府君。府君居邑邑,不自得。"见[明]王世贞:《弇州山人四部稿》卷九十八《先考思质府君行状》,美国哈佛大学燕京图书馆藏明刻本,第15—16页。

② [明]王世贞:《弇州山人四部稿》卷一百一十九《宗子相》,美国哈佛大学燕京图书馆藏明刻本,第14页。

③ 丁以忠(1499—1573),字崇义,号南溪,江西新建人。嘉靖十七年(1538)进士,历任刑部主事、河间知府、山东按察副使、福建右参政等职,累官至南京兵部右侍郎。

④ 刘采(1500—1573),字汝质,号安峰,湖北麻城人。嘉靖八年(1529)进士,历任户部员外郎、广西按察副使、广东按察使、山东巡抚等职,累官至南京兵部尚书,参与机务。卒赠太子少保,谥端简。

抚臣刘端简公采,上疏止之。"①王世贞因为此事,被刘采大为器重,再加上他自身的才华,后来在三月份刘采要离任时,刘采便向朝廷大力举荐王世贞,并且在朝廷没有明确答复的情况下,他将王世贞委托给继任者,恳请他们多多栽培王世贞。王世贞说道:"公故无少世贞,间有所论请罢,亡不可者。公迁,握留钥,属有兵车之役,受驱骢马,不能追拜后车之清尘,虢虢惶恐无状。而公更收贱姓名,置之荐剡,乃所善张副使来谓公本意殆不至此日者,又微闻公之属世贞于段君也。"②这对王世贞而言,算是遇到了官场上的伯乐。同时,王世贞作为地方官吏,非常注重在其管辖范围内的权贵,特别是王公贵族,与他们有所来往,如他以青枭朝衡王③,衡王便在宫殿中,大摆宴席,邀请王世贞,与之相饮。

三月,王世贞听闻宗臣即将离京赴任福建布政司参议,从四品,虽然较之前的职位有所提拔,但是福建乃闽地,远离京城,当时环境恶劣、交通不便,究其原因,王世贞曾分析道:"会李公与相严交恶,见法,而君又尝赙故杨忠愍公,杨亦以纠相严坐论。严恨君甚,几欲用考功令斥之。有救者,获免,然亦竟出为福建布政司参议。"④即这一切又是严嵩操纵的结果。在这之前,诸子多有得罪严嵩,致使诸子升迁时皆离京前往外地,宗臣那时成为唯一的留京者,王世贞还曾写信安慰他:"今武昌手板豫章,长兴刀笔江左,仆复裤褶戎马之域,令万世后谓为何时。然吾与长兴犹足蜗涎自濡,吴生仰面看人,奔走僚幕,绿衫竖子犹得作先辈眼孔向之,其穷甚矣。足下即自唯日所游从诸君,得此人一舌底语否?足下勉旃,无忘夙衷,幸甚幸甚。"⑤在文学结社方面,诸子分散,远不如从前,王世贞希望宗臣能够担负起留守京城的重任,继续践行诸子

① [明]王世贞:《弇州山人续稿》卷一百三十一《明正议大夫资治尹南京兵部右侍郎进阶中奉大夫南溪丁公神道碑》,美国普林斯顿大学东亚图书馆藏明刻本,第4页。

② [明]王世贞:《弇州山人四部稿》卷一百二十三《大司马刘公》,美国哈佛大学燕京图书馆藏明刻本,第20—21页。

③ 衡王,名佑楎,明朝宪宗皇帝第五子,成化二十三年册封,就国青州府,嘉靖十七年卒,谥号恭。十八年,世子厚燆袭封衡王,其后代世袭王位。

④ [明]王世贞:《弇州山人四部稿》卷八十六《明中宪大夫福建提刑按察司提学副使方城宗君墓志铭》,美国哈佛大学燕京图书馆藏明刻本,第15页。

⑤ [明]王世贞:《弇州山人四部稿》卷一百十九《宗子相》,美国哈佛大学燕京图书馆藏明刻本,第13页。

们的宏愿。此次宗臣的离京，无疑更加激化了诸子与严嵩之间的矛盾，王世贞对严嵩也更加痛恨。

当月，王世贞终于获得了一个好消息，当年的好友吴维岳调任山东提学副使，他便立即作诗祝贺，贺曰："为报故人吴季子，玺书何日下山东。天门瑶草春相待，海上仙槎夜拟同。过鲁好传周室礼，入齐还问太公风。欲知郎舍期君意，孤剑时时但吐虹。"①虽然王世贞和吴维岳的诗学主张不同，并且当年吴维岳想拉回王世贞失败后，产生了一些误会，但并没有产生根本性的冲突，以后多次诗友聚会，两人均参加，还互相唱和。此时两人能够相聚山东，对于喜好交游的王世贞而言，自然感到欣喜。

到济南后，王世贞拜谒了德王府，与之一同宴赏真珠泉，并泛舟夜游。虽然不及京城诸子相聚之乐，但也别有趣味。此次之行，王世贞还与李开先②相识，并受李开先的盛情邀请，观演其创作的传奇，这些戏子均是李开先私人所属，对于此事，王世贞在《艺苑卮言》中明确记载道："北人自王、康后推山东李伯华。伯华以百阕《傍妆台》为德涵所赏，今其辞尚存，不足道也。所为南剧《宝剑》《登坛记》亦是改其乡先辈之作。二记，余见之，尚在《拜月》《荆钗》之下耳，而自负不浅。一日问余：'何如《琵琶记》乎？'余谓：'公辞之美不必言，第令吴中教师十人唱过，随腔字改妥，乃可传耳。'李怫然不乐，罢。"③可见，王世贞的文学主张和李开先的有所不同，王世贞奉行的是以情为先，要突出情性，李开先则是以词为先，恪守格律，不能因为文意的表达而破格。这种不同，不是三言两语就可以调和的，以致王世贞和李开先的此次相识最终是不欢而散。

该年春，王世贞将去年所编选的诗文三十二卷，题名为《金虎集》，他说道："因取旧所著撰，次而书之，以俟他日删定。凡赋哀一卷，四言古诗一卷，古乐府三卷，五言古三卷，七言古二卷，五言律四卷，七言律

① ［明］王世贞：《弇州山人四部稿》卷三十五《喜吴峻伯来视山东学》，美国哈佛大学燕京图书馆藏明刻本，第15页。
② 李开先（1502—1568），字伯华，号中麓子，山东章丘人。嘉靖八年进士，授户部主事，调吏部，历文选郎中，擢太常寺少卿，后因抨击夏言内阁，被罢官。著有《李中麓闲居集》《词谑》《宝剑记》等。
③ ［明］王世贞：《弇州山人四部稿》卷一百五十二《艺苑卮言附录一》，美国哈佛大学燕京图书馆藏明刻本，第5页。

三卷,五六七言排律二卷,五六言绝一卷,七言绝一卷,传一卷,序、记五卷,志铭、行状一卷,书、赞、诔、祭、杂着一卷,赤牍三卷,题曰《金虎集》。金虎,西方之精也,于时为秋。余郎秋官,时署治西,其著述咸在焉。取而冠之,亦以拂郁揫敛之业居多乎哉!则春华而灼然油然者左矣。"①对于文集的编纂,王世贞很是用心,经过多次删定后方才定稿,而这些内容后来基本上都编进了其《四部稿》,流传后世。

虽然到青州任上的时间不长,但是经过自身的不懈努力,王世贞还是取得了一些功绩,而诋毁者亦在造谣生事,不断抹黑王世贞,他向徐中行诉说道:"某以残腊辞二尊人,接浙东首,谷日抵青州任。……即一二加振刷,小异矣。而燕中贵人举旧郄齿颊间,几入审籍。子相外补矣,又欲削明卿籍,其侪强庇之,得免,然沉浮无复上理。"②诸子四散,文学复古受挫,仕途坎坷,时局多变,加之得罪权贵,导致无论自己如何努力,也无法掌握自己的命运,心生郁闷的他又萌生了辞官归里的想法,便向父亲询问。而其父因为四月时,俺答兵入犯内地,他治军不力,已由兵部左侍郎降为右侍郎,王世贞对此感到愤懑。不过其父依然坚定仕途之路,不同意王世贞的退却之念。最终王世贞还是听从了父亲的建议,选择了隐忍,在闷闷不乐之际,他将眼光投向了著书立言,也就是从这时起,他更加坚定了自己的文学之路,他向俞允文说道:

> 昨者上计吏还,言朝堂内外尽为煨烬,虏迹所至,灤流欲腥。家君僇力矢石,横拒出塞,幕府上事,翻被镌削。北风甚劲,南幕多乌。又闻樵李有数余皇,西则秦晋败堞改阡,心胆尚裂,东则青兖大侠亡命骨节尽痒。生非其辰,默与变邁,意气所发,亦欲淬砺铅刃,仰希一割之用。既而唯之,手趾束络,踯躅何所。……不佞三月之间,盖以归计阴请于家君再矣,而未许曰:"汝其置余何地哉?夫少也,学未成而遽倍君,非所以处也。且使长者亲戈殳之役,而卫其子弟彷徉于鸡狗之社,可尔?"仆敬谢无状,因复需忍,待罪东

---

① [明]王世贞:《弇州山人四部稿》卷七十一《王氏金虎集序》,美国哈佛大学燕京图书馆藏明刻本,第5页。
② [明]王世贞:《弇州山人四部稿》卷一百一十八《徐子与》,美国哈佛大学燕京图书馆藏明刻本,第3页。

诸侯，绝旦夕之请。抑郁怵结而不得伸，聊取凤所著作，粗加编定，诗自骚赋、古体以及近代，文则叙序传泊杂著，往往略备。人苦不自知，荐丑百代，以期偏嗜，亦良拙矣。即不量未遂沟壑，尤欲赋二京，志五岳，续子长不竟之编，铲老氏未纯之论，九一其流，付之山川。而所虞如此，所望如彼，是将却日再中、留望为几也。足下能无笑其言乎？①

这段文字记录了王世贞心理的波动历程，刚开始，他和众多热血男儿一样，渴望建功立业，"仰希一割之用"，然而随着涉世的深入，不断颠覆自己的原有认知，辞官归里亦不得，而自己唯一能够把握的则是著书立言了，这是他求不朽的最后路径，内心的反复使他更加认清了现状。

难能可贵的是，王世贞没有选择消极的态度，在任上隐居，他始终没有完全放弃自己的应有职责。青州盗匪之患严重，无恶不作，部分豪绅、官吏为了自保和获取更多利益，竟然充当盗匪们的耳目，从而为盗匪的剿灭带来困难。针对这一情况，王世贞先是加强士兵们的日常操练，增强他们的基本素养，并派人教会他们骑射，以不断提升他们的作战能力，丰富作战技巧。另外，王世贞挑选熟悉盗匪特点的吏胥作为捕快，同时招募乡里具有侠义气息的少年，不断壮大队伍。再者，王世贞严格执行保甲制，按地区划分进行统一管理，赏罚分明，令行禁止，并重赏能够捉拿盗匪之人。王锡爵、屠隆等人文集中均提及王世贞的做法，但不够细致，王士骐则详细叙述道："青之为盗薮也，藉豪右营窟，而左右吏胥以下多有为贼耳目者。故小有发，辄骤露，不能获，甚或有剽御国门者。去道百里而近，而郡县务为隐匿，不能报。府君既严其禁，而选其素习盗者委之，使充捕。得盗，惟核其真伪而已。所获盗橐，悉以充赏。稍剧有名者，则亲为赐花币，鼓吹而迎之。纵贼觉，辄立杖死。告失盗者首者，或阳为不允，而阴使人随而捕之，报者未至，已就擒。故盗或有方谋而获者、有盗中即我所遣谍应者、有露而自经者。至于各州县画为四方或八方，以义官统之，始有分地。严悬其赏格：以夜拒贼，当

① ［明］王世贞：《弇州山人四部稿》卷一百二十七《俞仲蔚》，美国哈佛大学燕京图书馆藏明刻本，第4—5页。

时捕获者,为上;逐而不出境获者,次之;拒不能劫者,又次之;凡盗从其所起而不觉察者、经其所而夜巡不传捕者,罚。行之期年,而盗衰止。"①得益于王世贞的多种举措并举,官府治理盗匪取得了可喜成效。在地方志中有这样的话语:"丙午任兵备副使。齐故多大姓,窃采山煮海,以相雄长。其徒附焉。往往挟众而扞上。寻以玺书得辟持戟之士,有徐子由者三檄不至。众谓:'按察君虽年三十,老吏也。'乃率甲而陈之郊,计有它,即为变。躬自入谢,禽而置之法,党与解散。先是微知其状,辄为备云。"②王世贞之名响彻整个青州,盗匪们闻之则抱头鼠窜,纷纷避开。

五月,端午时节,王世贞在长山署中,独坐有感而赋诗多首,对当下情况进行反思,如其中一首曰:"探符与荐黍,兹俗向曾经。多难兵何辟,穷愁客转醒。柳风阴泛泛,城日昼冥冥。欲拟《怀沙赋》,人间未忍听。"③《怀沙赋》乃屈原所作,是为自己的不幸遭遇感到哀叹,并希望以自身肉体的死亡来震撼民心、激励君主。这是王世贞的类比,青州任上的事情,与其人生规划还是有所不同,以致在取得的成绩面前,王世贞还是有其忧愁。六月,王世贞在登州遇见东巡的徐文通④,和他一起游蓬莱阁、莱州等地,这是王世贞到任青州后第一次如此痛快地与友人游玩,之前的郁闷立刻得到化解,他感慨"天遣故人至,顿然消百愁"⑤,游宴中两人互有诗歌唱和,如王世贞有《喜汝思东巡》《袁将军邀饮蓬莱阁,和汝思作》《莱州道中,与汝思望海有作》等诗作,徐文通有《秋同王元美登蓬莱阁》《登州同王元美泛海,是日波涛不作,小舟荡漾。元美放歌,酌大瓢饮予,尽醉而归,相乐也,已,赋此》等诗作,其乐融融。

---

① [明]王士骐:《明故资政大夫南京刑部尚书赠太子少保先府君凤洲王公行状》,[明]王士骐、[明]屠隆、[明]王锡爵撰:《王凤洲先生行状》,上海图书馆藏明刻本,第6—7页。

② [明]杜思修、[明]冯惟讷纂:《(嘉靖)青州府志》卷十三《宦绩·王世贞》,上海图书馆藏明刻本,第10页。

③ [明]王世贞:《弇州山人四部稿》卷二十六《端午日,独坐长山署中,有感》,美国哈佛大学燕京图书馆藏明刻本,第11页。

④ 徐文通,字汝思,浙江永康人。嘉靖二十三年(1544)进士,历官刑部郎中、山东按察副使、左参议、福建右参议等职。

⑤ [明]王世贞:《弇州山人四部稿》卷二十六《喜汝思东巡》,美国哈佛大学燕京图书馆藏明刻本,第12页。

不过随后发生的岛寇之役，打破了这份欢喜。倭寇入侵扬州、徐州，进而侵扰山东，王世贞闻讯后，便率领军队至安东，在海上抗击倭寇，在多方的共同努力之下，倭寇节节败退，最终离去。《明世宗实录》记载道："嘉靖三十六年六月乙酉，淮阳兵备副使于德昌、参将刘愿督水陆兵击倭于安东县，斩首百余级。贼余众乃驾舟奔遁，寻自刀门港遁。"①王世贞的《安东候警有述》《提兵安东海上，大阅二首》《贼退后，答黄德兆先生谈兵》等诗即作于此时。在倭寇一事上，王世贞还是颇有功绩和先见之明的，之前东南沿海的倭寇偶尔有部分侵扰山东沿海，百姓为之恐慌，中丞傅颐便欲上疏建议朝廷要提防倭寇，设立提督、参将，并留民兵、留赃罚、造海舶。王世贞则在冷静地分析局势后，建议傅中丞暂时不要上此疏，只要按时布置海防就行，治理山东的首要在于消灭省内盗匪，而不是散兵状态的倭寇，丁以忠十分赞同王世贞的意见，不过傅中丞不听，仍上疏，一段时间过去后，朝廷也没有给予明确答复。后来倭寇节节败退，印证了王世贞主张的正确性。王世贞说道："倭舟以风胶莱海，而继刘公者张大其事，为数条，若设提督、参、游，留民兵，请赃罚数事。公策倭且去，与世贞意复合。止之，不可。后果如公言。公遂以都察院右副都御史代其人巡抚。"②

除了处理日常的郎署事务，之前与李攀龙会见之后，王世贞更加专心于著书立言，其中影响最大的莫过于编纂《艺苑卮言》，其序言曰：

> 余读徐昌谷《谈艺录》，尝高其持论矣。独怪不及近体，伏习者之无门也。杨用修搜遗响，钩匿迹，以备览核，如二酉之藏耳。其于雌黄曩哲，橐钥后进，均之乎未暇也。手宋人之陈编，辄自引寐，独严氏一书差不悖旨，然往往近似而未核，余固少所可。既承乏，东晤于鳞济上，思有所扬挢，成一家言。属有军事，未果，会偕使者按东牟，牍殊简，以暑谢吏杜门，无赍书足读，乃取掌大薄蹄，有得辄笔之，投篚箱中。浃月，篚箱几满。已淮海飞羽至，弃之，昼夜奔

① "中央研究院"历史语言研究所校印：《明世宗实录》卷四百四十八，南京图书馆藏1965年版，第7626页。
② ［明］王世贞：《弇州山人续稿》卷一百三十一《明正议大夫资治尹南京兵部右侍郎进阶中奉大夫南溪丁公神道碑》，美国普林斯顿大学东亚图书馆藏明刻本，第4页。

命,卒卒忘所记……余所以欲为一家言者,以补三氏之未备者而已。①

这篇序,是其立言求不朽的正式宣言,明确提及欲成"一家言",而且这是建立在他人不足的基础之上,具有填补历史空白意义的"一家言",不是简单地重复前人言语。如他认为徐祯卿《谈艺录》持论过高,只有古体,没有涉及近体,不方便后人学习;杨慎《升庵诗话》搜集前人之作非常多,内容翔实,却没有评点先哲,启发后进;严羽《沧浪诗话》涉及先贤、体类较多,不过文中诸多论断只是停留在"相似"的认知层面,未能去核实所论的准确性,不便于后人理解。针对这些不足,他已经在李攀龙的启发之下开始实践,利用闲暇时间进行写作,到青州后也一直没有间断,"有得辄笔之",日积月累,竟然"箧箱几满",岛寇之役发生后,他才暂时停止写作,投入军务之中。

《艺苑卮言》的特殊性不仅仅在于它是王世贞补前人之阙,成一家之言的体现,同时"作为前后七子文学复古运动的代表性理论专著,《艺苑卮言》无疑具备着最鲜明的'复古'特性……正担当了复古运动中'武器的批判'的角色"②。诸子离散,王世贞还在为复古事业摇旗呐喊,并付诸理论探索。他将目光聚焦到"前七子",为何景明文集作序,将何景明与李梦阳并举,希望借助"前七子"的文学复古之功,推动当下文学复古的进行。其序言曰:

> 何子虽稍晚出,其材质敏秀瑰丽,各以长相当。然而李子得何子,为益雄也。鄙人之言,何知仁义,向利则德。是二君子,抶草莽,倡微言,非有父兄师友之素,而夺天下已向之利而自为德,于乎难哉! 去其始可一甲子,诗而亡举大历下者、文亡举东京下者,即谁力也? 然二君子之徒,不能长缘其师所繇得毛举论难之语,以好为胜。而他工易者、恶津筏者,往往左袒何子而龁李子,则又似非何子意也。夫百羽集于词林而二子雄飞,或撤掾逆羊角而横举,或

---

① [明]王世贞:《弇州山人四部稿》卷一百四十四《艺苑卮言一》,美国哈佛大学燕京图书馆藏明刻本,第1—2页。
② 郦波:《王世贞文学研究》,中华书局2011年版,第151页。

顺飚而肆翔,其九万里,同也。李源风,何源雅。风故长变以明志耳,且夫睹其沉深莽宕,激邛鼓壮,喑呜憯凄,忽正而奇,正若岳厉,奇若海飓,则李子哉!是固少孙。要之,其缘情即象,触物比类,靡所不遂,璧坐玑驰,文霞沦漪,绪飙摇曳,春华徐发,骤而如浅,复而弥深,疑无能逾何子而上者。何子为文刻,工左、史、韩非、刘向家言,大抵于诗雁行云。而关中康氏、乔氏,其乡人樊、孟氏则盛惜何子志业屈于年未竟。世之谈说经纶、抵掌事勋者,其敖何子以不及如耶?令何子不死,而称为名公卿已耳。所以削涤卑琐,振颓习、扶昌运,开中兴者,何物也?于经纶孰多?于是何子之甥袁灿来谓王生:"若为何子叙其遗言。"王生曰:"何子,彬彬大家也。《易》言之:有亲则可久。李得助而久,何子之功,李子伟矣夫;二子之功,天下则伟矣夫。"①

之所以将此序全录于此,在于这是王世贞当时文学复古主张的直接宣言,虽然《艺苑卮言》是充当文学复古批评的武器,但这是后人对《艺苑卮言》完整版的认知,王世贞更多地是想成一家之言,以求不朽也,且当时《艺苑卮言》尚在创作的过程之中,没有完结。而该序紧贴王世贞当时的心境和复古想法,首先突出何景明为"彬彬大家",肯定其文学主张和历史地位,然后再言及何景明复古之时面临着诸多压力,以及时人的不解和冷嘲热讽,"世之谈说经纶、抵掌事勋者,其敖何子以不及如耶",最终证明他们是有功于天下的。而当时李攀龙、王世贞等诸子的处境与何景明那时是何其相似,"诗而亡举大历下者、文亡举东京下者"也成为"后七子"的核心主张。因此后人直接将"前七子"与"后七子"并举,实则大大推动了"后七子"文学复古的进程,达到了王世贞的预期目的。

七月,在战事结束后,王世贞到达诸城,当时听闻丘橓②被罢官后,

---

① [明]王世贞:《弇州山人四部稿》卷六十四《何大复集序》,美国哈佛大学燕京图书馆藏明刻本,第13—14页。
② 丘橓(1516—1585),字茂实,山东诸城人。嘉靖二十九年(1550)进士,历迁兵科都给事中、大理少卿、刑部右侍郎等职,累官至南京吏部尚书。卒后赠太子太保,谥"简肃"。著有《四书摘训》《礼记追训》等文集。

一直居住在家,他便前往拜访,两人相见后相谈甚欢,王世贞作《夜过丘给事懋实》组诗四首,其四曰:"为载嵇康酒,来陪阮籍棋。故人青眼在,高枕白云知。海色清残暑,花阴逗晚飔。莫须成故事,折简便新诗。"①后来,王世贞与徐文通在秋天游览云门山,他作《同徐汝思登云门山作》诗作两首,徐文通则以《秋同王元美宪副游云门》相和。

十月,宣大总督杨顺、御史路楷想借严世蕃欲报复沈炼之机,尽力讨好严嵩和严世蕃,从而为自己的仕途开辟新的道路,于是他们在围捕白莲教通敌者的时候,故意把沈炼计入其中,并以谋反罪论死,同时抄没其家,杀害其二子,王世贞曾记载道:"侍郎杨顺来总督,顺故嵩客也。……而御史路楷来,楷又嵩客也。世蕃为酒寿楷而使谓顺曰:'幸为我除吾疹。事成,大者侯,小者卿。'顺则与楷合策捕诸白莲教通房者,窜公名籍中,以谋叛闻。而前大帅时理兵部,无异,取中旨,僇公,籍其家。而予顺一子锦衣千户、楷候选五品卿寺。"②当时王世贞父亲在蓟辽,与沈炼相近,听闻此消息后,勃然大怒,并在酒后与他人谈论时,斥责严嵩残害忠良,颠倒是非,然而恰逢有人在朝中弹劾杨顺和路楷,严嵩父子便以为是王忬指使人为之,由此更加痛恨王忬。屠隆曾言及:"司马公在镇闻之,亦扼掔詈嵩父子不休。嵩又以妖人事杀沈公炼,司马益恚怒不平,酒后辄慷慨对客曰:'为宰相,怙宠作威,数杀忠义,箝天下口。神怒人怨,能无及乎?'嵩闻而切齿,日夜谋所以阱公父子。"③这就进一步加剧了严嵩父子与王世贞父子之间的矛盾,可见,后来祸事降临王家并不是一朝一夕之事。

当时朝廷的情况是,若得罪了严嵩,无论你如何努力,仕途肯定受阻,如该年春天,王世贞之职差点因为三年一度的考核而被吏部罢黜,由于徐阶出面力保才没有成真,宋如林曾在《松江府志》中记载道:"徐文贞公在位时……丁巳春,吏部将以大计黜元美,公力救之。已,又拟

---

① [明]王世贞:《弇州山人四部稿》卷二十六《夜过丘给事懋实》,美国哈佛大学燕京图书馆藏明刻本,第13页。

② [明]王世贞:《弇州山人四部稿》卷八十六《明故锦衣卫经历赠奉议大夫光禄寺少卿青霞沈公墓志铭》,美国哈佛大学燕京图书馆藏明刻本,第20页。

③ [明]屠隆:《大司寇王公传》,[明]王士骐、[明]屠隆、[明]王锡爵撰:《王凤洲先生行状》,上海图书馆藏明刻本,第7页。

迁元美长吏,公又力止之。"①也因此,王世贞虽然治理青州的政绩杰出,京师诸臣也为之称赞,但这更引来了严嵩的妒忌,于是严嵩想把王世贞放置到更边远的地区,以困住王世贞,此事又得力于徐阶的力阻,严嵩之计才没有得逞,否则对于已萌退意的王世贞而言,后果不堪设想。不过当这些消息陆续地传到王世贞耳朵里之后,他很是愤怒,连作《续九辩》《挽歌》等文章以抒怀,并说道:"王子守尚书郎,与争臣之中法者有素没,而颇为之经纪其丧用,是忤权相意。以青多盗,故困之于青州,盗一切平则又谋置之绝檄,俾狼籍一亭障间。王子业以不免矣,乃有《续九辩》及《挽歌》三章。"②另外,王世贞一心为公、不曲迎上司的做事风格也受到了同僚们排挤,他诉说道:"而最后迁兵备副使,治青州。属悍御史按部,有所授旨,而不佞不能尽承。守令有所授旨,而不佞不能无同异。以故不佞所伸十恒仅七八,而彼见以为十屈其二三,几用睢眦中法谪。"③这是王世贞的性格使之然也,即使是为官之初,面对陆炳的压力,他还是秉公执法,未能折腰事权贵,以致对他的成长产生了重要影响。

年末,对王世贞而言,终于有一个好消息了,即父亲王忬官复原职,虽然此事发生在六月份的滦河之役后,王世贞说道:"滦河之役,虏虽有所剽掠,其得不偿失。后复为窥伺计,食其马骡杂畜过当,乃稍稍遁。诏复府君原所夺官,寻以辽左获虏酋功赐白金一镒、文绮二。"④王世贞听闻后,立刻作诗《闻家君蒙恩复御史大夫,喜述》以贺之,从此更加钦佩父亲的为官之道。

来年正月,王世贞听闻好友吴维岳要东行,便写信相邀一聚。吴维岳接到信后很是高兴,恰好天公作美,他刚到时雪就停止了,两人于是共游云门山,游览之后相别,大雪又作,这一切是如此的巧妙。王世贞的《峻伯将至,先以诗来,走笔邀之》《春晴,与峻伯游云门,既别,雪乃大作。赋此志之,且订后约》《游云门山记》等诗文就是创作于此时,吴维

① [清]宋如林修:《(嘉庆)松江府志》卷八十二《拾遗志》,上海图书馆藏清刻本,第13页。
② [明]王世贞:《弇州山人四部稿》卷七十一《幽忧集序》,美国哈佛大学燕京图书馆藏明刻本,第8页。
③ [明]王世贞:《弇州山人四部稿》卷五十九《赠兵备副使广平蔡公迁督山西学政序》,美国哈佛大学燕京图书馆藏明刻本,第9页。
④ [明]王世贞:《弇州山人四部稿》卷九十八《先考思质府君行状》,美国哈佛大学燕京图书馆藏明刻本,第17页。

岳以《初至东省，喜遇王使君元美》《早春同王元美登云门山，得云、门字》等诗作和之，可见两人相聚之乐也。

所以，对比王世贞为官时和与友人相聚的内心世界，便可知其真实意愿，他曾与众友论及：

> 记仆副山东宪时，故吴中丞峻伯为学宪，尝与诸贤酒间戏言志。峻伯谓："宦辙不必中土，即滇、蜀、闽、广须尽历之，饱其山川风物，最后亦须坐尚书省押尺一，乃告老耳。"仆谓："鄙愿不及此，愿得二顷陂，四围列植梧竹、垂杨、芙蓉之属。陂中养鱼数千头，中构一岛，筑高阁三间。其下左室贮书籍及金石古文，右室尽贮美酒，傍一小室具茶灶爟釜，兼畜少鲑脯、瓜菜。阁上一榻两几，读书小倦，即呼酒数行，醉辄假息。岛傍维两蜻蜓艇，客有问奇善筋咏者，以一艇载之来，一艇网鱼佐酒，不问朝夕，饮倦则相对隐几，兴尽便复载去。若俗客见挠者，虽叫呼竟日，了不酬应。以此终身，足矣。"峻伯问："谁可当俗客？"仆谓："坐尚书省押尺一者，公即是也。"众大噱笑而罢。[①]

因此王世贞虽然谨遵父命继续走仕途之路，并尽职尽责地做好分内之事，一心为公，不曲意逢迎，切实维护民众的利益，但是其内心对官场已经有厌恶感，他愿意选择的生活是自由自在的田园耕种，隐居岛内，远离世俗，与书籍、美酒相伴，偶尔与一二雅客相聚，而非世俗的应酬。这虽是与众人笑谈之间的言语，却是他内心真实想法的具体体现，只不过这种生活他也知道目前无法实现。随后他便于正月晦日，自清源谒台返，与友人一起在泰山游玩。

二月，父亲王忬再次凭借自己的战功获得朝廷赏赐，此次为可以荫一子为国子生，《明世宗实录》中记载道："辽东守臣类奏三十六年十月以后官军御虏于暖阳等处功次，共斩首一百七十二级。上从议，荫总督

---

① [明]王世贞：《弇州山人续稿》卷二百四《殷无美》，美国普林斯顿大学东亚图书馆藏明刻本，第14—15页。

王忬及巡抚苏志皋各一子为国子生。"①虽然不是钱财奖励,或者升官,但在某种程度上而言,这种赏赐远高于这些,是朝廷对其父功绩的极大肯定,也提升了家族的整体自信和未来发展潜力。

清明时节,王世贞雨中过穆陵关,作诗《清明雨中过穆陵关》以记之,接着是城颜神毕,立碑志之,李攀龙作《青州兵备副使王君城颜神碑记》一文,自己则作《颜神城碑阴铭》。然后他视察海上军队,并修筑房屋和军事壁垒,同时操练士卒,以不断提升军队的整体战斗力。三月底,王世贞行至高苑,由于大水,当地河堤决口,他便积极治水,并及时开仓赈饥,以救民于危困之中。

有了之前的闲居想法,以及对不朽路径的重新认知,王世贞在工作之余,更加注重对著书立言的践行。如他素来喜欢尺牍②一体,并且有感于杨慎《赤牍清裁》十一卷本的不足,于是在此基础上进行修订,收录自唐朝到自己当下时代的尺牍之作,共编辑成二十四卷,供他人阅读和学习,他在书序中言及:"西蜀杨用修少游金马,晚戍碧鸡,倾浮提之玉壶,然太乙之藜杖,渔执猎稗,积有岁时,爰荟斯篇,凡十一卷,命曰《尺牍清裁》。或因本寂寥,或删芟繁积,其见《文选》诸书者,不复更载。丽砂的砾,等谢氏之碎金,玄圃峥嵘,掩琅琊之群玉。客有赍示,余甚旨之,第惜其时代名氏往往纰误,所漏典籍亦不为少,乃稍为订定,仍加增葺,及自唐氏迄今,词近雅驯,亦附于后。更为二十四卷,藏之楼中。"③可见,王世贞的立言不是对前人之作的重复,而是补他人之漏,属于新创。

该年春,由于衙署事情较少,王世贞较为清闲,就更有时间进行文学创作了。如李攀龙将登华山时创作的诸篇诗文寄至,王世贞以诗《于鳞寄余登华诸篇,走笔奉答》答之,在听闻吴中倭寇退却、战乱止息时,

①"中央研究院"历史语言研究所校印:《明世宗实录》卷四百五十六,南京图书馆藏1965年版,第7707页。

②尺牍、书牍之称,均是指古代书信,根据写作材料的不同,其具体名称也有所不同,如写在竹简或木板上的称简、札、牍,写在木简或者绢帛上的称尺牍、尺素、尺翰,又因为传递书信时常常用封套加以包装,又有"函"之称。王世贞在编纂《尺牍清裁》时,采用的是"尺牍"之称,而在《弇州山人四部稿》《弇州山人续稿》中,却仅有"书牍"一体,无"尺牍",因此在具体的论述过程中,依据文体的来源,采用来源处的称呼,以免不同文体和书稿之间的混淆,特此说明。

③[明]王世贞:《弇州山人四部稿》卷六十四《尺牍清裁序》,美国哈佛大学燕京图书馆藏明刻本,第13页。

便以诗《兵后,问讯华师学士山居》相寄华察。独处时,王世贞更是感怀自离京到青州任后所发生的诸多事情,作组诗《青州杂感十首》以抒怀,现摘录两首以观之:

尚忆游燕侣,新诗好共论。坛成人大将,鼎立几中原。放逐吾曹事,飘零圣主恩。营丘跨海岱,不拟赋招魂。(其四)

国难孤谁共,天骄晚未擒。九重垂北顾,万死障南侵。急下明光诏,多分少府金。汝曹须勠力,今日主恩深。(其五)①

从诗中可知,王世贞在好交游和文事的同时,非常关心天下之事,并且眷念君主的恩泽,即使遭放逐,也不多怪罪和抱怨,而是寻找自身原因,他还愿意通过自己的努力,冲锋陷阵,以报答君恩。这似乎不太符合我们对这一时期王世贞人生观的认知,前面已经言及,他多次想辞官归隐,奈何种种因素导致他的想法未能实现。然而通过王世贞在任职青州后的一系列事情来看,如招募兵勇、免除矿役、抗击倭寇、治理水患、开仓赈饥等,便知他对于为官任上的事情是勤勤恳恳、任劳任怨,还有担当的精神和深谋远虑的眼界,所以他的内心充满着矛盾,但并没有因为自己的喜好以及对官场的厌恶,而疏忽职责范围内的事情,此举难能可贵。

后来王逢年②寄书过来,与王世贞定下来访之期,之前王逢年已经送给王世贞部分诗文文稿,因为"其人遗之沂流中"③而没有送到王世贞手中,王世贞便约其一起游玩岱地,却又因各自规划的游玩道路相左而未能相见,对此,两人均抱有一些遗憾。

五月,不幸的消息传来,妾李氏所生的女儿因疹而夭折,这是继果祥之后又一小儿因此病夭折,王世贞痛哭不已。六月初一,王世贞和巡

----

① [明]王世贞:《弇州山人四部稿》卷二十六《青州杂感十首》,美国哈佛大学燕京图书馆藏明刻本,第18页。

② 王逢年,字舜华,初名治,又字明佐,号玄阳山人,昆山人。为诸生时,负才傲世,应试作文,多用古文奇字,最终被黜。尝为次相袁炜幕,不合而去。其性狷介,自负于诗、文,亦通书法。淮阴鲁道徒步追之逆旅,资之以归,辑其诗为《海岱集》,并请王世贞作序。而王逢年其后多指摘王诗,谓为俗调,世贞怒而排之,则更自负。年八十,无病而逝。《昆山人物传》《列朝诗集小传》中有其生平记载。

③ [明]王世贞:《弇州山人四部稿》卷六十五《王明佐泰岱集序》,美国哈佛大学燕京图书馆藏明刻本,第2—3页。

按御史段顾言到达泰安,两人一起游灵岩寺、登灵岩绝顶,如此游玩,他们感觉还不是很尽兴,便相约初三日一同登泰山,不过每条道路上游览之人非常多,过不了车马,他便向段御史商议,先和徐文通初二登山,然后再汇合。当天傍晚天下大雨,到次日方停,王世贞一行入山,经回马岭、五大夫松,过十八盘,穿天门,过元君祠,最终到达玉皇祠,即为泰山之顶,众人夜宿山上。初三日五更,众人便起来一同去观望日出,太阳冉冉升起,景色宜人,让众人欣喜若狂。后来段君也到达山顶,众人便相聚到玉皇祠南柏树下。次日大雨突降,连着下了四天方才停息,部分友人居住的房屋漏水严重,王世贞和徐文通所居住的房屋也水深二尺,不过他们克服种种不便,依旧饮酒相谈,别有一番趣味。王世贞在《游太山记》中有详细的记载,字里行间,均透露着自己的喜悦之情。如其记录众人雨天饮酒时说道:"五鼓复大雨,雨连日夕不休,余始与徐君同舍,而张丈、王君舍圮漏,乃移就余。而舍中水亦将二尺,因布长几,置枕箅其上。小吏裸而行酒炙,所剧谈六合内外,张丈又时时以雅谑杂之。凡四日,雨始小息。"①此次之游,是王世贞自青州任上以来少有的与众人一起交游,虽然没有京城诸子相伴,但是众友之间亦有诗歌唱和、宴饮不断,这与诸子之前的雅游何其相似,其《泰安戏呈徐张二使君索会》《夏日陪段侍御游灵岩寺作》《陪段侍御登灵岩绝顶》《登岱六首》等诗皆作于此时。

　　然而快乐的时光总是那么短暂,继上次女儿不幸夭折后,王世贞又突然接到儿子荣寿得病的消息,他便立马赶回家,不过令人无比痛心的是,当他到家时荣寿却因疹而离世三天了,连最后一面都没有见到。果详夭折于嘉靖三十一年(1552),此时是嘉靖三十七年(1558),几年间连丧两子,让他痛不欲生,他向吴维岳诉说道:"暑迫谒台,遂为所强,留滞弥月。闻儿病,疾驱东归,则小棺卧壁间三日矣。摧痛,几不聊生,间取佛书读之,粗得过耳。"②这是在其文集中第一次关于他主动接触佛书的记载,接连的丧子之痛,让他无法面对现实世界,只有在佛书中寻找精

---

① [明]王世贞:《弇州山人四部稿》卷七十二《游太山记》,美国哈佛大学燕京图书馆藏明刻本,第9—10页。

② [明]王世贞:《弇州山人四部稿》卷一百二十《吴峻伯》,美国哈佛大学燕京图书馆藏明刻本,第9页。

神慰藉,他最后把荣寿殡葬在城西的佛寺中,或许就是受了佛学的影响。众友得知王世贞的遭遇后,多有慰问,如王世贞有《殿卿慰予哭子,有答》《于鳞慰余哭子,有答》等诗作,其中诗曰:"十年空抱两麒麟,依旧天涯一病身。欲付五车王粲去,蓟门犹有受书人。"①是他当时思想的集中体现。

至夏,家里事情办好之后,王世贞经东牟,至登州,再游蓬莱阁,有《薄暮东牟道中有作》《初至登州,就台小憩》《按部东海,因怀鲁连跳迹,慨然有述》《余游蓬莱阁,睹弹子涡石,因记苏长公一章歌之,与参政姜公共拾取数十枚为玩,遂戏效其体作数语,书付道士,并呈姜公,公前身为白玉蟾高第,解服食法,其有以教我》等诗作,此次游玩之外,他还特意前往弥陀寺,此举在之前的交游活动中,是非常少见的,这也许是他之前受佛学影响的延续,在寺中,他作有《弥陀寺饭僧作》《弥陀寺遣暑作》等诗作。再加上在这一段时期内,衙署事务较为清闲,王世贞比较安逸,专心于立言之事,其内心的悲痛才得以纾解。

该月到东牟时,王世贞将之前写的《艺苑卮言》散稿进行了重新整理,他说道:"复之东牟,簏箱者宛然尘土间。出之,稍为之次而录之,合六卷。凡论诗者十之七,文十之三。余所以欲为一家言者,以补三氏之未备者。既成,乃不能当也。其辞旨固不甚谬戾于本,特其滠漫散杂,亡足采者,非以解颐,足鼓掌耳。管公明曰:'善《易》者,不论《易》。'吾甚愧其言。戊午六月叙。"②即此时他有了《艺苑卮言》六卷本的终稿,此书主要是对前人诗文的论述,当然其文不是单就古文而言,该概念是广泛的,包括曲、论、古文等内容③。虽然《艺苑卮言》整书之论有其"滠漫散杂"的特点,但王世贞没有离开文本本身而进行过度阐释,是基于文本的有感而发。

---

① [明]王世贞:《弇州山人四部稿》卷四十八《于鳞慰余哭子,有答》,美国哈佛大学燕京图书馆藏明刻本,第16页。

② [明]王世贞:《弇州山人四部稿》卷一百四十四《艺苑卮言一》,美国哈佛大学燕京图书馆藏明刻本,第1页。

③ 通常所见的《艺苑卮言》是源自《弇州山人四部稿》中的十二卷本,至于《艺苑卮言》六卷本的内容组成,以及该文本的发展演变,在此不再赘述,具体可参见拙文:《〈艺苑卮言〉成书考释》,《文献》2016年6月期,第140—151页。

此时,李攀龙因为疾病,以及不满朝政,已经辞去陕西按察司提学副使之职回到了济南,对于其遭遇,王世贞想到了自己,以及散落在各地的诸子,他感慨时事艰难,朝局险恶,于是学习李攀龙《四怀诗》的创作理念,写下了《怀于鳞》《怀明卿》《怀子相》《怀子与》《寄俞仲蔚》《寄谢茂秦》《寄李伯承》《寄卢次楩》《寄魏顺甫》《寄余德甫》《寄张肖甫》《寄应在明》等诗作以寄之,同时也寄托着他对诸子大业的期盼。

七月初,嘉靖皇帝听从尚书杨博的建议,将蓟镇地区的兵士划归为宣大,听其调遣,蓟镇地区则自行练兵以自守,不过王忬从军事角度出发,认为此举不切实际,他直言练兵只是徒具名美而未得其实,耗费财力,且土著兵即使得到了操练,其战斗力也远远不如凶悍的敌人,不能很好地保疆护土。王忬之论违背了嘉靖皇帝的旨意,并被冠以"一卒不练"之名,嘉靖皇帝还是责令王忬、欧阳安等人按期操练防御,同时让兵部委派一郎中,一个月内稽查清楚各边兵数多少、操练与否等情况,以方便部署军事计划。严嵩父子见嘉靖皇帝和王忬之间的意见有所冲突,他们便趁机进言,诬陷王忬是拥兵自重、祸害国家,还不把一般人放在眼里,从而使嘉靖皇帝更加怀疑王忬做法的正确与否。此事在《明世宗实录》卷四百六十一中有详细记载,王世贞则在《先考思质府君行状》中说道:"而练兵之议起矣。蓟镇外捍虏,内控三辅,戍卒故数万人,而承平久,多所窜逸。自庚戌变后,虏日迫,势不能不多调各边兵为卫。边兵岁苦调发,日以减耗。后先督抚诸公议练成卒,岁益壮,可省调发十之六七,大司农省军兴刍粟称是,见以为名美。而戍卒多选懦不习战,所勾募取充数而已。诸老将执计之,不敢任,调发如故。相嵩与其子世蕃业得之,冀以中府君。"[1]之前所言,严嵩父子不满王世贞父子的行径,构陷骂名,借机打压,引起了王世贞父子的不满和愤怒,其实这都不是最严重的,毕竟那时嘉靖皇帝还是非常地信任王忬,而此时不同,王忬和嘉靖皇帝之间存在间隙、猜疑,严嵩又常伴君左右,恶意中伤,可以说,王世贞父子的危难是真正地来临了。

---

[1] [明]王世贞:《弇州山人四部稿》卷九十八《先考思质府君行状》,美国哈佛大学燕京图书馆藏明刻本,第18页。

父亲的遭遇,王世贞当时可能没有及时获悉,他继续在青州任上勤恳地为民办实事,在筑城、治河、赈荒、缉盗、教学等方面皆有政绩,又尤以缉盗著称①,这也体现了王世贞的才智。

如当时有个叫雷龄的盗匪极其狡猾,在莱、潍两州之间作案多起,姓宋的海道派遣官军对他进行追捕,他听闻风声紧便急忙藏了起来,无奈之下,宋海道恳请王世贞帮忙抓捕。王世贞接到请求后,便派侦察员打听雷龄的藏匿之处,获知后,便计划秘密地前去捉拿,除了王世贞等官员外,严密封锁消息,不过当时捕快王尉站立在台阶旁,也听闻到了此消息。结果捕快们到达雷龄的住所后,发现他早已逃走,捕快们便及时向王世贞汇报,王世贞便说道:"既然这次被他逃跑了,那就算了吧。"过了十多天,王尉擒获一名盗匪,王世贞知道他这是得到了雷龄的帮助,在审问时,王世贞突然命左右退下,并把王捕头召来,他质问道:"你为什么要藏匿雷龄? 论罪当处以死刑!"王捕头听闻后,如晴天霹雳般,马上跪下认罪,并请求王世贞给他一个戴罪立功的机会。于是王捕头立即带人前去捉拿雷龄,不久便将雷龄捉至府衙。王世贞对雷龄说道:"按你所犯的罪行,理应处死,但如果你能擒获其他盗匪,将功赎罪的话,则尚有一条生路。"雷龄听完后立即跪拜认罪,并按王世贞说的去做。王世贞同时让王捕头限定日期,最终顺利擒获其他盗匪。王世贞没有食言,他向宋海道替雷龄求情,诉说他所做的一切,请求宽恕他,宋海道最终答应了王世贞的请求。

再如,锦衣卫指挥使陆公因为盗匪劫夺奇珍异宝而被罢免,后来在济南抓获的匪盗中,有人说是房四做的,因为他之前就说过打算抢劫陆公,众人对此事议论纷纷。王世贞在仔细思虑事情的来龙去脉后,不同意匪盗之言,认为这是狡猾的盗匪想免于死罪惩罚而使用的计谋罢了,如果陆公询问,并且责令山东衙署追回失窃之物,那到时就无法答复了。王世贞便问房四:"真的是你偷了陆公财物?"房四说道:"是的。""那么所劫夺的财物放在哪里呢?""在党羽的住所,您不用拷打我,我可

① 关于王世贞缉盗的事例,多处文献均有所提及,现依照王士骐《明故资政大夫南京刑部尚书赠太子少保先府君凤洲王公行状》中所言,挑选其中两例进行阐述,特此说明。

以叫人去追回那些财物。"在经过几番对话后,王世贞话锋一转,突然问道:"陆公的长相是怎么样的呢?"房四想了下后回答道:"有髯须且肥胖。""穿什么衣服?""红色衣服,且配有玉器。"王世贞听完房四的答复后,大笑道:"你怎么能随便说是你劫夺的陆公,是妄想缓命吧?陆公没有髯须且肥胖,并且他母亲刚过世,又怎么会穿红色衣服、佩戴玉器呢?"房四顿时口不能言,马上叩头认罪。众人拍掌称赞王世贞断案之神也。

王世贞对盗匪有策略地打击,恩威并施,不仅让盗匪们心服口服,同时还为老百姓除去地方大害,稳定了地方治安,此举获得上级和百姓的肯定。

八月,王世懋中顺天乡试,王世贞为之高兴,且在这之前,他已得其习作,读后为之惊叹,赞许其文章写作水平突飞猛进,断言此次必定高中,诗曰:"文章家不乏,今尔更纵横。海上鸿雁色,秋空雕鹗鸣。此时汉京兆,下榻吴诸生。无限人间事,区区一第名。"①此外,令人高兴的是,在该年乡试中,青州高中者尤其多,这主要是得益于王世贞的努力。地方志中有记载:"时副使王世贞极加礼重,多士益励,咸乐卒业焉。戊午岁,领乡荐者独盛,皆楫陶铸之功。"②虽然王世贞所任官职已由传统的文官转为与军事有关的职责范围,但是其本身具有的文事本领并没有放弃,反而是愈加注重。

九月,父亲王忬在辽左破房大获全胜,按例该升职,但是因为严嵩从中作梗,王忬没有得到相应的职务升迁,仅有赏赐。而此时兵部职方司署郎中唐顺之奉命视察蓟镇的兵备情况,经查阅,镇区的马步官军应有在编人员九万一千余人,而目前仅有五万七千余人,缺三万三千余人,唐顺之认为兵备缺口如此之大,但是没有新训练一个兵勇,总督王忬、总兵欧阳安、巡抚马佩等诸将领皆有失职之责。回京后,唐顺之据此上奏,再加之严嵩恶意中伤,于是朝廷降王忬俸禄二级,马佩革职,其

---

① [明]王世贞:《弇州山人四部稿》卷二十七《得舍弟试文,喜其必第,走笔寄之》,美国哈佛大学燕京图书馆藏明刻本,第13页。

② [明]杜思修、[明]冯惟讷纂:《(嘉靖)青州府志》卷十三《宦绩·浦楫》,上海图书馆藏明刻本,第11页。

余诸将皆获罪。经此事，嘉靖皇帝和王忬之间的隔阂进一步增大，"帝由是恶忬甚"①，从而更加剧了王世贞父子的困难处境。

李攀龙自辞官归隐后，闭门谢客，独王世贞本月八日过访时，他与之欢聚，王世贞曾向宗臣说道："于鳞日言归，竟归矣。……彼偃蹇称病，不任客，三径蓬蒿矣，而独要吾为十日布衣饮。"②其诗《于鳞归，绝不见客，而独见余，饮之酒。又走使损饷绒褐，予以吴丝答之，而侑以诗》也言明了李攀龙当时的状况，并且即使王世贞推荐好友给他认识，他也是委婉谢绝。

秋冬之际，王世贞收到了张九一的书信，张九一在信中谈及诗文主张，对诸子进行高度的肯定，况且在这之前，李攀龙曾向王世贞提及张九一，十分欣赏其诗文之作，于是王世贞非常愿意与张九一交往，这也有利于进一步扩大诸子的影响。随后王世贞知道徐中行将入京，他便希望徐中行经德州到泰安，然后一聚，奈何徐中行出发后，忽闻自己的父亲去世，只能折返奔丧，李照在其行状中说道："戊午，当入计。公行，闻父丧，途跣奔归。"③同时，王世贞修饬青州阅武堂，并选拔那些擅长骑射的士兵，这是他治理军队的重要举措，曾作《阅武堂记》以记之。王世贞后来教兵民练习射箭，以提升战斗力，从而使境内盗匪摒除，藩贵也受到限制，严厉打击他们超出礼制的行为，如汉阳王私自建造三层高的楼宇，窥探他人私室，王世贞便依朝廷祖训进行了拆除。

其实王世贞在宣扬文学复古主张，编纂《艺苑卮言》之外，还好谈史，他曾明确言及：

> 不佞则舞象时，雅已好谈说国家公卿大夫之业……既长，辱见收公交车，縻刀笔一职，又不得窥郡国所上太史之副。间从侯家贵人游，其人咸华裾炙毂、怒骨之马，究之则不能名其先世与所繇得侯也。亡论侯家人已，即身一再至九卿二千石，委蛇从容，饱坐懵

① [清]张廷玉等撰：《明史》卷二百四《王忬传》，中华书局1974年版，第5399页。
② [明]王世贞：《弇州山人四部稿》卷一百十九《宗子相》，美国哈佛大学燕京图书馆藏明刻本，第15页。
③ [明]徐中行：《天目先生集》卷二十一《明故通奉大夫江西左布政使天目徐公行状》，上海图书馆藏明刻本，第20页。

行，甚乃白首石渠、天禄间于职号为称者，叩之，当身而已，度不能前耳目而举。……故事，山陵毕，下翰林臣修实录。已上，取稿草焚之。其草固称焚，往往流传人间，然不过举诸曹之故牒，而翰林先生以意行是，是非者踵相接也。诸琬琰所载诔墓之辞，亡非贤者，大要以位或子孙差高下耳。而稗官小乘类，出迁人畸畯手，修怨之音与耳传之伪半之。舜篡伊诛，何以异于齐东之野、汲之冢也？然则天下遂无史哉。余谬不自量，冀欲有所论著，成一家言，卒卒未果。而会出于外台，颛兵事，居贫，亡大官笔札佐史之供，又惧罹不尊无征之戒。踯躅久之，取书草志传十二，咸削其牒，以俟异时。诸它所睹记，亡系好恶者，凡二十四卷，别为一帙以附。……初起嘉靖丁未，至戊午，凡十二年，得者曰丁戊小识，而最后有所增益。书成，而藏之弇山堂，重题曰《弇山堂识小录》。①

从中可知，王世贞年少时就已经好谈论国事，认为当下的世家之载、翰林实录、稗官小乘等，出于种种目的，书中所言皆有所不实，从而使得天下无史，对此，他想自己编纂史书，以成一家之言，并将"嘉靖丁未，至戊午"十二年间所见的史事记录之后，共有二十四卷，名为《弇山堂识小录》，这是他当时史学观念的集中体现，也寄托着自己立言以求不朽的梦想。正因为有这样的内心情怀，王世贞在青州任上，利用闲暇时间，将之前京中所见进行了言辨，编纂《少阳丛谈》二十卷，并且认为在体例上，其辨有开创之功，是见于"识"和"传"之间的，他说道："余抱牍秋官郎，则以其燕有《丁戊小识》焉。识矣，而弗志也，弗敢辨也。既窃禄，浮沉刀笔间稍久，而耳目所睹记者时时有概于中。顾属耳于垣棘，吻救嗉莫我下上。亡何，出持青齐节，齐虽号悍犷难治，饶案削，而以非孔道故过从简，往往杜门，辄以笔次第受书，曰少阳丛谈。少阳，齐望也。丛之为言聚也，又杂也。何以称谈笔语也？王子曰：'余于《少阳丛谈》，有志焉，有辨焉，稍进于识矣，然而弗敢传也。'积之，凡二十卷，

①［明］王世贞：《弇州山人四部稿》卷七十一《弇山堂识小录》，美国哈佛大学燕京图书馆藏明刻本，第10页。

因纪其次。"①因此,对于史,王世贞有志焉,且能够大胆地进行创新,这些都是基于自己长期以来对历史的认知。

嘉靖三十八年正月,王世贞拜访李攀龙,李攀龙煮一豚,并用蟹胥调和酒的苦味,此次两人彻夜长谈,明晰各自诗文主张之间的异同,是两人间的一次重要会谈。王世贞在将自己与李攀龙进行对比时,说道:"吾之为歌行也,句权而字衡之,不如子远矣。虽然子有待也,吾无待也,兹其所以埒欤。子兮雪之月也,吾风之行水也。"②"风之行水"是风和水的相合为一,"雪之月"是雪借月而凸显其明亮,前者为"无待",即王世贞追求的"自然",后者为"有待",即李攀龙借助外物所达到的"自然"。但是两人在文学复古,推崇秦汉文、盛唐诗的大方向上没有本质性的冲突,两人互相标榜,推动着文学复古运动前行。而离开李攀龙后,王世贞在济南道中,处于无待之自然,效仿白家门风,戏作俳体六言三十首解闷,诗名为《风寒济南道中,兀坐肩舆,不能开卷,因即事,戏作俳体六言解闷,数之,政得三十首,当唤白家老婢读之耳》,详细地解释了创作之由,如其四曰:"无思无为足矣,不笑不取何居。生儿但识丁字,慎勿读父之书。"③整组诗语言浅显易懂,是其真性情的抒发,更是对白居易之风的效仿④。从中我们也可以体会到王世贞对自己诗文创作的自信,当然,作为好友之间的会谈,并没有形成剑拔弩张之势,两人之间相互理解,彼此信任。

当月,辽东饥荒,朝中有人奏言可以从海路运输登莱的粮食以赈济辽东,并请山东巡抚丁以忠进行商议(此时丁以忠已经接替傅颐为山东新任巡抚,王世贞与之善,前文已经言及)。丁以忠于是请王世贞分析此议,王世贞在审时度势后,认为运输登莱粮食的做法不可取,因为登

---

① [明]王世贞:《弇州山人四部稿》卷七十一《少阳丛谈序》,美国哈佛大学燕京图书馆藏明刻本,第14页。

② [明]王世贞:《弇州山人四部稿》卷七十七《书与于鳞论诗事》,美国哈佛大学燕京图书馆藏明刻本,第20页。

③ [明]王世贞:《弇州山人四部稿》卷四十六《风寒济南道中,兀坐肩舆,不能开卷,因即事,戏作俳体六言解闷,数之,政得三十首,当唤白家老婢读之耳》,美国哈佛大学燕京图书馆藏明刻本,第7页。

④ 王世贞对白居易之风的效仿,具体可参见拙著《王世贞诗文论资料补辑与新论》,社会科学文献出版社2021年版,第140—151页,以及拙作《王世贞雅慕白居易脞论》,《文学遗产》2018年第6期,第181—184页,在此不再赘述。

莱本来就土地贫瘠，不足以供给他地，况且海运需要伐木、造船，这些需要时日，无法解辽东的燃眉之急。如果造成登莱的民变，山东盗匪顿起，将不利于国家的长治久安。解辽东之急，应该开海禁，发挥他们已有舟船的优势，使各地货物自由流通起来，同时让乡绅豪族不要倍索高价、不要乘机诓盗为奸，这样一来，辽东饥荒可以得到缓解。[①] 丁以忠获悉后，非常佩服王世贞的大局观，认为："吾籍王某，可高枕。"[②]他便按王世贞的建议如实上奏朝廷。

　　王世贞得到上司的重用，名传京城，且之前在二月时，俺答军侵犯辽左，王忬指挥部将大破之，按照惯例，当封官进爵，三月，王世懋高中进士，佳事频传，更加引起了严嵩父子的不满，王世贞父子和严嵩父子的关系也更加紧张。对于王世懋高中进士一事，王世贞尤为欣喜，作《敬美弟举南宫，喜而赋此》《弟甲次小后，赋此慰之》等诗抒怀，并认为"嘻！可以归矣。是造物忏吾于道家之忌，而脱以三尺之喙也。"[③]即其归隐之意再起，之前由于王世贞辈没有其他人仕宦，家族又需要传承，故王世贞不能轻易离去，而王世懋新入仕，则有后继者，自己辞官家人也尚可接受。因此，在他因为青州任上政绩斐然，而获得皇帝赐玺书褒奖时，并没有感受到多大的喜悦。

　　边境春防，王忬兵少，虽然之前已经向朝廷请求援兵，但是严嵩多

① 如王世贞说道："窃谓登莱一方，不过数百里，地瘠卤，禾苗少熟，而淄青绾穀其口。谷有余，不能出给它郡以转资；不足，不能求籴它郡以自给，故小熟则骤饶，小凶则坐困。间阎无间岁之积者，乃其恒也。今岁收至歉，斛麦已盈一金，尽所有而供辽左，不十之二，而室如悬磬矣。其不可一也。登莱旧无海舟，其通者皆山岛及辽左之桀黠人也。今欲海运，则须造舟。山无大材，足采、操舵、驾舣、浮泅、占风之卒，皆欲取办于闽浙。令一下，而民无所措手足矣。其不可二也。今辽左之饥荒在然眉，而造舟募卒，事皆创始，非隔岁不办也。夫残登莱而有益于辽左，犹可残登莱而无益于辽左。其不可三也。山东，喉咽也。辽虽重，犹手足也。割喉咽而供手足，万一民困盗起，谁则任之？其不可四也。台下上为国家画久大之策，下为地方极纤微之虑，但亟报实奏报，止令江人导海以求粜，而不必令登莱导海以馈辽；其各岛有舟，人民稍宽其禁，听令转贩。仍晓谕二郡积谷人家，毋倍索高价；沿海牙行之类，毋得乘机诓盗为奸。庶公私不至困厄，而边腹俱有调剂。唯高明图之。"见[明]王世贞：《弇州山人四部稿》卷一百二十四《上丁中丞论海运事》，美国哈佛大学燕京图书馆藏明刻本，第18页。

② [明]王世贞：《弇州山人续稿》卷一百三十一《明正议大夫资治尹南京兵部右侍郎进阶中奉大夫南溪丁公神道碑》，美国普林斯顿大学东亚图书馆藏明刻本，第5页。

③ [明]王士骐：《明故资政大夫南京刑部尚书赠太子少保先府君凤洲王公行状》，[明]王士骐、[明]屠隆、[明]王锡爵撰：《王凤洲先生行状》，上海图书馆藏明刻本，第6页。

方面阻止而未发，最终导致俺答从潘家口入侵，大掠三日后方才离去，王忬遣兵追击，有所斩获。不过朝廷仍认为是王忬等人探报不实、防御无谋，造成俺答趁虚入侵，祸害国家，并记下王忬的罪过，让其立功自救。严嵩则认为这是一个扳倒王忬的好机会，于是他先指使御史弹劾诸将之过，诸将皆被逮下狱，王忬羽翼被剪，便陷入了孤困的境地。王世贞说道："事闻，上乃知府君前所请兵非谬，第停禄，为秋防策，而录诸将欧阳安等下之狱。然相嵩已嗾御史论安等皆坐死，欲以摇府君而见。部将当从守边者刺知状，稍稍引避自远。府君策之，无可与共秋者，益困不能舒。"[1]王忬处境已经岌岌可危。

也是在该年春，王世贞伯父王憬去世，获知讣告后，王世贞悲痛万分，感念伯父对自己的呵护和帮助，痛恨自己不能服侍伯父一二，怀着沉重的心情，为其作祭文，文中有言曰："呜呼！伯父弃诸子焉之耶？始也一再疑其疾，而不能走一介之信也。既也闻讣矣，而不能弃其官还哭也，疾而毋以躬药膳也，殁而毋以躬含敛也，葬而毋以躬窀穸也，非人哉！"[2]如前所言，王世贞的成长轨迹中，有伯父的影子，伯父对其影响深远。

四月，王世贞到达莱芜，因为父亲边疆之事尚未安定，他非常担心，于是登泰山乞灵，希望父亲此次能够逢凶化吉。五月的端午日，王世贞在长山衙署中，顿感近年事情颇多，自己在外孤苦伶仃，又念及儿女接连夭折，悲伤陡增，作诗《端午日长山署有怀》以抒怀，其中有言曰："儿偏爱蹋草，女亦解倾蒲。倏忽浮生过，凄凉万事孤。"[3]诗作基调悲凉，是他近期心境的体现。

虽然王世贞七月份才离开青州任，但实际上，在五月份，因为父亲之事，他的青州之任就已经告一段落，如诗中的悲凉一般，开启了痛苦的人生时段。

---

① [明]王世贞：《弇州山人四部稿》卷九十八《先考思质府君行状》，美国哈佛大学燕京图书馆藏明刻本，第20页。

② [明]王世贞：《弇州山人四部稿》卷一百四《祭伯父文》，美国哈佛大学燕京图书馆藏明刻本，第4页。

③ [明]王世贞：《弇州山人四部稿》卷二十七《端午日长山署有怀》，美国哈佛大学燕京图书馆藏明刻本，第4页。

第四节　父难之祸

嘉靖三十八年五月，作为严嵩门客的副都御史鄢懋卿①劝说王忬，认为边疆军事繁重，责任重大，当下被困，没有他人支持，不如向朝廷请归，王忬觉得鄢懋卿与自己是同年考取的进士，一直没有利益冲突，不会出卖自己，便按他所说的，向朝廷请求辞官归乡。不承想，王忬此举正中鄢懋卿的下怀，鄢懋卿在劝说王忬的同时，又暗中唆使巡按御史方辂进行弹劾，他认为王忬决策失误有三，一是敌方拥兵南下，潘家口最为重要，首当其冲，但王忬没有很好地设防，从而使敌方乘虚而入；二是敌方之前攻打湾东，只是佯攻，主要在于西入，王忬不知，拥兵支援东边，以致敌方攻打西边时，不能及时回援；三是总督应该是坐镇指挥，以便万全，而王忬一闻敌方东至，便轻易出动。此外，王忬还有四处罪过，一是放纵中军张伦擅自调动将官，更改主将指令；二是与敌方对垒时，寄希望于将领，自己束手无策；三是宠信张伦，以致他仗势欺人，引起共愤；四是官军谎称敌方人数众多，乘机抢掠，王忬没有及时制止。② 可见方辂用三失策、四可罪直指王忬之失，夸大了战事失败的原因及其影响，并且对于战事取得的功绩，只字不提。本来此事已经有了定论，朝廷也曾颁发过诏书，王忬被停发俸禄，戴罪防秋，相关将领也被捕下狱，而鄢懋卿、方辂现在重提此事，是想再一次激怒嘉靖皇帝，其用意非常明显，用心也是非常险恶。再加上严嵩的推波助澜，鼓吹王忬不肯杀贼，故意放任他们抢夺。最终在鄢懋卿、方辂、严嵩等人的共同谋划之下，嘉靖皇帝显然是被激怒了，他还不等王忬秋防戴罪立功，就责令吏部和兵部重议此事，并让锦衣卫先逮捕王忬入狱。王世贞曾说道："臣

---

① 鄢懋卿，字景卿，江西丰城人。嘉靖二十年(1541)进士，由行人擢御史，屡迁大理少卿，再进左副都御史，后攀附严嵩，得为总理两浙、两淮、长芦、河东四盐运司盐政，《明史》中有《鄢懋卿传》。

② 方辂说道："当虏屯会州拥众南下，则潘家口最当要冲，乃漫不设备，致虏乘虚而入。失策者一。虏前犯湾东，意在西入，忬拥众东援。比虏已西，而我反东阻。失策者二。总督重臣止应居中调度，以便策应。忬一闻敌东，即仓皇驰逐，致喜峰以西全无才备。失策者三。纵中军张伦擅调将官，更易主令，一可罪。与虏对垒，胁于将领，遂束手坐视，二可罪。张伦怙势凌众，忬宠任之，致令偾事，三可罪。入卫官军假称虏众，乘机卤掠，忬不能制，四可罪。宜亟黜为民，别选才望代之。"见"中央研究院"历史语言研究所校印：《明世宗实录》卷四百七十二，南京图书馆藏 1965 年版，第 7926—7927 页。

父荷蒙先皇帝恩宥，戴罪防秋，止是暂令住俸，并无降责。嵩见不遂，复用心腹逆党副都御史鄢懋卿谋，以堂官之势，主唆巡按御史方辂劾臣父病悸不胜，恐惧大计。懋卿手为笔削疏辞，务触天怒，下吏兵二部议，令臣父回籍。嵩复鼓众腾谤及谮说臣父不肯杀贼，致蒙拿送镇抚司打问。"[1]

王忬被捕入狱，对于全家而言，无疑是晴天霹雳，此事也改变了很多人的命运。如王世贞在知道父亲入狱的消息后，便第一时间自我弹劾，恳求朝廷罢官，母亲郁夫人则是急忙赶赴京城，与王世懋商量营救对策，两人相抱痛哭，妹妹更是担心不已，旧疾复发，且日益严重。

为了进一步坐实王忬的罪责，在镇抚司审理王忬一案时，严嵩之子严世蕃将镇抚司审理的稿件进行修改，直接抹去王忬的功劳，并将修改稿送交法司议罪。而在刑部商议王忬的罪责时，尚书郑晓[2]本就不攀附严嵩，厌恶严嵩的行为，他很同情王忬的遭遇，爱惜他的才能，于是按照律法定罪，拟让王忬戍守边疆，以期将功赎罪。然而嘉靖皇帝受严嵩等人蛊惑之后，不满刑部所定之罪，认为过轻，要求从重严判。刑部只得重新商议，并按照嘉靖皇帝的指令，认为失陷城寨的将领应该处以极刑，因此王忬被定罪为当斩。郑晓曾记录道："臣等问拟边远充军，委于情法未尽。伏蒙圣恩俯赐矜宥，容令再从重拟。臣等谨遵明旨，详检律文，将犯人王忬、张伦各拟斩罪，合无恭候命下，将各犯监候处决，伏乞圣裁。嘉靖三十八年五月二十日题，二十二日奉圣旨'王忬等依拟监候处决，钦此'。"[3]郑晓虽然想秉公处理此事，但是在嘉靖皇帝施加的强大压力之下，自己也是无可奈何，毕竟，在封建社会，皇帝之言具有绝对的权威性。

七月初，王世贞自我弹劾，请求罢官一事尚未得到朝廷批准，他就已经带病休养于禅寺之中，不过其内心却是十分焦虑，如他在《二鸟赋》

---

[1] ［明］王世贞：《弇州山人四部稿》卷一百九《悬乞天恩，俯念先臣微功极冤，特赐昭雪，以明德意，以伸公论疏》，美国哈佛大学燕京图书馆藏明刻本，第4页。

[2] 郑晓（1499—1566），字窒甫，小字阿文，号淡泉，海盐武原镇人。嘉靖二年（1523）进士，授职方主事，历任吏部考功郎中、南京太常卿、兵部右侍郎等职，累官至刑部尚书。卒后赠太子少保，谥"端简"。

[3] ［明］郑晓：《郑端简公奏议》卷十三刑部类《拟总督王忬等罪疏》，上海图书馆藏明刻本，第7页。

的序中言及:"孟秋之朔,余以乞骸待命兰若。溽暑初退,澄夜露坐。鸣蝉时送,流萤间没,不觉有慨于中。援笔赋之,命曰二鸟赋。《大戴传》曰:'萤谓之鸟者,重其养也。凡有翼者,为鸟。'余非以文辞,聊见志云耳。"赋中云:"二子俯伏,暗切暗忽,则有如如居士,自然逍遥,不见不闻,藏乎阒寥,鸣秋立朽,晖夜坐销,太清内惭,匿影以跳。"①他是以鸟自喻,二鸟即二子,是他和王世懋,由鸟的处境想到自己家人的困境,伤感倍增。在他居住禅寺期间,友人许邦才曾过访相别,其《病卧东禅,乞休未报,殿卿相国驰骑相访,书此为别》诗中有言:"留将烦恼意,回问病维摩。"②这是他向友人的倾诉,同时也很好地解释了自己为何居住在禅寺。因为在荣寿夭折后,他悲痛万分,而在佛学世界中得到了慰藉,自此以后,遇到困境、难处,佛学世界便成了他的精神寄托。

后来,王世贞的请求得到了朝廷应允,他便马上踏往去京城的路途,甚至都来不及等李攀龙等人过来送别,他写书信和赠送玦、砚给李攀龙,还作《别李于鳞》诗两首,当作赠别之言。他说道:"玉玦一、瓦砚一,以奉君子衣几之御。玦,诀也;砚,见也。既以为诀,终愿相见。"③后行至平原,他与徐文通短暂见面后便相别,由于急于赶路,他没有过多的时间和心情与之宴饮、游玩,只用十日就到达了京城。

一到京城,王世贞本打算和王世懋一起向朝廷上疏,请求代父亲之罪,父亲在狱中知道他们的想法后,便坚决阻止他们的做法,他认为嘉靖皇帝目前是怒气未消,上疏只会火上浇油,结果会适得其反。再加上严嵩党羽也威胁他们,让他们不要上疏,说这是嘉靖皇帝直接定下来的事情,不容翻案。因此上疏之事,王世贞只能作罢,当然,他主要还是听从父亲的主张。既然上疏不行,那也不能坐以待毙,目前利用自己和父亲的人脉关系,获得权贵们的支持,或许是当下最好的路径。王世贞与其弟便请求兵部尚书杨博出手相救,得其应允,他说道:"明公慨然悯而

① [明]王世贞:《弇州山人四部稿》卷一《二鸟赋》,美国哈佛大学燕京图书馆藏明刻本,第12页。
② [明]王世贞:《弇州山人四部稿》卷二十七《病卧东禅,乞休未报,殿卿相国驰骑相访,书此为别》,美国哈佛大学燕京图书馆藏明刻本,第5页。
③ [明]王世贞:《弇州山人四部稿》卷一百十七《李于鳞》,美国哈佛大学燕京图书馆藏明刻本,第13页。

许之。天未厌祸，谗口所及，雷霆焱发，竟不可解。世贞等即不能死，削迹自匿，饮血茹茶，然未尝一息敢忘明公大恩，亦未尝一息敢忘仰止明公盛德。"①他们还请求徐阶帮助，徐阶也答应了，并叮嘱他们此事不能操之过急，只能慢慢图之，后来王世贞在《上太师徐阶》一文中说道："记不肖槖饘之日，以楚服请见我相公。曲垂指示，谓当泯默，姑俟天定，不宜速激，更生不测。因旁及时事，叹息久之。"②

不过王世贞兄弟也知道，父亲此事的关键点还是在于严嵩，解铃还需系铃人，虽然在这之前，王世贞有自身的傲骨和气节，拒绝严嵩父子的多次拉拢，并且在杨继盛等事情上，公然与之作对，但此时不同往日，现在关系到父亲的生死。因此在这一大事之下，王世贞放弃了所有的矜持，带领着王世懋匍匐在严嵩相府门前，恳请他高抬贵手，放过父亲。严嵩则用好言宽慰他们，劝诫他们不要过激，并说皇帝也没有多少其他的意思，只是不想边臣放松警惕，要警示他们与朝廷同心。不过王世贞当时不知道的是，严嵩父子私下已派人监视他们的一言一行，并加快陷害王忬的步伐，如辽左核功的奏折已经呈上，严嵩便把王忬的功劳全部划去，又罗列其他的事情以进一步追责王忬，王世贞言及："辽左核功状至，相嵩阴摄削府君名。兵部郎徐君善庆复以练兵出，相嵩嗛之，令追论府君。徐坚不从，久之，移病归。相嵩既已陷府君，谋为下石益切，然愈益诡秘，世贞兄弟不知也。"③

王世贞兄弟当时居住在京城西寺委巷中，他们到处求情，然而答应帮忙者却寥寥可数，他们都是畏惧于严嵩的权势，这也让他们深刻体会到了世间的人情冷暖。在万般无奈之下，兄弟俩还穿着囚服跪于道路旁，拦截权贵们的车马，诉说父亲遭遇，恳请帮助。平时他们还要以一颗平常心去监狱里面探望父亲，不能让父亲看出他们的苦楚，以免增加父亲的内心负担，不过每次出来后，王世贞兄弟俩都是以泪洗面。而这

---

① ［明］王世贞：《弇州山人四部稿》卷一百二十三《上太宰杨公》，美国哈佛大学燕京图书馆藏明刻本，第9页。

② ［明］王世贞：《弇州山人四部稿》卷一百二十三《上太师徐公》，美国哈佛大学燕京图书馆藏明刻本，第2页。

③ ［明］王世贞：《弇州山人四部稿》卷九十八《先考思质府君行状》，美国哈佛大学燕京图书馆藏明刻本，第20—21页。

些又不能让母亲知道,还要编排一些宽慰的话让母亲安心,以致兄弟俩在家私下相见,无不吞声而哭,悲痛万分,王士骐说道:"府君度无可奈何,相与楚服,扳车遮道,哀吁于诸贵人。手调橐馓,进而视大司马疾,退而洗泪,更颜色,以侍郁夫人。至两兄弟背地相视,未尝不吞声饮泣。"①其煎熬程度,恐怕只有王世贞兄弟俩才能体会。

当然,世上亦有有情者,任职刑部的张九一就不畏严嵩权势,公开与王世贞交往,并入狱探望其父,出于保护张九一的目的,王世贞屡次谢绝,而张九一认为:"士为知己者死,死且不避,官于何有。"②听闻此言之后,王世贞感激不已,将张九一视为知己,日后还将他与张佳胤、余曰德并称为"三甫",作为文学复古的中坚力量。王世贞说道:"余自遭家难,时橐馓之暇,杜门块处。独新蔡张助甫为验封郎,旬一再至。余固却之,张笑曰:'足下乃以一吏部荣我乎?'余归,张亦竟左迁以去。自是吾党有三甫。肖甫之雄爽流畅,助甫之奇秀超诣,德甫之精严稳称,皆吾所不及也。"③张有功曾访王世贞于住所,嗟叹当下的情形,还有王昌年④,他以前是王忬军中的军医,王忬被逮入狱后,他多次前往探视,并为王世贞母亲和妹妹治病,王世贞感其恩德,说道:"先公坐失相严指逮。时逻骑旁午,势叵测,而君独依依马首,不忍去。间入一慰视先公,出则视吾母与吾妹女弟疾,即大寒暑无间也。"⑤从中可见王忬在军中与将士们的情谊之深,深受将士们的爱戴。

痛苦之余,王世贞在文学世界中寻找自我,他将青州任上所作的诗文进行编纂,共得书稿十二卷,为了与之前的《金虎集》相区分,新文稿命名曰《海岱集》,他说道:"今集曰《海岱》,治青州,大禹所志也。集凡

① [明]王士骐:《明故资政大夫南京刑部尚书赠太子少保先府君凤洲王公行状》,[明]王士骐、[明]屠隆、[明]王锡爵撰:《王凤洲先生行状》,上海图书馆藏明刻本,第7页。
② [明]李维桢:《大泌山房集》卷九十二《都察院右佥都御史张公王恭人墓志铭》,上海图书馆藏明刻本,第16页。
③ [明]王世贞:《弇州山人四部稿》卷一百五十《艺苑卮言七》,美国哈佛大学燕京图书馆藏明刻本,第17页。
④ 王昌年,字希舜,号渔洋,苏州人。擅长医术,为王忬军中行医,始通籍太医院,得冠带。其性简脱,为人坦荡、忠厚,有义行。
⑤ [明]王世贞:《弇州山人续稿》卷九十三《冠带医士渔洋王君暨配山孺人合葬志铭》,美国普林斯顿大学东亚图书馆藏明刻本,第8页。

四言古、拟乐府一卷,五言古一卷,七言古一卷,五七言律、排、绝句四卷,赋、记、序、表、志、辞、祭文、尺牍五卷。合之,得十二卷。"①从中可见王世贞的文学创作是诸体兼备。

该年冬,因为嘉靖皇帝忙于祠坛的修筑和清理,且朝中徐阶、杨博等人为王忬说情,狱事得以稍缓,甚至有所转机,王世贞家人知道后才稍微安心。由于家人都长期在京城居住,再加上四处求人,日常开销自然颇大,以致他们所带的钱财都快要用尽了。王世贞在探望父亲时,父亲便督促王世贞早日回到太仓,以料理家中之事。他与俞允文说道:"寻荷主上多竹宫之厘,且念故剑敝履垂假暗昧,曲贷可希,余息复延,惊魂稍定。"②与李攀龙言及:"燕中食指繁,桂玉行尽。家大人用狱少纾,责仆南还,拮据旦夕之计。"③于是王世贞辞别母亲南还,与王世懋在彰义门含泪惜别,其诗《彰义门别舍弟作》即作于此时,有诗句曰:"百恤在二人,行留竟何言。留者差一身,行者百念攒。……豺虎卧中逵,狐狸为司藩。"④道尽内心的苦楚和怨恨。

在归家的途中,王世贞拜谒苏州知府王道行,一方面向他诉说家难,另一方面太仓属于苏州管辖,希望他能够多多照顾家里事务。王道行回访王世贞时,再次安慰他,并赠以金钱,希望对他有所帮助。到家后,王世贞想尽办法筹措资金,但是家人近年来以在外居住为主,在太仓的时日不长,原有地产缺少打理,平时开支也较大,现在度日就较为拮据,他感叹道:"我今遭家难,仓皇荷恩休。囊中俸钱支取尽,明年要典鹔鹴裘。"⑤

正当王世贞为筹措钱财而烦恼时,他又接到信息,言及父亲之事由

---

① [明]王世贞:《弇州山人四部稿》卷七十一《王氏海岱集序》,美国哈佛大学燕京图书馆藏明刻本,第8页。
② [明]王世贞:《弇州山人四部稿》卷一百二十七《俞仲蔚》,美国哈佛大学燕京图书馆藏明刻本,第7页。
③ [明]王世贞:《弇州山人四部稿》卷一百十七《李于鳞》,美国哈佛大学燕京图书馆藏明刻本,第13页。
④ [明]王世贞:《弇州山人四部稿》卷十三《彰义门别舍弟作》,美国哈佛大学燕京图书馆藏明刻本,第17页。
⑤ [明]王世贞:《弇州山人四部稿》卷十九《罢官杂言,则鲍明远体十章》,美国哈佛大学燕京图书馆藏明刻本,第2页。

缓变急。闻讯后，王世贞便立即准备北上京师。此时已经是寒冬天气，风寒刺骨，从弟王振美相送至江浒，两人恸哭而别。俞允文听闻王世贞又要北上，且事急，便拖着病体前来送别，非常痛心王世贞的遭遇，他曾提及："元美归自京师，即以家难复驰赴焉。舟次城隅，予为负疴，出祖。于时天垂厚阴，烈风隆寒，音旨哀愦，心诚痛之。"①有了众多亲友的安慰，王世贞内心稍安。

令人感到高兴的是，到了来年初春，父亲之事还没有结束，并没有之前传闻中的那样急促。王世贞居于京师，而表兄懋贤自去年末一起来奔父难后，见王忏事情稍缓，他也不能像王世贞一样长期在京师居住，于是向他告辞回乡。王世贞与之送别，黯然神伤，他说道："急难甥舅，穷途兄弟。……怯乡愁，难更提起。渭城人酒，点点滴滴，渭阳人泪。"②此时王世贞是多么地想念家乡，想和家人一起回去，因为这样就代表着父亲之事的圆满解决，家人终能团聚。

至春末，王世贞有疾，身体虚弱，经常感觉骨寒。三月二日，他与诸友一同出游京师，本想趁此散散心，调节自我，但是他突然回忆起丁未年（1547）与诸子游春填词的旧事，以及年少风发的自己，伤感顿时袭来，情不能已，于是他按照之前创作的《水调歌头》词调，新创词作一首，言曰："几处上坟返，香泪湿盈盈。对新景，追往事，叹飘零。十年回首一梦，今日负平生。"③何其悲也！后来吴国伦入京城等待新的调令，在这期间两人相聚，各自备述艰辛。吴国伦近来遭到三次贬谪，升迁无望，困顿迷茫，王世贞则辞青州任，父亲生死未卜，同是沦落人，此次相聚，没有往日的欢乐、欣喜，唯有相拥而泣。以致后来吴国伦调任河南归德司理，离京赴任时，两人之间的相别之言也没有往日的慷慨，唯有嘘晞。

该年夏，王世贞突闻宗臣的讣告，惊魂未定，回忆起自己和宗臣的种种交游时，更是悲痛不已，也因为宗臣是诸子之一，文学复古的中坚

---

① ［明］俞允文：《仲蔚先生集》卷三《与王元美》，上海图书馆藏明刻本，第 54 页。
② ［明］王世贞：《弇州山人四部稿》卷五十四《桂枝香》，美国哈佛大学燕京图书馆藏明刻本，第 14 页。
③ ［明］王世贞：《弇州山人四部稿》卷五十四《水调歌头》，美国哈佛大学燕京图书馆藏明刻本，第 13 页。

力量,他的离去,势必会削弱复古力量,诸子四散,不复往日欢聚之景。且父亲之事还没有结束,他内心也很是担心。因此,他不敢放声大哭,怕引起家人悲伤,唯有寄情于诗文,《少歌三章》《哭子相》《宗子相》就是作于此时,文曰:"少歌,哀广陵宗臣作也。臣有文章,举进士,为显官,年三十六而卒,无子。予以家大人难,匏系逆旅,欲哭则不敢,欲泣则不可。于是窃仿楚人九歌之遗着为三章,以见区区生平故人云尔。"①同时他还想象着"兹与子相约,异日冀得沐恩赦,奉家大人南还,以菽水之间,当徒步哭子于邗沟之阴"②,这是他与宗臣的真挚友情,也是对父亲之事所抱的美好希望。

随着时间推移,父亲之事似乎比之前更加有希望,王世贞内心也稍微舒畅,友人所赠诗文,他便逐渐有所回复和唱和,如得俞允文诗三首,他作《答俞氏》以回之,他还感激张献翼③、袁洪愈④等人的诗文慰问,或是金钱相助,并致谢王道行对王氏家业的照顾,如他对袁洪愈说道:"足下禄入故尚薄,胡重推食,念我且厚也! 念足下饷不当受,受之以足下高谊。"⑤患难见真情,这些人均在王世贞困顿时给予了帮助,他都铭记之,在以后的诗文中也多有言及。

转眼间,秋天已经来临,边疆之事安定,且嘉靖皇帝的祠坛多有祥瑞出现,当时还居住在委巷中的王世贞兄弟更是希望父亲能够借此时机,得免于难。不过他们还是在承受着这份煎熬,整日以泪洗面,甚至是徒羡逝者,为了父亲的事情,兄弟俩只能苟活于世。从父亲被捕入狱到如今,已经有近两年了,王世贞将这期间所作的诗文,合编为《幽忧集》,他说道:"竟夕展转毋寐,数往愆,危来祸,忧愤之极,若癃吃病谵,

---

① [明]王世贞:《弇州山人四部稿》卷二《少歌三章》,美国哈佛大学燕京图书馆藏明刻本,第15页。

② [明]王世贞:《弇州山人四部稿》卷一百十九《宗子相》,美国哈佛大学燕京图书馆藏明刻本,第17页。

③ 张献翼(1534—1604),字幼于,江苏苏州人。嘉靖中国子监生,为人放荡不羁,言行诡异,与兄凤翼、燕翼并有才名,时称"三张"。精于易,其说《易》诸作,为时人所称。另著有《文起堂集》《纨绮集》等文集。

④ 袁洪愈(1516—1589),字抑之,号裕春,江苏苏州人,嘉靖二十五年(1546)解元,次年成进士。性耿介,刚而不挠,因上疏弹劾严嵩,而被调任外官。后历任福建佥事、山东提学副使等职,累官至南京吏部尚书,卒后赠太子太保,谥"安节"。

⑤ [明]王世贞:《弇州山人四部稿》卷一百二十五《袁抑之》,美国哈佛大学燕京图书馆藏明刻本,第10页。

不知其为何语,起辄书之。即所存《沉骚》《少歌》《自责》《终风》及答和于鳞、明卿、子与诸篇是也。合之,凡二卷,命曰《幽忧集》。"①此集中的一篇篇文章,是他近几年内心轨迹的体现。

然而到十月时,噩耗突然降临,父亲王忬最终被斩于市,时年仅五十四岁。而王世贞兄弟俩那时恰巧有事外出,惊闻此消息后,立马奔至西市,见到父亲的尸首时,已经彻底崩溃了,号啕大哭,跪舐父亲颈部之血,啮地成坎,让看见此状的人都为之哭泣。张岱记载道:"忬竟坐诛。世贞、世懋适他出,闻变,奔至西市,跪舐其颈血,啮地成坎。号跣归枢,倚庐哀痛。"②这几年来,忍受种种的煎熬,在有一丝希望时,又遇到了彻底的绝望,唯有哭喊聊表内心,因为此时已不能成言了。

不过,在王世贞兄弟俩看来,父亲的离世并不是此事的结束,而是新的开始,他们想上疏朝廷申冤,让朝廷给父亲一个公道,同时惩处那些为恶者。而徐阶等人则结合当下形势,及时地劝阻了他们的行为。因为此事是经过嘉靖皇帝亲自过问的,朝廷不可能现在就说杀害王忬是错误的行径,要为其洗刷冤屈,只能从长计议了。

时值寒冬,既然不能上疏申冤,那王世贞也不能长期在京城耗着,他于是开始扶着父亲的灵枢归还乡里。一路上,王世贞悲伤不能止,哀痛欲绝,当时母亲也因此事大病,妹妹也因为悲伤过度,触发旧疾,重病不起,他们与之同行,这一切还得王世贞多多安慰、照料。此行幸好有医士王昌年的慷慨陪伴,他一路护送至维扬(今扬州中北部),减轻了王世贞肩上的负担,否则面对此种局面,难以想象王世贞当时的身体情况会如何。王世贞说道:"明年,先公竟不免。余与敬美扶衬归,女弟疾益甚。时寒,洹且冰矣,念欲君护行而难发言。君慨然曰:'士为知己死,况不必死耶?'独身偕之维扬,始别。"③

在他们经过山东济宁时,李攀龙闻讯后,一人自历下骑行四百里赶来悼念,后来妹妹辞别而归,并托以后事。他们如此艰难地行走两月,

① [明]王世贞:《弇州山人四部稿》卷七十一《幽忧集序》,美国哈佛大学燕京图书馆藏明刻本,第9页。
② [清]张岱:《石匮书》卷二百二《文苑列传·王世贞传》,故宫出版社2017年版,第3064页。
③ [明]王世贞:《弇州山人续稿》卷九十三《冠带医士渔洋王君暨配山孺人合葬志铭》,美国普林斯顿大学东亚图书馆藏明刻本,第8页。

于十一月二十七日才到达家中,然而在准备父亲的后事时,噩耗又至,妹妹于十二月五日因病离世,年仅三十岁。虽然妹妹不是死于非命,乃由疾而致,但是这皆由父亲之事而起,王世贞更是悲痛万分,自责不已。对于两位亲人的离世,他只能先处理父亲之事,妹妹那边的丧事就暂时由她的夫家操持。

对于父亲的安葬,王世贞遵其遗言,功罪未明,暂且不葬于祖坟,王世贞说道:"臣父临没遗言:'我不负国,但功罪未明,切不可袝先人之穴。'即今藁葬道傍,蒸尝失所,举家苫块,寝食不宁。"①因此王世贞兄弟庐居葬地,昼夜哀号。王忬离世,引来吴中众多名流前来悼念,如归有光为之作诔文《思质王公诔》,张凤翼②前来哭奠,温如玉③则行二百里至王世贞家,并出金资助王忬墓地的修葺。

可以说,父难之祸是王世贞家族的一个重要转折点,不仅其家族命运发生变化,王世贞历经此事,认清人间冷暖,他的人生观和世界观也将发生改变,如其言:"余每览刘司空'岂意百炼刚,化为绕指柔',未尝不掩卷酸鼻也。……王处仲每酒间歌'老骥伏枥,志在千里。烈士暮年,壮心不已',其人不足言,其志乃大可悯矣。余自庚申以后,每读刘司空二语,未尝不欷歔罢酒,至少陵'千秋万岁名,寂寞身后事',辄黯然低回久之。"④这显然没有年少时出入京城的意气风发,唯在遭遇人生大事后,对世事的深刻品味和认知。

---

① 王世贞:《弇州山人四部稿》卷一百九《恳乞天恩,俯念先臣微功极冤,特赐昭雪,以明德意,以伸公论疏》,美国哈佛大学燕京图书馆藏明刻本,第5—6页。

② 张凤翼(1527—1613),字伯起,号灵虚,江苏苏州人。与弟张燕翼、张献翼并有才名,时人号为"三张"。嘉靖四十三年(1564)与张燕翼皆中举人,颇为佳话。有《处实堂集》行世,《红拂记》《祝发记》等皆无传本。

③ 温如玉(1528—1569),郧阳人,明嘉靖二十八年(1549)中举,嘉靖三十二年(1553)登陈谨榜进士,历任荆襄行人、两淮盐政监察御史等职,累官至山东观察副使。

④ 王世贞:《弇州山人四部稿》卷一百四十六《艺苑卮言三》,美国哈佛大学燕京图书馆藏明刻本,第7页。

第四章　幽居复仕掌文坛

父难对王世贞而言是一次沉痛的打击,也是其人生的转折点,这让他饱尝人间冷暖,认清官场现实,从而更加坚定自己远离官场的想法。虽然刚开始过于悲伤,无法创作,但是经过一段时间的缓冲后,他慢慢地执笔抒怀,寄不朽于立言之业。嘉靖皇帝驾崩后,隆庆皇帝继位,王世贞便为亡父之事再入京师,最终亡父平冤昭雪,使其内心有如释重负之感。后来,迫于友人的规劝、母亲的逼迫、家族发展的需要,他又再次出仕,不过他比之前更加从容,仕途也是辗转多地,历任河南按察司副使、浙江左参政、山西按察司按察使等职,后主政郧阳。这期间,他虽然经常向朝廷上乞休之文,但其职位的分内之事,还是高效地完成,得到百姓的一致拥护和称赞。可贵的是,其著述未曾停滞,《艺苑卮言》不断修改,《四部稿》也是经过多次修改后,最终刊行天下,一时风靡海内。在迁为南京大理寺寺卿时,王世贞因为被御史弹劾而归乡,不过此时,由于李攀龙已经去世,王世贞便独主文坛,前来拜访者、与之交往者络绎不绝。

第一节　重拾诗文

将父亲简单地安葬后,王世贞兄弟俩便在父亲墓地旁新筑房屋来守丧,母亲郁夫人则率妇孺在城中居住,按照礼制,在三年的丁忧期内,他们是不能食用荤菜、不能饮酒、不入内寝、不领外事,由于和母亲分开居住,他们每月初一还要前去城中探望母亲,伺候其起居生活,从而让母亲为他们安心。在墓旁居住的时候，每次用餐都思及先父，他们未尝不哀嚎痛哭，以致夜深也不能安心入睡，唯有无尽的叹息和感慨，每天的食物也仅仅是蔬菜和清粥。他们如此虔诚地守丧，超过礼制的基本要求，睡不好，吃不好，又加上惆怅和自责，导致自身的身体状况大不如从前，极其羸弱，王世懋因为有旧疾，其身体更不堪，然而他们依旧恪守礼节，拒绝进食任何肉类食物。王世贞曾自述道："乃谋请太恭人偕妇子辈城居，而诛茅构丙舍于稿葬之侧，三时进食哀号，中夜叹咤，誓以蔬素辅粥。时余兄弟皆尪瘠，而弟以夙疾故尤甚。每月朔，入城起居太恭人。太恭人怜而忧之，手和肉羹以畀。弟泣，弗忍领也。"①在这期间，李攀龙等友人写信进行安慰，劝诫王世贞要注意身体，节哀顺变，并且自身更要重新振作，不能过于自责。

当年，惊闻王昌年卒于京师，王世贞兄弟俩感其昔日的恩德，为之悲伤，恨其早亡，后来王昌年妻子扶其灵柩回吴中时，他们都前往悼念，并且出百金帮助她安置家业。王世贞在给王昌年的墓志铭中说道："（公）忽感寒疾，卒京邸。疾既亟，犹手书属余兄弟，其书半不成字而语悲惋甚。会君之妇山孺人携其三子以丧归吴，余兄弟迎置里中代舍。……至是，悉出橐中装，得六十金。余兄弟稍益之，为百金，以半置田供薪粲，半授其子寅业小贾。"②这也算是王世贞对王昌年当年义举的感恩。

嘉靖四十一年，王世贞兄弟仍是守丧为主，只是偶尔与友朋有所往来。如正月里，王世贞听闻张凤翼父亲去世，由于之前曾为其父写过传，此次则为之作《明故处士云槎张君墓志铭》一文以记之。直到八月十二日夜晚，王世贞忽然在睡梦中得两句诗，并以此改为八句，梦醒后，居然能够清楚记得诗作内容，便记录了下来，诗名曰《余以幽忧久废吟咏，至八月十二日夜，忽梦扵停云馆饯人北还，得二句云"中原垂鸟道，久客自鹑衣"，寻改赋古体八句，觉后悉记之，不知其何说也》，诗中小序

---

① ［明］王世贞：《弇州山人续稿》卷一百四十《亡弟中顺大夫太常寺少卿敬美行状》，美国普林斯顿大学东亚图书馆藏明刻本，第4页。

② ［明］王世贞：《弇州山人续稿》卷九十三《冠带医士渔阳王君暨配山孺人合葬志铭》，美国普林斯顿大学东亚图书馆藏明刻本，第8页。

详细叙述了该诗创作缘由,言曰:"留君日何短,别君日何长。中原鸟道路,游子鹑衣裳。悲风夜骚屑,白云寒苍茫。尽此一杯酒,踟蹰空断肠。"①日有所思,夜有所梦,这是其内心的写照。

王世贞向来喜欢诗文创作,而父亲去世给他带来了沉痛的打击,以致他没有精力和心情去创作诗文,与友人的诗文互动自然也就少了。此时却由梦重新触发了他对诗文创作的感触,这主要是在于随着时间逝去,其内心的悲伤也比刚开始时有所缓解。如该年秋,他便过访莫叔明草堂,有诗作《过莫公远草堂,有作》,过沈道士竹洲馆,有诗作《题沈道士竹洲馆》,他还结识了朱察卿②。

时间真是一剂良药,在王世贞心绪逐渐好转时,他获悉严嵩被罢免丞相之职,其子严世蕃及党羽都被发配边疆,为恶者遭到了惩罚,王世贞的父仇得报,但是他没有欢呼雀跃,没有与他人饮酒庆祝而破坏守丧之礼。另有友人徐学诗③之前因为弹劾严嵩父子被罢官,在他获知将被重新启用的消息后,邀请王世贞相聚于湖山,王世贞以尚在守丧之中,委婉谢绝了他。他说道:"某不孝不能代欧刀北阙,乃以宗祀之故,勉强偷食息,亦何颜称人于天地间哉!……近者元凶褫斥,小竖远戍。执事之道,已行海内。方日夜觊东山之召,以大吐未竟之蕴,而不忘穷谷草芥,手书慰存,且订盟五湖三山,为日以待。执事高谊宜尔。仆虽欲蹑芒屩,操瓢笠,以从山川之灵,其肯令不孝之子辱长者杖屦哉?"④委婉相拒,其实是王世贞对官场有所排斥。在父难之前,他就曾向父亲直接表达过辞官归乡的想法,只不过当时父亲不支持,自己则只能继续为官,经历过父难之后,他更是饱受人间冷暖,认清了官场黑暗,且与自己的

---

① [明]王世贞:《弇州山人四部稿》卷二十七《余以幽忧久废吟咏,至八月十二日夜,忽梦于停云馆饯人北还,得二句云"中原垂鸟道,久客自鹑衣",寻改赋古体八句,觉后悉记之,不知其何说也》,美国哈佛大学燕京图书馆藏明刻本,第6页。

② 朱察卿(1524—1572),字邦宪,号象冈,上海人。为太学生,慷慨任侠,与沈明臣、王稚登友善,有《朱邦宪集》传世,王世贞曾为该集作序。

③ 徐学诗(1516—1567),字以言,浙江上虞人。嘉靖二十三年进士,授刑部主事,后迁郎中,因俺答进犯京师,弹劾严嵩父子而被罢官。隆庆元年,朝廷起用学诗为南京通政参议。未及上任就职,便于当年八月初九日卒于家,朝廷追赠大理寺少卿。著有《石龙庵诗草》等文集。

④ [明]王世贞:《弇州山人四部稿》卷一百二十五《答徐以言》,美国哈佛大学燕京图书馆藏明刻本,第4页。

志向不相一致，以致更不想回到官场，真是"十载容城涕泪残，京山宰木梦仍寒。批鳞北阙狂谁在，息翼南溟老自宽。何地可偿明月璧，故人还拟切云冠。风江大有波涛思，舟楫毋歌行路难"①，这种领悟，有大彻大悟之感。

来年正月元日，王世贞作试笔诗给王世懋，诗中有"病起云霞聊借客，穷来天地强称人。相看未有成声意，即使吹篪亦损神"②之句，是王世贞对自我的认知，虽然近来诗文创作比之前更多，各方面的利好消息也较多，父难也是严嵩父子刻意为之，在自己的能力范围之外，众人均理解，不过他始终认为是自己的过错，没有救父亲于危难之中，因此现在生活在天地间，实在是"强称人"。这份苟且偷生、强颜称人的愧疚感

伴随了他许久，如初春屏居时，他想与友人交往，却又有所退缩，他吟诗道："江天阳雁空双度，水国潜龙自一吟。欲往交游羞挂齿，渐来名姓失关心。"③所以说，世上的关卡最难过的是自己内心的关卡。

后至昆山，他写信给俞允文，便和王世懋三人一起游玩马鞍山，《雨泊昆成，遣信要仲蔚》《初春同俞仲蔚及舍弟敬美登马鞍山，得四首，以山高月小为韵》等诗作皆作于此时，以后王世贞的交游渐多，不过暂时仅局限在挚友之间。

二月初十日，亡妹将安葬，他与王世懋一同治牲醴祭之，并作祭文，还应亡妹生前之愿，撰写墓志铭。祭奠亡妹时，又勾起了父难之痛，以及对往日痛楚的回忆，他们兄弟俩再次放声痛哭，当时其他人见到后也不由自主地哭了起来。

王世贞兄弟俩守丧已满二十七个月，而所谓的三年之丧，也不是完全意义上的三周年，一般而言，只要经过两周年，再加上第三年的头一个月，就算服满三年之丧，唐代以后则多从二十七月之说，并在第二十七月举行禫祭，也就是除服之祭，意味着守丧三年的结束。不过王世贞

---

① [明]王世贞：《弇州山人四部稿》卷三十六《答寄徐以言》，美国哈佛大学燕京图书馆藏明刻本，第20页。

② [明]王世贞：《弇州山人四部稿》卷三十六《元日试笔，示敬美弟》，美国哈佛大学燕京图书馆藏明刻本，第19页。

③ [明]王世贞：《弇州山人四部稿》卷三十六《初春屏居，讯问芜废，有怀故人》，美国哈佛大学燕京图书馆藏明刻本，第19页。

兄弟依然不脱衰绖,摒弃声乐,谢绝吉礼高宴,只是荤菜美酒不禁,诗文唱和不绝。然而他的内心其实是痛苦的,其言及:"往往临境自掷,中寝忽起,与愁终天,无境足避,欲死不得,生无一可。嗟哉明卿!世人见仆具眉目,张口舌,缓步详视,犹以七尺见待,不知其人已非人也。"①经过父难和守丧三年之后的王世贞,虽然还是七尺男儿,但是他已经不是以前那个意气风发的七尺男儿了,他始终没有走出对父难的愧疚。

直到该年春,王世贞才与王世懋一同游玩惠山酌泉,王世贞有诗《游惠山酌泉,次唐人韵》,王世懋则有《惠山次唐人韵三首》,他们开始享受游玩的乐趣。在这之后,他们还与尤求、张献翼等人一起拜访黄姬水,众人相聚,宴饮唱和,甚可乐也,王世贞诗曰:"麈尾玄言日未斜,隐囊匡坐自煎茶。尊前白雪中郎调,屋里青山处士家。千里骥心降付酒,十年蓬鬓怯看花。浮生幸有江湖在,莫遣风尘负岁华。"②此次与黄姬水相逢,是自嘉靖三十二年离别后的首次,中间长达十年之久,黄姬水非常高兴王世贞兄弟的到来,其诗《王元美、敬美兄弟过访,小集,得迟字》曰:"十年回首真成梦,会面番惊离别时。意气当杯须尽醉,风波往事总堪悲。沧州人在鸥同老,穷巷春来花亦迟。入洛声名推二陆,彦先酣纵竟何为。"③两人均有对往事的不满,同时又有对美好时光的追逐。

除此之外,王世贞还以诗《送杨都督之定海》送杨尚英以中军都督府金事之职总兵浙直,寄诗《寄张幼于庐居》给尚在守丧的张献翼,与无锡华存叔叔侄相唱和,创作《华存叔暨犹子幼圜数有慰和之咏,聊此志答》《辱存叔、幼圜和过黄淳父诗,再叠奉答》等诗,其交游范围在逐渐扩大。

五月,徐中行自汝宁郡归,经过吴中地区,王世贞便携王世懋,以及俞允文、彭年、黄姬水、周天球、袁尊尼、张献翼等吴中诸友相送,并同游石湖,王世贞《徐子与解郡过吴门,同淳父辈出视,分韵得弹字》《徐子与

① [明]王世贞:《弇州山人四部稿》卷一百二十一《吴明卿》,美国哈佛大学燕京图书馆藏明刻本,第6页。

② [明]王世贞:《弇州山人四部稿》卷三十七《春日同尤子求、张幼于、史叔载、王复元、舍弟敬美过黄淳父,分韵得花字》,美国哈佛大学燕京图书馆藏明刻本,第1页。

③ [明]黄姬水:《高素斋集》卷十《王元美、敬美兄弟过访,小集,得迟字》,《四库全书存目丛书》第186册,齐鲁书社1997年版,第152页。

自郡谪归,诸名士同泛石湖,分韵得纸字》等诗皆作于此时,王世懋《徐使君子与解郡归,过吴门,同家兄元美及诸名士出送之,泛舟石湖。分韵作七言长歌,得豪字》、徐中行《归过吴门,会元美、敬美、仲蔚、孔嘉、淳父、公瑕、鲁望、叔载、幼于载酒舟中,四首》、黄姬水《徐汝宁子与解郡还,过吴门,王元美伯仲载酒石湖》等诗则相和之。夏,王世贞与从兄王世德一同在山庄避暑,其作诗《避暑大兄山庄作》一首,并过访僧人煦上人,两人共饮,作诗《夏日饮煦上人房》。

七月,王世贞独处时,感慨往日所作所为,之前很多选择与自己内心的意愿相违背,从而使自己束缚其中,心力交瘁,而当下的闲适生活才是他一直向往的,他庆幸自己能够如此安居,有种陶渊明"觉今是而昨非"之悟,诗曰:"偃息衡门下,旦夕寡来躅。澄露将微风,披洒中所欲。外苟稍已蠲,畴能解中燠。玄蝉高树间,哀吟递相属。不念金气厉,令我白日促。循往心既乖,慨来身如束。顾视庭之幽,兰芬一何馥。幸免当门锄,居然安空谷。"①一幅恬淡之态,跃于纸上。

又到了一年中的秋季,王世贞与王世懋一同前往长兴拜访徐中行,与长兴诸友一起游玩顾应祥②的箬溪书院、西郊别墅等地方,顾应祥热情好客,欢迎他们到来,并且宴请众人。《访子与长兴道中》《过子与二十韵》《同子与诸君游大司寇顾公箬溪书院,分韵,时公不出,且折简见召》即作于此时。在这之后,王世贞还曾过访昆山的表侄叶恭焕③。长久地游玩后,王世贞一度杜门斋戒,以反思自我,考虑未来的选择。在解斋后,他便过访从弟王世望山池,作诗《解斋后,过瞻美弟山池一首》。

十月,之前已经收到李攀龙的书信,他庆幸自己没有迷失,作诗《寄题于鳞白雪楼》给李攀龙,并感谢他的关心。此时他与汪道昆开始有书信往来,并极力称赞汪道昆的文章有东西京之遗风,其实在这之前,王世贞就已经在友人处知道汪道昆之名,且两人的持论相吻合,内心有所

---

① [明]王世贞:《弇州山人四部稿》卷十一《初秋屏居有感》,美国哈佛大学燕京图书馆藏明刻本,第13页。
② 顾应祥(1483—1565),字惟贤,号箬溪,江苏长洲人,王阳明弟子。明弘治十八年(1505)进士,正德三年(1508)授江西饶州(今江西鄱阳)推官,历任江西副使、山东布政使等职,累官至南京刑部尚书。著有《测复算术》《勾股算术》《致良知说》《惜阴录》等文集。
③ 叶恭焕,字伯寅,号括苍山人,江苏昆山人,王世贞姑妈叶氏王宜人之孙、表兄叶良才之子。

仰慕,他说道:"不佞向者不得数数奉颜色,然一再从友人壁间见公文,心窃慕好,以为世人方蝇袭庐陵、南丰之遗,不则亦江、庾家残沥耳,公独厌去不顾,顾为东西京言。自仆业操觚,睹世所构撰,入班氏室者,唯公。而于鳞与不佞,亦窃幸同所嗜。……而仆负大不韪,跧伏间井,名姓足以掩人之耳。其绪言残帙入人齿颊间,且嗽而吐之,公独不然。公真所谓嘘枯而肉骨者。不佞固心感高谊。"①所以,有心于立言不朽的王世贞,此时更是需要寻找更多志同道合之人。

汪道昆对王世贞也是早有耳闻,即使王世贞遭遇父难,议论者颇多,而他还是一如既往地推崇王世贞,这引来了王世贞的感激。当时京城诸子四散,有的已经去世,有的选择幽居,有的遭遇罢免,处境大都不尽如人意,汪道昆与王世贞的交流,让其有遇到知音的感觉,王世贞还委托汪道昆照顾尚在福建任上的吴国伦(此时汪道昆在福建任按察司副使,兵备福宁)。自此以后,两人的书信来往络绎不绝,逐渐成为至交。汪道昆欲刊刻宗臣文集,便请王世贞作序,他还推荐同僚戚继光给王世贞认识,王世贞均答应,并与戚继光保持通信往来。王世贞还借给宗臣文集作序的时机,旗帜鲜明地说明自己当时的文学主张,文曰:

> 子相才高而气雄,自喜甚。……当其所极意,神与才傅,天窍自发,叩之泠然中五声,而诵之爽然风露袭于腋而投于咽,然当其所极意而尤不已,则理不必天地有,而语不必千古道者,亦间离得之。夫以于鳞之材,然不敢尽斥矩矱而创其好,即何论世贞哉?子相独时时不屑也,曰:"宁瑕无碔。"又曰:"欹良在御,精镠在筐,可以啮决而废千里。"余则无以难子相也。充吾结撰之思,际吾才之界,以与物境会。境合则吾收其全瑜,不合则吾姑取其瑜而任瑕。字不得累句,句不得累篇。吾时时上驱以次驰天下之中下者,有一不胜而无再不胜,如是耳。今其篇章具在,即使公干、太冲、必简、龙标小自贬损,而附于诸贤之骥,子相甘之哉!子相于文笔,尤奇。第其力足以破冗腐,成一家言,夺今之耳观者,而大趣乃在北地李

① [明]王世贞:《弇州山人四部稿》卷一百十八《答汪伯玉》,美国哈佛大学燕京图书馆藏明刻本,第15页。

先生。以子相之诗,足无憾于法,乃往往屈法而伸其才。其文足尽于才,乃往往屈才而就法,而又不假年以没,悲夫!悲夫!然具是不朽矣。①

如果说《艺苑卮言》是王世贞宣扬文学复古思想的武器,他已经在其中表明了诗文取法对象的话,那么王世贞在此序言中,则是由表及里,更进一步地强调具体创作之法。在他看来,连李攀龙都不能无视法的存在,何况是自己呢?宗臣却不然,抱以"宁瑕无碔"的态度,文章创作时注重自身情感的流露,才与境会,使才得到尽情展现,同时也能够约束自己的才情,以符合文章创作之法。这样的创作,是可以成一家之言,进而不朽的,更是他所梦寐以求的。他如此推崇宗臣,实际上是在树立文学复古的学习榜样。

随后吴中文士欲编纂明代至当下的诸家诗文,因仰慕王世贞才名,请其作序,王世贞便站在历史的发展角度,肯定不同时期的学风之变,并借此时机,大力推崇复古之风,他论述道:"足下又欲辑明诸先生文辞,为一代言……国初,诸公承元习,一变也,其才雄,其学博,其失冗而易;东里再变之,稍有则矣,旨则浅,质则薄;献吉三变之,复古矣,其流弊蹈而使人厌;勉之诸公四变而六朝,其情辞丽矣,其失靡而浮;晋江诸公又变之为欧曾,近实矣,其失衍而卑。故国初之业,潜溪为冠,乌伤称辅。台阁之体,东里辟源,长沙导流。先秦之则,北地反正,历下造玄。理学之逃,新建造基,晋江、毗陵藻棁。六朝之华,昌谷示委,勉之泛澜,如是而已。"②之前所言,吴中地区推崇的是王慎中、唐顺之之风,自文徵明去世后,吴中暂时没有盟主,诗文创作的风格更加多样化,而王世贞守丧之后,一直居于吴中,并在与吴中文士的交流中,逐渐获得了他们认可,他对文学复古的宣传也结合了吴中文士的实际情况,比较各种风格特征的异同,即使对自己推崇的复古之风,他也指出"其流弊蹈而使人厌",从而让他人能够更加清醒地认知和理解,在无形之中,也让文学

---

① [明]王世贞:《弇州山人四部稿》卷六十五《宗子相文集序》,美国哈佛大学燕京图书馆藏明刻本,第4—5页。

② [明]王世贞:《弇州山人四部稿》卷一百二十七《答王贡士文禄》,美国哈佛大学燕京图书馆藏明刻本,第15页。

复古之风在吴中地区得以传播开来。如后来吴中文士陆治①奉上《参军集》，王世贞以诗答谢。

冬至日，此时王世贞兄弟还居住在亡父墓地旁，章美中②过访，王世贞有诗作《章道华见访田居作》。此时王世贞已经和王世懋守丧满整三年，按礼制，可以除去衰绖。除服后，他们搬迁至城中居住，不过兄弟俩不穿华丽的衣服，只是以葛巾、白衣、麻鞋为主，并且不举办宴会，不听声乐，不庆祝吉礼和节日，"惟时时托之诗，以写其牢骚郁勃之气。然投笔欲废，临镜自掷，若死若生，转侧梦寐，无日不为先司马吁天者"③。王世贞还与诸兄弟游玩伯父王憕遗留下来的麋场泾园，由于伯父去世后，后人不成器，没有能力打理园林，导致其荒废破败。王世贞目睹这一切之后，想到以前的荣华之样，以及伯父对自己的疼爱，他心有所想。从弟王世望更是决意翻新此园，并委托王世贞为之作记，文成之后，还拜请画师尤求绘图，王世贞则又作诗以赠。

十二月二十三日，王世贞外出而归，路上遇到风雨，情甚凄楚，有"流雨泥我足，北风创我肌。……归家犹云尔，离家将奈何"④之叹。除夕，王世贞在看书时，顿感心中愁绪颇多，只有寄之于酒，以浇心中块垒，其实这主要是因为自己尚未走出父难的阴影，也不清楚未来的道路，内心有所彷徨。

嘉靖四十三年正月初一，王世贞作《甲子元日试笔》，自去年以来，处于闲适中的王世贞也在正月元日作试笔诗，后来逐渐成为定制。他还和俞允文元日诗，作《和仲蔚元日诗》。初八日，有雪，他作《谷日雪作》以记之，月末，作《晦日园行，初见红梅一树作》以记园中观红梅之事。后在苏州遇袁尊尼，便相与游玩，作组诗《袁鲁望见过，分韵四首》。

---

① 陆治（1496—1576），字叔平，因先世由汴徙居吴之包山梅梁里，遂自号包山子，江苏苏州人。好为诗及古文辞，善行、楷，尤心通绘事，曾从学于祝允明、文徵明门下。

② 章美中，字道华，苏州昆山人。嘉靖二十六年（1547）进士，授大理寺评事，数迁为江西按察金事，在其任上，因屡治严嵩家奴横行及藩王不法之事。严嵩憎恨不已，不予升迁。久之，方始迁广西布政司参议，再迁四川按察副使。其心徙地愈远，遂寻求归隐。隆庆初卒，年五十四。著有《章玄峰集》。

③ ［明］王士骐：《明故资政大夫南京刑部尚书赠太子少保先府君凤洲王公行状》，［明］王士骐、［明］屠隆、［明］王锡爵撰：《王凤洲先生行状》，上海图书馆藏明刻本，第 7 页。

④ ［明］王世贞：《弇州山人四部稿》卷十一《小除夕归途遇风雨作》，美国哈佛大学燕京图书馆藏明刻本，第 14 页。

二月十五日，王世贞、王世懋以及张凤翼、彭年、黄姬水、周天球等人前往袁尊尼斋中相聚，路上遭遇大雪，众人饶有兴趣，以此景分韵赋诗。十七日，大雪仍没有停止，王世贞便又与王世懋、章美中、刘凤、彭年、魏学礼、张凤翼兄弟等人再次在袁尊尼斋中相聚，众人继续分韵赋诗，直到第二天，诸友转移至张凤翼兄弟园亭。如此数日，王世贞与诸友频繁相聚，创作《仲春望后二日，与彭孔嘉、章道华、刘子威、魏季朗、张伯起、张幼于、舍弟敬美过袁鲁望，遇雪，探韵得先字》《春日同彭孔嘉、黄淳父、周公瑕、章道华、刘子威、袁鲁望、魏季朗、舍弟过张伯起幼于园亭，探韵得梅字》等诗，张凤翼《仲春望，彭孔加、黄醇甫、周公瑕、王元美、敬美同集袁鲁望斋中，见雪，探得先字》、章美中《仲春十七夜雪，同宪副王元美、进士王敬美、侍御刘子威、孝廉彭孔嘉、魏季朗、张伯起、张幼于集进士袁鲁望馆，分得先字》《次日同诸公集张氏兄弟园亭，分得梅字》等诗和之。

除了在家中相聚，王世贞还与友人出游吴中名胜，如游虎山桥、登虎丘、访要离墓、赏梅花等等，其《与周公瑕、袁鲁望、张伯起、舍弟访要离墓，分韵得幽字》《横塘春泛，得余字》《灵岩晚眺，得思字》《虎山桥同鲁望、公瑕、子求、道振、子念、舍弟作，得然字》《铜坑看梅花作（得何字）》《月夜登虎丘作（得无字）》《与舍弟及殷无美饮沙头大梅树下作》等诗皆创作于此时。王世贞与众人交游，或园林赏景，或游览名胜，或泛舟湖水，或登山远眺，宴饮不断，唱和频频，这是自文徵明之后，吴中地区再现的风雅盛况。在王世贞完全融入吴中地区时，他几乎每次出游都携带王世懋，使之诗文创作水平大进，也让他和吴中名士相互认识，李攀龙在见到王世懋最新的诗作后，为之赞赏，称赞其为"小美"，并认为"小美真才子也"①。王世贞兄弟俩的声名远播，又因王世贞字元美，王世懋字敬美，他们被合称为"大美小美"，这是文坛众人对他们的极大肯定。

当月，离薋园始建成，建此园乃因王世贞兄弟搬回城中居住，不过

---

① ［明］王世贞：《弇州山人续稿》卷一百四十《亡弟中顺大夫太常寺少卿敬美行状》，美国普林斯顿大学东亚图书馆藏明刻本，第5页。

他们厌恶市井的喧闹之声，且父亲的冤屈未明，他们绝意仕宦，所以在住宅旁构建一园，以方便读书自娱。该园取名为"离薋园"，是源自《离骚》，他说道："因读屈氏骚，得'离薋'二语，取以名之。夫薋、菉、葹，所谓草之恶者也。屈氏离而弗服，乃女媭呻呻而詈之，何哉？谓其有所别择也。"①以表示自己不与世俗同流合污，以及对黑暗官场的失望。在离薋园中，王世贞另有"一轩曰鹓适，庋经史、古文、图籍之类，充牣其中"②，是其以鹓自喻，以期在舒适的书屋中自由自在，也就是在这种环境之中，他才感觉有真我的存在。

闰二月，王世贞在祭扫父亲墓地时，对于当下感怆不已，一是他十分思念亡父，二是自己每天沉醉于美酒之中，不能自拔，这也与自己的志向相背离。不过对于友人，他还是很关心，如在与徐中行的书信中，便劝诫他不要乱服金石之药，要多多保护身体。到春季时，王世贞游玩漆塘山、五里湖，作《将游漆塘山、泛五里湖作（得春字）》《舍舟步漆塘山竹松间作（得笑字）》《登漆塘山绝顶，望太湖作（得还字）》等诗。徐学谟罢官后自荆州归还，便在此时去拜访王世贞，王世贞与王世懋回访答谢，徐学谟有诗作《王元美兄弟见访有作，辄和奉答》，王世贞有《徐荆州枉驾，为诗见贻，再答一章》《怀徐荆州子言，却访之，因先寄》《殷无美和余与徐荆州还往之作，聊尔奉酬，并申别臆》等诗。

王世贞后来还与名僧法空上人在虎丘翻阅佛学经典，作诗《法空上人虎丘翻经》《法上人还石湖》，他越来越主动地学习佛学经典，这逐渐成为其日常生活中的重要组成部分。如他后来在隆福寺右方空僻处新建了一个藏经阁，并将离薋园中友人所赠的经书全部藏于阁中，修治小祇园。他说道："始余卧离薋园之鹓适轩，与州治邻，旦夕闻敲朴声而恶之。行求得隆福之右方耕地，颇僻野。而亦会故人华明伯致佛藏经，于其地建一阁以奉之。前种美筱环草，亭后有隙地若岛，杂莳花木。捧经

① ［明］王世贞：《弇州山人续稿》卷六十《离薋园记》，美国普林斯顿大学东亚图书馆藏明刻本，第13—14页。
② ［明］王世贞：《弇州山人续稿》卷一百四十《亡弟中顺大夫太常寺少卿敬美行状》，美国普林斯顿大学东亚图书馆藏明刻本，第5页。

之暇,一咏一觞于其间,足矣。"①他还作诗以表明自己的心态,诗中言曰:"我友条净业,慷慨惠函经。……稽首两足尊,发此希有诚。破除诸疑网,摧伏群魔兵。前因获心通,后果希胜增。愿以一切智,回施一切情。"②其诗在抒发内心性情的时候,融有佛学元素,难怪吴国伦直言:"予友王元美中岁好佛,为小祇园事之。"③这是对王世贞此时状态的高度概括。

该年秋,在获悉王道行将赴陕西任职行省参政时,王世贞有感于他之前对太仓老家的照顾,以及他持论和自己相吻合,故写诗《送王使君明辅迁陕西行省,君有惠政于吴,好谈禅理,雅与余合,故末章寄意焉》以送别,后来殷都、张凤翼、张献翼赴南京参加乡试,王世贞均有诗为之赠别,如《殷无美应试留都,赋此为赠》《赠张伯起应试南都》《送张幼于应试南都》。

八月十三日,王世贞尚在病中,奈何一人无趣,便乘月色步行到东边邻居家一饮,十四日夜,他再次乘月色步行过从弟一饮,十五日夜,他独自坐于小祇园月下,没有找人一饮,而是欣然有感而作诗,十六日夜,徐学谟乘月色过访,与王世贞共饮于小祇园。连日欢饮,其实是他内心苦闷的一种宣泄,如《十三夜,步月过邻家饮作》《十四夜,复步月过从弟饮作》《十五夜于小祇园坐月作》《十六夜月,徐荆州见枉作》等诗皆作于此时,诗中有言:"慨兹人间世,所受殊已难。安能需令节,谋客始为欢。"④当月,王世贞还与彭年、黄姬水、周天球、徐学谟、张献翼等人交游兴盛,据台北"故宫博物院"所藏王世贞题跋《薛道祖杂书卷》来看,周天球言及:"嘉靖甲子八月既望,球从王元美伯仲纵游西山,归舟示道祖此卷。"黄姬水则说道:"元章真迹虽罕得,往往有之,道祖则仅见此耳,元美尚宝之哉。中元甲子八月廿四日。"文嘉更是在直言创作题跋的缘由

① [明]王世贞:《弇州山人续稿》卷一百六十《题弇园八记后》,美国普林斯顿大学东亚图书馆藏明刻本,第12页。
② [明]王世贞:《弇州山人四部稿》卷十一《奉释典诸部经于小祇园藏经阁中,有述》,美国哈佛大学燕京图书馆藏明刻本,第16页。
③ [明]吴国伦:《甔甀洞稿》卷四十五《像教精舍记》,上海图书馆藏明刻本,第12页。
④ [明]王世贞:《弇州山人四部稿》卷十一《十四夜,复步月过从弟饮作》,美国哈佛大学燕京图书馆藏明刻本,第17页。

时说道:"嘉靖甲子八月,元美按察携示,命题因书。"故而可知他们此次集中游玩和创作题跋的时间是在嘉靖甲子八月。

九月,王世贞与王世懋、周天球、袁尊尼等人共游支硎山、天池山、天平山、木樨岭、一云山,并拜谒范祠,有《秋日同公瑕、鲁望及舍弟游支硎山,得林字》《游天池山,得遥字》《游木樨岭,得峰字》《一云山小饮徐氏园,归途山中作,得身字》《天平山饮废寺,还谒范祠作,得名字》等诗作。

在冬至日,王世贞独处时思虑近来生活,认为与友人游玩宴饮、田园自在才是他内心所向往的,其诗曰:"至后阳回万象苏,荒村形影独愁吾。疏钟似傍寒光早,步屟仍催返照孤。纵饮江湖忘令节,得归天地尚穷途。鸡豚自爱田家有,肯向周京忆赐酺。"①后来他与王世懋及诸友在虎丘寺设席为袁尊尼、张凤翼兄弟北上会试钱行,预祝他们高中,并作诗《虎丘寺同子与、孔嘉、淳父、公瑕、伯龙、舍弟送别袁鲁望、张伯起会试北上,得阳字》《送袁鲁望会试》《送张伯起兄弟会试》相赠。

十二月,当听闻尤求欲用二金之价出售苏轼《后赤壁赋》,以换取过年的钱物时,王世贞立马赠予尤求二金,并对《后赤壁赋》进行题跋后,将《后赤壁赋》归还给尤求,劝诫其不要随便地卖给他人。王世贞的义举不仅让尤求感动,还得到了吴中文士的大力赞赏。后来徐中行来拜访王世贞的路上,与其兄弟俩在吴门相遇,三人便一同前往昆山拜访许从龙②,友人前来,许从龙自然高兴,晚上设宴款待,各自开怀畅饮至醉。王世贞兄弟还与徐中行前往马鞍山游玩,在离别之际,他们得知徐中行罢官归家后,不愿再次出仕,便及时进行疏导,并赠以百金,希望他能够返回京城,等待朝廷新的任命,这样才有光明的未来。徐中行感激王世贞兄弟俩的劝告和赠金,于是决定再次出仕。果然,徐中行到京城后六日,就被朝廷任命为长芦转运判官,三月后升任瑞州府同知。虽然王世贞鼓励徐中行再入官场,但是他自己却还是选择远离官场,回到乡居生

---

① [明]王世贞:《弇州山人四部稿》卷三十七《至日作》,美国哈佛大学燕京图书馆藏明刻本,第13页。
② 许从龙,字云甫,江苏昆山人。明嘉靖二十二年(1543)中举人,嘉靖三十二年(1553)中进士,后官至江西分宜知县,因做官不畏权贵,秉公执法,得罪严嵩而被罢官,具体可参见慕颖:《许从龙》,《科举学论丛》2010年第3期,第44页。

活,他在当月与李伯华的书信中说道:"世贞自奉讳来,饮血枕块,分填沟壑,四易寒暑矣。以老母在,不即死,戴面皮见人,然亦何意尘世。……而摧裂之余,志意荒落,开卷茫然,无可措者。死生之际,大都触藩,灰坐一室,亦是阮籍穷途。……腊寒,强饭自爱。"①即自己始终未能忘却父亲的冤狱,对官场现状失望至极。

年末,王世贞在翻阅苏轼创作于三十九岁时的诗作时,将自己的经历与苏轼的相比,惊奇地发现两人命运居然相类似,都处于人生的失意阶段,自己唯一比苏轼好点的地方则在于已经归乡,而苏轼那时还在官场饱受摧残和煎熬。他说道:"案头苏诗一编,偶展读之,有云'龙钟三十九,劳生已强半。岁暮日斜时,还为昔人叹'。公倅余杭日作,盖取白乐天语兴感也。此公尚为摇落语,吾辈宁无穷途之恸。因成一章,兼示舍弟。虽然,公兄弟名位穷显,晚节各天。而吾以早废弃故,相守田亩间,差为优耳,他固不敢较也。"②王世贞自小喜欢苏轼文集,对苏轼自然非常熟悉,在此相比较,也表明了自己的心志。不过在除夕夜,王世贞想到自己快四十岁了,乃人生的不惑阶段,伤感顿生,并偶然回忆起杜甫"四十明朝是"之语,自己则言及:"四十明朝是,愁来酒易醺。流年杯后得,绪景句中分。寒勒孤村雪,春生大海云。浮名殊自苦,吾意欲无闻。"③有如此悲凉的基调,主要在于自身的压力巨大。

次年正月元日,大雪刚停,王世贞再次因为自己年将四十而伤感,作试笔诗言曰:"四十强年耻自论,已将萧鬓傲王春。不争儿辈屠苏酒,长爱人间草莽身。病起青阳开浩荡,歌回白雪斗嶙峋。相知料理新正事,第一斜川把钓纶。"④他对当下不满而耻于自论,毕竟自己也未实现

① [明]王世贞:《弇州山人四部稿》卷一百二十五《答李伯华少卿》,美国哈佛大学燕京图书馆藏明刻本,第6—7页。

② [明]王世贞:《弇州山人四部稿》卷十五《案头苏诗一编,偶展读之,有云"龙钟三十九,劳生已强半,岁暮日斜时,还为昔人叹",公倅余杭日作,盖取白乐天语兴感也,此公尚为摇落语,吾辈宁无穷途之恸,因成一章,兼示舍弟,虽然,公兄弟名位穷显,晚节各天,而吾以早废弃故,相守田亩间,差为优耳,他固不敢较也》,美国哈佛大学燕京图书馆藏明刻本,第7页。

③ [明]王世贞:《弇州山人四部稿》卷二十七《除夕,偶忆杜诗"四十明朝是"语,有感作》,美国哈佛大学燕京图书馆藏明刻本,第14页。

④ [明]王世贞:《弇州山人四部稿》卷三十七《乙丑元日试笔》,美国哈佛大学燕京图书馆藏明刻本,第15页。

以前的目标。随后他便致信丁以忠,向他倾诉自己那些痛苦不堪的遭遇,他说道:"世贞负大罪天地间,不即死,强颜称人,五改朔矣。自奉讳后,块守塞兑,不敢一通尺寸之牍于生平故旧长者。……而今竟为弃物,与世永谢。已矣,无用为报矣。故尝登胥丘之台,望要离之垄,思古节侠借躯,感慨之士辄恶然泚颡也,已簌簌泪下不禁。嗟夫!嗟夫!明公岂必欲知之哉。"①独处时的思虑更加接近自己的内心世界,王世贞更多时候只能寄情于山水和杯酒之中,以暂时忘却现实的烦恼和忧愁。如包大中②过访,有诗作《包参军登岱还,访余海上,将还四明,因赠二律》,十五日,访杨开府,作诗《元夕雨,过杨开府作》,二月,与友人出游,宴饮大醉,作诗《沙头大梅花下醉,仍赋近体一章》,交游让其内心的苦闷得以抒怀。

三月,对王世贞而言,则是喜讯不断,一扫之前的愁闷。先是好友袁尊尼高中进士,他作诗《闻袁鲁望登第,志喜却寄》以赠之,然后是耿随卿③升迁为山西左参政,治塞外兵,他作《奉送按察副使耿公迁治上谷序》以记之。当然,更振奋人心的好消息是严嵩父子及其党羽被治罪,并被抄家,不过此时王世贞获悉后,其内心反而更加安定,回忆起父亲的遭遇,以及他和王世懋奔走求救的往事,倒是增加了几分痛楚,以致他在翻阅旧作《幽忧集》时,哽咽而不能读,只是为其集增加一序,他说道:"会闻天子赫然置权相于理,籍其家,稍稍痛定。暴书之日偶见之,即取读,哽咽不能句,而姑为题于首。"④后来过访皇甫汸府邸时,遇到亡父之前的同年友人,作诗《皇甫司勋宅逢故九江守王丈,王于先君同年,其来也,为其尊大夫乞皇甫志墓,因赠五言三章》赠之。这段时间,很少涉及他嘲讽严嵩遭遇的诗文之作。有时候就是如此,苦苦追求之事,一旦真的实现了,未必会欣喜若狂,反而会有更多的思绪。五月,王世贞

----

① [明]王世贞:《弇州山人四部稿》卷一百二十三《寄少司马丁公》,美国哈佛大学燕京图书馆藏明刻本,第20—21页。

② 包大中(1514—1568),字庸之,号三川,浙江宁波人,包公第18代裔孙,官福建建阳县县丞,尝预征倭之役,故称包参军。著有《参军集》《武夷集》《东征漫稿》等文集。

③ 耿随卿(? ~1587),字子丞,号忠葊,直隶滑县人。嘉靖二十六年(1547)进士,初授休宁县令,历任户部主事、兵部员外郎、陕西参议、山西左参政等职,累官至右金都御史。

④ [明]王世贞:《弇州山人四部稿》卷七十一《幽忧集序》,美国哈佛大学燕京图书馆藏明刻本,第9页。

内心依旧平静,端午日在家中小饮,作诗《端午里中饮,时甫有海上之捷》。

又到了秋季,王世贞前往无锡拜访华察,作诗《过华师学士作》,华察以《王元美见过有作和答》和之,两人交谈甚欢。秋天天气萧瑟,王世贞身体已经不如从前,苦闷发愁,作《病秋》一诗曰:"年年颇诧逢秋健,今日秋来兴渐孤。不独穷愁畏摇落,即防衰骨费支吾。惊心屡却青菱镜,避客兼嗔白玉壶。犹有苦吟成宿业,此生那用借诗扶。"①全诗基调较为凄凉,有将此生托于立言之业的感触。八月十八日,王世贞与友人观潮,虽然潮水水位不高,波涛不够汹涌,但是饮酒甚为舒适,别有一番趣味,作诗《八月十八日观潮季生所,潮不甚涨,而饮甚适,有作》以记之。不久后,俞允文、周天球过访,王世贞与之欢聚,作诗《仲蔚过余,将别,而公瑕适至,欢饮有作》。当他知道徐中行调任长芦盐运使时,以诗《子与得沧运,有诗见示,因答调之》贺之。

十月,王世贞为族兄王世芳亡妻丘恭人作墓志铭,名为《明故广东提学副使颐斋王公继室丘恭人墓志铭》。随后因徐中行的夏天之请,他为其母完成《徐母许太夫人传》一文。在交游日广且频繁之际,王世贞的诗文创作数量也陡增。当月,汪道昆自福建邮寄衣物给王世贞,以及经像和《维摩经》《楞伽》等四部经书,王世贞非常感谢,并答应为戚继光《纪效新书》作序,同时将所刻的《艺苑卮言》六卷本回赠给汪道昆,恳请他作序。王世贞曾言及:"曩王兵宪者尝欲仆叙其《纪效新书》,窃恐不当也。公既有成言矣,则仆安敢以固陋辞?……旧有《卮言》六卷,自谓艺圃鸡肋。偶有便手,聊刻成帙,然不敢多示人。今奉备一夜之览,其痛斧削之。公诚有意为玄晏乎?仆之愿也,非所敢必也。"②可见,王世贞和汪道昆两人之间的情谊已经非常深厚,对于各自的事情,也是相互帮衬。而《艺苑卮言》不是之前在青州任上的旧稿,而是王世贞"自戊午

---

① [明]王世贞:《弇州山人四部稿》卷三十七《病秋》,美国哈佛大学燕京图书馆藏明刻本,第19页。
② [明]王世贞:《弇州山人四部稿》卷一百十八《答汪伯玉》,美国哈佛大学燕京图书馆藏明刻本,第18页。

而岁稍益之，以至乙丑而始脱稿"①，即对之前的文稿进行不断修改，今年方才脱稿，是新刻的《艺苑卮言》。

除夕夜，王世贞念及自己马上四十一岁了，颇为伤感，新年的喜庆意趣顿时全无，其《除夕》曰："江城岁云暮，北风何惨栗。稍见亭午过，黯然中原日。飞鸟时下来，人家扫祠毕。稚子欣就新，华颠念趣失。四十行已尽，明朝复加一。踯躅山泽间，无闻亦奚恤。"②自从之前除夕夜伤感四十之后，他对于年龄的更替也就更加敏感了，时间流逝，让其内心有潜在的恐慌，毕竟父亲之冤还在心头，亟待解决，否则自己真是耻为人子。

嘉靖四十五年正月初一，王世贞作诗感怀，算是正式步入四十一岁了，回首往日旧游感慨颇多。他后来与张凤翼兄弟相饮，当时皇甫汸因患有小疾而未一起，不过他有诗来，王世贞于是作诗《初春饮张氏伯仲园，皇甫子循以疾不与，贻诗见艳，未及造访，先此有答》和之。他还喜于得李攀龙新诗数首，因为自父丧归乡后，他长期居于吴中地区，交游也以吴中为主，与李攀龙的交游和书信往来不如以前那么频繁，此次收到李攀龙主动寄过来的诗作，他便作诗《久不得于鳞书，书到，得新诗数章，喜而有作》，以表内心之喜。

二月，梁辰鱼③即将北上拜访李攀龙，王世贞以诗《赠梁伯龙北游歌》赠之，并为其写信给李攀龙，介绍梁辰鱼，当时王世贞与王世懋正前往长兴拜访徐中行，后又恰逢归有光任长兴县令，他便以组诗《送归熙甫之长兴令》贺之。游玩长兴后，王世贞前往海盐游玩，在海盐石堤观赏日出，作诗《海盐石堤，与周生辈观日出作》，并借机拜谒前大司寇郑晓，之前所言，在王世贞父亲定罪之事上，郑晓不攀附严嵩，曾因爱惜王忬的才能而给予过帮助，他一直心怀感激之情。

三月初一日，王世贞与王世懋在山园赏花，作诗《今年三月朔，舍弟山池红梅未谢，玉兰盛开，乘兴有作》。到了寒食日，他又思念起亡父，

---

① ［明］王世贞：《弇州山人四部稿》卷一百四十四《艺苑卮言一》，美国哈佛大学燕京图书馆藏明刻本，第1页。

② ［明］王世贞：《弇州山人四部稿》卷十《除夕》，美国哈佛大学燕京图书馆藏明刻本，第11页。

③ 梁辰鱼(1519—1591)，字伯龙，号少白，又号仇池外史，江苏昆山人。著有《红线女》《浣纱记》。

内心伤痛,并作诗《寒食志感示儿辈》,告诫他们"岁每惭新鬼,春从冷旧醅。儿曹须老大,莫忘介山哀"①,可见他时刻不能忘记亡父之冤。

王世贞知道沈明臣将前往福建拜谒汪道昆,入其幕府,他便作诗《壮歌行,赠沈嘉则游闽》相送,并且为沈明臣写好了一封推荐信,以及赠谢汪道昆的诗。后来汪道昆回信给王世贞,相邀四月共游太湖及洞庭东西两山,但因为时间不凑巧,此约未能成行。可见,王世贞是乐于助人,不遗余力地帮助好友,当然,其友也会真诚地对待他,如好友郭成知道王世贞要建造小祇园,便赠送石子给他,而这些石子可以为园林铺三条小路,王世贞作诗《郭帅致石子,云为余小祇园三径之资,走笔志谢》以表示感谢。

五月,王世贞因为疮疡而卧床,此病"是中医外科最常见的疾病,广义的疮疡泛指发于体表的外科疾病的总称,狭义的疮疡主要指以体表化脓性感染为主的一类疾病……创伤后引起局部红肿疼痛等体表感染,最后化脓"②。疮疡有因外在创伤而形成的,也有因内在气血、脏腑、经络等不调而引起的,不过在经历多种病变后,最终都有化脓这一症状,给患者带来长时间的疼痛。王世贞就曾在文集中,多次直言疮疡给他带来的痛苦,此次是王世贞第一次患该病,王世贞自言道:"吾于丙寅岁,以疮疡在床褥者逾半岁,几殆。"③并且在与许殿卿的书信中言及:"仆自五月即病,病至八月小愈,为阳羡之游。"④这样看来,王世贞的自述和友人的书信所言似乎有所出入,一个是逾半岁,一个则是五月到八月,其实不然,八月份,王世贞的疮疡的确好转,甚至能邀好友游玩阳羡诸山,如《发自义兴,由东九抵湖汉一首》《出张公洞经游玉女潭一首》《探龙湫,因观古琼树一首》《归自东九,泛西九,访善权寺一首》《游善权洞作》《善权水洞一首》《张公洞怀李于鳞》《游善权寺,僧云距长兴可两

---

①［明］王世贞:《弇州山人四部稿》卷二十七《寒食志感示儿辈》,美国哈佛大学燕京图书馆藏明刻本,第20页。

② 杨恩品:《中医疮疡病学》,科学出版社2017年版,第2页。

③［明］王世贞:《弇州山人四部稿》卷一百五十一《艺苑卮言八》,美国哈佛大学燕京图书馆藏明刻本,第19页。

④［明］王世贞:《弇州山人四部稿》卷一百二十二《许殿卿》,美国哈佛大学燕京图书馆藏明刻本,第1页。

合,因怀徐子与》《史恭甫玉虚仙院》《李程二生皆国手也,同入张公洞,视仙人局,戏赠一绝》《善权寺遇秀才》《出张公洞示沈道振》等诗作皆是作于此时,可见其乐也。不过,王世贞归后疮疡立即复发,其言曰:"时王子自阳羡归,疾作。过吴门,彭先生出视之,为劳苦曰:'子惫耶? 吾乃能视子,然吾不及新矣。'余怪,弗敢诘。"① 听闻徐中行任山东金事时,他捶床大喜,捶床乃因其并未痊愈,尚在卧床。后来吴中文士将王世贞游阳羡所作的诸诗文,汇编为《阳羡诸游稿》,并在冬至日,请张献翼为此集题辞,据台湾"故宫博物院"藏明刻本《阳羡诸游稿》,文集题作"天弢居士王世贞撰",可见此时王世贞有"天弢居士"之号。

十二月,彭年因病离世,王世贞为之作《明故征士彭先生及配朱硕人合葬墓志铭》,也思虑尚处在病中的自己。即使到了除夕夜时,王世贞仍在病中,未曾痊愈,《除夕病中作》诗曰:"不解成何节,惊从稚子传。冻烟催作夜,残雨湿经年。老畏流光掷,寒添病态偏。飞腾向来意,空付一潸然。"② 王世贞第一次如此重病,身心俱疲,"几殆"之言不虚,这也使他对人生的感悟更加深刻。

除了此病,今年王世贞还有几件重要的文事,六月,梁辰鱼拜谒李攀龙,转呈王世贞的谢意,并出示《艺苑卮言》,而李攀龙认为《艺苑卮言》"大较俊语辩博,未敢大尽。英雄欺人,所评当代诸家,语似鼓吹,堪以捧腹矣"③。此书王世贞也曾委托梁辰鱼奉至许邦才处。正因为有李攀龙等人的如此言论,王世贞才对《艺苑卮言》进行了再次修改,并针对"英雄欺人""堪以捧腹"的批评,更加突出此书的"卮言"特色。同时他还借为徐文通文集写序之机,抨击当下剽窃模拟、流于粗俗之风,提倡诗要取法盛唐,他说道:"盛唐之于诗也,其气完,其声铿以平,其色丽以雅,其力沈而雄,其意融而无迹。故曰:盛唐,其则也。今之操觚者,日哓哓焉,窃元和、长庆之余,似而祖述之,气则漓矣,意纤然露矣,歌之无

① [明]王世贞:《弇州山人四部稿》卷九十一《明故征士彭先生及配朱硕人合葬墓志铭》,美国哈佛大学燕京图书馆藏明刻本,第 7 页。
② [明]王世贞:《弇州山人四部稿》卷二十八《除夕病中作》,美国哈佛大学燕京图书馆藏明刻本,第 1 页。
③ [明]李攀龙著,包敬第标校:《沧溟先生集》卷二十九《许殿卿》,上海古籍出版社 2014 年版,第 799 页。

声也,目之无色也,按之无力也。"①盛唐是所有诗歌创作的典范。

该年夏,王世贞为戚继光《纪效新书》写好了序言,委托沈明臣转致汪道昆,这不仅仅是完成了汪道昆之前的请求,也为戚继光和王世贞日后的交往打下了坚实的基础,同时提升了戚继光的文名,加深了王世贞和汪道昆之间的情谊,所以汪道昆立马相约王世贞,要刊刻其诗文。这是特殊时代背景之下,文臣和武将之间的隐性交往。另外,王世贞让沈明臣转交信件,也是有意拉近沈明臣和汪道昆之间的关系。

十月前后,王世贞完成了《艳异编》②的编写工作,他向徐中行说道:"《艳异编》附览,毋多作业也。目眵手战,不能多及,亮之亮之。"③这是诗文之外,王世贞小说创作的一项重要成果,有助于全面地认识其文学观念。

在这些事情之外,还有一事让王世贞为之悲伤,即在冬季,其长女去世,当时王世贞尚在病中,未能与之诀别,他说道:"当嘉靖之丙寅,而吾女华安人卒于蓼。……而居士乃以酒二卣、饭二盂、脯腊果蓛之属而告之曰:呜呼! 女之殁也,时余病疡而弗及诀也。"④他还在《哭亡女文》中言及:"呜呼! 予昨岁杪,病疡几殆。汝羁于华,至废食寐。手治修脯,东走骆驿。谓予稍间,喜动颜色。汝当免身,意且得雄。以为华庆,予亦称翁。汝舅我师,书来启封。病蓐不任,暴以凶终。予时伏枕,枯泪垂血。强欲含汝,展转莫发。汝既长往,几失汝母。偕汝季父,舟往哭汝。"⑤这是一份父亲对爱女的哭诉,也含有内心的自责。其妻魏氏之前丧子,现在失女,屡次白发人送黑发人,痛不欲生,王世贞与王世懋乘

---

① [明]王世贞:《弇州山人四部稿》卷六十五《徐汝思诗集序》,美国哈佛大学燕京图书馆藏明刻本,第6页。

② 现存《艳异编》版本众多,题名、卷数皆不一,作者也有一定的争议,但是学界的主流还是认定《艳异编》是王世贞所作,具体可参见宁稼雨《王世贞晚年为何赎回〈艳异编〉》(《明清小说研究》2018年第1期,第45—54页)、赵素忍和宋菲《〈艳异编〉作者考辨》(《中国语言文学研究》2017年第2期,第91—97页)等研究论文,本书从王世贞说,特此说明。

③ [明]王世贞:《弇州山人四部稿》卷一百十八《徐子与》,美国哈佛大学燕京图书馆藏明刻本,第14页。

④ [明]王世贞:《弇州山人续稿》卷一百五十四《祭婿及女文》,美国普林斯顿大学东亚图书馆藏明刻本,第5页。

⑤ [明]王世贞:《弇州山人四部稿》卷一百五《哭亡女文》,美国哈佛大学燕京图书馆藏明刻本,第17页。

舟前往悼念和安慰。自长女离世,母亲郁夫人可怜魏氏无子命薄,更加注重对她的照顾。

第二节　为父请冤

嘉靖四十五年十二月十四日(1567年1月23日),嘉靖皇帝驾崩于乾清宫,历史来到了隆庆元年,该年王世贞四十二岁,正月,王世贞与友人王复在家中饮酒,其病情稍有好转。或许此年正月间,王世贞还处在病中,以致初一日没有作试笔诗。

新皇即位,王世贞也受到影响,因为他已经获悉嘉靖皇帝去世时,留有遗诏,明确要抚恤旧臣,特别是有功之臣,且按照惯例,隆庆皇帝即位后要大赦天下,他已经诏令各个部门限期勘报以往没有确认或遗漏的功绩。这是一次难得的机会,王世贞便以原官职向朝廷上奏:"原任山东按察司副使致仕臣王世贞谨奏:伏睹诏书内一款:'三法司将部院锦衣卫见在轻重各犯会同审问,如有亏枉,即与辩理。'又一款:'各边战功往往勘覆稽迟,赏不足劝。都察院便行文,各该巡按御史将嘉靖四十五年十二月二十六日以前未勘报功次,俱限三个月以里勘覆。钦此。'真圣主罪疑惟轻之至心,赏不逾时之令典。凡在覆临,靡不欢欣鼓舞,冀沾化泽。而臣独负沈冤至痛,切骨腐心,敢不忍死哀吁,一求伸于日月之前,顾自弃于天地之外哉!"①即王世贞听闻朝廷的举措后,准备正式向朝廷为父请冤,洗刷父亲原有不合理的罪名,还他清白。需要注意的是,王世贞之前为了营救父亲,自我弹劾,而不是因为他有过错,被朝廷罢免官职,这两者性质完全不一样,所以此时王世贞还能以致仕之臣的身份向朝廷上奏疏。

初七日,王世贞病中强起,和王世懋商量此事,因为王世懋刚新有一子,但还没有满月就殇折了,不过在为父请冤的事情面前,他毅然克服了自己的悲伤,明确自身的责任,同意王世贞的规划,即日启程赶赴

---

① 〔明〕王世贞:《弇州山人四部稿》卷一百九《悬乞天恩,俯念先臣微功极冤,特赐昭雪,以明德意,以伸公论疏》,美国哈佛大学燕京图书馆藏明刻本,第1页。

京师。当时国子监祭酒、同乡好友王锡爵因病归乡，王世贞以诗《王太史元驭奉使东归，移疾得请，诗以问之》问之，虽然此时是第一次专门介绍王世贞和王锡爵之间的往来，但是他们之前早就认识，祖上也颇有渊源，王世贞属于琅琊王氏，王锡爵则来自太原王氏，同根不同枝，两人以后联系日益频繁，对两大家族的发展产生了深远影响。

晨发京师，王世贞此时的内心是很复杂的，京师即是他与诸子立志文业的大本营，同时也是父亲丧命的伤心地，他即时赋诗一首，诗曰：

> 维稍候鸣潮，伺钥遵广陌。晨鸡再三号，使我天地白。太阳丽层霄，万象欣自获。痛彼泉下台，永閟无生色。微抑不见宣，苟存终何益。席稿一上书，引领希察识。苍麟代司阍，精卫声不隔。倘返杨公葬，得从原阡侧。焚山无余怼，誓墓有遗则。远愧密亲来，杯酒相慰藉。鸿雁冥冥飞，焉知非谋食。负耒安余年，托心在兹迹。①

此行他也不知道最终的结果如何，不过父亲之事压在内心已有多年，始终不能忘怀，虽然屡屡与友人交游，但那只是暂缓内心的悲伤而已。他选择一早就出发，一来是想早日到达京师，二来有其内在的寓意，他希望会有好的结果，"晨鸡再三号，使我天地白"，接下来就是万物欣欣向荣的成长，即希望此事圆满后，自己未来能够"负耒安余年"，毫无内心压力地享受田园生活。

在路上，王世贞多有诗作，如至京口，有《重登金山作》，获悉李攀龙被召后，有《喜于鳞被召作》，等等。到达京师后，王世贞立即上书朝廷，详细叙述父亲冤狱的始末，父亲虽有罪责，但是罪不至死，他还从五个方面进行了详细的论述："先奉明旨戴罪防秋，是先皇帝未尝欲杀臣父也。御史方辂止劾臣父病悸，是御史未尝欲杀臣父也。吏、兵二部覆奏臣父回籍，是吏、兵二部未尝欲杀臣父也。法司上慑威断，止拟臣父照张珩例充军，是法司未尝欲杀臣父也。臣父下狱一年有余，节经科道部

---

① ［明］王世贞：《弇州山人四部稿》卷十《将以伏阙北首，晨发，即事有作》，美国哈佛大学燕京图书馆藏明刻本，第12页。

属勘核军饷练兵事体,一言不及臣父,是中外公论未尝欲杀臣父也。"①即先帝(嘉靖皇帝)、御史、吏部和兵部、法司、考核部门等都没有说父亲的罪过应该是死罪,且先帝是让父亲戴罪立功,更是出于爱惜父亲的才能出发,不因小罪而全盘否定父亲的功劳,并希望他能够发挥所长,再立新功。然而父亲最终却被论斩,这一切皆是由于"嵩与世蕃止以睚眦不根之隙,巧诽阴胁,必致臣父死地"②,所以王世贞恳请朝廷"敕下吏部,将臣父王某被陷情节吊查法司原卷,逐一查访罪律有无相应,及行兵部备查南北劳勚及辽东斩获功次的确,照例将臣父前罪辩雪,复官恤录"③。王世贞如此诉说,是聪明之举,盛赞嘉靖皇帝的仁慈和英明,痛斥严嵩等人的奸险和无耻,这样就把矛头对准了严嵩等人,涉及面就小很多,也有利于推动事情的解决。当然,为了有更多的把握,王世贞除了向朝廷上书之外,他还致诗和书信给阁臣徐阶、李春芳、高拱、陈以勤、张居正,以及吏部尚书杨博、刑部尚书黄光升、兵部尚书赵炳然、御史大夫王廷等人,希望能够获取他们的全力支持。

王世贞的上书在朝廷中造成了很大影响,多人同情其父遭遇,然而不曾想到的是,当时徐阶和高拱均为辅国大臣,两人正处于争权夺势的阶段,而王世贞父亲之事牵涉人员极多,问题也较为敏感,如当年事发时,王世贞就曾去向徐阶求情,徐阶也对他指点和劝诫一二,且此次他再次帮助了王世贞。于是高拱就以此事为把柄,想趁机打压徐阶,他向朝廷状告徐阶私下替罪人求情,布施私恩,并且暴露传扬了先帝过错。鉴于此,杨博便建议王世贞兄弟可以暂时归还吴中,为父请冤之事要从长计议,因为徐阶和高拱之间的争斗不知道何时停止,况且一般人也很难进行干涉。不过王世贞还是坚持之前的想法,暂不回吴中,继续等待朝廷的答复。王士骐说道:"疏上,举朝太息,至有为之泣下者。徐文贞公心怜之,以语该部可为早覆。而新郑方修徐文贞公之郄,波及以为市

① [明]王世贞:《弇州山人四部稿》卷一百九《悬乞天恩,俯念先臣微功极冤,特赐昭雪,以明德意,以伸公论疏》,美国哈佛大学燕京图书馆藏明刻本,第4页。
② [明]王世贞:《弇州山人四部稿》卷一百九《悬乞天恩,俯念先臣微功极冤,特赐昭雪,以明德意,以伸公论疏》,美国哈佛大学燕京图书馆藏明刻本,第5页。
③ [明]王世贞:《弇州山人四部稿》卷一百九《悬乞天恩,俯念先臣微功极冤,特赐昭雪,以明德意,以伸公论疏》,美国哈佛大学燕京图书馆藏明刻本,第6页。

恩,几格。太宰杨襄毅公谓:'且缓图之,以需后命。'府君上书杨公曰:'某即死,死都门外三尺地耳,必不归死先人目也。'"①王世贞兄弟暂时居住在都门外的寺院中,面对当下的时局,两人均没有好的对策,只能相对而泣,这样一来,两人只能作长时间内要一直居住在京师的打算。

为父请冤之事暂时搁置,王世贞便以交游来缓解内心的焦虑。春日,他游京师郊外,有诗作《春郊漫兴》,游善果寺,则有《善果寺杏花下歌》。京师及其周围的地方,王世贞以前京师任职时,已经和诸子游玩了多次,而此次游玩,正值杏花盛开、万物复苏之际,没有诸子的陪伴,也没有昔日相聚宴饮和诗歌唱和的欢乐,短短几年,已经物是人非,这一切使其内心更加沉重,真乃"酣来一枕江南梦,莫遣流莺恰恰啼"②。虽然其内心是如此,但是在遇到旧识张山人,听闻他以诗感旧而叹息时,王世贞就一改沧桑、伤感之情,结合春日之景,用乐观、积极之态安慰他,如其诗曰:"我自覆盆希日月,君能吹律转冰霜。相逢莫作风尘语,少室三花春正长。"③诗中看不出王世贞当时的处境,唯有对友人的关怀,可见其心胸之宽广,也许这是经历磨难后方能持有的心境,后来好友袁尊尼来访,其心境依然如此。

转瞬到五月,高拱被朝廷罢免,徐阶占得了先机,先前御史核定王忬功次的奏折终于上报朝廷。王世贞之前早有诗名,此次为亡父之事又能如此付出,使其声名益著,于是朝廷中就有人建议要补授王世贞兄弟二人官职,听闻此,王世贞连作组诗《闻命有感》五首,其五言及:"玉颜零落数经秋,听说承恩已自愁。宫监满前言不得,只将双泪滴心头。"④即他还是希望先解决父亲之事,这事一直压在心头,着实沉重。对于朝廷的起用,他虽然不明确地表态,但是已有不愿出仕之意,他另有诗曰:"贫贱诚难处,富贵宁易居? 畴为执两端,令我与愿俱。藜藿犹

① [明]王士骐:《明故资政大夫南京刑部尚书赠太子少保先府君凤洲王公行状》,[明]王士骐、[明]屠隆、[明]王锡爵撰:《王凤洲先生行状》,上海图书馆藏明刻本,第9页。

② [明]王世贞:《弇州山人四部稿》卷二十《善果寺杏花下歌》,美国哈佛大学燕京图书馆藏明刻本,第7页。

③ [明]王世贞:《弇州山人四部稿》卷三十八《张山人会于子相芙蓉馆,十五年矣,子相物故且八年,而予以伏阙会山人,山人赠予以诗,不胜怀旧之感,因赋此为赠》,美国哈佛大学燕京图书馆藏明刻本,第13页。

④ [明]王世贞:《伏阙稿》卷下《闻命有感》,国家图书馆藏明刻本,第21页。

未糁,列鼎穷珍腴。饥者靡不佳,饱者不羡余。窈窕南山云,归乎恣所如。"①他不再执着于贫穷或富贵,归乡的闲适生活才是自己所向往的,然而他此时也不能直接拒绝朝廷,毕竟,父亲之事还需要朝廷为之做主。

自此之后,王世贞虽然是在寺中与僧人共处,但是访客络绎不绝,他最近也是心情大好,故与来访者交游,如《莫大夫子良起参梁藩,入贺登极,有赠》《莫参政子良、张山人携饮天宁寺作》《曾太学携酒见访作》《顾舍人夏日过访弘法寺》《戴锦衣伯常过访》《仲子仁罢官后,出访善果寺,有作》《戴伯常锦衣携酒萧祠,贻诗见赠,未能报访,聊抒此答》《倪舍人八十有三矣,犹能跨马,见访招提,赠以佳句,第用赐环为慰,差非鄙怀,聊抒奉答》《赠临淮李小侯》《贻王百谷》《秋日王百谷、康山人、朱在明过庵居,分韵得来字》《赠朱鸿胪》等诗作,都是作于此时,他还为王穉登《客越志》作序。当然,闲暇之余,王世贞还是会翻阅书籍和整理书稿,如他阅读广泛,在《道藏》中阅读到《桓真人升仙记》一文,爱不释手,并为之手书一通。《道藏》乃道教中的书籍汇编,因此王世贞在接触佛教书籍时,已经开始关注部分道教内容。他还见五代人所摹顾恺之《女史箴》内"冯媛当熊"一段,也是非常的喜爱。在这之外,王世贞对《艺苑卮言》进行了新思考,打算改变之前的写作思路,将第六卷独立出来,开始写作《宛委余编》,他说道:"余故有《艺苑卮言》六卷。其第六卷,于作者之旨亡所扬抑表著,第猎取书史中浮语稍足考证、甚或杂而亡裨于文字者。念弃之,为其敝帚不忍,而会坐上书浮系招提中,无他书足携,间于二藏遗编小有所泛澜,或时绎腹笥之遗,合之,别成四卷。"②《宛委余编》侧重于考证,对历史的思考,之前存在《艺苑卮言》中,无疑削弱了《艺苑卮言》本身的文学性。因此,文集编纂方式的变化,也昭示着其文学思想的转变。

八月,王世贞心中的焦虑终于可以得到消除了,朝廷为其父平冤昭雪,恢复王忬原来的官职,并赐祭二坛,申时行记载道:"右都御史王公

① [明]王世贞:《弇州山人四部稿》卷十《杂感六章》,美国哈佛大学燕京图书馆藏明刻本,第2页。
② [明]王世贞:《弇州山人四部稿》卷一百五十六《宛委余编一》,美国哈佛大学燕京图书馆藏明刻本,第1页。

第四章 幽居复仕掌文坛

既场之八年,为隆庆丁卯。其伯子司寇公世贞以副使家居,徒跣诣阙下,白父冤状。天子怜其意,诏复右都御史忤官,赐祭二。"①至此时,王世贞兄弟俩为亡父请冤之事到处奔波,终于有了好的结果,这也得益于他们在无比困苦的时候,毅然地选择坚持在京师居住近八个月。他们异常欢喜,即日便南归回乡,以尽早办理父亲的安葬事宜。

王世贞兄弟俩归心似箭,途径德州时,本来与李攀龙约好了在齐河相聚,但是为了不耽误行程,此次几人未能相见,王世贞以诗《过德州,不及访于鳞,有寄》赠之,并委托李攀龙为亡父撰写墓志铭,他致信李攀龙时说道:"当事者幸哀怜先君子,予故官。不佞兄弟亦始得称人,即以其日归。计取道安德,而进要足下见于齐河。……今距济上仅三百里,而不能强马首使东,顾刺刺焉,唯舆人之诵是听。……敢以不腆之币,先容足下,其幸毋拒而惠之言。先君子死且不朽,某兄弟亦死且不朽。"②到扬州时,欧大任③闻讯前来拜访和吊唁,王世贞以诗《余与南海欧子相慕久矣,北归,过维扬,访余舟次,喜不自胜,投诗见赠,且多劝驾之语,惜无何遂别,情见乎辞》赠之,诗中多劝诫语,欧大任以《广陵驿送王元美兄弟归吴中》送之。后来经过无锡时,王世贞想到去年离世的长女,便过其殡,为之痛哭。

到家后,王世贞按照朝廷对亡父的册封,准备重新安葬亡父,如前所言,亡父去世时是含冤而亡,因此王世贞兄弟只是将亡父进行简单安葬,然后开始守丧,此次亡父平冤昭雪,官复原职,自然得重新厚重地安葬,以其功绩昭告世人。王世贞说道:"世贞等将以明年己巳之十一月初九日奉府君葬于项泾之阳,而谨泣血具状如左。惟明公哀而褒之一言。殁者得称为先君子,骨且不朽;存者唯世贞等得为人子,亦且不朽。

---

① [明]申时行:《赐闲堂集》卷二十一《都察院右都御史兼兵部左侍郎赠兵部尚书王公神道碑铭》,沈乃文主编:《明别集丛刊》第二辑,第68册,黄山书社2016年版,第335页。

② [明]王世贞:《弇州山人四部稿》卷一百十七《李于鳞》,美国哈佛大学燕京图书馆藏明刻本,第17页。

③ 欧大任(1516—1595),字桢伯,号仑山,广东顺德陈村人。生于世代书香之家,幼年即博涉经史,14岁时督学十郡优等生会考,三试皆第一,但欧大任科场运气不佳,八次乡试不中,直到嘉靖四十二年(1563)时才以贡生资格入京应试,终取得廷试第一。隆庆四年(1570),54岁的欧大任才授官江都(今江苏扬州)训导。后历任大理寺左评事、南京工部屯田司主事等职,著有《思玄堂集》《浮淮集》《西署集》等文集。

不胜恳切惶恐之至。"①即之前亡父之事一直压在其内心深处，即使与友人游玩，自己也是耻于为人子，有自卑感，此次重新安葬，不仅是亡父不朽，自己内心也释然，尽到了人子之责，终于可以傲然地立于天地之间。于是王世贞为亡父作行状，并请李攀龙作传，李春芳作墓志铭，刘采作传记、像赞或祭文，在这之外，王世贞还充分发挥所长，将亡父生前的数十百篇奏议进行整理，汇编成册，请汪道昆作序，最终"以类分者七，以卷次者二十二，以篇计者三百七十有奇"②，而在即将刊刻时，王世贞还请徐阶为之作序。

在这期间，王世贞得豫章宗室朱多煃③所寄书信及诗，在这之前，余曰德已经举荐其人，王世贞阅读其诗文后，给予了高度肯定，并认为"长踞诵之，清风穆如，乃昔人所谓千里神交，应未欺我，字字挟风霜"④，自此两人的书信交往颇多，后来王世贞更是将其与王道行、石星、黎民表、赵用贤合称"续五子"，寄予厚望。他还为从伯父王恬⑤作《征仕郎福建布政司都事一斋先生王公暨配周孺人合葬志铭》，受族孙王三锡、王三接兄弟的委托，为其父母作合葬墓志铭，名为《明故封承德郎南京礼部主事王公暨元配顾安人合葬墓志铭》。

重葬亡父之事的准备工作在有序进行中，王世贞致信感谢朝中推荐者的好意，但是他明确言及自己不愿出仕为官，他言及："冒昧强出，必至跋胡疐尾，供士大夫笑资，上负国家再造之恩，下累执事二三君子知人之哲。唯期杜门筑坏于丹铅之业，少效区区，庶几毋负门墙而已。"⑥建功立业是其年少时的梦想，而经历长久的磨难后，他自认为不可能完成，且极其失望，唯有从事著书立言之业，成一家之言，方能不

---

① ［明］王世贞：《弇州山人四部稿》卷九十八《先考思质府君行状》，美国哈佛大学燕京图书馆藏明刻本，第 25 页。

② ［明］徐阶：《世经堂集》卷十三《御史大夫思质王公奏议序》，沈乃文主编：《明别集丛刊》第二辑，第 43 册，黄山书社 2016 年版，第 374 页。

③ 朱多煃，字用晦，南昌人，朱权六世孙，封奉国将军。因南昌余曰德入七子诗社，他与王世贞交往后，获其称赞，并与王道行、石星、黎民表、赵用贤并称续五子。著有《用晦集》《芙蓉园稿》。

④ ［明］王世贞：《弇州山人四部稿》卷一百二十二《用晦》，美国哈佛大学燕京图书馆藏明刻本，第 4 页。

⑤ 王恬（1483—1554），字民熙，号一斋，世贞从伯父，尝为福建幕，常年居乡行医。

⑥ ［明］王世贞：《弇州山人四部稿》卷一百二十六《与尹御史》，美国哈佛大学燕京图书馆藏明刻本，第 15 页。

朽,这是他当下的期望。不过,他也并不是对国事漠不关心,一谈及,便忧虑国家颓废,内忧外患,这是其本性使之然。

十二月,李攀龙赴浙江任按察副使,他由北向南,经过吴中地区时,与王世贞相聚,之前由于王世贞急于返回吴中,故未能在山东相见,此次相聚,两人感触颇多,一起欢饮游玩三日后,方才分别。王世贞有诗《于鳞赴浙臬,邂逅吴门,有赠,凡四首》,李攀龙则有《答元美〈吴门邂逅于鳞,有赠〉》相和。

当年,尚有一个人的命运引起了大家关注,其前期位高权重,把持朝纲,死时已被削官,无家可归,穷困潦倒,寄食于墓舍,既无棺木下葬,更没有人前去吊唁,甚是凄凉。这人就是严嵩,一个和王世贞打过诸多交道的权臣,可以说,王世贞父亲及其自己的命运深受其影响。王世贞对严嵩恨之入骨,收悉其去世的消息后,作诗《袁江流钤山冈当庐江小妇行》,虽然是诗作,但是此诗除去标点,竟长达一千六百多字,一般的古文篇幅也是远远不及的。该文极尽叙事之能事,详细地阐释了严嵩父子及其党羽的发迹历史,揭露他们的丑恶罪行,指责他们祸国殃民、残害忠良,并认为他们会遗臭万年,遭人唾骂。其诗有言曰:"但称严少师……相公逼饥寒,时一仰天叹:我死不负国,奈何坐儿叛?傍人为大笑,嗤汝一何愚?汝云不负国,国负汝老奴?谁令汝生儿,谁令汝纵史?谁纳庶僚贿?谁朘诸边储?谁僇直谏臣?谁为开佞谀?谁仆国梁柱?谁剪国爪牙?土木求神仙,谁独称先驱?……相公寂无言,次且复彷徨。颊老不能赤,泪老不盈眶。生当长掩面,何以见穹苍?死当长掩面,何以见高皇?殓用六尺席,殡用七尺棺。黄肠安在哉?珠襦久还官。狐兔未称尊,一丘不得安。为子能负父,为臣能负君。遗臭污金石,所得皆浮云。"[1]此诗是王世贞人生的一大快诗,尽情地抒发内心不满,真是酣畅淋漓。

来年正月,王世贞将重葬亡父,卜期襄事,初九日,张凤翼三兄弟前来祭奠,张凤翼记载道:"越八年丁卯……乃特旨还公爵如故。世贞等

---

① [明]王世贞:《弇州山人续稿》卷二《袁江流钤山冈当庐江小妇行》,美国普林斯顿大学东亚图书馆藏明刻本,第19页。

将如礼卜期襄事,凤翼再率二弟具絮酒炙鸡之仪,匍匐而奠公。奠之日为隆庆二年戊辰正月朔越八日。"①王世贞与张氏兄弟的交往也越来越深厚,张凤翼三月时还向王世贞求他为求志园作记,王世贞便欣然答应,作《求志园记》一文。

后来戚继光被召入京师协理军事,恰逢汪道昆避言归里,两人便结伴而行,由于会路过吴中地区,他们商议一起去拜访王世贞。戚继光之前和王世贞已有书信往来,据郑利华考证,嘉靖四十二年,王世贞结识戚继光②,此后两人的书信来往不断。好友远道而来,王世贞自然高兴,他与王世懋一起在小祇园款待他们,众人开怀畅饮,不仅谈及诗文,还有军事,这既是王世贞所感兴趣的,也是戚继光所擅长的,此次连续欢饮三日,酒宴期间,戚继光十分恭敬地向王世贞奉上宝剑一柄,此剑是他自东南海中打捞出巨铁,并命令良匠打造成三柄宝剑,戚继光和汪道昆已经各自配备一柄,王世贞获赠宝剑,内心大悦,想当年,他也是想仗剑以建功立业的,于是当即作《戚将军赠宝剑歌》以感谢戚继光。王世贞后来还陪同戚继光和汪道昆游览当地的各种园林,最后送到吴门相别。相别之际,汪道昆劝诫王世贞现在朝局混乱,其亡父之事刚安定,再加上他文名天下,不要急着复出为官,以免成为众矢之的。汪道昆曾记载此行,他说道:"时元美治小祇园,吾二人以轻舟微服至,元美披褐而出,则二客皆羽衣。敬美犹摄衣冠,执士相见礼。元敬以盘水奉剑,跽进曰:'不佞继光尝以戈船逐寇,从大海中得巨铁寻丈,绀青、朱绿、黔黩,不啻尊彝,属欧治为良剑三,司马与继光各佩其一,其三在椟,愿归长公。'于时木兰着华两楹,予与元美各据一本,席地以华筹酒。酒行累百,宾主嗒然。适外客以苛礼前,予摽而就寝。早起,元美出十绝句,击剑而歌,再信遍历诸园,舣舟吴门而别。予负匹夫之谅,阴戒元美毋起家。元美额之。予不自知其言无当也。"③汪道昆此言也是出于对挚友的关心,因为他深有体会,此次归里,就是为了躲避众人之言的。

该年春,朝廷的流言又起,多有举荐王世贞兄弟为官的,之前王世

① [明]张凤翼:《处实堂集》卷七《祭王中丞文》,国家图书馆出版社 2013 年版,第 235 页。
② 郑利华:《王世贞年谱》,复旦大学出版社 1993 年版,第 145 页。
③ [明]汪道昆:《太函集》卷七十六《沧州三会记》,黄山书社 2004 年版,第 1552 页。

贞已经委婉地谢绝了他们的好意,表明自己无意仕宦,但是从家族的整体利益考虑,还是得有一位在朝廷任职的人,以为家族的发展保驾护航,这也是其亡父的观念。所以王世贞力主王世懋复出为官,以慰藉亡父的在天之灵,而自己就留下来照顾母亲郁夫人。郁夫人同意了王世贞的安排,其实这也符合王世贞在青州任上的想法。于是他们送别王世懋赶赴京师,还在去京师的路上,王世懋就被朝廷授予南京礼部仪制司主事,这是他第一次为官,之前因为亡父事发,自己和兄王世贞已经辞去功名,而当时王世懋刚刚中进士,还没有授予实质性的官职。此次授官,王世懋还没到吏部报到就被任命了,王世贞为之惊奇,他说道:"弟行至河间道中,而报除南京礼部仪制司主事。不之吏部选,而径为京朝官,皆异数也。"①而王世贞虽然没有出仕,但是他在家中也未曾闲着,一直为亡父之事操劳,他向两台官员请求增列亡父于乡贤祠,以供后人瞻仰,并计划在冬日那天重新安葬亡父,他于是请李攀龙为亡父的新墓地作碑文。而当时巡抚南直隶右金都御史林润会同巡按御史温如玉、提学御史周弘祖都奉诏奉应得赠谥祭葬大臣,王世贞于是发觉父亲只是被朝廷官复原职,赐祭二坛,并没有评定亡父之功,赠谥号,他便想向朝廷争取,对于此他曾解释道:"吏部题奉圣旨:'王某准复原职。'臣时获启稿葬之骨以归夜城,举生存之衔以题墓道,于愿差毕,岂敢复有觊觎?而会巡抚南直隶右金都御史林润会同巡按御史温如玉、提学御史周弘祖奉诏奉应得赠谥祭葬大臣,润疏谓臣父材久著于用世,德素重于乡评。……虽经伊子具奏,蒙恩准复原职。而十载边陲,劳迹难泯,罪既昭雪,功应议录。其如玉、弘祖二疏,尤极揄扬。臣不敢一一举渎天听。"②即王世贞认为当年在获知亡父官复原职后,不敢有所希冀,便急忙赶回吴中准备重新安葬亡父之事。但是参照他人获得的赠谥,亡父驻守边疆十载,功勋卓著,瑕不掩瑜,应该被赐予谥号。不过礼部大臣认为高拱和徐阶曾为亡父之事争论不休,徐阶与亡父有所往来又是

---

① [明]王世贞:《弇州山人续稿》卷一百四十《亡弟中顺大夫太常寺少卿敬美行状》,美国普林斯顿大学东亚图书馆藏明刻本,第6页。

② [明]王世贞:《弇州山人续稿》卷一百四十四《乞恩俯念先臣功行推申部议,特赐恤典,以光泉壤疏》,美国普林斯顿大学东亚图书馆藏明刻本,第15页。

事实,且另一应恤者都御史朱纨复以干揽商舶,不能通融其私,而被朝廷拒绝,亡父之事则因议论太多,未有定论而被暂时搁置了。

虽然王世贞向朝廷为亡父求谥号的愿望暂时没能达成,但是亡父之事已经发生了根本性的转变,由罪臣到功臣,朝廷也恢复其官职,让其享受二坛的祭祀,因此,王世贞为父请冤的基本夙愿已经达成,他内心的石头终于可以放下,可以重新为人子了,不再有那么沉重的自卑感和愧疚感。

第三节　仕途辗转

隆庆二年(1568)春,吴中地区遭遇了旱情,而太仓由于之前已经重浚七浦、杨林、盐铁、青鱼泾、吴塘、顾浦等河道,盘活了整个水域体系,让江海和内河连成一片,因此在此次春旱中,沿河居民没有受到太大的损失,王世贞作《太仓州重浚诸河碑》一文以记之,下雨后便有诗作《久旱得雨》以歌之。好友顾圣之当月前来拜访,两人相谈甚欢,竟然狂谈了将近一个月,王世贞有诗作《顾季狂见过,狂谈竟月,于其行也,诗以赠之》相赠。可见,王世贞让王世懋外出为官,将亡父之事安顿好后,自己在家侍奉母亲,照顾家里,倒也乐得自在。

四月初十日,得到邸报,获悉自己已经被朝廷任命为河南按察司副使,整饬大名等处兵备,此次朝廷的任命不是随意的,其实早就有征召之意,这是因为王世贞归乡,并非任上犯有过错而遭免官,而是为救亡父而主动辞官,且其亡父已经被平冤昭雪,官复原职,再加上王世贞的才能众人皆晓,可堪大用,所以朝廷也不会任由他赋闲在家。不过南琐台处认为王世贞文名之盛,且擅长文史考证,故认为可以让他去参与国史编纂,而徐阶、杨博等人则认为该充分发挥王世贞所长,让他去做地方官员,独当一面,青州大治就是很好的例子。在多方意见的博弈之下,最终朝廷还是按照徐阶、杨博等人的意见执行,让王世贞负责大名等处兵备。

当时王世贞尚在病中,未曾痊愈,如本来和汪道昆约好一起游玩太湖的,却因病未能成行,他便作诗《送汪中丞伯玉游太湖,以病不能偕》

以赠之，再加上他本来就不愿意再进官场，所以他于五月十八日，向朝廷上疏，因病恳求依旧致仕，他在《患病不能赴任恳乞天恩仍旧致仕疏》中说道："先于本年三月内感冒寒湿等疾，左足痿痹不仁，动止须赖扶曳。即今延医用药调治，未见痊可。大名畿辅之地，兵备紧重之官，若使迁延时日，坐待病痊，不唯有违简书，抑且上负恩德。展转思之，实为狼狈。伏望皇上鉴臣犬马之诚，靡敢不尽。悯臣蝼蚁之命，或所当矜。查例准令照旧致仕，庶几未死之年，得以沐浴圣德，歌咏太平。臣不胜迫切恳恋之至。"①其好友李攀龙和徐中行在知道王世贞拒绝复出为官时，便多加劝慰，督促他早日上任，如李攀龙诗曰："莫道渔樵计已安，主恩堪为一弹冠。足知上国群公疏，犹作中原二子看。虎观迥连嵩少起，龙门高倚大江寒。与君聊玩人间世，明日抽簪未是难。"②但是王世贞以诗《于鳞、子与以诗劝驾，有答》进行了答复，他认为自己当年因为家难辞官，历经磨难后，现在已经才尽，不愿意再涉及官场的争斗，宁愿垂钓，享受自在的生活。不过耐人寻味的是，当朝廷下诏向世人寻求直言进谏时，王世贞却很是积极地撰写《应诏陈言疏》，在指出朝廷当下的弊政之后，还提出八条具体措施："法祖宗，以弘圣德；正殿名，以尊治体；酌恩义，以处宗室；宽禁例，以求才哲；修典章，以彰国纪；推德意，以昭大劝；明爵赏，以徕异勋；练兵实，以重根本。"③虽然王世贞对于此举的自我解释是可以向朝廷进言，但是"不复任驰驱，请以死辞"，即坚持不复出为官，从中可见王世贞只是对官场厌恶，而并非对天下之事置之不理，他宁愿做一个普通的监督者，为国家的发展贡献自己的才智，也不愿深陷其中。

徐阶、杨巍等人得知王世贞不想复出为官后，也对他进行劝说，晓以大义，动以真情，并责令他要出仕河南按察司副使，而为了防止他再次找其他理由拒绝上任，他们还让王世贞的同乡郭吏部派一人驻守在

---

① ［明］王世贞：《弇州山人四部稿》卷一百九《患病不能赴任，恳乞天恩，仍旧致仕疏》，美国哈佛大学燕京图书馆藏明刻本，第7页。

② ［明］李攀龙著，包敬第标校：《沧溟先生集》卷十《元美起家按察河南，寄促之官》，上海古籍出版社2014年版，第319页。

③ ［明］王锡爵：《王文肃公文集》卷六《太子少保刑部尚书凤洲王公神道碑》，上海图书馆藏明刻本，第5页。

他的家中,负责日夜督促。此时家人也知道了朝廷的任命,纷纷议论开来,未曾想母亲郁夫人也加入其中,她呵斥王世贞要听从朝廷的安排去上任,还先是自己以不吃饭相威胁,要王世贞明白供养家族的重任,其次则是亡父之事还没有结束,朝廷没有批准后来所求的谥号,要王世贞不能休闲自在,得努力去争取,如果不在朝廷为官,则争取的难度更大。面对这种局面,王世贞只能答应出仕为官了,他向汪道昆说出了自己的种种无奈,他说道:"宰公者贻札数百言,责仆以大义,谓当出。相公言则少,而辞加峻。已又属乡人郭吏部坐一介吾家,谓:'不出,何以复宰公命?'……乃窃闻老母为损匕箸,曰:'吾何以供而之食客也?'又弗应,则又曰:'而不念而父之事未竟也,而拂造物者。夫造物者造而父,而拂之以自完,则可,吾何赖于后?'不获已,乃姑为若出者。"①王世贞之所以向汪道昆诉说,是他认为只有汪道昆理解他的想法,毕竟他曾叮嘱过王世贞不能轻易出仕,因此王世贞向汪道昆解释自己为何最终没有听从他之前的建议,而选择了出仕。

虽然答应了朝廷的委任,但这毕竟不是自己内心的真实想法,对待此事,王世贞还是有点懈怠,如在炎热的暑夏,王世贞又病了,于是他选择暂时不去赴任,而是在家休养,并有诗作《夏日归庄居即事》,其中有句"抱病城居暑不辞,暂归风物总相宜"②,则是他当时内心的真实写照。六月初,李攀龙过访,两人短暂相聚,他为王世贞选择出仕而高兴,但对其居于小祇园的清静无为之态略有担心,毕竟他已经答应朝廷出仕有一段时间了,现在却还在家中,朝廷怪罪下来,怕是有所不妥。果然,就在当月二十七日,王世贞再次接到了吏部文书,催促其尽快上任。不过王世贞直到七月底才启程赴任,并且他对此行并没有长远打算,他不仅没有携带家眷,而且连自己平时喜欢的书籍等物也没有随身携带。

在赴任的路上,他与徐中行相遇,两人便一同北上,他告诉了好友自己的想法,他说道:"道得偕足下,稍自宽耳。……兹时虽北行,不携

---

① [明]王世贞:《弇州山人四部稿》卷一百十九《汪伯玉》,美国哈佛大学燕京图书馆藏明刻本,第2页。
② [明]王世贞:《弇州山人四部稿》卷三十九《夏日归庄居即事》,美国哈佛大学燕京图书馆藏明刻本,第7页。

家,所常玩习书卷亦无从者。业以再疏上,报可,即顺流而南。"①即自己时刻准备着再次上疏乞求致仕归乡。不过,对于离开家人,再次出仕,王世贞的内心还是颇有感触的,其诗《迫檄首路,拟再陈情,感怀有作》曰:

> 山公援侍中,实以世交故。周子怨都亭,知为一官误。余本解官人,岩薮焉能固。况兹回光瞩,差用洗沈懍。栖迟犹二始,踯躅当三辅。孟门苟已出,康庄知前骛。款段终在枥,谁为讥蹇步。铅刀冀一割,锋锷恐非故。巨痛时碟心,深忧恒栖嗦。露款一申言,皇览不反顾。陨涕别亲慈,含辛首前路。嗣章倘见俞,改服还韦布。②

因此王世贞内心还是充满矛盾的,他的身体是在赴任的路上,心却还在家中。并且他对之前铅刀一割的梦想,进行了否定,亡父之事造成的内心疼痛依旧存在,再次离开家人更是让他感到痛苦。所以刚到京口,王世贞便上书请求归乡,奈何抚台送来的不是朝廷的批准,而是限期上任的檄文,不得已,王世贞只能继续前行。到江都,逗留十天,与友人相聚,其中最高兴的莫过于见到欧大任,并应其请求,为《浮淮集》作序。

经徐州时,他便又以病重为由,向朝廷上书请求归乡,不过他此时还与徐中行等人一起游玩云龙山,而在获悉徐阶致仕南归、暂时居住济宁的消息时,他以为自己此次的乞休之请会得到批准,便和徐中行等人前往济宁拜谒徐阶。然而到达济宁后,徐阶对王世贞当下的行为有所责怪,但也知道他内心的想法,便加以慰藉和勉励。八月十五日,在与徐中行相别之后,他有所不舍,在八月十七日,他就接到了朝廷对其上书的答复,朝廷坚决不准他的请辞,责令严厉,还勒令他加快行程,早日到任。王世贞向汪道昆再次诉说道:"移舟至彭城待命。时有邸报,相

---

① [明]王世贞:《弇州山人四部稿》卷一百十八《徐子与》,美国哈佛大学燕京图书馆藏明刻本,第 10 页。

② [明]王世贞:《弇州山人四部稿》卷十《迫檄首路,拟再陈情,感怀有作》,美国哈佛大学燕京图书馆藏明刻本,第 13—14 页。

公厌政事还里。仆窃自喜：'庶几其遂余私乎？'所上书人再归，而书再寝如故也。盖宰公之言加峻云。又不获已，而往之魏。"①既然屡次乞归不准，于是王世贞加快了自己的行程，在八月二十四日到任。这次到大名，属于故地重游，上次到大名还是十二年之前的奉诏察狱之事，他内心颇有感触，诗曰："按章三辅狱能空，始向东方引画熊。一疏去为吴市卒，十年还试右扶风。沙头竹马抛宁在，郢手风斤老更工。稍待县官公事了，步兵还拟醉江东。"②在感叹时间易逝、物是人非时，他还是希望早日了却公家事，能够早日回到吴中地区。

既然到任了，那按照王世贞的做事风格，他也不会再拖沓，三日后，他便要视察各地，了解相关情况，据《历三关记》《历黄榆马岭记》等文中的记载，王世贞八月二十七日前往易州，以及真定府的龙泉关、故关、娘子关等处。九月九日至完县，十日抵曲阳，十一日路途中拜谒北岳庙，遥望五台山的雪，经龙泉后，抵达阜平。十二日一早便从阜平出发，经鞍子岭、长城岭，直到二更天才抵达阜平县治。十三日又是一早出发，最终夜宿查头集。十四日一早从当地出发，抵平山。十五日则从平山出发，中午时分过井陉后入故关、娘子关，然后再回到井陉。历三关后，返回内丘，继续行视各处。次日经陂陀土山、黄寺堡、米花村、龙霄山，视察宋家庄堡、黄榆岭诸堡，晚上再返回宋家庄堡居住，以当祀囊。他最终经顺德，暂还大名。从这一路的行程可知，在一个月之内，王世贞基本走遍了管辖的区域，而且经常日夜兼程、披星戴月，在交通不发达的古代，可想其路途艰难，不过这是他为官办事风格的体现，雷厉风行。

该年秋，王世贞前往吊唁卢柟墓，感叹他死后凄凉，同时也触景生情，想起亡父之事，顿时伤感倍增，诗中有句曰："风吹英雄泪，忽与千秋徂。倘遇祢正平，狂鬼晚不孤。"③他还主动联系友人，如寄诗给谢榛，以诗《长短句调子与补楚臬》祝贺徐中行升任湖广佥事，并多次诉说此次

① ［明］王世贞：《弇州山人四部稿》卷一百十九《汪伯玉》，美国哈佛大学燕京图书馆藏明刻本，第2页。
② ［明］王世贞：《弇州山人四部稿》卷三十九《履大名任作》，美国哈佛大学燕京图书馆藏明刻本，第11页。
③ ［明］王世贞：《弇州山人四部稿》卷十五《遣吊卢柟墓》，美国哈佛大学燕京图书馆藏明刻本，第20页。

的复出是无奈之举，而对于他不该出任的话语，王世贞只能隐忍，以致他一边想在其位，谋其政，一边又在准备再次乞求归乡的奏折，其言及："郡政简，可以日晏坐堂皇，不移晷而决。然仆未尝不五鼓起坐也，食味减家十之五，酒益减十之八。"①这便是其矛盾内心在日常生活中的体现。在大名后十余天，王世贞继续进行巡视，到屯黄寺后再至宋家庄堡、上马岭等地，晚上居住于关上，第二日五鼓便起来巡阅西城关，并命属下行视锦绣堂堡。在这期间，王世贞新认识魏允中②，读其诗文，大为赞赏，断定他以后必定成才，前途无量。王世贞与他交游，作有《余携大名魏生至顺德，复得二赵生，论文日久，酒间有赠》《赠魏生十四韵，吾迩来未尝作此许人语也，其毋负我》等诗，魏允中有《余在黄寺将归之前一日，观察王公邀宴北山，晚复移尊水亭，遂作饯别，各赋一章》和之。后来秋防即将结束，王世贞就将之前准备的乞休奏折上书朝廷，希望能够得到准予致仕的答复。

　　内心矛盾重重，以致在冬至日，王世贞深夜思念家乡，辗转反侧，夜不能寐，独自坐起则更加神伤，诗曰："一枕乡山路未真，篝灯起坐独伤神。天心肯傍微阳转，物色从争朔气新。久客爱听初减漏，唤班羞作未归人。江南两地俱愁寂，总向天涯话病身。"③当月他还曾为杨继盛作行状，一想到往昔之景，念及亡父之难，便悲痛难忍，在书写此行状的过程中，他更是悲痛欲绝，多次停笔哭后而作，才断断续续地将《杨忠愍公行状》写完。

　　虽然王世贞屡次上书朝廷，希望能够乞休后回到吴中地区，且自己内心也是充满惆怅，但是他在大名任上，还是始终恪守本职工作，政绩

---

① [明]王世贞：《弇州山人四部稿》卷一百十八《徐中行》，美国哈佛大学燕京图书馆藏明刻本，第10页。

② 魏允中(1544—1585)，字懋权，河南南乐人。早年乡试第一，为王世贞所赏识，与顾宪成、刘廷兰并称"三解元"。万历时与其兄魏允贞、弟魏允孚先后举进士，时称"三魏"。任太常博士、吏部主事，弹劾执政，时人侧目。不久病卒。为政与顾宪成齐名，为文与李维桢、屠隆、胡应麟齐名，著有《魏仲子集》。

③ [明]王世贞：《弇州山人四部稿》卷三十九《长至夜起坐忆家》，美国哈佛大学燕京图书馆藏明刻本，第17页。

斐然。如他曾向东明的石星①询问地方疾苦，在得知当地婚丧风俗的奢靡情况后，就改大名婚丧之礼，以减轻人们的经济负担。后来又由于大名与真定相邻，军中供输亦各半，正好遇到大名阙饬兵使，治理真定的官员便想让大名承担十分之六的供给，从而让真定只承担十分之四。王世贞知道后，马上向巡按据理力争，要求还是维持原来的供给量，不能随意增加，最终大名的供输果然没有额外增加，人们的劳役也没有增加，王世贞此举赢得了大名官员和百姓的一致称赞。屠隆说道："（王世贞）在大名，酌昏丧，变风俗，裁供输，苏民困，声猷卓然。"②在这之外，王世贞还立足各地的实际情况，旌表地方忠义之士，树立模范，以劝风化。如他充分发挥自己的文史所长，考郡掌故，修唐狄梁公、宋寇莱公、韩魏公祠，附东郡太守翟义主于名宦祠，为之作歌。同时又以废署立忠孝堂，祀故唐沂公田弘正父子，作《忠孝祠碑》记之，且歌颂之，重修大名旧守张瀚③祠，为之作记。他还因感石星以直谏罢归、穆文熙④以义救石星自罢事，表彰二人故里为忠义乡。王世贞做的这一切，使各地民风为之一变，百姓拍手叫好。

此次出任大名兵备副使，是承接之前的青州之任，青州任上两年有余，所以王世贞很快就到了三年的期满考核，对此他有颇多感触，其诗曰："踯躅今三辅，婆娑旧一官。原无出谷想，不验触藩难。下考吾能注，头衔自懒看。未须啼谢豹，物意总阑残。"⑤他已经不太注重官职品级的增减，两地任职，虽然在任的时间加起来是满三年，但是这期间跨

① 石星(1537—1599)，字拱辰，号东泉，大名府东明县人。嘉靖三十八年(1559)进士，擢吏科给事中，后因隆庆帝即位，劝谏皇帝而被施以杖刑，贬斥为民。万历初年，复职，万历十九年(1591)官至兵部尚书。后来由于在日本侵略朝鲜的战争中，封贡事败而被下狱论死，最终万历二十七年(1599)死于狱中。

② 屠隆：《大司寇王公传》，[明]王士骐、[明]屠隆、[明]王锡爵撰：《王凤洲先生行状》，上海图书馆藏明刻本，第9页。

③ 张瀚(1510—1593)，字子文，号元洲，杭州仁和人。嘉靖十四年(1535)进士，历任南京工部主事，历任庐州知府、大名知府、大理寺卿、刑部右侍郎、兵部侍郎、南京右都御史，累官至吏部尚书，加太子少保。卒赠太子少保，谥恭懿。著有《松窗梦语》，《明史》有传。

④ 穆文熙(1532—1617)，字敬甫，大名府东明县(今山东东明县)人。嘉靖四十一年(1562)进士，历任工部郎中、尚宝寺寺丞、吏部考功司员外郎、广东按察使等职，累官至南京兵部侍郎。

⑤ [明]王世贞：《弇州山人四部稿》卷二十八《秩满三载，移牍有叹》，美国哈佛大学燕京图书馆藏明刻本，第15页。

度太大,他经历了太多的人生磨难,让他看待很多事物时,总是带有悲凉的意味,这是他近十二年来的内心写实。

由于出色的政绩,在除夕时,他收到了朝廷任命他为浙江左参政的邸报,即变向告知他之前的乞休之请不予批准。在这之外,王世贞新交当时客居清源的好友郑若庸[①],两人互通书信,他还为中军都督府金事杨尚英在太仓建成的日涉园作《日涉园记》一文,盛赞其园林之美。而在为文徵明作传时,王世贞不仅肯定他为一代文坛宗主,同时反思自己的文学认知,悔恨自己之前轻视其文学成就,他说道:"文徵仲太史有戒,不为人作诗文书画者三:一诸王国,一中贵人,一外夷。生平不近女色,不干谒公府,不通宰执书,诚吾吴杰出者也。吾少年时不经事,意轻其诗文,虽与酬酢而甚卤莽。年来从其次孙请,为作传,亦足称忏悔文耳。"[②]这是王世贞成长的表现,他现在的文学主张不像早年那样稚嫩,毕竟当年与文徵明相识时,其文学主张尚处于开始阶段,并且自己的复古主张和吴中文风有所不同。另外,他的次子王士骈出生于此年,多少给其矛盾的内心带来一些安慰,让他看到了家族发展的新希望。

来年正月,王世贞启程离开大名,赴任浙江左参政。过临清时,他与郑若庸再次小聚,十六日,在齐河与李攀龙相聚,两人痛饮而别,当时李攀龙已经自浙藩迁长汴臬。二月,惊闻吴维岳去世的消息,他忍痛为之作祭文。渡过长江后,在南京与王世懋相会于天界寺,两人五日后而别。由于此行路过吴中地区,王世贞便顺道归家,并应河南巡抚之请,督促归有光早日去顺德上任,在这之外,他还前往华亭拜谒徐阶,与之深谈,聆听教诲。到了家中,王世贞内心不愿为官的想法愈加突出,他私下派人前往京师上乞骸之书,但非常不幸运的是,此书在下邳时遭盗遗失,以致此次乞归之事只能作罢,他只能不情愿地再次启程赴任,他曾向李攀龙诉说道:"上书人至下邳,为盗憎,并书失之,委顿返。徐相公闻而沾沾喜,且笑我曰:'天意也。书即上,如太宰何?'会逾期久,狼

---

① 郑若庸,字中伯,号虚舟,昆山人。其诗与谢榛齐名,著有《北游漫稿》。《四库总目》所著曲有传奇《大节记》《五福记》等三种,《曲录》今仅存一种。
② [明]王世贞:《弇州山人四部稿》卷一百四十九《艺苑卮言六》,美国哈佛大学燕京图书馆藏明刻本,第8页。

狈抵任。"①四月，王世贞始抵浙江左参政任，不承想刚到任后，他就上书抚台请求归家，这一请求再次遭到拒绝。不过在本职政事方面，王世贞却丝毫不敢怠慢，甚至有点超乎他人预料，如他一到浙江，就摘除墨吏讼师，并裁抑不法巨室，维护官场的清风正气。

在日常政事之余，王世贞仍然喜欢交友、游玩，如归安人茅坤②奉上书信求交往，其书中多言王世贞和李攀龙诗文取法之高，他认为："独二公远溯骚人以后之旨，而揣摩之。高者入雅、颂，次者宗汉、魏，下之三谢、颜、陆、江、鲍，无不得其形似。非当刻镂文章之世，而力返之以土簋怀饮至旧；朱冕藻棁之后，而复挽之以毛衣穴寝之古者乎？譬之逆河而航，亦雄也已。即如五七言近体及长歌绝句诸什，往往斧藻李、杜，鞭挞高、岑，其匠心所至，甚且唐人所不能，而二公时时抽逸响，出别调焉。"③茅坤超越文学流派的局限，对王世贞、李攀龙进行高度肯定，这也在于王世贞等人所持的复古之论不似以前激烈，转向平和，能够突破一派之论，因此茅坤和王世贞开始结交，共同讨论诗文，这是文坛幸事，再加上王世贞与归有光之间的往来，这些可以破除后人对复古派和唐宋派矛盾斗争的浅显认知。在结交茅坤之外，王世贞与陆纶、范应期等人游山玩水，浙江之地历史悠久，风景名胜不胜枚举，非常符合交游之需，王世贞也是乐得其所，在交游中，创作了大量诗文，如《初至杭，左使郭公、右史莫公邀宴西湖，大风雨归作》《薄暮赴枭中诸公期，未归，出憩湖上，旋得新月，湛然独胜，因成此篇》《吴比部、范太史邀游岘山二章》《岘山有朋寿堂，盖为大司马蒋公、刘公、大司寇顾公筑也，己巳岁，余与吴比部、范太史嗣游焉……》《由钱塘门度六桥堤》《夜登吴山，访紫阳庵，即事》《同年马通政、吴太常、顾沈二臬及凌守要予与蔡宪使饮太虚楼》《飞来峰》《岳王墓》《玉泉寺观鱼》《北高峰望大江暮归，即事》《游南高峰》《山

① [明]王世贞：《弇州山人四部稿》卷一百十七《李于鳞》，美国哈佛大学燕京图书馆藏明刻本，第18页。
② 茅坤（1512—1601），字顺甫，号鹿门，湖州府归安（今浙江吴兴）人，嘉靖十七年（1538）进士，曾任广西兵备金事、大名兵备副使等职。其文武兼长，雅好书法，提倡学习唐宋古文，曾编选《唐宋八大家文钞》，推崇韩愈、柳宗元、欧阳修、苏轼等人，与王慎中、唐顺之、归有光等被称为"唐宋派"。著有《白华楼藏稿》《茅鹿门集》等文集。
③ [明]茅坤：《茅鹿门集》卷四《与王凤洲大参书》，沈乃文主编：《明别集丛刊》第二辑，第92册，黄山书社2013年版，第52页。

行至虎跑泉庵,次苏长公石刻韵》《游净慈寺》《与诸公携酒昭庆戒坛,陈少参从僧讲律仪,口嘲》《道场山绝顶望太湖》《赠潘中丞时良,尝视北畿学,按部南中》《邀中丞潘时良、大参陆理之登岘山作》等诗文皆作于此时。

自五月至闰六月间,浙江的雨季来临,王世贞所管辖的杭、嘉、湖三府雨水不止,发生了洪涝灾害,从而导致物价上涨,富人则纷纷囤积粮食,妄图高价卖出,以赚取高额利润,而灾民却是嗷嗷待哺,空腹挨饿。见此情景,王世贞于是带头捐五十金,以倡导所有官吏积极赈灾,并募民纳粟于廪,最后获得粮食三万石,这就可以帮助贫困户代缴赋税,而且还能赈灾。除此之外,王世贞还上书朝廷,陈述百姓疾苦,请求朝廷改税折,将湖、嘉、杭三郡起运、漕粮或折或蠲,停革一切颜料、加派、织造等项,清查内府、内官、御用大小各监局钱粮,严核京营行伍,淘汰锦衣诸卫寄籍老弱及内府各项匠役和冗食,倡导节制侈靡、躬行节俭。王世贞此书涉及面颇广,也涉及多人的利益,众人均不看好其言,认为朝廷肯定不会答应这些奏请。果不其然,朝廷没有批准王世贞的这么多请求,只是改折浙西租税十五万,从而为老百姓的生活提供了部分保障。王锡爵大赞王世贞的义举义行,他曾记载道:"(王世贞)乃首捐俸五十金,积谷以风富人。富人之粟益出。至冬得三万石,以代贫下户赋,而以其余赈。复上疏言:'吴越新罹兵火,它供亿繁兴,民不堪命。请汰内府、内官、大小监冗食及清锦衣诸卫寄籍者,为根本计。'事虽未尽行,然竟得改折漕粮十五万,三郡人赖焉。"①其实王世贞的这些行为,也为王锡爵日后提携他打下了基础,赢得了好的印象。

闰六月,王世贞过访徐献忠②时,听闻他即将要赴罗翁仙约之事,这是王世贞第一次接触仙道之事,以致听闻时甚为诧异,然而不承想,在这之后,这却成了他后来人生经历的重要组成部分。初七日,王世贞登道场山、何山,有《登道场山作》《傍有何山亦佳,闰六月初七夜,戏为天

---

① [明]王锡爵:《王文肃公文集》卷六《太子少保刑部尚书凤洲王公神道碑》,上海图书馆藏明刻本,第5页。
② 徐献忠(1483—1559),字伯臣,号长谷,松江府华亭人。嘉靖四年(1525)举人,授奉化令,有政绩,寻弃官寓居吴兴,工诗善书,著有《百家唐诗》《六朝声偶集》《乐府原》等文集。

孙赋此》等诗作。七月初，王世贞准备仆人和船送徐献忠赶赴仙约，顺便游玩钱塘半个月，归后再度拜访徐献忠时，却惊闻他已经离世。王世贞询问他人后方知，徐献忠赶赴仙约，一直没有遇到仙家，更不要说长生不老之事了。本来王世贞对仙道之事有所怀疑，再度拜访徐献忠也是为了解开心中的疑惑，如果仙道之事果真存在，又未尝不是他解脱人生困境的一种途径，因此他面对徐献忠之死，产生了更多的感慨，认为世事无常，他说道："罗事不足深论，独叹生世之无凭，如释氏所谓一刹那间者。而余与先生得之晚而失之易，为可悲耳。"①在这之后，王世贞为董份②贺寿，并与他和范应期等人一同在砚山夜饮，泛游碧浪湖，有诗作《宗伯董丈枉饮岘山，泛碧浪湖，时范太史伯祯、陈都谏体干在坐，太史将赴召北上，宗伯遂成一章，予嗣得其二，一用公原韵，一用近赠公韵》。

九月，浙江举行乡试，文名天下的王世贞受委托作《浙江乡试录后序》一文，他本就喜欢文学，重视文化建设，如其在青州任上，大力提升乡试的录取比率，所以他对此事也是格外高兴，"不佞获窃比于三主试者，不甚幸至荣哉"③。初九日，王世贞在杭州时本想与诸友共游两高峰，以完成节日的登高之举，奈何当天下雨而未能成行，只能与诸友宴饮于灵隐寺，后共游西湖，他有《九日省中诸公邀游两高，遇雨不遂，小酌灵隐》《同年吴太常、马通政、顾宪副、沈宪金邀杨大参共泛西湖，分韵得迟字》等诗作。该月，王世贞行经金华、括苍、严州、富阳、桐庐、建德等多地，尽己之责。在这期间，他曾致信徐中行讨论诗文主张，他认为：

> 仆于诗，格气比旧似少减，文小纵出入，然差有真，得以告足下。大江而上，自楚蜀以至中原，山川莽苍浑浑，江左雅秀郁郁，咏

① ［明］王世贞：《弇州山人四部稿》卷一百二十九《送徐长谷诗后》，美国哈佛大学燕京图书馆藏明刻本，第7页。

② 董份（1510—1595），字用均，号浔阳山人，浙江乌程县（今湖州）人。嘉靖二十年（1541）进士，改庶吉士，授翰林院编修，参与纂修会典。转右春坊右中允，管国子司业事，世宗斋居西宫时，亲点为翰林学士，得乘骑出入宫廷之中，斋醮仪上"天神"表文多出其手。后历任礼部右侍郎、工部尚书、礼部尚书等职。万历二十三年（1595）三月初五日卒，年八十六，有《泌园集》行世。

③ ［明］王世贞：《弇州山人四部稿》卷七十《浙江乡试录后序》，美国哈佛大学燕京图书馆藏明刻本，第6页。

歌描写，须各极其致。吾辈篇什既富，又须穷态极变，光景长新。序论奏札，亦微异传志，务使旨恒达，而气恒贯。时名易袭，身后可念，与足下共勉之。①

即对于自己的诗文创作，随着阅历增加，他明显感受到自己格气少减，为文贵在求真，且文学创作与地域有很大的联系，创作时要发挥所长，要有创新，文章还重在整体文气的贯穿，可见王世贞始终没有放弃对文学的追求，对文学的领悟和感知也越来越深刻。他后来在浙江访得何镗②《古今游名山记》，爱不释手，在搜集其散佚文章之外，依照其创作体例，汇编多篇古今为园者的诗赋文章，因别墅依山傍水，便将新集取名为《古今名园墅编》。王世贞创作丰富，黄美中选取其诗文，编纂成《凤洲笔记》二十四卷，并在序文中盛赞王世贞的文学成就，此举则有助于他的立言之业。

十月，王世贞请假回吴中安葬亡父，诸友相送，如张时彻③为其亡父作诔文，王世贞以诗《大司马张公惟静着〈皇明文苑〉成，复为先公作诔，敬赋以谢》谢之，董份则先是赠诗三首给王世贞，以表惜别之情，另赋诗三首追挽王世贞的亡父，王世贞悉数和之。王忬之前曾在浙江任职，抗击倭寇，守疆有功，久负盛名，当地百姓对他非常感恩，将他与伍子胥、岳飞、于谦并列，位于名贤祠，王世贞也曾去祭拜过，后作《浙三大功臣赞》推崇刘基、于谦、王守仁的功绩，其实这是变相地抬高其亡父地位。在十一月初九日，王世贞将亡父的灵柩重新安葬于太仓项泾之阳，从而再次勾起了自己对亡父的思念，他悲痛难忍，号啕大哭。安葬好亡父，王世贞返回浙江任上，后朝廷升迁他为山西按察司按察使，为官非其本意，之前屡次乞休之文均没有批准，却迎来了新的委任，他作诗以自嘲，

---

① [明]王世贞:《弇州山人四部稿》卷一百十八《徐子与》，美国哈佛大学燕京图书馆藏明刻本，第11页。

② 何镗(1507—1585)，字振卿，号宾岩，丽水人。明嘉靖二十六年(1547)进士，初授进贤知县，为人刚直，不畏权贵，有政声，历任开封府丞、潮阳知县、江西提学金事等职，累官至河南布政使，编成《古今游名山记》《中州人物志》，著有《修攘通考》《翠微阁集》等文集。

③ 张时彻(1500—1577)，字维静，号东沙，又号九一，明代鄞县布政张家潭村(今属古林镇)人。嘉靖二年(1523)进士，历任临清兵备副使、福建右参政、山东右布政使、四川巡抚等职，累官至南京兵部尚书，著有《芝园定集》《东沙史论》《四明风雅》等文集。

诗中有句"尘世偶然那可料,故乡明月是并州"①,再次表明自己的心志。家中之事,此时能够安慰其内心的是姜李氏为他再生一子,取名为王士骏。

隆庆四年正月初一日,王世贞去山西赴任,经过湖州时,发生了日食现象,他于是作试笔诗,发出了白首之叹,他已经有多年没有在初一日写作了。初四日,王世贞接到了吏部的紧急文件,限他四月初一日前到任山西,然而他早已经无意仕途,且尚在病中,自然无意尽快赶赴山西,因此他次日离开浙江后,先顺道回到了家里。二月,王世贞与母亲一起去送别王世懋赴任礼部仪制司曹郎,他们送至常州而返,王世贞随后以自己在病中,母亲又有疾病为由,再次上书朝廷乞休。他说道:"臣即于次日离省,前至常州府地方,忽感风痰、眩晕、流火、湿痛等病。会臣母郁出送臣弟世懋前赴礼部仪制曹郎,瞥见臣病,不胜忧惶,强留,沿途就医调理。臣病日深,母忧日切,母忧日病,臣病转忧。忧病纠缠,无有痊理。"②王世贞又与王穉登、王锡爵互通书信,此二人也均因故向朝廷乞休而不赴任,因此他的内心有所安慰,也期望这次乞休能够被朝廷准予。不过他的乞休之文再次没有获得朝廷同意,迎来的反而是朝廷的督促之文,让他早日赴任。乞休无望,再加上其母患脾疾,他日夜侍奉汤药,使得其忧愁倍增,以致吴兴僧人圆上人来访时,王世贞与之长谈了近一日,僧人离开时,他还有诗相赠,之前所言,佛学已成了他暂时摆脱现实苦难的一剂良药。

虽然王世贞的态度非常明确,但高拱还是希望他能够赴任山西,所以不批准他的乞休之文,反而宽限其上任的期限,准许他暂时在家休养,待母亲病愈后再赴任。不过高拱此次使用了双面手段,在施以恩德的时候,却又恶语相言,嘲讽他是"将卧而待迁"③,造成了很不好的影响。以致在五月份时,王世贞母亲郁夫人的病渐愈后,他便决定马上赴

① [明]王世贞:《弇州山人四部稿》卷五十一《塘栖道中得转山西报,自嘲》,美国哈佛大学燕京图书馆藏明刻本,第10页。
② [明]王世贞:《弇州山人四部稿》卷一百九《患病不能赴任乞恩致仕疏》,美国哈佛大学燕京图书馆藏明刻本,第9页。
③ [明]王世贞:《弇州山人续稿》卷一百六十《题辩疏后》,美国普林斯顿大学东亚图书馆藏明刻本,第10页。

任。当时他已经四十五岁,历经磨难,心力交瘁,头发已经半白,右边的牙齿也已经缺了一颗,身体的老态愈发明显。

六月初,王世贞启程赴任山西按察使,他在《适晋纪行》中详细地记录了此次行程,其言曰:"十九日,出西关,始行。过阊门、浒墅,于二十二日抵常州,即发。二十四日抵丹阳、镇江,作金焦之游。二十七日出京口,渡江抵瓜洲。遂登陆。经仪真、六合、滁州、清流关,三十日抵濠梁驿,遂渡淮。七月初一,至固镇驿,过宿州。初二日,入河南界。初三日,至商丘驿,过访青州旧僚李嵩,见示其诗文集,许为作序。初四日发,过旧黄河。此后数日,自归德而西,经宁陵、睢州、来阳,渡黄河,过封丘、延津、新乡、获嘉、修武诸县。初八日,发宁郭驿,抵清化镇,渡清河,遂至万善驿。自是始入太行,初不甚险恶。过碗子城,入山西。经星轺驿、泽州、太行驿、樵村驿,于初十日至高平,过长平驿,抵长子县。过余吾驿,大雨中陟重重高岭,始知车行太行道之不易。是日渡漳河,宿褫亭驿。十二日至沁州,遇大雨。又越高岭,时时行绝磴间。欲渡西塘河,以河骤涨、不易涉,遂弃行李。凡数渡水,始抵西塘河,于乱流中渡之。复逶迤攀高岭,其峻峻视前更倍,大雨中奋力而前,束燎皆灭,勉至权店驿。十三日,行李至,乃发。行高山绝云中,经凡数十渡,始至南关驿,宿来远镇。十四日至盘陀驿。自入山西,由万善至盘陀,七百余里无非山者。行旅多在高山绝谷间,上下险阻,而适逢大雨,复涉水,历经诸般艰难。而自余吾驿,中经沁州,过西塘河,至权店驿一段,尤险。由盘陀驿,山自是尽,地稍平。抵徐沟县,近城十里,皆行沮洳间。十五日,沮洳益甚,从骑多委顿泥中。是日至太原。十六日履任。"①从太仓到山西太原,王世贞克服种种困难,不到一个月就到任了,此次的决心可想而知。刚到山西,王世贞就拜谒晋王,当时晋王深受隆庆皇帝的喜爱,天子后来特下玺书褒扬晋王仁孝之德,他作《晋颂》贺之。在拜访晋王后,王世贞再与同僚到陈常侍府中相聚畅饮,《初入谒晋邸,陈常侍要饮别墅作》《再从诸公饮陈常侍别墅》等诗皆作于此时。

八月,王世贞监考山西乡试,由于他久负盛名,文学造诣深厚,程式

---

① 周颖:《王世贞年谱长编》,上海三联书店 2016 年版,第 379—380 页。

文多出其手,且被广大学子争相传诵,实为学子们的学习榜样。他曾作《山西乡试录后序》一文,肯定当地人杰地灵,人才辈出,学习氛围浓厚。后来在十月份时,王世贞还监考山西的武举乡试,作《山西武举试录序》一文,赞赏当地人的习武之气,有保家卫国、建功立业之举。中秋夜,王世贞与同僚登明远楼,登高赏景,虽然有友人相陪,但是不及家人的陪伴,此情此景,也勾起了他对家乡的思念,后来他闻妾高氏离世,便作《晋中得亡妾信,志感》组诗以记之,诗作情调凄凉,充满哀伤之意,如其二曰:"苦忆登车日,双眸强暂回。已真成死别,翻更怯书来。玉箸难收恨,朱丝未作灰。和家后园李,子好令枝摧。"①这也是其内心矛盾的体现,在外为官,就没法顾及家人。

九月初九日,又是一个适合登高的节日,王世贞与诸友登镇楼小宴,相谈甚欢。不久后他拜访尚在丁忧中的王道行,并请王道行为其亡父作墓表,此时他又联想到自己的父难之事,颇为伤感。当月,有一则消息令王世贞为之欣喜,即朝廷下诏全面追治前锦衣卫都督陆炳之罪,因为其去世已久,且有所功绩,才免遭戮尸之辱,但朝廷剥夺了他的原职、谥号,还抄没其家,子孙发回原籍贬为庶民,其党羽更是被充军发配边疆。陆炳生时,与严嵩狼狈为奸,祸乱朝纲,如前所言,在王世贞初入刑部时,因司礼监文书之侄锦衣校阎某杀妇,陆炳却私自藏匿,王世贞则通过搜查陆宅,最终将阎某逮捕归案,自此两人间也就结下了仇恨。在王世贞的仕途、父难之事中,陆炳没少充当严嵩的帮凶。所以在听到陆炳及其党羽落败的消息后,王世贞作《太保歌》以抒怀:

> 北山虎而翼,南溟鲸而爪。生世不谐,锦衣帅作太保。太保入朝门,缇骑若云屯。进见中贵人,人人若弟昆。太保从东来,一步一风雷。行者阒入室,居者颔其颊。太保赐颜色,黄金立四壁。一言忤太保,中堂生荆棘。缇骑走八方,方方俱太保。太保百亿身,所至倏如扫。鸡鸣甲舍开,争先众公卿。御史给事中,不惜称门生。欢饮丞相邸,刻臂为父子。生非真骨月,子贵父不喜。但呼太

① [明]王世贞:《弇州山人四部稿》卷二十九《晋中得亡妾信,志感》,美国哈佛大学燕京图书馆藏明刻本,第5页。

保名，能止小儿啼。鬼伯一何懃，荷索便相催。县官为震动，急敕治丧事。少府供金钱，东园给秘器。后帅朱都督，特遣护其家。起冢像阴山，屃赑插云霞。吊客虽以繁，不及贺者多。可怜堂中哭，不胜巷中歌。今皇帝时，御史白发阴私。称诏籍家财，金宝尽流离。妻子逐归故郡，兄弟作长流。家人大小鼠窜，不审作俘囚。赐冢踏为田，松柏摧为薪。已无牛羊地可上，何云近前太保嗔。金鸡鼓两翼，万户初帖席。土马行不得，万人各加额。有权勿遽欢，无权勿终酸。无权保庐井，有权不保七尺棺。我歌太保歌，贵者戁其鞷。已令前人后人笑，莫令后人笑后人。①

诗中将陆炳生前的不可一世和身后治罪落败之景进行对比，不仅刻画了陆炳的凄凉，还讽刺了其党羽的丑恶嘴脸。其生前，威风八面，众人惧怕，甚至是到了"但呼太保名，能止小儿啼"的境地，其党羽则是争相攀附，降低身份，想尽办法成为他的门生，敬奉众多金银珠宝。其死后被追罪，则无人为之辩护，"有权不保七尺棺"，何况其他。这也是王世贞内心压抑许久之后的集中爆发，特别表达了对当下处境的不满。

十月二十七日，王世贞忽得家书，方知母亲郁夫人脾疾复发，病情危重，他便急忙向上级请假告休，并再次向朝廷上书乞休，他边等朝廷的准予信息，边驱车到山西边界，随时准备出发。在久等而不得的情况下，王世贞于是擅自归家，昼夜兼程，一想到母亲重病，就魂不守舍，方寸大乱。在路途中，王世贞还收到了李攀龙已经去世的消息，这更让他震惊不已，一世的挚友，就这样离自己而去，甚至都来不及见最后一面，其异常悲痛，但由于担心母亲，故来不及为李攀龙设置灵位祭拜，继续赶路，希望早日到达家中。然而，当他经过泽州时，就得到了母亲去世的讣告，这一消息如同晴天霹雳般，让王世贞陷入了深深的绝望，他号啕大哭，悲痛欲绝。更令人痛心的是，他赶到家后才知母亲已于九月初九日离世，由于通信不便，他没有及时收到该信息。他自责没有好好地照顾母亲，对于自己的出仕之举，更是感到愤懑。王世懋从任上赶回吴中，虽然路途没有王世贞那么遥远，但他只比王世贞早两日到家，也失

---

① ［明］王世贞：《弇州山人续稿》卷二《太保歌》，美国普林斯顿大学东亚图书馆藏明刻本，第18页。

去了见到母亲最后一面的机会。兄弟二人料理完母亲的后事，便开始守丧，如同当年父亡之时。王世贞说道："至泽州得讣，昼夜驰。而弟上书以病予告，至池河始得讣，先两日抵丧次。以太恭人之不及侍疾也，搏颊哭自数，且绝而苏。自是弟与不谷伏苫块，如丧大司马公时。"[1]巨大的悲痛，再加上守丧的礼节，让王世贞百日之后，方才可以再次接触笔砚。虽然其母亲离世的消息传至京师，高拱等人才知道以前王世贞乞休奏疏上所言的母亲病重一事，不是其归乡的借口，而是事实，但是高拱等人却继续不批准他乞休的奏折，反而督促他早日上任。沈明臣等好友前来吊丧，同情王世贞的遭遇，安慰他要节哀。

直到来年春，王世贞才与友人共饮于弥陀寺，谈论禅学，对佛学的接触和认知更加成为了他在困境中的依赖，这次他作有组诗《与张王二君弥陀寺小饮。二君有惠政吾郡，时王与余谈禅，而张旨在玄，不甚答。戏成三绝》三首。后经过亡妾高氏离世之地，颇为伤感，作诗《过亡妾殡所有感》两首，随着王世贞多次历经亲人离世之痛，其内心对此也愈加敏感。

虽然王世贞远离京城，遁迹官场，但是关于他的流言却没有停息。如部分言官为了攀附高拱，便开始弹劾王世贞，认为他拒不出仕，无视朝廷法令，并因为自己结交杨继盛而导致父难之事，自己才是父难的罪魁祸首，且守丧期间，纵酒淫乐，不合礼法。此次被弹劾，他还因为自己在浙江任上，损害了豪富乡绅的利益，而被无端陷害。对此，他上《题辩疏后》给朝廷时说道："居丧之苦与吾弟懋偕，不茹荤，不入内，不预外事。迨服除而缟素，不听声乐也。当是时，与高公同相者李公、张公知之，维高公亦知之，故绁琐台语不用也。"[2]幸运的是，当时朝廷还是有不少人为王世贞鸣不平，认为弹劾是无中生有，有意构陷，时任吏部考功郎的穆文熙尤其仗义执言，捍卫王世贞的形象。最终高拱因为之前对王世贞的误解，再加上此次反对之人较多，故而改变了自己最初的目

① ［明］王世贞：《弇州山人续稿》卷一百四十《亡弟中顺大夫太常寺少卿敬美行状》，美国普林斯顿大学东亚图书馆藏明刻本，第8页。
② ［明］王世贞：《弇州山人续稿》卷一百六十《题辩疏后》，美国普林斯顿大学东亚图书馆藏明刻本，第10页。

的,弹劾之事也因此暂时告一段落,这也使得王世贞能够在家安心丁忧守丧。

三月初一日,王世贞家中之事告一段落,他才回过神来怀念李攀龙,虽然之前已经获悉挚友离世的消息,但是受制于母亲离世和弹劾之论,他没有片刻的空闲。心绪安定后,他再也无法停止对李攀龙的思念,便作长诗《哭李于鳞一百二十韵》以抒怀,感叹文坛痛失贤哲,群龙无首,并推崇其生平德行之美,提携他人,其诗曰:"历下无真气,词林失大贤。那能诅岱岳,谁与问高天。才去垂三斗,悲来遍八埏。人应疑顿挫,帝或悔陶甄。……忽报惊难定,徐征或有焉。听来杯酒堕,语罢带围朘。恍忽时谵语,怦营晓索篝。那知寸草折,翻断百愁煎。踪迹堪惊虎,幽忧更怯弦。羸躯困邁轴,跛足类拘挛。满掬挥鲛泪,轻裘渍酒绵。暂冯青鸟达,莫怪素车延。欲哭仍枯眼,将歌已塞咽。悠悠思往岁,娓娓诉重泉。……痛欲随兰槁,狂今愧瓦全。浮生长寂寂,怒目纵眠眠。百六贻多口,寻常饱老拳。吊形添惨澹,无计觅连翩。牛耳诚贪执,鸡尸敢放颠。萧条五子咏,乖隔二鸣编。欲勒太丘石,亲题京兆阡。词场空满目,谁定笔如椽。"[1]王世贞后来又作祭文一篇,交待李攀龙的生平事迹,以及两人之间的交往情况,痛恨知己离世,"金石可渝,荣名庶几。言犹在耳,其人已非"[2],全文感情真挚,使人读之泪下。

此次丁忧期间,不比之前的父难,当时父亲死于非命,自己也是深深自责,以致守丧时无心笔砚之事,而历经人世浮沉之后,面对母亲因病去世,他虽然悲痛欲绝,但内心的自责,以及对事物的态度,比之前更加从容了,况且他不愿仕宦,更加坚定了立言以不朽的道路,所以在闲暇之余,往往从事文学创作。如他在以前编辑的基础之上,继续修订《尺牍清裁》,增加了当下人的作品,特别是李攀龙。所以后来七月底李攀龙之子李驹来求自己为亡父撰写墓碑时,他便将书中所收集的李攀龙之文给其观看。王世贞编纂到五月十五日时,该书的规模已经有了

---

[1] [明]王世贞:《弇州山人四部稿》卷三十二《哭李于鳞一百二十韵》,美国哈佛大学燕京图书馆藏明刻本,第11—12页。

[2] [明]王世贞:《弇州山人四部稿》卷一百五《祭李于鳞文》,美国哈佛大学燕京图书馆藏明刻本,第3页。

六十卷篇幅,文章共计 1751 篇,131362 字,王世贞还将之前杨慎所用的"赤牍"之名改为"尺牍",他说道:"用修初名赤牍,无所据,或以古'尺''赤'通用耳。考唯汉西岳石阙铭内'高二丈二赤',然亦僻矣,且汉所称尚书下尺一,又天子遗匈奴以尺一牍,匈奴报以尺二牍,皆尺也。故改从尺牍,复缀数语于末,以俟夫谋野之士采焉。"①因此该书最后命名为《尺牍清裁》。他在此书的序中全面地分析春秋、先秦两汉、三国、晋、齐梁、隋唐至明代的尺牍创作特点,各自有其长短优劣,并推崇先秦两汉的尺牍,甚至在比较尺牍和序、记、跋等其他文体之后,认为尺牍"最他文也"②,因为尺牍有以笔为面、以笔为口、创作灵活等特点,实用性强③。

在自己编纂文集时,王世贞的交友活动也未曾停止,如当获悉殷正茂因平定广西匪患而被朝廷升任兵部右侍郎的消息后,便马上作诗《殷司马平广西寇歌》以贺之;得知凌云翼升任郧阳巡抚时,作诗《奉送凌汝成中丞抚郧阳,因柬汪中丞伯玉》以送之,此诗也兼送汪道昆,因为汪道昆当时以右都御史之职巡抚湖广地区;获知梁柱臣④以大理寺评事之职恤刑吴中时,作诗《梁廷尉彦国恤刑吴中》以赠之。也有友人造访,如钱谷⑤拜访王世贞,并作浅色《溪山深秀图》长卷一幅相赠,后莫是龙过访,相饮共醉,作诗《莫云卿过我园亭,值醉为虐,醒而有赠》。在六月时,王世贞还刊刻乔宇⑥遗集十卷,并为之作序。值得一提的是,当年十二月,

---

① [明]王世贞:《弇州山人四部稿》卷六十四《重刻尺牍清裁小序》,美国哈佛大学燕京图书馆藏明刻本,第 14 页。

② [明]王世贞:《弇州山人四部稿》卷六十八《凌玄旻赫蹄书序》,美国哈佛大学燕京图书馆藏明刻本,第 5 页。

③ 关于王世贞的尺牍观念,具体可参见拙著《王世贞诗文论资料补辑与新论》第四章第三节《文部(一)——以书牍为例》,社会科学文献出版社 2021 年版,第 188—197 页,在此不多展开论述。

④ 梁柱臣,字彦国,一字衡南,顺德人。嘉靖二十五年(1546)举人。历任龙州知州、刑部员外郎、大理寺评事等职。朱孟震《河上楮谈》卷三《停云小志》、朱彝尊《明诗综》卷五十三《梁彦国》等书有其生平事迹的相关记载。

⑤ 钱谷(1508—1579),字叔宝,自号磬室,江苏苏州人,明代画家,师从文徵明,其山水笔墨画疏朗稳健,人物、兰竹画则风格较为平实。

⑥ 乔宇(1457—1524),山西乐平人,字希大,号白岩。杨一清弟子,后又从李东阳游,成化二十年(1484)进士。正德时官至南京兵部尚书,嘉靖初为吏部尚书,后旋以争"大礼议"忤帝意,又反对召用席书、张璁、桂萼等人而触帝怒,旋即被罢官,隆庆初才追复官爵,谥"庄简",著有《乔庄简公集》。

王世贞与李维桢①开始有书信往来,两人相差二十一岁,后来王世贞非常欣赏其才华,把他列入"末五子",并希望他能够传承自己的衣钵,继续引领文学复古大业。

隆庆六年正月,尚在丁忧期的王世贞即将编纂完成李攀龙集,共三十卷,他于是写信给汪道昆,请他尽快完成序文,以增重此集。随后王世贞拜访何良俊②,与友人出游虞山,并受无锡秦梁③之邀,与众人畅饮于惠山园,尽享出游的乐趣,《将访何元朗翰林,先寄》《同章生辈游虞山桃源涧作》《秦方伯子成邀饮惠山园》等诗皆作于此时。此外,王世贞知道张佳胤新任都察院右佥都御史之职,将来应天后,作诗《喜肖甫中丞开府吴中》以表内心喜悦,袁尊尼升任山东提学副使,作诗《送袁鲁望督学山东》以赠之,吴国伦由高州知府升任贵州提学副使,作诗《寄送吴高州明卿转贵省学宪》以贺之,其实这背后也凸显了王世贞内心的矛盾,他为诸友升官感到高兴,而朝廷让其复出,他则选择乞休,对官场其实还存以一种观望的态度,也不想离开家人,如后来在七月份时,王世贞请北上京师的汪道昆带书信给高拱、杨博、张居正等人,感谢他们自弹劾之事平息以来的各种安慰和关照,依旧没有提及自己会何时复出。

这年夏,在经过对《艺苑卮言》进行多次修订后,现在终于脱稿,他说道:"余始有所评骘于文章家曰《艺苑卮言》者,成自戊午耳,然自戊午而岁稍益之,以至乙丑而始脱稿。里中子不善秘,梓而行之。……盖又八年,而前后所增益又二卷。黜其论词曲者,附它录为别卷,聊以备诸集中。壬申夏日记。"④从中可见,王世贞的文学思想有所变化,之前是词曲、诗文等诸多文体之论混在一起,现在则是彻底分开,并且词曲是

---

① 李维桢(1547—1626),字本宁,湖北京山人。隆庆二年(1568)进士,由庶吉士授编修。万历朝,参修《穆宗实录》,进修撰之职。历任陕西右参议、浙江按察使等职,累官至南京礼部尚书。天启六年(1626)卒于家,年八十。崇祯继位后,赠其太子太保。

② 何良俊(1506—1573),字元朗,号柘湖,松江华亭人。嘉靖贡生,被荐授南京翰林院孔目,后仕途失意,遂隐居著述,并自称与庄周、王维、白居易为友,题书房名曰"四友斋"。明代戏曲理论家,著有《柘湖集》《何氏语林》《四友斋丛说》《书画铭心录》等文集。

③ 秦梁(1515—1578),字子成,号虹洲,无锡人。嘉靖二十六年(1547)进士,补南昌府推官,历任吏部给事中、太仆寺少卿、鸿胪卿、浙江布政司左参议等职,累官至江西右布政使。

④ [明]王世贞:《弇州山人四部稿》卷一百四十四《艺苑卮言一》,美国哈佛大学燕京图书馆藏明刻本,第2页。

放置在附录部分，其地位明显下降。

九月初，张佳胤到太仓拜访王世贞兄弟，他们欢聚畅饮，相互有诗歌唱和，张佳胤请王世贞为其诗文集作序，王世贞也借此机会，阐释当下的诗文观念，其实这也是最新版《艺苑卮言》中观念的延续，他认为：

> 夫文章之与吏道，其究若霄壤然，然其精内通而无所不容者，物情也。故辞士之为辞，以所见无非辞者，必欲求高吾思，远出于物情之表而后快。法吏之为法，以所见无非法者，颠倒束缚于三尺之末，而不能求精于物情之变而后安。彼无论其不相通而已，其所以为辞者偏而所为法者拘也。……度肖甫宦迹满天下，所至赫赫声流吏民间，然其大指不为法困，以物情有当足矣。其游迹满天下，山川土风，眺览酬应，日接于吾前而日应之，语法而文，声法而诗，春容而大，寂寥而小。虽所探适结构者不一，然大要不欲出物情之表而后快也。境有所未至，则务伸吾意以合境。调有所未安，则宁屈吾才以就调。是故肖甫之才恒有余，而意无所不尽为。其剂量吾党之间，能去太甚而独称通明士者，固不特文章已也。①

即在王世贞看来，诗文创作，当以情为先，情的表达不能受困于法，要做到境与意合、调与才谐，才、情、意等要素与格调相互调剂、有机搭配，才能创作出佳作。如其在《艺苑卮言》中也曾说道："才生思，思生调，调生格，思即才之用，调即思之境，格即调之界。"②两者就有相通之处，从中也可见，《艺苑卮言》并不是简单地为复古主张摇旗呐喊，它还包含着王世贞的至情论。

该月十四日，王世贞与弟王世懋、从弟王世望、甥曹昌先、弈人李时养及里人张生、黄生、周天球等人一起游玩太湖、洞庭东西山。他在《泛太湖游洞庭两山记》一文中有详细的记载，他们十四日从胥门发，由横

---

① ［明］王世贞：《弇州山人四部稿》卷六十八《张肖甫集序》，美国哈佛大学燕京图书馆藏明刻本，第3—4页。

② ［明］王世贞：《弇州山人四部稿》卷一百四十四《艺苑卮言一》，美国哈佛大学燕京图书馆藏明刻本，第17页。

塘历枫桥,邀请陆治同往。众人在抵达胥口山后,买了三条船,傍晚时,他们将船停留在湖口地区。第二日,他们一起游鼋山、石公山、明月湾、销夏湾等地方,途中他们经过蒋能家时,结识九十岁的老翁蔡范,并夜宿于蒋家。第三日,他们登缥缈峰,游西湖、东湖、资庆诸寺,度竹坞岭,晚上再次住宿于蒋家。第四日,他们放舟游玩小洞庭,至东洞庭,夜宿于长圻寺。一路游玩,美不胜收,众人心情畅快,甚是欢乐,其《初泛湖,乘风抵西洞庭》《入林屋洞天,不能竟,有述》《月夜登曲岩,由竹林下山家,观屏岩丙洞,入阳谷作》《下缥缈峰,由西湖历东湖,抵资庆诸寺》《泛小洞庭观奇石》《度竹坞岭》《石公山观日没月出歌》《销夏湾》《登缥缈峰二首》《资庆寺》《赠洞庭九十三蔡翁》《宿长圻寺,赠僧解空》《归自东洞庭,望莫厘峰》《夜泊胥口泛月作》《包山寺》《毛公坛》《上方废寺》《明月湾》《泊东洞庭舍舟行山间作》《两山竹枝歌》《陆叔平游洞庭诗画十六帧后》等诗皆作于此时。

十七日晚,王世贞得知徐中行自滇南归,按照臣礼,将入京祝贺万历皇帝登基①,已经在胥门停留了两日,他便与众人商议,自己不再前往莫厘峰游玩了,而是转去胥门与徐中行相会。在看到徐中行容鬓憔悴时,王世贞大为吃惊,便心生怜悯之情,他与余曰德说道:"归偶子与于胥门,容鬓憔悴,斗酒相劳,已而甚怜之也。"②

当月,王世贞将禫服,而朝廷中的政治格局又发生了新的变化,张居正当政,已为内阁首辅,之前两人已有交往,张居正颇为推崇王世贞,有起用他的想法。汪道昆在京师闻知后,迅速将此信息告知王世贞,王世贞获悉后,回信给汪道昆,表示自己还是不想出仕,他言及:"赖公吹嘘,欲置之衵褥耳。亡论草土余生,未忍言出。即此身尚在喉吻间,焉能再辱耶?"③

冬至日,张九一前来拜谒,请王世贞为其亡父母撰写墓志,这又勾起了王世贞对父难之事的回忆和对亡母去世的自责,物是人非,悲从中

---

① 该年五月庚戌,隆庆皇帝驾崩,六月甲子,万历皇帝登基。
② [明]王世贞:《弇州山人四部稿》卷一百二十《余曰德》,美国哈佛大学燕京图书馆藏明刻本,第9页。
③ [明]王世贞:《弇州山人四部稿》卷一百一十九《汪伯玉》,美国哈佛大学燕京图书馆藏明刻本,第8页。

来。随后王世贞还为陈文烛①《五岳山房文稿》作序,肯定其文文意和文法的相互融合,充满生机,并赞赏他的文章有司马、左氏之风,能够达到文质彬彬之态,他说道:"吾来自意而往之法,意至而法偕至,法就而意融乎其间矣。夫意无方而法有体也,意来甚难而出之若易,法往甚易而窥之若难,此所谓相为用也。……走飞禾乔各有则,而不失真。迨乎风容精彩,流动而为生气者,不乏也。……玉叔文,亡论所究极,庶几司马、左氏哉!不屈阋其意以媚法,不骫骳其法以殉意,裁有扩而纵有操,则既亦彬彬君子矣。"②从中可知,王世贞此论与《艺苑卮言》《张肖甫集序》所言是保持一致的。同时,在复古大旗方面,王世贞在《古今诗删序》中推崇李攀龙有自成一家之言之功,不朽于天下,也很显然,王世贞接过了李攀龙的旗帜,主导文坛。

隆庆六年之后,历史的车轮便来到了万历元年,该年王世贞 48 岁,正月初一,王世贞在多年之后,又有试笔诗,诗曰:"爆竹严声彻夜传,曈昽旭日渐东悬。天开万历王正朔,人乐群方大有年。及尾屠苏深蜡色,含苞玉蕊媚春烟。相逢未卜行藏事,且向条风试酒钱。"③这是新朝的第一个正月,寄托着自己的愿望,比起之前试笔诗的凄凉或者惆怅,此时多有一点洒脱、繁华的场面,自己是"相逢未卜行藏事,且向条风试酒钱",该月王世贞也正式服除,完成了丁忧之责。这样一来,他送走了亡父亡母,履行完了身为人子的义务。

三月,朝廷新任命王世贞为湖广按察使,而此时的他还是无意出仕,不喜晋楚之地,留恋吴中的种种好,其有诗曰:"晋楚吾何择,山公意不轻。虎须惊往路,鸡肋叹浮名。病入园林癖,衰钟儿女情。家乡事事好,物态一堪评。"④在这之前,张佳胤等人已经向朝廷力荐王世贞,当张

① 陈文烛(1525—?),字玉叔,号五岳山人,湖北沔阳人。嘉靖四十四年进士,授大理寺评事,历任淮安知府、南京大理寺卿、四川提学副使、山东左参政等职,累官至南京大理寺卿。著有《二酉园诗集》十二卷,文集十四卷,续集二十三卷。

② [明]王世贞:《弇州山人四部稿》卷六十七《五岳山房文稿序》,美国哈佛大学燕京图书馆藏明刻本,第 16 页。

③ [明]王世贞:《弇州山人四部稿》四十二《癸酉元日试笔》,美国哈佛大学燕京图书馆藏明刻本,第 1 页。

④ [明]王世贞:《弇州山人四部稿》卷二十九《闻补楚宪之命四首》,美国哈佛大学燕京图书馆藏明刻本,第 14 页。

居正获悉王世贞不愿出仕的消息后,也特意致信进行劝慰,他说道:"今岁当宾兴,楚人闻见甚陋,诚愿得公大雅之作以为程式。幸遄发征麾,趣赴盛会。惟公以鸿渐之仪,困于燕雀。兹当圣作之隆,众贤汇进,铭太常、勒燕然,皆所优为者。外台执宪直暂借耳。使旋,草草附复。"①此言有两点,一是楚人见识浅陋,渴望有像王世贞这样的大贤之人去进行指点、开化,提携后劲,二是湖广按察使只是暂时的职位,以后会在合适的时机再行调整和升迁。后来徐阶过访,游览小祇园,实际上徐阶此次之行,对王世贞是有所劝勉的,他也希望王世贞能够尽早出仕。

四月,王世懋前往京师,等待补任新职,王世贞则于六月初七日才决定启程赴任,他要离开,自然是诸多好友相送。六月十八日,王世贞在镇江金山向众人辞行,他选择水路,自京口溯江而上,抵达仪真,第二日就到了龙江驿站,二十一日与张佳胤相会于金陵,两人相聚,高兴之时一醉方休。次日两人相别后,王世贞再向湖广之地进发,后行至采石矶,他忽然患疟疾,身体虚弱,浑身无力,经过铜陵时更是发热昏寐,到了九华山也不见好转。他稍作调整后,到了安庆,其病情才有所好转,受其身体影响,这段时间的行程较为缓慢。七月初七日,他才抵达雷港驿站,此时离家已经整整一个月了。初八日,他经彭泽,在江中遥望匡庐山、黄梅五祖山,后登小孤山,怀念陶渊明,羡慕其隐居之乐。再行至江州,还没有收到任何有关王世懋新任职的消息,他的内心开始有所担忧,并趁此时尝问琵琶亭,有怀白居易,将自己的人生与白居易进行比较,发现居然有相似之处,内心的忧伤陡增。七月十四日,他到黄州,并于次日拜访正在黄州的湖广御史。然后与湖广的同事一起游玩赤壁,他当场拿出自己所携带的《烟江叠嶂图》,与友人一起欣赏,纵谈江山形势,并称赞苏轼《赤壁赋》之妙,感叹人事无常,几人痛饮欢谈至天明,如同《赤壁赋》中"肴核既尽,杯盘狼藉。相与枕藉乎舟中,不知东方之既白"的场景一般。他们还按苏轼的定惠院寻海棠诗,一起寻访定惠院的遗址,但是求海棠而不得。此次在黄州拜谒了苏轼祠,再加上之前在江州拜谒了白居易祠,王世贞开始想到自己的处境,有所感慨,物情不相

---

① [明]张居正著,[明]张嗣修、[明]张懋修等编撰:《张太岳集》(中),中国书店 2019 年版,第 341 页。

称,其内心的归隐之意再度凸显,甚至计划明年乞休离开官场,不图虚名,如其诗曰:"白傅佐浔阳,匡庐落其手。苏公谪宜黄,游踪寄樊口。物情岂相为,天意良不偶。挥泪对青衫,垂腰厌黄绶。……真乐随形无,虚名背身有。洛下醉朱唇,天南摇白首。明年定挂冠,不蓄赵瑟妇。以此叩二公,公其默许否?"①追慕古人,带来的是对当下的反思,苏轼和白居易不仅影响到王世贞对生活的选择,也影响到其文学创作风格的形成。

七月十八日,王世贞抵达青山矶,因为距离上任的期限还有一段时间,他于是在此停留了三日,整理此行路上所吟咏的诗文。如《肖甫中丞自采石驰归,一醉而别,至江州寄怀》《初出京口》《夜泊芦夹,回望燕子矶》《泊金陵》《初发石头》《烈洲在江中,树颇多》《牛渚,即采石也》《宣城道中阻水,不得上》《病中过铜陵遇雨》《历阳道中阻风》《江行热,无鱼买,戏成》《余尝梦登九华,阳山矶可以见九华,而病热昏寐,竟过,志感》《过马当》《安庆道中》《过皖城》《六月尽立秋,安庆道中》《江行病起,即景有感》《祭小孤神祠作》《从彭泽望庐山,决策往游,示同舟者》《经彭泽,有怀陶公》《过浔阳》《望大孤山》《神鸦》《九江道中大风》《江口望鄱阳湖,感事》《江州问琵琶亭》《入黄州》《青山矶》《戏题赤壁》《泊樊口》等诗文就集中地作于这段时间,后人更是把王世贞此行的诗文编成《入楚稿》。二十一日,王世贞作《江行纪事》一文,详细地记录了此行的种种经历和感受,二十二日,王世贞入武昌,正式上任。

王世贞履任新职,事务繁多,又临近乡试,张居正推荐王世贞主文,负责程式之作,因此到了八月份湖广乡试正式开始后,王世贞兼作《湖广乡试录》中前后序、易义、论表、五策诸文。如此深入且全面地接触乡试,让王世贞对当时的学风有了清醒认知,于是他在乡试策论中,直斥理学的泛滥之势,造成天下论虚者、自我标榜者、假道学者比比皆是,社会风气日下,他认为:"不欲令其标户别轨,以出于所谓功业、节义、文章之外而创为尊也。……自理学出,而三者俱下风矣。即笃行如河汾,卓

① [明]王世贞:《弇州山人四部稿》卷十五《江、黄二州谒白尚书、苏端明祠有感》,美国哈佛大学燕京图书馆藏明刻本,第14页。

识如新建、如新会……故夫理学之为益者大，而其为损者亦非小也。"[1]
虽然王世贞此论是公论，对社会风气如实批评，但是自有人先入为主，
认为王世贞之论是有针对性的，如其同年进士李幼滋[2]，他以擅长讲学
闻名天下，依附张居正，他就认为王世贞之举是有意地打压他，以致心
生怨恨，并在日后对王世贞造成了伤害，真是说者无意，听者有心。

中秋夜，王世贞登明远楼赏月，并作诗《中秋夜登明远楼观月作》，
他近来也颇感身体衰败，牙齿脱落，老态渐显，有忧生之虑。于是他再
次向朝廷乞休，并考虑年末可能要以湖广按察使之职入京述职时，内心
开始打算不去。张居正获知后，及时致信王世贞，一方面是鼓励他，肯
定他主持乡试的功劳，其程式之文已经享誉全国，另一方面是答应他不
久后将会有新的调任，以备后面升迁。张居正说道："知道从已至楚。
入锁院，主文衡，今岁程式，必将为海内冠矣。……晋右辖，旦夕便可为
内转之阶。仓卒不及为公择地，但借资耳。"[3]此时看来，张居正对王世
贞还是十分迁就的。

九月，王世贞被朝廷新任命为广西右布政使，接到此任命后，他叹
息良久，广西是边陲之地，环境恶劣，还不如目前的湖广地区，他便执意
乞休，渴望早日回到吴中的家中，不为张居正的许诺所诱，也不以官职
的升迁为念，他有诗曰："欻然除目下，呼酒一为欢。岂谓投荒易，端怜
入计难。桑榆元爱暖，蒲柳自知寒。早晚从休沐，将因托挂冠。"[4]不过
他还是担心尚在京师的王世懋，他自从上次入京待选以来，朝廷一直没
有委派新职。其实王世贞内心已经十分清楚，他知道自己喜欢什么样
的生活，这和他在青州任上的想法一致，即自己愿意留守在太仓家中，
而希望王世懋在朝廷为官。王世贞将要离开，自然与诸友相聚道别，如
与魏裳夜饮于汉阳晴川阁，有诗《魏顺甫晴川阁分韵得芳字》，魏裳则有

① [明]王世贞：《弇州山人四部稿》卷一百十六《第四问》，美国哈佛大学燕京图书馆藏明刻本，
第11页。
② 李幼滋(1514—1584)，字元树，号义河，德安府应城县人。嘉靖二十六年进士，与张居正同乡，历任
刑科给事中、山东按察司副使、大理寺右少卿等职，累官至工部尚书。
③ [明]张居正著，[明]张嗣修、[明]张懋修等编撰：《张太岳集》(中)，中国书店2019年版，第342页。
④ [明]王世贞：《弇州山人四部稿》卷二十九《闻粤西除命有作，时以楚橐迫，将入计》，美国哈佛大学燕
京图书馆藏明刻本，第18页。

《元美招饮晴川阁,分韵得川字》《晴川阁饮几达曙,用前韵为别》相和;与李淑饮于观音岩,有诗《京山李右伯师孟五鼓钱予观音岩作》;与湖广同僚相别,作诗《武昌奉别省中诸公》。当然,一天没离岗,他就坚守一天,在湖广任上的最后时段,他还监察武举乡试,作《湖广武举乡试录后序》。

执意卸任后,王世贞便乘舟东还,同行的人有长洲陈道易、玉山程福生,因为他们皆擅长古隶,王世贞遂选择古诗之尤者,拜请二人以古隶书写留念。由于选择了古诗,他便就古诗进行了相关论述,他说道:"诗自《风》《雅》外,当以《古诗十九》及建安三曹为准。若整丽,至三谢而极矣。嗣宗、元亮故是画中之有逸品、卉木中之有筠竹,不当以时代论也。"①即古诗在《风》《雅》之外,当以《古诗十九首》、三曹作为学习的对象。不同的时代各有其特点,不能以时代的优劣去论定长短。舟行至武昌东时风浪大起,有武陵于信夫驾一叶扁舟前来拜谒,王世贞尝闻其名,又异其人,遂和他一起饮酒,一聊很是投缘,众人且醉且歌。停留三天后,王世贞才再次出发,于氏便相别而去。

在知道王世贞不等朝廷的准予便返回吴中后,汪道昆立即致书,言及张居正不愿王世贞离去,希望他能够等待后续的任命。不过王世贞还是坚持自己的想法,委婉地回绝了,就连汪道昆想刊刻其诗文集,他也拒绝了。

王世贞等人行至九江后,陈道易辞别。第二日,他便与程福生及其他友人一同登庐山,路上经过东林寺、香炉峰、三笑亭、虎溪、云峰寺、锦涧桥、锦绣谷亭、蹑云亭、甘露亭、披霞亭等处,然后到了庐山的最高处。再由竹林寺向左转,望天池山,入竹林寺内,登凭虚阁,并拜请程福生作古隶题游日,他们还在壁上记录了大家的姓名。当时天色临近傍晚,又有雨雪,诸景不能一一参观完,他们便返回东林寺。此次游玩的是庐山背面,再加上时间仓促,匡庐五老等名胜风景游玩的还不到十分之一,他内心有所遗憾,稍后,程福生也因事道别。关于此次的游玩,王世贞

① [明]王世贞:《弇州山人续稿》卷一百六十五《古选古隶》,美国普林斯顿大学东亚图书馆藏明刻本,第4页。

在《游东林天池记》中有详细记载,《入东林精舍》《由云峰取道锦涧,历险至绝顶》《幡经台》《三笑亭有感》《卢顶放歌》《游匡庐,不能从南康道入,取瀑布石梁之胜,志叹》《程孟孺谒余武昌,以是日至,而余以是日发,因偕登庐岳,各返故里,遂成二绝为赠,并呈豫章诸王孙》等诗皆作于此时。

在回吴中的路途中,王世贞就获得了朝廷的新任命,这次是任他为太仆寺卿,距他为广西右布政使之职尚不到一个月,不过他没有马上赴任,而是继续东行,希望早日回家。由于陈道易、程福生的相继离开,王世贞独处舟中,他忽然念及半年来接连失去七位好友,便作《悲七子篇》以释怀,他说道:"盖四月余而六人者次第逝,并寿承七矣。夫七人者,皆风雅士也,后先与余游好,乃不半岁,而尽失之,能令后死者无戚戚也。舟中小间,每一念及,辄为神尽,不胜子桓邺中之叹。"①过扬州时,他祭拜宗臣墓,回忆起往日的欢乐而为之痛哭,到广陵区时,他结交了李攀龙的旧友龚勖和潘子雨,这勾起了他对李攀龙的思念,又为之悲痛。

十一月,王世贞经过长途跋涉后终于到家。他发现经家人经营之后,小祇园的规模变大了,不过耗费也颇巨。随着王世贞名气的增大,向他求文之人逐渐增多,如陆师道卒后,为其作《尚宝司少卿五湖陆先生行状》,应沈明臣之请为其亡父作《渔江沈先生墓志铭》,受戚继光之托,为张居正父亲作《寿封少师张翁七十序》,又代湖广巡抚赵贤②作《封少师张翁偕元室赵太夫人七十序(代赵中丞)》,等等。当然,他也有自为之文,如为徐阶作《奉赠少师元辅华亭徐公寿序》,为杨博作《寿太宰扬公序(代)》,为严讷夫妇作偕寿之序《奉赠太保相国养翁严公暨元配一品吴夫人偕寿序》,送徐中行任福建按察副使作《送徐子与之闽宪》,贺殷都中举作《赠殷无美获隽留省,入试南宫》,等等。从其创作的对象,可知他的交际对象,也可知他的应酬之作比之前多了不少。

来年二月,王世贞在综合考虑之后,接受友人的建议,开始赴任太

---

① [明]王世贞:《弇州山人四部稿》卷十五《悲七子篇》,美国哈佛大学燕京图书馆藏明刻本,第21页。
② 赵贤(1532—1606),字良弼,号汝泉,河南汝南人,嘉靖三十五年(1556)进士,授户部郎中。历任顺德知府、湖广参政、浙江按察使等职,累官至南京吏部尚书。

仆寺卿,吴中好友张鸣凤①、皇甫汸、张凤翼等人在虎丘与之送行,王世贞作诗《岭右张羽王明府邀合郡诸名胜,会饯虎丘,时江右龙司理亦集,辄成二章为谢》,张鸣凤《虎丘与龙司理、皇甫司勋□王太仆之京》、张献翼《王元美太仆之京,郡大夫张别驾、龙理官出祖虎丘,与吴中诸君子同集》和之。王世贞此行不仅有文字记载,还有相关图画,钱谷作太仓至广陵图三十二帧,且其高足张复搭载王世贞的船顺便北上,一路遇景辄作图,共有五十帧。

北上途中,渡淮河后到达凤阳,王世贞与当时巡抚凤阳的王宗沐相会,至山东时,则遣使到李攀龙家中祭奠,并收集其遗集以备日后刊刻之用。三月十五日,王世贞抵达京师,暂时住在善果寺。此次入京,又勾起了他对父难之事的沉痛回忆,况且人已至暮年,感慨更多。其诗曰:“东风吹车入精兰,晨钟数杵鸡声残。庞眉老僧来揖客,慈云殢春春未阑。墙东杏花一树白于霰,时有流莺啄花片。我自惊逢今日花,花应不记当年面。莫言花落不如人,人老能如花更春。唯有江头探花使,祇今还作踏花身。流莺欲答忽飞去,恍忽如歌旧游句。但使新丰酒价平,老夫得住聊须住。”②虽然花开,景色迷人,但是他内心甚是凄凉,以致在美景的映衬下,更增加了悲伤的基调。王世贞再次入朝,由于其声名远播,拜谒者络绎不绝,不过好友见到他后,无不感慨其衰老之状。任上,诸多事务不需要亲力亲为,王世贞就协调给下属办理,平时较为清闲,这使得他有时间与朝中公卿大夫相交流,众人盛赞其博学。当时张居正看重王世贞的才名,想委任他为翰林史官,于是和汪道昆提及,汪道昆获悉后,立即告知王世贞。不过王世贞认为史官的清议可畏,责任重大,于是他写信向张居正请辞史官之事,而张居正则怀疑王世贞不接受新的任命,是有意地疏远自己,毕竟在他看来,此翰林史官非常符合王世贞的特长和声名,王世贞理应非常高兴地接受,而不是拒绝,自此,王世贞和张居正两人之间产生了部分间隙。

---

① 张鸣凤,字羽王,号漓山人,广西桂林人。明嘉靖三十一年(1552)举人,历任桂林府通判、应天府通判等职。著有《浮萍集》《东潜集》等文集。

② [明]王世贞:《弇州山人四部稿》卷二十二《甲戌春暮再入都,憩善果寺,逢杏花作》,美国哈佛大学燕京图书馆藏明刻本,第3页。

在京师，王世贞好友众多，工作之余，便相与游玩，如《史锦衣、李勋卫邀饮显灵宫，分体》《题白雪山房赠李勋卫言恭》《同舍弟邀汪伯玉、仲淹昆弟游莲花庵》《端午日楚人丘户部汝谦要饮灵显宫，即事》《孟秋十六日偕司马汪公伯玉暨汪二仲淹、家兄元美游莲花庵，分韵得偏字》等诗皆作于此任上。四月晦日，得知袁尊尼离世后，王世贞痛哭之，为其作墓志铭，并为其遗集写序，五月，黄姬水逝世，他为其文集作序，推崇其文写作之巧，兼南北之风，突破古今格调的限制，是文章创作之"剂"的典范，他说道："夫辞不必尽废旧而能致新，格不必步趋古而能无下，因遇见象，因意见法，巧不累体，豪不病韵，乃可言剂也。今吴下之士与中原交相诋。吴习务轻俊，然不能不推淳父之精深，中原好为豪，亦不能以其粗而病淳父之细者。淳父真能剂矣。"①这也是王世贞文学观念的体现。随后魏裳离世，王世贞为之作祭文和传。可见这短短的几个月，王世贞是悲喜交加，有其游玩之乐，亦有好友离去之悲。

八月，王世贞在古玩市场购得北宋《大观大清楼帖》残卷，其实在诗文之外，他喜欢收藏字画，对字画的认知和品评功力也非常深厚，如其言及："缘《太清》无别本，以故世尤艰得之，得亦不能备。余以甲戌宦燕中，朱忠僖物故，仅逾月而得之其家人，盖卷之二、四、五、八、十耳。四卷皆飞白，而一卷独淳黑。唐礼部玄卿所补赠者也。今年为丙戌，汪象先出所购，则第一、二、三、四、五卷，神采更自焕发可爱，云亦得之燕中。而周公瑕遂定为朱氏物，不亦信耳而废目耶？余后复得第七卷不完本于吴门，乃右军笔，尤佳绝，今并在儿骐处。"②这种有理有据的评论，着实让人信服。当月，王世贞再作文祭奠李攀龙，对其生平的文学事业进行全面评论，并高度地概括其特点为"专至且鲜，兼工独汝"③，此论非常符合李攀龙一生的诗文创作特点，可谓是盖棺之论。

---

① [明]王世贞：《弇州山人四部稿》卷六十八《黄淳父集序》，美国哈佛大学燕京图书馆藏明刻本，第14页。

② [明]王世贞：《弇州山人续稿》卷一百六十六《汪象先大观帖》，美国普林斯顿大学东亚图书馆藏明刻本，第11页。

③ [明]王世贞：《弇州山人四部稿》卷一百五《祭李于鳞文》，美国哈佛大学燕京图书馆藏明刻本，第4页。

在此任上,很少涉及王世贞处理具体事务的记载,毕竟京师不比地方,京师部门事务较为集中、专一,分工明细,而地方的工作头绪万千,事务烦琐。从家中的闲居,到京师任上的清闲,这也许是一个很好的衔接和过渡,至少让他再次回到了官场。

第四节　主政郧阳

万历二年(1574)九月,王世贞接到了朝廷新的任命,此次是升他为都察院右佥都御史,督抚郧阳。对此任命,他很是高兴,由居闲职到主政一方,其建功立业之心似乎又在燃烧,他有诗曰:"五花小龙团墨敕,生新宝钞鸦翎黑。黄封饵合纷后随,法酒三杯壮行色。纵然才劣忝军镇,稍喜时清偃兵革。节度从他学襄样,征南自古多书癖。碧油幢底见故人,唤作粗官粗亦得。"①这也是他人生中的一大转折。

王世贞即将赴任郧阳,汪道贯②前来送行,并希望获得他的指点,王世贞告诫他一定要先考取功名,方能令天下士子信服,进而从事古文辞创作,才能名扬天下。随后他收到谢榛离世的消息,便作诗《闻谢茂秦客死魏郡,寄诗挽之》以悼念,其实从谢榛的生平经历,我们也可知,王世贞对汪道贯之言乃肺腑之言,是真知灼见。如果谢榛有其功名,他很可能不会到处拜谒权贵,很可能不会与后七子产生矛盾,那么由后七子引领的文学复古运动也很可能被改写。

十一月,王世贞与魏允中相会于德州,两人共往清源,有好友相伴,他内心的孤寂少了许多,十日后相别,他作《清源杂咏》以记之,之后,他与莫叔明相遇,便一同出行。王世贞此行还携带了家眷,由于此时腊月将近,他便送家眷到仪真,恰逢在太医院幕职的从弟王世望归家,他就让家眷与之同归,这样一来,有了亲人的照顾,他也能放心了。众人到江口而别,然后王世贞取道向西,朝郧阳前行。经定远、寿阳、固始、汝

① ［明］王世贞:《弇州山人四部稿》卷二十二《领郧阳命,出朝口号》,美国哈佛大学燕京图书馆藏明刻本,第 6 页。
② 汪道贯(1543—1591),字仲淹,休宁人,汪道昆之弟。博闻强记,工词赋,尤善书法,督学吴公路呼为"小司马"。著有《汪次公集》。

州等地，在汝州时，王世贞与张九一相聚，并邀请他一同前往郧阳，不过张九一当时有疾病在身，未能成行，王世贞怅然若失，作诗《助甫以病不出会，遗诗见赠，怅然有答》。另外，他还和吴国伦相约一见，而从南阳过大梁等候吴国伦不得后，他才知道吴国伦没有赴任河南按察副使，于是他作诗《大梁候吴明卿，不得，闻尚留里中，赋此促之》以促之，希望吴国伦能够早日赴任。此次赴任，王世贞十分积极，他二十九日就抵达了襄阳，这比之前赴任新职所花的时间都短，不过当他想要与前任孙应鳌相见时，对方早已离任而去，还是没有赶上。

万历三年，王世贞已经五十岁了，正月初一日，他在襄阳作试笔诗，感慨自己已经年老，不过对于未来还是有所反思和期待，其言曰："将登服政心犹懒，欲数前非念已徂。"①初三日，他上代疏，入承天府谒郢陵，过均州时遥望武当山。十五日，王世贞终于抵达了郧阳，仅仅休息了一天，便开始料理公务，会见僚属。在新的岗位上，他还是延续了自己一贯的做事风格，力改之前政令和日常事务中的弊端，惩治墨吏，遏制贪腐，官场风气为之一变，王士骐曾说道："府君振刷精神，不遑自逸。性恶墨吏，向备位藩臬，未得自由。至是，甫下车，遂以一守一令指漏网大察者，露章劾之。百城相望，咸解印绶去。"②二月，清明来到，自己又远离家乡，只身在外，在怀念亡父亡母时作有《清明遇雨》《思归吟》等诗，也表明自己仕宦的不屈之心，不向权贵低头，秉公执法，牢记父亲昔日的教诲，诗中言及："男儿扪腹一大息，安能低眉望颜色。仕宦宁堪生耳车，归来亦岂无瑕石。"③不过在随后的任职考察之时，他上疏自言不称职，乞求罢官，但没有得到朝廷的应允。需要注意的是，这并不是王世贞想离任，因为此次上疏和之前的乞休之文有着本质的区别。从其上任的心态和任上的做法来看，王世贞此次上疏，更多的是例行公事而已。

① [明]王世贞：《弇州山人四部稿》卷四十三《乙亥元日，独坐试笔，时余五十矣》，美国哈佛大学燕京图书馆藏明刻本，第1页。

② [明]王士骐：《明故资政大夫南京刑部尚书赠太子少保先府君凤洲王公行状》，[明]王士骐、[明]屠隆、[明]王锡爵撰：《王凤洲先生行状》，上海图书馆藏明刻本，第10页。

③ [明]王世贞：《弇州山人四部稿》卷二十二《思归吟》，美国哈佛大学燕京图书馆藏明刻本，第10页。

王世贞有一腔热血，奈何郧阳地理位置偏僻，政事反而简便，以致他有较多的闲暇时间，再加上他之前已经受了佛学的影响，其起居犹如僧人一般，他于是有了点脱离尘世的念想。虽然空闲时间较多，但是王世贞并没有虚度，他将之前的创作合编成集，专门修订，由于他创作繁多，新的文稿体量庞大，他将这些文稿分为赋、诗、文、说四部，整理编排后居然多达一百七十余卷，有一百三十多万字，为了增重文稿，他更是想得名家一序，然后刊刻。

三月十五日，王世贞在均州时，与友人一起过净乐宫、紫云亭、迎恩宫、玉虚宫，晚上居住于紫霄宫。十六日，众人登太和山，至绝顶天柱峰，礼金殿，并借此机会拜访异人范丫髻。十七日，众人下天柱峰，过摘星桥、文昌祠，抵达南岩宫。王世贞在此等候张九一，却迟迟不见他来，因为他们之前有约，约定十六日一同登玄岳。于是王世贞转而去拜访不二和尚，然后返回南岩宫，入谒真武殿。十八日，众人自南岩宫出发，过北天门、青羊桥、五龙宫、仁威观，到达玉虚宫，饮于望仙楼，夜晚住于迎恩宫。此次游玩，王世贞自感太和山之广大、雄伟，几日走下来，竟然还不到全山的十分之三，不过这已经足以尽兴了，"王子曰：夫余之山宿者四，而历不能得十之三也，然亦足以雄生平游矣"①，可见王世贞也非常满意此时的状态。

三月末，张九一和其弟张九二一同拜访王世贞，原来之前张九一有疾病在身，未能按照和王世贞的约定游玩太和山，他带其弟过访致歉，也意在向王世贞引荐，并让其弟拜他为师。在知道张九一新任陕西左参后，王世贞作诗《助甫起家陕西左参，有赠（初传分省京兆）》以贺之。

虽然朝廷对郧阳的发展没有硬性规定，但是王世贞在任上寻求主动作为，以造福一方。在治兵方面，他整顿军务，严明号令，功绩尤为显著，这也是他所擅长的，王锡爵说道："前中丞尝奏留边饷，备郧缓急。公以九州一家，忧在边鄙。今通核所部屯田，以本色备荒，折色充饷，不

---

① ［明］王世贞：《弇州山人四部稿》卷七十三《自南岩历五龙出玉虚记》，美国哈佛大学燕京图书馆藏明刻本，第20页。

必须边饷而给也。而郧又适少事,奈何辍所急以事无用? 竟奏罢之。"①即命令部队屯田,开拓荒地,折算成兵饷,以实现自给自足,从而不需要朝廷另外拨付边饷,这样极大地调动了军民的积极性,促进了郧阳的发展。

四月,王世贞从实际出发,认为荆州地理位置重要,但是防守较为单薄,应该将之前远戍广西靖、桂的两支军队人数减半,以拱卫荆州,这些减少的士兵,应该由当地进行补充,而不是不断外调。他还认为近来自然灾害较多,百姓生活困苦,他便恳请朝廷减轻荆州一半的壮民军事编额,以让他们有更多的时间和精力投入劳作生产,不过他们仍作为备用,以防战事突起。此疏上到朝廷之后,引起朝臣热议,虽然王世贞之议未能得到全部同意,但"四县民壮减编示恤,存留操备"②的建议还是得到了朝廷的准予。

刚上任不久,王世贞就面临着一个非常棘手的问题。该年春,江陵县按照朝廷的要求,重新丈量田地,生员许仕彦因藏匿田地数量而获罪,不过他不听从李县令的管制,出言不逊,并以张居正同乡自居,带领众人闹事,数百人和之,他们到处贴匿名帖,还殴打李知县和范巡检,甚至相约四月十五日行香举事。面对如此混乱的局面,李知县迫不得已,只能上书乞休,辞去县令一职。经查,其中主事的是生员王化,而他是张居正的内弟,众人皆不知如何处理,相互推诿。王世贞在了解了事情的来龙去脉之后,果断地向朝廷上疏,说明此事,并力主李县令无罪,应该改补他任,而至于王化、许仕彦等人,则应该全部逮捕入狱,依法治罪。由于之前张居正和王世贞已经有了细微的间隙,此次王世贞又要治其内弟的罪,再加上他私下写信给王世贞,为王化辩解,希望尽快摆平此事。然而王世贞却不为所动,秉公执法,坚持之前的处理办法,以致两人之间的隔阂越来越大,张居正甚至怀疑王世贞是在有意针对自己。

五月,郧阳地区非常炎热,王世贞有诗曰:"常年游燕复游楚,今年

---

① [明]王锡爵:《王文肃公文集》卷六《太子少保刑部尚书凤洲王公神道碑》,上海图书馆藏明刻本,第6页。
② "中央研究院"历史语言研究所校印:《明神宗实录》卷三十七,南京图书馆藏1965年版,第865页。

坐啸郧山阿。常年六月犹褙襦,今年五月头仍科。六月褙襦不道苦,翻道科头未易过。赤龙频顿羲叔辔,金翅欲扫尼连河。未必襄王行暮雨,由来汉渚有蒸波。老夫弄水聊自解,忽照霜鬓胡其多。炎凉世态日千变,焰灭欲火时成魔。兰台大风吹汗漫,峨眉积雪寒嵯峨。纵令有梦不解到,据梧斗室时婆娑。天大洪垆销玉液,奈此清凉一点何?"①此诗颇有游戏之味,道出一腔苦水,并将天气之炎热与社会人情冷暖相联系,也体现出一份生活的闲适之意。当月,郧阳多处发生了地震,大量房屋被毁坏,十不存一,民生疾苦,王世贞立即向朝廷上《地震疏》,他详细地叙述灾情后,还言及:"第闻之史,李固曰:'地,阴也,法当安静。今乃越阴之职,故动。'《京房传》曰:'阴背阳,占为夷羌背去。'又《易·飞候》曰:'震以四月,五谷不熟,人民饥。'今者为五月矣,阳盛之极,伏阴萌焉。宜静,而动尤非所宜。即今年岁顺成,夷夏枚辑,是天下未有灾之形。而皇上修德勤政,大法小廉,又未有灾之实。第窃睹邸报,西虏邀求他处互市,构胁松潘属番。虽跳梁未着,而伏莽已征。至于外家之请乞无厌,少府之赐发不已,安像征符,络绎不绝,皆迩年所未有。语云:勿谓涓涓,其流将长在。物意已窥其渐,而天心复示之微。其于房、固所云,盖有不容不虑者。臣愚,不胜一念惓惓,伏乞皇上笃承仁爱,益懋敬德。内而养志,以坤道宁静为教;外而饬备,以阴谋险伏为虞。"②即他认为地震不是无缘无故的,是上天在警示世人,阳极盛而阴萌生,阴阳的位置有所颠倒,意味着朝廷秩序紊乱,臣道太盛,这是不好的现象。此疏引起了张居正的极度不满,他认为这是王世贞故意针对他,之前已有的间隙逐渐变成了怨恨,这对王世贞日后的仕宦之路造成了深远影响。不过这可能缘于王世贞向来的办事风格,即政事和人事分开,因为当年张居正的母亲七十岁,王世贞还为之作寿序《诰封少师太虚公元配一品张太夫人七十序》,大力歌颂其功德,以姜嫄类比,认为:"太夫人固恬然于太和至顺之境,而忘其所为德于世,而不自有其功。天下既意而

---

① [明]王世贞:《弇州山人四部稿》卷二十二《苦热篇》,美国哈佛大学燕京图书馆藏明刻本,第11—12页。

② [明]王世贞:《弇州山人四部稿》卷一百七《地震疏》,美国哈佛大学燕京图书馆藏明刻本,第2—3页。

归之，不佞又意而颂之，毋亦周之所以称述姜嫄之浅者耶?"①所以一味地强调张居正和王世贞之间的矛盾，甚至认为王世贞有意敌对张居正，则很难理解他那充满矛盾性的行为。

六月，有一个自称是乐平王次子的人，说自己是奉高皇帝御容、宗牒及圣旨金牌出家云游，他大摇大摆地招摇过境，并且命令地方官吏前来接待，众人不敢忤逆，也想趁此机会讨好他。而王世贞则觉得此事蹊跷，一来没有接收到朝廷这方面的任何指令，二来根据国家法律规定，皇室宗藩没有特殊的原因，是不能够随意自主出城的，因此他禁止那人通行，并将他拘捕起来进行审问，细细调查事情的原委，同时向朝廷如实上奏。果不其然，经过多方的确认后，那人就是假冒的乐平王次子，王世贞便将他绳之以法，从中可见其睿智、果敢和稳重。

该月，王世贞为了让郧阳人有学习的榜样，尊重对郧阳治理有功的官吏，向朝廷上书，认为已经去世的南京兵部尚书原杰以前抚郧有功，应该追补谥号，还认为已经去世的都察院左都御史顾佐公有廉洁之声名，应该定谥号并赠官。这两个请求，朝廷只批准了第二项，王世贞说道:"盖余尝按部汝南，过太康之墟，而感于先朝之顾大夫佐者行业著于耳目而名实不被其身，上书请之朝，得赠少保，谥端肃。"②既然第一个请求没有批准，那王世贞就私下想办法，他翻阅古籍，考实掌故，详细地叙述先前治理郧阳的官员姓名、官位、谥号及其功绩，全面补充湛若水《保厘堂记》所缺少的内容，并复作《督抚郧阳都御史题名后》《重建提督军务行台记》等文，以让历史铭记那些为郧阳发展做出过贡献的人，这可谓是他发挥所长，为郧阳百姓做实事。

九月，王世贞向朝廷上疏申明屯政通行郧阳管辖下的陕西、河南二府，一体清查，至于三省屯政官员的考核之事，则委托抚治、抚按办理，并因为盗匪的存在，城内兵力单薄，他还建议朝廷将派往广西驻防的两千名兵士撤回，以巩固城中的军队力量。后来在闲暇之余，王世贞作

---

① [明]王世贞:《弇州山人四部稿》卷六十三《诰封少师太虚公元配一品张太夫人七十序》，美国哈佛大学燕京图书馆藏明刻本，第14页。

② [明]王世贞:《弇州山人续稿》卷一百三十九《资政大夫都察院左都御史进阶荣禄大夫赠太子少保谥恭定笠江潘公行状》，美国普林斯顿大学东亚图书馆藏明刻本，第18页。

《九友斋十歌》组诗十首，前有一总序，言曰："斋何以名九友也？曰山，曰水，斋以外物也；曰古法书，曰古石刻，曰古法籍，曰古名画，曰二藏经，曰古杯勺，并余诗文而七，则皆斋以内物也。是九物者，其八与余周旋，而一余所撰著，故曰九友也。九友得之有早晚，亦有从余而游与留而不能从者。其不能从者，既日思御，而从者亦倦而思归矣。秋日山镇无事，每一及之，不胜莼鲈之感，乃成十歌。所以有十歌者，并余身而十，亦欧阳居士六一意也。"① 其九友为山、水、古法书、古石刻、古法籍、古名画、二藏经、古杯勺和所撰诗文，他在此其实是有所寓意，这九物，均是适情适性之物，尤关乎个人的内心休养，不带一丝官场的名利和世俗的纷扰，且寄托着以诗文求不朽的念想，"从者亦倦而思归"虽然言及的是从者，但又何尝不是代表着自己的归意呢？"欧阳居士六一意"，则是王世贞说明九友加上自己为十，是效仿欧阳修之意，"六一"的来源，欧阳修曾有明确的回答，他在《六一居士传》中说道："六一居士初谪滁山，自号醉翁。既老而衰且病，将退休于颍水之上，则又更号六一居士。客有问曰：'六一，何谓也？'居士曰：'吾家藏书一万卷，集录三代以来金石遗文一千卷，有琴一张，有棋一局，而常置酒一壶。'客曰：'是为五一尔，奈何？'居士曰：'以吾一翁，老于此五物之间，是岂不为六一乎？'"② 可见王世贞此时的心态，和欧阳修当时的心境十分相似，也许只有年岁的差别，那时欧阳修 63 岁。

王世贞内心的这种情绪，在十一月初五日表现得尤为明显，那天是他五十岁的生日，乃知命之年，他作诗感怀，诗曰：

> 薄游狎流光，五帙俄已至。今为悬弧旦，使我废朝食。窃拊有尽身，自抆终天泪。罢牙息众嚣，闭阁负余惭。离疏非冠日，通籍乃韶岁。为郎典方迕，业已三上计。比舍饶俊民，兴辞骛遥诣。虽匪大国香，岂为当门植？众愕方奏淫，如何独求退？栖迟三辅谦，屏营东秦寄。崔符既如浣，萧斧永绝试。烈炎弥原来，玉石同迸

① ［明］王世贞：《弇州山人四部稿》卷二十二《九友斋十歌》，美国哈佛大学燕京图书馆藏明刻本，第13—14 页。

② 宋涛主编：《欧阳修文集》，辽海出版社 2013 年版，第 123 页。

碎。龃龉缇萦书，艰危子坚祀。扣阍不睹天，洒血空坟地。岂无经渎念，处死殊以未。流哀悴松柏，余辱蒙萝薜。屯夷理垂极，鼎革时初际。皇瞩回覆盆，谷灰起幽吹。徊徨深隐恻，踟蹰窥慈意。南舟遍楚越，北辕辗晋魏。蓬心绝羝触，栎质惭鼯技。畴谓偏奇禀，谬中通人嗜。三台敢希历，九列无乃赘。牵马似有曹，攻驹岂吾艺。是时秋欲暮，天子问郎帅。尔以中执法，其往司节制。寻叨玺书宠，仍拜宫壶赐。肃肃萃冠簪，悠悠度旌旆。如何渭桥色，已作天涯视。严霜逐飞盖，修路疲征驷。汉水擘峡来，嶙峰蹈空置。褒斜绾单毂，井陉艰列骑。偶同王遵叱，无取子阳喟。片檄寝赤丸，尺棰走墨吏。捃拾虞军兴，纵舍伸主惠。窃窥宽大朝，因驿上封事。愚得或有一，斯狂岂可二。既采荐菲诚，复贷尸俎罪。虽尔竭涓涘，何由报恩施。芳已凋蕙兰，辛犹残姜桂。揶揄路鬼讥，婵媛女婴詈。策足趣暮闉，长鸣顿其辔。甘为退飞鹢，不作骧首骥。松柏偶然乔，宁因青阳媚。誓墓今已乖，入宫频见忌。谬陪七子列，恐为颜延弃。虽谢三君后，未甘李膺易。数往已自疑，揣来人同愧。伊昔虞舜慕，五十犹不替。惟彼曼容秩，六百旋请致。而我独何为，心迹两成悖。鬓讶蒲柳零，身安匏瓜系。雕虫业久贱，小草名还细。服政政欲疲，知命命何冀。纵识去者非，焉睹来者是。昔人多无闻，今余焉足畏。秋叶旦暮零，亲知同飘坠。江水日夜流，富贵亦偕逝。驻颜问刀圭，多难损根器。皈诚悟正觉，庶矣超人世。①

之所以全录此诗，是因为此诗不仅仅反映出其求归的心绪，还完整地概括了几十年来的人生经历，有父难之事，有亲友离世，有仕宦艰辛，有七子复古，有自我困惑，等等，不过在痛定思痛之后，迎来的不是凤凰涅槃般的重生，而是"江水日夜流，富贵亦偕逝"的悟空感，此时小祇园已有"弇山园"之名，风景更加美丽，只是主人尚在外仕宦，以至于他后

---

① ［明］王世贞：《弇州山人四部稿》卷十《今岁忽已知命，仲冬五日为悬壶之旦，不胜感怆，聊叙今昔，得六百字》，美国哈佛大学燕京图书馆藏明刻本，第18—20页。

来在除夕,更加思念故里,想早日回家,"烛花浓不剪,抱膝自微吟"①,这种人生态度对其晚年的选择产生了重大影响。

冬季,张九一兄弟再次拜访王世贞,好友远道而来,相聚甚欢,张九一即将赴任山西左参,分守凉州,王世贞作《邀助甫兄弟登城北楼》《送助甫使君赴河西》等诗,张九一以《将赴凉州答元美》和之,最终两人相别于城南楼,不承想,这居然是两人的最后一次见面。

来年正月初一日,王世贞又有试笔诗,算是再次开启了新的一年,初八日,他登郧城东北门楼,四下环顾,群山环绕,大雪刚停,白茫茫的一片,因此他为此楼题名"春雪",并赋诗《谷日登郧城东北门楼,时四山雪霁,因题曰春雪楼,而系以二律,用示郡僚》。到了初春,王世贞渐感年老体衰,郧阳地偏事少,他为自己的迂疏而窃喜,作诗《初春偶成,自嘲》以自讽。后来他收到徐中行祝福自己年岁五十的书信,并有衣物相赠,徐中行还请他为其文集作序。而此时徐中行已经六十了,王世贞主动为他作寿序,并将之前编纂的《四部稿》部分卷次寄送给他,当然,他还为其诗文集作序,大力推崇其成就,他言及:"若子与之于古近体,庀材宏矣,养气完矣,意象合矣,声实衡矣,庶所谓充实有光辉者哉!"②四月,王世贞作《丙子郧台偶题十绝》组诗十首,对于当下事务清闲极为不满,因为这与之前的设想出入较大,以为主政一方能够有机会建功立业,没想到迎来的却是清闲、落寞,之前燃起的壮志逐渐被磨灭了。

五月,王世贞整体考虑了郧阳、襄阳、荆州、南阳、汉中等府,并商州等五州县军队的粮饷问题,他向朝廷上《议处本镇军饷以资边用改添实力以固地方疏》,认为这五州县的民壮、弓兵工食银,一部分可以扣解当地以作军饷,一部分可以运送至户部,以周济所需要之地,一部分可以免除扣银两,改编兵力,各路官兵进行合练。王世贞之言得到朝廷的高度肯定,"上然之"③,遂被全部批准执行。本月底,新任江西布政左参议

---

① [明]王世贞:《弇州山人四部稿》卷三十《乙亥郧城除夕》,美国哈佛大学燕京图书馆藏明刻本,第5页。

② [明]王世贞:《弇州山人四部稿》卷六十八《青萝馆诗集序》,美国哈佛大学燕京图书馆藏明刻本,第21页。

③ 上海书店出版社编:《明实录》之《明神宗实录》卷四百五十二,上海书店出版社2015年版,第1157页。

的王世懋特意取道郧阳来看望王世贞。六月初,王世贞兄弟俩一起游玩太和山,欢饮于均州城楼,他还将一百八十卷本的《四部稿》相赠。王世懋说道:"世懋以丙子岁六月受《四部稿》于郧邸,奔走终岁,卒业舟车间,未遑窥作者之奥也。"①《四部稿》全名为《弇州山人四部稿》,该书分文赋、诗、文、说四部分,是王世贞五十一岁之前文学思想的集中体现,《艺苑卮言》囊入其中,正文八卷,附录四卷,共十二卷,成为最流行的版本。《四部稿》同时也是王世贞文坛盟主的地位体现,如其文集中认为在李攀龙、徐中行、梁有誉等七子之外,以余曰德、魏裳、汪道昆、张佳胤、张九一为"后五子",以俞允文、卢柟、李先芳、吴维岳、欧大任为"广五子",以王道行、石星、黎民表、朱多煃、赵用贤②为"续五子",这些人都是当时文坛上的俊杰,皆与王世贞有所往来,并推崇王世贞。至于《四部稿》的其他具体内容及其价值,在研究部分将有所论述,此处不展开讨论。

六月,朝廷新任命王世贞为南京大理寺寺卿,听闻此信息,王世贞倍感欣喜,一来他无心仕宦,南京为留都,保存了一套与北京相适应的行政机构,虽然在职务上有对应的品级,但一般都较为清闲,没有具体的事务处理,也不需要担当主要责任,压力自然小了许多;二来他在南京任职的话,离太仓很近,方便回家,能够多多照顾家人;三来感激圣恩,朝廷没有直接将他革职,说明还有挽留之意,是对其才能的肯定。其诗曰:"戟门逃暑似蓬庐,忽有分司洛下除。世事从呼惯牛马,乡心兼喜得熊鱼。未论朱芾堪赊酒,依旧青山好著书。厚禄自惭无寸报,主恩前后不曾虚。"③对于此次的调动,有不同的说法,张居正认为:"郧台僻处非展骥之地,而严廊又无虚席,故暂移留棘以需次焉。"④即张居正还是肯定王世贞的才能,并没有因为他之前的一些行为,而彻底冷落他,

① [明]王世懋:《王奉常集》卷四十七《遗伯兄元美》,上海图书馆藏明刻本,第3页。
② 赵用贤(1535—1596),字汝师,号定宇,江苏常熟人。隆庆五年(1571)进士。万历初,官检讨。万历五年(1577)因仗义执言弹劾张居正而被罢官,张居正去世后,才被起用,累官至礼部尚书。卒后谥"文毅"。著有《松石斋集》三十六卷。
③ [明]王世贞:《弇州山人续稿》卷十四《初得南廷尉报,偶成》,美国普林斯顿大学东亚图书馆藏明刻本,第1页。
④ [明]张居正著,[明]张嗣修、[明]张懋修等编撰:《张太岳集》(中),中国书店2019年版,第343页。

或是想办法将王世贞革职,反而是安慰他,暂时升迁到他处,为后来的展翅做基础。不过黄景昉却言及:"王世贞登郎署……末为江陵所知,开府郧阳,闻所条陈颇不当。太宰张瀚言其狂,不谙吏治,被调去。"①即吏部尚书张瀚不喜欢王世贞的做事风格,调他任闲职,是有意地冷落他。暂且不管具体原因如何,这对王世贞而言是一个非常好的调动,因为从他与友人的交游来看,他不愿意完全地离开官场,也尚有一心在天下之事。

八月,湖广地区举行乡试,王世贞为之作《湖广乡试录后序》,和在青州任上一样,王世贞非常注重当地的科教事业,然而郧阳由于地理位置偏僻,与外界交往不多,学子们除了主要的几种经籍书外,基本没有其他的书籍可供阅读。王世贞于是鼓励文教事业的发展,除了必要的财政预算支持外,自己还每年捐献俸禄,并派遣下属前往全国各地购买书籍,短短两年下来,就购买十三经、二十一史、春秋、明人文章等书籍,共计三千余卷,相关注重考据、典故翔实的书也在其中。他对这些书进行统一管理,将书籍盖印,登记造册,然后分开藏在各郡县,以方便学子们借阅。这种模式,可以说是早期的图书馆运营模式,对后世的图书馆发展具有借鉴意义②。除此之外,王世贞还精选四书之文,汇编成册,他说道:"吾填郧,所辖且六郡,而诸书生榷其取科第不能当吾吴之半。夫时义之为经五而为书四,五经人各治其一,而四书则共治之。吾故择其精者以梓,而示诸书生。夫非欲诸书生剽其语也,将欲因法而悟其指之所在也。"③可见这四书之文其实是对科举考试文章的选编,王世贞是让学子们能够有一个学习的榜样,可贵的是,他明确言及编纂此书的目的不是让学子们剽窃文章,而是希望他们广泛地熟读和精读之后,能够领悟其中的创作之法,以有助于科举考试,这其实和他的复古主张相类似,注重熟读前人之作后的自得。

① [明]黄景昉著,陈士楷、熊德基点校:《国史唯疑》卷八《隆庆万历》,上海古籍出版社 2002 年版,第 235 页。

② 参见拙作:《王世贞郧阳任上藏书、刻书及创作交游考》,《兰州学刊》2015 年第 2 期,第 33 页。

③ [明]王世贞:《弇州山人四部稿》卷七十《四书文选序》,美国哈佛大学燕京图书馆藏明刻本,第 23 页。

通过王世贞的所作所为，可知他是心慈之人，愿意帮助他人，在这之外，他还多次向朝廷上疏举荐他人，如《荐举贤能方面官员疏》《荐举地方人才疏》《荐举迁谪官员疏》《咨访将材以备录用疏》《保留给由贤能官员疏》等都是作于此时。以致在当年九月，吏部批评王世贞举荐过于泛滥，从而夺去其俸禄以示惩戒。此时稍微能安其心的则是《四部稿》的编纂和刊刻，他将一百八十卷刻本给汪道昆审阅，希望他能够作序。对于此书，汪道昆盛赞道："子与寓书谓公梓《四部稿》成矣，乃今拜赐，充然盈庭。其间习见者不能二三，计非旬日未可卒业。自汉司马而下，韩、杜并称大家，韩当公者什之三，杜三之一。近世则成都得公之博庞而未醇，济南得公之精美而未大，其余勿论矣。"①即认为此书的体量远远超过韩愈、杜甫，其淳厚超过杨慎，其广博超过李攀龙。王世贞也对《四部稿》非常满意，这是他对自己五十一岁之前著述的总结。在这之外，王世贞立言以不朽，已经不局限于诗文，其内容还涉及书画等内容，如他编纂《画苑》《书苑》等书时言及："余镇郧时，尝欲荟蕞书画二家言，各勒成一。《书苑》已就，多至八十余卷，欲梓之，而物力与时俱不继，其《画苑》尚未成。乃稍衷其古雅鲜行世者各十余种，分刻之襄、南二郡。……余尝谓书固小技，然纪言纪事要必托之以传。若画，最为无所系者，譬则天地间之佳木丽卉而已。"②这均是其有意为之，目的性非常明确。

十月，王世贞被刑科都给事中杨节弹劾，所以朝廷暂时罢去他官职，让其回家听候新的任命，而当时王世贞计划离开郧阳，赴任南京大理寺卿，他对此事极为不满。回家后，王世贞知道被弹劾之由，便闭门在家，不向朝廷通一纸文书，也不为自己辩解。不过王世懋知道此信息后，内心恐惧，只能做事愈加勤奋，以免危及自己，毕竟他也知道，与兄长王世贞不同，他是必须仕宦的，是家族发展的保障。可赞的是，王世贞非常大度，公私分明，在宋仪望就任南京大理寺卿时，他作序《赠中丞永丰宋公迁南大廷尉序》以赠之。

---

① [明]汪道昆：《太函集》卷一百《王长公》，黄山书社2004年版，第2067页。
② [明]王世贞：《弇州山人续稿》卷五十四《重刻古画苑选小序》，美国普林斯顿大学东亚图书馆藏明刻本，第19—20页。

可以说，郧阳之任是王世贞人生中的重要一环，上任之初的满心欣喜，任上的倾心付出，卸任后的愤懑难言，将他对官场的最后一丝希望彻底浇灭，这也让他更加认清官场的本来面目，从而影响到他随后的人生选择。

第五节　弇园始盛

万历四年十一月，已经回到吴中的王世贞，逐渐忘却官场是非，安心赋闲在家，享受与友人交游的乐趣，如在十一、十二月期间，黎民表、沈明臣、马荧、卢纯学、张献翼、张九二等诸友先后拜访王世贞于弇中，豫章宗室朱多煃、孔阳王孙等人则与之书信往来，当然王世贞也会主动，如听闻张佳胤中山开府后，便作诗《肖甫有中山开府之报，喜而有寄》贺之，还为张燕翼作墓志铭，等等。王世贞家中逐渐热闹起来，虽然他之前文名已盛于天下，特别是李攀龙去世之后，他接过复古旗帜，引领流派的发展，但是他辗转各地为官，有任上的牵绊，郧阳也偏僻，交通不便，在一定程度上还是影响了他与众人的交游，而太仓不一样，处于江海之地，水路发达，离南京也近，与友人相聚自然方便许多。

来年春，王世贞悠闲地住于弇园，有一天，他听说有人在卖鹦鹉，他对这种动物非常感兴趣，然而当买来后，经过仔细辨认，他发现这不是鹦鹉，而是红倒挂鸟，遂作《红倒挂鸟赋》以记之。红倒挂鸟与鹦鹉类似，今人欧佳和王化平通过研究认为："宋代以来，一种名为'倒挂鸟'的美丽珍禽因为羽色艳丽、外形小巧、习性特殊而得到文人雅客的关注和吟咏。文章通过整理古代笔记、方志和诗文中的相关记载，对倒挂鸟的外形、习性、产地等进行了综合分析，认为古籍所载倒挂鸟并非极乐鸟，也不是单指某一种鸟，而是指鹦形目鹦鹉科短尾鹦鹉属的若干种类。"[1]可见王世贞知识渊博、认真严谨之态并非浪得虚名。另外，在夏天时，王世贞与徐中行相遇于昆山，当时徐中行赴任江西右布政使，他便作诗

① 欧佳、王化平：《倒挂绿毛幺凤：古籍所见"倒挂鸟"考辨》，《自然科学史研究》2017 年第 1 期，第 22 页。

《初遇子与方伯昆山，旋尔言别，赴任江右》贺之，后来他在徐中行住处见到一只白色的鹦鹉，徐中行见他非常喜欢，便相赠，他于是单独作《白鹦鹉赋》以记之，并请求尤求为之作画，甚是庄重。

后来王世贞在弇山园新建"尔雅楼"，用来收藏书画、古器，当时他家中所藏之书已经不少于三万卷，且还有不少宋本书籍和名人字画，如小酉馆贮藏的书就多达三万卷，尔雅楼则贮藏宋刻书，而二藏仍庋于藏经阁。由于王世贞藏书丰富，宁波天一阁藏书主人范钦①主动致书与之商量，他希望两人能够各自列出书目清单，互通有无，以了解各种书目信息，方便收藏和阅览。王世贞答应了他的倡议，在回信中说道："家旧无藏书，自不佞之嗜之，颇有所著，蓄二藏外，亦不下三万卷。而戊辰后，薄宦南北，旋置旋失，未暇经理。今春构一书楼于弇山园，庋之。长夏小闲，当如命也。闻古碑及抄本，毋隃于邺架者。若家所有宋椠及书画名迹，庶足供游目耳。"②当然，王世贞并不满足于现有之藏，如他随后见到吴城汤氏售卖仇英临摹的《海天落照图》，便直接收购了，他言及："余自燕中闻之拾遗人，相与慨叹妙迹永绝。今年春，归息弇园。汤氏偶以仇本见售，为惊喜，不论直收之。……即临本，亦何必减逸少《宣示》、信本《兰亭》哉？老人馋眼，今日饱矣，为题其后。"③

前已提及，在诗文之外，王世贞还注重史书的编纂和书写，他得况叔祺长笺及长律，谈及续作《史记》、成就一代史书之事，他答复道：

> 仆固不佞，兹意蓄之久矣，虽会出入朝野，未遑息肩，然所以不敢轻举笔者，说有二。其一，尝笔之《卮言》，以为千古而有子长亦不能成《史记》。何也？西京以还，封建、郡邑、官师、宫殿，名不雅驯，不称书矣；其诏令、辞命、奏书、赋颂，鲜古文不称书矣。其人有

---

① 范钦（1506—1585），字尧卿，号东明，浙江宁波人。嘉靖十一年（1532 年）进士。历任随州知州、工部员外郎、广西参政、云南右布政使、陕西左布政使、副都御史等职，累官至兵部右侍郎。他一生喜爱藏书，归里后，在宁波月湖西岸的居宅东侧建造了藏书楼，取"天一生水、地六成之"之义，命名为"天一阁"。著有《四明范氏书目》《抚掌录》《明文臣爵谥》等文集。
② ［明］王世贞：《弇州山人续稿》卷一百七十五《答范司马》，美国普林斯顿大学东亚图书馆藏明刻本，第19—20页。
③ ［明］王世贞：《弇州山人续稿》卷一百七十《题〈海天落照图〉后》，美国普林斯顿大学东亚图书馆藏明刻本，第3页。

籍、信、荆、聂、原、尝、无忌之流,足模写者乎?诗有《尚书》《毛诗》《左氏》《战国策》、韩非、吕不韦之书,足荟蕞者乎?窃恐未能继也。其二,则当有罪我者。《史记》,千古之奇书也,然而非正史也。如游侠、刺客、货殖之类,或借驳事以见机,或发已意以伸好。今欲仿之,则累体,削之,则非故。且天官、礼乐、刑法之类,后几百倍于昔矣,窃恐未可继也。虽然,执事之知我深矣,其属我切矣。不佞焉敢终自弃,以孤君子之明惠,意者其自东京、建武始乎?执事卧家逾十载,岂其已有所撰述,姑欲借仆以自证耶?即有之,幸毋作帐中秘可也。仆生世不谐,终老毁誉间,今获假微谴,偃息泉石,为幸已弘。第春来花竹日新,苦酒食见迫,卒卒无须臾之闲,草次奉报,不一。①

这是王世贞史学观念的集中体现,他言及自己早就有写史的想法,但是不敢轻易动笔,一来《史记》创作的环境已经发生了根本性转变,封建、郡邑、宫殿名称不同,诏令、赋颂言语不同,屈原、荆轲等历史人物也不可复制,失去了《史记》创作的原生态环境。二来按照后来的传统历史观念,《史记》并不是完整意义上的正史,在游侠、刺客等内容中,作者的主观意愿过于明显,礼乐、刑法之类也比之前增加了数百倍,体量非常庞大,以致仿照《史记》的体例不适合当下现实。再加上自己一生坎坷,常常处在毁誉之间,争议颇多,写作也难免会抱有一定的主观性。所以要再创作《史记》这样的佳作基本不可能,不过写史一直是他的心愿,以后还会有所提及。

也是在该年夏,弇园建成,王世贞自从去年十月底归里后,便将以前住过的房屋给了王世懋,自己则复修了凉风堂、尔雅楼和西三书舍。园林建成后,他没有拒绝游客,反而是热情地欢迎他们入园参观、游玩,随着弇山园的名气与日俱增,他人对王世贞的议论也增加了,甚至认为王世贞是豪绅之家,因此才有资本纵欲奢靡,是不好的示范。对此,王世懋经常为之辩解,他说道:"盖元美为人侈公而慎私,喜客而不好奉

---

① [明]王世贞:《弇州山人续稿》卷二百三《答况吉夫》,美国普林斯顿大学东亚图书馆藏明刻本,第16—17页。

己。以故园有环玮奇丽之声而家无仓箱锱楮之积,客饱樽罍图史之欢而身乏闺房蟏蛾之奉。方其快意为园,启关撤障,拳石勺水,纤夭寸卉,无自享焉。于是游人之屡日集而弇山之胜日闻,盖即其身日陟时而已半,为客有矣。"①即他认为王世贞是本性好客,不愿意独自享乐,他想将这份乐趣与众人分享,而他对于自己则要求甚严,不会贪图享乐,他人中伤之言是不可信的。虽然王世懋为之百般辩解,但这不可能堵住天下所有人的口。

弇园成了王世贞的精神寄托,在园内,他每天玩赏典籍、书画、金石、古器等物,听鸟垂钓,享受美景,又有美酒相伴,儿女常伴左右,一副悠然自得之意,其被弹劾后的愤懑之情渐渐散去,而现在让其操劳的就是文笔之债和世俗应酬,他说道:"所恨宿业未满,为征文人刺促,不得并谢笔砚耳。"②毕竟名气越来越大,且又常住弇园,拜访者络绎不绝,求文者比比皆是,与其交游者也不胜枚举。如殷都想正式拜师,他答应后作诗《殷无美,余故人也,东归之后,贽而强纳,拜焉,辄成以赠》以赠之;为姜周作八十寿序,为季德甫作七十寿序;答应为凌稚隆《史记评林》作序;汪道昆和汪道贯兄弟相约过访弇园,等等。

至八月十五日,汪道昆为一百八十卷本的《四部稿》作序,对王世贞推崇备至,其序有言曰:

> 不佞三从元美问籍,元美犹然逡巡。及其莅四岳,而籍始传。盖倍于鳞者六之五,其分部者四,其卷百八十,其策六十有奇。自昔成一家言,未有若此之富者也。北地亡而大道隐,于鳞桴而元美鼓之。……于鳞与古为徒,祖三坟而祢六籍。其书非先秦、两汉不读,其言非古昔先王不称,其论著非挟日不成。其逐射而当古人,非上驷不以驾,故片言出而人人自废,不则无言。元美上窥结绳,下穷掌故,于书无所不读,于体无所不谙。其取材也,若良冶之操垆鞴,即五金三齐无不可型。其运用也,若孙武、韩信之军,即宫嫔

① [明]王世懋:《王奉常集》卷四十九《书山园诸记后》,上海图书馆藏明刻本,第10页。
② [明]王世贞:《弇州山人续稿》卷一百九十《茅鹿门》,美国普林斯顿大学东亚图书馆藏明刻本,第18页。

市人无不可陈,无不可战,左之左之,无不宜之,右之右之,无不有之,则惟元美能耳。大较于鳞之业专,专则精而独至;元美之才敏,敏则洽而旁通。济南奇绝,天际峨嵋,语孤高也。大海回澜,则元美自道,不亦洋洋乎大哉!要以峨嵋之高,蟠于四极,恶在其不御?而三山雄峙瀛海,肩五岳如老更。即天假于鳞以年,终不暇乘桴而浮海;至若元美所陟,宁无蹴高天俯积雪者乎?……其称诗著书力敌于鳞,而富倍之矣。贾其余富为说家言,则诸君子之所不遑,楚左史之所未觌者也。……于鳞亟称《易》辞"日新之谓盛德",日新则高明矣,于鳞有焉;要以富有而日新,非元美不任也。①

即肯定李攀龙和王世贞的文学复古运动,认为他们上承上古三代的文风,启迪当下文学创作,王世贞《四部稿》更是能成一家之言。虽然"于鳞桴而元美鼓之",但是王世贞有其自身特色,在著述之富、掌故之详、体制之备、取材之广等方面皆是李攀龙不及王世贞之处,而李攀龙恪守前人之言,"书非先秦、两汉不读,其言非古昔先王不称",这种不懂变通的想法,在一定程度上限制了复古取法的新发展,不过王世贞注重诗文新变,"富有而日新",这又是李攀龙不及之处。这些认知,是汪道昆基于李攀龙和王世贞两人的文集,对各自所长做出的细致分析,从而肯定王世贞之功,推举他为有明一代的文坛大家。《四部稿》一经刊行,立即风行海内,纪昀在《四库全书总目》中言及:"艾南英《天佣子集》有曰:'后生小子不必读书,不必作文,但架上有前后《四部稿》,每遇应酬,顷刻裁割,便可成篇。骤读之,无不浓丽鲜华,绚烂夺目。'"②这更加奠定了王世贞文坛盟主的地位,影响深远。王世贞也以文坛盟主自居,非常注意别人对他的称呼,如汪惟一为他刻一名为"五湖长者"的印章,他便觉得此章的文与自己不相符,"长"后加一"者"字,整体意味发生了变化,作"五湖长"更加合适,于是请汪惟一另刻一印。

八月,王世贞突然患有腹疾,稍后又眼睛有恙,不过这些幸好是小病,到九月份就得以恢复。当月,王世贞有一孙,又恰好王世懋归里,家

① [明]汪道昆:《太函集》卷二十二《弇州山人四部稿序》,黄山书社 2004 年版,第 478—479 页。
② [清]永瑢等撰:《四库全书总目》卷一百七十二《弇州山人四部稿》,中华书局 2003 年版,第 1508 页。

里上下都非常高兴，以致王世贞连日豪饮。不过当他知道王世懋回家想向朝廷乞休之后，便立马劝阻，希望他不要离开官场，这是王世贞一直以来的策略，即自己在家照顾家人，弟在外仕宦。而王世懋此次没有听从王世贞的建议，还是上了乞休之文，然后居家闭门不出。王世贞再次作诗进行劝慰，言曰："羁羽坐空条，畴能不愁思。愁思望故乡，安为久留滞。"①而王世懋的乞休之文最终没有得到朝廷应允。

该年秋，张居正父亲离世，按照传统礼制，他是要回家丁忧守丧的，但是他没有遵循礼制，以"夺情"未归，再加上其独特的内阁首辅身份，使得此事在朝堂之上引起了轩然大波，弹劾者不断，鉴于此事敏感，涉及人物众多，实为当时国家的一件大事情，《明神宗实录》中有详细记载，言及万历五年十月乙巳，翰林院编修吴中行、简讨赵用贤、刑部员外艾穆、主事沈思孝各自上疏议论张居正夺情之事，然而皇帝却把这些奏章留在宫禁中，不批答。只是下旨让锦衣卫将他们带到午门前，吴中行、赵用贤被杖责六十，并发回原籍为民，永不叙用，艾穆、沈思孝杖责八十，发配边疆充军，即使遇到大赦也不能宽免。学士王锡爵连同数十人直接问张居正，不过张居正并没有采纳他们的建议，由于王锡爵言辞激烈，还惹怒了张居正，张居正便下拜众人，横刀于颈，说道："皇上强留我，你们却一起赶我，是要杀我吗？"众人看到张居正如此态度，便知事情没有挽回的地步。除此之外，赵志皋、张位、于慎行、沈懋学等人再次上疏，均无用。部分人还被贬，王锡爵、沈懋学以病为由归乡。刑部邹元标再次上疏论张居正夺情之事，却被杖责八十，发配边疆充军。②因此，张居正是用铁腕镇压了抗议者，极大地捍卫了自己的政治权力。而

---

① [明]王世贞：《弇州山人续稿》卷五《敬美弟杜门信州，移文乞休，赋此寄之》，美国普林斯顿大学东亚图书馆藏明刻本，第3页。

② "先是翰林院编修吴中行、简讨赵用贤、刑部员外艾穆、主事沈思孝各上疏论辅臣张居正夺情事，留中数日。至是降旨，命锦衣卫逮至午门前。中行、用贤各杖六十，发回原籍为民，永不叙用。穆、思孝各杖八十，发极边充军，遇赦不宥。当中行疏上，学士王锡爵会翰林、宗伯而下数十人求解于居正，弗纳。锡爵径造丧次言之，辞颇峻。居正勃然下拜，索刀作刎颈状曰：'上强留我，而诸子力逐我，且杀我耶？'锡爵亟趣出，知事不可回矣。方中行等得罪时，翰林侍讲赵志皋、张位、于慎行、张一桂、李长春、田一俊、修撰习孔教、沈懋学俱具疏救，格不入。而懋学三贻书居正子懋修，又贻书李幼滋，以为居正当归，言甚切直。未几，孔教、志皋、位相继迁谪去。锡爵、懋学皆移病归。丁未，刑部办事进士邹元标上疏论辅臣张居正夺情事。上命廷杖八十，谪极边充戍。"见"中央研究院"历史语言研究所校印：《明神宗实录》卷六十八，南京图书馆1965年版，第1480页。

王世贞获悉张居正父亲离世的消息后,便致以吊唁,这使得张居正极为感动,因为当时王世贞身为文坛盟主,代表着天下文士,况且张居正当时处于被众人斥责的状态,援助者不多。张居正于是回信感谢道:"孤自遭先人之变,即荷厚情,远垂唁慰,兹又辱奠赙。今同年中,有孤所引援、见居要路、漠然不一赐问者。乃公独用情优渥至此,令人哀感愧死无地矣。"①后来张居正归里葬父,王世贞遣使前往悼念,且张居正葬父还朝后,王世贞还致以书信,张居正自然愈发感激王世贞对他陷于孤立时的支持,并认为王世贞为其父作的碑文可以传世,自己会奉为传家之宝,他说道:"南归叠承华翰,吊慰勤倦,感戢雅情,言不能悉……还朝后又奉华札,并初夏所寄俱至,益深怀感。家君在时,曾以祠碑渎求名笔,荷蒙不弃,贶以鸿篇。此时不肖未得见也。昨归,于家弟处取而读之。其文词之粹婳,固不待言,乃其意义渊奥,寄托宏远,直逼古匠。公平生之文,可传于后者,固难悉数,然而如此作,恐亦不多得也。即以勒植祠中,永为家宝。"②且不说王世贞这一系列行为的具体动机是什么,但不可否认的是,其举还是有益于他日后的仕宦之路。

来年正月初一日,王世贞举行家宴,又有试笔诗,十五日,他与梁辰鱼、王光胤等人相聚于昆山周公子园楼,作诗《上元日雪,王元美、梁伯龙宴集昆山周公子园楼,晚宿傅伯雅灯下》以记之。随后胡应麟③主动致书信给王世贞,希望能够与他进行交流,虽然之前王世懋与胡应麟有所交往,并向王世贞进行了推荐,但是王世贞和胡应麟未曾谋面。胡应麟在书信中盛赞王世贞《四部稿》,并且细论诸体和集中诸书,他说道:"乡者遍窥《四部》全草,浩瀚洸洋,莫知底止,错综神化,无所成名。左逸诸篇,则鲁史雍容之度也;短长诸策,则横人倜傥之风也;记传碑志,则太史孟坚之雄也;赋颂箴铭,则中郎文考之蔚也。序论之闳深奥衍,则韩苏四子竞出其长;书牍之俊逸诙奇,则晋宋九朝互标其胜。……且

---

① [明]张居正著,[明]张嗣修、[明]张懋修等编撰:《张太岳集》(中),中国书店 2019 年版,第 344 页。

② [明]张居正著,[明]张嗣修、[明]张懋修等编撰:《张太岳集》(中),中国书店 2019 年版,第 344 页。

③ 胡应麟(1551—1602),字元瑞,号少室山人,后又更号为石羊生,浙江金华人。万历四年(1576)乡试中举,会试不第,筑室山中,购书四万余卷,记诵淹博,曾携诗谒王世贞,为世贞激赏,列为"末五子"之一。著有《诗薮》《少室山房集》等文集。

也《卮言》《笔记》《宛委》诸编，巨而须弥，细而芥子，玄言奥旨，迥猎穷搜，璘说稗官，旁引曲畅。粤若、丘明、太史、曹杜诸君咸以文词取称，博极未闻，有兼攻《尔雅》，别擅《凡将》，与东方、中垒角异拔新，茂先、广微拈深竞僻。如执事所撰述，夐乎毫发无遗憾者也。然则奚论明兴，即穷古以来，六经而降，文章大统，匪执事集之而谁耶？ 猗与执事，是岂人力，实曰天授。令后世言材，越汉唐而推明代，断可识矣。"①即称赞《四部稿》内容丰富，诸体兼备，并且皆可与历史上各体盛时相媲美，诸书则是包罗万象，旁征博引，认为王世贞是明代文章集大成者，直接打通明代和汉唐之间的联系，可谓是推崇至极。胡应麟还附赠上自己的诗作，王世贞读后拍案叫绝，进而与之交流自己的创作之法，他提及："以足下才，虽过于称仆，而晰于论学乃尔。仆尚何所道，勉旃深造，自得而已。才骄则御之以格，格定则通之以变，气扬则沉之使实，节促则澹之使和。非谓足下所少而进之，进仆所偶得者而已。"②两人的诗文之法十分相近，王世贞看到后进能够如此，遂与之定交，并抱有不能尽早结交的遗憾。

王世贞身为文坛盟主，文债颇多，如卓明卿三月份前来拜谒，便出其诗集索序，四月，王世贞为莫如忠作七十寿序，为王锡爵父母得封赠而作序贺之，后又为朱察卿文集作序，等等。而最高兴的则莫过于与屠隆③相交往，王世贞与屠隆相互认识的经历与之前胡应麟的类似，也是屠隆先主动写信给王世贞，请教诗文之法，在这之前，两人未曾谋面，非常巧合的是，王世贞也是通过王世懋才知屠隆之名。屠隆在书信中盛赞王世贞文集的广大变化，并认为他超过李攀龙，学习前人之法而有自我，令人叹为观止，难能可贵的是，屠隆没有一味地膜拜王世贞，在书信中还指出他的不足之处在于精中有粗，伤于芜杂，如他说道："然愚窃不自量，谓于鳞虽奇而无当先生，先生何所不有也？ 有于鳞，有献吉，又兼

---

① ［明］胡应麟：《少室山房集》一百十一《与王长公第一书》，上海古籍出版社 1993 年版，第 802 页。

② ［明］王世贞：《弇州山人续稿》卷二百六《答胡元瑞》，美国普林斯顿大学东亚图书馆藏明刻本，第 13 页。

③ 屠隆（1543—1605），字长卿，一字纬真，号赤水、鸿苞居士，浙江鄞县人。万历五年（1577）进士，曾任颍上知县、青浦知县、礼部主事等官职。善诗文，与王世贞善，被列为"末五子"，著有《由拳集》《白榆集》《鸿苞集》等文集。

有往哲,而又自有元美,广大变化,斯其所以极玄也。……隽永之中,不嫌杂俎,闳丽之极,间出粗豪;又撰著太多,篇章太富,宇宙群品,题咏靡遗,古今万状,搜罗略尽,无乃伤于杂乎?岂玄造之中,本无所不有耶?窃意无所不有,亦必有所无矣。"①对于屠隆的评价,王世贞虽然谦逊地拒绝,但是又认为他所言有其合理之处,并对自己的诗文创作进行了分析,他说道:"足下虽雅言二李先生,而其许不佞独至,念不佞独切,甚谓不佞辞有于鳞、有献吉、有往哲,而又自有元美,广大变化,所以极玄。斯言也,岂不佞所敢当,然不敢以不佞故而掩足下之鉴也。……夫仆之病在好尽意而工引事,尽意而工事,则不能无入出于格,以故诗有堕元白或晚季近代者,文有堕六朝或唐宋者。仆亦自晓之,偶不能割爱,因而灾木行,当有所删削也。"②这是王世贞对其文学创作的最新认知,可见他此时比跟随李攀龙时的文学主张有了显著变化,其取径广,突破了格调束缚。屠隆也赠有诗,王世贞遂以诗和之,由于两人交谈投缘,文学主张高度一致,于是相互定交。不久之后,屠隆赴任青浦县令,便顺道拜谒王世贞,两人相见如故,各自标榜,自然不在话下,他们还一起登缥缈楼,饮酒作诗,甚是欢乐,王世贞乐有如此后进拜谒,屠隆乐能够得到文坛盟主赏识。又由于青浦离太仓很近,有其地域优势,在这之后,两人便经常相会。

该年秋,朝廷新任命王世贞为应天府府尹,闻此信息,王世贞作诗《初闻应天尹命述怀》以表不愿出仕之意,徐阶知道后,便立马询问王世贞是否辩解了之前的弹劾之事,王世贞则认为此事不辩甚于争辩,不能让他人认为自己只是为了一官位而已。于是王世贞不仅没有上疏求辩,反而向朝廷上乞休之文,说自己因病不能赴任。九月,王世贞派遣仆人前往京师上乞休之疏,本来按照惯例是要告知内阁三相的,不过仆人行事有误,他先是汇报了相关的府衙,然后再上疏给了公车③,以通朝廷,以致此疏被张居正所阻断,王世贞说道:"故事,上疏者具揭于三相

① [明]屠隆撰,李亮伟、周萍校注:《由拳集校注》卷十四《与王元美先生》,浙江大学出版社2016年版,第442页。
② [明]王世贞:《弇州山人续稿》卷二百《屠长卿》,美国普林斯顿大学东亚图书馆藏明刻本,第2页。
③ 此处所言公车,是指为去京应试的举人,或是请愿、上书言事而服务的皇家公车。

及宰臣。余谓舍人子：'揭所重张公，先疏而后揭，毋先揭而疏。揭先之，彼必阻，是市伪也。'舍人子强为黠者也，既唯唯，不知其何所受，先具揭。张公果力止之。"①张居正知道此事后，自然言之以大义，晓之以情，督促王世贞尽早上任应天府府尹之职。

无奈之下，王世贞只能听从张居正之言，启程赴任。当他走到丹阳时，听闻南京有关他的流言，南京兵科给事中王良心、福建道御史王许之以"侈秽旷肆"之由弹劾王世贞，他们认为王世贞父难时不能请死，平冤昭雪后应该耻为人，且复仕无所作为，屡次乞休居家后又不能恪守礼节，还大修园林、骄奢淫逸、广交诸友、纵情优戏，为官侵扰百姓，结党营私、乱敛钱财，等等，对于这些指控，王世贞便向朝廷上《乞恩勘辩诬蔑仍正罪削斥以明心迹以伸言路疏》，一一予以回击，言语激切。以致此次赴任，王世贞不到任上，即南返家中，其诗《抵丹阳，闻南中有流言，即返棹》曰："幸不将身与念违，艎符转首便成归。紫衫频著难长是，白简虽烦未尽非。耳惯酒酣元不热，心安食少也能肥。江东尽有容人处，水石中间一钓矶。"②表明了自己的心态。后来王世贞终于悟得，这一切很可能是张居正在背后为之，其用心可谓险恶、狠毒也，为此，王世贞急火攻心，以致患病。王士骐记载道："府君不胜冤，具疏乞置狱勘，而后请死。既而叹曰：'此江陵始终簸美我也。我前疏辩而辞，彼许余辞，余快也。怒余辩而褫之，亦快也。今故止我，而又使人齮龁我。吾须眉粗具，乃为楚人所买耶？即吾矢口而辩，彼且以我鸡肋一官也。吾且休矣。'"③

王世贞归家后，正值王锡爵因为与张居正有间隙，且不愿参与朝廷的争斗而赋闲在家，两人同病相怜，且早已相识，有所往来，于是相约一起游玩，渐渐成了无所不谈的知己。王世贞作诗《归后呈元驭宗伯》曰："不为冰霜哭路穷，将从里社逐春风。一官鸡肋毋怜我，万事龙头尽属

---

① ［明］王世贞：《弇州山人续稿》卷一百六十《题辩疏后》，美国普林斯顿大学东亚图书馆藏明刻本，第10页。

② ［明］王世贞：《弇州山人续稿》卷十五《抵丹阳，闻南中有流言，即返棹》，美国普林斯顿大学东亚图书馆藏明刻本，第3页。

③ ［明］王士骐：《明故资政大夫南京刑部尚书赠太子少保先府君凤洲王公行状》，［明］王士骐、［明］屠隆、［明］王锡爵撰：《王凤洲先生行状》，上海图书馆藏明刻本，第12页。

公。习静稍知前日短,避言那望故人同。采芳倘有褰裳兴,未少莲花浊水中。"①与王锡爵相交,对王世贞的晚年生活产生了深远影响。

不久之后,王世贞获悉徐中行离世,之前在七月时,他已经收到过徐中行去世的消息,令其内心非常不安,而随即收到了其书信,心中的担忧也就释然了,因此这次得信后,他最初也是不敢相信,直到确认此次为真时,其内心的痛苦方才喷发而出,他说道:"此间得徐子与信最晚,病卧惊绝,走一介候之江,介道相左。于元夕后接家弟书,始具其详,是卒风疾耳,竟不及一语后事。"②当时徐中行逝世于江西任上,王世贞来不及前往江西吊唁,幸亏王世懋在江西任上,他帮忙料理徐中行的后事,并为其灵柩归里出资,王世贞说道:"余弟世懋方分部南康,惊而奔,以一日夜至,力为经纪其道路费,始得归。"③十二月,王世懋由江西左参议升任江西按察副使,然而他内心却想像王世贞一样,致仕归家,以致自身也充满着矛盾。

由上可知,王世贞归乡后居于弇园,主盟文坛,登门拜访者络绎不绝,天下士子莫不奔走其门,得到王世贞的片言褒赏,声价便会骤起,钱谦益认为他"操文章之柄,登坛设墠,近古未有"④,其离立言不朽的目的也越来越近。

① [明]王世贞:《弇州山人续稿》卷十五《归后呈元驭宗伯》,美国普林斯顿大学东亚图书馆藏明刻本,第2页。
② [明]王世贞:《弇州山人续稿》卷一百七十五《潘大司寇》,美国普林斯顿大学东亚图书馆藏明刻本,第3页。
③ [明]王世贞:《弇州山人续稿》卷一百三十四《中奉大夫江西布政使司左布政使天目徐公墓碑》,美国普林斯顿大学东亚图书馆藏明刻本,第17页。
④ [明清]钱谦益撰,许逸民等点校:《列朝诗集》丁集卷六《王尚书世贞》,中华书局2007年版,第4454页。

第五章　学道请恤终余年

　　已有归隐之意的王世贞，在遭受弹劾之后，毅然归里，闲适的生活陶冶了其内心的真情，他对世俗的看法也有所不同。恰逢王锡爵暂归乡里，两人的交往便逐渐增多，基于共同的世界观和人生观，两人均奉昙阳子为师，在昙阳子离世之后，他们感其道行，便先后潜心修道。然而两人都不可能完全断绝世俗的一切，他们还是颇为关注天下之事，王世贞更是文笔债不断。经王世贞劝诫之后，王锡爵再次出仕为官，王世贞也走上了为亡父请恤的漫长道路。在申时行、王锡爵、许国等人的斡旋之下，王世贞请恤之事终得圆满。虽然王世贞曾以不可出者有四、其不能出者有二，以及三不能不出、七不可出等为由，委婉地谢绝友人邀请和劝勉，但是亡父得恤，让他改变了对朝廷的看法，并且思念报效国恩，以致他最终选择再次出仕。在南京任上，终官至南京刑部尚书之职，不过由于身体疾病、担忧家人等多重原因，王世贞屡屡乞休归里，他与王锡爵的交往则进一步深入，并在王锡爵的帮助下，终于乞休得归。归家后，心情大好，身体也逐渐恢复，奈何最终年老体衰，病逝于家中。这段时期是王世贞的晚年，他对自己一生的文学主张、学道行径、仕宦之路都进行过彻底反思，是其一生的重要组成部分。

第一节　避世学道

　　万历七年(1579)正月初一日，王世贞雪中小饮，又有试笔诗《己卯元日，雪中小饮，试笔，时以除夕立春》，去年患的病痊愈后，他还为汪道昆亡母作《祭汪司马母夫人文》，并撰写墓志铭。十五日，王世贞得王世懋的书信后，方知徐中行去世的缘由，他于二月初，带着病体，前往徐中行长兴的家中祭奠，初六日，在吴兴道中，回首往事，仿如昨日，念及李攀龙、谢榛、徐中行、梁有誉、宗臣五人皆已逝世，当下只剩自己一人尚在人世间，他感觉再没有知己可以与之对话，其内心的悲痛涌上心头，当即老泪纵横，作《哭子与方伯五首》以抒怀。又因为徐中行没有子嗣，王世贞便帮着料理其后事，还整理其遗集，后来还为其作《中奉大夫江西布政使司左布政使天目徐公墓碑》。在料理完徐中行的后事后，王世贞与友人游玩砚山，作诗《自长兴还，抵岘山，遇李使君，冒雨邀酌，屈指郢中之会忽五载矣，归成二章奉寄》以记之。

该年夏，喻均①入京谒选，路过吴中，便顺道拜访王世贞，并借此机会拿出楚中诸集求序，王世贞阅读其文集后，大为赞赏，作诗《喻工部邦相以前天台令谒选，枉道见访，出楚中诸集，读之，感而有赠》以赠之。

随后，吴中迎来雨季，不过此次的雨水量过多，以致成灾，大水迟迟不退，太仓四周的水域体系发达，虽然没有被大水侵袭，但是几乎成了孤岛，并且当年的收成也是欠缺，形成了灾荒，民不聊生，王世贞非常痛心百姓的遭遇，其友周弘礽②精通天文，他便多次询问此次灾害是否与天象有关，可否有消解之法。受自然灾害的影响，王世贞家所拥有的田地也难以幸免，再加上他还需要接济亲戚，之前修筑弇园，收藏字画、古物等事情，已经耗费巨资，从而导致当下生活拮据，甚至到了要典当部分物品才能度日的地步。他向友人说道："不幸偶有泉石书画之好，为僮辈从臾成一园，又略置九友斋中物，囊橐如洗。今岁荒，为公逋相厄，不免挫产矣。声色之奉，生平绝无之，今以风马牛事见污，差若无谓。"③对此，他唯有借酒消愁，即使张九一闻讯后赠予俸禄，也被他用来买酒

---

① 喻均，字邦相，号枫谷，江西新建人。隆庆二年(1568)进士，历任松江知府、天津兵备副使等职。他为人正直、廉洁奉公，后因得罪权贵，而弃官归家，著有《前后出居集》《括苍云间集》等文集。

② 周弘礽，字元孚，麻城人，万历二年(1574)进士。其生性耿直，疾恶如仇，先任主簿，后降无为州同知，又转任顺天通判。几经升迁和贬谪，任过代州判官、监察御史、澄海典史等职，熹宗即位后，因他曾建议立储，另赠太仆少卿。《明史》有传。

③〔明〕王世贞：《弇州山人续稿》卷一百八十二《曾麟兆》，美国普林斯顿大学东亚图书馆藏明刻本，第2页。

喝。当然他没有一直消沉下去,只是一时的消愁解压行径,是可以理解的。

八月,惊闻俞允文去世的消息后,他便前往昆山祭奠,两人交情深厚,文学主张相近,当年在吴中文人皆冷落王世贞、与其文学主张不同之时,正是俞允文与之交往,让他收获信心,也为复古文学在吴中地区的传播打下基础。在生活上,两人也是相互关心,王世贞任职北京时,获悉倭寇入侵吴中地区的信息,便致书信邀请俞允文前往京师,其情天地可鉴。因此对于俞允文的去世,王世贞悲痛万分,作《祭俞仲蔚》一文后,又为之作《俞仲蔚先生墓志铭》。他还在万历九年为其文集作序,名为《俞仲蔚先生集序》,大力肯定其诗守古法,不悖格,文出入两汉、晋宋,有骨气,泉石隐逸之风更是独树一帜,他论及:"夫余所扬鹭俞先生虽后先殊,其大致谓诗五言古能步趋建安以下,迨齐梁,错而不悖格;七言歌辞翩翩自肆,或深或浅,不名一家;独近体为小羸,而绝句时自会心。文主东京语,间入晋宋,旨不必隽而骨在,纬不必丽而质胜。其于泉石最谐色,毋亦布衣之赤帜乎哉!"①即认为俞允文这些文学特色和成就,足以成为一面旗帜,引领他人创作。

九月,戚继光被朝廷加封为太子太保,王世贞作诗《戚都督加太子太保奉贺短章》以贺之,卓明卿过访弇园,王世贞亦有诗,以《卓光禄过我弇园,有作,聊倚赠》赠之。随后他收到汪道昆寄来的《四部稿》序,序中对他推崇备至,认为他是上承古人,当下可以比肩李攀龙,并言及从书中所涉内容的广博程度来看,李攀龙是不及王世贞的。对此,王世贞还是保持了清醒的头脑,认为汪道昆对其推崇较过,自己还远远没有达到那个高度,他回信道:"执事海内龙门也。片言华衮,畴不悉之。且仆素获幸于执事,又畴不悉之。执事以仆之幸而过赏其言,海内以执事之赏而信仆言,大惠也。以仆之言而累执事明,大罪也。"②

十月,王世贞借送外甥曹昌先往永嘉之机,拜谒王叔杲,并游天台、

---

① [明]王世贞:《弇州山人续稿》卷四十四《俞仲蔚先生集序》,美国普林斯顿大学东亚图书馆藏明刻本,第20—21页。

② [明]王世贞:《弇州山人续稿》卷一百八十五《汪司马》,美国普林斯顿大学东亚图书馆藏明刻本,第3页。

雁荡诸山。在获悉凌云翼因平岭有功,被朝廷升迁为南京工部尚书后,他作诗《凌大司马汝成成岭表功,入参留务,奉送一章》以赠之。

十一月初五,又到了王世贞的生辰,在步入五十岁之后,他每逢生辰之时,对人生的感悟也就更加深刻,再加上今年是五十四岁,亡父离世时也是五十四岁,这就更增加了其内心的伤感,甚至达到了痛不欲生的境地。自归里以来,王世贞在弇园的时间居多,对王锡爵次女王焘贞的仙道之事有所耳闻,心生仰慕,他想借此消除内心的烦忧,因为自己对当下心灰意冷,他与友人说道:"仆自逾知非之岁,数凡四屈指,而始知悔,觉一切忧怒从喜乐生、毁从誉生、失意从得意生。所读书,一字不得用,所撰述文业,一字无可传,欲弃之,盖献岁而后能次。"[1]之前也有所提及,徐献忠赶赴仙约未成而最终去世,以致王世贞对仙道之事抱有怀疑,但是从该事情的始末可知,他对此还是抱有好奇之心的,当时即有人生无常之感,因此他对仙道之事也就没有全盘的否定。而王锡爵次女王焘贞之事则传得神乎其神[2],进而又燃起了他的好奇心,他说道:"是时不佞世贞屏迹小祇园,窃闻师之概而心慕之。"[3]

当年,王世贞为小祇园作记文,并定名为"弇州园",不过有时也称之为弇山园、弇园,其取名源自《庄子》《山海经》,他说道:"园所以名弇山、又曰弇州者何?始余诵《南华》而至所谓'大荒之西,弇州之北',意慕之,而了不知其处。及考《山海西经》,有云:弇州之山,五彩之鸟仰天名曰鸣鸟,爰有百乐歌儛之风。有轩辕之园,南栖为吉,不寿者乃八百岁。不觉爽然而神飞,仙仙傞傞,旋起旋止,曰:'吾何敢望是?'始以名吾园、名吾所撰集,以寄其思而已。"[4]从中可见王世贞当时的心境,虽然他居住在家,不在朝廷,没有乞休或是想家的烦恼,但是欲望是无穷的,

---

[1] [明]王世贞:《弇州山人续稿》卷一百八十三《答曹子真》,美国普林斯顿大学东亚图书馆藏明刻本,第15页。

[2] 王焘贞后又名"昙阳子",据笔者在太仓实地走访,王锡爵和王世贞两家的距离非常近,且两家早有所往来,王世贞就经常与王锡爵之父王梦祥游玩,后来王世贞次女嫁与王锡爵内弟朱续,因此两家既有同乡之谊,又有姻亲之好。王世贞也应该早就知道王焘贞的相关事迹。

[3] [明]王世贞:《弇州山人续稿》卷七十八《昙阳大师传》,美国普林斯顿大学东亚图书馆藏明刻本,第8页。

[4] [明]王世贞:《弇州山人续稿》卷五十九《弇山园记》,美国普林斯顿大学东亚图书馆藏明刻本,第1页。

他向往仙人的生活,这也就更好地解释了他为何又对仙道之事感兴趣了。所以在王世懋进京时,他让其顺带书信给朝廷,感谢朝廷的安慰和宽大,不过自己着实不想再次出仕。

来年正月初一日,王世贞又有诗作,长期居于吴中,更是有觉今是而昨非之感,后来他又获得昙阳子神出之际所遗留的黄冠、双环等物,认为通过这些可以解决当下的烦恼,于是他结下了香火之盟。二月,王世贞前往王锡爵家中致谢时,得昙阳子之语。且在当日,他遇见了道印上人无心有,两人相谈,王世贞顿觉相见恨晚,并邀请他前往弇山园居住,以方便自己随时请教,从而坚定了他的学道之心。他曾说道:"余以庚辰二月造元驭宗伯,报谢我仙师昙阳子。已饭宗伯园,邂逅今道印上人阅《华严藏》。……余乃稍以藏中语挑之,辄响应,而又辄破的。当是时,余窃自快,以得上人而恨其晚。上人亦欣然徙馆弇山园,元驭为传致饔,余三人相欢无间也。"[①]二月十三日,王世贞学道之心已定,其诗曰:"苦海依稀见宿因,长期抖擞出风尘。从他斑管书文伯,不博黄冠署道民。举眼便非干己事,到头须认自家身。似闻寒雨多傃偬,二月梅花始露春。"[②]他希望能够通过学道,走出当下的困境。三月十五日,昙阳子说她将在家中邀请群真,使其父王锡爵见证,并让王世贞奉上誓帛,正式录取他为昙阳弟子,这也标志着王世贞正式入道学道。他说道:"师乃期以三月之望,召学士于楼之外门,扪门隙屏息以俟。良久,闻楼中佩环声璆然。……寻群真入……俄而群真去……而是时,师要世贞上誓帛,则上誓帛,其文在师所。"[③]直到四月二日,昙阳子又让王世贞和其父王锡爵见群真,此次是王世贞首次拜谒昙阳子,昙阳子与之谈论羽化之事,并让他负责最终的移龛,王世贞记录道:"真君见而语师曰:'新弟子可怜也,为日使之一见,可乎?'乃以孟夏之二日呼世贞偕学士见,见状及洒法水具如前,独真君右郄迩门隙,作洪语曰:'不要悔!不要

---

① [明]王世贞:《弇州山人续稿》卷六十一《昙阳先师授道印上人手迹记》,美国普林斯顿大学东亚图书馆藏明刻本,第19页。

② [明]王世贞:《弇州山人续稿》卷十五《二月十三日作》,美国普林斯顿大学东亚图书馆藏明刻本,第15页。

③ [明]王世贞:《弇州山人续稿》卷七十八《昙阳大师传》,美国普林斯顿大学东亚图书馆藏明刻本,第14页。

悔!'盖群真别而门启。世贞入叩首庭中,师启一扉曰:'王君,尔闻真君之诲乎哉?'世贞复再拜,乃少与谈化事,及以龛见托。语毕,出。盖世贞始获谒师,其唇朱,独貌黄金色,稍澹,不尽如学士纪。"[①]从中可见昙阳子对王世贞的信任,王世贞入道之心也非常诚恳。后来王世懋受王世贞的影响,钦慕昙阳子之事,在五月时,王世懋更是委托王锡爵致书信给昙阳子,说明自己愿学之意,王世贞便携他共同拜于昙阳子门下,然后王世懋才回江西任上。

当然,这段时期,在学道之余,王世贞还是与友人有所往来,如李先芳有诗作《再寄王元美》,王世贞则有《伯承少卿自报国寺分手,二十五年矣,虽讯问不废,而笑谈永隔,今岁初夏,复有一诗见遗,聊尔奉答》答之。张凤翼没有参加会试,选择的是退而著书立言,王世贞敬佩其举,以诗《伯起不就公交车,杜门著书,寄此致羡》寄托自己的羡慕之情。后来天一阁阁主范钦以诗相约,王世贞和诗《少司马四明范公以诗见约相过,和韵奉酬》。何宇度来拜谒,出其文集求序,王世贞作《何仁仲诗序》,并以诗《何仁仲鸿胪千里枉驾,杯酒论文,甚适也,亡何,乞一诗以别,余感其意,聊为赠之》赠之。可见,王世贞没法完全脱离俗世,这在他往后的学道过程中也多有体现。

该年夏,王世贞患有眼疾,不能多看书,以致增加了对往事和史事的思量,他作《咏史》组诗八十余首,其组诗前有一小序,言及:"余自庚辰夏病目,不能多读书,兀兀匡坐。因绌腹笥,诸所忆史事有慨于中者,得八十余篇,咏之。"[②]涉及秦始皇、汉高祖、项羽、李广、诸葛亮、杜甫等人,是其文史观念的集中体现。由于身患疾病,再加上他对道学的沉醉,想摆脱世俗困局,导致他最终决定召开家庭会议,将家产进行分割,自己好安心地入观修行。其实早在年初之时,王世贞就已经断绝房事,以素食为主,饮酒也渐少,放不下的则只有文学事业和乡里应酬,他说道:"自是一切世味皆灰冷,岁除后,忽有所证。遂断房室屏服,玩日或一肉,或茹素,酒损十之七八,更半岁后,可作有发头陀矣。而笔砚间夙

① [明]王世贞:《弇州山人续稿》卷七十八《昙阳大师传》,美国普林斯顿大学东亚图书馆藏明刻本,第13页。
② [明]王世贞:《弇州山人续稿》卷四《咏史》,美国普林斯顿大学东亚图书馆藏明刻本,第1页。

障重,未即能尽损,家人生事产出入,了不挂意,而乡里酬酢亦未即尽谢却,岂亦老人十拗之二也。"①将家产进行分割后,他便有了一种如释重负之感,有诗曰:"仲儿仅十三,少者乃十二。颇解学占毕,不晓人世事。一旦付以家,毋乃为之累。吾患在有身,况彼儿女计。兴者任其兴,废者任其废。何必学庞公,尽抛洪涛内。斗大一团焦,宽然若天地。"②

七月,瘟疫忽然在太仓流行,死者不计其数,王世贞已经潜心修行,与王锡爵一同在郊外侍奉昙阳子,不幸的是两人均染病,且王世贞比较严重,身体颓丧、疲困,他于是连忙从郊外搬回弇山园居住,经过一段时间的调理后,其病情才得以控制,身体逐渐好转,他向汪道昆提及:"玄冥行夏令,武安、频阳之虐遍江介。虽仆与元驭丈,几不免焉。入园,气乃小得舒耳。"③虽然他不能完全放弃文业,但是受学道的影响,他对文业的认知也发生了一些改变,他认为:

> 不佞披猖于天下垂三十年,而今乃信诸所以得名者,非吾所得意者也。大丈夫贵心赏耳,虽然亦愿有以效三君子。夫日月星辰,其垂象亘万古而长新者,元气布也。黄河之流历万里、东注海而不屈者,元气贯也。不有孟子、庄周、《战国策》、司马子长足广乎?玉虽贵,仆愿三君子化工之叶木也,不愿三君子玉工之叶玉也。④

即在他看来,文章的创作不是为了名利,而是在于自己内心的自赏,这和他之前所主张的立言不朽之论有所不同,正因为有了这一转变,他更加注重文章创作本体之"元气",走向化工之境而非玉工。其实这一切都是在他之前文学主张基础之上的升华,其内心真性情、性灵的种子正在快速成长。

后来他在太仓城的西南角新建成昙阳恬憺观,此处将作为昙阳子的归窀之所,昙阳子为此观题名,道观虽不大,但也有王世贞和众人修

---

① [明]王世贞:《弇州山人续稿》卷一百九十二《吴明卿》,美国普林斯顿大学东亚图书馆藏明刻本,第7页。

② [明]王世贞:《弇州山人续稿》卷六《授产儿辈作》,美国普林斯顿大学东亚图书馆藏明刻本,第2页。

③ [明]王世贞:《弇州山人续稿》卷一百八十五《汪司马》,美国普林斯顿大学东亚图书馆藏明刻本,第6页。

④ [明]王世贞:《弇州山人续稿》卷一百八十一《答华孟达》,美国普林斯顿大学东亚图书馆藏明刻本,第3页。

行的住处。由于地处僻远之地，地广人稀，道观有多处庭院空置，有人劝王世贞可以多多栽种花草树木，以美化道观，不过他没有采纳他们的建议，而是愿意回归到自然的本真世界，空处就空处，让其自由地成长，不想徒增烦恼。其诗曰："一室缘溪断俗尘，翛然吾自爱吾真。浇花怕结春时业，种竹防惊梦里神。梧叶到秋无那病，芭蕉过暑不堪贫。何如且放空庭在，月色风光好近人。"①

九月，王世贞为昙阳子仙升之事忙碌着，并急忙修筑亭阁，另有可供居住的简便房舍，还在外建有栅栏。初五，昙阳子端坐于享室，王世贞与其他弟子先后面见昙阳师，一一接受其叮嘱，算是道别。初六，昙阳子将《八戒》传给王世贞。初七，王世贞与王锡爵及其子王衡②一同拜见昙阳子，再次聆听其教诲。初九，王世贞在昙阳子一旁侍奉，午后得昙阳子的遗教和辞世韵语，之后昙阳子便关闭亭阁而羽化。当时众弟子在亭阁外拜谒，悲痛欲绝，哭嚎声不绝于耳，并且在栅栏外齐聚的信众多达十万人之巨，声势浩大，非常悲壮。王世贞在《昙阳大师传》中有叙述："又逾时，且闭龛。世贞乃从诸弟子谒辞，且泣，且自矢。……顷之移龛。就视笼中蛇，无有也，笼口闭如故。时栅以外三方，可十万人，拜者、跪者、哭而呼师者、称佛号者不可胜记。龛止享室中，远迩进香膜拜，日夜累累不歇。"③王世贞还作《重九日为庚辰岁昙阳仙师化辰，敬成长歌一章志感》一诗来抒发内心的情怀，以及对昙阳子的悼念，诗曰：

> 万历之岁庚在辰，我师拍手谢世尘。西竺西池总西蜀，阳月阳日归阳神。晴霞两片衬腮玉，夕宿数点搏眉颦。凝然金刚不坏身，独立宝座凌秋旻。是时弟子皆伏泣，手剑忽挺光鳞鳞。老生舍身侍香火，自甘佛奴或道民。谈无说有世不一，学士见挽传师真。少

---

① [明]王世贞：《弇州山人续稿》卷十六《斋室初成，有劝多栽花木者，走笔示之》，美国普林斯顿大学东亚图书馆藏明刻本，第1页。

② 王衡（1562－1609），字辰玉，号缑山，别署蘅芜室主人，江苏太仓人。万历十六年（1588）顺天乡试，王衡因是大学士王锡爵之子，言官弹劾，认为有作弊嫌疑。虽然王衡在随后的复试中取得第一获准参与会试，但言官仍不依不饶，为避免嫌疑，授人以柄，王衡在王锡爵执政期间没再参加考试。万历二十九年（1601），王锡爵致仕后，王衡再次走进科场，以一甲第二名及第，授任翰林院编修。后辞官归隐，中年早卒。著有《缑山集》，编有《郁轮袍》《真傀儡》等杂剧名篇。

③ [明]王世贞：《弇州山人续稿》卷七十八《昙阳大师传》，美国普林斯顿大学东亚图书馆藏明刻本，第24页。

将灵迹托彤史，敢以卮言夸素臣。下士闻道只大笑，何意众口成猾猾。吾师可虞日月毁，大教岂逐云雷屯。所怜内境有罗刹，不妨外土来波旬。银环再觊许消息，金篦未引犹沉沦。朝披夕诵了何益，如博日胜还日贫。回头转盼已陈迹，中天圆月十二新。瓣香一缕断复续，风伯为我传峨岷。玉京斟酌沆瀣酒，浊世消渴支离人。云君倘为下阊阖，霞罕倏见扶飙轮。老生行脚粗已备，芒鞵布衲青纶巾。不辞蹑景渡彼岸，眼底一众俱迷津。更祈仙伴有邹子，大吹黍律回阳春。①

二十五日，王锡爵受昙阳子托梦，说是有话要托付给王世贞，次日，他将此事告诉王世贞，王世贞听闻后，自然将此事放在第一位。当晚，他与王锡爵同寝，王锡爵再次梦到了昙阳子，并受其训语，而王世贞还梦到昙阳子说有话语会委托他人传递。梦醒后，与王锡爵一交谈，竟没有任何出入②。王世贞还在张佳胤赠送的费用基础上，于昙阳观水的南面新建禅堂，以便于居住和修行。

在此期间，还有一段小插曲，在当时而言可能是王世贞与他人非常普通的一次见面，不过这次见面的意义却是非凡的，因为这是《本草纲目》的作者李时珍③前来拜访，是王世贞和李时珍的第一次正式会面，不过这是李时珍处于困境时的无奈选择，因为他在完成《本草纲目》的初稿时，在湖广地区找不到愿意刊刻的书商，限于刊刻费用之巨，自己也

---

① ［明］王世贞：《弇州山人续稿》卷十《重九日为庚辰岁昙阳仙师化辰，敬成长歌一章志感》，美国普林斯顿大学东亚图书馆藏明刻本，第 12 页。

② 王世贞将此事进行了详细记载，他说道："师化之旬有六日，而见梦于学士曰：'呼王子来，我欲有所言。'世贞乃驰而诣学士，与抵足寝，则皆梦师来，凡再，皆梦师来。状貌不可复睹，而音声琅然，训敕敦切。其所以语世贞者，微少于学士，然亦骨肉父子不啻也。惟云：'吾道无他奇，澹然而已。向语若固灵根，去嗜好，薄滋味，寡言语，久而行之，即不得，毋厌倦；稍有得，毋遽沾沾喜；自以为得，则终弗得也。吾今长去若矣，虽然，吾实不去若。若与吾父左提右挈，以从事大道，毋负我。吾誓不舍吾父与若独去也。'……学士曰：'吾欲自传之，则避亲。欲王子传之，则避疏。亲则比，疏则寡。征毋乃使王子传之，而吾具草，可乎？'师复颔曰：'然。'学士泣，世贞拜亦泣。寻醒，而与学士交相质，无爽也。"见［明］王世贞：《弇州山人续稿》卷七十八《昙阳大师传》，美国普林斯顿大学东亚图书馆藏明刻本，第 25 页。

③ 李时珍（1518—1593），字东璧，晚年自号濒湖山人，湖北蕲春县人，明代著名医药学家。他曾前往湖广、安徽、河南、河北等地收集药物标本和处方，以《证类本草》为蓝本，编写《本草纲目》，前后历经 27 个寒暑，三易其稿，于明万历十八年（1590）最终完成了多达 192 万字的《本草纲目》。

没有能力独自刊刻。他便于万历七年(1579)秋天到达当时书商云集的南京,但是遍访众多书商后,由于《本草纲目》无名家之序,李时珍在南京也没有一定的知名度,且该书是对前人《本草》的修正与补充,以致无人愿意刊刻。于是李时珍抱着最后的期望,前去拜访文坛盟主王世贞,恳求其为书稿作序。然而李时珍这次去拜访王世贞的时机却不是很好,正值王世贞为昙阳子之事忙前忙后之时,无心为《本草纲目》写序,他便让李时珍留饮数日,"楚蕲阳李君东璧,一日过予弇州园谒予,留饮数日"。不过王世贞对此事并没有置之不理,他曾粗阅《本草纲目》,并戏题诗作一首,诗曰:"李叟维稍直塘树,便睹仙真跨龙去。却出青囊肘后书,似求元晏先生序。华阳真逸临欲仙,误注本草迟十年。何如但附贤郎骀,羊角横抟上九天。"①此诗虽为戏题之作,但是王世贞当时并没有给李时珍写序,后来他委婉地向李时珍道出此书尚有许多错误之处有待修正。求序不成,没有达到预期的目的,于是李时珍几天后便重回蕲州,并对书稿进行了再次修改。后来也证明了王世贞此举的正确性,如清人赵学敏就曾写《本草纲目拾遗》一书,共十卷,以拾《本草纲目》之遗为目的,此书载药 921 种,其中《本草纲目》未收载的便有 716 种之多,同时还对《本草纲目》的错误处给予修正。因此,如果李时珍拜访王世贞后没有再次修改,其错误处很可能会更多。

像李时珍这样前来求序之人不在少数,而王世贞潜心修道,更加不堪文字之役,他作《九月闭关谢笔砚,而千里故人讯问不绝,又多以诗及者,遂成此二律志苦且代答》以明世人,如其一曰:"小径衡门鸟雀余,祗因才尽爱闲居。诸缘暂息交犹在,一病虽轻懒未除。玉案有无知莫较,银钩早晚竟难虚。于今却羡桓司马,博得空函省报书。"②不仅如此,王世贞还想进一步地摆脱家人之累,十月初一日,他携一瓢、一褐、一束书入住昙阳观,与王锡爵、道人无心有每天朝暮蔬食,读经修行,后来他还和王锡爵相约不再出仕,远离官场,活在自由自在的当下,然而对不能

---

① [明]王世贞:《弇州山人续稿》卷十《蕲州李先生见访之夕,即仙师上升时也,寻出所校定本草求叙,戏赠之》,美国普林斯顿大学东亚图书馆藏明刻本,第 8 页。

② [明]王世贞:《弇州山人续稿》卷十六《九月闭关谢笔砚,而千里故人讯问不绝,又多以诗及者,遂成此二律志苦且代答》,美国普林斯顿大学东亚图书馆藏明刻本,第 1 页。

削迹于深山,还是抱有遗憾,他与张佳胤说道:"仆自九月间捐家儿子辈,翻从渠乞一衣一食以度日耳。虽于名病欲根小能铲刈,而中年气衰散乱,昏沉二魔,时时作耗。为奉先师遗蜕,且元驭有晨昏累,不能削迹远徙深山,以此怅怅。"①而从王世贞"旦夕所奉《楞严》《圆觉》《道德》《黄庭》《周易》《中庸》而已"②的行径来看,在他身上,已经实现了儒释道的三者合一,而不是单独为道学而修行。

十一月初二日,王世贞冒雨为昙阳子移龛,将其奉入恬憺观中,并且将每月二十一日定为昙阳子的"岳降日"。初三日,王世贞与众弟子一起拜谒昙阳子成道处,参观其所凿井。当时还发生了一件奇怪的事情,王世贞说道:"世贞与诸弟子过学士,谒师成道处。徘徊于庭,而得师所凿井,叹曰:'惟学士与世贞得饮之,世懋亦与沾焉。而师今何在也?'瓿下汲,弟子十余人,人尽一蠡,甚甘洌也。家人从者就瓿口之,则余水浊矣。以视井,井亦浊。于是俱悚息,再拜出。"③

王世贞非常清楚自己所修之道,当有人怀疑他是修成仙之道时,他立即予以否定,直言自己修行只是希望远离世俗,清心寡欲,以延长点年岁而已,不是玄乎的求仙之法,他言及:"吾何人哉?吾倦于官,则思息;倦于酬,则思默然;倦于饮食,则思饥;倦于名,则思掩耳;倦于家,则思避之墙东耳。吾平生享用谓何,而敢希大道乎?断欲却饮,少延岁月可耳。"④王世贞以昙阳子门徒自居,不仅自己践行昙阳子的理念,他还在与友人的书信中多次谈及学道之事,徐益孙、王道行、沈懋学、屠隆、赵用贤等多人均受影响,遇到他人有疑问时,王世贞耐心解读,如他在与陆与绳的信中言及:"兄所以疑昙阳师,谓是《楞严》第七卷中人,不意其透此一通也。立脱,俄顷间万化在手,恨不令兄见之,疑城一破,莲花不远矣。弟比捐家累,坐起斗室,与元驭东西两头,外迹若可观,中实未

① 〔明〕王世贞:《弇州山人续稿》卷一百八十四《答张肖甫司马》,美国普林斯顿大学东亚图书馆藏明刻本,第1页。

② 〔明〕王世贞:《弇州山人续稿》卷一百七十五《上御史大夫王丈》,美国普林斯顿大学东亚图书馆藏明刻本,第16页。

③ 〔明〕王世贞:《弇州山人续稿》卷七十八《昙阳大师传》,美国普林斯顿大学东亚图书馆藏明刻本,第26页。

④ 〔明〕王士骐:《明故资政大夫南京刑部尚书赠太子少保先府君凤洲王公行状》,〔明〕王士骐、〔明〕屠隆、〔明〕王锡爵撰:《王凤洲先生行状》,上海图书馆藏明刻本,第13页。

有也。"①在遇到别人的抨击时,王世贞则据理力争,体现昙阳子之教的优越性,如他答复僧人明得:"流闻足下过听,着论掊之,因而颇谤及先师。始宗伯公有闻,意殊不能平。仆劝之,以三界内外何所不有,并育并行,何所悖害?且我曹奉屦提戒、修阿兰那行而已,此哓哓何足动我径寸也?宗伯时亦首肯。寻从果沙弥所得足下书累纸,初若辨其无谤者三,复微意则足下之谤不必有,而足下之疑未尽释也。仆不得不一言以报足下。"②

对昙阳子的学习,对笔债的躲避,和对不朽途径的重新思索,并不是说王世贞就此与文业断绝关系,他还是有着自我之作的。当他在读完归有光文集时,他便认为归有光是近代名手,并且评价其文章之优劣,他说道:"旋徙处昙靖,复得而读之,故是近代名手。若论、议、书、疏之类,滔滔横流不竭,而发源则泓渟朗着。志、传、碑、表,昌黎十四、永叔十六,又最得昌黎割爱脱赚法,唯铭、辞小不及耳。昌黎于碑、志极有力,是兼东西京而时出之。永叔虽佳,故一家言耳。而茅坤氏乃颇右永叔而左昌黎,故当不识也。他序、记,熙甫亦甚快。所不足者,起伏与结构也。起伏须婉而劲,结构须味而裁,要必有千钧之力而后可。至于照应点缀,绝不可少,又贵琢之无痕。此毋但熙甫,当时极推重于鳞,于鳞亦似有可憾者。"③每人创作皆有其长短,所以在论述完归有光之后,王世贞也言及李攀龙虽然被当世人极为推崇,但是也有不足之处,这表明他是抛开门户之见,以及文学主张的不同,而做出的至公之论。

王世贞还指导后进习文之法,以他之前所注重的文章本体论为出发点,提出要有元气,抒发情感,走向自然,同时倡导格调、才情、性灵等诸多要素的调剂,以盛唐为则,而不能局限于此,取法可以宽广,他还不贵古贱今,认为李梦阳、李攀龙皆可取法,王慎中、唐顺之、归有光等人不应该过意地抨击,如他对颜廷愉说道:"夫文有格有调,有骨有肉,有

① [明]王世贞:《弇州山人续稿》卷一百七十四《陆与绳》,美国普林斯顿大学东亚图书馆藏明刻本,第16页。
② [明]王世贞:《弇州山人续稿》卷一百八十三《答僧明得》,美国普林斯顿大学东亚图书馆藏明刻本,第19—20页。
③ [明]王世贞:《弇州山人读书后》卷四《书归熙甫文集后》,上海图书馆藏明刻本,第5页。

篇法、有句法、有字法。今睹足下集并集中诸君子语，非北地、济南、新都弗述，其格古矣、骨树矣、句字修矣，所少不备，幸相与勉之而已。文之所以为文者三，生气也，生机也，生趣也。此三者，诸君子不必十全也。无但诸君子，即所称献吉诸公，亦不必十全也。愿足下多读《战国策》、《史》、《汉》、韩欧诸大家文，意不必过抨王道思、唐应德、归熙甫。旗鼓在手，即败军之将、偾群之马，皆我役也。至于诗古体用古韵，近体必用沈韵，下字欲妥，使事欲稳，四声欲调，情实欲称，彀率规矩定而后取机于性灵，取则于盛唐，取材于献吉、于鳞辈，自不忧落夹矣。"①可以说，这是王世贞当下文学思想的集中体现，完全跳出了模拟复古的束缚，并不让后学走机械复古之路，这说明他注重对复古后学的反思，也想改变之前倡导复古时过激言论所造成的弊端。

该年冬，《昙阳大师传》完成，全文一万多字，详细地叙述昙阳子成长的过程，突出其成道始末，是了解昙阳子生平经历及其思想的重要资料，此文立马刊行，王世贞将其赠送给多位友人。随后，王世贞又作《昙鸾大师纪》，阐释昙阳子的由来。较为可喜的是，王世贞答应为周天球作传，然后立即向他索书《道德经》，可见他对道学的痴迷。

新的一年又很快到来，在正月初一日，王世贞又有试笔诗，初六日，他送王世懋赴任陕西提学副使，不过之前王世懋认为自己已经皈依道门，应该像王世贞一样潜心道学，远离世俗，不应该再去赴任，而王世贞从家族发展的角度，以亡父之志勉励他，经过多次劝诚后，王世懋才最终答应再次出仕。在送别时，王世贞有多首诗作，其中有言曰："过船仍戴紫阳巾，鼓吹旌旗闹杀人。了得去留无碍意，不论居士宰官身。"②诗中的道学意味已经很重了。

该年春，昙阳子夫家发其未婚夫徐生墓③，以昙阳子之髻祔之，建纯

---

① [明]王世贞：《弇州山人续稿》卷一百八十二《颜廷愉》，美国普林斯顿大学东亚图书馆藏明刻本，第4页。

② [明]王世贞：《弇州山人续稿》卷二十三《正月六日送舍弟河口，即事偶成》，美国普林斯顿大学东亚图书馆藏明刻本，第8页。

③ 昙阳子之前与徐生有婚约在身，但是还不等昙阳子嫁过去，徐生便离世，王锡爵等人均劝昙阳子另找他人，而昙阳子却认为自己已经许诺徐生，愿意为徐生守寡。此举得到当时众人的赞赏，认为这是对礼制的守护，徐生家为之感动，王锡爵等家人也无可奈何，只能听从昙阳子的决定，所以才有未婚夫徐生一说。

节祠,王世贞大为感动,作《纯节祠记》以记之。王世贞在道观中学道,与王锡爵、王鼎爵一起赏春、种花、挑菜,颇得隐居之趣,他作《元驭学士于新观种花挑野菜,前后戏呈得十二首》组诗,有一番自然清新之意,如其六:"三月行尽春光微,欲觅飞花无可飞。高下川原诸草树,也能将绿染人衣。"①这种生活模式,有点陶渊明之风,也是王世贞所向往的。他后来欣赏赵孟頫所书《归去来辞》卷,仔细品味其中的意味,觉得就好酒这一项,已经输给陶渊明了,因为他自学道以来,杯酒之事已经淡去不少。由于对当下生活的陶醉,所以当他听到朝廷又有人推荐他复仕时,便坚决辞谢,如他与南京吏部左侍郎胡执礼言及:"昔人云知己重于感恩,贞岂敢一食而忘左右。第此身作佛奴,长安贵人问遂久荒绝。若破例通此政,恐不免见唾。"②他非常巧妙地言及自己无所作为,再次出仕,不通政例,也怕被世人唾骂,其理由还是非常充分的,而不言及自己学道之事。

为官方面可以有所选择,而文债终归是不能完全躲避的,况且部分友人是值得为其写文的,如近来他为慎蒙③《宋诗选》作序,至于慎蒙其人,在王世贞的诸友中,很少提及,且他当年四月份就去世了,王世贞还为其作《文林郎南京道监察御史山泉慎君墓志铭》,因此两人应该有所交往,而王世贞为其文集作序,更多的原因恐怕是想借此机会阐明他对宋诗的态度,序中言及:"吴兴慎侍御子正顾独取宋诗选而梓之,以序属余。余故尝从二三君子后抑宋者也。子正何以梓之?余何以从子正之请而序之?余所以抑宋者,为惜格也,然而代不能废人,人不能废篇,篇不能废句,盖不止前数公而已。此语于格之外者也。……乃信阳之评的然矣,曰宋人似苍老而实疏卤,元人似秀峻而实浅俗。之二语也,其二季之定裁乎?"④可见在王世贞看来,宋诗的格调整体不高,不值取法,

---

① [明]王世贞:《弇州山人续稿》卷二十三《元驭学士于新观种花挑野菜,前后戏呈得十二首》,美国普林斯顿大学东亚图书馆藏明刻本,第11页。
② [明]王世贞:《弇州山人续稿》卷一百八十六《寄胡司徒》,美国普林斯顿大学东亚图书馆藏明刻本,第3页。
③ 慎蒙,字子正,号山泉,归安人。嘉靖三十二年(1553)进士,仕至南京道监察御史,著有《山栖志》《天下名山诸胜一览记》《皇朝诗选》等文集。
④ [明]王世贞:《弇州山人续稿》卷四十一《宋诗选序》,美国普林斯顿大学东亚图书馆藏明刻本,第20页。

不过他也承认宋诗的存在自有其价值，苏轼等人的诗歌就值得一读，不能全盘地否定。再如五月初，王世贞还为胡应麟的《绿萝馆诗集》作序，他对胡应麟的认可自然不用多言，为其文集作序也顺理成章。在序中，王世贞对胡应麟推崇备至，认为他才高而气充，其诗情法兼备，意象协调，可与开元、大历之格相媲美，有自然之至，并对李梦阳、宗臣、李攀龙等人的文学长短进行分析后，将未来文坛的发展寄希望于胡应麟，他说道："诸前我而作者，涵洪并纤，与亭毒并，吾故推献吉，然不能讳其滓；绝尘行空，卿云烂兮，吾故推昌谷，然不能讳其轻；鸣鸾佩琼，万象咳唾，吾故推仲默，然不能讳其屡；刻羽雕叶，舍陈而新，吾故推子业，然不能讳其促；鞭风驭霆，以险为绝，吾故推子相，然不能讳其疏；融而超之，于鳞庶几哉，然犹时时见孤诣焉。后我而作者，其在此子矣夫！其在此子矣！"①这种寄托，也极大地提升了胡应麟的自信心，两人的关系更加紧密。

作为焦点人物，在王世贞身上，向来不缺话题，他侍奉昙阳子，潜心学道，撰写《昙阳大师传》等事，早有人暗中注意，并关注王世贞的动态。六月，言官借昙阳子之事弹劾王锡爵、王世贞，并波及赵用贤、王世懋、屠隆等以昙阳子弟子自居之人。吴中地区诸多官吏原来与王世贞、王锡爵相游玩，听闻他们被弹劾后，纷纷远离他们，惟有苏松兵备副使李颐②不顾他人言语，依然与王世贞、王锡爵相往来。幸运的是，此事经张居正、徐学谟等人斡旋之后，最终平息，众人也没有受到责罚。徐学谟向王世贞说道："前为昙阳事，驰数字附瀛老家人寄上，计已彻览。不意后来指摘者其辞愈悍，当事者漫置之不理，故弟得以支塞言官之口。"③王世贞和王锡爵则分别致信张居正、申时行、徐学谟等人，表示谢意，信中他们也对昙阳子之事进行辩护，王世贞认为自己创作《昙阳大师传》之本意，是在宣扬昙阳子言行之正，且传中所言，皆是自己亲身经历，没

---

① ［明］王世贞：《弇州山人续稿》卷四十四《胡元瑞绿萝馆诗集序》，美国普林斯顿大学东亚图书馆藏明刻本，第 17 页。
② 李颐（1541—1601），字惟贞，江西饶州人。隆庆二年（1568）进士。初授中书舍人，历任御史、湖州知府、苏松兵备副使、湖广按察使等职，累官至兵部左侍郎、右都御史。卒赠兵部尚书。
③ ［明］徐学谟：《归有园稿》卷十五《与王凤洲中丞五首》，上海图书馆藏明刻本，第 7 页。

有任何夸大粉饰之语，不是妖言惑众，如他向申时行言及："言者以先师传为咎，此虽草自荆石公，而实成于不肖。乃蒙相公曲垂宏护，苟免大僇，第微闻有继之者。向某于荆石公谋撰传，初意实为乡井狂愚之辈毁誉万端，诪张百出，欲以先师言行之正格之。而见闻所得微涉张皇，然不敢有一字增饰也。"①在详细知道事情缘由之后，徐学谟向王世贞直言："昙阳之事前两书已尽，不敢再渎……顾行迹少秘，宾客少接，退修一堂，息阴止影，无为少年清俊者之所指名，更于仙筌有得。如何？如何？"②还向王鼎爵说道："今莫若瘗龛掩观，各还其家，静扫一室，实心会道，以俟仙缘之自至，亦无不可。何必高扫标帜，为少年轻俊之所指名哉？"③即劝诫王世贞等人可以潜心修道，不能太过张扬，这是当时张居正、申时行等人的一致意见。于是王世贞和王锡爵接受他们的建议，安居昙阳观修行，后来随着八月份王世懋乞休归乡，十二月份王鼎爵解官归乡，四人便一同修道，又四人皆为王姓，故时人称之为"四王"，王世贞言曰："余弟世懋与礼侍之弟鼎爵俱以提学副使，一自陕西，一自河南，乞归。二子生同岁，同为礼部郎，同岁迁提学，又同岁请告。而余召为刑部侍郎，不赴。一时颇称之为四王者，以其名位、里居之相垺也。"④当然，也因为此，众人之间的关系越来越紧密。

九月十三日，在之前的基础上，王世贞再次题跋赵孟頫所书的陶潜《归去来辞》卷，也许是修道日深，他对陶渊明的领悟也越来越深刻，并结合当下昙阳观之景，有十绝之论，他言及："彭泽天隐人，作此天隐文字，一绝也。以吴兴书书之，二绝也。以吴兴画画彭泽像，三绝也。吴兴称右军《兰亭》能乘退笔之势而用之。此书正是退笔，疏密师意，不堕贞伯奴书诮，四绝也。吴兴此画，尤出尘，跌宕道元、伯时间，独得彭泽风气，五绝也。跋者，柯敬仲、黄子久诸名俊，深于二家理，六绝也。幸

① ［明］王世贞：《弇州山人续稿》卷一百七十三《与申相公》，美国普林斯顿大学东亚图书馆藏明刻本，第3—4页。

② ［明］徐学谟：《归有园稿》卷十五《与王凤洲中丞五首》，上海图书馆藏明刻本，第8页。

③ ［明］徐学谟：《归有园稿》卷十五《复王和石督学》，上海图书馆藏明刻本，第14页。

④ ［明］王世贞撰，魏连科点校：《弇山堂别集》卷十七《奇事述二·吾州四王》，中华书局2006年版，第395页。

不入长安朱门，为吴兴里人姚生所得，不减彝斋之宝《定武》，七绝也。观者，吾弟敬美，近弃秦中绂，仿佛柴桑栗里之致，而吾与元驭学士以两道人从旁奥之，八绝也。去重九不四日，天高气澄，大是展卷候，九绝也。恬淡观中，焚香阅之，髯枝四垂，篱英欲舒，居然松菊三径，十绝也。题此后，吴兴固为我绝倒，彭泽当亦不免作虎溪笑，如何？"①此十绝，内外结合，观《归去来辞》，其实也是对自身的反思，这也有助于我们深入地了解陶渊明和《归去来辞》。

当年，王世贞还因为一直以来对苏轼的倾慕，于宋人中对他青睐有加，他认为苏轼《外纪》过于简略，所以取其年谱和相关的传、志等材料，编成《苏长公外纪》十卷，自己为之作序，序曰：

> 今天下以四姓目文章大家，独苏公之作最为便爽，而其所撰论策之类于时为最近。故操觚之士鲜不习苏公文者，而雌黄之颊，于公不能无少挫。然使天下而有能尽四氏集者，万不得一也。苏公才甚高，蓄甚博，而出之甚达，而又甚易。凡三氏之奇尽于集，而苏公之奇不尽于集，故夫天下而有能尽苏公奇者，亿且不得一也。公之所不尽，韵而词，则温韦让壮；舌而谐谑，则侯白逊雅；笔而简牍、题署，则黄豫章逊隽；游戏而为法书，则颜平原、李北海之难弟；为古木竹石，则文洋州之畏友；逃而之佛，则裴相国、杨学士之禅那。以是律，三君子有一乎？否也？当苏公之生存，虽荒州下邑、儿童妇女，莫不欲一识其面。而其言之传，盖北幽朔而东三韩，西达羌戎，南过鸡林马人之界。而其禁绝之者，乃在于广厦细旃之上；角而与之左者，谈说经术道理之士；亟窜而亟欲杀之者，亦一时材谞贵臣。噫，可怪也！及公殁且久，而广厦细旃之上，其恶渐移而为好，学士大夫至于今慕说之不衰。虽然，问其所以能尽公者，则自论策之外无几也。吾所以云亿不得一也。当吾之少壮时，与于鳞习为古文辞，其于四家殊不能相入，晚而稍安之。毋论苏公文，即其诗最号为雅变杂糅者，虽不能为吾式，而亦足为吾用。其感赴节

---

① ［明］王世贞：《弇州山人续稿》卷一百六十二《赵松雪书归去来辞》，美国普林斯顿大学东亚图书馆藏明刻本，第 2 页。

义,聪明之所溢散而为风调才技,于余心时有当焉。以故取公年谱
及传志略存之,而复蒐公之小言与诸家之评骘、纪述、琐屑,亦一一
附录,约为十卷,名之曰《苏长公外纪》,而置之山房之几。暇日抽
一卷,佐一觞,其不贤于山胏海错者几希。①

这是王世贞对苏轼评论的集中体现,他肯定苏轼"才甚高,蓄甚博,
而出之甚达,而又甚易",在韩愈、柳宗元、欧阳修之上。他推崇苏轼之
奇,亿不得其一,有词令、谐谑、简牍、题署、法书、古木竹石、佛禅之道,
无所不有。不过王世贞认为苏轼的诗文可以为"用",不能为"式",即不
能完全取法于他。其实对苏轼的评论,在一定程度上而言,代表着他对
宋代文学的整体认知,宋代文学即使有可取之处,也如苏轼一般,只是
为"用"而已。而自己远离官场是非,"暇日抽一卷,佐一觞"的生活悠闲
之态,是当下的真实写照。

在陶渊明和苏轼之外,王世贞还非常雅慕白居易,王世懋自陕西归
乡,带回宋画《香山九老图》,王世贞爱不释手,并为之作跋,基于两人共
同的人生经历、文学主张,他明确言及"吾生平雅慕乐天"②。至于王世
贞对白居易的具体论述,在后面的研究中会重点论述,在此就不多
提及。

有感于生平交游者众多,不乏才俊之士,王世贞作《四十咏》以记
之,这四十人分别为:皇甫汸、莫如忠、许邦才、周天球、沈明臣、王祖嫡、
刘凤、张凤翼、朱多煃、顾孟林、殷都、穆文熙、刘黄裳、张献翼、王穉登、
王叔承、周弘禴、沈思孝、魏允贞、喻均、邹迪光、畲翔、张元凯、张鸣凤、
邢侗、邹观光、曹昌先、徐益孙、瞿汝稷、顾绍芳、朱器、黄廷绶、徐桂、王
伯稠、王衡、汪道贯、华善继、张九二、梅鼎祚、吴稼登,在这四十首诗前
面,王世贞还有一序进行了说明,他说道:"诸贤操觚而与余交,远者垂
三纪,迩者将十年,不必一一同调,而臭味则略等矣,屈指得四十人。人

① [明]王世贞:《弇州山人续稿》卷四十二《苏长公外纪序》,美国普林斯顿大学东亚图书馆藏明刻本,
　第13—14页。
② [明]王世贞:《弇州山人续稿》卷一百六十八《宋画香山九老图》,美国普林斯顿大学东亚图书馆藏明
　刻本,第10页。

各数语,以志区区,大约德均以年、才均以行,非有所轩轾也。"①从这涉及的四十人可知,既没有李攀龙、宗臣、徐中行、吴国伦等后七子成员,也没有汪道昆、张九一、胡应麟、屠隆等挚友,因此王世贞的选择还是具有针对性的。从历史的发展来看,所咏之人的文学成就确实不如李攀龙、汪道昆等人。不过他们均与王世贞有所往来,并且与王世贞的文学主张保持一致,甚至是拜王世贞为师,他们都是各地的才学之士,如周天球、刘凤、张凤翼为吴中人,汪道贯、梅鼎祚为安徽人,吴稼澄为浙江人,张九二为河南人,张鸣凤为广西人,邢侗为山东人,等等,从这些人的地域分布来看,王世贞所引领的文学复古运动实为当时文坛的主流,并且是以吴中地区为核心,辐射全国。

万历十年正月初一日,王世贞与王世懋、祝圣少小聚,当日有诗作《壬午元日与敬美、祝圣少饮,即事》,初八日,王世贞与王世懋携酒一起去拜访王锡爵、王鼎爵兄弟,四人相饮,别有乐趣。当月,适逢周天球七十大寿,王世贞为之作序文,以《周公瑕先生七十寿序》贺之。

三月,王世贞编选周思兼遗集十一卷,并作序,他认为其文有三变,皆有不同的取法,同时他还明确主张:"诗不必尽盛唐,以错得之飒飒乎,岑李遗响哉!"②这是对他人认为王世贞提倡"诗必盛唐"的直接辩驳,他所倡导的是以盛唐为则,这可与"诗必盛唐"有着本质的区别。"诗必盛唐"是诗歌创作不能脱离盛唐窠臼,对其亦步亦趋,对其他诗学是排斥的关系。而以盛唐为则,是说诗歌取法的最高标准是盛唐诸家,要朝这个方向努力,并没有否定其他诗学,其创作和学习的取径自然宽广。

四月初三日,获悉好友沈懋学患病,而张居正召唤他去北京待选,王世贞为之担忧,后又惊闻他尚未出发便离世,王世贞顿时联想到自己与之相似的处境,悲从中来,为之作《祭沈修撰君典文》《翰林院修撰承务郎沈君典先生墓表》,以寄托哀思。本月,当他听闻张佳胤出抚浙江时,作诗《张肖甫司马特膺简命,督抚全浙,赋此赠之,得二首》赠之。张

---

① [明]王世贞:《弇州山人续稿》卷三《四十咏》,美国普林斯顿大学东亚图书馆藏明刻本,第10—11页。

② [明]王世贞:《弇州山人续稿》卷五十《周叔夜先生集序》,美国普林斯顿大学东亚图书馆藏明刻本,第20页。

佳胤后来行至京口,邀请王世贞相会,不过王世贞以学道为由相辞,的确,自学道以来,王世贞虽然与友人有所往来,但均以书信为主,与友人一同外出游山玩水的次数变少了,不过这并不代表他不关心世事,如他没有与张佳胤相见,却奉上了平浙之策。他认为浙江匪患严重,兵荒马乱,对待他们最好是采取安抚的政策,一步一步慢慢来,而不是一味绞杀。他还认为可以先针对性地惩治部分恶徒,剩余的则按轻重等级进行围歼,不过行此事必须快且周密,不能走漏风声,以防他们相聚成势,否则就很难剿灭了。而在招抚之后,更可以充分发挥他们的优势,让他们去征讨海贼,以立功自赎,这样一来,朝廷的压力自然就小了很多,而自己的用兵压力自然也轻了很多。他说道:"吾兄宜密访首恶三四人,即为处置。此外略分等第行遣,或发总戎所,小加惩创,当自帖服。所虑一众窟宅久在钱塘,左右前后多其密戚死友,缓则径漏消息,或因而缘饰诪张,别孽祸端。又闻前者作剧后,各汛地戍卒俱至近郊,谋为应援,不审其事有无。有之,则更可虑也。傅明州有夷舶,果尔?使之效力自赎,功成肆赦,亦是一机。"①张佳胤到达浙江后,杭州市民作乱,他采用王世贞之策,先诛杀匪首,安抚乱兵,然后再平定民乱,直到来年二月份,浙江之乱方最终平定,并且没有反复作乱,张佳胤也因此次平乱有功,被朝廷升迁为兵部左侍郎。王世贞闻讯后,为之大喜,认为吴越之地以后自然安定太平,张佳胤功不可没,遂作《张司马平浙二乱志》以贺之,详细地叙述了张佳胤平乱的过程及功绩。

当年八月,徐阶即将八十大寿,王世贞前往云间拜贺,两人相见,格外亲热,徐阶向来看重王世贞,屡次帮他及家人化解危难,王世贞也非常尊重徐阶,多次向他请教,以致在修行中的王世贞,还是决定亲自去祝贺徐阶的寿辰,其情可见一斑。随后王世贞在恬憺观中喜闻长子王士骐中应天乡试第一名,这对于王氏家族而言,是件大喜事,虽然王世贞已经看淡名利,潜心修道,但是他深知仕宦的重要性,特别是对于家族的发展而言,所以他在不愿仕宦的同时,屡次催促王世懋上任,以保

---

① [明]王世贞:《弇州山人续稿》卷一百八十四《答张肖甫司马》,美国普林斯顿大学东亚图书馆藏明刻本,第5页。

证家族中有人在官场。王士骐可谓是家族发展的新希望,光宗耀祖,为家族的发展注入新鲜血液,对自己而言,则可以更加安心地修道了,不过他还是没有置身事外,而是以父亲之尊,对王士骐进行告诫:"最好鹿鸣歌宴罢,莫教恬澹与心违。"①即让他在繁华之外,一定要守住一份恬澹。王士骐的消息传播开来,张佳胤奉上赠金以贺之,王世贞致信感谢他对王士骐的鼓励,他说道:"儿子场屋中长物耳,何敢仰攀骥尾。赖兄惠以兼金作其气,或堪充漳河三日粮也。"②

王世贞的修行,对王世懋产生了很大影响,该年秋,王世懋在不能隐居山林,又不想在朝为官的想法下,建成澹圃,其地靠近恬憺观和弇山园,较为僻静,适合修道,王世贞为之作记,其言曰:"澹圃者,吾弟敬美之所手创也。敬美自秦臬予告归,若蹙额于阛阓者,而不能远余而放于麋鹿鱼虾之地。……行募地得城隅之坤维。其南,望恬憺观三百武而近,北去弇山半里而遥。三方皆远市。右方虽小迮,而特荒落,亡贸易、歌哭声。傍多沃野,稍远为乡人墅,饶嘉木美箭之属。敬美大乐之曰:'是可居也。'"③至此,王世贞兄弟二人皆搬出原来的府邸,在外居住以潜心修道。只是到了耕种收获的季节,两人方才携带酒食课作饷农,其余时间则以自我修行为主。

虽然王世贞不主动出游,但是对于部分友人的主动拜谒,有时盛情难劝。如胡应麟北上参加会试,寻机过访弇山园,在知道王世贞居住于昙阳观后,便前往昙阳观拜谒,在此之前,王世贞与胡应麟多有书信往来,且王世贞对他推崇备至。对于胡应麟的到来,王世贞感到欣喜,而这一次相见,居然是两人神交十多年后的第一次见面,不过王世贞此时

---

① [明]王世贞:《弇州山人续稿》卷十六《得骐儿领解南都报,书此寄勉》,美国普林斯顿大学东亚图书馆藏明刻本,第10页。

② [明]王世贞:《弇州山人续稿》卷一百八十四《答张肖甫司马》,美国普林斯顿大学东亚图书馆藏明刻本,第6页。

③ [明]王世贞:《弇州山人续稿》卷六十《澹圃记》,美国普林斯顿大学东亚图书馆藏明刻本,第14—15页。

患有肺疾，不能长时间交谈，稍有遗憾①。其实此次相见，胡应麟有其目的，他将自己的诗文集拿出来请王世贞作序，为其文集增重，王世贞在阅读后高度评价道："辱损致全集，瑰奇雄丽，变幻纵横，真足推倒一世。仆向为足下作序，仅睹《计偕》《岩栖》二种中诸体，尚未备，故末以西京、建安相勖。今读《卧游》诸作，古诗、乐府已深入汉人壶奥平处，尚可驰骛公干、仲宣，不知曹氏兄弟为何如耳；歌行如《赠汪司马》等篇，才思滚滚，不减信阳，而《送沈纯父七百言》气骨铮铮，并驰北地，尤为当行；近体自是当世所推，于鳞外首称独步可也。仆老境何幸，获此大观。使旋，附致不一。"②即他认为胡应麟古诗、古乐府深得汉人的精髓，可以与刘桢、王粲等人相媲美，进而匹及曹丕和曹植，歌行则不在何景明之下，还可与李梦阳相驰骋，近体诗更是在李攀龙之外，独步天下，以致盛赞胡应麟"真足推倒一世"。其言虽有过誉之嫌，但从中可知王世贞对胡应麟的厚爱。

十月，王锡爵的父亲去世，王世贞为之作行状，因为王世贞与其父素有交往，再加上近几年，自己和王锡爵一同潜心修道，来往密切，王世贞自然尽心尽力地帮助王锡爵料理其父后事，在这期间，他感染了风寒，身体有所不适。又因为王士骐中举后，家族之间的应酬颇多，也是一种交往的负担，况且自己还有暂时还不完的文笔债，形神俱疲，以致风寒加重，身体也日渐羸弱，只能依靠药物维持。他向友人诉说道："仆自昨岁因同事者疾戚频仍，意绪为之恍惚。豚儿偶忝先鸣，亲友若见聊萧。稍出应之，不无酒食之累，遂成羸瘵。委身药饵，差得小挺劲耳。"③忙碌的日常，让他有时不能及时与友人相聚，如屠隆十一月初来昙阳观拜谒，恰巧王世贞归家为王士骐之事忙碌，无暇回观，直到十五日方与屠隆相会，两人都非常高兴，并一起畅游弇山园，后来袁洪愈也前来一

① 王世贞言及："生平交友垂尽，何意凿坏之日，复接海内贤豪如足下，于愿足矣。恨肺病方深，不能竟所倾吐。然与足下神交十余年，彼此邮筒，所致肝膈底里，亡不具陈。所少者，惟一面耳。今足下俨然而命千里之驾，且云以仆故勉为公交车一出，即握手片言，固贤于十年众也。"见［明］王世贞：《弇州山人续稿》卷二百六《答胡元瑞》，美国普林斯顿大学东亚图书馆藏明刻本，第7页。

② ［明］王世贞：《弇州山人续稿》卷二百六《答胡元瑞》，美国普林斯顿大学东亚图书馆藏明刻本，第6页。

③ ［明］王世贞：《弇州山人续稿》卷一百八十三《答靖江陈生》，美国普林斯顿大学东亚图书馆藏明刻本，第17页。

并游玩、宴饮。至次日,屠隆因为有要事在身,不能久留,王世贞出郭相送,作《屠青浦朝天歌》。可见,王世贞所厌恶的文笔债,主要是他人所求的序、墓志铭、记传等文章,而对于自己想见之人,虽有文章的输出,却没有内心之累,反而是愉快的,特别是对充满才学的后进,更是心喜之,也愿意提携他们。

十二月,王世懋被朝廷任命为浙江提学副使,由于深受王世贞的影响,潜心修道的他对此任命不甚关注,更是上乞休之文,称病无法上任。此时,因为王士骐中举,未来进士有望,家族亦有望,故王世贞这次没有督促他赶紧上任,而是允许他和自己一样,继续修行。当月,王世贞获得吴国伦书信,欣喜异常,因为之前在十月份时,他收到了吴国伦即将离世的信息,而此时能够见到他的手迹,之前的传闻无疑不攻自破,如他所作诗名为《壬午初冬,忽传明卿有非常耗者,得书喜剧,因成一律,情见乎辞》。由于王世贞主盟文坛,被世人所重,穆文熙在编选明人七言律诗时,多选王世贞之作,王世贞知道后,立马致书给他,劝其重新编选,不应特意突出自己,以免招致不必要的争论。而对于张佳胤欲刊刻徐中行的文集,王世贞则欣然作序,其序言曰:"以故先生于文章有实胜而无名高,今其集具在。诸诗咸发情止性,喻象比意,或清而和,或沉而雄,缓态促节,变化种种,然以引于左准右绳,无弗合也。持论之文,辨而不激;叙事之文,峭而能洁;发意之文,畅而归典。不知于西京何如,东京而下当无复有贤于先生者。"①即肯定徐中行之文有其实,可惜世人知之者不多,他的诗发乎情止乎礼,文章节奏稳当,变化种种,却符合创作的格调,其文擅长持论、叙事、发意,也皆符合创作的法度,虽然比不上西京之文,但是东京之下却没有能够与之匹敌的。王世贞对徐中行诗文创作特点的分析可谓是恰到好处,作为盖棺之论也未尝不可,不过将其与东西京之文相比,似乎有过誉之嫌,当然,序言写作时,往往拔高对象本身,这也是非常普遍的现象。

虽说王世贞潜心修道,但是他对世事的关注并没有完全泯灭。如

① [明]王世贞:《弇州山人续稿》卷四十五《徐天目先生集序》,美国普林斯顿大学东亚图书馆藏明刻本,第11页。

当年自春至冬，太仓瘟疫再次盛行，又逢饥荒之年，以致饿死者屡见不鲜，再加上七月时，太仓水域潮汐泛滥，沿海之民深受其苦，田地多处被淹没，太仓与嘉定两地死者多达两万人。可悲的是，天灾之下，还有人祸，官员们不仅不体恤民情，还横征暴敛，百姓苦不堪言，雪上加霜。王世贞见此景，触目惊心，如《岁暮即事杂言六章》中的其五言及："天地岂不仁，来为乡邑仇。疫鬼日夜侵，尽室委阳侯。长吏佐凶岁，存者复累囚。丈夫具七尺，岂但妻子谋。朝粥与夕蔬，一饱良足羞。"①再如他在原有《咏史》八十章的基础之上，续写二十章，最终形成《咏史》百章，内心情感得以喷发。这一切，均与其修道之心背道而驰，但始终是王世贞立体人格的重要组成部分，不可或缺。

来年正月初一日，王世贞到王世懋住处小聚小饮，此时他的身体比起去年十月份时稍有好转，又因学道，对朝廷之事关心有限，其诗曰："献岁家园倚杖过，剧欢儿辈奈衰何。寒贪棣萼连枝暖，病怯屠苏半户多。白屋千家同惨淡，黄冠一老自婆娑。长安日有维新诏，不必春风到薜萝。"②这也是其元日之诗，延续了前几年的习惯。初十日，王祖嫡③前来恬澹观拜访王世贞，出示自己所著的《二姑山记》，想让王世贞为之作序。当时曾子澄④也在恬澹观，王世贞已经为他的《孙子注疏》作序，借此机会，便邀请王祖嫡一起为序，以进一步为此书增重。后来王世贞和他们一同拜谒王锡爵，畅游并饮于小祇园，不过王世贞因为修道而奉行斋戒，没有尝食荤菜，饮酒也是有节制的小饮。王祖嫡当日宴后便离别，王世贞和王锡爵相送。

到了二月，王世懋还没有赴任浙江提学副使，然而王士骐在京参加春闱时却落榜，这样一来，家族中就暂时没有人在朝为官，打乱了王世

---

① ［明］王世贞：《弇州山人续稿》卷六《岁暮即事杂言六章》，美国普林斯顿大学东亚图书馆藏明刻本，第 14 页。

② ［明］王世贞：《弇州山人续稿》卷十六《元日过敬美小酌，试笔》，美国普林斯顿大学东亚图书馆藏明刻本，第 13。

③ 王祖嫡（1531—1591），字胤昌，号师竹，信阳人。隆庆五年（1571）进士，改庶吉士，授检讨，历国子监司业，他是第一个提出要为建文帝正名之人。万历十六年（1588）进司经局洗马兼翰林院修撰，纂修玉牒。后以其妻病故，辞官归里。工于诗文，勤于著述，著有《师竹堂集》等文集。

④ 曾子澄，信阳人。幼为诸生，以古诗文自雄，且精兵法，有战功，遭诬而罢，后避地商城山中十年，注成《孙子》等文集。

贞之前的规划,不过此时他还能以恬澹为教,自我安慰。后来王士骐来信言及台省有人向朝廷举荐他,他知道后付之一笑,为官已非他内心所愿,他更愿意以当下的状态终老余生,他说道:"昔者甘白简,今何叨荐牍。纵令借作眉,岂堪下同目。汝意或鸡肋,吾事已蛇足。终入壶公壶,长伴鹿门鹿。以此无竞心,塞汝有窍欲。尚愧未忘言,何如坦其腹。"①当月,似乎不祥之事颇多,王世贞惊闻徐阶去世的消息,便马上前往华亭吊唁,王世贞与徐阶的交情不用多言,他难以接受徐阶的离去,回顾往事,历历在目,作《祭太师徐文贞公文》以抒怀,详细叙述徐阶对自己的恩情,他说道:"往犹感恩,晚乃知己。我宦小达,公喜弗胜。中遘流言,公仇青蝇。……贞也凉德,与世呿斯。语及先君,臆泪自垂。下石何众,拯溺者谁?肮脏七尺,不受人知。归而顾影,何所吐奇?以是感公,思一报之。岂无贤哲,姱节美志。矫然独立,翛然遗世。世名趣焉,以公有累。……公于此时,不堕中阴。或享钧天,或栖宝林。肯游人间,俯为我歆。不尽者辞,不泯者心。"②除此之外,王世贞还为徐阶作行状,详细阐释其人生经历,在其《续稿》中卷一百三十六至一百三十八均为徐阶的行状,用如此多的篇幅为一个人写行状,翻阅整个文集,也是少见的,可见王世贞对徐阶的重视,以及其内心的悲痛之深。对于徐阶的评论,王世贞认为:"公宽厚如丙弱翁,敏练如姚元之,强记如杨遵彦,宏远如王子明,镇定如韩稚圭,忠顺勤劳则庶几诸葛孔明,柔物采望又有吾家始兴所不能及者,即亡敢窃附华衮之后污不至阿而为伊周衮也。"③这是全方位的高度肯定。自华亭返回的路上,王世贞与印上人、徐益孙一起,他们计划趁此机会登泖塔,奈何舟人走错了道路,以致傍晚时分才到达泖口,偏偏又碰上大风雨,众人无法登塔,只能远远地遥望泖塔,败兴而归。回去后,王世贞病情加剧,这才勉强地去找医生看病,按医生的药单抓药、熬制,在每日服药后,其病情才有所好转。

---

① [明]王世贞:《弇州山人续稿》卷六《偶闻有荐予者,儿子自公交车书来,微及出处,一笑答之》,美国普林斯顿大学东亚图书馆藏明刻本,第 17 页。

② [明]王世贞:《弇州山人续稿》卷一百五十三《祭太师徐文贞公文》,美国普林斯顿大学东亚图书馆藏明刻本,第 3 页。

③ [明]王世贞:《弇州山人续稿》卷一百三十八《徐文贞公行状(下)》,美国普林斯顿大学东亚图书馆藏明刻本,第 22 页。

三月，经万历皇帝授意，朝廷开始清算张居正的罪状，虽然之前张居正在去年六月二十日离世，终年五十八岁，赠上柱国，谥文忠，算是荣耀至极。但是随着时间的推移，他主政时所制定的诸多政策的弊端日益凸显，且欺上瞒下、包庇他人等事情也逐渐大白于天下，众多言官纷纷弹劾他。在今年正月里，朝廷就下诏将张居正之子张懋修的功名革去，贬为庶民。后来朝廷又褫夺张居正原有的名号，并将身为锦衣卫指挥使的张简修贬为庶民。除此之外，朝廷还将之前张居正所推荐的人，全部削减，或贬谪，或发配，或下狱，等等，以尽可能地减少张居正及其党羽对朝廷的影响。突如其来的巨变，引来朝臣们的纷纷议论，趁机攻讦张居正者居多，不过他们往往是以不实之词强加罪责，以迎合新的朝局，以致张居正的同年进士、同乡之人皆受到不同程度的牵连，王世贞则因为不攀附张居正而幸免于难，而对于张居正身前身后的冷暖遭遇，王世贞深有感慨，之前他为亡父奔走时，就已经遇到过这种情形，盛时众人为友，称赞不绝于耳，衰时他人离散，唯恐避之不及，因此他与友人说道："今台鼎娄移，万目趣仰，即南北统均之地，与严先生对峙，而为百僚表率，岂不盛哉！……迩者江陵公祸起，搢绅跪跪。居恒与元驭学士言，使江陵能以待门下礼待诸公，诸公能以门下所以待江陵者待江陵，则休休之与济济两相成矣，何至乃有今日，令人忾叹。"①虽然王世贞与张居正之间有种种是非，但此时他保持了清醒的头脑，对世人、张居正、朝廷等主体之间，做出了恰当的评论，他认为：

> 下走方掩耳时事，不敢臆说，但鄙意窃谓江陵罪诚有之，然大要始于激、成于满，而左右前后无一正人以为之夹持，故至此耳。诸少年纵欲极意快，复不过交结二字，可以一网尽，而何忍以覆载。间必无之事、书生所必不敢萌之念而加之、凿混沌窍、败股肱体乃尔。盖尝与荆石先生言之，亦深以为然。春寒尚峭，惟为道为苍生自爱。②

① [明]王世贞：《弇州山人续稿》卷一百八十七《赵太宰》，美国普林斯顿大学东亚图书馆藏明刻本，第4页。
② [明]王世贞：《弇州山人续稿》卷一百七十四《与杨太宰》，美国普林斯顿大学东亚图书馆藏明刻本，第7页。

即他认为张居正之罪是始于做事过激、自信过满,而身边没有一人能够提醒他的不当之处,对他所结交之人一网打尽的做法,则有不妥之处,未免过激,对于此事,他希望奉行"道"的原则,天下苍生要好好选择,懂得自爱。王世贞能够有如此之论,与其学道日久、心性平和有很大关联。所以他还进一步地说道:"江陵身后狼狈至此,虽皆有以取之,然诸子尽削籍,而言者齮龁未已,发露丑声,闻之海外,得无伤国体乎?"①则站在了国家形象的角度进行整体思量,毕竟张居正是首辅之职,位高权重,掌权时代表着国家意志,因此对他的处理也要全方位考虑,以免招来海外之人的嘲讽。

当然,这些只是王世贞个人的考虑和认知,朝廷对追罪张居正之人,以及遭受过其迫害之人,还是给予优抚,多人官复原职。如王世贞作《送赵汝师太史还朝序》送赵用贤还朝。王世贞是非分明,没有轻易地卷入到这场政治漩涡之中,而是继续潜心修道。

之前所言之病,并没有因为服药而立马治愈,反而到了六月份,反复发作,痛苦不堪,他向周天球言及:"六月病疟,三日良已。又七日,食微不能谨,右腹挛痛,如直塘所苦,且作汗。五日良已,则腹羸削。"②在这期间,稍微欣喜的是陈道易来访,两人相交往已经有三十年之久了,此次相见竟一谈数日,临别时王世贞还依依不舍,以《长歌送赵良弼太宰归汝》赠之。七月,王世贞又患有脾病,药不离口,并以静养为主。直到八月,王世贞的病情才好转,精神逐渐复苏,再加上汪道昆、汪道贯、汪道会、胡应麟、张佳胤等友人过访弇山园,更是让他欣喜异常,精神为之大振。汪道昆在《沧州三会记》中对此次相聚有所记载,他们在首日拜访王世贞之后,再去拜访王锡爵,晚上则住在王世懋的澹圃,夜饮甚欢,各有唱和之作。第二日,众人相约一同去拜谒昙阳观,王世贞和王世懋将昙阳子手作龙凤诸篆拿出来给众人观赏,并交流自己近些年来修道的感悟。第三日,张佳胤入为兵部左侍郎,有要事在身,不能久留,

① [明]王世贞:《弇州山人续稿》卷一百七十四《陆与绳》,美国普林斯顿大学东亚图书馆藏明刻本,第18页。

② [明]王世贞:《弇州山人续稿》卷二百六《周公瑕》,美国普林斯顿大学东亚图书馆藏明刻本,第17页。

故与众人相辞离去,王世贞和王世懋一直送到昆山清洋江口,回来后,恰逢汪道昆兄弟三人和胡应麟也要请辞,王世贞便好言相劝,留他们多住一晚。后来在离别时,汪道昆和王世贞相约明年再聚,并因选择的地点是弇山园的"来玉阁",故此次相约又叫"来玉之约",玉也是君子的象征,其用意非常也。众人又留有七日,三辞之后方才离去,"元美为予沾襟,四座皆掩泣"①。天下没有不散的宴席,离别都是那样的令人痛楚,王世贞再次忍痛将众人送至清洋江口,其《肖甫兄治浙师功成,召拜御史大夫,行左司马事,道过吴门,轻舟入访弇中,赋此赠别,得二章》《汪伯玉司马同淹、佳二仲,徐孟儒,胡元瑞过我弇园,而张司马肖甫亦至》《送伯玉同二仲、元瑞清洋,将抵玉龙桥,望玉山作》等诗皆作于此时,此次相聚,是王世贞近些年来少有的欢聚。

王世贞非常注重友情,他对之前《五子篇》《后五子篇》等诗作中提及的诸子记忆犹新,然而到现在,离世者已过半数,他于是作《重纪五子篇》以记之,其小序提及:"余昔为五子篇,则济南李攀龙、吴兴徐中行、南海梁有誉、武昌吴国伦、广陵宗臣其人也。已而其友稍益,则为《后五子篇》,豫章余曰德、歙汪道昆、蒲坼魏裳、铜梁张佳胤、汝宁张九一其人也。盖三十年而同夔禼之观去已半矣,今其存者位虽有显塞而名业俱畅,志行无变,盖悚然欣然之感一时集焉。故为五章,以追志之。"②在这之外,他作《末五子篇》,推崇赵用贤、李维桢、屠隆、魏允中、胡应麟为末五子,以当文坛未来发展的希望,他认为:"余老矣,蜗处一穴,不能复出友天下士,而乃有五子者俨然而以文事交于我,则余有深寄焉。自此,余不复操觚管矣。夫汝师者,向固及之,然而未竟厥诣也,是以不访重出云。"③他诗兴大发,以诗纪念已逝的陆治、彭年、文嘉、陈鎏、陆师道、黄姬水、顾圣之、钱毂八人,又以诗纪念吴郡友人袁洪愈、刘光济、陆光祖、胡执礼、赵贤、徐学谟、刘一儒、顾章志、李颐、郭思极十人。

九月九日,是昙阳子的忌日,王世贞牢记此日,作《上昙阳大师》一文,他说道:

① [明]汪道昆:《太函集》卷七十六《沧州三会记》,黄山书社 2004 年版,第 1553 页。
② [明]王世贞:《弇州山人续稿》卷三《重纪五子篇》,美国普林斯顿大学东亚图书馆藏明刻本,第 7 页。
③ [明]王世贞:《弇州山人续稿》卷三《末五子篇》,美国普林斯顿大学东亚图书馆藏明刻本,第 9 页。

窃念弟子世贞三生浊品，半世行尸，出没爱河，浮沉苦海，衰相已现，顽冥自如。伏承我圣祖弘开玉毫之光，我仙师曲赐金箓之导，故得皈依大化，抖擞凡尘，割欲辞荣，弃家入靖。所苦宿障犹重，钝根少通。虽我仙师微示跃如之机，而弟子尚苦弥高之叹。间于《金丹正理》一书，窃窥一二，以为此道不假外求，但未究玄牝何方、铅汞所在，又不知谁为真土、谁为火候。闲习静坐，以待来期，而渐近顽空，通无着落，稍不散乱，便属昏沉。因守师龛，不能远入深山，公私应酬，时见侵迫。儿女疴痒，亦稍牵怀。昨年豚子侥幸及尊父元驭家难，出外支持，因而感病，又不能早断笔研，苦役形神。岁杪春初，羸尪几殆，今虽渐尔复故，正恐真元内索，版筑何施，一逼大期，遂孤深托。又见尊父衰毁隃当，疢疾浸加，百忧频仍，一骨憔悴，加以时望转重，物情争趋，第恐服除之后，举家怂恿，不获坚守初盟，前疾愈深，刹那不保。不唯彼有堕落之愆，而弟子亦负颠危之累。今距我仙师化期已正三载，为此竭诚衔苦恳告，弟子残冬三月粗了各处文责，于甲申正月初一日誓不领诺。其家累大小悉从舍置，惟日禅坐经行，逍遥恬澹，一俟仙师指引，不论远迩，束身便行。所望少分刀圭之余，以固此蒲柳之质，庶几不妨跋涉，且便持循尊父。狼狈至此，知我师必垂哀悯，仍望特惠灵丹，授以法旨，解其疲惫，豁彼沉迷。弟子苟有退悔，誓绢皎然，万死莫赎。不胜哀祈迫切之至，为此具申，伏惟尊慈鉴察。[1]

这篇文章是王世贞三年来潜心修道和日常感悟的总结，通过此文可知，王世贞对三年的修行不是很满意，认为没有达到预期的效果，经书只能窥之一二，自己更是不能断绝世俗应酬，且负文笔债，"苦役形神"，每每思及此，内心充满焦虑。王世贞非常渴望昙阳子能够指引修行之路，自己也会与世俗断绝往来，立马了结文笔债，然后废弃笔砚，专心求道。同时，他也代为王锡爵相请求，因为三年来王锡爵守丧艰辛，身形羸弱，他恳请昙阳子同情其父，让其父脱离苦海。

---

① ［明］王世贞：《弇州山人续稿》卷一百七十三《上昙阳大师》，美国普林斯顿大学东亚图书馆藏明刻本，第1—2页。

然而王世贞声名太盛，拜访者络绎不绝，如汪道会上次离别王世贞后，此次单独来访，王世贞以诗《汪仲嘉见访，有赠》相赠。沈思孝①来访，并以诗投赠，盛赞王世贞、王世懋、王锡爵、王鼎爵为四王，王世贞以《纯甫丈与元驭兄弟及仲氏敬美善，见访投赠，俱有四王之目，既感且惭，聊此答谢》相答。除此之外，王世贞还主动为吴国伦六十大寿作序相贺。以致在十一月初二日，王世贞移昙阳子之龛时，再次感叹自己三年来实在是一无所得，虽然想放弃世俗之物，但是自己的意志却不够坚定，困于世事，内心非常愧疚，他言及："三载俄已周，所得无一实。夜雪射晶荧，晨霞吐鲜霭。仿佛灵驾过，能无内惭怵。"②所以到冬天，王世贞和王锡爵一起闭门修行，至于笔砚之事，则打算来年正月焚烧掉，以示自己的决心。

第二节　乞休请恤

　　万历十二年正月初一日，王世贞又有元日试笔诗，有了前段时间的悔恨，他发现自己潜心修道未能达到预期目的，文笔债也未曾偿还完毕，以致发出"五十八年犹未是，于今化日始从容"③的感慨。然而树欲静而风不止，他想从容地继续之前的修道决心，却始终不得，反而离世俗越来越近，离修道的境地越来越远。初二日，徐学谟致仕归里，抵达太仓时，王世贞便拜访其舟，之前王世贞因昙阳子之事被弹劾，多亏徐学谟从中斡旋，事情最终得免。初八日，王世贞开始谢绝亲朋好友之间的应酬，打算晚春时便完成所有的笔砚旧债，他和友人言及："仆以谷日谢亲交应酬，而笔研旧逋尚未及洗，拟至暮春始得一切放下，从辟支禅了此生。"④奈何朝廷的一旨任命打破了他内心的宁静，也打乱了他原有

① 沈思孝(1542—1611)，字继山，一字纯父，嘉兴人。隆庆二年(1568)进士，明代官员，初为刑部主事，后授番禺知县，因反对张居正而被罢官，张居正卒后，乃官复原职，后来升为右都御史，协理军机大事，卒赠太子少保，著有《陆沈漫稿》《继山草堂集》等文集。
② [明]王世贞：《弇州山人续稿》卷六《先师移龛日忽已三周，晨兴作供，感叹有述》，美国普林斯顿大学东亚图书馆藏明刻本，第20页。
③ [明]王世贞：《弇州山人续稿》卷十七《甲申元日试笔》，美国普林斯顿大学东亚图书馆藏明刻本，第1页。
④ [明]王世贞：《弇州山人续稿》卷二百四《曾长洲》，美国普林斯顿大学东亚图书馆藏明刻本，第3—4页。

的规划。二十六日，朝廷起复王世贞为应天府尹，这是他一直不愿意面对的，因为他多次表明自己的心志，不愿复仕为官。二月一日，王世贞就上书朝廷乞休，并分别致信首辅申时行、次辅许国、太宰杨巍等人，说明自己是因病无法上任，感谢他们的推荐和信任，如他向申时行说道："废弃以来，病树伤禽，蚓食蝉饮，无复世念。不意相公赐悯洗其瑕垢，俾仍故物。感激之余，亦拟鞭策驽钝，以报圣君贤相之恩于万一。而昨春卧病，绵历三时，今虽强尔称人，齿发堕尽，羸瘵未复。深唯凿坏之故，相公亦素知者。乞骸小疏，区区至情，非有毫发矫饰。"①其身体的确是大不如从前，但归根结底还是源自内心的拒绝。

在封建社会，天下士子大多奉行的理念是学而优则仕，朝廷如此器重王世贞，在他人看来是很好的机会，主动放弃未免可惜，因此喻均致书信给王世贞，劝他出仕，为朝廷效力。

王世贞则再次申明自己不愿复仕的想法，并详细地概括为"不可出者有四、其不能出者有二"：一是自己不愿仕宦，屡被乡人误解，二是之前的谈论有不足之处，不想老了后还成为别人的口实，三是近四年来一直是带发修行，想洗去内心的罪过，而不是通过恬澹观走终南捷径，四是自己与张居正有所往来，但自己不是他的反抗者，这是不可出者；不能出者在于自己病后能力有限，恐怕不堪大用，再加上自己已经许诺于昙阳子，要好好修行，所以综上种种原因，此次朝廷的任命他是不能履行的，只好乞休②。不过朝廷并没有恩准王世贞的此次乞休之请，反而马上重新任命他为南京刑部右侍郎。对于此，王世贞还是以病告休来对待，安心在家修行。不过这不影响他送行友人出仕，如二十六日夜，

---

① [明]王世贞：《弇州山人续稿》卷一百七十三《与申相公》，美国普林斯顿大学东亚图书馆藏明刻本，第4页。

② 王世贞说道："盖未几而玷除目，则吾丈复举前语实之，且亹亹劝驾。仆不敢以戏对矣。大抵仆之不可出者有四、其不能出者有二。缘仆心事本自不当作仕路人，乡为当涂者雪覆盆之冤，而唊其有后命，一时不获固匹夫之守，遂成触藩。其不可出，一也。萋菲之谈虽不尽是，其见咎亦不尽非。奈何以白首余生成人口实？其不可出，二也。四年杜关作有发僧，欲小洗宿惨耳。今遂以恬澹观为终南径。其不可出，三也。江陵故不引蔽仆，仆非力与抗者，今奈何从诸贤茹拔？其不可出，四也。病后衰态种种，即作官人，不过縻县官太仓粟耳，必无可以大展效者，动而黑业随之。其不能出，一也。匹夫之诺尚不拟负，宁有心许吾师而忍负之哉？其不能出，二也。以故于旬日前具乞骸疏上之，而恳辞于衡柄者，期得请乃已。"见[明]王世贞：《弇州山人续稿》卷二百一《喻邦相》，美国普林斯顿大学东亚图书馆藏明刻本，第5页。

他与王世懋、王锡爵兄弟一同送别邢侗出任湖广右参议政,众人又是一起彻夜欢饮。

因此王世贞之前下定决心要潜心修道、断绝笔砚之事,又被搁置了起来。随后他睡梦中突然获得昙阳子的飞偈二百言,告诫王世贞不能倾心于名利,要净心修行,鉴于近期表现不佳,暂缓传道之期,以图自悟。王世贞顿时被惊醒,觉得此事动心摄魄。他向友人诉说道:"仙师示现诸方之迹,兄得之必真,即尊公处,已觉两相闻矣,而仆则杳然。盖自甲申一偈,以名动之根为戒。顶门针,膏肓药,即非木石草芥,宁不动心摄魄者?"①这或许是王世贞日夜自责过深导致的。

不过昙阳子毕竟不在世上,王世贞主盟文坛,友人也较多,很多事情也是身不由己。如三月初三日,吴国伦与友人方仲美、王同轨,自湖广出发,舟行两千多里过访弇山园,此情可贵之极,且自嘉靖三十九年遭遇父难时,王世贞与吴国伦在京师相别,两人虽有部分书信往来,但是有二十五年未曾谋面,因此,当得知吴国伦一行到达太仓时,王世贞率领王世懋、侄子念、儿王士骐一同与之相会,众人游玩诸园,欢饮唱和。后来王世贞从吴国伦口中得知余曰德已经离世,他回忆过往,为之悲伤,黯然泪下,近来逝去的好友颇多,勾起了他的诸多思念。在游玩弇山园之后,他们又到王世懋的澹园游玩,并去拜访王锡爵兄弟。而王世贞由于本来身体欠佳,有病未愈,此次更是因为连续几日游玩、宴饮,病情加剧,以致吴国伦前去祭拜其亡父之墓时,他实在是不能前往,只能由王世懋代为操持,儿王士骐一同随行。此次相聚有十日之久,待吴国伦离去时,王世贞相送至昆山玉龙桥,两人均依依不舍,遂相约下次相聚的日期,吴国伦回忆道:"元美别予昆山,有再过之约,且云:'迟则不待矣。'思之令人心痛。"②此次相聚,虽然离别也是痛苦的,但过程却是美好的,王世贞有《吴明卿大参挟方山人仲美、王太学行父以三月三日访我弇园,与家弟敬美、曹子念、骐儿小集,分韵得林字》《明卿与诸君过澹圃,分韵得穷字》《明卿走酹先司马墓,贞以病不克从,仅家弟侍行,

① [明]王世贞:《弇州山人续稿》卷一百九十九《王辰玉》,美国普林斯顿大学东亚图书馆藏明刻本,第2页。
② [明]吴国伦:《甔甀洞稿续稿》卷十二《东行哭王元美二十首》,上海图书馆藏明刻本,第5页。

志痛志感》《方仲美博学有文,而时时使酒,依吴明卿居武昌,从访弇中,有赠》《醉歌行,赠别吴明卿记与明卿别二十五年矣,舟行二千里而访我,作十日平原饮,于其别也,情见乎辞》《三月三日,屋后桃花下与儿子小酌红酒,因忆昨岁从吴明卿诸楚人于弇园禊饮,遂成一排律》等诗作,吴国伦则有《弇山园宴集,同元美兄弟暨曹子念、王行甫、方仲美赋,时三月三日,分得云字》《敬美邀过澹圃,同元美、行甫、仲美、子念赋,分得看字》《同敬美、同伯郊行,将酹司马公墓》《酹司马王先生墓四首》《同元美、敬美访王元驭宗伯、家驭督学,时俱在告,园居。席间赋二首》等诗作相和。王世贞自省道:"吴明卿见过,仅少平原两日,酒戒、文戒破我殆尽。幸此中无染着,不至作谢公离别恶耳。"①酒戒、文戒均破,其潜心修道之言再次被打破。其实此次相会,吴国伦还有一个目的,就是为他所作的诗文集《甔甀洞稿》向王世贞求序,王世贞极力推崇吴国伦,认为他的诗文恪守格调,不扬不抑,各种创作要素均"剂",达到文质彬彬之态,恰到好处。在历史的长河中,吴国伦能够承续屈宋,为楚地文风的后继者,序中言及:"余得而尽读之,乃叹曰:文故有极哉! 极者,则也。扬之,则高其响,直上而不能沉;抑之,则卑其分,小减而不能企。纵之,则傍溢而无所底;敛之,则郁塞而不能畅。等之于乐,其轻重弗调,弗成奏也;于味,其秩澹弗剂,弗成饔也。自吾束发而窥此道者,垂四十年,而其人不二三遘也。自夫有声之文与不韵之词岐径而能兼者,则不一二遘也。夫所遘一二人,而明卿与焉。……而明卿诸结撰称之,独于骚赋未有继也。夫合三子者为一楚才,以一楚才蔽全楚,则已足,而又何他拟焉? 虽然,使屈左徒、宋大夫而至今,在其为明卿。"②同时,这也是王世贞这一时期文学观念的体现。

　　三月二十三日,王世贞从邸报获悉,朝廷已经催促他尽早赴任,他于是再次上书朝廷,以旧疾转剧为由再次行乞休之请,并先后致书信给申时行、杨巍、张佳胤等人,感谢他们的厚爱,而自己确实是疾病加剧,

---

① [明]王世贞:《弇州山人续稿》卷二百三《欧桢伯》,美国普林斯顿大学东亚图书馆藏明刻本,第14页。

② [明]王世贞:《弇州山人续稿》卷四十七《吴明卿先生集序》,美国普林斯顿大学东亚图书馆藏明刻本,第1—2页。

不能赴任,只能请辞朝廷的任命。如他与杨巍说道:"仲春月朔,驰一介,具乞骸之疏,窃以微情恳渎台听。嗣是复污除目,而赉札、赍咨两使之来,俱辱我翁手书。以世贞之不材,灰烬余日,岂有生趣?而我翁曲赐培植,既还九列,寻佐六曹,乃至再柱尊重,以尺一先施于草茅。……崛嵂司马虽以翁指见示,然为世贞朋友谊切,其意亦犹尔。今疏辞已无言,不得不称疾剧,唯我翁悯而赐覆,得以余生饱暖圣泽,秋毫皆翁赐也。"①即感谢他的两次推荐,而自己现在生趣全无,更无意仕途了。

直到四月,王世贞去年八月所患的疾病才逐渐痊愈,其精气神更佳,对于自身的文笔之债,他由之前的暮春推移到了秋季。庆幸的是,王世贞随后收到了朝廷准许他在家调理身体的邸报,其内心的担忧便少了一分。不过他还是没有完全地静心修道,如当他知道原应天巡抚郭思极②遭遇冤屈后,为其鸣不平,因为言官弹劾他主要是为两件事,一是郭思极巡按湖广地区时,受张居正的旨意逮捕讲学的何心隐③,致其冤死狱中,二是在科举考试中,录取了张居正之子张懋修。此事涉及张居正,但这些事情并不是张居正的罪过,乃是有人有意为之,他说道:"十二年以前,仆时忧居乡,则见有谈何心隐与邵樗朽,皆大侠也。其所为如在吴兴、在新郑诸事,皆目所不忍闻也。毋论其捕逮与瘐死,非公祖所繇。即自今而后,二三直指不能衡情法而毙一大侠,此又何说也。江陵之忮愎与一时之奉行者诚有之,然不至人人皆奉行、事事皆忮愎也。今有所不合,则皆援之正;而有所合,则皆斥之邪。仆以为毋论被斥者,即江陵不为冤,亦未尽不冤也。"④因此,王世贞在谈论郭思极之冤时,也为张居正伸张正义,后人不能在其去世后,便妄加罪责,而应该回

---

① [明]王世贞:《弇州山人续稿》卷一百七十四《与杨太宰》,美国普林斯顿大学东亚图书馆藏明刻本,第9页。

② 郭思极,字致中,魏县人。隆庆二年(1568)进士,擢拔为监察御史,后任大理少卿、金都御史等职,万历十一年礼科给事中王士性弹劾郭思极,称其科场作弊,取中张居正之子张懋修,后来他以母忧归里,不再入朝为官。

③ 何心隐(1517—1579),原名梁汝元,字柱乾,号夫山,江西吉安人,王阳明弟子。早年放弃科举,致力于社会改革创建聚和堂,因反对地方征收杂税被捕入狱。后在湖北孝感讲学,因反对张居正被捕入狱,最终死于湖广巡抚王之垣的乱棒之下。

④ [明]王世贞:《弇州山人续稿》卷一百九十二《与郭中丞》,美国普林斯顿大学东亚图书馆藏明刻本,第19—20页。

归到事情的本身。

在自己主动参与一些社会事务之外，友人来访一直不可回避，如八月十五日，李维桢、汪道贯、来相如等人过来拜访，其中来相如即朱多炡[1]，两人之前已有书信来往，而此次乃首次相见，两人相谈甚欢。当晚，月圆团聚之时，王氏宗族众人来饮，其乐融融。由于王世贞的盛情，三人住了八日方才离去，来相如、汪道贯则出示他们的诗文集，恳请王世贞作序。再如九月初七日，欧大任自金陵致仕归里，途经吴中，便过访弇园，他将自己所作诗集出示给王世贞，请他作序。对此，王世贞向吴国伦诉说道："八月望，李本宁来。九月初，欧桢伯亦来。"[2]虽然有朋自远方来，不亦乐乎，但对于志在潜心修道的王世贞而言，似乎是有苦难言，一来他们打乱了自己的修行计划，二来文笔债不断，又不好轻易地回绝他们。以至于在九月初九日，王世贞选择避徙村落，在这之前，他已经让王士骐在老宅的西边诛茅斩棘，以筑屋三楹，并且不多加装饰，房子不大，供焚诵而已，王世贞将此命名为"无住馆"，并作《无住馆记》以记之。王士骐则在无住馆附近修饬约圃居住，以方便早晚侍奉王世贞。搬过来居住之后，王世贞闭门谢客，整日坐禅诵经，以糜粥蔬菜为主食，偶尔出门，也多是与田野父老谈论农事，并在闲暇时，读古诗，做注释，这是他一直梦寐以求的闲适生活，遂有终于此乡之念。王士骐记载道："府君与到，则为丹铅。至所品阅杜子美集语，语出人意表，盖神情所寄也。每过鸟啼花落，欣然自得，顾谓不肖：'吾当老是乡矣。'"[3]

十月间，听闻王世懋不愿赴任福建提学副使的消息后，王世贞便进行规劝，此事虽为修行之外的事情，但是关系到王氏家族的发展，他自然很注重。毕竟按照他之前的计划，家族要有成员在朝廷为官，本来寄希望于王士骐，奈何他没有高中进士，只能搁置，而自己以目前的身体

---

[1] 朱多炡(1541—1589)，字贞吉，号瀑泉，明太祖第十七子宁献王朱权六世孙，封奉国将军。善诗歌，行草宗米芾，兼工山水写生。见古人墨迹，一再临摹，如出其手。尝轻装出游，化名来相如，字不疑，踪迹遍吴楚。卒后，门人子弟私谥清敏先生。著有《五游集》《倦游集》等文集。

[2] [明]王世贞：《弇州山人续稿》卷一百九十二《吴明卿》，美国普林斯顿大学东亚图书馆藏明刻本，第2页。

[3] [明]王士骐：《明故资政大夫南京刑部尚书赠太子少保先府君凤洲王公行状》，[明]王士骐、[明]屠隆、[明]王锡爵撰：《王凤洲先生行状》，上海图书馆藏明刻本，第14页。

状况，又不方便出仕，所以他以上报天子恩情和安慰亡父之大义为由对王世懋进行劝说，王世懋还是和上次一样，最终被他说服，答应赴任。所以说王世贞仍未能全心全意地修行，再如他后来听闻屠隆因为疑似有不检行为被诬告削籍归里时，便寄诗安慰，有诗曰："神虎门头一挂冠，镜湖东去海天宽。人间有客都无耳，自是相如胜井丹。"①然而屠隆却听信他人传闻，认为王世贞的诗句是有所影射，意在嘲讽他，屠隆说道："闻元美先生惑于仇党语，将谓长卿真作汉之长卿。此乃咄咄怪事，鼎铛今遂亡耳耶？"②于是两人遂生芥蒂。在这之外，当他听闻朝中有人诬陷张居正为异谋者时，便替张居正辩解，指责别人用心险恶，他写信给少司马石星力辨其清白，说明事情的本质，他争论道："江陵晚途骄恣贪狠，而宵人又为之翼，而长其忮，罪固当然。有交结紊乱一律可引也，胡至诬之异谋？且堂堂天朝，而主上所师礼之臣至异谋，于国体不少损、元气不小坏耶？六七少年其修怨者，不过快心于一击，干进者不过求合于一喜，而了无毫发忠君爱国之念。"③由此可见，王世贞不是一味地痛恨张居正，他们之间的关系不能简单化。

冬至日，王世懋准备赴任福建提学副使，王世贞送他至北水关，并有所嘱咐，要他好好为官，万事多加小心。随后他获悉朝廷征召王锡爵，官拜礼部尚书兼文渊阁大学士，入阁办事，王世贞闻讯后，为之大喜，他早就认为王锡爵有匡平天下的能力，不能一直在外修行浪费自己的才华。然而王锡爵得到诏令后，却上疏请辞，不愿赴任。当月，梅鼎祚、赵用贤等人先后来无住馆拜访王世贞，道人闫希言也前来拜访。因此，王世贞的修行是断断续续的，不会因为他新居无住馆，较为偏僻而无人拜访。

当年，王世贞还在闲暇之时，思索往事，感慨物是人非，且部分事情昔是今非，或是昔非今是，颠覆了人们的传统认知，这一切全由时局之

① ［明］王世贞：《弇州山人续稿》卷二十四《寄屠长卿》，美国普林斯顿大学东亚图书馆藏明刻本，第17页。
② ［明］屠隆著，汪超宏主编：《屠隆集》第四册，浙江古籍出版社2012年版，第442页。
③ ［明］王世贞：《弇州山人续稿》卷一百九十三《石拱辰司马》，美国普林斯顿大学东亚图书馆藏明刻本，第1页。

变所引起，基于此，他作《觚不觚录》以记之，在序中言及："余自舞象而小识人事，逾冠登朝，数踬数起，以至归田，今垂六十矣。高岸为谷，江河下趋，觚之不为觚，几莫可辨识？闲居无事，偶臆其事而书之。大而朝典，细而乡俗，以至一器一物之微，无不可慨叹。若其命是昔非、不觚而觚者，百固不能二三也。既成，而目之曰《觚不觚录》。"①其实通过这本书，可以了解当时的社会政治、风土人情，也可以进一步了解王世贞的史学观。

来年正月初一日，王世贞有元日试笔诗，新的一年又开始了。十五日，他得张九一从夏州寄来的三个月俸禄，他本想因为自己不饮酒、不食肉，饭可吃饱，衣裳也足够穿用，日常开销不大，应该返还这些钱财，不过在权衡再三之后，他最终还是留下来了，认为这些钱财可以作为施舍，帮助他人，同时，这也是好友的一片情谊，他于是写诗感谢张九一的盛情。

另外，王锡爵自去年十二月上疏的请辞已经被朝廷拒绝，然而王锡爵近年来家庭连遭丧事，其弟王鼎爵重病，又连丧二子，忙得焦头烂额，踟蹰不行，便再次上疏请辞朝廷的任命。王世贞深知其中的痛楚，理解王锡爵的做法，于是安慰他要多多注意身体，"春阳乍布，余寒尚凛，加飡自爱"②。不承想到了三月份，王锡爵的第二次请辞仍然被朝廷拒绝，并且督促他四月份就要启程北上赴任。对于此，王锡爵非常反感，更不想赴任，并打算上第三封奏疏坚决乞休，王世贞急忙阻止，认为再上疏也没有意义，朝廷现在正值用人之际，需要像王锡爵这样的大才。结合王世贞的建议，王锡爵综合考虑之后，决定出仕。五月二十四日，王锡爵便启程北上，王世贞在郊外饯行，多年来，两人一起修道，平时也是无话不谈，真要离别时，自然是难舍难分。王世贞送至二十里桥，王锡爵难忍离别之痛，怆然泪下，而王世贞虽然当时还能强颜不哭，但目送王锡爵身影渐行渐远之后，转身痛哭。归里后，王世贞的脾病就再次发作。此次病情还因为前些时日，在屋后桃花下与儿子小酌红酒，吃了不

---

① [明]王世贞：《觚不觚录》序，上海图书馆藏明刻本，第1页。

② [明]王世贞：《弇州山人续稿》卷一百九十一《林太平》，美国普林斯顿大学东亚图书馆藏明刻本，第16页。

少樱桃。当月,王世贞决意断绝笔砚之念,他说道:"第笔研之戒,数盟之佛前,而辄倍之。今岁六月始真断矣。奈何息壤在彼?请少迟之,隧而及泉,可也。"①的确,这一段时间内,拜访他的友人不多,他的文笔之债明显减少。

王锡爵走后一月有余,王世贞就收到他的四封书信,王锡爵在信中问及弟王鼎爵的病情以及家中事情如何,王世贞则是尽自己的全力帮助王锡爵照顾其弟,并帮忙打理其家中上下事务。在信中,他们还谈起朝局动态和地方事务,王世贞往往给出自己的建议,以在政治上帮助王锡爵,如他告诉王锡爵处理江南灾伤的办法时说道:"江南灾伤比比,而追较通课,民间怨咨尤甚。然使一切从故,则奸顽之民自托于荒区者益得志,而良善不被泽。非唯不被泽,且中有所不平,而混沌凿矣。其要策,莫若择良有司,然良有司之弊亦自二端:其以治办可喜希上人知者,官事举而间阎不胜其过;为隐恻宽恤以收小民之心者,使上收其怨而后之。君子当其难。兄如择得其人,必以此意戒之,俾以实心实政,上为国,下为民,中为名节,乃可耳。"②从中可见王世贞忧国忧民之心,并不因为他要潜心修道而被遮蔽。后来吴国伦致书,认为王锡爵入阁,将来一定会提拔王世贞,王世贞即将再次步入官场,对于吴国伦的这种认知,他予以委婉的回绝,并说明在王锡爵入阁和自己的起用之间,没有必然联系。他说道:"足下以元驭大拜戏我,初地发心,尚不贪转轮王位,况宰官耶?元驭、元美,两不涉也。"③其实,这也是王世贞再次表明自己不想出仕的心志。

直到七月份,又有不得不见的好友前来拜访,此次是戚继光自南粤解职归里,途经吴中,按照汪道昆的嘱托,将《沧州三会记》赠送给王世贞,以祝贺六十大寿,当然,他还出示其撰写的《止止堂集》,请求王世贞为之作序。王世贞见到戚继光后非常高兴,留他当晚居住弇中,最后赠

---

① [明]王世贞:《弇州山人续稿》卷二百五《刘玄子》,美国普林斯顿大学东亚图书馆藏明刻本,第16页。

② [明]王世贞:《弇州山人续稿》一百七十六《与元驭阁老》,美国普林斯顿大学东亚图书馆藏明刻本,第3页。

③ [明]王世贞:《弇州山人续稿》卷一百九十二《吴明卿》,美国普林斯顿大学东亚图书馆藏明刻本,第4页。

诗而别。因此,其断绝笔砚之事实不可行。

王世贞亡父虽然官复原职,但未得恤典一事,一直是他内心的伤痛。王世懋出任福建提学副使,后马上被朝廷提拔为福建布政司左参政,再加上王锡爵入阁主事,他觉得为亡父请求恤典一事应该有机会,于是他便撰写为父乞恩之疏,恳请朝廷能够重新核查亡父王忬的功绩,在赠官的同时,赐予谥号,并让亡母也能够享受到祭祀的尊荣。该疏写成后,他将此呈给王锡爵,恳请他帮忙裁定,他说道:"弟近草得为先君乞恩疏,具稿奉览,中间遂及秋崖朱公,兼念其清苦,子弟无力援请,且系部覆,并称者故耳。恐终非事体,幸即裁定指示。"①王世贞的判断非常准确,后来王锡爵为王世贞请恤之事提供了许多帮助。

王世贞在其所居住之地,算是大户人家,不过他不知道自己早被贼人惦记着,在九月时,村落有夜警,贼人闯进王世贞的书斋,毁坏经书无数,王世贞见到此种情形之后,大为恼怒,为长久计,他最终决定搬离村落,搬回城中弇山园居住。虽然远离贼人,不用担心物品被盗,但是回到城中,其应酬自然不少,求文者也纷纷而至。如九月初九日,陈继儒②来访,王世贞与之登缥缈楼,把酒言欢,之前王世贞因为母亲的忌日是在九月初九日,以致王世贞当日不再登高,而此时是闰月的初九日,所以不存在犯忌讳一说。众人喝着喝着,逐渐微醉,所谈之事也逐渐展开,陈继儒在《重阳缥缈楼》中记载道:

> 往乙酉闰九月,招余饮弇园缥缈楼。酒间,客座又以东坡推先生者。先生曰:'吾尝叙《东坡外纪》,谓公之文虽不能为我式,而时为我用。'意尝不肯下之。余时微醉矣,笑曰:'先生又不及东坡一事。'先生曰:'何事?'余曰:'东坡生平不喜作墓志铭,而先生所撰志,不下四五百篇,较似输老苏一着。'先生大笑。……进三四觥,

---

① [明]王世贞:《弇州山人续稿》卷一百七十六《与元驭阁老》,美国普林斯顿大学东亚图书馆藏明刻本,第9页。

② 陈继儒(1558—1639),字仲醇,号眉公、麋公,松江府华亭(今上海市松江区)人。诸生出身,二十九岁便开始隐居在小昆山,关门著述,后居东佘山,屡次皇诏征用,皆以疾辞,不愿仕宦。工诗善文,书法学习苏轼和米芾,兼能绘事,擅长墨梅、山水,画梅多册页小幅,自然随意,意态萧疏。画有《梅花册》《云山卷》等传世,著有《陈眉公全集》《小窗幽记》等文集。

扶腋下楼。忆此时光景,颇觉清狂。如此前辈,了不可得。①

即在酒局中,有人将王世贞和苏轼相提并论,而王世贞认为他之前编纂过《东坡外纪》,对苏轼之文有深入的认知,苏轼可以为之"用",而不可以为之"式",不能以他为最高的取法对象。陈继儒也喝了不少,似乎醉了,他认为王世贞应酬之作过多,所撰写的志就多达四五百篇,水平不高,影响其整体的行文质量,苏轼则不喜作墓志铭,没有为了应酬而作,这是王世贞所不及之处。后来陈继儒细想,才觉得当时所言有点轻狂,可能会得罪王世贞。

之前病重的王鼎爵,在服药无效后,于本月去世。王世贞获知后,便立马致信王锡爵,告诉他这一噩耗,当时王锡爵还在京师,事务繁多,无暇返回吴中,便将家中的诸多事务皆交给王衡处理,并让他多多向王世贞请教。王衡虽然做事干练,但是他过于年轻,很多事情还是多亏王世贞的帮助。当时王士骐已经北上参加会试,就没有参与此事。

十一月初五日,是王世贞六十岁的生辰,已经到了耳顺之年的他,回顾起自己六十年来的风雨历程,感觉很是惭愧,如为亡父请谥一事还没有着落,自己文业尚未大成,下一代的成长也较为缓慢,等等,越想越增加了内心的悲伤。另外,他深知自己有点声名,如果近期居住在弇山园,到时前来祝寿的亲朋好友肯定不少,为了减少这些世俗的烦恼,王世贞入住泖湖塔院,并在院中整日为亡父亡母焚香诵经,十余日之后方才归家。他向友人诉说道:"仆罪僇之余,偷活人世,倏跻六十,无所不惭。悬弧垂迫,为乡党见趣,则逃之泖湖菰芦中,过旬日而归,以为幸可免矣。"②归家后,他发现果然有众多友人前来相贺,还赠送了许多祝寿诗文,幸好自己离开了,否则如此应酬下来,可能要大病一场。

万历十四年正月初一日,王世贞有元日试笔诗,此时的他已经六十一岁,对生命的敬畏感更加强烈,并时常回忆过往,其诗曰:"条风吹腊

① [明]陈继儒:《眉公先生晚香堂小品》卷二十四《重阳缥缈楼》,上海图书馆藏明刻本,第6页。
② [明]王世贞:《弇州山人续稿》卷二百一《陈太守》,美国普林斯顿大学东亚图书馆藏明刻本,第18页。

媚初辰,六十俄惊又一春。总为书生心事足,翻欣甲子历头新。荐来椒酒颜从赪,浴得桃汤鬓已银。不向青童觅如愿,岂烦朱绂挂吾身。"①由于自身对生活的态度,以及对世俗应酬的回避,这段时间以来,他与友人交往不多,也清净了不少。三月份,他作诗感谢塞达②自渔阳遣使惠赠的饷银,在这之前,两人已有交往,去年闰九月时,他曾为塞达出抚顺天饯行,塞达其为感动。随后,他获知张九一解任宁夏巡抚归里的消息,便寄诗安慰之,他言及:"解组归来乐自余,胎簪桐柏绕君庐。依然上蔡东门猎,不害中山满箧书。万事总输文苑在,百年难共酒人疏。老夫丘壑差无恙,好为相思一命车。"③当月,王士骐会试再次失败,胡应麟也未能高中,王世贞对二人也进行了安慰,同时对家族的未来发展陷入了沉思。

四月,汪道昆与汪道贯、龙膺、徐益孙等人前来赴"来玉之约",他们在王世贞处欢聚十日之久,汪道昆认为他造访太仓五次,而王世贞没有去过自己的寒舍,于是特邀王世贞回访,王世贞高兴地答应了,两人遂订"齐云之约"。众人觉得弇园已经游遍,不能尽兴,于是他们计划一起游玩东海。王世贞事先叫新城张榜备好舟船,出发当日,天有雨水,王世贞仍然带领众人驾驶两艘舟船出行,到达新城后,与张榜相会,当晚他们便住在舟船中的蓬底。第二日,王世贞与众人将之前的舟船换成了张榜准备的大船舶,他们借助退潮之势出港,航行至海上,靠近崇明后返回,一路上风清日丽,景色宜人,最后大船舶从进港处入港,当夜,众人在船中畅饮,玩击鼓传花等游戏助兴,直至次日方才返家,王世贞作《东海游记》以记之,并有《张将军要余与沈令尹,潘、林、曹三子,骏儿同泛海,时风日清美,颇穷胜概,乐而赋之》《月夜与张将军及诸贤合饮海舶,即事》等诗作,其后不

---

① [明]王世贞:《弇州山人续稿》卷十七《丙戌元日试笔》,美国普林斯顿大学东亚图书馆藏明刻本,第1页。

② 塞达(1542—1608),字汝达,更字汝循,号理庵,巴县人。嘉靖四十一年(1562)考中第三甲进士,授颍上县令,历任河南祥符知府、礼部主事、山东提学金事、湖广按察使、右都御史,累官至兵部尚书,万历三十六年(1608),由于不满阉党专政,郁郁而终。万历四十一年(1613),朝廷赐祭葬,次年赠少保。

③ [明]王世贞:《弇州山人续稿》卷十七《助甫中丞解夏州节,候次新蔡里中,得二律,寄之》,美国普林斯顿大学东亚图书馆藏明刻本,第19页。

久，他完成了为戚继光《止止堂集》所作的序，大力推崇戚继光作文如同带兵，均是上乘。

六月，王世懋从福建北上祝贺万寿节，道经吴门，因为离朝廷要求的期限较远，他便暂时归里，随后升迁为南京太常寺少卿。后来王世懋入京时，还携带了王世贞为亡父的请恤之疏，最终朝廷没有答应他们的请求。至于失败之因，当时朝廷有人议论，此事要成的话，恐怕得王世贞答应朝廷的任命，再次出仕方能成功。王世贞听闻后，非常愤懑，仍然以病乞休，拒绝朝廷的任命。而王士骐得到赵用贤的计策，认为请恤之事需要得到抚按或者台谏建白才可行。对于当下的困境，王世贞兄弟俩苦于没有门道，一度陷入绝望。

九月时，尚在家居的王世贞结识一位异人，他是常德的喻隐云，他传授方术给王世贞，三日便可学会，王世贞认为这些方术在治病方面尤其具有神效，并将他推荐给好友。他自认为："余学道七年矣，而未有所得。今年冬，常德喻先生自建昌来，自言拜南岳王、薛二仙人之秘。余受而行之，不三日而证，奇妙种种，不可殚述。"[1]其实这是他跟昙阳子学道而不成的内心外化，之前已经言及，他自责没能好好潜心修道，后来打算继续修行，甚至搬到村落居住，塑造清净之地，但是他内心却没有真正地平静过，始终关注社会现实，与友人往来，以致修行未能如愿，此次这么容易地被喻隐云所迷惑，更多的是在于其内心的急切，再加上他近来对生命的感悟颇深。月底，王世懋自京师归来，两人相聚，互诉衷肠，应酬也逐渐增多，王世贞就暂停了对喻隐云方术的修炼，又与美酒、笔砚相伴，一切回归到俗事的起点。

随后王世贞得到了屠隆的书信，终于知道他之前不再互通书信的原因，他向王世贞道歉道："元美王先生有道门下，不佞某得先生手书者三，得诗一，缺然无一字奉报者，有故。某东还后，发弘誓，愿屏除万缘及海内交游竿牍，又不欲生分别想，故于先生处，亦遂罢问讯。又以太

① ［明］王世贞：《弇州山人续稿》卷七《送喻隐云先生归常德》，美国普林斯顿大学东亚图书馆藏明刻本，第9页。

原公方在热地,尤不欲通娄东信,匹夫耿介过矣。顷林居,数闻先生拳拳见念,遂瞀尔动心。"①对于晚辈的真诚认错,王世贞自然有长辈风度,原谅了他的行为,两人之间的误会得以消除,并且王世贞知道屠隆家贫不能度日时,慷慨地以十金相赠,"不腆十金,窃比于微生之醯,佐太夫人一月甘毳"②。

又到了十一月初五日,王世贞已经完整地度过一甲子,当日,王世懋和族中晚辈十余人欢聚畅饮,王世贞也举杯庆生,享受这天伦之乐。其诗吟曰:"今年今月有虞世,此日此时生甫辰。世间甲子粗已足,历尾支干仍换新。诗书馥郁见三代,骨肉都卢完十人。莫愁玄冥鼓朔气,自许红友招青春。"③全诗充满着对生活的满足,喜悦之情溢于言表,这是他近些年来,在生辰日少有的喜悦。

冬至之后,王世贞获悉有司为已去世的中丞朱纨请恤,这就让他看到了新的希望,他认为亡父和朱纨都是有功于社稷,且蒙受冤屈而亡,既然可以为朱纨请恤,那么也应该可以为亡父请恤。王世贞遂将自己的请恤愿望告诉苏松兵备王某和同守沈某,请他们将此上传给两台。然而王世贞还是有些不放心,于是他拉着王世懋去拜谒应天巡抚王元敬以及苏松巡按御史邓炼,告诉他们自己为亡父的请恤之心。王世贞到后才知道巡按早已经把王忬之名列在上疏之内,并且得到了王锡爵的鼎力相助,他这才稍微安心地离去。归家后,王世贞立马写信给王锡爵,告诉他为亡父请恤的经过,并感谢他的帮助,他说道:"夫为德而不使人知,此是老兄生平行径。第被恩者有深浅耳,若乃泽及枯骨,流施不报,此则愚兄弟腐心之感,即九死不能化也。"④后来王世贞为亡父请恤之疏已经由两台上递至部里,他便立马上书,详细叙述亡父的生平经历和功劳,并请兵部尚书张佳胤和侍郎石星向朝廷友人多多提及此事。又因为请恤之事要出具公议,即还要他人附言,所以王世贞致书信给赵用

---

① [明]屠隆著,汪超宏主编:《屠隆集》第四册,浙江古籍出版社 2012 年版,第 486 页。
② [明]王世贞:《弇州山人续稿》卷二百《屠长卿》,美国普林斯顿大学东亚图书馆藏明刻本,第 17 页。
③ [明]王世贞:《弇州山人续稿》卷十七《丙戌仲冬五日为余悬弧之辰,与敬美弟与子孙小饮,得一七言近体》,美国普林斯顿大学东亚图书馆藏明刻本,第 22 页。
④ [明]王世贞:《弇州山人续稿》卷一百七十六《与元驭阁老》,美国普林斯顿大学东亚图书馆藏明刻本,第 15 页。

贤,恳请他向宗伯客观陈述亡父之事,以证明公议。他对赵用贤说道:"念此事在宗伯。宗伯有通家分谊,且素辱文字知,必不作前人忍。既出台谏公议,如吾丈向拟事体,亦较稳惬。第条陈列款,势不能详,加以年祀向远,见闻稍异,各曹之于政府不甚关白,非吾丈慷慨一言之,谁为援者?"①

十二月十八日,王世贞和王世懋都为幼子办理好婚事,家人为之欢喜,二十日,王世懋便赴任南京太常寺少卿之职。不过王世贞始终不放心为亡父请恤一事,他虽然知道应天两台均将此事投至公车,大概来年正月初十前后能上到朝廷,但是他还是有所顾虑,为了以防万一,他详细叙述了父亲功绩的本末,将此书寄给王锡爵,以作备用,并请他帮忙删改,同时派遣一仆人前往王锡爵处听命,以方便信息的及时传达。除此之外,王世贞还担心抚按的上疏不能详细地叙述亡父功绩,便打算另外向朝廷上疏言明,不过对此他也有过担忧,不敢贸然行事,于是向申时行、许国等人询问,他说道:"今者微闻按臣会巡抚以条陈之款请,于事体稍妥,倘命所司得赐举行,不唯逝者可以瞑目,而生者亦当没齿衔结之感,皎然天日。向草鄙牍似不敢复尘尊览,但彼疏既属条陈,势必简略,恐于该部前所以见尼与候议之故,先人辽左微绩,俱未之详。故敢冒昧以闻,应否具疏,一唯台裁指挥,不敢专也。"②他人均认为王世贞再上疏恐有不妥,有过度干涉之嫌,王世贞听从了他们的建议,才放弃了最初的计划。

在文学创作方面,王世贞此时最大的事情就是新编《续稿》近两百卷,并且时常校正,他与赵用贤说道:"家弟承诸公雅意,得一南除,庶不以棘刺中打筋斗也。区区续集,将二百卷,在肖甫处。鱼豕之讹,不胜仇校,将来不免求椽笔一叙之,亦名根未铲之证也。"③他还为邹迪光④

① [明]王世贞:《弇州山人续稿》卷一百九十四《赵汝师》,美国普林斯顿大学东亚图书馆藏明刻本,第10页。
② [明]王世贞:《弇州山人续稿》卷一百七十三《与申相公》,美国普林斯顿大学东亚图书馆藏明刻本,第8页。
③ [明]王世贞:《弇州山人续稿》卷一百九十四《赵汝师》,美国普林斯顿大学东亚图书馆藏明刻本,第12页。
④ 邹迪光(1550—1626),字彦吉,号愚谷,无锡人。万历二年(1574)进士,授工部主事,累官至湖广提学副使,万历十七年(1589)罢归,在惠山下筑愚公谷,多与文士觞咏其间,极园亭歌舞之胜。著有《劝戒图说》《太上诸仙法语补集》等文集。

《玄岳游稿》作序，盛赞其诗文富有才学，兼风雅之致，胜过自己，其序言及："彦吉江行有记，玄岳有赋，又俱有诗，约略视余等。而其宏丽轶荡，备良史之规兼风雅之致，非余所敢望也。且彦吉之隃胜余者有四：彦吉之游业三十余，济胜之具充然，而余其时犬马之齿长几三之一，老矣，才且尽矣，一也；彦吉一不中忌者意，辄去不复顾，葛巾野服作道人装，而余不能不见束于缨弁，二也；彦吉过齐安，往往为父老所物色，膻慕而追趣之恐后，其于余，见而悚然、去而漠然而已，三也；彦吉偕一道人行，若支、许之相遭诣，往往发为意表语，而余则无之，四也。"①王世贞提携后人能到如此地步，可见他之于文坛的公心之深也。

来年正月初一，王世贞尚在病中，当天天色阴暗，风雨雷电骤作，他次日亦有诗作，曰："今岁元正大阴晦，儿童寂寂收笑喧。已无云物媚清旦，祇有雷电摇黄昏。老慵不作画鸡帖，病废何知白虎樽。嗒然匡坐了吾事，莫教剥啄惊柴门。"②诗中的天气奠定了行文基调，也刻画了其内心的焦虑，他向王锡爵说及："吾乡元日之暮，风雷陡作，自是连阴者逾二十日。岁事未卜，人情汹汹。前守虚报之数既已处分，则此项钱粮自在民间已经蠲贷，何可复征？抚按不请，司农不豁，使人主失信、小民胥谇。此事虽微，关系颇大，唯老兄留神考察消息，想不久当得。"③对百姓疾苦的关注，一直是王世贞生活中不可分割的一部分，即使他在潜心修道以及焦急地等待为亡父请恤的结果。

天连阴二十余日之后，二月份才放晴了，这似乎也预示着有好的消息来临，果不其然，二月初，礼部题奏王世贞为其父王忬请恤之事，因为王忬功勋卓著，为国奉献，却蒙冤而终，应该破格给予优恤，按照规定，王忬应当赐祭二坛，造坟安葬，以供后人瞻仰。此诏即上，朝廷批准了其请求。获悉此消息之后，王世贞多年来为亡父请恤之事终于告成，其内心有所安慰，然而细思至极，亡母郁氏按例应该得到并祭，于是他打

---

① [明]王世贞：《弇州山人续稿》卷五十二《邹彦吉玄岳游稿序》，美国普林斯顿大学东亚图书馆藏明刻本，第19页。

② [明]王世贞：《弇州山人续稿》卷十七《丁亥元日即事》，美国普林斯顿大学东亚图书馆藏明刻本，第21页。

③ [明]王世贞：《弇州山人续稿》卷一百七十六《与元驭阁老》，美国普林斯顿大学东亚图书馆藏明刻本，第18页。

算再次上疏向朝廷提出请求。对于此事,他并没有冒昧行事,而是先向王锡爵请教,并恳请他为上疏之文进行删改,疏内还委婉地希望朝廷能够重新核查亡父的功绩,按照相关规定量予加秩易名,其疏言及:"今者臣父获理兆域,兼饫鼎釜,而臣母托在同穴,独不沾一啜之惠,臣私心痛之。查得见行条例,有品官封赠者亦许并祭。臣父叨列六卿、正二品,臣母受封四品,于例颇合。为此恳乞天恩敕下礼部,一赐查举,不敢望别设坛品,止于谕文之中并及臣母封恭人郁氏,庶九原枯骨一体沾恩。臣之兄弟既感彻肺肝,荣藉存殁,则尚有无涯觊觎之私,不得不尽吐君父之前,而效之公道大明之日。……伏望皇上并行该部覆查先臣历任督抚功次,量予加秩易名,以光盛典。"①他还向申时行、许国等人请教,众人皆极力帮助。最终在众人的共同努力之下,朝廷应许王世贞的上疏之请,亡母郁氏并得祭葬,而亡父赠秩一事则没有言及。王世贞已经非常满足朝廷对亡母之事的应允,对亡父之事就不抱有太大的希望。不过得力于王锡爵的继续努力,事情乃有所转机,随即申时行告知其为亡父请求赠秩一事,朝廷已经下诏让吏部进行考虑,此事前后的变化,实属特例。申时行说道:"令先公孤忠遗烈,久郁未伸,赖直指中丞采摭风谣,发纾公论,而翁陈情大疏,足使人主回听,举朝动容。礼官业请予并祭如故事矣,其他则尚有难词,而旨加是字,令铨司议赠秩,则特恩也。此虽稍有阙漏,而于国家懿典,于翁孝思,亦已垂耀无极矣。不肖不能为役,而敢以其私为贺,惟翁亮之。"②最后到了五月份时,朝廷下诏令,追赠王忬为兵部尚书,王世贞立马上《恭谢天恩疏》,疏中有曰:"该万历十四年内巡抚应天等处右副都御史王元敬会同苏松等处巡按御史邓炼,题称臣父原任都察院右都御史兼兵部左侍郎臣王某,生前劳勚,未蒙旌恤。十五年内,礼部覆奉圣旨'照例与祭葬'。随该臣奏请故母恭人郁氏比例并祭,及思得臣父积有微勋,未沾赠谥,乞恩罩及。该礼部覆奉圣旨'是照例与并祭',当即移咨吏部,覆奉圣旨'王某准赠兵部

① [明]王世贞:《弇州山人续稿》卷一百四十四《援例陈情乞推圣泽以光泉壤疏》,美国普林斯顿大学东亚图书馆藏明刻本,第18页。
② [明]申时行:《赐闲堂集》卷三十五《答王凤洲侍郎》,沈乃文主编:《明别集丛刊》第二辑,第68册,黄山书社2016年版,第459页。

尚书,钦此'。"①王世贞向朝廷为亡父亡母所求之事以圆满而告终,他内心欢喜,在家规划亡父亡母的祭葬礼事,并重新立碑、重撰墓文。

当年春,汪道昆邀请王世贞九月份一同去新安游玩白岳,以践行之前的奇云之约,他还打算邀请吴国伦、李维桢、屠隆等人一起前往,王世贞认为此事不妥,实际上,他只想登一下山,却又畏惧路途之苦,犹豫未决。后来得王世懋的书信,言及汪道昆有不检点的流言,于是马上决定不再赴约。他说道:"今据吾弟所闻乃尔,便堪攒眉辞社,岂能把臂入林也? 此兄好奇而重文事,业已世弃,不复点检。乐彦辅乐地,故自足,乃欲使我作失行老嫠耶?"②对于可能引起他人指责的行径,王世贞现在是非常谨慎。

四月十三日晚,王世贞居住于弇园尔雅楼,四更时,他突然间听到楼下有三声巨响,似乎是炮声,又像大鼓之声,抑或是板子断裂之声。巨大的声响打乱了他的睡眠节奏,对于这些不知所以然的声响,他也有所困惑,醒后便无法再次入睡,他思索声响为何,越想越觉得奇怪,甚至怀疑这是昙阳子对他的警策,想来想去,莫衷一是。他与王世懋说道:"我于本月十三日夜四更,大声发于中楼之下楹,若轰炮,又似鼍鼓者三。侍者皆魄夺,为之揽衣起坐而思曰:'得非仙师示警耶? 将钟鸣漏尽时耶? 甲申之末示验矣,死亦何足畏? 隔生何不可?'日有塞爱河、断疑网,以俟期而已,尚不能如刘伯伦付之一锸。不免密令政仆觅戢身之器,俟先府君谕祭后,于傍穴推坚土,亦不凿桓家石也。"③天明之后,王世贞与长子王士骐进行交谈,他认为这些声响很可能是某些事情的前兆,将来会有所应验。他自己则反省以往的过错,开始控制饮食,少食荤菜,并私下准备殓具,以待期尽。不久之后,他的妻子魏氏突然中风,差点死去,虽然医师尽量挽回了她的生命,但是自此以后,她受尽疾病的困扰,多是卧床静养。于是有人便认为魏氏患病,乃是声响之后的应

① [明]王世贞:《弇州山人续稿》卷一百四十四《恭谢天恩疏》,美国普林斯顿大学东亚图书馆藏明刻本,第11页。
② [明]王世贞:《弇州山人续稿》卷一百八十八《寄敬美弟》,美国普林斯顿大学东亚图书馆藏明刻本,第11页。
③ [明]王世贞:《弇州山人续稿》卷一百八十八《寄敬美弟》,美国普林斯顿大学东亚图书馆藏明刻本,第12页。

验之事。后来在六月，王世懋病噎，从弟王世望前月也是如此，对于家人的接连患病，王世贞内心颇感忧虑。

家中病情不断，外面也是灾难重重。从五月四日至六月十四日，江南地区进入梅雨季节，阴雨连绵，吴江、昆山、常熟、太仓等地皆被大水浸没，而太仓地势稍高，多种花卉，水流不通，以致植被的根茎萎烂，没有收成，百姓困苦，嗷嗷待哺。而申时行、王锡爵虽为吴中人士，但是为了避嫌，他们没有恳请朝廷抚恤吴中地区。还令王世贞忧心忡忡的是，他获悉朝中有司欲执改折、存留二端以救灾，但是没有多提及太仓受灾情况，因为太仓受灾较轻，他们便将其放在最后救济。所以王世贞立即致书信给应天巡抚佘立，为民请命，并且建议道府也一起上疏朝廷，以求将太仓的灾情上达，他还认为采用改折、留存的做法，还不如全荒者请赈，次荒者议蠲，他向佘立说道："又启敝郡为二相桑梓之地，其受祸之真切与不忍之情，尤有甚于仆辈者。但自赵司成被诘，不无避嫌一念。而具疏者独两台，恐上意以为常套，不相体察，自难执请。鄙见以为台下可谕指道府各报水灾，使飞章叠上。上意必为动，或召对，或赐问，可以情实告，即司农亦不能为梗矣。仆在湖州分守时，与郡之黄守同上疏，荷蒙圣泽所宽恤，比之嘉杭三倍。此隆庆己巳年事也。全荒者请赈，次荒者议蠲，若改折及存留，宁可使部覆不可。"[1]可见王世贞时刻关心天下之事，特别是困苦中的老百姓。

七月初，雨水有所退去，天气放晴，王世贞将自己的书拿出来晒，偶然翻阅到亡友张元凯的诗，阅读后，觉得诗作清新不凡，他顿时失声痛哭，自责自己之前没有看重张元凯，以致错失一文学知己，于是他作诗一首，并书诸友篇，寄给其子，让他将诗作在棺前焚烧，以慰张元凯的在天之灵。他详细地交待了为张元凯创作的缘由，他说道："张左虞都尉故与余善，每过弇中，风流谑浪，飞白无算。余犹以酒客卤莽遇之。后稍出其诗，余稍稍称善，然不觉其异也。及集成，而丐余为叙。因赋诸友篇，左虞仅居四十人之一耳。去年，左虞死。余不能往吊，以香帛寓之，而无主丧者。孟秋之朔，偶摊书出晒，于散帙中探得他诗，读之，不

① ［明］王世贞：《弇州山人续稿》卷二百七《余中丞》，美国普林斯顿大学东亚图书馆藏明刻本，第 2 页。

甚快。最后一卷，极清新丽雅之致，句字有力，格韵不凡，而忘其谁作。以集考之，则左虞制也。不觉失声而泣，吾愧钟子期多矣。遂成一七言律，而会其子授官，奔丧归，并书诸友篇寄之，俾焚于棺所。逝者有知，将从夜台沽酒三叫称快，余亦可以无憾艺林矣。"①

悲伤的事情接踵而至，到了七月中旬，风潮侵袭，又连降暴雨，再加上之前的雨水浸泡，太仓海滨之花全部受灾，灾情严重，而朝廷的救赈又没有到，以致民怨鼎沸，流言纷飞。王世贞家族也是深受其害，再加上他的三子造宅贴屋，延医请祷，家族开支巨大，以致他们的生活也有所拮据，甚至有时要靠典当度日，似乎回到了父难之时的困境。在众多苦难之中，王世贞在七月十三日终于获得了好消息，他得到了亡父祭葬赠官的诏令，这些远远超出了之前为亡父请恤的愿望，他也深知这些多有赖于朝廷诸友的帮助，尤其是王锡爵，王世贞向他说道："弟生平不拟受人恩，向者苦海，此身赖先师拯而脱之煎燔，而十七年沉懑之冤，又得老兄而拔，边臣希绝之典，得老兄而举。世世子孙犬马兄家，尚不称报塞也。"②王世懋则想借此机会向朝廷乞休，希望自己能够跟从王世贞操持亡父祭葬之事，不过朝廷没有应允，自此以后，王世懋的疾病日益深重，身体每况愈下。王世贞叙述道："弟拟上书乞假归，从不谷世贞奉祼将饰兆域，以鲜近例，逡巡不果，意殊邑邑。久之，病日益深。"③

王世贞获悉南京吏部尚书袁洪愈向朝廷推荐了他，甚至愿意将自己的职位相让，吏部也在考虑袁洪愈之请。于是王世贞急忙写信给王锡爵，表示自己年岁已大，无心功名利禄，不愿再次出仕为官，他说道："忽闻有袁公推毂，杨太宰复用明旨报俞，此蛇足也。弟岂敢偃蹇朝章，

---

① 王世贞:《弇州山人续稿》卷十八《张左虞都尉故与余善，每过弇中，风流谑浪，飞白无算。余犹以酒客卤莽遇之。后稍出其诗，余稍稍称善，然不觉其异也。及集成，而丐余为叙。因赋诸友篇，左虞仅居四十人之一耳。去年，左虞死。余不能往吊，以香帛寓之，而无主丧者。孟秋之朔，偶摊书出晒，于散帙中探得他诗，读之，不甚快。最后一卷，极清新丽雅之致，句字有力，格韵不凡，而忘其谁作。以集考之，则左虞制也。不觉失声而泣，吾愧钟子期多矣。遂成一七言律，而会其子授官，奔丧归，并书诸友篇寄之，俾焚于棺所。逝者有知，将从夜台沽酒三叫称快，余亦可以无憾艺林矣，美国普林斯顿大学东亚图书馆藏明刻本。

② [明]王世贞:《弇州山人续稿》卷一百七十七《与元驭阁老》，美国普林斯顿大学东亚图书馆藏明刻本，第1页。

③ [明]王世贞:《弇州山人续稿》卷一百四十《亡弟中顺大夫太常寺少卿敬美行状》，美国普林斯顿大学东亚图书馆藏明刻本，第16页。

亦岂能芥蒂名位，祇为年事侵寻，香火萦挂耳。倘得自此寝推，深纫体念，若遂冒北除，必不能赴。勿怪弟作何胤态也。"①其实在这之外，王世贞还不想再次招致他人的弹劾，远离朝廷的争斗。

九月十九日，多日阴雨之后，天气放晴，风清日丽，王世贞与苏州知府到杨林塘南项泾的原亡父墓所，开始行两祭全葬之礼。当日，邦君大夫和亲戚纷纷前往，人山人海，车马围得水泄不通，极为隆重。当地守臣在王忬墓地，赍捧恩命，对着众人开读，王世贞捧诵皇帝的诏令，想起亡父的生活点滴，对自己的呵护，以及自己为亡父奔走不得而被冤斩，为之请恤之路漫漫时的种种心酸，一起涌来，悲痛万分，不能自已，对于目前的诏令他很是感恩，带着家人一排摆开，朝皇帝居住的方向行九叩首之礼，以遥谢圣恩。祭拜完毕，王世贞将天子诏令在墓前焚烧，并勒谕、告于石，以彰显天子的圣恩，垂示后人。另外，朝廷还赐葬银四百两，以扩建墓地、构造碑亭。一切礼节仪式完成后，王世贞写谢疏给朝廷，曰："本年九月十九日，苏州府知府俞嘉言赍捧恩命，于臣父垄所开读祭讫，除领到葬银四百两辟治兆域、建创碑亭外。臣俯伏拱听德音，中至'勋劳独茂，谗忌滋兴。鞅掌筹边，殒身对簿。已咨公论，犹悯遗忠'，语语华衮之荣，字字肺腑之痛。子姓戚属靡不呜咽摧倾，父老妇稚亦共欢忭鼓舞。丙舍为之增色，宰木顿尔回荣。"②自嘉靖三十八年(1559)父难之始至万历十五年(1587)奉诏两祭全葬，历时近三十年，亡父的冤屈终于明了，朝廷对其抚恤，追赠兵部尚书，赐两祭全葬之礼，让王世贞从耻为人子的自卑感中得到解脱。

完成亡父的葬礼之后，王世贞入城感谢守臣和诸位亲戚，路上他目睹遭受水灾的太仓城，百姓流离失所，城内之前的繁荣之景也变得无比荒凉，其内心十分沉痛。除此之外，王世贞还写信给申时行、王锡爵、杨巍、沈鲤、许国等人，一一感谢，并奉上自己为亡父所写的行状，李春芳写的旧志，请申时行为亡父撰写神道碑、许国写传、王锡爵写葬记，如他

① [明]王世贞:《弇州山人续稿》卷一百七十七《与元驭阁老》，美国普林斯顿大学东亚图书馆藏明刻本，第4页。

② [明]王世贞:《弇州山人续稿》卷一百四十四《恭谢天恩疏》，美国普林斯顿大学东亚图书馆藏明刻本，第11页。

向申时行说道："今以向者所草行状及文定公志铭录呈记室，唯冀相公哀怜之，特赐挥洒勒之坚珉，以示永永。先人乃终不朽，不肖等死且不朽。无任恳切俟命之至。"①向许国说道："相公固不藉先人以为宰文之遇，而先人与不肖兄弟其遇当何如哉？敢露旧草行实与太师李文定公志铭奉览，而希一传以勒之坚珉。先人乃终不朽，不肖等死且不朽。"②此举是想增重亡父，以求不朽也。

十月初二日，王世贞外出答谢友人之礼，并与他们一同游玩练川、云间、松陵诸名园，到嘉定时，徐学谟在家中的归有园宴请王世贞。后至松江，喻均邀请他欢聚于顾氏的西郭园。此行，王世贞还游玩了上海露香园、水竹清居园、豫园等江南名园。回家后，王世贞自题所居园林为"弇园"，并认为其他园林皆过于雕琢，有伤自然之至，弇园则自然闲适可居，在众多园林中，自有特色。在归途中，王世贞获悉王世望的讣告，异常震惊，悲痛之余赶回家中探望，而王世望已经逝世多日，亲友的离世让王世贞再度痛心，他为之作祭文，又因为王世望死于噎症，王世懋之前也患有此症，这又增加了王世贞内心的担忧。

乞休、请恤，是王世贞这段时期的主题，虽然过程较为漫长，也经历过多次的选择以及自我反省，但是坚持下来，事情终于圆满，也足以安慰其内心和家人。

第三节　再仕终年

万历十五年十月，王世贞被朝廷推补为南京兵部右侍郎，直到十一月初五日，他才得到邸报，确认这一消息。当时王世懋因病向朝廷乞休，已在归途之中，初六日，忧心忡忡的王世贞便前往毗陵和丹阳之地等候王世懋，初八日，两兄弟方才相会，王世贞将王世懋迎至家后，特请名医专程治疗。他从王世懋口中得知，此次乞休，多亏王锡爵相助，才

① ［明］王世贞：《弇州山人续稿》卷一百七十三《与申相公》，美国普林斯顿大学东亚图书馆藏明刻本，第10页。
② ［明］王世贞：《弇州山人续稿》卷一百七十四《与许相公》，美国普林斯顿大学东亚图书馆藏明刻本，第3页。

如此顺利,他便致书感谢:"次早,即买舟候病弟于毗陵、丹阳间。八日夕而始得面睹。其瘦削之甚,虽食啖复故,而病根未除。今获生还,从容医药,倘保无咎,皆尊兄赐也。"①

同时,王世贞还感谢王锡爵推荐自己为南京兵部右侍郎,虽然他此时不像以前那么态度强硬地不愿出仕,但是也没有明确一定出仕,其内心存在着巨大的矛盾。继上次喻均劝他出仕时给出"不可出者有四、其不能出者有二"②的理由之后,此次王世贞虽然以三个不能不出的原因说明自己应该出仕,但又给出七个不能出的原因,来说明自己不能出仕,他说道:

> 弟之忝窃,实尊兄与裕春兄力,然不敢与先君之恤、病弟之归同感。盖弟之私心,有不能不出者三、有不可出者七。所云不能不出者,乙酉之秋,因有戒心于乡落,复徙城居,稍牵家门,遂涉官府,见娆族党,蔓及亲交,加以笔札自贻之戚,觞酌流连之累,日鲜虚晷,坐不暖席,私甚苦之。而南省散寂,稍堪杜门谢客,其不能不出一也。昨春得尊兄书示此意,弟虽力辞而再及之,则不能绝起色。今忽为坚卧之举,是以不诚卖友,若何胤矣。其不能不出二也。先君子蒙被上恩,于身后粗备,未能报塞万一。今复偃蹇朝命,以退为名,则乖君臣之分义。其不能不出三也。至所云不可出者,向已心许仙师,弃官学道,中间服膺安土之训,沉痛隔生之期,若无甚系于出处者。然名动之根未断,而好爵之縻遂安。其不可一也。差可解者,博兄为先登耳。然兄之出,綮圣主之简眷,物情之欣拥,片言而海内蒙福,小动而朝宇改观。弟有一于是乎? 其不可二也。弟之出,苟以酬恩为辞,然此南省之佐,优游伴食,何政可效? 何恩可酬? 倘自此而渐有委寄,衰年谢才,迂癖懒病,宁保其不落夹乎? 其不可三也。弟残岁一转首便六十三矣,过此则卦数尽矣。……今此林居,虽未蒙授道,亦未尽守戒,然与其出而见弃之深,孰若处

① [明]王世贞:《弇州山人续稿》卷一百七十七《与元驭阁老》,美国普林斯顿大学东亚图书馆藏明刻本,第10页。

② [明]王世贞:《弇州山人续稿》卷二百一《喻邦相》,美国普林斯顿大学东亚图书馆藏明刻本,第5页。

而见责之浅。其不可四也。弟即出，多不能一年，少不过七八月，即谋拂衣耳。迩者老臣乞骸，往往报留，小则姜司寇、傅司马，白简青蝇，大则海大夫，一棺万里。弟既知之，而坐蹈之乎？其不可五也。弟素乏墙壁，濒年以来，始则依贤者以逃毁，既则因韫椟而长价，一出则尽失之矣。……其不可六也。家弟之受疾，颇近膏肓。其在白下，忧之，恨不能缩地一往。今幸获谐对床之守，而忍复成隔谷之叹乎？其不可七也。反复思之，即弟未脱凡情，尚蒙时趣，然何忍以其三不能不出而易其七不可出哉？……小疏得从宥裁允，成就弟小结果，大幸也。①

由上可知，王世贞认为应该出仕的三个原因是：一为自己城中居住，与亲朋好友皆有往来，应酬颇多，使自己疲惫不堪，而南京之任，较为悠闲，自由自在，好比杜门谢客；二为之前没有回绝起复之意，现在又坚决不出，是对好友的不诚实之举；三为亡父深受皇恩，未能报万一，现在拒绝朝廷的任命，则有违君臣之义。相对于该出仕的三个原因，其不能出的则有七个之多：一是自己已经许诺昙阳子要潜心修道；二是自己能力有限，不能像王锡爵一样匡扶社稷；三是南京任职，优游伴食，不能很好地感谢皇恩；四是自己马上六十三岁了，与其外出见弃之深，不如独处而自责之深；五是即使复出，多不能一年，少不过七八个月，应该老臣乞骸，有自知之明；六是家里缺少依靠，诸多事情需要自己料理，无法脱身；七是家弟王世懋一直以来深受疾病的困扰，近乎膏肓，肺部和心脏皆有不适，赴任之地在南京白下，离太仓较远，自己为他感到担忧。所以经过全面比较后，王世贞还是认为不能"以其三不能不出而易其七不可出"，以致对于此次任命，他还是上疏乞休。

疏已上，王世贞就暂时安心地在家待命，王世懋回家之后，病情不稳定，反复无常，人已经消瘦了许多，王世贞则每天侍奉汤药，为之担忧。又因为妻子魏氏尚在病床，也需要他人照顾，少女归袁氏也是在病中，甚至到了将要离世的地步，家中境况，也不比从前，烦忧之事颇多，

---

① ［明］王世贞：《弇州山人续稿》卷一百七十七《与元驭阁老》，美国普林斯顿大学东亚图书馆藏明刻本，第10—12页。

使得王世贞疲惫不堪，他于是再次向王锡爵诉说道："弟之前疏及小启，其时出意尚十三，不出意尚十七。及日视家弟之病旅进旅退，肤色枯瘁，根株未除，自此入春将有大可忧者。老荆因卧床笫，展转须人。病女命仅悬丝，旦夕鬼录。"①这也就更加坚定了自己不能出仕的信念。

虽然王世贞没有赴任，但是在他与王锡爵的通信中，多次言及朝中和地方政事，并建言献策。如他在信中提及："袁进士查税粮应除豁者不下数十万，此君之苦心极矣，然弟窃疑其无此理。及道使以府中条答见示，细阅之，大都有以别增派而并入正额者、以此额而那应彼役者、有虽系近增而必不可省者、有可省而部必不肯省者，中间可以通融裁节，恐不过十之二耳。弟劝道使，将应减之数无论可否，悉达司农，听其裁处。其必不可减且有着落者，开款晓谕百姓知之。不然，是袁以虚言任德而诸君以实心任怨也。此君欣然许之矣。"②即他建议进士袁黄查粮，应该将可减免之数报给司农，听从他们的安排，并把不可减而有着落的粮食，明白告知百姓，以让百姓感其恩德而没有任何怨言。由此可见，王世贞的从政之心其实没有完全泯灭，且自从为亡父请恤成功之后，他更加关心天下之事，这显然与其不可出者有七中，因答应昙阳子需要潜心修道之旨有所出入。后来，袁洪愈以考核暂时归里，王世贞便和他一同游玩虎丘，此次游玩，据上次嘉靖三十二年（1553）同游该地时，已经有将近三十五年之久了。

当年，王世贞还为余曰德作墓志铭，并为其诗集作序，序曰：

> 余因稍取读之，则先生之诗，一而先后，几三变。始先生入吾社时，喜于鳞甚，其缓步张卷，竖颏扼肾，皆精得之。然而其所自致者，不能胜其所从入者，是故词组出而重邯郸之价，然犹未免蹊径之累。归田以后，于它念无所复之，益搜刲心腑，冥通于性灵。神诣独往之句为于鳞所嘉赏，然于鳞遂不得而有先生。其又稍晚，运斤弄丸之势，往往与自然合，或于鳞，或不佞，或大历，或贞元，要不

① ［明］王世贞：《弇州山人续稿》卷一百七十七《与元驭阁老》，美国普林斯顿大学东亚图书馆藏明刻本，第12页。
② ［明］王世贞：《弇州山人续稿》卷一百七十七《与元驭阁老》，美国普林斯顿大学东亚图书馆藏明刻本，第12—13页。

可以一端目之。大要突然而自为德甫，然置之古人中，固居然亡愧色也。江右之名岳大江，扬澜左蠡，以奇丽甲天下。名相宏儒之业，有非它藩所敢望者，独于诗未有以称也。诗之病，起于半山而成于双井。是二君子，其源非不出自少陵，特取其工与老之似而加蛇足焉。半山之工，工而穿凿者也。双井之老，老而僻涩者也。又不幸而有吕居仁之辈，为之社而尸之，其毒浃于肌髓而不可救。①

录入其序，有利于了解王世贞此时的文学观念。即在王世贞看来，余曰德的诗有三变，经历了模拟学习，到自得，然后到"冥通于性灵"，合乎自然，自成一家的巨变，这个过程，和王世贞所倡导的琢磨至自然相一致，这就再次说明了复古只是一个过程，而不是目的。另外，王世贞还认为宋诗的弊端始于王安石，成于黄庭坚，他们有选择性地取杜甫工整且老练之诗，加以改变，没有发自内心的真情，更不用说走向自然了。后人吕本中却宗法其中，奉杜甫为祖，黄庭坚为师，过于注重诗作的格调、韵律，甚至是简单地模拟、化用前人之语，这种不好的取法祸害了江右诗坛，而余曰德的诗则有望改变这种不好的风气，是自致之诗。因此，王世贞对待宋诗的整体态度，没有随着年龄的增长而发生根本性的改变。

来年正月初一日，王世贞又有元日试笔诗，虽然他已经向王锡爵等好友说明不愿出仕之意，但是自己还是有一些犹豫，如其诗曰："严城爆竹鼓駪駪，屈指新晨六十三。小为祝厘违野服，将无改迹恋朝簪。群儿椒酒虽全却，小坞梅花或可探。出处浮云无定所，肯容时趣入终南。"②毕竟父难之时，他感觉到的是人间冷暖、官场凶险，随着为父请恤一事的圆满结束，他对朝廷的看法也有所改变，抱有"或可探"之态。

随着时间的流逝，王世贞内心中的报国恩之念愈发浓厚，而家庭的诸多方面也需要他打理，王世懋通过王世贞的日常行为知道他处于为难之际，也知道家族的发展还是要有人在朝中为官，这也是王世贞之前

---

① [明]王世贞：《弇州山人续稿》卷五十二《余德甫先生诗集序》，美国普林斯顿大学东亚图书馆藏明刻本，第3—4页。

② [明]王世贞：《弇州山人续稿》卷十八《戊子元日试笔》，美国普林斯顿大学东亚图书馆藏明刻本，第8页。

经常劝导他的。于是自己强颜自饰,以让王世贞感觉自己的病将好,并晓之以情,动之以义,让王世贞从大局出发,选择出仕。再加上王世贞之前的乞休之请,没有被朝廷批准,也不得不出。他和友人说道:"缘仆之此出,大非得已。岩居十二载,未杀世途,草衣木食,以了余日。不谓除书再及,坚辞不可,咸以先子新沐恩施,无可更作偃蹇。而病弟颇能啖肉糜,起止如恒人,故割念一出,冀非久当遂初服。"①因此在二月份,王世贞最终决定赴任南京兵部右侍郎,在与众亲友相饯行时,王世懋强忍病体,装作正常人的样子,彻底打消了王世贞的顾虑,并催促他早日出行。

王世贞将行,同里韩雍②之子看到王世贞请恤成功后,也想为先人求恤,所以乞求王世贞写信给王锡爵为之介绍,王世贞拒绝了这种请求,但是对韩雍子的请恤之文进行了删改。韩雍子后来将此疏上奏至朝廷,因为事有不当之处,以致牵连王世贞。有人趁机说道是王世贞为韩雍子起草请恤之文,并且片面夸大了韩雍的部分事迹,应该按例治罪。此事传播开来后,申时行为之震惊,王锡爵为之担忧,王世贞也急忙写信给王锡爵,说明事情的缘由,力证自己清白,他言及:"弟于菩萨行毫不肖似,心间有之,然亦不至热拍也。止是面皮软,不能力拒人而已。只如韩氏子初为徐少参陵夺其先祠,托戚友引诉。弟无辞以对,姑善待之。以后复来,出一疏稿相示,云欲诣都上疏,求数行达尊兄。弟以年久远,劝其勿轻动,此在广中抚按或彼地人在台琐者明扬乃便。偶见其稿太芜杂,据案小抹削之,实不为具草及奥其行也。襄毅公之勋劳,有庙有谥而无赠荫,虽若阙典,在远且嫌,不为之处,可耳。乃至动元老之骇、烦尊兄之虑,则弟罪也。"③幸好韩雍之前已被朝廷追谥为"襄毅",其事迹已被认可,申时行、王锡爵等人为之斡旋,此事很快就被平

---

① [明]王世贞:《弇州山人续稿》卷一百七十二《寄用晦》,美国普林斯顿大学东亚图书馆藏明刻本,第8页。

② 韩雍(1422—1478),字永熙,江苏苏州人,明英宗正统七年(1442)进士,初授御史,曾出巡河道及江西,后任右佥都御史,巡抚江西、大理少卿、兵部右侍郎等职位,成化十年(1474),受人诬陷,被勒令致仕,卒后追谥为"襄毅",著有《襄毅文集》。

③ [明]王世贞:《弇州山人续稿》卷一百七十七《与元驭阁老》,美国普林斯顿大学东亚图书馆藏明刻本,第14页。

息了,不过王世贞经过此事,或多或少地受到了牵连。

二月二十三日,王世贞在赴任前,先去亡父墓地辞行,他徘徊很久,诉说自己出仕的缘由,重点在于思报国恩,他还去城南的恬澹观,向昙阳子之龛辞行,言及自己即使出仕,还是会守住初盟之心,不会逾越。二十六日,王世贞行至京口,与友人一起登北固山,二十七日至龙潭驿站,二十八日游栖霞寺,抵达南京,此次行程用时之短,可见王世贞内心的选择。

三月初一日,王世贞就新任南京兵部右侍郎,三吴之地自去年遭受严重的水患之后,该年春天饥民遍布大街小巷,百姓生活困苦,赋税沉重,米价昂贵,盗贼趁机又猖狂起来,剽掠之事颇多。王世贞见南京的灾情也不减他地,非常同情百姓的遭遇,便写信给申时行、许国等人,希望朝廷能够赈灾,救民于水火之中,他说道:"惟是三吴鱼腹之余,尽是鹄形之莩,委顿枕籍,盗窃纵横。中户以上,迫若倒悬,虽蒙涓滴之恩,未息催输之苦。留都差号小收,然军民繁伙,米价腾踊,四城之内日报死者。群公亦谋所以赈恤之,及以漕卒退运给粮,上请想在轸念。又闻汴、洛、齐、鲁之间,灾伤尤甚,相公上代元首之忧,下恻黔黎之困,固无俟于喋喋也。"①因此,王世贞为官的风格一直没有变化,始终关心民生,为民请命。

由于任上政事稀少,王世贞便有时间与友人一同游玩南京的诸多名胜古迹,他与汪道昆说道:"三月朔之部任,留事号稀简,第初至不免有公私累,然颇以其间涉猎诸名胜。阅孝陵垣,饭灵谷寺、蒋庙,叩中山王墓,读高皇帝碑;出访袁抑之先生于天界寺,已,偕群公饯之燕子矶;饮魏公北园,寻纵游东西二园及齐王孙同春园;访友高坐寺,践雨花台,憩木末亭而后返。今复且应姜宗伯、王鸿胪召,有牛首献花之集,后先皆有诗纪之,差为不负。王生暮年,第犹不能如抑之以葛巾芒屩散浪取适也,此境故佳。"②对于如此的生活,王世贞之前早就有所预料,因为

---

① [明]王世贞:《弇州山人续稿》卷一百七十三《上申、许二相,太宰同》,美国普林斯顿大学东亚图书馆藏明刻本,第13—14页。

② [明]王世贞:《弇州山人续稿》卷一百八十五《汪司马》,美国普林斯顿大学东亚图书馆藏明刻本,第18页。

在拒绝赴任时，他向王锡爵陈述的众多理由中，其中有一条就是南京任上事情不多，恐怕不能报国恩。不过当下，王世贞对于任上的闲适还是颇为满意和享受的，这样既过着自己向往的生活，也在为国尽力，算是两全，自己内心也不用那么纠结了。后来他还和友人游玩牛渚山、魏公南园、同春园、万竹园，四月份在游玩王贡士杞园时，与友人醉于牡丹之下，另有芍药之赏，快乐至极也。如其《游牛首诸山记》《游金陵诸园记》《同群公宴徐氏东园二首》《同乡诸君宴朱王孙同春园》《赵司成邀同王光禄赏王贡士园芍药，前是，已醉牡丹下矣，芍药尤盛丽可爱，赋此与之》等诗文，皆作于此时。

　　四月，家人前来南京，向王世贞言及王世懋病情加重，没有起色，实际上他已经分置家产，准备后事了。王世贞听闻后大惊失色，从床上摔了下来，急忙阅览王世懋的书信，信中王世懋仍以病情无碍之语安慰王世贞，这也使得王世贞的内心稍微平缓下来。王世贞知道家中现在急需他回去，便立即上疏乞休，然而乞休之请却始终没有得到朝廷的准许。每至深夜，王世贞唯有以泪洗面，担忧着家里的一切。几日后，又得王世懋的书信，言病情有所好转，不过时常反复，不甚稳定，王世懋希望王世贞能够在八九月间回家一趟。既然直接上疏朝廷得不到应允，那王世贞就只能再次央求王锡爵了，希望他到时候能够相助。他言及："家弟病势旅进旅退，春末痰咳，拥逆喉咽作气，粥量顿减十之六七，瘦削枯稿。仓皇析资产，治后事，使弟闻之肝胆寸裂。既不能裂冠毁冕，欲上书乞骸，势必不得请。中夜起坐，唯以眼泪洗面而已。最后得一信于立夏之日，痰忽下降，火不妄冲，食不抢逆，健进匕箸，神畅肤腴者半月矣。得九夏长若此，便可望八九月起色，但病根已深，恐终无济理。渠书辞亦欲以兹时要弟归视，唯尊兄悯而存之可也。"①

　　既然计划八九月间归里，那接下来暂时无事，所以王世贞应诸友之请，再次游玩南京，以舒缓内心的焦虑，如五月六日游玩武氏园，二十五日游玩徐三锦衣北园、武定侯故邸竹园，随后游玩市隐园、东园，《端阳

---

① ［明］王世贞：《弇州山人续稿》卷一百七十七《与元驭阁老》，美国普林斯顿大学东亚图书馆藏明刻本，第21页。

后一日,薛鸿胪邀宗伯、二司寇、司农游武氏园,即事》《魏府三锦衣北园,同方司徒宴游作》《武定侯故邸竹园》《诸公会赵中贵园》《徐二公子邀与陆司寇、吴司空游东园》等诗文皆作于此时。六月十五日,王世贞还为瓦官寺重建青莲阁作《重创青莲阁记》一文以记之。

到闰六月,王世贞在南京任上已经有一百三十日了,这期间,虽然有游玩之乐,但是面对灾情,百姓疾苦,再加上众多豪绅贵族不顾国困民饥,不断享乐,生活奢靡,南京众多官员、军队冗员,无所事事,消耗国家钱财,自己为之痛心和愤懑,他还牵挂家里的弟弟、妻子。在这种环境下,他内心向往恬澹却也不得,于是对自己出仕的选择产生了怀疑,他将内心的情绪喷发而出,作绝句二十首以释怀,如其诗中的小序言及:"余自三月朔抵留任,于今百三十日矣。中间所见所闻,有可忧、可闵、可悲、可恨者,信笔便成二十绝句。至于适意之作,十不能一,亦见区区一段心绪况味耳。"①现摘录几首:

啼饥哭死遍长干,唯有乌鸢意觉宽。山色江声空自好,不如聋瞽任春残。(其二)

学道频年懒未成,偶将身世付流萍。纵教自勘应难答,出爱微官处爱名。(其六)

残妻病弟三贫息,刺促家音奈我何?六十三年牙齿落,此生垂尽亦从它。(其十二)

少年才气颇纵横,来问衰翁与借名。他日名成君自悔,祇将牙颊送余生。(其十六)

鸡鸣山头祀功臣,蝉冕虽蔫天泽新。颖公舌枯宋公馁,纵有微劳何处论?(其二十)②

这些皆是王世贞的至情之诗,是他对当下的深刻反思。闰六月十

---

① [明]王世贞:《弇州山人续稿》卷二十五《余自三月朔抵留任,于今百三十日矣,中间所见所闻,有可忧、可闵、可悲、可恨者,信笔便成二十绝句,至于适意之作,十不能一,亦见区区一段心绪况味耳》,美国普林斯顿大学东亚图书馆藏明刻本,第4页。

② [明]王世贞:《弇州山人续稿》卷二十五《余自三月朔抵留任,于今百三十日矣,中间所见所闻,有可忧、可闵、可悲、可恨者,信笔便成二十绝句,至于适意之作,十不能一,亦见区区一段心绪况味耳》,美国普林斯顿大学东亚图书馆藏明刻本,第5—7页。

四日,王世懋在家中离世,终年五十三岁,他在临终时,写了一封与王世贞诀别的书信。十八日,家人便将此书信和讣告送至王世贞在南京的官邸,不过当时王世贞与友人出游莫愁湖,只有少子王士骏在家中,故王士骏先于其父得到书信和讣告。待王世贞归家后,王士骏只是先将书信递给王世贞,王世贞见到书信上的字迹工整无误,以为王世懋病情真的好转,没有大碍,尚可以延一段时间。随后,王士骏看到王世贞内心稍微平定后,才出示王世懋的讣告,果不其然,对于突然的讣告,王世贞一时还是难以接受,昏厥倒地。第二日,王世贞的脾疾也随之复发,他在王世懋的行状中说道:"不谷时外出,抵暮归,而家人以书及讣至。小子骏时在邸,匿讣,而以书授不谷曰:'叔父亟矣。'读其书二百余言,既有致,结法尤精美,无一笔误。泣谓骏:'此当未大故也。'更三日人来,无复生理矣。骏度不谷心稍定,乃以讣告。呜呼!痛哉!弟以嘉靖丙申生,殁于万历之戊子,春秋仅五十三耳。"[1]

王世贞与王世懋的感情深厚,两人一起成长,一起为亡父之事奔走,一起潜心修道,一起照顾家人,一起与友人相交游,等等,而此时,却只留下王世贞一人,连续几日,王世贞都不能接受这个事实,以致心神昏乱,悲痛欲绝,间作《哭敬美弟二十四首》以释放内心的痛楚。如其十七言曰:"晨晡一哭泪全枯,泪到枯时气稍苏。无奈陡然冲念发,数声天际雁行孤。"[2]再加上自己脾疾反复,昼夜哭泣,以致双眼都昏花不明,他还要苦于应酬前来吊唁的友人,整日没有片刻闲暇,他向王锡爵哭诉道:"弟自十八日晚得信,次日即苦脾疾,强进药饵。久之乃愈,愈数日复发,今尚在料理。老泪渍目,眦烂睛昏,过午辄茫茫。疿痱遍两手股,奇痒奇痛。而为乡里戚执、诸太学及荐绅慰唁者所苦,襁褓报谒,归而陨泣。自念生平奉先君子讳、奔太夫人丧,并此为三。虽号蹐小减,却有一种单茕衰飒之气。总之,生趣尽矣。"[3]当月,张佳胤也离世,闻其讣告后,王世

① [明]王世贞:《弇州山人续稿》卷一百四十《亡弟中顺大夫太常寺少卿敬美行状》,美国普林斯顿大学东亚图书馆藏明刻本,第18页。
② [明]王世贞:《弇州山人续稿》卷二十五《哭敬美弟二十四首》,美国普林斯顿大学东亚图书馆藏明刻本,第11页。
③ [明]王世贞:《弇州山人续稿》卷一百七十八《与元驭阁老》,美国普林斯顿大学东亚图书馆藏明刻本第5页。

贞孤雁独行之感更加深刻了,他在祭文中说道:"所不释然,厄闰之月。余弟既陨,兄复同蹙。漏尽星疏,天残地缺。朝讣骤闻,神魂阴越。"①

直到七月中下旬,王世贞才逐渐走出了了无生趣之态,二十六日,他与长官阴武卿一同阅览南畿监生的试卷。中秋日,他虽然与陈文烛②未曾谋面,但是阅读完其《二酉园集》之后,大为赞赏,欣然为其作序,其序言及:

> 夫天地之精英,独畀之人。而人之精英渐溢而着之言,为诗若文,是皆因天地之自然而节奏之,还以黼黻乎天地者,唯此二端而已。诗近方,文近圆。其为体稍殊,而见之用,则一也。有自外境而内触者,有自内境而外宣者,其所繇亦稍殊,其成于意一也。意者,诗与文之枢也。动而发,尽而止,发乎其所当发,止乎其所不得不止。古有是言,要为尽之矣。先生所遘内外境以百千计,其言之就以数十百万计,其接逾繁,其应逾不穷,盖深得夫发与止之枢而执之者。是故简而裁,直而纡,淡而不厌,悠然有治世之音焉。人咸谓先生古诗出建安,近体过钱、刘,文或左史,或昌黎、庐阳,不可以蹊径见轨辙。虽然,所以为玉叔先生者,故自如也。③

即王世贞认为诗文文体有所不同,而创作实有相通之处,在具体的创作过程中,要顺应天地之自然,法和意皆不可偏废,意是诗文创作的中枢,调配着创作的整体动态,陈文烛能够意法相融,调控自如,能够与建安诸子、钱刘、韩愈等人相媲美。这是在推崇陈文烛的同时,声明自己的文学主张。

八月十六日,王世贞与郭第、王承父、孙七政、徐桂、邹迪光、梅鼎祚诸友一起游玩高坐寺,这是王世贞自王世懋离世后的第一次出游,众人开怀畅饮,分韵赋诗。王世贞有《八月十六日,携酒高坐寺,同郭道人次

---

① [明]王世贞:《弇州山人续稿》卷一百五十五《祭张肖甫太保文》,美国普林斯顿大学东亚图书馆藏明刻本,第19—20页。
② 陈文烛(1525—?),字玉叔,号五岳山人,湖北沔阳人。嘉靖四十四年(1565)进士,授大理寺评事,历任淮安知府、南京大理寺卿、四川提学副使、福建按察使等职,累官至南京大理寺卿。著有《二酉园诗集》十二卷,文集十四卷,续集二十三卷。
③ [明]王世贞:《弇州山人续稿》卷五十二《二酉园集序》,美国普林斯顿大学东亚图书馆藏明刻本,第14—15页。

父、王山人承父、孙山人齐之、徐司理茂吴、邹学宪彦吉、梅茂才禹金凡七人分韵,余得南字》、梅鼎祚有《王长公司马招同郭次父、王承父山人、孙齐之太学、徐茂吴司理、邹彦吉学宪集雨花台,以"江南佳丽地,金陵帝王州"分韵,得州字》、孙七政有《同郭山人、王山人、徐茂吴、邹彦吉、梅禹金赴左司马王长公招集雨花台,得佳字》、徐桂有《王元美先生招同郭次甫、孙齐之、王承父、邹彦吉、梅禹金集雨花台,得陵字》等诗,可谓是一时盛宴。后来王衡中顺天乡试第一名,王世贞写信给王锡爵表示祝贺。该年秋,南畿乡试,众多学子齐聚南京,由于王世贞主盟文坛,声名远播,当时慕名拜谒者络绎不绝,王世贞忙着应酬新知旧友,有所疲惫。如《友人潘景升文成,而屈于试,慷慨将游北雍,余以诗壮之且招之》《云间徐生,故同年少司寇公之少子也,挟其艺应试南都,乞余诗,赠之》《慰吴翁晋失利》《马从甫别六年矣,以诗投赠余,诗转佳而复不第,走笔慰之》《博罗张子孟奇通春秋,以文名岭外久矣,今年秋,将偕计北上,薄游南雍,出所业贽余,俄尔言别,挹注之情,黯然对深,时赵少宰有二律送之,余亦次焉》《吴三皋倩应试金陵,以通家子来谒,得见新文赋,慰赏之余,走笔为赠》《赠池州赵司理,时君以棘事入都,过访》《丁休宁以棘事过金陵,见枉,有内子之戚,思归,慰留之》皆是对当时情形的记录。

十月时,王世贞脾病复发,他于是再次上疏乞休,并向王锡爵说道:"入冬,差健饭,髀肉亦小长。而月来脾泄间发,一行即止,而忽有廉将军之累者。一以故迫欲归,尤不任北耳。今已杜门待命,不当复与外事。"[①]希望王锡爵能够再次相助其乞休之事。十一月初一日,王世贞从本职出发,向朝廷上疏《为申饬部规傍及时务少有献纳以效裨补疏》,疏中所言之事,周颖概括道:"内言九事:武官比试,明识博览、有才略者可破格录取,另南都武学亦宜为姜太公庙;禁武职车与违例;两京中外悉革回夷故俗,使遵华风;调治留都参赞阙员;改清勾之法,阙伍宜就原籍五百里内从便改补;画一裁定留都编役;京邑令阙,应授甲科,政绩卓异者不妨内擢;朝觐考察贪酷者,应行提问,并追徵贪酷去官者原领诰敕;

① [明]王世贞:《弇州山人续稿》卷一百七十八《与元驭阁老》,美国普林斯顿大学东亚图书馆藏明刻本,第9页。

请将苏松水利官员量加参政兼督税粮员。"①在此疏之外，王世贞另上《为光复孔庙旧典订定从祀诸儒以昭圣化以慰众心疏》，请求朝廷光复孔庙旧典，新进冉求、范仲淹等人，以扩大世人的认知。因此加上之前九事，两疏共计十事，不过朝廷虽然大半应允了王世贞之请，孔庙这一条却没有应允，申时行解释道："大疏指陈时务，关切政体，承教谨悉。惟孔庙旧议及配从升黜之议，则今上动称。庙见谓嘉靖中所定，恐未肯遽有变更，礼官必自有说也。"②确实，孔庙的设置关乎天下学子，有着严格的要求，不是几封奏疏一上就能够解决的。

冬至日，因为已经上了乞休之文，故王世贞没有朝天行礼，颇为戏剧性的是，随后他的乞休之请未被朝廷批准，于是他还得在任上继续工作。当时吴文华上疏朝廷为阴武卿请恤，王世贞遂为其起草文章，作墓志铭，并致书信给申时行、许国、杨巍等人。后来朝廷治司礼监太监张鲸的罪过，吏部给事中李沂因为这时弹劾张鲸而触犯帝怒，被下镇抚司监狱。事情发生后，南京九卿计划一起联名上疏，追论张鲸的罪过，以挽救李沂，王世贞获知此事的来龙去脉后，起草他们的联名上疏，吴文华在此基础上稍作修改。不过王世贞担心的是虽然南京九卿齐心协力，然而他们都没有实权，处于闲散状态，不太可能改变事情走向。果然，奏疏到朝廷后，被留中不下。他向王锡爵说道："次日迫暝，始得李沂给事廷杖为民之报，而于此阉无所不处、于旨无所不温，令人扼腕气寒。五更时，吴司马遣人趣具疏稿，烧烛仓皇为之。司马稍改朱语及一二紧重字面。疏将发，而小九卿及三法司各有疏草矣。闻翰林习先生前已有疏去。留都具臣踈逖闲散，岂能上动天听，亦只了得自己体面而已。"③可见王世贞对朝廷事务的洞察力之深也。后来，王世贞与南京兵部尚书阴武卿一起重新修订南京兵部题名，并刻在石上，王世贞作《增校南京兵部题名续记》一文以记之。

---

① 周颖：《王世贞年谱长编》，上海三联书店 2016 年版，第 676 页。

② ［明］申时行：《纶扉简牍》卷七《答王凤洲兵侍郎》，《四库禁毁书丛刊》第 161 册，北京出版社 1997 年版，第 285 页。

③ ［明］王世贞：《弇州山人续稿》卷一百七十八《与元驭阁老》，美国普林斯顿大学东亚图书馆藏明刻本，第 15—16 页。

该年冬天，胡应麟本来打算北上参加会试，却在京口得病卧床不起，感觉自己时日不多，遂致书信给王世贞，希望为其撰写传记。王世贞向来推崇胡应麟，惊闻此信，他便马上为之作传，肯定其《诗薮》为不朽之业，并安慰他好生养病，另外派遣他人多次前往慰问。他向胡应麟说道："昨忽睹苍头接足下黯澹片纸，乃知扶病抵瓜洲，病益甚，日啜粥不尽一器，甚为悬情。及览书辞，见托作传，且谓病恐不可起，须此文而瞑。酸楚宛笃，使人肠寸寸折。虽然，足下年未强仕，虚恬少欲，何恙不已，而虑至此剧也。恐拂病者，意敬为作传，且驰一介相慰问。足下自爱，勉进匕箸，鹢首且南归……《诗薮》少迟当为草序，足下不朽大业已就，天下万世知有胡元瑞矣。"①

王世贞在南京任上，恰逢汤显祖在南京太常署任职，虽然他为王世懋的旧僚，但不曾与同在南京的王世贞有所往来。这主要原因在于汤显祖不认可李攀龙、王世贞等七子倡导学汉而非宋之说，他以为学汉还不如学宋，并认为李攀龙、王世贞的文章，只不过是简单地模拟前人之作，稍改字句而已，不是源自真情实意之作。王世贞知道后，没有与之展开论争，只是笑而置之，认为后世自有批判汤显祖文章的人。汤显祖获知后，感到惭愧，他说道："弟少年无识，尝与友人论文，以为汉、宋文章，各极其趣者，非可易而学也。学宋文不成，不失类鹜；学汉文不成，不止不成虎也。因于敝乡帅膳郎舍论李献吉，于历城赵仪郎舍论李于鳞，于金坛邓孺孝馆中论元美，各标其文赋中用事出处及增减汉史、唐诗字面处，见此道神情声色已尽于昔人，今人更无可雄妙者，称能而已。然此其大致，未能深论文心之一二，而已有传于司寇公之座者。公微笑曰：'随之。汤生标涂吾文，他日有涂汤生文者。'弟闻之，怃然曰：'王公达人，吾愧之矣。'"②自此之后，汤显祖对王世贞表示心悦诚服，从中也可见王世贞晚年之态愈加豁达。

后来屠隆致其书信，微讽王世贞出仕之举，王世贞回信告知出仕实属无奈之举，并主动消除之前的芥蒂，他还告诫沉迷寻仙学道的屠隆，

① ［明］王世贞：《弇州山人续稿》卷二百六《答胡元瑞》，美国普林斯顿大学东亚图书馆藏明刻本，第13—14页。

② ［明］汤显祖：《玉茗堂全集》尺牍卷一《王澹生》，上海图书馆藏明刻本，第4页。

不能招摇过市，要有其自敛的认知。王世贞直言道："然仆妄谓足下才太高，志太锐，气太扬，不唯戈戟世态，亦恐枘凿道机。勉旃！勉旃！老子所云'昏昏默默'，又云'和其光，同其尘'。愿共勉之。"①

万历十七年正月初一日，王世贞与南京任上的官员一起朝天贺岁，拜谒皇陵，当天他还是有元日试笔诗，不过他此时的心情和去年元日大有不同，之前是踟蹰是否出仕，而经过一年的实践，他已有后悔之意，且今年已六十四岁了，是昙阳子所预设的八八之数，顿感人生将尽，内心充满惆怅之感，其诗曰："嵩呼初毕卷朝班，转入玄宫松柏间。北忆青阳开左个，南瞻紫气满钟山。屠苏却借宫官榼，冒絮聊温野客颜。卦数已周成底事，不如酣卧掩柴关。"②初七日，王世贞突然回忆起去年今日与亡弟王世懋相处之时，而现在只剩自己孤身一人，物是人非，心中充满无限的伤感，又有诗曰："去年风雨正月七，犹与病人同此日。今年秣陵多光辉，此日犹是人成非。中庭紫荆渐老丑，一半犹青半枯朽。纵青能得几时荣，憔悴侵寻解怜否？杜陵野老双鬓星，蜀州人日感凋零。听歌黄鸟已垂泪，何况枝头啼鹡鸰。"③全诗基调凄凉，符合他当时的心境，也可见他此时对人生的感悟更加透彻了。随后王世贞再次向朝廷上乞休之请，不愿在任上荒废时日，想早日回到弇园。

当月，王衡虽然去年高中顺天乡试解元，但是他没有参加京城的会试，只因王锡爵在朝中身居要职，流言四起，认为其中必有舞弊，王锡爵一气之下，为了维护王衡的清白，向朝廷上疏力辩，并乞休。朝廷派人核查王衡考试的所有过程之后，认为根本不存在作弊的可能，于是诏令王衡可以参加会试。不过朝廷的诏令并没有让所有的人信服，仍有好事者认为王衡的才能不足以居榜首，王锡爵肯定脱不了干系，因此王锡爵再次向朝廷上疏申辩，并乞休。朝廷没有准许王锡爵之请，而是治妄议者的罪责。对于王锡爵这种不公正的遭遇，王世贞写信给他进行安

---

① ［明］王世贞：《弇州山人续稿》卷二百《屠长卿》，美国普林斯顿大学东亚图书馆藏明刻本，第18—19页。

② ［明］王世贞：《弇州山人续稿》卷十九《己丑元日即事》，美国普林斯顿大学东亚图书馆藏明刻本，第1页。

③ ［明］王世贞：《弇州山人续稿》卷十一《人日金陵忆亡弟》，美国普林斯顿大学东亚图书馆藏明刻本，第15页。

慰,让他不能意气用事,要能屈能伸,有所忍耐,他说道:"贤郎不入场,深可惜,壬辰故不妨作榜首,暂屈一时亦何害。"①然而,王锡爵并没有听取王世贞的建议,而是三番五次地向朝廷上疏,申辩王衡之事的清白,希望朝廷能够认真对待此事,其所上之疏的言辞有些激烈,以致很多人均认为王锡爵此举有失相体,老是在此事上纠缠,可能越描越黑,对自己不利。王世贞见此,也是颇为着急,多次致书相劝诫,如他说道:"高郎科场一疏,似因物情。但老兄之高名大节,岂他宰相可拟?而辰玉之宏才博学,又岂他胄可望?渠亦波及之,愧于鼎珰之耳矣,然犹不至尽废公论。而兄之辩疏似过激烈,于相度不免小有妨。自今以后,愿兄勿留滞胸次。诸有指摘高生及称唆使者,皆置勿听,斯佳耳。"②即让王锡爵不要听信他人的挑唆,不能过于激烈,要保存大度之气,这样才符合自己的身份,以免让天下人笑话。

三月初一日,王世贞乞休之请再次没有得到朝廷批准,十二日,他便与杨成、赵志皋、陆光祖前往徐九的府邸参加牡丹之会,五日之内,他们相聚达三次之多,意甚欢,后来他们还一起游玩徐五公子金盘李故园。游玩虽乐,但还是不及获悉长子王士骐高中进士之喜,王世贞顿感欣慰,家族迎来了新的希望,他马上写信给王锡爵,求他帮助王士骐授官一事,他说道:"儿子未知甲数、名次,将来仗大庇,苟免州邑之苦,足矣。州邑本是男子当作之官,而此儿懒嫚,支持不过,吾夫子所以不许子羔也。"③

后来因为万历皇帝不临朝,疏于政事,群臣上疏请谏之人颇多,希望皇帝能够早日上朝处理政事,以让百官放心。由于王世贞文采出众,南京九卿也想联名一起上疏,于是请王世贞起草奏疏,虽然有人认为如此上疏可能有所不妥,而王世贞认为此举合情合理,希望皇帝能够有所醒悟,早日临朝。不过此疏上去之后,并没有任何的回音,但也体现了

---

① [明]王世贞:《弇州山人续稿》卷一百七十八《与元驭阁老》,美国普林斯顿大学东亚图书馆藏明刻本,第21页。

② [明]王世贞:《弇州山人续稿》卷一百七十八《与元驭阁老》,美国普林斯顿大学东亚图书馆藏明刻本,第20页。

③ [明]王世贞:《弇州山人续稿》卷一百七十九《与元驭阁老》,美国普林斯顿大学东亚图书馆藏明刻本,第21页。

王世贞的拳拳之心。多亏群臣的不懈努力，连连上疏，到六月时，万历皇帝才终于答应秋日临朝。

　　到了六月初二日，加上之前的右副都御史之任，王世贞在三品官上的任期已经满三年了，按例要进行考核，当日在南京吏部进行了审议，初四日，王世贞离任，前往京城汇报政绩。当时天气炎热，王世贞年事已高，不再是少年之时，故路上奔波甚苦，初九日，他抵达广陵，十二日，便到了淮阴。当他再准备继续北上时，朝廷新的任命已经达到，升他为南京刑部尚书，因为之前吴文华已于四月份致仕，故尚书之职空缺出来了，王世贞正好补之。因为有了新的任命，这样一来，王世贞也就省去了前往京城汇报政绩的路途之苦。他考虑到自己满三载，考核后升迁，便移文到吏部，为亡父亡母和妻子请诰命。朝廷准许了他的请求，加赠其亡父为资政大夫，亡母、妻子、本人为通议大夫，并荫子王士骐前往国子监读书。于是王世贞写信给申时行、王锡爵等人，告知自己归里，并感谢他们的默默帮助，如他向王锡爵说道："弟以六月四日发金陵，十二日抵淮，而秋卿之报者至矣。乃知兄不居恩不露几，真古大臣之盛节与仁人之用心，兄家魏公、沂公不是过也。弟科甲虽偶深而资薄则尚浅，加以谣诼之余，当此壅滞之际，而一旦超同列而陪八坐，静而思之，宁不涩然颊赤汗下耶？闻既有新命，身可以不至京，又获以其间归哭亡弟、焚黄先人之垄，于私计可谓便矣。"①十五日，王世贞开始乘舟南还吴中，二十三日便达到家中。

　　到家后，由于近两年吴中遭遇了灾害，太仓也未能幸免，以致所见之处荒废、凄凉，家中有病妻、病儿，亲朋好友多有离去，王世贞抚亡弟殡宫痛苦不已。直到七月份，天降雨水，太仓的旱情得到缓解，王世贞的内心焦虑才渐缓，不过他还是忧虑天下之民。不久之后，王世贞的脾病再度发作，并有腹泻之疾，左眼忽然昏花，看不清东西，右眼也有疾病，其身体情况大不如从前。又闻袁洪愈离世，无疑增加了他的伤感，昔日诸友逐渐逝去，使王世贞有着内心的恐慌。他相邀张凤翼、张献翼

---

① [明]王世贞：《弇州山人续稿》卷一百七十九《与元驭阁老》，美国普林斯顿大学东亚图书馆藏明刻本，第7页。

相聚,诉以知己之情,但是张凤翼却不至,邀周天球相会,也不至,张凤翼说道:"公瑕与仆亦俱老矣,不复足以奉杯酒余欢,毋缘此婴情泉石也。"①于是王世贞至嘉定与徐学谟相会,饮于归有园,还游玩其婿张伯的隅园,王世贞此次之行还因为之前徐学谟曾经邀请了他,祝贺荣升南京刑部尚书之职。而吴国伦虽然也寄诗祝贺王世贞升迁,但是他想与王世贞订修真之约,王世贞却没有答应,经历过多重磨难后,他的修道之心似乎渐行渐远,不太相信神仙一事,认为吴国伦所托非人,在回寄诗作时,甚至有微讽之意,诗曰:"秋风忽下楚天翰,似为浮荣动古欢。任使白门宽吏傲,却妨丹灶背人寒。新春实买鸥夷楫,异日虚留司寇冠。莫笑鲰生城旦对,由来黄老近申韩。"②这体现了王世贞对道学态度的些微变化。

王世贞在家较为悠闲,八月份,天气干旱少雨,他见弇园的山池干涸,便招募工人引河水入池,并将池中的小岛去掉,令其一眼望去,非常辽阔,没有阻碍。如其诗《休沐归里,值大旱,山池龟坼,募工徒河满之,有述》《广心池中有小岛,颇碍目境,适旱涸,募工去之,殊更快然》便是对此事的叙述。快到九月时,大谳迫近,他得离家赴任了,诸友相送,他以《徐大宗伯同唐、张、娄三子见饯,至新洋江始别》《丹阳道中,承宫保大宗伯姜翁出会,因赠一律》《过浒墅关,李启鉴司农要张、毛、钱、吴诸名士饯送,分韵得连字》等诗记之。八月二十日,王世贞到京口驿站,二十五日便到了南京,二十七日,朝皇帝居住的方向叩首谢恩,正式履任南京刑部尚书一职。刚上任,他就向申时行极力推荐汪道昆,其情真挚无比,他说道:"许相公凡三为汪伯玉司马作书,而最后云:'敝郡称才,独一汪司马,尝执鞭弭从诸公之后,似亦颇承许,可附于知交。今服阕久矣,竖儒言轻,不能推毂,使坐老丘园,心甚惋惜。倘得假一言之重于当事者,当事者诚因重明公以重汪司马,则区区之说易入也。伏惟留神。'其辞甚迫切。岂以南都散曹返能加于撼地耶?不过以世贞辱相公

① [明]张凤翼:《处实堂集》续集卷六戊己稿《复王大司寇元美书》,国家图书馆出版社 2013 年版,第341 页。
② [明]王世贞:《弇州山人续稿》卷十九《承明卿大参以诗见贺司寇之迁,且订修真之约,而所托似非其人,聊以奉酬,且示微风》,美国普林斯顿大学东亚图书馆藏明刻本,第 7 页。

及太原相公、太宰公知己之遇，谓可以进言耳。不佞与伯玉交知，不能逃相公神鉴，然兹事何敢预也？"①

　　然而到了九月二十四日，王世贞见到邸报，获悉南京广西道监察御史黄仁荣弹劾他，黄仁荣认为王世贞违反了明例，他之前是被弹劾返回乡里的，不能和后任的南京兵部右侍郎之职一起算任职期限，因此他实际是任职未满三年，并由此欺君冒领恩典，应该夺去，同时主张要找出吏部与之同谋者，一并治罪。在黄仁荣的弹劾文中，他还控告王世贞造成其父之难，且在居丧期间，行为荒淫，再加上后来入道修行，种种理由，均指责王世贞不应该出仕。黄仁荣之论一出，朝堂哗然，认为黄仁荣所指不实，遂替王世贞鸣不平，如耿定向说道："近据御史黄仁荣参论南京刑部尚书王故违明例，欺冒恩典等情。……臣谓为此议者，于大义未明矣。……廿年前，臣曾过其家，见其兄弟衣皂绨，御瓦器，槁形焦颜，若丧若恤也。中年学道，茹素攻淡。近日子弟怜其衰，始劝进酒肉，平生不惟无声妓之奉，且不受妻妾之养者，亦已久矣，而诋为荒淫，岂不冤哉！又谓既已托隐黄冠，不当复出而仕，惟眉从赤松者，招四皓以安汉，隐衡山者，咏黄台以兴唐。古黄冠有道者，何尝果于忘世，亦何尝负于人国哉？比见世贞与一二老臣计安社稷者，其念深矣。且仁荣素山斗世贞，闻尝重币甘言，丐得一什，珍为拱璧，固亦重其人也。忽然覆雨翻云，加之诟厉，是诚何心哉？"②即耿定向对黄仁荣所弹劾之事，一一指明其荒谬之处，还王世贞清白，并控诉黄仁荣是别有用心，险恶至极，不足为信。

　　遭到弹劾后，王世贞便闭门不出，另上疏申辩黄仁荣所告之事，并请求朝廷将其罢黜。经过众人的力辩，以及王世贞的自我说明，朝廷认为王世贞之前的三年考核无误，继续留任现职。到十一月时，王世贞才出来巡视部里之事。因此从上任南京刑部一职到现在，才两个月左右的时间，而王世贞在家闭门不出的时间却多达四十天，再加上当时右眼

① ［明］王世贞：《弇州山人续稿》卷一百九十七《申相公》，美国普林斯顿大学东亚图书馆藏明刻本，第4—5页。
② ［明］耿定向：《耿天台先生文集》卷二《乞骸疏》，《四库全书存目丛书》第131册，齐鲁书社1997年版，第57页。

已经看不清，左眼也看得不太清楚，年老体衰，不堪繁文缛节，他于是再次上疏朝廷，恳请归里，他向朝廷说道："自履任以来，仅二月余，而闭门待罪已四十日。鳏旷之罪，复何所逃。以故砥砺此心，即日视事。第伏而思之，乃有不容不去者。……臣之右目，近以触热哭弟失明矣，医药未效。而左目时复蒙蒙，于披阅案牍，必有所不便。其不能不去，一也。自昨冬以来，膂膝酸软，拜起鲜力。倘于谒陵、朝贺之际倾跌失容，宁不有玷大礼？其不能不去，二也。"①虽然王世贞所言属实，但是朝廷依旧没有批准他的请求。

十二月入冬以来，天降大雪，之前的旱情得到进一步缓解，陈文烛以喜雪诗相赠，王世贞以《陈京兆玉叔以喜雪诗见投，奉和》和之，诗曰："腊雪千门喜共传，耐它寒色为丰年。谢家玉树诗偏好，王氏乌衣屋乍妍。僵卧可烦京兆尹，促归何异剡溪船。怪看儿稚争收扫，曾习农书氾胜篇。"②这两年，三吴地区屡遭灾情，民不聊生，王世贞一直关心他们的疾苦，所以闻陈文烛之言，内心颇有喜悦之情，又陈文烛升任应天府尹，还与王世贞在南京相会，相谈甚欢。

这一时期，王世贞对许久不联系自己的晚辈，内心也是非常牵挂，如殷都两年来不曾致一封书信给王世贞，王世贞多次询问好友关于他的情况，虽然言语中有一些责怪之意，但更多的是关怀，想知道他的近况。殷都在听闻好友张茂仁的转述后，觉得自己所做的确实有不妥之处，于是立即致信王世贞道歉，解释自己疏于联系的原因，并详细叙述了自己的近况，他在信中说道："其实两岁之中，遭时多故，而重以不肖某之惯眊遗失，致有此愆，非敢有它心也。且恃吾师见爱，无异子姓，游子在远，虽音问久疏，而父母之心必不遽加责怒。今观吾师近赐一书，蔼然夙昔眷爱之情，则不肖某之所自信者，岂不诚然？不肖某盖万万幸矣。"③

①［明］王世贞：《弇州山人续稿》卷一百四十四《再乞天恩赐归田里，以明心迹，以保晚节疏》，美国普林斯顿大学东亚图书馆藏明刻本，第8页。

②［明］王世贞：《弇州山人续稿》卷十九《陈京兆玉叔以喜雪诗见投，奉和》，美国普林斯顿大学东亚图书馆藏明刻本，第10页。

③［明］殷都：《尔雅斋文集》卷一《报王大司寇书》，国家图书馆藏民国三年吴兴求恕斋抄本，第11页。

随后,王世贞给梅季豹《居诸集》作序,对他推崇备至,认为他贵在法古,也借此机会,宣扬了自己的文学主张。其序曰:

> 弇山人曰:余少年时称诗,盖以盛唐为鹄云,已而不能无疑于五言古,及李于鳞氏之论曰"唐无古诗,而有其古诗",则洒然悟矣。进而求之,三谢之整丽、渊明之闲雅,以为无加焉。及读何仲默氏之书曰"诗盛于陶谢,而亦亡于陶谢",则窃怪其语之过,盖又进之而上为三曹,又进之而上为苏、李、枚、蔡,然后知何氏之语不为过也。四言则国风而后绝矣,骚则左徒神,而赋则文园圣。盖并轨于康庄,而分镳于广莫,本不异也。厥后以铺张驰骋相竞,所谓记繁而志寡者,班张而下咸有之,以故赋之用日广而骚遂屈斯义也。徐昌谷之《谈艺》、胡元瑞之《诗薮》能称之,而献吉与仲默间能为之。今天下之操觚者不少矣,往往乐近体之易入耳而轻得名,洋洋乎靡所不条贯。至于歌行之类,则艰习之,何论五言古若骚、赋、风、雅。与之谈,未有不思卧者矣。戊子冬,为有举宣城梅季豹者曰:"是夫也,能不为近体人也。"已而季豹来谒。今年冬,则出一编所谓《居诸集》者见示,则皆骚赋、四五言古诗。余乃以暇卒业焉,大叹诧曰:"世故有人哉!若季豹之为骚赋,于左徒、文园时时取财,而别具悲慨婉冶之态。五言于汉魏时离时合,而其合者,并其气度、色泽得之。惟四言不能窥风雅藩,要之梁陈而后绝影矣。使季豹袭古衣冠而不为金陵市客,而访我于弇中,吾且以为千载人焉,敢以季豹目之?"故慨然为序其集,集曰居诸者,盖犹有待也。[1]

之所以全录该序,在于王世贞不仅评析梅季豹的诗文之作,他还剖析了自我文学主张的变化,这对于认识其一生的文学思想具有重要的参考价值。序中王世贞首先提及自己的学习历程,他由年少时的宗盛唐,进而求之三谢、陶渊明,再三曹,以及苏、李、枚、蔡,从而悟得越学古就能够越得真古诗,因此四言绝于国风,骚神于屈原,赋以司马相如和司马迁称圣。而梅季豹文集中的骚赋、四五言古诗等诸体大多能够学

---

[1] [明]王世贞:《弇州山人续稿》卷五十五《梅季豹居诸集序》,美国普林斯顿大学东亚图书馆藏明刻本,第18—19页。

习其最古、最佳者，没有梁陈之后的风气，与当下"往往乐近体之易入耳而轻得名"者不同，是真能诗文者。王世贞的这一取向变化，虽然在不同时期，具体的对象有所变化，但是其根植于情的文学主张是没有发生根本性的转变，反而其情不局限于盛唐，属于历史上人类普遍的真情，这样也扩大了创作学习的视野。

来年正月初一日，恰逢立春，王世贞朝天贺岁、祝圣之后，拜访皇陵，并有元日试笔诗《庚寅元日，立春，祝圣毕，始以红锦袍谒陵》。初四日，其去年所患的疾病愈加严重，并有疡疾，体内毒素骤发，双目已经看不太清楚了，他于是再次上疏朝廷，恳请归里，并另付一疏给王士骐，嘱咐他如果自己的上疏不得准许，便让他再把目前手中的这封奏疏上奏朝廷。果然，王世贞初四的上疏，还是没有得到朝廷的应允。而之前弹劾王世贞的黄仁荣已经被外放，不曾想到的是，朝中居然有人认为黄仁荣的外放，是因为弹劾王世贞不成，反遭其毒害，并主张吏部该彻底核查这种不公之事。这显然是无稽之谈，朝廷对此也绝不容忍，将他们一并降级外放。王世贞向王锡爵说道："闻王御史条陈疏内有御史黄某论尚书王某不行而反遭其毒，给事杜某论尚书耿某甫归而外补继之，不知后说云何及有无指染。但此事与弟毫无所涉。御史自知当出，故预点破耳。然弟尚胡可恋恋腐鼠也。"[1]同时他也向申时行表明了自己对此事的态度："承示南中喜事，妄言者略处一二，而其党魁以黄生之迁用为下走累。下走旦夕去国，且有相公洞照，不与之辩也。"[2]即不再回辩此事，因为这根本不值得一辩。

正月十五日，王世贞为李时珍《本草纲目》作序，距离上次与李时珍相见，已有十年之久，其序曰：

> 《纪》称，望龙光知古剑，觇宝气辩明珠。故萍实、商羊，非天明莫洞。厥后博物称华，辩字称康，析宝玉称倚顿，亦仅仅晨星耳。楚蕲阳李君东璧，一日过予弇州园谒予，留饮数日。予窥其人睟然

① ［明］王世贞：《弇州山人续稿》卷一百七十九《与元驭阁老》，美国普林斯顿大学东亚图书馆藏明刻本，第 15 页。
② ［明］王世贞：《弇州山人续稿》卷一百八十《申相公》，美国普林斯顿大学东亚图书馆藏明刻本，第 1 页。

貌也，癯然身也，津津然谭议也，真北斗以南一人。解其装，无长物，有《本草纲目》数十卷，谓予曰：时珍，荆楚鄙人也。幼多羸疾，质成钝椎，长耽典籍，若啖蔗饴。遂渔猎群书，搜罗百氏，凡子史、经传、声韵、农圃、医卜、星相、乐府诸家，稍有得处，辄著数言。古有《本草》一书，自炎黄及汉、梁、唐、宋，下迨国朝，注解群氏，旧矣。第其中舛缪、差讹、遗漏，不可枚数。乃敢奋编摩之志，僭纂述之权，岁历三十稔，书考八百余家，稿凡三易，复者芟之，阙者缉之，讹者绳之。旧本一千五百一十八种，今增药三百七十四种，分为一十六部，著成五十二卷。虽非集成，亦粗大备，僭名曰《本草纲目》。顾乞一言以托不朽。予开卷细玩，每药标正名为纲，附释名为目，正始也。次以集解、辩疑、正误，详其土产形状也；次以气味、主治、附方，著其体用也。上自坟典，下及传奇，凡有相关，靡不备采。如入金谷之园，种色夺目；如登龙君之宫，宝藏悉陈；如对冰壶玉鉴，毛发可指数也。博而不繁，详而有要，综核究竟，直窥渊海，兹岂仅以医书觇哉？实性理之精微，格物之通典，帝王之秘箓，臣民之重宝也。李君之用心，加惠何勤哉！噫！碔玉莫剖，朱紫相倾，弊也久矣。故辩专车之骨，必俟鲁儒；博支机之石，必访卖卜。予方著《弇州卮言》，恚博古如《丹铅卮言》后乏人也，何幸睹兹集哉！兹集也，藏之深山石室无当，盍锲之，以共天下后世味《太玄》如子云者。时万历岁庚寅春上元日，弇州山人凤洲王世贞拜撰。①

全录此序，一来此序对《本草纲目》的传播影响甚大，十年前，李时珍携带《本草纲目》找遍南京的书商，却无人愿意出资刊刻，经他人指路，他便前往太仓向王世贞求序，以增重《本草纲目》，王世贞拜读后，提出了部分有待修改之处，而《本草纲目》在修订之后，王世贞现在为之作序，肯定该书"博而不繁，详而有要，综核究竟，直窥渊海"，序成之后，就有书商愿意刊刻，这对于《本草纲目》的刊刻和传播的重要性是不言而喻的。二来此序确实是王世贞所作，却不见于其《四部稿》《续稿》《弇山堂别集》等文集，实属散佚之作，这对于认知王世贞和李时珍的关系，以

① [明]李时珍：《本草纲目》序，上海图书馆藏明刻本，第1—2页。

及《本草纲目》的成书和刊刻过程而言,具有重要的文献价值。三来通过此序,不仅能够知道《本草纲目》一书的价值,也能再次认知《艺苑卮言》的特点所在,即内容之博广也。王世贞将《艺苑卮言》与《本草纲目》相比,并不是有意地抬高《艺苑卮言》的价值,而是借众人熟知的《艺苑卮言》去抬高《本草纲目》,以让他人能够第一时间认可《本草纲目》,并接受之,可见王世贞用心之良苦也。

到了二月初,王世贞的疡疾依然不见好转,到了月底时,病情更重,寝食不宁,身体大衰,于是他写信给王锡爵,说明身体近况,并恳求归里,他说道:"弟为疮所苦者,垂两月。至仲春之末旬,通夕不交睫,恶食废酒。又三日,势忽大减。"①当月,陈文烛升为南京大理寺卿,自去年在南京任职以来,陈文烛与王世贞交往甚密,两人相互推崇,惺惺相惜,他人将二人的交游唱和编成《双凤编》,吴国伦、李维桢为之序,盛赞陈文烛和王世贞之间的情谊。如李维桢序曰:"沔人廷尉陈公往为闽观察使若方伯,时故奉常王敬美方视学于闽,两人相为唱和。好事者名其诗曰《双龙编》。……公既入为南京兆及廷尉,而王元美先生方佐司马,已迁司寇,数与载酒凤台之上,唱和如敬美时。而好事者复集之,名曰双凤。盖尝闻司寇之言曰:'歌行之有献吉也,其犹龙乎? 仲默于鳞,其麟凤乎? 夫凤质而龙变,吾闻其语矣,未见其人也。'司寇意盖自任,而陈公崛起于筚路蓝缕之楚,与二美齐驱,真豪杰之士哉!"②

三月初一日,王世贞再次以胫毒愈甚、饮食艰难为由,向朝廷上疏乞休,这是自去年来的第四次上疏。本来并不抱有希望,但是恰逢王锡爵的书信来到,告知他上次的乞休之请,朝廷已经有应准之意,所以王世贞顿时觉得此次之请,朝廷应该会很快批准,自己可以马上归里养病了,内心欢喜,心情大好,饮食也随之恢复,疮疡竟然得以愈合。他对王锡爵表示感谢:"又明日,拜手教,不觉起舞称快,连举大白,食亦顿尽二

① [明]王世贞:《弇州山人续稿》卷一百七十九《与元驭阁老》,美国普林斯顿大学东亚图书馆藏明刻本,第16页。
② [明]李维桢:《大泌山房集》卷二十二《双凤编》序,上海图书馆藏明刻本,第5页。

缶。老兄拔我于热沙而赐之甘露酒也。生我父母，知我鲍叔，知言哉！"①寒食日，在官舍私荐亡亲，父子两代只剩他一人存世，孤苦伶仃，其内心为之伤痛，有诗曰："晓知寒食节，洒泪荐清酤。岁岁悲新鬼，时时恨大巫。庭帏两世尽，天地一身孤。似有君王诏，青山著老夫。"②再加上他回忆近几年亲朋好友的相继离世，其苦闷之心愈加痛楚，他说道："余同气弟一人、女弟一人、从兄弟四人。其三从已前逝，女弟之逝在三十年前，独余两弟耳，乃以三载中夺之，又夺我犹子骊，何其酷也。归计既成，于私怀小畅。念及逝者，茕然一身，更自凄楚。"③二十五日，见朝廷邸报，准许他回家调理。王世贞归心似箭，在第二日清晨即出发归里，诸多任上同僚、南京好友相追送。此次能还，还是有赖于王锡爵的从中斡旋，他感谢道："弟自归思郁浡，杜门三月，以日为岁。幸老兄曲体愚父子不得已之情，为元老计，放之生还，感刻无量。……今晨从张司农所得接报札，便是枯苗沾雨，老树回春，笼鸟槛猿飞走有期，何快如之。"④可见归家时，其内心是何等的喜悦。

当时《弇山堂别集》初刊，这是王世贞的史学著作，其序曰：

《弇山堂别集》者何？王子所自纂也。名之"别集"者何？内之无当于经术、政体，即雕虫之技亦弗与焉，故曰"别集"也。王子弱冠登朝，即好访问朝家故典与阀阅琬琰之详，盖三十年一日矣。晚而从故相徐公所得尽窥金匮石室之藏，窃亦欲藉薜萝之日，一从事于龙门、兰台遗响，庶几昭代之盛不至恣恣。甫欲命管而病妒之，既而自惟材力绵浅，一不称也；所睹章奏、竿尺、赋颂之类，鲜足哀者，二不称也；是非小有不当，流祸后世，三不称也。而是时倡道者谓王子：毋受役于笔研以凿性灵。自是绝意不复作。其它有所闻见，偶书之赫蹄，以数甓贮藏。寻得间出之，编次成帙，凡九十□

---

① ［明］王世贞：《弇州山人续稿》卷一百七十九《与元驭阁老》，美国普林斯顿大学东亚图书馆藏明刻本，第16页。

② ［明］王世贞：《弇州山人续稿》卷十三《寒食于官舍私荐，感痛有述》，美国普林斯顿大学东亚图书馆藏明刻本，第22—23页。

③ ［明］王世贞：《弇州山人续稿》卷十一《四歌》，美国普林斯顿大学东亚图书馆藏明刻本，第19页。

④ ［明］王世贞：《弇州山人续稿》卷一百七十九《与元驭阁老》，美国普林斯顿大学东亚图书馆藏明刻本，第16页。

卷,携来金陵署中。梓人翁生见而异之,固请付剞劂。是书行,异日有裨于国史者,十不能二;耆儒掌故取以考证,十不能三;宾幕酒次以资谈谑,参之十或可得四。其用如是而已。而翁生者乃欲强以灾木,何也? 惜乎! 吾见若之惜于什一息也。①

从中可见该书的性质,它不同于经术、政体和文学类著作,其内容侧重对朝家故典和历史事件的考证,并希望补他人之不足,同时其创作是在有所见闻时,"偶书之赫蹄,以数鬻贮藏",最终"寻得间出之,编次成帙",且成书后,该书是可有裨于国史、取以考证、以资谈谑等诸多功能。后来在该年冬季,在原有九十余卷《弇山堂别集》的基础上进一步编纂,此书终为一百卷,如后出的《弇山堂别集》有陈文烛序:"梓生叔佩者剞劂精良,传布广远,几于纸贵,谓不佞与元美莫逆交,请序其首。……不佞乐为之序,兼请质于元美云。"②并在文后署"万历庚寅冬日"的字样,标明了新本时间,一百卷分别为《皇明盛世述》5 卷、《皇明异典述》10 卷、《皇明奇事述》4 卷、《史乘考误》11 卷、《帝系》《帝统》《亲王》《郡王》6 卷、《表》28 卷、《考》36 卷,其中《表》包括功臣公侯伯、追封王公侯伯、东宫三师、内阁辅臣、翰林诸学士、六部尚书、都察院左右都御史等内容,《考》包括亲征、巡幸、亲王禄赐、命将、谥法、赏功、科试、诏令、市马、中官等内容。

归里之后,王世贞闭门不出,谢绝友人拜访,整日泉石、花木、鱼儿相陪伴,与亲友欢聚,儿孙满堂,悠闲度日,并让家人在弇园新建一间静室,重构芳素、媚清二轩。此时他的疮疡已经全部愈合,脾气也调息顺畅,身体日渐硬朗,然而在想到昙阳子的教诲时,内心还是有所不安,虽然他固守恬澹之教,但始终没法潜心修道,这与最初的誓言还是相差甚远。他向王锡爵说道:"归抵家园,泉石如故,花竹日新。杜门却扫,与禽鱼相流连。间呼贤叔及二三老友杯酒相慰,儿子辈佐以谈谑,一切世态不挂眼。先右军云卒当以乐死,殆非虚言。所苦疮疡已脱,脾气久

① [明]王世贞:《弇州山人续稿》卷五十四《弇山堂别集小序》,美国普林斯顿大学东亚图书馆藏明刻本,第 20—21 页。
② [明]王世贞撰,魏连科点校:《弇山堂别集》序,中华书局 2006 年版,第 2 页。

调,肌体稍腴。儿子向言过衰,似欲得尊兄怜,决归计耳。中夜魂梦亦清,适间念及仙师偈诲,竦然汗洽。"①与之相比,王锡爵则身在官场,更是远离了之前的修道之所。居家时,王世贞还是和王锡爵往来不断,除了嘱咐王士骐授官一事,他还本着一颗公心向王锡爵力荐处在弹劾之中的张九一,不希望人才就此埋没,他说道:"记得往年曾与尊兄谈及张助甫,盖惜其有保障之材,而非敢保其为无瑕之璧也。兄以夏州之绩而知之,陈给事自以其才而荐之,弟何尝私一张助甫哉?使以是波及弟,弟亦无所不受。"②

归家后,王世贞还托人从归有光家中求得其画像③,并根据画像描摹成小幅之作,以作像赞,对归有光推崇备至,认为他的文学主张是学习史汉,而大多取法韩欧,不刻意雕琢,趋于自然,实为一代名家,必定流芳百世。他言及:"先生于古文辞,虽出之自史汉,而大较折衷于昌黎、庐陵。当其所得意,沛如也。不事雕饰而自有风味,超然当名家矣。其晚达,而终不得意,尤为识者所惜云。赞曰:风行水上,涣为文章。当其风止,与水相忘。剪缀帖括,藻粉铺张。江左以还,极于陈梁。千载有公,继韩欧阳。余岂异趋,久而始伤。"④

七月,天气炎热,王世贞便深居简出,少理人事,只与亲人往来,"畏暑,尚未出理人事。唯亲知强欲阑入,不能不一见之,然送迎不敢出内阈"⑤,虽然他的身体状况比之前在南京任上时有所好转,但是他右眼已经昏暗,牙齿坠落殆尽,身体的自然老态毕现。九月,疾病复发,饮食几乎中断,非常虚弱,幸好得一良医治疗,有所好转,精神稍微振作,他也知道自己的大限将近,便更加悔恨自己没能学好昙阳子之道,他向王锡

---

① [明]王世贞:《弇州山人续稿》卷一百七十九《与元驭阁老》,美国普林斯顿大学东亚图书馆藏明刻本,第18—19页。

② [明]王世贞:《弇州山人续稿》卷一百七十九《与元驭阁老》,美国普林斯顿大学东亚图书馆藏明刻本,第19页。

③ 至于王世贞与归有光的关系,由于影响到王世贞"弇州晚年定论"、复古派和唐宋派之间的文学论争,以及钱谦益对明代诗学的认知,历来是学界的一大研究热点,具体可参见拙著《王世贞诗文论资料补辑与研究》,社会科学文献出版社2021年版,第218—225页,在此就不展开论述。

④ [明]王世贞:《弇州山人续稿》卷一百五十《归有光像赞》,美国普林斯顿大学东亚图书馆藏明刻本,第12页。

⑤ [明]王世贞:《弇州山人续稿》卷一百七十九《与元驭阁老》,美国普林斯顿大学东亚图书馆藏明刻本,第21页。

爵说道："是时弟方恶食,断饮粥,不尽一器中。腕气微腾上遂止,消息甚不佳,幸其不增。盛医至,审为痰火,非膈噎也。服药颇效,今气不腾上矣。粥尽一器,更进半矣。肤色亦稍润矣。行年六十有五,于人间之事粗备,宁复别有挂恋? 桑榆之荫,能复几何? 即使此症不成它症,亦可上道,更何足言? 所恨长负先师临化之望,难逭暴弃之愆,冀于痊可,更自荡涤精进耳。"①

在病中,王世贞急切地等待胡应麟的到来,而胡应麟行至武林时,获悉王世贞重病,便昼夜兼程赶至其病榻旁,王世贞将《续稿》托付给他,恳请他校对并书写一序,胡应麟叙述道："庚寅秋,闻先生病,则驰小艇过娄江。比至,先生病已革,起榻上,执余手曰:'吾日夜望子来而暝。吾《续集》甫成编,子为我校而序之。吾即暝,弗憾矣。'余欷歔唯命,留来玉阁六旬,雪涕与先生别。"②即胡应麟答应了王世贞的请求,一直为《续稿》尽心尽力,多亏胡应麟的帮助,王世贞才能在生前将编次好的《续稿》授于少子王士骏。在病中,王世贞还阅读苏轼文集,于宋人中,他独爱苏轼,此时也可见一斑。

十月,王世贞由于病情一直得不到好转,内心焦躁,拒绝汤药,以致后来病情加剧,服药已经没有什么效果了。他在追忆昙阳子预言的八八之期后,忽然若有所悟,直接看破生死,甚至开始拒绝饮食和汤药,坦然面对死亡的临近。几日之后,身体就非常虚弱,奄奄一息,他写信给王锡爵,认为自己已经看淡一切,现在有愧的是有负昙阳子之道,他说道："弟已委顺待尽,儿曹强欲活之,延一坐功者,恐亦付之无益。追惟先师化后之旨,知其不永,及领甲申之偈,事在隔生,而乃自暴自弃,于一切应酬、奔走、笔研、酒食之累不能裁节,有渝师盟,惭负天地。此心如螫,然不敢一念相负。"③王士骐当时已经被朝廷授予兵部车驾司主事一职,惊闻父亲病状,便急忙向朝廷告辞,赶回太仓家中。

---

① [明]王世贞:《弇州山人续稿》卷一百七十九《与元驭阁老》,美国普林斯顿大学东亚图书馆藏明刻本,第21—22页。

② [明]胡应麟:《少室山房集》卷四十八《挽王元美先生二百四十韵》,上海古籍出版社1993年版,第305页。

③ [明]王世贞:《弇州山人续稿》卷一百七十九《与元驭阁老》,美国普林斯顿大学东亚图书馆藏明刻本,第23页。

十一月二十七日,王世贞与家人告别,家人不忍他离去,哭声阵阵,当时家人还劝他进食,他摇手拒绝,并让他们不要为他的离去哭泣,他自己心中已经没有任何的牵挂了。家人请他留下遗言,王世贞便告诫他们要自立自强,并令人传语给王士骐,以后要"去懒去偏,中立不倚"①,并要次子王士骕辞去监生之荫。他还嘱咐家人,他将要离世时,妇女不要近前,所以当时妻子魏氏也只是拖着病躯与他相望,含泪辞别。也许是知道自己大限已来,他便用尽全身力气,抖擞精神,不慌不乱,含笑而逝。众人因王世贞去世,都为之痛哭。在这之前,王世贞已经安排好了后事,棺椁四周皆以布素,让家人不请恤典,不供羣膻。王士骐便立即向朝廷请谥,礼部认为要听公论后方能定夺。

万历二十三年(1595),朝廷下诏令,赠王世贞太子少保,赐祭葬。后人遵从王世贞遗愿,最终将他安葬于太仓杨林塘南项泾,"以祔于先大司马赐域之左"②。当时王士骐为之作行状,王锡爵作神道碑,屠隆作传,赵用贤、陈继儒作墓志铭,诸友用不同的方式来缅怀王世贞。《明实录》载万历三十六年(1608)十一月,丙申,河南道掌道御史黄吉士等人按照朝廷的旨意,公举论定历来遗贤,商议补谥一事,有理学、勋望、节义、清介之分,其中"勋望"里面就有王世贞③。后来在万历四十八年(1620),王世贞后人"采士民议,檄建特祠于公所居弇山园之前,有司以春秋致祀焉"④。《明史》还曾记载天启元年(1621)周宗建"为顾存仁、王世贞、陶望龄、顾宪成请谥"⑤。

一代文坛盟主的落幕,让朝廷上下和文人学子都为之震惊,然而后人对其评价不一,有人认为他德业、文章均不朽,有人认为他应该死于父难之时,以保全节义,还有人讥讽他临终时没有一语关乎国家大事和

---

① [明]王士骐:《明故资政大夫南京刑部尚书赠太子少保先府君凤洲王公行状》,[明]王士骐、[明]屠隆、[明]王锡爵撰:《王凤洲先生行状》,上海图书馆藏明刻本,第17页。

② [明]王士骐:《明故资政大夫南京刑部尚书赠太子少保先府君凤洲王公行状》,[明]王士骐、[明]屠隆、[明]王锡爵撰:《王凤洲先生行状》,上海图书馆藏明刻本,第18页。

③ 上海书店出版社编:《明实录》之《明神宗实录》卷四百五十二,上海书店出版社2015年版,第8542页。

④ 王瑞国:《琅琊凤麟两公年谱合编》,于浩辑:《明代名人年谱》第7册,北京图书馆出版社2006年版,第121页。

⑤ [清]张廷玉等撰:《明史》卷二百四十五,中华书局1974年版,第6356页。

天下苍生,等等,且不论这些评论正确与否,王世贞生前,关于他的争论就不断,他都是淡然处之,追求内心的那份恬澹。对其评论,四库馆臣较为公允地说道:"然世贞才学富赡,规模终大。譬诸五都列肆,百货具陈,真伪骈罗,良楛淆杂,而名材瑰宝,亦未尝不错出其中。知末流之失可矣。以末流之失而尽废世贞之集,则非通论也。"①虽然这侧重的是文学方面,但是将其放大到王世贞的整个人生历程,恐怕也是非常恰当的。

---

① 〔清〕永瑢等撰:《四库全书总目》集部卷一百七十二,中华书局 2003 年版,第 1508 页。

第六章 复古至情齐发展

　　明朝前后七子讲究复古,既然是复古,那首先要做的就是学习古人创作之法,重视诗文内部的创作规律,强调文章的文学性与审美性,以求契合古人。进而言之,对文章篇法、句法、字法等法度的追求,必定进一步关系到文章的体格、格制、风格和声调等问题,而在此基础上形成的"格调说"更是成为明代诗文理论的核心,代表着当时人们对文学创作的基本看法。后七子主盟文坛,倡导文学复古,注重行文法度、格调,尺寸古人,以致学界谈到后七子的文学思想时,动辄以"文必西汉,诗必盛唐"来概括,但是后七子之间的文学主张不尽一样,各有其个性,这一结论将后七子本来复杂的文学思想进行了简单的固化,同样,很多学者也如此评论王世贞,而对某一作家高度概括、高度抽象往往会导致作家独特个性的缺失。细读王世贞文集,不仅可以看出像"文必西汉,诗必盛唐"这样的结论难以成立,并且还能发现王世贞的法度观有别于其他复古者,他由具体的文章创作之法,上升到对"不法而法"的追求,这是他"自足""自得"内心世界的外化,其对格调说的独特见解,亦发人深省。更为难能可贵的是,王世贞在法度和格调的基础之上,注重真性情的抒发,走向自然,在复古文学阵营中独树一帜。进而倡导"性灵"之论,内心雅慕白居易,推动以真情为导向的文学创作,引领着复古文学的新发展。虽然王世贞一生"多历情变",早年和中晚年的文学思想有所演化,但是这种源于真我的创作观念始终伴随着他的一生,"弇州晚年定论"更是他人在明确目的之下的有意为之,不符合王世贞一生的文学发展轨迹。王世贞以文鸣世,主盟文坛,本章特对其文学思想进行论述。

第一节 "师法"发覆

"明代学术,皆尊程朱"①,明朝建国百余年来,仍然是深受程朱理学的影响,黄宗羲说道:"有明学术,从前习熟先儒之成说,未尝反身理会,推见至隐,所谓'此亦一述朱,彼亦一述朱'耳。"②而对程朱理学的推崇,落实在文学创作上,就必定强调文学的社会功用性,文以载道。因此明初宋濂倡导的复古是与道相结合,文章也只不过是体现道德仁义和礼乐刑政的一种工具,如他论述道:"文之至者,文外无道,道外无文。粲然载于道德仁义之言者,即道也;秩然见诸礼乐刑政之具者,即文也。"③在这种理论主张的束缚下,文学创作沦为道的附庸品,大大减弱了作品的文学性。后来的杨士奇主盟文坛,形成"台阁体",在文论主张上则是更进一步,认为诗在主性情之外,还"可以考王政之得失,治道之盛衰"④,如果创作无益于世道,其存在的价值就大打折扣。

李东阳虽然看到了前人的弊端,想有所纠正,提出诗学汉唐、"轶宋窥唐"的复古主张,但是自身却带着浓郁的台阁气息。唐宋派的诗文理论先驱唐顺之,强调"真精神与千古不可磨灭之见"⑤,并诗法唐宋,但受阳明心学的影响,最终进入了"烧却毛颖,碎却端溪"的阶段,弃文求道。相对而言,李梦阳做出了突出的贡献,他针对当时文坛的创作倾向,一方面主张"真诗在民间"⑥,情是主体性要素,是诗歌创作的推动力,诗歌创作中讲究宗唐抑宋,文章上追秦汉。另一方面,他坚持"学不的古,苦心无益"⑦。以李梦阳、何景明为首的前七子产生了巨大影响,以致"操觚谈艺之士翕然宗之,明之诗文于斯一变"⑧。以李攀龙、王世贞为首的

---

① 孟森:《明朝的历史》,新世界出版社 2018 年版,第 257 页。
② [明清]黄宗羲:《明儒学案》卷十《文成王阳明先生守仁》,中华书局 2008 年版,第 178 页。
③ [明]宋濂:《宋学士文集》卷五十一《徐教授文集序》,上海图书馆藏明刻本,第 4 页。
④ [明]杨士奇撰;刘伯涵参校:《东里文集》,中华书局 1998 年版,第 89 页。
⑤ [明]唐顺之:《荆川先生文集》卷七《答茅鹿门知县》,张元济主编《四部丛刊》第 1584 册,中央编译出版社 2015 年版,第 10 页。
⑥ [明]李梦阳:《空同集》,文渊阁《四库全书》第 1262 册,上海古籍出版社 1987 年版,第 602 页。
⑦ [明]李梦阳:《空同集》,文渊阁《四库全书》第 1262 册,上海古籍出版社 1987 年版,第 569 页。
⑧ [清]张廷玉等撰:《明史》卷二百八十五,中华书局 1974 年版,第 7307 页。

后七子则在前七子的复古道路上更进一步,李攀龙认为"秦汉以后无文矣"①,"字为句将,句为篇宗"②。对当时的复古风气,王世贞说道:"嘉靖间,当是时天下之文盛极矣。自何李诸公之论定,而诗于古无不汉魏、晋宋者,近体无不盛唐者,文无不西京者。"③作为后七子的领袖人物,王世贞自然也加入了复古的潮流之中,并对前七子的复古运动大加赞赏,认为他们"一扫叔季之风,遂窥正始之途,天地再辟,日月为朗"④。

复古,法式前人,是通过对前人历史、文学、思想的情感认同,以扭转当下时风,其实是有着很强的"今"的关怀。虽然前后七子的复古主张和创作实践,在一定时期内产生过积极的作用,使文坛为之一新,知文有秦汉、诗有盛唐可取,但是对台阁体、唐宋派等创作的过于矫正,必然会带来自身的弊端,甚至会使这种弊端逐渐走向极端化,以致后人多以模拟、剽窃、因袭来否定前后七子。

由于王世贞是跟随李攀龙走上的复古道路,以致学界将他和李梦阳、李攀龙等人简单对等,认为王世贞是彻头彻尾的复古主义倡导者。因此对王世贞文学思想的研究,学界在取得丰富研究成果的同时,也有了大致的定论。徐朔方说道:"王世贞和李攀龙共同鼓吹的文必西汉、诗必盛唐的口号,就古文而论,问题不单单在于笔法和技巧上的亦步亦趋,还在于他对司马迁的刻舟求剑式的仿效和追求。"⑤与此遥相呼应,魏连科认为王世贞"文则刻意模仿秦汉以前的作品,讲究无一字无来历。结果是文字佶屈聱牙,令人难以卒读;诗歌则模仿《诗经》、汉魏六朝、唐人李杜,一步一趋,完全失去创新这一文学基本特征"⑥。姚斯曾认为:"第一个读者的理解将在一代又一代的接受之链上被充实和丰富,一部作品的历史意义就是在这过程中得以确定,它的审美价值也是

---

① [明]李攀龙著,包敬第标校:《沧溟先生集》,上海古籍出版社 2014 年版,第 766 页。
② [明]李攀龙著,包敬第标校:《沧溟先生集》,上海古籍出版社 2014 年版,第 710 页。
③ [明]王世贞:《弇州山人续稿》卷五十二《蒙溪先生集序》,美国普林斯顿大学东亚图书馆藏明刻本,第 13 页。
④ [明]王世贞:《弇州山人四部稿》卷一百四十八《艺苑卮言五》,美国哈佛大学燕京图书馆藏明刻本,第 2 页。
⑤ 徐朔方:《晚明曲家年谱·苏州卷》,浙江古籍出版社 1993 年版,第 487 页。
⑥ [明]王世贞撰,魏连科点校:《弇山堂别集》,中华书局 2006 年版,第 3 页。

在这过程中得以证实。"①言即如果第一个读者的理解有偏差,这将对后来的读者及研究者带来不可估量的影响。徐朔方和魏连科等人的解读,无疑是进一步深化了读者对王世贞"文必西汉,诗必盛唐"的接受,不过这种接受并非今人所创,而是有一定的历史渊源,认为王世贞文学思想为"文必西汉,诗必盛唐"的官方认定,最早的恐怕属于《明史》,该书中论述道:

> 世贞始与李攀龙狎主文盟,攀龙殁,独操柄二十年。才最高,地望最显,声华意气笼盖海内。一时士大夫及山人、词客、衲子、羽流,莫不奔走门下。片言褒赏,声价骤起。其持论,文必西汉,诗必盛唐,大历以后书勿读,而藻饰太甚。②

而在后来的《四库全书总目》中,四库馆臣论述王世贞时,认为:

> 考自古文集之富,未有过于世贞者。其摹秦仿汉,与七子门径相同。而博综典籍,谙习掌故,则后七子不及,前七子亦不及,无论广续诸子也。③

再者,《(嘉庆)直隶太仓州志》中记载道:

> 世贞始与李攀龙狎主文盟,攀龙殁,独操柄二十年,其持论"文必西汉,诗必盛唐",大历以后书勿读。④

另外,需要特别说明的是,如上所述,《明史》《(嘉庆)直隶太仓州志》等书对王世贞文学主张的概括是"文必西汉,诗必盛唐",而非大家所熟悉的"文必秦汉,诗必盛唐"。"文必秦汉,诗必盛唐"也确实存在过,只不过这是他人对李东阳或李梦阳的评价,并非王世贞,如《明史》中认为:

> 弘治时,宰相李东阳主文柄,天下翕然宗之,梦阳独讥其萎弱,倡言"文必秦汉,诗必盛唐",非是者弗道。⑤

---

① 〔德〕H. R. 姚斯、〔美〕R. C 霍拉勃:《接受美学与接受理论》,周宁、金元浦译,辽宁人民出版社 1987 年版,第 25 页。
② 〔清〕张廷玉等撰:《明史》卷二百八十七,中华书局 1974 年版,第 7381 页。
③ 〔清〕永瑢等撰:《四库全书总目》卷一百七十二《弇州山人四部稿》,中华书局 2003 年版,第 1508 页。
④ 〔清〕王昶:《直隶太仓州志》卷二十六《列卷一》,上海图书馆藏清嘉庆七年刻本,第 10 页。
⑤ 〔清〕张廷玉等撰:《明史》卷二百八十七,中华书局 1974 年版,第 7348 页。

再如《四库全书总目》中认为：

> 李梦阳、何景明崛起宏正之间，倡复古学，于是"文必秦汉，诗必盛唐"，其才学足以笼罩一世，天下亦响然从之。①

《明史》《四库全书总目》这些官方性的书籍以及地方志对王世贞的评价是惊人的一致，都认为是"文必西汉，诗必盛唐"，而秦汉不等于西汉，他人以取法"西汉"来评论王世贞的文章创作取向，无疑进一步缩小了王世贞的取法范围，认为其取法越走越窄，甚至不如前七子，这带有明显的主观贬义。这种对王世贞文学思想的解读必将影响到后来的读者和研究者，况且这种盖棺论定式的评价，不尽符合王世贞的文学思想内涵，至少不能代表王世贞文学思想的全部。

首先，"文必西汉"一说，就不完全准确。笔者在翻阅王世贞的《凤洲笔记》《艺苑卮言》及《弇州山人四部稿》和《弇州山人续稿》等书时，并没有发现王世贞在论述文章创作理论时采用过"西汉"一词，因而"西汉"这种指代文学创作的用法并不是王世贞的常用语。那么，从整体的取法上而言，王世贞是否只主张师法西汉时期的文，而对其他的朝代都一概否定呢？事实也并非如此。

在文学所指上，"西汉"等同于"西京"，我们暂且从王世贞对"西京"的评价中窥探一二。如王世贞确实对西京的文章创作大加赞赏，他认为："汉兴治马上，而自柏梁以来，词赋称西京无偶者，贾谊、司马相如、子卿、虞丘寿、王褒、雄，诸大夫东西南北人也。"②并认为："西京而下有靡而六朝，有敛而四家，则文之变也，语不云乎，有物有则，能极其则，正可耳，变亦无不可。"③可见，在王世贞的心目中，西京的文还是高于六朝的文，而且随着时间的推移，文的发展也是一代不如一代，"自西京以还至于今千余载，体日益广而格则日以卑"④。王世贞在《袁鲁望集序》中

---

① [清] 永瑢等撰：《四库全书总目》卷一百七十《怀麓堂集》，中华书局 2003 年版，第 1490 页。

② [明] 王世贞：《弇州山人四部稿》卷五十七《赠李于鳞视关中学政序》，美国哈佛大学燕京图书馆藏明刻本，第 9 页。

③ [明] 王世贞：《弇州山人续稿》卷五十二《蒙溪先生集序》，美国普林斯顿大学东亚图书馆藏明刻本，第 13 页。

④ [明] 王世贞：《弇州山人续稿》卷四十《刘侍御集序》，美国普林斯顿大学东亚图书馆藏明刻本，第 14—15 页。

就对历来文章创作取法标准的高低做了一个总结,他认为:

> 余窃谓天下以文名家者,未易屈指数,然大要不过二三端。高者,探先秦,撼西京,挟建安,俯大历,次乃沿六季华靡之好,以饾饤组绣相豪倾,其下始托于理,务于简,俭以逃拙。①

王世贞肯定取法先秦、西京为最高,但他并没有完全否认先秦、西京之外的取法和创作,他甚至鼓励他人要取法广泛,不拘一格,建安、唐宋的佳作,皆可师法。如在与颜廷愉的书信中,王世贞就告诫他:"愿足下多读《战国策》、《史》、《汉》、韩欧诸大家文。"②而对于那些取材狭窄,只知先秦、西京的学士,王世贞并没有多大的肯定,甚至是给予嘲讽。如他说道:"明兴弘、正间,学士先生稍又变之,非先秦、西京弗述,彼见以为溯流而获源,不知其犹堕于蹊也。夫所谓古者,不能据上游以厌群志。"③所以,王世贞对文章的创作取法不仅仅局限于先秦、西京之作。

其次,就"诗必盛唐"而言,这种结论也有一定的偏颇。中国是一个诗歌的国度,在古代,诗歌更是居于文体的主要地位。唐朝,尤其是盛唐,更是将诗歌的内容和表现形式发展到一个巅峰,让后人望其项背,成为师法的对象。如李东阳认为"宋诗深,却去唐远"④,王廷相感叹道"为李、杜,为盛唐诸名家,大历以后弗论也"⑤。王世贞也毫不例外,肯定唐朝之于诗歌创作的无可替代性,并深入分析道:"夫诗之体莫悉于唐,而唐莫媺于初、盛。自武德而景龙者,初也,自开元而至德者,盛也。大历之半,割之矣。初则由华而渐敛,以态韵胜,盛则由敛而大舒,以风骨胜。然其所遭之变渐多,而用亦益以渐广……且夫事同者,工拙自露,情一者深浅迥别,时代之升降,才伎之长短,亦可以傍通而曲引,固不必钟记室之品,高廷礼之正而后辨也……夫诗取适情,主淡泊为上

① [明]王世贞:《弇州山人续稿》卷四十《袁鲁望集序》,美国普林斯顿大学东亚图书馆藏明刻本,第20页。
② [明]王世贞:《弇州山人续稿》卷一百八十二《颜廷愉》,美国普林斯顿大学东亚图书馆藏明刻本,第4页。
③ [明]王世贞:《弇州山人四部稿》卷六十八《古四大家摘言序》,美国哈佛大学燕京图书馆藏明刻本,第8页。
④ [明]李东阳:《麓堂诗话》,丁福保辑:《历代诗话续编》,中华书局2006年版,第1371页。
⑤ [明]王廷相:《王氏家藏集》卷二十二《刘梅国诗集序》,上海图书馆藏清刻本,第7页。

乘,足矣。"①他在诗论中,也常常提及盛唐,表达出他对盛唐诗歌的向往和追求,他曾自述道:"余少年时,称诗盖以盛唐为鹄云已,而不能无疑于五言古,及李于鳞氏之论曰:'唐无古诗而有其古',诗则洒然悟矣,进而求之。"②以至于王世贞后来认为"盛唐之于诗也,其气完,其声铿以平,其色丽以雅,其力沉而雄,其意融而无迹,故曰盛唐其则也"③。在他的心目中,盛唐诗歌是最好的,值得众人去纷纷效仿和学习,并将盛唐作为诗歌创作的准则,王世贞已经将盛唐诗歌推至无以复加的地步。可贵的是,他并没有仅仅局限于此,而是有着更加宽广的视野,他在指导晚辈徐益孙写作时,认为:

> 今宜但取三百篇及汉魏、晋宋、初盛唐名家语,熟玩之,使胸次悠然有融浃处,方始命笔,勿作凡题、僻题,险体、险韵,坌入恶道。俟骨格已定,鉴裁不爽。然后取中晚唐佳者及献吉、于鳞诸公之作,以资材用,亦不得临时剽拟。至于仆诗,门径尤广,宜采不宜法也。④

这是王世贞在指导晚辈写作时的肺腑之言,他在注重盛唐诗歌的重要性时,仍叮嘱徐益孙学习盛唐诗后,要博取诸家,即使晋宋、中晚唐诸家,也有可取之处。王世贞对于自己学诗的认知也是自认为门径犹广,不局限于盛唐,自己可以成为他人取材的对象,却不是师法的目标。只有诗不必尽盛唐,跳出预先设定的圈子,才能博取众家之所长,才能写出更好的作品。再者,王世贞在撰写《艺苑卮言》为复古造势之时,对盛唐的李白和杜甫还是颇有微词,且其对李白和杜甫的创作点评颇为中肯:

> 李杜光焰千古,人人知之。沧浪并极推尊,而不能致辨。元微

① [明]王世贞:《弇州山人续稿》卷五十三《唐诗类苑序》,美国普林斯顿大学东亚图书馆藏明刻本,第5—6页。

② [明]王世贞:《弇州山人续稿》卷五十五《梅季豹居诸集序》,美国普林斯顿大学东亚图书馆藏明刻本,第18页。

③ [明]王世贞:《弇州山人四部稿》卷六十五《徐汝思诗集序》,美国哈佛大学燕京图书馆藏明刻本,第6页。

④ [明]王世贞:《弇州山人续稿》卷一百八十二《徐孟孺》,美国普林斯顿大学东亚图书馆藏明刻本,第16—17页。

之独重子美，宋人以为谈柄。近时杨用修为李左袒，轻俊之士往往傅耳。要其所得，俱影响之间。五言古、选体及七言歌行，太白以气为主，以自然为宗，以俊逸高畅为贵；子美以意为主，以独造为宗，以奇拔沈雄为贵。其歌行之妙，咏之使人飘扬欲仙者，太白也；使人慷慨激烈，歔欷欲绝者，子美也。《选》体，太白多露语率语，子美多稺语累语，置之陶谢间，便觉伧父面目，乃欲使之夺曹氏父子位耶！五言律、七言歌行，子美神矣，七言律，圣矣。五七言绝者太白神矣，七言歌行，圣矣，五言次之。太白之七言律，子美之七言绝，皆变体，间为之可耳，不足多法也。

十首以前，少陵较难入，百首以后，青莲较易厌。扬之则高华，抑之则沉实，有色有声，有气有骨，有味有态，浓淡深浅，奇正开阖，各极其则，吾不能不伏膺少陵。

青莲拟古乐府，以己意己才发之，尚沿六朝旧习，不知少陵以时事创新题也。少陵自是卓识，惜不尽得本来面目耳。①

即对于李白和杜甫的创作成就，王世贞给予了全面的肯定，他们是可以光耀后世的，成为后人学习取法的对象，但是细论之，二人都有不足之处，李白“多露语率语”，杜甫“多稺语累语”，况且李杜对于诗作所擅长的诗体也不尽一样，“五言律、七言歌行，子美神矣，七言律，圣矣。五七言绝者太白神矣，七言歌行，圣矣，五言次之”，诗体种类繁多，这客观上也就要求后人不能拘泥于盛唐，如不如李白和杜甫的谢朓便同样可以成为学习的对象，而谢朓属于六朝时期，非盛唐。这从而更加印证了王世贞“捃拾宜博”的学习理念，故而他在《周叔夜先生集序》中旗帜鲜明地说道“诗不必尽盛唐，以错得之沨沨乎，岑李遗响哉。”②试想，如果只是学习盛唐，何以错得之！这是王世贞对“诗必盛唐”的强有力回击，可见以“诗必盛唐”来笼统地概括王世贞诗学思想，是不可取的，也不符合王世贞诗学思想的实际。

① [明]王世贞：《弇州山人四部稿》卷一百四十七《艺苑卮言四》，美国哈佛大学燕京图书馆藏明刻本，第4—5页。

② [明]王世贞：《弇州山人续稿》卷五十《周叔夜先生集序》，美国普林斯顿大学东亚图书馆藏明刻本，第20页。

第二节　从字法、句法、篇法到"不法而法"的升华

对所谓王世贞"文必西汉，诗必盛唐"的定论性文学思想进行辨析，是为了破除先验，还原研究对象本身，客观地认识王世贞文学复古运动，力求更加全面地认知其文学思想。

前面已言及，王世贞走上复古道路受了李攀龙的影响，他见李攀龙后，甚至是将自己之前的作品"悉烧弃之"①，而在复古潮流中，他更是身先士卒，为了更好地为复古运动提供理论基础，王世贞撰写了《艺苑卮言》一书。郦波就认为："作为前后七子文学复古运动的代表性理论专著，《艺苑卮言》无疑具备着最鲜明的'复古'特性……正担当了复古运动中'武器的批判'的角色。"②复古，在于学习前人创作之法，可贵的是王世贞没有局限于此，他有着独特的见解，这主要体现在以下几个方面。

首先，王世贞的法度说，是具体而微的文章创作之法。李梦阳和何景明是前七子的代表人物，他们都提倡复古，但是在复古方法上的意见不相一致，李梦阳讲究尺寸古法，认为"规矩者，法也。仆之尺尺而寸寸之者，固法也"③，而何景明却认为恪守古法，独守尺寸是不可取的，即使达到了极致，仍然是"如小儿倚物能行，独趋颠仆"④，"无益于道化"，故而要"富于材积，领会神情，临景结构，不仿形迹"⑤，"法"只不过是一种工具，最终要做到"达岸则舍筏"。李、何之争涉及的是复古之道如何看待法度的问题，处于形而上的层面，王世贞则与之不同，他复古时注重形而下，将复古之法践行到具体的文章创作之中，从而使法度有章可循。如王世贞将法度具体到创作时的篇法、句法和字法，认为：

---

① ［明］王世贞：《弇州山人四部稿》卷一百二十三《上御史大夫南充王公》，美国哈佛大学燕京图书馆藏明刻本，第 14 页。
② 郦波：《王世贞文学研究》，中华书局 2011 年版，第 151 页。
③ ［明］李梦阳：《空同集》，文渊阁《四库全书》第 1262 册，上海古籍出版社 1987 年版，第 566 页。
④ ［明］何景明：《大复集》，文渊阁《四库全书》第 1267 册，上海古籍出版社 1987 年版，第 291 页。
⑤ ［明］何景明：《大复集》，文渊阁《四库全书》第 1267 册，上海古籍出版社 1987 年版，第 290 页。

首尾开阖,繁简奇正,各极其度,篇法也。抑扬顿挫,长短节奏,各极其致,句法也。点缀关键,金石绮彩,各极其造,字法也。篇有百尺之锦,句有千钧之弩,字有百炼之金,文之与诗,固异象同则。①

言即文和诗只不过是表现出来的形式不一样,在创作的过程之中,两者都必须遵循同样的法度,必须讲究篇要有篇法,句要有句法,字要有字法,由于篇法、句法和字法在文章中的不同地位和作用,对这三者的创作要求也不尽一样。关于这三者之间的关系,王世贞论述道:"篇有眼曰句,句有眼曰字,字有字法,句有句法,篇有篇法,此三者不可一失也。"②篇、字、句统一于行文之中,对三者之法的追求,才能创作出更好的文章,毕竟"夫雕虫者,文也",文章是在此基础上对法度的进一步追求。

将法度说具体而微到文章创作,就会关系到不同文体对法度的追求,体例先行,再论以法度,是王世贞文论的一个突出特点。就"诗"这一文体而言,王世贞在总体上认为:"诗有起,有结,有唤,有应,有过,有接,有虚,有实,有轻重,偶对欲称,压韵欲稳,使事欲切,使字欲当,此数端者一之未至,未可以言诗也。"③诗又可以细分为五言、七言、绝句、律诗等等,王世贞对此也有相关的总结,他说道:"五言律,差易得雄浑,加以二字,便觉费力,虽曼声可听而古色渐稀,七字为句,字皆调美,八句为篇,句皆稳畅,虽复盛唐,代不数人,人不数首。"④不同的文体在风格和取法上也有所差别,如王世贞强调"五言古苏李其风乎,而法极黄初矣。七言畅于燕歌乎,而法极杜李矣。律畅于唐乎,而法极大历矣"⑤。

<hr />

① [明]王世贞:《弇州山人四部稿》卷一百四十四《艺苑卮言一》,美国哈佛大学燕京图书馆藏明刻本,第16页。

② [明]王世贞:《弇州山人续稿》卷一百八十一《华仲达》,美国普林斯顿大学东亚图书馆藏明刻本,第8页。

③ [明]王世贞:《弇州山人续稿》卷一百八十三《于凫先》,美国普林斯顿大学东亚图书馆藏明刻本,第3页。

④ [明]王世贞:《弇州山人四部稿》卷一百四十四《艺苑卮言一》,美国哈佛大学燕京图书馆藏明刻本,第13页。

⑤ [明]王世贞:《弇州山人四部稿》卷七十一《王氏金虎集序》,美国哈佛大学燕京图书馆藏明刻本,第4—5页。

可见,王世贞的这种法是细化到字句的创作之法,而又关系到文体、文类的取法标准和最高法度。因此,相对于李、何在宏观上的取法路径,王世贞的法度观更为具体,让他人更容易地知道行文创作的法度,这也是王世贞对前七子在法度说上的一种推进,有利于文学复古运动在文坛上焕发出新的生机,并变得具有可学习性和可操作性。

其次,王世贞的取法,是遵循着"师匠宜高,捃拾宜博"的原则。对具体而微的创作之法的注重是对取法对象的具体体现,如前所述,于诗,王世贞推崇盛唐,于文,王世贞向往西京,盛唐的诗和西京的文是众人所追求的诗文创作极致。"师匠宜高",才会使自己的创作有一个衡量的标准,即使是离盛唐、西京有一段距离,但"取乎上,得其中",还是会有一定的可观之处。在历史的长河中,名家辈出,盛唐、西京作为诗文创作取法的极致,仅仅是其中最光辉灿烂的一部分,除此之外的诸家之佳作,也值得他人取法和学习,而这种取法,王世贞也有一个转变过程。如在初期,王世贞信奉李梦阳的"勿读唐以后文",而见到李攀龙之后,更是大彻大悟,他说道:"自是诗知大历以前,文知西京而上矣。"①随着时间的推移和创作的实践,王世贞并没有局限于此,而是"捃拾宜博"。对于自己的诗文创作,王世贞分析道:"仆于诗大历而后者,阑入十之一,文杂贞元者,二十之一,六朝者百之一。"②可见王世贞创作取径之广,即使是他经常诟病的六朝,仍然有可取之处。再者,对于后人的创作指导,王世贞尤为细心,认为只有取法宽广,才能打下坚实的基础,从而有利于长远的创作,如他说道:"仆以为足下且勿轻操觚,其诗须取李杜、高岑、王孟之典显者,熟之有得,而稍进于建安、潘陆、陶谢。文取韩柳两家平正者,熟之有得,而稍进于班马、先秦。"③

创作的取法往往伴随着剽窃、模拟、因袭的弊病。王世贞对此也有清醒的认识,在鼓励后人创作时要"师匠宜高,捃拾宜博",自己也可以

---

① [明]王世贞:《弇州山人四部稿》卷一百四十七《艺苑卮言四》,美国哈佛大学燕京图书馆藏明刻本,第16页。

② [明]王世贞:《弇州山人四部稿》卷一百二十八《答吴瑞谷》,美国哈佛大学燕京图书馆藏明刻本,第17页。

③ [明]王世贞:《弇州山人续稿》卷一百八十三《于鲁先》,美国普林斯顿大学东亚图书馆藏明刻本,第3页。

成为取法的对象，但是不鼓励他人因为取法而因袭、剽窃，更不希望他人对自己进行亦步亦趋的模拟，如他对于兔先说道："仆与于鳞撰著，可备足下游艺资耳，不可徇而步趋也。"①故而对于模拟之作，王世贞的总体评价不高，吴国伦寄来的拟乐府，王世贞看过后就"觉过模拟，不堪见大巫"②。

另外，王世贞的师法目标，是对"不法而法"的追求。法度是文章创作的基本要素，与此同时，王世贞也注重意、才等要素在创作中的重要性，并试图将它们结合起来，一来克服对法度过于强执所带来的弊病，二来对法度进行深入探索，以使法度能够得到更加灵活的理解和运用。如王世贞在评价宗臣的诗法时，认为"以子相之诗，足无憾于法，乃往往屈法而伸其才，其文足尽于才，乃往往屈才而就法"③，即使宗臣去世，这样达到法和才融为一体的佳作仍然"具是不朽矣"。而对于法与意的辩证关系，王世贞有着精辟的见解，他说道：

> 尚法则为法用，裁而伤乎气，达意则为意用，纵而舍其津筏，畏于思之难，信心而成之，苟取其近者，嚣嚣然而自足，耻于名之易，钩棘以探之，务剽其异者，沾沾然以为非常。夫其各相轧而卒莫相竞也，彼各有以持其角之负，然而不善所以为胜者，故弗胜也。吾来自意而往之法，意至而法偕至，法就而意融乎其间矣。夫意无方，而法有体也；意来甚难，而出之若易，法往甚易，而窥之若难，此所谓相为用也。左氏法先意者也，司马氏意先法者也，然而未有不相为用者也。夫不睹夫造物者之于兆类乎？走飞夭乔各有则而不失真，迫乎风容精彩流动，而为生气者不乏也……玉叔文亡论所究，极庶几司马、左氏哉。不屈阋其意以媚法，不靦骸其法以殉意，裁有扩而纵有操，则既亦彬彬君子矣。④

① ［明］王世贞：《弇州山人续稿》卷一百八十三《于兔先》，美国普林斯顿大学东亚图书馆藏明刻本，第3页。
② ［明］王世贞：《弇州山人四部稿》卷一百二十《复肖甫》，美国哈佛大学燕京图书馆藏明刻本，第7页。
③ ［明］王世贞：《弇州山人四部稿》卷六十五《宗子相集序》，美国哈佛大学燕京图书馆藏明刻本，第5页。
④ ［明］王世贞：《弇州山人四部稿》卷六十七《五岳山房文稿序》，美国哈佛大学燕京图书馆藏明刻本，第16—17页。

在王世贞眼中,法和意是紧密相连的,将法与意割裂开来,会带来独自"尚法"或"尚意"的不足,只有二者合二为一,"法就而意融乎其间矣",各自把握其中的度,这才是彬彬君子。故而在李、何之争中,王世贞倾向于何景明的"达岸舍筏",不尺守法度,法度固然重要,但也只不过是为达到创作目的的一种工具罢了。法和意的融合,无疑超出了法和意的取舍问题。

然而达到法和其他要素的融合,并不是王世贞所追求的最终目标,王世贞在此基础上,更进一步,追求创作中的"妙亦自然""不法而法",这是法的极致。故而他在《长梧封人传》中肯定"其深思之极,见若为雕刻者,然要归之自然,即率尔而为之,若不经意,然求其不合于古者鲜也"①。再如王世贞在评论王格时,认为他:"公于诗若文,不作贞元而后语,然能脱摹拟,洗蹊径,以超然于法之外,不得以一家目之也。"②并认为:"邦相之文气雄而调古,驰骤开阖,不法而法,乃其持论往往出人意表,歌辞亦称是。"③对于这些,王世贞并不是一开始就对法度有如此高深的追求,而是在深刻感悟后的自得,他自述道:"仆自束发来,即知操铅椠之业,于今二十五年矣,近窃窥公之用兵而稍有悟于文。夫文出于法而入于意,其精微之极,不法而法,有意无意,乃为妙耳。"④王世贞对法度的这种追求远远超出单纯的复古取法,有别于前后七子对法度的恪守。

王世贞对法度的追求,上升到"不法而法"的自然观,实则是不想被法度所束缚,力求书写法、才、意等各种要素融于一体的佳作,这是他内心世界的外化。其实在复古的外衣之下,与追求法度相适应,时刻隐藏着真正的自我,一个追求"自足""自得"的内心世界,也正因为有这样的内心世界,王世贞对法度的追求,才不会永远停留在对具体篇法、句法

---

① [明]王世贞:《弇州山人续稿》卷六十七《长梧封人传》,美国普林斯顿大学东亚图书馆藏明刻本,第4页。

② [明]王世贞:《弇州山人四部稿》卷六十八《王少泉集序》,美国哈佛大学燕京图书馆藏明刻本,第19页。

③ [明]王世贞:《弇州山人续稿》卷四十七《喻邦相杭州诸稿小序》,美国普林斯顿大学东亚图书馆藏明刻本,第10—11页。

④ [明]王世贞:《弇州山人四部稿》卷一百二十五《复戚都督书》,美国哈佛大学燕京图书馆藏明刻本,第16页。

和字法的追求之上。

第三节　"格调"基础之上的"自然"取向

格调,是复古文学中的重要内容。"格调"一词在正式成为文学理论范畴之前,"格"和"调"都有着自身的特定含义。首先,从"格"字入手。

在《说文解字》中,"格"的释义为"格,木长貌"①,徐锴在《说文解字系传》中说道:"亦谓树高长枝为格。故庾信《小园赋》曰:'草树混淆,枝格相交。'"②"格"字从木、各声,"木"指树木,"各"则表示物与物的交叉状,两者联系起来则表示树干与树枝所形成的十字交叉之形。再者,"格"也指一定的衡量、量度,如《文选》中言及:"故彼四贤者,名载于策图,事应乎天人,其可格之贤愚哉。"③注曰:"《苍颉篇》曰:'格,量度之也。'"后来"格"引申为法式、标准之意。如《墨子》中谈及:"民之格者则劲拔之,不格者则系操而归。"《魏书》中则记载道:"吉凶之礼,备为格式,令贵贱有别。"自汉代以来,人与人之间的品评风气渐起,"格"的含义有所延伸,可以用来指人物的风度和心胸,如《三国志》中对满宠评价道:"子伟嗣。伟以格度知名,官至卫尉。"《后汉书》中对李膺的刻画则为"风格秀整,高自标特,欲以天下风教是非为己任"④。

由于"格"的含义与人物品评有着紧密联系,故而它也被运用到文学批评之中,在刘勰的《文心雕龙》中曾多次出现,如"陆机断议,亦有锋颖,而谀辞弗翦,颇累文骨,各亦有美,风格存焉"⑤,再如"若夫笔句无常,而字有条数,四字密而不促,六字格而非缓,或变之以三五,盖应机之权节也"⑥。此处的"格"深入到具体文章风格和字法的评论之中,进一步加强了"格"和文学批评之间的关系。

---

① [汉]许慎:《说文解字》,中华书局 2013 年版,第 115 页。
② [南唐]徐锴:《说文解字系传》卷十一,《四部丛刊》景述古堂景钞本,第 10 页。
③ [梁]萧统编,[唐]李善注:《文选》卷五十三《运命论》,上海古籍出版社 2011 年版,第 2296 页。
④ [晋]袁宏:《后汉纪》卷二十一《孝桓皇帝纪上》,《四部丛刊》景明嘉靖刻本,第 12 页。
⑤ [梁]刘勰著,詹锳义证:《文心雕龙义证》,上海古籍出版社 1989 年版,第 895 页。
⑥ [梁]刘勰著,詹锳义证:《文心雕龙义证》,上海古籍出版社 1989 年版,第 1265 页。

唐人王昌龄倾心于诗学,他在《诗中密旨》中认为诗有两格,"诗意高谓之格高,意下谓之格下",将诗歌创作中的诗意与"格"直接联系起来,并举例论述道:"古诗:'耕田而食,凿井而饮',此高格也。沈休文诗:'平生少年分,白首易前期',此下格也。"又分诗为九格:"一曰重叠用事格。二曰上句立兴,下句是意格。三曰上句立兴,下句是比格。四曰上句体物,下句状成格。五曰上句体时,下句状成格。六曰上句体事,下句意成格。七曰句中比物成意格。八曰句中叠语格。九曰句中轻重错缪格。"①另外,王昌龄在《诗格》一书中认为:"诗有三格:一曰生思,二曰感思,三曰取思。"②将诗歌的创作构思方式与格相联系,"格"在诗歌创作中的位置提高到了空前的地位,因此,其在谈及诗有五趣向时,说道:"一曰高格,二曰古雅,三曰闲逸,四曰幽深,五曰神仙。""高格"直接排在古雅、闲逸、幽深等传统文学批评术语之前。

后来皎然在钟嵘、刘勰等人的基础之上,对诗歌理论进行深入的分析,并将"格"灵活地运用到文学批评之中,如在评价《邺中集》时,认为"刘桢辞气,偏正得其中,不拘对属,偶或有之,语与兴驱,势逐情起,不由作意,气格自高,与《十九首》其流一也。"③另外,皎然在对诗歌进行总体性的评价时,直接将"格"作为诗歌的一个评判标准,如他认为:"诗有五格:不用事第一,作用事第二,直用事第三,有事无事第四,有事无事、情格俱下第五。"④而整个《诗式》就是围绕这一结论展开论述。高步瀛认为中唐以来各标风格的传统在晚唐得到进一步的发展⑤。如司空图在《与李生论诗书》中言及"格",他认为:"诗贯六义,则讽谕、抑扬、渟蓄、温雅,皆在其间矣,然直致所得,以格自奇……王右丞、韦苏州澄澹精致,格在其中,岂妨于遒举哉。"⑥诗虽有六义,然而诗歌的极致却是自然所得,"以格自奇"。

宋诗在唐诗之外另辟蹊径,崇尚理趣,但在"格"这一文学概念上,

① 张伯伟:《全唐五代诗格汇考》,江苏古籍出版社 2002 年版,第 139 页。
② 张伯伟:《全唐五代诗格汇考》,江苏古籍出版社 2002 年版,第 120 页。
③ [唐]释皎然:《诗式》卷一《邺中集》,[清]何文焕辑:《历代诗话》上,中华书局 2004 年版,第 29 页。
④ [唐]释皎然:《诗式》卷一《邺中集》,[清]何文焕辑:《历代诗话》上,中华书局 2004 年版,第 29 页。
⑤ 高步瀛:《唐宋诗举要》,上海古籍出版社 1978 年版,第 407 页。
⑥ [唐]司空图:《司空表圣文集》卷二《与李生论诗书》,上海古籍出版社 2013 年版,第 71 页。

则是有着继承和发展。如欧阳修认为"唐之晚年诗人，无复李杜豪放之格"①，秦观认为杜甫的诗歌"穷高妙之格，极豪逸之气，包冲澹之趣"②。再如陈师道在和张表巨谈论诗文理论时，将格与意联系一起，批评他人模拟、因袭杜甫的诗句，他说道："今人爱杜甫诗，一句之内，至窃取数字以仿象之，非善学者。学诗之要，在乎立格、命意、用字而已。"③陈师道作为江西诗派的代表人物，虽然提倡炼字，追求字工，推崇黄庭坚的"点铁成金"之说，但是他却把"立格"排在"命意""用字"之上，足可见陈师道对"格"的重视，而这在一定程度上也有利于补救江西诗派过于炼字所带来的弊端。稍后的姜夔，对"格"与"意"两者之间的关系有着精辟见解。他认为"意出于格，先得格也，格出于意，先得意也，吟咏情性，如印印泥，止乎礼义，贵涵养也"④。诗格和诗意没有绝对的区分，二者可以来回转换，既可以通过"格"来探究"意"，也可以由"意"来寻求"格"，最终的目标无非是表现真情实感，做到文质彬彬。严羽在《沧浪诗话》中认为"诗之法有五：曰体制，曰格力，曰气象，曰兴趣，曰音节"⑤，即将体制、格力、音节作为诗歌创作的重要因素。

宋人对"格"的内涵也有新创之处，汪涌豪曾指出："处在论文以'气'为主向由'韵'为主方向转变的宋代，人们不能不更关注作品超乎形质乃或气禀之上的情蕴韵致之美。如何在尊崇古人体格的同时，实现一己之才情风韵，是当时许多人思考的重点。"⑥因此，我们可以发现，在作者主体性介入作品的同时，"格"的内涵也就不局限于客观层面的体制或者特定风格，而是出现了与作者主体性相关的概念，如"格致""格韵"等。这些概念范畴在宋代之前未曾出现过，晁迥是较早谈到格致的，他认为"尽工之格致高妙，有能注思落笔传神写照而逼真者，文士之格致高妙，有能注思落笔穷理尽性而臻极者，此二事颇相类也"⑦。这

---

① ［宋］欧阳修：《六一诗话》，［清］何文焕辑：《历代诗话》，中华书局2004年版，第267页。
② ［宋］秦观：《淮海集》卷二十二《韩愈论》，《四部丛刊》景明嘉靖小字本，第14页。
③ ［宋］张表臣：《珊瑚钩诗话》，［清］何文焕辑：《历代诗话》，中华书局2004年版，第464页。
④ ［宋］姜夔：《白石道人诗说》，［清］何文焕辑：《历代诗话》，中华书局2004年版，第682页。
⑤ ［宋］严羽：《沧浪诗话》，［清］何文焕辑：《历代诗话》，中华书局2004年版，第687页。
⑥ 汪涌豪：《范畴论》，复旦大学出版社1999年版，第150页。
⑦ ［宋］晁迥：《法藏碎金录》卷一，文渊阁《四库全书》第1052册，上海古籍出版社1987年版，第433页。

已经强调了对作者主体性的渗入。稍后的阮阅在《诗话总龟》中更是将文中一节单独命名为"格致门",对其进行专门讨论和阐述。

和"格"一样,"调"的含义也有一个曲折变化的发展过程。

"调"的本义为和,《说文解字》解释道:"调也,从言周声。"①意在讲究物与物之间,或者事物、事情本身达到的一种调和状态。这种调和的对象可以是味,如《墨子》"五味之调,芬香之和"②;可以是音,如《管子》"夫五音不同声而能调"③,《荀子》"恭敬礼也调和乐也";可以为阴阳,如《六韬》"调和阴阳,以安万乘之主",《难经本义》"调气之方,必在阴阳者";可以是上下君臣关系,如《韩非子》"君操其名,臣效其形,形名参同,上下和调也";可以是刚柔,如《荀子》"血气刚强,则柔之以调和"④;可以为身心,如《文子》"心与神处,形与性调,静而体德,动而理通,循自然之道"⑤。中国先秦时期,是文史哲不分、诗乐舞相结合的,在上述的意义中,唯独音与文学之间的关系稍微远些。

到了两汉,"调"与音有关的义项进一步演化为具体的音调、声调,如《吕氏春秋》"宫徵商羽角,各处其处,音皆调均",《汉书》"今汉郊庙诗歌,未有祖宗之事,八音调均,又不协于钟律"。当然,"调"也逐渐参与文学创作之中,"调"第一次与文章创作的结合,记载于桓宽的《盐铁论》,如"东向伏几,振笔如文调者"⑥,在此形容写作之快,文章之好。王充《论衡》则有"非苟调文饰辞为奇伟之观也""调辞以巧文"等语。

到了东汉末年和魏晋南北朝时期,对人物的品评蔚然成风,出现了"智调""才调"等词语,如徐干《中论》中有"其智调足以将之"之语,《三国志·孟光传》中有"吾今所问,欲知其权略智调"之语。与此同时,"调"也进入了文学批评的视野,如刘勰在《文心雕龙》中就提及"调",有"至于林籁结响,调如竽瑟"⑦、"观其体赡而律调,辞清而志显"⑧、"篇有

① [汉]许慎:《说文解字》卷二下,中华书局 2013 年版,第 42 页。
② 吴毓江校注:《墨子校注》,中华书局 2006 年版,第 249—250 页。
③ 黎翔凤撰,梁运华整理:《管子校注》,中华书局 2011 年版,第 211 页。
④ 沈啸寰、王星贤点校:《荀子集解》,中华书局 2011 年版,第 25 页。
⑤ 王利器撰:《文子疏义》,中华书局 2009 年版,第 409 页。
⑥ [汉]桓宽:《盐铁论》卷七,《四部丛刊》景明嘉靖本,第 9 页。
⑦ [梁]刘勰著,詹锳义证:《文心雕龙义证》,上海古籍出版社 1989 年版,第 10 页。
⑧ [梁]刘勰著,詹锳义证:《文心雕龙义证》,上海古籍出版社 1989 年版,第 834 页。

小大，离章合句，调有缓急"①等语，这些都是与"调"的本义有关，指与音调、声律有关的声调，而这种声调关系到文章的整体表现，如"若乃改韵从调，所以节文辞气"②。刘勰还关注到作者是文章创作的主体，创作时应该"务在节宣，清和其心，调畅其气"③，此处"调"的运用也不离本义。而在魏晋南北朝这一"主气"的时代，"调"也与之有一定的联系，故有"气调"之说，它可以指人物气概、风度的外化，如徐陵在《东阳双林寺傅大士碑》中写道："加以风神爽朗，气调清高，流化亲朋，善和纷诤。"它还可以运用到具体的文学批评之中，如钟嵘在评论郭泰机、顾恺之等五人时，认为"观此五子，文虽不多，气调劲拔，吾许其进，则鲍照、江淹，未足逮止"④。"气调"尤指文章的整体风格，有"体格""体调"之意，犹同人身体中的筋骨，也是作者自身气概外化于具体的文学创作之中。在其后的《文选》中，"调"则直接指向具体的言辞，如"义心多苦调，密比金玉声"⑤，李善注释道："其六潘岳《从姊诔》曰：'义心清尚，莫之与邻。'调，犹辞也。"

唐人更进一步，在"体调"之余，他们追求"风调""才调"，突出自我的主体性。五代时期的韦縠将自己选编的唐人诗作汇成一个集子，就命名为《才调集》，再如《李义山文集》中有"王谢标格，曹刘才调"之语，元稹评价杜甫时，有"词气豪迈而风调清深，属对律切"⑥之语。即使在评价前人时，亦是如此，如李百药在《北齐书·崔瞻传》中认为"偓弟儦学识有才思，风调甚高"，房玄龄在《晋书》中认为"王接才调秀出，见赏知音"⑦。

宋人则试图在唐人诗歌之外别有新创，故而以"调"接近古人，且对前人也以"调"评之，并结合其他文学概念对"调"进行辨析。如姜夔认

① ［梁］刘勰著，詹锳义证：《文心雕龙义证》，上海古籍出版社1989年版，第1253页。
② ［梁］刘勰著，詹锳义证：《文心雕龙义证》，上海古籍出版社1989年版，第1276页。
③ ［梁］刘勰著，詹锳义证：《文心雕龙义证》，上海古籍出版社1989年版，第1581页。
④ ［梁］钟嵘著，周振甫译注：《诗品译注》，中华书局2013年版，第65页。
⑤ ［梁］萧统编，［唐］李善注：《文选》卷二十一《秋胡》，上海古籍出版社2011年版，第1003页。
⑥ ［唐］元稹：《元氏长庆集》卷五十六《唐故工部员外郎杜君墓系铭》，文渊阁《四库全书》第1079册，上海古籍出版社1987年版，第624页。
⑦ ［唐］房玄龄等：《晋书》卷五十一《王接》，中华书局1974年版，第1436页。

为"句意欲深欲远,句调欲清欲古欲和"①,强调在文学创作中不仅要追求意,还要注重调,意的"深""远",可以增加文章的内涵、韵味,调的"清""古""和",则能使文章更接近古人,声调和畅。另外,陈善还说道:"韩以文为诗,杜以诗为文,世传以为戏,然文中要自有诗,诗中要自有文,亦相生法也。文中有诗则句语精确,诗中有文则词调流畅。"②陈善将诗、文与"调"相联系,甚至认为"调"关乎诗、文二者的联系和区别。

综上所述,"格"和"调"的意义非常纷杂,但在魏晋南北朝时期,两者作为概念都进入了文学批评之中,经过唐宋文人们的创作实践和理论辨析,这两者在文学批评中的地位和价值也逐渐凸显。"格",作为"体格""格制",强调作品的法式和准则;"调",作为声调、音调,强调作品的音节和声律。从"体格""格制"到"风格""格力"的转变,更加注重对作品整体的把握;从声调、音调到"辞调""体调"的转变,更加注重对作品形式的约束。从"风格""格力"到"格致""格韵"的升华,是作者主体性对作品的介入,而"辞调""体调"也是因为突出作者个人风华才情,才上升到对"风调""才调"的追求。这两者都关乎作品的客观体式,也是作者主体性情感和才华的体现,"格"和"调"在意义上有着天然的联系,甚至在不同的时期,还有重叠之处。因此翻阅整个文学批评史,我们可以发现很多文士将"格"和"调"放在一起论述。如皎然在《诗式》中认为谢灵运为文是"直于情性,尚于作用,不顾词彩,而风流自然……不然何以得其格高,其气正,其体贞,其貌古,其词深,其才婉,其德宏,其调逸,其声谐哉"③。

目前,据可阅书籍考证,方干是较早地运用"格调"这一特定概念的,他在《赠美人》诗中有"直缘多艺用心劳,心路玲珑格调高"④之语,随后韦谷在《才调集》中录有秦韬玉的《贫女》诗,有"谁爱风流高格调,共怜时世俭梳妆"⑤之语。可见,"格调"与"风格""才调"之义有关,用来对

---

① [宋]姜夔:《白石诗说》,人民文学出版社1983年版,第57页。
② [宋]陈善:《扪虱新话》,福建人民出版社2014年版,第4页。
③ [唐]释皎然:《诗式》卷一,[清]何文焕辑:《历代诗话》,中华书局2004年版,第29页。
④ [唐]方干:《玄英集》卷六《赠美人》,文渊阁《四库全书》第1084册,上海古籍出版社1987年版,第68页。
⑤ [蜀]韦谷:《才调集》,上海古籍出版社1993年版,第90页。

人物进行品鉴,指品格、风度或仪态。张乔在《宿刘温书斋》诗中有"不掩盈窗月,天然格调高"之语,则指风貌或景象。

在文学批评方面,文人们将"格调"作为具体文学作品的风格、体制和法规去评论他人创作的高低,如张炎在《词源》中认为姜白石、史邦卿、吴梦窗等人"格调不俦,句法挺异,俱能特立清新之意,删削靡曼之词,自成一家"①,苏轼在《仇池笔记》中认为"曾子固编《李太白集》,而有《赠僧怀素草书歌》及《笑已乎》数首,皆贯休以下,格调卑陋"②。

以上对于"格调"说的探究,参照了汪涌豪在《范畴论》中对"格调"的阐述思路。不过在对"格调"说的发展演变轨迹进行探究时,值得我们注意的是,部分文人有时用"调格"来论诗文。如李昉在《太平广记》中有"卢以例不拘常调格迁叙"之语,沈括在《梦溪笔谈》中认为"怀智《琵琶谱》调格与今乐全不同"③。至于"格调"和"调格"的杂用,汪涌豪认为:"表明时至唐代,作为一个新起的范畴,它尚未有稳定的逻辑形态。"笔者在此不敢苟同,因为按汪涌豪之言,"格调"范畴有一个逐渐完善的过程,"调格"的出现是发展初期或中期的产物④。那么随着"格调"范畴的逐渐完善,"调格"一词在文论中出现的频率理应减少,甚至是完全被"格调"所取代,然而事实并非如此。如贺复征在《文章辨体汇选》中录有李维桢的《〈渔父辞〉引》一文,有"陆龟蒙江湖散人,词之声音调格,相出入矣"⑤之语。钱谷在《吴都文粹续集》中有"余友孔昭谢氏,自少嗜诗,得二君之旨趣,故其为诗不苟,必拟于古人调格似矣"⑥之语,孙慎行在《选诗序》中有"子昂名为复古一振,乃振于调格,非振于义理也"⑦之语,王世贞在评价自己诗歌时有"右十五篇调格稍异,聊存之,以

① [宋]张炎:《词源》,人民文学出版社 1963 年版,第 10 页。
② [宋]苏轼:《仇池笔记》卷上《论诗》,文渊阁《四库全书》第 863 册,上海古籍出版社 1987 年版,第 5 页。
③ 诸雨辰译注:《梦溪笔谈》,中华书局 2017 年版,第 129 页。
④ 汪涌豪:《范畴论》,复旦大学出版社 1999 年版,第 153 页。
⑤ [明]贺复徵编:《文章辨体汇选》卷三百六十二,文渊阁《四库全书》第 1407 册,上海古籍出版社 1987 年版,第 5 页。
⑥ [明]钱谷:《吴都文粹续集》卷五十六,文渊阁《四库全书》第 1405 册,上海古籍出版社 1987 年版,第 8 页。
⑦ [明]孙慎行:《诗选序》,[明清]黄宗羲:《明文海》卷二百六十九,文渊阁《四库全书》第 1456 册,上海古籍出版社 1987 年版,第 131 页。

见一体"①之语。而"格调"这一文论范畴在明朝已经成熟,并上升到了理论的高度,不存在尚未有稳定的逻辑形态一说。因此从"格调"和"调格"的文论范畴意义来看,两者之间的区别不大,"调格"是部分文人间作之。

早在明初,高启对"格"的论述就值得引起注意,他在《独庵集序》中说道:"诗之要,有曰格、曰意、曰趣而已。格以辨其体……体不辨则入于邪陋,而师古之义乖。"②明确强调"格""意""趣"对诗歌创作的重要性,其中"格"更是关系到诗体的选择,影响到复古的成败。另外,在他人复古而不得明确取向之时,高棅则给出了为诗学唐的答案,他在《唐诗品汇》中论述道:"有唐三百年诗,众体备矣……至于声律气象,文词理致,各有品格高下之不同,略而言之,则有初唐、盛唐、中唐、晚唐之不同。"③

李东阳在前人的基础之上,明确地提出了"格调说",对这一理论进行分析阐述,并与文学复古运动相结合,这对"格调"概念的发展做出了突出贡献。李东阳在《麓堂诗话》中说道:

> 诗必有具眼,亦必有具耳。眼主格,耳主声。闻琴断,知为第几弦,此具耳也;月下隔窗辨五色线,此具眼也。费侍郎廷言尝问作诗,予曰:"试取所未见诗,即能识其时代格调,十不失一,乃为有得。"④

其中"具眼",指具有识别事物的眼力,如严羽在《沧浪诗话》中说道:"杜诗中'师曰'者,亦'坡曰'之类,但其间半伪半真,尤为淆乱惑人,此深可叹。然具眼者,自默识之耳。"⑤李东阳在此主要强调的是对诗歌风格和体格的辨识,而"具耳"则主要是从音韵和声调的角度去把握作品,并不是局限于诗歌的平仄问题。李东阳认为做到"具眼"和"具耳",

---

① [明]王世贞:《弇州山人四部稿》卷四十四《戏为江左变体》,美国哈佛大学燕京图书馆藏明刻本,第9页。

② [明]高启:《高青丘集》,上海古籍出版社2013年版,第885页。

③ [明]高棅:《唐诗品汇》,上海古籍出版社2012年版,第8页。

④ [明]李东阳:《麓堂诗话》,丁福保辑:《历代诗话续编》,中华书局2006年版,第1371页。

⑤ [宋]严羽:《沧浪诗话》,[清]何文焕辑:《历代诗话》,中华书局2004年版,第704页。

即能识别作品的时代格调,"十不失一"。

要通过格调认识古人,进而在创作时上追古人,创作时的格律声调非常重要,甚至是句法、字法,故而很多人深陷古法而不能自拔,李东阳批评道:"泥古诗之成声,平侧短长,句句字字,摹仿而不敢失,非惟格调有限,亦无以发人之情性。往复讽咏,久而自有所得。"①他看到了"格调"对创作的限制之处,但是并没有对此全盘否定,而是主张要不拘泥于古诗之法,追求"自然之妙",创作时更要注重自身情感的抒发。

"格调说"是在李东阳这里确立的,将其推而广之的则是明前后七子,"格调说"也得到进一步的发展,并逐渐占据诗学理论的核心地位,成为诗学复古理论的一面旗帜。作为文学复古运动的领导者,李梦阳和李攀龙对"格调说"的发展起着至关重要的作用。

李梦阳的"格调说"不同于李东阳,他首先突出了"格调"在创作中的地位。李梦阳将"格调说"与文学复古运动相结合,确立了"格调"超乎"气舒""思冲""情以发之"等传统诗文理论范畴的地位,如他在《潜虬山人记》一文中阐述道:"夫诗有七难,格古、调逸、气舒、句浑、音圆、思冲、情以发之。七者备而后诗昌矣。"②虽然注重诗歌创作时的多种要素,但是与"格调"有关的范畴却占据了大半。其次,为"格调说"确立取法对象。在诗歌创作方面,李梦阳的基调是"尊唐抑宋",如他在《缶音序》中说道:"诗至唐,古调亡矣,然自有唐调可歌咏,高者犹足被管弦。宋人主理不主调,于是唐调亦亡。"③而他于唐,则直取盛唐,他认为"至元、白、韩、孟、皮、陆之徒为诗,始连联斗押,累累数千百言不相下,此何异于入市攫金、登场角戏也。"④

在李梦阳之后,李攀龙再次高举复古大旗,然而他对"格调说"的相关主张比李梦阳更为激切。且看李攀龙选编的《古今诗删》一书,此书

---

① [明]李东阳:《麓堂诗话》,丁福保辑:《历代诗话续编》,中华书局 2006 年版,第 1370 页。

② [明]李梦阳:《空同集》卷四十八《潜虬山人记》,文渊阁《四库全书》第 1262 册,上海古籍出版社 1987 年版,第 446 页。

③ [明]李梦阳:《空同集》卷五十二《缶音序》,文渊阁《四库全书》第 1262 册,上海古籍出版社 1987 年版,第 477 页。

④ [明]李梦阳:《空同集》卷六十二《与徐氏论文书》,文渊阁《四库全书》第 1262 册,上海古籍出版社 1987 年版,第 564 页。

是其晚年的著作，可以看作是李攀龙一生诗学理论的代表，《古今诗删》也被后人认为是能够集中体现前后七子诗学理论的诗歌选集。总体而言，李攀龙选录古诗崇尚格古调逸之作，不选风格靡弱之作，尤其是唐诗部分，虽然盛唐诗歌是复古派所推崇的，但是李攀龙在此表现得更为具体，他于盛唐诗歌的多种风格中，选取的是高华浏亮、峻拔雄浑之作，取法杜诗的雄浑，崇尚杜甫的沉郁顿挫之风。故而在《四库全书总目》中认为"李梦阳倡不读唐以后书之说，前后七子率以此论相尚。攀龙是选，犹是志也"①。

深受李攀龙巨大影响的王世贞，对李攀龙顶礼膜拜，如王世贞在《艺苑卮言序》中说道："东晤于鳞济上，思有所扬扢，成一家言。"②进而创作《艺苑卮言》一书。不过王世贞对自己的"格调"观念有着直接的阐述，他曾说："余尝谓诗之所谓格者，若器之有格也，又止也，言物至此而止也。"③即格为基本的形式法则，而"调"，则主要指文章创作中所体现的"高下、清浊、长短、徐疾"④之"声""响""气"。而"格"与"调"之间又有着紧密的联系。如王世贞早年在《艺苑卮言》中标举"格调说"时，认为"才生思，思生调，调生格，思即才之用，调即思之境，格即调之界"。即调产生格，格不能脱离调的存在，除此之外，王世贞还引入才、思观念，进一步充实"格调说"的内涵，这比李东阳和李攀龙等人的"格调说"更加全面。然而王世贞虽然肯定了创作时才、思的重要性，但是才、思并不是王世贞所最终追求的目标，这四者的关系是：思—才—调—格，王世贞更加注重的是格调对才思的规范作用，而理想的状态是才思与格调的和谐，如何达到这种境界，王世贞给出了明确答复，他认为："拟以纯灰三斛细涤其肠，日取《六经》、《周礼》、《孟子》、老庄、列荀、《国语》、《左传》、《战国策》、《韩非子》、《离骚》、《吕氏春秋》、《淮南子》、《史记》、

① [清]永瑢等撰：《四库全书总目》卷一百八十九《古今诗删》，中华书局 2003 年版，第 1717 页。
② [明]王世贞：《弇州山人四部稿》卷一百四十四《艺苑卮言一》，美国哈佛大学燕京图书馆藏明刻本，第 1 页。
③ [明]王世贞：《弇州山人续稿》卷四十二《真逸集序》，美国普林斯顿大学东亚图书馆藏明刻本，第 6 页。
④ [明]王世贞：《弇州山人四部稿》卷六十四《李氏拟古乐府序》，美国哈佛大学燕京图书馆藏明刻本，第 19 页。

班氏《汉书》,西京以还至六朝及韩柳,便须铨择佳者,熟读涵泳之,令其渐渍汪洋。"①这是对前人成果的广泛吸收,可是落实到具体的创作时,王世贞对格调和法度的要求则十分严格,如他在谈论七言律的创作时认为:"七言律不难中二联,难在发端及结句耳。发端盛唐人无不佳者,结颇有之,然亦无转入他调及收顿不住之病,篇法有起有束,有放有敛,有唤有应,大抵一开则一阖,一扬则一抑,一象则一意,无偏用者。"②故而此时的王世贞将才思融入"格调"之中,有利于修补过于谈论"格调"所带来的弊病,但是他并没有完全跳出"格调说"对文学创作的约束。通过以下两个事例得以说明:

首先,王世贞注重以"格调"辨体。王世贞文论的最大特点之一便是文体先行,在对具体作品进行辨析时,他往往追根溯源,对文体进行探讨,然后落实到具体的作品之中。如他在辨析徐文通的近体诗时,认为:"论其近体曰:于乎诗之变古而近也,则风气使之,虽然《诗》不云乎,有物有则……汝思往与余论诗,固甚恨之。度汝思之所撰著,亡用句攻,而字摘业非盛唐弗述矣……今汝思诗具在,如《登岱》《云门》《泛海》诸篇,飒飒乎有古遗响焉,殆欲超大历而上之。"③而"格调"的含义在其组合之前或者组合之后,都有表示"格制""体调"的意项,"格调"也成为王世贞辨体的一个重要标准,他用以对具体文章进行体裁和整体风格的分析,而这种分析很大程度上而言是建立在不同文体的法度之上,"格调"要落实到具体文章,则通过法度得以体现,离开文体的特有法度,"格调"犹如无源之水、无本之木,无从谈起。如王世贞认为"夫文有格,有调,有骨,有肉,有篇法,有句法,有字法"④。"格调"与篇法、句法、字法紧密相连,先"格调"后法度。并且在具体的诗歌创作中,不同的文体,其格调和法度也不尽一样,如"古体用古韵,近体必用沈韵,下字欲

① [明]王世贞:《弇州山人四部稿》卷一百四十四《艺苑卮言一》,美国哈佛大学燕京图书馆藏明刻本,第 17 页。
② [明]王世贞:《弇州山人四部稿》卷一百四十四《艺苑卮言一》,美国哈佛大学燕京图书馆藏明刻本,第 14 页。
③ [明]王世贞:《弇州山人四部稿》卷六十五《徐汝思诗集序》,美国哈佛大学燕京图书馆藏明刻本,第6—7 页。
④ [明]王世贞:《弇州山人续稿》卷一百八十二《颜廷愉》,美国普林斯顿大学东亚图书馆藏明刻本,第 4 页。

妥,使事欲稳,四声欲调,情实欲称,縠率规矩,定而后取"①。可见王世贞对文体"格调"和法度的要求之严,也正是因为王世贞对"格调"的注重,因此他在诗歌创作方面取则于盛唐,从"格调"出发,对盛唐诗歌加以辨析,如他称"盛唐之诗,格极高,调极美,而不能多,有不足以酬物而尽变,故独于少陵氏而有合焉"②。

王世贞不仅对他人作品用"格调"辨析之,而且对自己的创作也如是。他曾署中独酌时,有感而发,共创作十首诗歌,虽然认为自己所创作的诗歌带有白家门风,因此认为不足存也,但是他并没有将这十首诗歌真正地删除,而是在编订《弇州山人四部稿》时,将这十首诗和三首杂体、两首变体放在一起保留了下来,共计十五篇。且看其中两首:

> 我是经行旧比丘,曾参龙象度春秋。修时早被魔心打,到处还将宿业酬。一刹那间过幻迹,百由旬里遍穷愁。何当收拾无生后,涧底桃花水任流。(其五)

> 夜窗无语一灯前,南斗阑干北斗悬。数尽蛾眉何处隐,笑来鸡肋尽堪捐。酒徒频劝眠千日,禅伯相要坐九年。此事甚难吾不会,且将双屐了残缘。(其九)③

王世贞将这十五首诗歌列在七言律诗的名目之下,而七言律诗是律诗的一种,起源于南北朝,成熟于唐初。七言律诗非常讲究"格调",行文格律严密,共计八句,中间两联必须对仗,且第二、四、六、八句押韵,首句可押可不押,通常押平声。从这两首我们可以看出,行文语言朴实无华,通俗易懂,充满生活气息,作者的自我介入增加了文章的叙述性,同时也是王世贞内心情感的自然流露。但是王世贞却从"格调"的角度对自己的创作进行分析,他认为"右十五篇调格稍异,聊存之,以见一体"。(对于"格调"和"调格"的辨析,之前已经做过专门讨论,在此不再多做说明。)再如王世贞晚年对自己的创作认识道:"夫仆之病在好

---

① [明]王世贞:《弇州山人续稿》卷一百八十二《颜廷愉》,美国普林斯顿大学东亚图书馆藏明刻本,第4页。
② [明]王世贞:《读书后》卷四《书苏诗后》,上海图书馆藏明刻本,第9页。
③ [明]王世贞:《弇州山人四部稿》卷四十四《署中独酌,先后共得十首,颇有白家门风,不足存也》,美国哈佛大学燕京图书馆藏明刻本,第7—8页。

尽意而工引事,尽意而工事,则不能无入出于格,以故诗有堕元白,或晚季近代者,文有堕六朝,或唐宋者,仆亦自晓之。"①可见王世贞以"格调"辨体,不仅仅在于对作品整体风格的了解,还在于对具体的"格调"、法度的把握。王世贞对"格调"的讲究之严,即使是自己的创作,只要不符合"格调"标准,仍然视为另类,不足取,亦不可多为。

再如,王世贞说道:"抑宋者,为惜格也。"②王世贞以"格调"辨体有利于更加直观地把握所辨之体的"格制"、法度,而辨体之时,"格调"作为王世贞衡量文章的重要标准之一,往往上升到对一个朝代文学的认识,这是王世贞"格调说"的具体体现。如王世贞对于文,取则于西京,他认为"自西京以还至于今千余载,体日益广而格则日以卑"③,并认为善于文者的取法也不过是"探先秦,撼西京,挟建安,俯大历"④。于诗则取则于盛唐,他称"盛唐之于诗也,其气完,其声铿以平,其色丽以雅,其力沉而雄,其意融而无迹,故曰盛唐其则也"⑤,盛唐的诗格高调美。故而王世贞对宋朝诗文的看法也是从"格调"出发的。欧阳修和黄庭坚是宋朝诗文流派的代表性人物,在宋朝影响深远,而在王世贞看来,他们的诗文创作"格""理"不足,不值得取法。如他说道:"宋氏之思,宋氏之若庐陵、洪州也,虽不得畅于格,而得畅于情与事,虽然犹未畅于理也。"⑥即使对于苏轼,王世贞从"格"出发,整体上对他还是颇有微词,如王世贞认为:"六朝以前所不论,少陵、昌黎而后,苏氏父子亦近之,惜为格所压,不得超也。"⑦

---

① [明]王世贞:《弇州山人续稿》卷二百《屠长卿》,美国普林斯顿大学东亚图书馆藏明刻本,第2页。

② [明]王世贞:《弇州山人续稿》卷四十一《宋诗选序》,美国普林斯顿大学东亚图书馆藏明刻本,第20页。

③ [明]王世贞:《弇州山人续稿》卷四十《刘侍御集序》,美国普林斯顿大学东亚图书馆藏明刻本,第14—15页。

④ [明]王世贞:《弇州山人续稿》卷四十《袁鲁望集序》,美国普林斯顿大学东亚图书馆藏明刻本,第20页。

⑤ [明]王世贞:《弇州山人四部稿》卷六十五《徐汝思诗集序》,美国哈佛大学燕京图书馆藏明刻本,第6页。

⑥ [明]王世贞:《弇州山人续稿》卷五十三《姜凤阿先生集序》,美国普林斯顿大学东亚图书馆藏明刻本,第8页。

⑦ [明]王世贞:《弇州山人续稿》卷一百八十一《答华孟达》,美国普林斯顿大学东亚图书馆藏明刻本,第4页。

王世贞对宋朝文学的整体评价不高,这与当时文坛的诗法取向相一致。在文学复古运动中,唐诗之后另辟蹊径的宋诗却不被明人所看好,甚至是很多人坚持"宋无诗"的理念,如李梦阳在《潜虬山人记》中从"格""调"等七个方面来强调"宋无诗",而李攀龙将此推到了极致,他编选的《古今诗删》一书,在所选取前人的诗作中,宋元诗人一概不选,并称"诗自天宝而下,俱无足观"①,"宋无诗"的态度昭然若揭。而王世贞虽然对"宋无诗"一说没有表示很大的异议,如他认为"诗必盛唐,大历以后书勿读",不过他比李梦阳等人更进一步,在于他没有停留在文学主张的层面,而是从"格调"出发,对宋诗作了深入的阐述。如王世贞在《宋诗选序》中论述道:

> 自杨、刘作而有西昆体,永叔、圣俞思以淡易裁之,鲁直出而又有江西派,眉山氏睥睨其间,最号为雄豪而不能无利钝,南渡而后,务观、万里辈,亦遂彬彬矣。去宋而为元,稍以轻俊易之……余所以抑宋者,为惜格也。然而代不能废人,人不能废篇,篇不能废句。盖不止前数公而已,此语于格之外者也。②

由此可知,虽然王世贞以"格调"评文体创作,论朝代成就,在对宋朝主要的诗歌流派做出分析后,从整体上对宋朝的"格"甚为不满。不过他又非常通达,没有局限于此,他认为不能因为"格"而否定整个朝代,更不能因为某个朝代有所不足,而对所有的人进行否定。因此王世贞在指导他人写作时说道:"愿足下多读《战国策》、《史》、《汉》、韩欧诸大家文。"③宋文也是取材的范围。对于那些善于写作文章的人而言,更是如此,他为此还做了一个形象的比喻,即"夫医师不以参苓而捐溲勃,大官不以八珍而捐胡禄障泥,为能善用之也"④,言即宋诗也有可取之处。"格"是"格调"说理论的重要内容,王世贞对"格"的重视和具体到

---

① [清]张廷玉等撰:《明史》卷二百八十七,中华书局 1974 年版,第 7378 页。

② [明]王世贞:《弇州山人续稿》卷四十一《宋诗选序》,美国普林斯顿大学东亚图书馆藏明刻本,第 20 页。

③ [明]王世贞:《弇州山人续稿》卷一百八十二《颜廷愉》,美国普林斯顿大学东亚图书馆藏明刻本,第 4 页。

④ [明]王世贞:《弇州山人续稿》卷四十一《宋诗选序》,美国普林斯顿大学东亚图书馆藏明刻本,第 20 页。

对作者个人及朝代的辨析，是李梦阳和李攀龙等人所无法媲美的，而王世贞对"格"这一标准的坚持和通达之处，更是对"格调"说理论的有益补充。

不过，王世贞的"格调"说并没有局限于此，他还注重"格调"之外才、情、思、意等诸多要素对创作的作用。在诸子百家争鸣之时，人们就怀有对上古的仰慕之情，如老子崇尚三代之治，孔子尊周，墨子扬夏。而在明代的文学复古运动中，复古派提倡"格调说"，希冀通过探究作品的体格风调和格律声调来把握古人的创作规律，进而达到与古人的契合，这无可厚非，但是复古派一味地讲究"格调"、法度，将"格调说"推向了极致，言必"格调"，则忽视了文学创作的其他主客观因素，必定最终不利于文学创作的长远发展，以致"格调"说到李攀龙那里取径越来越窄，成为公安派、竟陵派等攻击的对象。王世贞则不然，他不仅早年在《艺苑卮言》中提倡"格调"和才思的结合，而且在中晚年时期对此有了新的认识，如他在评论沈明臣的文章时认为："夫格者才之御也，调者气之规也，子之向者遇境而必触，蓄意而必达。夫是以格不能御才，而气恒溢于调之外，故其合者追建安，武开元，凌厉乎贞元、长庆诸君而无愧色，即小不合而不免于武库之利钝。"[1]虽然此处突出格调的核心地位，强调其对才和气的约束，但是王世贞对沈明臣创作时自我情感的表达表示肯定，即使格不能御才，气于调外也是可以容忍的，当然，如果创作时能够达到格调才气的和谐，那是再好不过了。

因此，"格调"对于王世贞而言，并不是文章创作的唯一要素，也不是单独的突出之物，凌驾于其他要素之上，而是与其他要素同等地为文章服务，只不过是各自在文章创作中的分工不同。如王世贞在《李氏在笥稿序》一文中说道："李公才甚高，其下笔靡所不快，乃不欲穷其骋以愈吾格，治汉魏，旁趋齐梁，以至大历，靡所不究，乃不欲悉于语，以窒吾情，其思之界，可以靡所不诣，乃不欲求超于物表，以使人不可解。大要辞当于境，声调于耳，而色调于目，滞古者不得卑，而媚今者无所用，其

第六章 复古至情齐发展

① ［明］王世贞：《弇州山人续稿》卷四十《沈嘉则诗选序》，美国普林斯顿大学东亚图书馆藏明刻本，第6页。

骇以为二家之业,当如是已耳。"①李嵩为王世贞的旧僚,他的创作既注重"格调",取法在大历之前,又注重自身情思的表达,言语和所处之境相结合,这些要素和谐地统一于文章之中,达到文质彬彬,才是王世贞所赞许的佳作。再者,对于诸多要素,哪怕是王世贞所推崇的"格调",在创作之时,是绝对不能超出物情之表,使人无法了解所述对象的。从这个层面而言,"格调"与情、思、境等各要素之间的关系又是平等的。

其实到了中年时期,王世贞对"格调"的强调就已经大不如从前,如他自我分析道:"仆于诗,格气比旧似少减,文小纵出入,然差有真得以告。"②"格调"虽然仍是诗文创作的重要标准,但是王世贞在创作中已经渐渐减少了"格调"的束缚,进而追求源于真情实感之作,即使创作中有小部分悖于"格",也是在所不惜的。这也促成了王世贞"格调"说质的转变,及主体情感的突出,使之具有鲜明的特色。

郑利华认为王世贞的"格调"说是一种诗法美学意义上的艺术情感的异化,作者主体情感占据着主导地位,摆脱了传统儒家的诗情论③。的确如此,王世贞认为文学创作时要"触于境而内发于情,不见题役,不被格窘,意至而舒,意尽而止"④,即文学是本于作者主体自身情性,表达主体的真情实感,不应被外在的题、格所束缚,正所谓"必不斥意以束法,必不抑才以避格"⑤,一切要为真性情的表达服务。然而这种真性情的抒发,并不是率意而为,而是达到"格调"和情感的和谐,这种和谐是人在无意识状态下自然而然的境地,是浑融而不露雕琢、人为痕迹的境地,所以创作时要"意尽而止,而我不为之缀止乎,所不得不止者也"⑥。

---

① [明]王世贞:《弇州山人四部稿》卷六十七《李氏在笥稿序》,美国哈佛大学燕京图书馆藏明刻本,第5页。

② [明]王世贞:《弇州山人四部稿》卷一百十八《徐子与》,美国哈佛大学燕京图书馆藏明刻本,第11页。

③ 郑利华:《论王世贞的文学批评》,《复旦学报》1989年第1期,第36页。

④ [明]王世贞:《弇州山人续稿》卷四十三《白坪高先生诗集序》,美国普林斯顿大学东亚图书馆藏明刻本,第16页。

⑤ [明]王世贞:《弇州山人续稿》卷四十《袁鲁望集序》,美国普林斯顿大学东亚图书馆藏明刻本,第20页。

⑥ [明]王世贞:《弇州山人续稿》卷四十五《陶懋中镜心堂草序》,美国普林斯顿大学东亚图书馆藏明刻本,第18页。

也正因为此,王世贞对"率意而乏情"①之作表示不满,认为率意而为使个人情性过于张扬,有损于行文的彬彬之态,是不值得取法的。就自己而言,王世贞认为自己"于文章鲜所规象,师心自好,良多谬戾"②,"于诗质本不近,而意甚笃好之,然聊以自愉快而已"③。言即文学创作是为我而非它物,表现作者的真情实感和独特的创作人格。这就瓦解了文学的功利性,使文学创作走上了自我的道路。王世贞的主张同传统道德的理性情感异化有本质上的区别,如传统的儒家诗情论注重文学创作的功利性、社会性,即使允许情感的抒发,也要"止乎礼义",从而使作者的主体性被束缚和扭曲,造成文学创作失去了独立存在的价值和意义。

可见,在复古派的"格调"风气中,王世贞独树一帜,回归到创作的实际,注重"格调"之外才、情、意等要素的作用,突出作者的真情实感,这不仅仅是对李梦阳、何景明和李攀龙等人"格调说"的一种推进,更是对前人"格调说"所带来的弊端的一种补救,影响深远,如陈子龙认为"惟宜盛其才情,不必废此格调"④,在清朝主"格调"论的沈德潜身上,更是能够看到王世贞的影子。

而对于"自然",前人早有论及,其中影响最大和最深远的恐怕要数老子和庄子。老子称"人法地,地法天,天法道,道法自然""自然无为""道常无为而无不为,侯王若能守之,万物将自化"⑤。庄子将"自然"光大之,他认为"顺物自然而无容私焉""无为而才自然矣""莫之为而常自然"⑥,另外,庄子之自然也是针对孔子而发,他不满孔子所言的仁义、忠恕、礼法等外在因素束缚人们的自然天性,在他看来,"天地与我并生,万物与我为一",从而回归到万物的本性,追求自由的自然。老子和庄子的"自然"都是深根于自然万物,进而探究人与自然的关系,追求人之

---

① [明]王世贞:《弇州山人四部稿》卷一百二十八《答陆汝陈》,美国哈佛大学燕京图书馆藏明刻本,第9页。

② [明]王世贞:《弇州山人四部稿》卷一百二十六《答王新甫》,美国哈佛大学燕京图书馆藏明刻本,第8页。

③ [明]王世贞:《弇州山人四部稿》卷一百二十八《答周俎》,美国哈佛大学燕京图书馆藏明刻本,第19页。

④ [明]陈子龙:《安雅堂稿》卷三《李舒章彷佛楼诗稿序》,上海图书馆藏明刻本,第6页。

⑤ 朱谦之:《老子校释》,中华书局2009年版,第146页。

⑥ 王孝鱼点校:《庄子集释》,中华书局2010年版,第550—551页。

本性如同万物本性一般,归于自然而然,任其发展,与此同时,人借助外界而获得了生命的意义。牟宗三认为:"以自足无待为逍遥,化有待为无待,破'他然'为自然,此即是道之境界,无之境界,一之境界。'自然'是系属于主观之境界,不是落在客观之事物上……故庄子之'自然',是境界,非今之所谓自然或自然主义也。"①老子和庄子注重"道",所谓自然者乃"道"也,生成万物之总源——自然性之理念,天下万物皆为自然性所生,合气阴阳五行处时而成形而得性而成万物,人也万物属,本与自然通于道也,本一体也。非一体是强调某种功利目的性而强加于自然,以人为而异化自然道德。关于文论中的自然,总体而言,至少有五大内涵:其一,表现对象之自然,万物之自然性,人的自然性,包括天生之性情;其二,创作发生之自然;其三,表现之自然,技与情、法识与情合一而非两分;其四,境界之自然,物我情境为一而非二;其五,接受者体验之自然,与物境、情境、道境而一,而非两分。而本文所言王世贞的"自然"不同于老子和庄子的"自然",也不局限于这些自然内涵的某一个方面,而是王世贞的"自然",一个综合且复杂的自然世界。老庄的自然属于道教思想的自然,强调主体的客体化,而王世贞的自然是三教合一的自然,是佛教心性论下的自然,从佛教本"心"、虚灵明觉出发,世界一元,物我不分,相融为一。如王世贞在将自己与李攀龙进行对比时,说道:"吾之为歌行也,句权而字衡之,不如子远矣。虽然子有待也,吾无待也,兹其所以埒欤。子兮雪之月也,吾风之行水也。"②"风之行水"是风和水的相合为一,"雪之月"是雪借月而凸显其明亮,前者为"无待",即王世贞追求的"自然",后者为"有待",即李攀龙借助外物所达到的"自然"。但是这两者之间关系紧密,"无待"不是空无,而是建立在主体性发掘的基础之上,如王世贞论述道:"有待不即来,无待来何遽?无待有待间,或来仍或去。强作无待观,内深有待趣。聚幻如聚真,真往

---

① 牟宗三:《才性与玄理》,吉林出版集团有限责任公司2010年版,第158页。

② [明]王世贞:《弇州山人四部稿》卷七十七《书与于鳞论诗事》,美国哈佛大学燕京图书馆藏明刻本,第20页。

幻常住。"①可见,王世贞之"自然"是落在主体属性之上,突出主体心性。他的"自然"思想虽然融合了道家的"无待"思想,但王世贞主要是引儒道入释,从佛家"无住""真幻"层面对"自然"进行阐发。

王世贞晚年的"自然"思想强调人的非社会化性,从人的自然属性出发创作有真性情的作品,他提出了"有真我而后有真诗"②的主张,"真我"是其"自然"形成的基础,有"真我"才能有真言、真情,才能有源于真情性的自我,而不是社会生活中客观存在的、被世俗所扭曲的自我。虽然王世贞倡导文学复古运动,并成为后七子的中坚力量,但是他与李梦阳、何景明、李攀龙等人不一样,他是受李攀龙的影响而走上复古道路,其内心的"真我"一直扎根于其内心深处。王世贞早年随李攀龙等倡导复古运动,晚年思想发生了转变,已无李梦阳当年以复"古文"来"古道"的追求,强调内心的恬澹安适,其自然思想与其晚年心境桴鼓相应。

王世贞在认识李攀龙之前就对文学有所认识,早已走上了文学创作的道路,从这个角度而言,李攀龙并不是王世贞文学创作的启蒙恩师。如他自述道:"仅自少时好读古文章家言,窃以为西京而前,谈理者推孟子,工情者推屈氏,策事者推贾生。此岂有意于修辞,而辞何尝不工笃也。"③他还说道:"余十四岁,从大人所得《王文成公集》,读之,而昼夜不释卷,至忘寝食,其爱之出于三苏之上。稍长,读秦以下古文辞,遂于王氏无所入,不复顾其书,而王氏实不可废。"④王世贞年少时就追求理、情、事之文,而不是刻意于字句工整与否,再者,王世贞早就对王阳明和苏轼等人推崇备至,王阳明是"心学"的代表,注重自我主体性的存在,苏轼的行文创作更是无拘无束,如行云流水,尽情展现内心情感,使"真我"得到自然流露。可见,王世贞年少时的文学创作取向就与他人强调的复古取法不尽相同,"真我"的种子已经萌芽,这也为其后来对

---

① [明]王世贞:《弇州山人续稿》卷五《奉和诸真有待无待篇》,美国普林斯顿大学东亚图书馆藏明刻本,第17页。
② [明]王世贞:《弇州山人续稿》卷五十一《邹黄州鹪鹩集序》,美国普林斯顿大学东亚图书馆藏明刻本,第2页。
③ [明]王世贞:《弇州山人续稿》卷四十二《念初堂集序》,美国普林斯顿大学东亚图书馆藏明刻本,第3页。
④ [明]王世贞:《读书后》卷四《书王文成集后》,上海图书馆藏明刻本,第3页。

"自然"的追求打下了坚实的基础。

虽然王世贞走上复古道路时,想将自己之前的作品"悉烧弃之",并积极投身文学复古运动之中,但是当他独自南下之时,正好是其与李攀龙结交后的第一次长期离别,没有了复古者的影响,他便写了《初拜使命抵家作》《杂诗六首》《乱后初入吴,舍弟小酌》《将军行》等作品,对于王世贞这些本自内心的创作,徐朔方先生就认为:"当他暂时离开这位诗友而南下时,他的诗作就出现了另外的调子。"①而《将军行》更是直接取法白居易的新乐府,如"归还告将军,将军大欢喜。今年敌却去,好复开茅土,幕府上功簿,两两对金紫……生为众人恨,死为众鬼怜,寄语二心臣,贻臭空万年"②。这些源自内心真性情、贴近生活实际的作品就与其复古之作大不一样。所以即使王世贞投身于复古,其"真我"的种子仍在慢慢成长,只不过是受复古的影响,发展缓慢罢了。如王世贞宣扬复古,提倡"师古",认为:"李献吉劝人勿读唐以后文,吾始甚狭之,今乃信其然耳。"③而要达到古人的高度,效法古人,则是"自今而后,拟以纯灰三斛,细涤其肠,日取《六经》《周礼》《孟子》《老》《庄》《列》《荀》《国语》《左传》《战国策》《韩非子》《离骚》《吕氏春秋》《淮南子》《史记》、班氏《汉书》,西京以还至六朝及韩柳,便须铨择佳者,熟读涵泳之"④,即在学习古人时要将之前的创作之法全部忘却,然后取古人的佳作进行阅读和理解,以吸取其精华。不过王世贞并没有主张在古人面前亦步亦趋,成为古人的影子,他在"师古"的同时,强调"师心",认为"令其渐渍汪洋,遇有操觚,一师心匠,气从意畅,神与境合,分途策驭,默受指挥,台阁山林,绝迹大漠,岂不快哉"⑤。他还自述道:"懒倦欲睡时,诵子瞻小文及小词,亦觉神王,剽窃模拟,诗之大病,亦有神与境触,师心独造,偶合古

---

① 徐朔方:《晚明曲家年谱·苏州卷》,浙江古籍出版社1993年版,第488页。
② [明]王世贞:《弇州山人四部稿》卷六《将军行》,美国哈佛大学燕京图书馆藏明刻本,第18页。
③ [明]王世贞:《弇州山人四部稿》卷一百四十四《艺苑卮言一》,美国哈佛大学燕京图书馆藏明刻本,第17页。
④ [明]王世贞:《弇州山人四部稿》卷一百四十四《艺苑卮言一》,美国哈佛大学燕京图书馆藏明刻本,第17页。
⑤ [明]王世贞:《弇州山人四部稿》卷一百四十四《艺苑卮言一》,美国哈佛大学燕京图书馆藏明刻本,第17页。

语者。"①由上可知，王世贞主张"师古"，不过他认为不能局限于古，不能一味地剽窃模拟，"师古"只是一种学习途径，并不是创作本源，"师古"必须上升到"师心"的境界，创作也必须"师心独造"，使自身情感得以自然流露，"真我"得以尽情展现。源于"真我"的文学创作才是王世贞一直追求的，创作中"偶合古语"也应该得到赞赏，因为"偶合古语"并不是直取古语而刻意与古语合，而是在尊重古人的基础之上，进行源于真性情的创作，与古语不谋而合，达到"师古"和"师心"的统一。正如李维桢评点王世贞文章时所言："师古可以从心，师心可以作古，臭腐为神奇，而嘻笑怒骂悉成章矣。"②

因此，随着时间的推移，王世贞与李攀龙的文学主张便逐渐有了裂痕。虽然王世贞在与李攀龙交谈时，对他非常恭维，如王世贞说道："吾于足下，即小进，固雁行也。岂敢以秦齐之赋而匹盟主……加我十年，吾不能长有子境矣。"③但是王世贞对李攀龙还是有所抱怨，如他认为李攀龙"拟古乐府，无一字一句不精美，然不堪与古乐府并看，看则似临摹帖耳"④，而在评论孟浩然的"欲寻芳草去，惜与故人违"以及韦应物的"身多疾病思田里，邑有流亡愧俸钱"诗句时，王世贞认为"虽格调非正，而语意亦佳，于鳞乃深恶之，未敢从也"⑤。胡应麟对王世贞和李攀龙之间的关系也有着清楚的认识，如其在《书二王评李于鳞文语》一文中说道："庚辰春，过小祇园，长公谭艺次，偶及李于鳞文。长公曰：'余初年亦步骤其作，后周览战国、西京诸家，乃翩然改辙。'于鳞初极不喜。久之，余持论益坚。李遂止，弗复更言。余请初年所作观之。长公曰：'当时意不惬，即弃置其稿，今不复忆何语矣。'……两王公笔札间推谷济南

① ［明］王世贞：《弇州山人四部稿》卷一百四十七《艺苑卮言四》，美国哈佛大学燕京图书馆藏明刻本，第19页。
② ［明］李维桢：《凤洲文抄注释》卷三，美国哈佛大学燕京图书馆藏明刻本，第5页。
③ ［明］王世贞：《弇州山人四部稿》卷七十七《书与于鳞论诗事》，美国哈佛大学燕京图书馆藏明刻本，第20页。
④ ［明］王世贞：《弇州山人四部稿》卷一百五十《艺苑卮言七》，美国哈佛大学燕京图书馆藏明刻本，第14页。
⑤ ［明］王世贞：《弇州山人四部稿》卷一百四十七《艺苑卮言四》，美国哈佛大学燕京图书馆藏明刻本，第8页。

不容口,其面论不同乃尔,盖两公于李交厚。"①故而王世贞对李攀龙的这种批评和"未敢从也"的态度由来已久,这不仅源于两人各自的文学主张不相一致,更是王世贞自身"真我"种子发展所带来的必然结果。

故而,王世贞所言"真我"是去社会化、去功利化之"我",是一种自然化之"我"。王世贞晚年为文已无李攀龙等人当年所追求的社会化效应,而是更加强调自我内心的恬澹和自适,其之所以晚年与李攀龙"翩然改辙",是因为二人的文学思想有了差异,此时王世贞追求的是"用格"而非"用于格"。

"真我"是创作达到"自然"的基础,而文学创作最终通过语言文字得以实现,"真我"、真言、真性情也是通过语言文字才得以展现,因此,仅仅"真我",并不能与"自然"画上等号,从"真我"出发,创作达到"自然"的境地,还尚有一段距离。且先看王世贞对余曰德文学创作之路的认识:

> 先生之诗,一而先后凡三变。始先生入吾社时,喜于鳞甚,其缓步张卷,竖颏扼肾,皆精得之。然而其所自致者,不能胜其所从入者,是故词组出而重邯郸之价,然犹未免蹊径之累。归田以后,于它念无所复之,益搜刔心腑,宾通于性灵,神诣独往之句,为于鳞所嘉赏。然于鳞遂不得而有先生,其又稍晚运斤弄丸之势,往往与自然合,或于鳞,或不佞,或大历,或贞元,要不可以一端目之,大要突然而自为德甫,然置之古人中,固居然亡愧色也。②

余德甫即余曰德,与魏裳、汪道昆、张佳允、张九一合称"嘉靖后五子",并与王世贞私交甚笃。王世贞认为余曰德创作有三变,才达到"自然"的境地。最初,余曰德模拟李攀龙,虽然得其精,获得大家赞赏,不过他失去了"真我",其作品也就失去了"自然",成为"他然"之作,颇感"蹊径之累",故思变。余曰德放弃对他人的简单模仿,开始注重自我内

---

① [明]胡应麟:《少室山房集》卷一百六《书二王评李于鳞文语》,文渊阁《四库全书》第1290册,上海古籍出版社1987年版,第773—774页。

② [明]王世贞:《弇州山人续稿》卷五十二《余德甫先生诗集序》,美国普林斯顿大学东亚图书馆藏明刻本,第3—4页。

心情感的体现，然而其"搜刳心腑"，有意为文，虽有"神诣独往之句"，却没有更大的突破。在第三次变化时，余曰德创作中更加突出"真我"，因有"真我"而有"真诗"，创作出属于自然之作，"自为德甫"，"与自然合"，而不是成为他人的影子，抑或刻意成文而失去真性情。因此，文学创作要达到"自然"，其中有模拟、有新创、有"真我"的各自转变，人非生而知之者，文学创作更是得先模拟起步，然后有悟有得，感悟内心"真我"，才能逐渐通往"自然"。

对于模拟，众多复古者强调对古人的亦步亦趋，苦守古法，合乎古人，如李梦阳认为"仆之尺尺而寸寸之者，固法也"，徐祯卿认为"诗贵先合度，而后工拙"①，而王世贞则与之不同，他所认同的模拟不是简单而机械的对他人作品的模拟，而是要达到"达岸舍筏"的地步，要能够从模拟的对象中走出来，有自我的存在、真情的融入。如王世贞称赞华善继时说道："余闻之韦苏州在事而僧灵澈者，为韦体数十章，以贽而求合韦，殊不之顾也已，尽得其生平所著诗，而后大喜曰：'子奈何强所学而从我，我且几失子。'然则余之所以许孟达者，其能不为余也哉。"②他还有更为深入的论述，如他指出：

> 今天下人握夜光，途遵上乘，然不免邯郸之步，无复合浦之还，则以深造之力微，自得之趣寡。诗云："有物有则。"又曰："无声无臭。"昔人有步趋华相国者，以为形迹之外学之，去之弥远。又人学书，日临《兰亭》一帖，有规之者云："此从门而入，必不成书道。"然则情景妙合，风格自上，不为古役，不堕蹊径者，最也。随质成分，随分成诣，门户既立，声实可观者，次也。或名为闰继，实则盗魁，外堪皮相，中乃肤立，以此言家，久必败矣。③

王世贞批判那些模拟别人只知邯郸学步，却没有深造之力和自得之趣者，他们不断模拟形迹，最终只会导致距离模仿对象越来越远。他

---

① [明]徐祯卿：《谈艺录》，[清]何文焕辑：《历代诗话》，中华书局 2004 年版，第 769 页。
② [明]王世贞：《弇州山人续稿》卷五十三《华孟达诗选序》，美国普林斯顿大学东亚图书馆藏明刻本，第 2 页。
③ [明]王世贞：《弇州山人四部稿》卷一百四十八《艺苑卮言五》，美国哈佛大学燕京图书馆藏明刻本，第 2—3 页。

认为模拟也是分层次的，其"最也"的标准，则强调即使是模拟，也应该注重在模拟时，做到情景相融，不为文造情，风格自然属于上乘，最终也不会受古代的影响而"堕蹊径"，这样的作品才有作者的自得，才有"真我"的存在。而对于那些近似盗魁之人，没有真性情的融入，王世贞给予了辛辣的嘲讽，认为他们"久必败矣"。

然而模拟之后的创作，即使是有了"真我"的体现，仍或多或少会带有模拟的痕迹，其精微之极也只是属于"人工"这一层面，离"自然"尚有一尘之隔，不过这两者并不是没有沟通的可能。王世贞认为沟通"人工"和"自然"的桥梁是"琢磨"，通过"琢磨"，才能清洗"人工"之作的不足，"情事剂矣，意象合矣"[1]是"自然"的外在特征，这是建立在"而探之若益深博，而去其杂奇，而削其险列，而洗其迹"[2]的基础之上，所以王世贞称赞三谢的文章"固自琢磨而得，然琢磨之极，妙亦自然"[3]。再如他认为"孟达之所构结，以淡雅为体，以和适为用，其始非必皆自然，淘洗之极，归而若自然者也，而至于才之所不能抑，则间出而为奇警，情之所不能御，则一吐而为藻逸，嗟乎，诗如是足矣"[4]。因此通过"琢磨""淘洗"，即使是没有发于"自然"的文章，也是能够"归而若自然"的。

另外，中国传统文论中认为诗歌由兴而起，自然而发，正所谓"气之动物，物之感人，故摇荡性情，形诸舞咏"[5]，如此看来，"苦思"则成了"自然"的对立面，然而王世贞认为"苦思"之作亦能达到"自然"，"苦思"如同"琢磨"和"淘洗"一般，是能够和"自然"相统一的，如他称"昭甫运思必新，出语必隽，偏诣之铎，警拔动人，苦心之致，间成自然"[6]，在《长梧

---

① [明]王世贞：《弇州山人续稿》卷五十五《文起堂新集序》，美国普林斯顿大学东亚图书馆藏明刻本，第5页。
② [明]王世贞：《弇州山人续稿》卷五十五《文起堂新集序》，美国普林斯顿大学东亚图书馆藏明刻本，第5页。
③ [明]王世贞：《弇州山人四部稿》卷一百四十四《艺苑卮言一》，美国哈佛大学燕京图书馆藏明刻本，第13页。
④ [明]王世贞：《弇州山人续稿》卷五十三《华孟达诗选序》，美国普林斯顿大学东亚图书馆藏明刻本，第2页。
⑤ [梁]钟嵘著，周振甫译注：《诗品译注》，中华书局2013年版，第15页。
⑥ [明]王世贞：《弇州山人续稿》卷五十二《张昭甫诗集序》，美国普林斯顿大学东亚图书馆藏明刻本，第9页。

342

封人传》中称"其深思之极,见若为雕刿者,然要归之自然"①。王世贞将"苦思"与"自然"合一,是对皎然"苦思"说的灵活运用,皎然曾云:"诗不假修饰,任其丑朴。但风韵正,天真全,即名上等。予曰:不然,无盐阙容而有德,曷若文王、太姒有容而有德乎? 又云,不要苦思,苦思则丧自然之质。此亦不然。夫不入虎穴,焉得虎子。取境之时,须至难至险,始见奇句。成篇之后,观其气貌,有似等闲不思而得,此高手也。有时意静神王,佳句纵横,若不可遏,宛如神助。不然,盖由先积精思,因神王而得乎?"②皎然强调"苦思"对诗歌创作的重要作用,无损"自然之质",但没有详细地道出其中意味,而王世贞则是更进一步,详加阐释,突出"苦思"在通往"自然"之旨中的作用,提高了"苦思"在文学创作中的地位。

由模拟到"画工"再到"自然","真我"或隐或显,一直伴随着整个创作过程,这是王世贞关于文学创作通往"自然"途径的重要原则,"琢磨""淘洗""苦思"等的介入,是对这一途径的充实和丰富。

"自然"作为文学创作的极致,是每个创作者都梦寐以求的境地,也是他人评价文学创作的重要标准。如曹学佺在《石仓文稿》中有"故伯度之诗为自然"之语,陈谟在《缙云应仲张西溪诗集序》中有"比其能务于有实,而几乎自然也"之语,陈仁锡在《无梦园初集》中有"如风吹光,如刀断水,梵呗咏歌,自然敷奏"之语,再如王廷相在《王氏家藏集》中认为"此后之儒者,既不达,五音成调,多寡自然之情",李东阳批评李长吉,认为他的诗歌"字字句句欲传世顾,过于刿鉥,无天真自然之趣"③。在对他人之作进行评论时,"自然"也是王世贞的一个重要维度,其对"自然"标准的运用,是其创作理念的延伸。如王世贞认为李白的诗歌"以气为主,以自然为宗"④,赞赏"嫩绿池塘藏睡鸭"诗句有"自然幽雅"之旨,批评陆机的文章创作有模拟的痕迹,导致"寡自然之致"。值得注

---

① [明]王世贞:《弇州山人续稿》卷六十七《长梧封人传》,美国普林斯顿大学东亚图书馆藏明刻本,第4页。
② [唐]皎然:《诗式》卷一,[清]何文焕辑:《历代诗话》,中华书局2004年版,第31页。
③ [明]李东阳:《麓堂诗话》,丁福保辑:《历代诗话续编》,中华书局2006年版,第1381页。
④ [明]王世贞:《弇州山人四部稿》卷一百四十七《艺苑卮言四》,美国哈佛大学燕京图书馆藏明刻本,第4页。

意的是，王世贞还将"意"与"自然"相联系，而"意"关系到作者的主体情性，即"真我"，也是"诗文之枢"。有意为文，其极致为"人工"，而意出于有入于无，直至"有意无意，乃为妙耳"的境地，则直通"自然"，故王世贞认为"公甫少不甚攻诗，伯安少攻诗而未就。故公甫出之若无意者，伯安出之不免有意也，公甫微近自然，伯安时有警策"①。

于"自然"，王世贞最推崇陶渊明，陶渊明之"自然"达到主客体的浑融、"真我"的体现，被后人所喜爱，如姜夔称："陶渊明天资既高，趣诣又远，故其诗散而庄，澹而腴，断不容作邯郸步也。"②元好问称："一语天然万古新，豪华落尽见真纯。"③沈德潜称："陶诗合于自然，不可及处，在真在厚。"④而王世贞从诗歌发展的角度出发，认为诗歌之"自然"始于陶渊明，称"诗自东京《十九首》以还，建安三曹，浑浑有气，潘陆因之渐成雕靡，至潜而始自然，出之大巧若拙，至秾若澹，令人击节有淳古想。"⑤评价甚高。试观陶渊明的两首诗作：

> 结庐在人境，而无车马喧。问君何能尔？心远地自偏。采菊东篱下，悠然见南山。山气日夕佳，飞鸟相与还。此中有真意，欲辨已忘言。(《饮酒·其五》)⑥

> 少无适俗韵，性本爱丘山。误落尘网中，一去三十年。羁鸟恋旧林，池鱼思故渊。开荒南野际，守拙归园田。方宅十余亩，草屋八九间。榆柳荫后檐，桃李罗堂前。暧暧远人村，依依墟里烟。狗吠深巷中，鸡鸣桑树颠。户庭无尘杂，虚室有余闲。久在樊笼里，复得返自然。(《归园田居·其一》)⑦

这是陶渊明的名篇，从《饮酒·其五》中我们能够感受到陶渊明躬

---

① [明]王世贞：《弇州山人四部稿》卷一百四十九《艺苑卮言六》，美国哈佛大学燕京图书馆藏明刻本，第16页。
② [宋]姜夔：《白石道人诗说》，[清]何文焕辑：《历代诗话》，中华书局2004年版，第681页。
③ [元]元好问撰，狄宝心校注：《元好问诗编年校注》，中华书局2011年版，第48页。
④ [清]沈德潜：《说诗晬语》，凤凰出版社2010年版，第96页。
⑤ [明]王世贞：《弇州山人续稿》卷七十七《陶氏五隐传》，美国普林斯顿大学东亚图书馆藏明刻本，第10页。
⑥ [晋]陶渊明撰，逯钦立校注：《陶渊明集》，中华书局2011年版，第89页。
⑦ [晋]陶渊明撰，逯钦立校注：《陶渊明集》，中华书局2011年版，第40页。

耕劳作后沉醉于自然景色中的悠然自得，王世贞称"问君何为尔，心远地自偏。此还有真意，欲辨已忘言。清悠澹永，有自然之味"。从《归园田居·其一》中我们能够体会到陶渊明误入世俗后，对自然生活的向往，对"真我"的追求，"久在樊笼里，复得返自然"，全文语言质朴，真性情得到自然流露。

然而，陶渊明诗歌所呈现的"自然"状态是经过"琢磨""淘洗"之后，方达到的"自然"之境。王世贞认为："渊明托旨冲澹，其造语有极工者，乃大入思来，琢之，使无痕迹耳。"①细分之，确实如此，如"采菊东篱下，悠然见南山"一句，"悠然"将作者当时的行为意态完整呈现，突出作者的所见所感出于无意，而非有意，"见"紧承"悠然"，是无意中的偶见，从而将南山的美景与采菊时的悠然自得心境相互映衬，形成物我两忘的"无我之境"。该三字高度凝练，言简意赅，若非琢磨之极，恐怕难得。而后世学陶者，很多人没有意识到这一点，在追求陶渊明的"自然"时，往往只得形似，并不是真正的"自然"。王世贞批判道："后人苦一切深沉，取其形似，谓为自然，谬以千里。"②并认为："陈复甫书能于沓拖中生骨，于龙钟中生态，以柔显刚，以拙藏媚，或老或嫩，不古不今，第不脱散僧本来面目耳。此所书陶诗，尤为合作，然世知之者益鲜矣，知之者谓之自然，虽然比于陶诗自然尚隔尘也。"③即指出世人称赞陈复甫的"自然"，与陶渊明的"自然"尚不能等同，发人深省。

文学的创作与作者日常生活及其思想的转变有很大关系。陶渊明生活在东晋末期至南朝宋初期，那时佛、道、儒共同发展，对于陶渊明的"自然"，陈寅恪先生曾鲜明地指出："渊明之思想为承袭魏、晋清谈演变之结果，及依据其家世信仰道教之自然说而创改之新自然说。惟其为主自然说者，故非名教说，并以自然与名教不相同……因其如此虽无旧自然说形骸物质之滞累，自不致与周孔入世之名教有所触碍。故渊明

① ［明］王世贞：《弇州山人四部稿》卷一百四十六《艺苑卮言三》，美国哈佛大学燕京图书馆藏明刻本，第11页。
② ［明］王世贞：《弇州山人四部稿》卷一百四十六《艺苑卮言三》，美国哈佛大学燕京图书馆藏明刻本，第11页。
③ ［明］王世贞：《弇州山人续稿》卷一百六十四《陈道复书陶诗》，美国普林斯顿大学东亚图书馆藏明刻本，第16页。

之为人实外儒内道,舍释迎而宗天师者也。"①陶渊明的"自然"说与之前的"自然"说不同,是"新自然说",源于生命主体之本真、原始,注重真性情的抒发,达到主客体的水乳交融,"是第一位心境与物境冥一的人",并具备"外儒内道,舍释"的特点。而王世贞文学创作上的"自然"是以"真我"为基础,追求"无待"境地,也颇有"外儒内道"的意味。从王世贞一生的人生态度转变来看,其早年奉行儒家的积极用世之道,希冀铅刀一割,但在遭受家难和官场不如意时,他转向佛道,并最终拜师昙阳子门下,潜心道教,追求内心的恬淡平静,进而在文学创作中则注重自足、自得之趣,以自然为宗。王世贞追求"自然"的主张和陶渊明对"自然"的践行不谋而合。

在明朝文学复古之风盛行的大背景下,王世贞的"自然"说对晚明文学的发展具有重要意义。如与之同一时期的李贽,他提倡"童心说",认为:"夫童心者,真心也。若以童心为不可,是以真心为不可也。夫童心者,绝假纯真,最初一念之本心也。若失却童心,便失却真心。"②"童心"即最初的本我,不受世俗的污染,文学创作也是非功利性的,只不过是"童心"真情实感的自然抒发,"发乎情性,由乎自然",也只有从"童心"出发,才能创作出真正的作品,"天下之至文,未有不出于童心焉者也"③。袁宏道更是深受李贽的影响,注重文学创作要源自自我内心,表达内心的真性情,主张"独抒性灵,不落格套,非从自己胸臆流出,不肯下笔"④,"醉者无心,稚子亦无心,无心故理无所托,而自然之韵出焉"⑤,这就是抛弃所有束缚,追求一种自由自在的心性。虽然从目前掌握的资料来看,王世贞和李贽没有书信往来,探讨文学创作,在王世贞的文集中,也只是在《弇州山人续稿》中有一次提及李贽,且与文学主张

---

① 北京大学中文系:《古典文学研究资料汇编·陶渊明卷》,中华书局1962年版,第356页。

② [明]李贽:《焚书》卷三《童心说》,张建业等注:《李贽全集注》第1册,社会科学文献出版社2010年版,第276页。

③ [明]李贽:《焚书》卷三《童心说》,张建业等注:《李贽全集注》第1册,社会科学文献出版社2010年版,第276页。

④ [明]袁宏道撰,钱伯城笺校:《袁宏道集笺校》卷四《叙小修诗》,上海古籍出版社2008年版,第187页。

⑤ [明]袁宏道撰,钱伯城笺校:《袁宏道集笺校》卷五四《寿存斋张公七十序》,上海古籍出版社1981年版,第1541页。

无关,但是李贽却对王世贞非常推崇,在《续藏书》中将王世贞放入"文学名臣"之中,《尚书王公》一文洋洋洒洒,两千余字,详尽地叙述了王世贞一生的重要事迹,并对王世贞的文学创作有所论及和接受,如肯定王世贞的自述,"世贞尝言曰:'吾读书万卷,而未尝从六经入'"①。总体而言,李贽的"童心说",袁宏道的"性灵说",都是源于人们的内心,进而在文学创作中求取真言、真性情,最终达到"自然"的境界,而这些与王世贞所提倡的"自然"有着千丝万缕的联系,同时也突出王世贞"自然"思想的珍贵之处。

因此王世贞从恬澹自适、"无住"自觉层面对历史上已有的"自然"思想进行了深化,在"自然"思想发展史上有着集大成的意义。其突破了程朱理学主客对立、托物言志的儒家自然思想观,也超越了道家自然思想中"心斋""坐忘"的主体客体化倾向,是从佛禅本"心"自觉、虚灵明觉层面将儒、道引入佛家思想,将社会化之"我"向本体自觉、无善无恶意义之"我"回归。在具体操作层面,王世贞将自己与李攀龙、李梦阳等人的复古思想进行了区隔,强调创作主体摆脱模仿对象、前人典籍,从生活原型获得创作之源,通过自我内心感受以抒写真情。在求"真我"和"真诗"中,王世贞特别强调"真"的价值和意义,不同于儒家思想将"真"融合于"善"、道家思想将"真"摆脱"欲"。王世贞在《邹黄州鸒鶒集序》中提出:"余束发而游于艺园,获窃寓目作者,于今垂四十年矣,大约无盛于隆庆、万历间。南戒而南,稍一具眉目称男子,从事觚管,即仰面而视天,诧以隋珠、和璧之在我;而其雄举者,建牙树帜,张茅劲表表成一家言,苟其力足以矩矱往昔,与近季北地、历下之遗,则皆俨然若有当焉,其不为捧心而为抵掌者多矣。不佞故不之敢许,以为此曹子方寸间先有它人,而后有我,是用于格者也,非能用格者也……盖有真我而后有真诗,其习之者不以为达夫、摩诘则亦钱刘。"②说明王世贞所强调的"真我""真诗"是要摆脱"捧心而为抵掌"的模拟、"方寸间先有它人,而

① [明]李贽:《续藏书》卷二十六《尚书王公》,张建业等注:《李贽全集注》第11册,社会科学文献出版社2010年版,第286页。
② [明]王世贞:《弇州山人续稿》卷五十一《邹黄州鸒鶒集序》,美国普林斯顿大学东亚图书馆藏明刻本,第2页。

后有我"的因袭、"用于格者也,非能用格"的程序化写作,达到任性而为、从心而作,无功利化、社会利益化倾向的创作。所以王世贞主张在"真我"的基础之上进行文学创作,展现真言、真性情,从生命主体出发,做到主客体、心物与外界的完美融合,并通过"琢磨""淘洗"等途径,使之上升到"自然"的境地。这是王世贞对陶渊明"自然"思想的继承与发展,其对"自然"的注重和追求,也使自己成为晚明李贽、袁宏道等人追求"自然"文风的思想源泉。在文学复古运动中,王世贞复古之外的"新调子",是希冀对复古所带来的弊端进行修补,这也昭示着后七子向晚明主流文论过渡的意识。

概而言之,通过对相关史料的深入查阅和重新认知,以"文必秦汉,诗必盛唐"来笼统概括后七子派的文学复古运动是有失偏颇的,以之来总结王世贞的诗文思想,更是不可行。对王世贞复古行径的再思考,是全面把握王世贞诗文思想的必经途径。王世贞虽然跟随李攀龙从事文学复古运动,甚至主盟文坛,不过王世贞的文学思想本身就和李攀龙存在一定的差异性。王世贞对格调、法度很是注重,这与后七子派的复古文学主张有相通之处,然而王世贞走向的却是以格调、法度为基础的"自然"境地,是对复古文学主张的超越,同时也为复古运动注入了新鲜的活力。

第四节 "性灵"理论的阐释

由前论可知,王世贞受李攀龙的影响走上了文学复古道路,虽然在一定时期内力倡复古,甚至还扮演着复古先锋的角色,但是王世贞并没有在李攀龙的后面亦步亦趋,死守古法,而是有所新变。篇法、句法、字法、格调等都是他通往"不法而法"境地的法门,他甚至在此基础之上走向"自然",故而"文必秦汉,诗必盛唐"的主张不符合王世贞诗文思想的独特性,复古的标签也不能完全概括其诗文思想的深刻内涵。也正因为此,王世贞在模拟诗文名家后而求自得,自得之后更加注重创作时自我情感的抒发,追求情至之文,认为有真我后而有真诗,这与性灵理论是直接相通的。

性灵，作为重要的文论范畴，虽然关乎作者创作之情性，但它并不是自文学诞生的那天起就随之发挥文学批评作用的，而是有一个由"性"和"灵"单独使用到"性灵"一词综合运用的转换过程。

先说"性"，《说文解字》对此的释义为"性，人之阳气，性善者也。从心生声，息正切"①。性由心而发，关于人之本性、天性。如《易·系辞上》有"一阴一阳之谓道。继之者善也，成之者性也"②之语，《论语·阳货》有"性相近也，习相远也"③之语，《孟子·告子》有"告子曰'生之谓性'"④之语，孟子还对心和性进行了阐述，认为"尽其心者，知其性也。知其性，则知天矣。存其心，养其性，所以事天也。夭寿不贰，修身以俟之，所以立命也"⑤，《荀子·正名》有"生之所以然者谓之性"⑥之语，荀子还在《性恶》篇中认为："凡性者，天之就也，不可学、不可事。礼义者，圣人之所生也，人之所学而能，所事而成者也。不可学、不可事而在人者，谓之性；可学而能，可事而成之在人者，谓之伪，是性伪之分也。"⑦《庄子·庚桑楚》有"性者，生之质也"⑧之语。这些都是对人的自然天性的探讨。南朝人也沿此展开，如谢灵运有"原性分之异托，虽殊途而归美"⑨之语，萧统有"想足下神游书帐，性纵琴堂，谈丛发流水之源，笔陈引崩云之势"⑩之语，陶弘景有"尔以诚悫为性，恬澹为情，质直居本，沉重树志"⑪之语，这些和前人一样，也是着重于对人的本性的深发。而到了唐朝，韩愈针对佛教的人性论，也将人性进行细分，在《原性》篇中提出"性之三品"和"情之三品"的学说，认为"性也者，与生俱生也；情也

① ［汉］许慎：《说文解字》卷十下，中华书局 2013 年版，第 216 页。
② ［清］阮元校刻：《十三经注疏》，中华书局 2011 年版，第 161 页。
③ 陈晓芬、徐儒宗译注：《论语大学中庸》，中华书局 2015 年版，第 207 页。
④ 方勇译注：《孟子》，中华书局 2015 年版，第 214 页。
⑤ 方勇译注：《孟子》，中华书局 2015 年版，第 257 页。
⑥ 方勇、李波译注：《荀子》，中华书局 2011 年版，第 367 页。
⑦ 方勇、李波译注：《荀子》，中华书局 2011 年版，第 383 页。
⑧ 王孝鱼点校：《庄子集释》卷八《庚桑楚》，中华书局 2010 年版，第 810 页。
⑨ ［东晋］谢灵运撰，顾绍柏校注：《谢灵运集校注》文类《撰征赋》，中州古籍出版社 1987 年版，第 366 页。
⑩ ［梁］萧统：《昭明太子集》卷三《太簇正月》，文渊阁《四库全书》第 1063 册，上海古籍出版社 1987 年版，第 665 页。
⑪ ［梁］陶弘景：《全上古三代秦汉三国六朝文》卷四十六《授陆敬游十赉文》，中华书局 2009 年版，第 3213 页。

者,接于物而生也。性之品有三,而其所以为性者五"①,这五者为仁、礼、信、义、智。韩愈在对人的本性进行阐述时,肯定了情的存在,情欲和人之本性之间的相互作用,情、性的交融推动了人的发展。虽然韩愈的这些言论是针对佛教倡导无为、灭情见性而发,但是韩愈对人的本性和情欲做出的探究充实了人性的内涵,具有积极意义。到了宋代,司马光认为:"性者,人之所以受于天生者。"张载认为:"饮食男女皆性也。"王安石认为:"喜怒哀乐好恶欲,未发于外而存于心,性也。发于外而见于行,情也。性者情之本,情者性之用,故吾曰性情一也。"②这不仅将性和情进一步结合起来,还将其融入日常生活之中,肯定人之本性的情欲。而宋朝主理,程朱理学笼罩着整个文坛,在对人性的认识方面,朱熹称"性即理也,在心唤做性,在事唤做理"③、"去其气质之偏,物欲之蔽,以复其性,以尽其伦"④。他主张的是性和理的联系,在于明理见性,去除人的情欲,这不利于人的自然天性的展现。王阳明不满程朱理学,强调内心的追求,探求心性之道,认为"心即性,性即理""心外无理""心外无物""心外无事",于性、理之外,突出了人心的本位作用,并指出:"圣人之道,吾性自足,不假外求。"⑤他让性回归到了人心、人性本身,人之自然天性也得以再次进入人们的视野,后来的李贽、袁宏道等人深受其影响。

另外,由于"性"与人性息息相关,它被用指人的性格、脾性,如《国语》有"先王之于民也,懋正其德而厚其性"之语,郑鲜之有"至于洙泗之教,洋洋盈耳,所以柔渐性情,日用成器"之语,谢灵运有"抱疾就闲,顺从性情,敢率所乐,而以作赋"⑥之语。

我们不难看出,虽然"性"有多重含义,并且在不同的朝代有着不一样的侧重点,但是把"性"释义为人之自然本性是中国古代文学理论的主流。

---

① [唐]韩愈撰,马其昶校注:《韩昌黎文集校注》卷一《原性》,上海古籍出版社 2014 年版,第 22 页。
② [宋]王安石:《王安石全集》,复旦大学出版社 2010 年版,第 1218 页。
③ [梁]朱熹撰,王星贤点校:《朱子语类》卷五,中华书局 1994 年版,第 82 页。
④ [梁]朱熹撰,王星贤点校:《朱子语类》卷七,中华书局 1994 年版,第 125 页。
⑤ [明清]黄宗羲:《明儒学案》卷十《王阳明先生守仁》,中华书局 2008 年版,第 180 页。
⑥ [东晋]谢灵运撰,李运富编注:《谢灵运集》,岳麓书社 1999 年版,第 226 页。

再说"灵",《说文解字》对此的释义为"灵巫,以玉事神,从玉霝声,郎丁切,灵或从巫"①。灵,由于与巫文化联系紧密,其本义指人的魂灵,如《大戴礼·曾子天圆》有"阳之精气曰神,阴之精气曰灵"之语,《楚辞·抽思》有"愁叹苦神,灵遥思兮"之语。灵,"巫以玉事神",玉在中国古代文化中有着特殊的含义,它不仅仅是"石之美者",晶莹剔透,还是君子德行和身份的象征,如孔子称"君子比德于玉焉",达官贵人也常常佩戴玉件,甚至玉不离身。吴兆路认为玉石晶莹有光,因此人们便用这种光亮表示灵魂,故而人们也逐渐将玉的特质和美好寓意引申到"灵"上,以致"灵"可以指人们所具有的灵光、灵性、灵活、灵明等美好品质,"灵"的释义也就上升到对主体生命精神和自然能力的探究②。如萧衍有"虽万类之众多,独在人而最灵"之语,朱世卿有"人为生最灵,膺自然之秀气,禀妍媸盈减之质,怀哀乐喜怒之情"之语,谢绰有"窃惟人生最灵,神用不极,上则知来藏往,次乃邻庶入几"之语,陶弘景有"令怀灵抱识之士,知杳冥之有精焉"之语。后人对"灵"的理解也大都没有超出这一范围。

由上可见,"性"和"灵"都有探究人的本性、生命精神的指向,这包含对"自我""自然""灵魂""精神"和"灵性"等方面的追求,这为"性"和"灵"组合成词提供了必要的基础,而这些又都是性灵说的基本内涵。

虽然对于"性"和"灵"的探讨在春秋战国之际,就已经盛行,然而将这二者组合成"性灵"一词并独立运用则是在南朝时期,目前可考的最早运用"性灵"一词的材料来源于何尚之的作品,他在《列叙元嘉赞扬佛教事》中说道:"范泰、谢灵运每云:'六经典文,本在济俗为治耳,必求性灵真奥,岂得不以佛经为指南邪?'……近世道俗较谈便尔。若当备举夷夏,爰逮汉魏,奇才异德,胡可胜言? 宁当空失性灵,坐弃天属,沦惑于幻妄之说,自陷于无征之化哉。慧远法师尝云:'释氏之化,无所不可,适道固自教源,济俗亦为要务。'"③后来的颜延之也有所论及,他在《庭诰》中说道:"今所载咸其素蓄,本乎性灵,而致之心用。夫选言务

---

① [汉]许慎:《说文解字》卷一上,中华书局 2013 年版,第 7 页。
② 吴兆路:《性灵派研究》,甘肃教育出版社 2001 年版,第 5 页。
③ [清]严可均辑:《全上古三代秦汉三国六朝文》,中华书局 2009 年版,第 3144 页。

一,不尚烦密,而至于备议者,盖以网诸情非……含生之氓,同祖一气,等级相倾,遂成差品,遂使业习移其天识,世服没其性灵。至夫愿欲情嗜,宜无间殊,或役人而养给,然是非大意,不可侮也。"①这里的几处"性灵",皆是对源于人性心灵本真自然情性的追求。

　　"性灵"在文学理论方面的运用,最早的为刘勰,他多次在《文心雕龙》中提及"性灵"这一概念。如他在《序志》中说道:"岁月飘忽,性灵不居。腾声飞实,制作而已。"②此处"性灵"指的是主体心灵精神和人之本性。再如"综述性灵,敷写器象"③、"洞性灵之奥区,极文章之骨髓者也"④,刘勰将人之自然本性、心灵落实到具体的文章创作之中,使"性灵"上升到对创作主体的认识。与之稍后的钟嵘,则对"性灵"有着进一步的提升,钟嵘在《诗品》中评价阮籍诗时说道:"《咏怀》之作,可以陶性灵,发幽思。言在耳目之内,情寄八荒之表。"⑤阮籍的八十二首《咏怀》组诗不仅是其代表作,更是他苦闷内心、真实自我的独白,现实不如意,只能将这种情怀寄寓于诗作。因此,刘勰从文学理论的角度将"性灵"这一问题提出,而钟嵘则将之实践到具体的作品评论之中,第一次在对具体的作品进行评论时,肯定他人对个性、自然本性以及真性情的追求和抒发,这在中国文学理论史中有着深远影响。刘熙载认为:"钟嵘谓阮步兵可以陶写性灵,此为以性灵论诗者所本。"⑥如清代袁枚以"性灵"论诗,他在《仿元遗山论诗》中写道:"抄到钟嵘《诗品》日,该他知道性灵时"。⑦故王英志在肯定张少康认为"钟嵘实已开后来袁枚性灵说之先河"之说时,还认为袁枚独出新意,打破陈说⑧。

　　在刘勰、钟嵘之后,"性灵"作为文论范畴使用的不在少数。如南北朝时期,颜之推认为"夫文章者……至于陶冶性灵,从容讽谏,入其滋

----

① [梁]沈约:《宋书》卷七十三《颜延之》,中华书局 1974 年版,第 1893—1894 页。
② [梁]刘勰著,詹锳义证:《文心雕龙义证》,上海古籍出版社 1989 年版,第 1903 页。
③ [梁]刘勰著,詹锳义证:《文心雕龙义证》,上海古籍出版社 1989 年版,第 1150 页。
④ [梁]刘勰著,詹锳义证:《文心雕龙义证》,上海古籍出版社 1989 年版,第 56 页。
⑤ [梁]钟嵘著,周振甫译注:《诗品译注》,中华书局 2013 年版,第 41 页。
⑥ [清]刘熙载撰,袁津琥校注:《艺概》,中华书局 2009 年版,第 402 页。
⑦ [清]袁枚:《随园诗话》卷五,人民文学出版社 2006 年版,第 146 页。
⑧ 王英志:《袁枚评传》,南京大学出版社 2002 年版,第 386 页。

味,亦乐事也"①,庾信在《谢赵王示新诗启》中有"八体六文,足惊毫翰,四始六义,实动性灵"之语。唐朝时期,杜甫在《解闷》中有"陶冶性灵存底物,新诗改罢自长吟"②之语,颜真卿在《孙文公集序》中有"古之为文者,所以导达心志,发挥性灵,本乎咏歌,中乎雅颂"之语,张籍在《南归》中有"人言苦夜长,穷者不念明。惧离其寝寐,百忧损性灵"之语。而宋代,虽然程朱理学盛行,亦有不少文人探究"性灵",如袁枚推崇杨万里的论述:"从来天分低拙之人,好谈格调而不解风趣,何也?格调是空架子,有腔口易描,风趣专写性灵,非天才不办。"③释契嵩在《镡津集》中有"情性之在物,常然宛然,探之不得,决之不绝,天地有穷,性灵不竭"④之语。明清两代,是"性灵"发展的鼎盛时期,公安派即以"性灵说"作为其思想内核,如袁宏道认为:"独抒性灵,不拘格套,非从自己胸臆流出,不肯下笔,有时情与境会,顷刻千言。"⑤而以袁枚为代表的"性灵派"更是将创作时对性灵的追求推向了极致,他认为:"凡诗之传者,都是性灵,不关堆垛。"⑥

可见,"性灵"一词在南朝形成之后,为作者内心情感、真性情的抒发,以及自由、自然本性的追求打开了一扇窗户,并且具有强大的生命力,经久不衰,然而文人创作由来已久,在春秋战国之际,人们对"性"和"灵"的探究就已非常深入,同时也注重创作时自然本性和心灵的体现,但是直到南朝时期,才形成"性灵"一词,其中的原因是多方面的,以下几点值得注意。

其一,受佛教影响。佛教自两汉之际传入中原,到了南朝时期,由于文帝、孝武帝、梁武帝等历代君王的支持,学佛之风盛行于全国。而佛教归根结底是对生命主体"心性"的探究,如"三界所有,皆心所作""心作万物,诸法皆空",这与"性灵"有相通之处。再者,文学是对社会

---

① [北齐]颜之推撰,庄辉明、张义和译注:《颜氏家训译注》,上海古籍出版社 2016 年版,第 158—159 页。

② [唐]杜甫撰,仇兆鳌注:《杜诗详注》,中华书局 2009 年版,第 1526 页。

③ [清]袁枚:《随园诗话》卷一,人民文学出版社 2006 年版,第 1 页。

④ [宋]释契嵩:《镡津集》卷二,《四部丛刊》景明本,第 12 页。

⑤ [明]袁宏道撰,钱伯城笺校:《袁宏道集笺校》卷四《叙小修诗》,上海古籍出版社 2008 年版,第 187 页。

⑥ [清]袁枚:《随园诗话》卷五,人民文学出版社 2006 年版,第 146 页。

生活的反映,佛教盛行也必定影响人们的创作和评论。如前所述,"性灵"一词最早见于何尚之的《列叙元嘉赞扬佛教事》,但此处的"性灵"不仅与佛心有关,还与佛经辨析相联系。即使是第一次提出"性灵"概念的刘勰,他32岁开始写《文心雕龙》时,是在江苏镇江南定林寺随僧佑研读佛书,其书体系及用语也与佛教关系紧密,如"神理""般若""圆通"等语。

其二,与玄学兴盛有关。南朝时期也是玄学兴盛之时,老庄之学是玄学的重要内容。老子强调万物之"道",而这"道"最终通过人的"心性"得以体现,老子追求的是"婴儿之心",一种直通"道"的最纯真之心,他认为:"众人熙熙,如享太牢,如春登台;我独泊兮其未兆,如婴儿之未孩;儽儽兮,若无所归。众人皆有余,而我独若遗。我愚人之心!"①这就回归到人性之源的探究。庄子对此有所继承和发展,进而追求人之自然天性,他认为:"彼民有常性,织而衣,耕而食,是谓同德。一而不党,命曰天放。"②并认为"素朴而民性得矣"。与之相适应,庄子强调情的表现,并求其真,如"任其性命之情而已矣""真者,精诚之至也"③。老庄对人性和真性情的追求,恰恰是"性灵"一词的本旨所在。当时文人士大夫都喜好老庄,如阮籍经常言及自己"尤好庄老"之语,这必定会影响到他们的具体创作和评论,故而吴兆路把庄子视为中国性灵文学思想的源头之一。

其三,"缘情"理论的发展。在文论中,"性灵"关乎情性,而在具体的创作中,作者更多地是通过内心情感的展现,来表达对自然天性、个性的狂热追求。诗文创作的情性理论,正式形成于魏晋南北朝时期,由陆机提出的"诗缘情而绮靡",经过南朝刘勰、钟嵘等人的深化,得到进一步完善,并趋向成熟。如刘勰认为"夫文心者,言为文之用心也。昔涓子《琴心》,王孙《巧心》,心哉美矣,故用之焉"④,突出了创作情性发生的动力——心,将文学创作具体到作者本身。刘勰还认为"情以物迁,

---

① 朱谦之:《老子校释》,中华书局2009年版,第79—82页。
② 王孝鱼点校:《庄子集释》,中华书局2010年版,第334页。
③ 王孝鱼点校:《庄子集释》,中华书局2010年版,第1032页。
④ 〔梁〕刘勰著,詹锳义证:《文心雕龙义证》,上海古籍出版社1989年版,第1898—1899页。

辞以情发。一叶且或迎意,虫声有足引心"①。萧衍认为:"心游五表,不滞近迹,脱落形骸,寄之远理,性情胜致,遇兴弥高,文会酒德,抚际弥远。"钟嵘则更为鲜明和开放,他说道:"至乎吟咏情性,亦何贵于用事。"②并认为"气之动物,物之感人,故摇荡性情,形诸舞咏"③。这就进一步强调了诗歌是以抒发情性为主要内容,因此钟嵘评论阮籍时认为其诗能"陶性灵,发幽思"。

南朝为"性灵"的形成和发展提供了肥沃的土壤,后来的"性灵说"也源于此,是在这基础之上的升华。

到了明朝,虽然"性灵"文学思想还在进一步发展,但是文坛以复古为主流,尤其是前后七子一度将这股复古之风吹向巅峰。强调法度和格调是复古运动的重要内容,同时也是复古运动的重要手段。毕竟,复古在于学习古人,进而与之契合,而法度和格调就是沟通二者之间的桥梁,能够实现古今的隔空对话。

作为后七子文学复古的中坚力量,王世贞早年即积极投身于复古的倡导中,钟爱法度和格调。于法度,他注重文体和法度的结合,以体论法,以法规体,希冀做到文体和法度的水乳交融。如他认为:"七言律,不难中二联,难在发端及结句耳。发端,盛唐人无不佳者,结颇有之,然亦无转入他调及收顿不住之病。篇法有起有束,有放有敛,有唤有应,大抵一开则一阖,一扬则一抑,一象则一意,无偏用者。句法有直下者,有倒插者,倒插最难,非老杜不能也。字法有虚有实,有沉有响,虚响易工,沉实难至。"④即从七言律这种文体着手,对其创作之法加以剖析,有全文发端、结尾之法,以及具体而微的篇法、句法和字法,要求甚是严格,对于此,王世贞推崇能够做到二者合一的杜甫。王世贞对行文法度的注重,进而上升到对格调的追求。于格调,王世贞认为:"今四《诗骚》赋之韵,有不出于五方田畯妇之所就乎?而可据以为准乎?古

---

① [梁]刘勰著,詹锳义证:《文心雕龙义证》,上海古籍出版社1989年版,第1732页。
② [梁]钟嵘著,周振甫译注:《诗品译注》,中华书局2013年版,第24页。
③ [梁]钟嵘著,周振甫译注:《诗品译注》,中华书局2013年版,第15页。
④ [明]王世贞:《弇州山人四部稿》卷一百四十四《艺苑卮言一》,美国哈佛大学燕京图书馆藏明刻本,第14页。

韵时自天渊,沈韵亦多矛盾,至于叶音,真同鴃舌。要之为此格,不能舍此韵耳。"①虽然古韵源于田畯女工,出之自然,沈韵也有其不足,而在创作之时,有了格就不能舍去相应的行文之调,力求行文格调的彬彬之态。

可贵的是,王世贞并没有拘泥于具体的法度和格调,他对此十分通达。对于法度,他说:"诗有常体,工自体中,文无定规,巧运规外。"②即认为在遵守基本的文体之法后,要善于变化,要"巧运规外"。对于格调,他指出:"才生思,思生调,调生格,思即才之用,调即思之境,格即调之界。"③虽然突出行文格调对才思的限制作用,附和复古主张,然而他在格调之外,还是肯定了才思的存在,这有利于个体情感的抒发,补救过于强调格调所带来的弊病。除此之外,王世贞还有很多精辟的见解,如:

> 西京、建安,似非琢磨可到,要在专习凝领之久,神与境会,忽然而来,浑然而就。无岐级可寻,无色声可指。三谢固自琢磨而得,然琢磨之极,妙亦自然。④

> 王武子读孙子荆诗而云:"未知文生于情,情生于文?"此语极有致。文生于情,世所恒晓,情生于文,则未易论,盖有出之者偶然,而览之者实际也。吾平生时遇此境,亦见同调中有此。又庚子嵩作《意赋》成,为文康所难,而云:"正在有意无意之间。"此是遁辞,料子嵩文必不能佳。然有意无意之间,却是文章妙用。⑤

较之以前的认识,王世贞的这些见解更为深刻和全面,融入自身创作体会,这是王世贞对法度和格调的继续深化。以此二者为基础,他的

---

① [明]王世贞:《弇州山人四部稿》卷一百四十六《艺苑卮言三》,美国哈佛大学燕京图书馆藏明刻本,第10页。
② [明]王世贞:《弇州山人四部稿》卷一百四十四《艺苑卮言一》,美国哈佛大学燕京图书馆藏明刻本,第17页。
③ [明]王世贞:《弇州山人四部稿》卷一百四十四《艺苑卮言一》,美国哈佛大学燕京图书馆藏明刻本,第17页。
④ [明]王世贞:《弇州山人四部稿》卷一百四十四《艺苑卮言一》,美国哈佛大学燕京图书馆藏明刻本,第13页。
⑤ [明]王世贞:《弇州山人四部稿》卷一百四十六《艺苑卮言三》,美国哈佛大学燕京图书馆藏明刻本,第7—8页。

文论有对法极的探索，有对情性的追求，有对自然的向往，表现出了他与文学复古之风的不同一面。郭绍虞先生对王世贞这种"神与境会"的主张大为赞赏，认为"有点类似于性灵说的见解"。的确，"性灵说"所注重的是在创作中自身情感的流露，表现真性情，不受法度和格调等外在因素的影响，形成一种情至之文。而王世贞所强调的"神与境会""妙亦自然""有意无意之间，却是文章妙用"，则直承"性灵说"之要旨。然而，在肯定王世贞复古行径时，我们也不能刻意忽视这些带有"性灵"意味的话语。也就是说，王世贞既有强调创作法度和格调的一面，也有注重情意以抒发自身情感的一面。

王世贞由文学复古到"性灵"的转变，是由内外因素共同作用的结果。就内在因素而言，这是王世贞内心"性灵"种子发育的必然。王世贞年少时的为学取向就和当时文坛上主模拟之风不尽一样，当别人热衷于模拟创作时，他却"从大人所得《王文成公集》，读之而昼夜不释卷，至废寝食。其爱之出于三苏之上"①，并且"自少时好读古文章，家言窃以为西京而前，谈理者推孟子，工情者推屈氏，策事者推贾生"②。自己的喜好和家庭的要求都是指向情性之学，与"性灵"有着天然的联系。因此，即使王世贞后来走上了复古道路，他内心的"性灵"火种并没有泯灭，这也从王世贞早年的创作实践中得到印证。如王世贞 27 岁南下途中所写的《初拜使命抵家作》《杂诗六首》《乱后初入吴，舍弟小酌》《将军行》等作品就有所体现。姑且以《初拜使命抵家作》为例：

> 去家未十载，结绶始言还。惝恍梦寱间，历历陌与阡。耆老揖且疑，安识众少年。昔别犹髫龀，今来室家完。酒炙争慰劳，陆博夜喧阗。解带着庭树，改席临后轩。离合诚欲轻，焉睹冀及前。③

这是一首五言古体诗，是王世贞抵家后真情实感的自然流露，忆昔之情和感今之情娓娓道来，法度和格调为真性情服务，完全融于其间，

---

① ［明］王世贞：《弇州山人读书后》卷四《书王文成集后》，上海图书馆藏明刻本，第 3 页。
② ［明］王世贞：《弇州山人续稿》卷四十二《念初堂集序》，美国普林斯顿大学东亚图书馆藏明刻本，第 3 页。
③ ［明］王世贞：《弇州山人四部稿》卷十四《初拜使命抵家作》，美国哈佛大学燕京图书馆藏明刻本，第 18 页。

第六章 复古至情齐发展

没有丝毫违和感。另外,《将军行》直接取法白居易新乐府。王世贞这些本自内心的创作,正好是其与李攀龙结交后第一次长期离别后而作。徐朔方先生就认为:"当他暂时离开这位诗友而南下时,他的诗作就出现了另外的调子。"①其实这些调子就是王世贞"性灵"的直接体现,只不过他受李攀龙的影响,走上复古道路,暂时将"性灵"的种子压制住罢了。

就外在因素而言,王世贞早年到中晚年文学思想的变化与其人生的坎坷经历有关,人生和官场的不如意,使王世贞转而追求内心的自得之趣,这也为"性灵"种子发育提供了良好的土壤。王世贞一生"多历情变",遭遇家难,父亲蒙上不白之冤而死,小儿子夭折,再加上自己在官场也是屡遭排斥,不受重用,并被弹劾。王世贞早年肯定曹丕文章"经国之大业,不朽之盛事"之说,怀有"尚庶几铅刀之割,以少吐文士气"②的梦想,也积极投身于文学复古,但历经现实磨砺后,他便在"京师且十载,所目睹乃大谬不然者",并"不幸与用事者忤驯,致大变"③,进取锐气慢慢淡化。王世贞四十九岁改官太仆卿,从三品;同年九月,为右副都御史,正三品;六十四岁时更是官至南京刑部尚书,正二品,王世贞却没有成天忙于政务,更多的是闲居在家,即使听从调令,去各地赴职,他也是不断写乞归书,直言多病,无法胜任官职,希望回家调养。如《为新旧疾病大作不能供事旷职负恩乞赐罢斥归里疏》中"夕不获一寝,啜粥不尽一器,气息惙惙,势不能支缘""臣病不痊,臣职逾旷负恩益深"④之语,将其乞归思想展现得淋漓尽致。王世贞晚年退居弇山园,旖旎的自然山水淘洗其心灵,"来日一饭一白粥,从兰若借藏经,案牍之暇,时展一卷以自娱耳"⑤,一副怡然自得之样。他对其文学创作有了新的认识,认

---

① 徐朔方:《晚明曲家年谱·苏州卷》,浙江古籍出版社 1993 年版,第 488 页。
② [明]王世贞:《弇州山人四部稿》卷一百十九《汪伯玉》,美国哈佛大学燕京图书馆藏明刻本,第 7 页。
③ [明]王世贞:《弇州山人四部稿》卷七十一《王氏金虎集序》,美国哈佛大学燕京图书馆藏明刻本,第 4 页。
④ [明]王世贞:《弇州山人续稿》卷一百四十四《为新旧疾病大作不能供事旷职负恩乞赐罢斥归里疏》,美国普林斯顿大学东亚图书馆藏明刻本,第 10 页。
⑤ [明]王世贞:《弇州山人四部稿》卷一百十八《徐子与》,美国哈佛大学燕京图书馆藏明刻本,第 4 页。

为："于文章鲜所规象，师心自好，良多谬戾。"①他还指出："于诗质本不近，而意甚笃好之，然聊以自愉快而已。"②王世贞所强调的自娱和师心，是其"性灵"思想的直接展现。

总体看，王世贞文学思想的变化及其对"性灵"的注重与他的人生轨迹相吻合。翻阅王世贞的《四部稿》《续稿》《弇州史料》等文集，除去重复之处，共发现 15 篇文章中有 16 处提及"性灵"一词，《四部稿》中有 3 处，其中《说部·艺苑卮言》中有 1 处，属于引用他人言语，《弇州史料》中有 2 处，其中 1 处与《续稿》中重复，重复处只算作 1 处，计入《弇州史料》，即使除去重复处，在《弇州山人续稿》中也还有多达 11 处。而最早的六卷本《艺苑卮言》则没有一处提及"性灵"一词。其中王世贞于嘉靖三十六年（1557）开始写作《艺苑卮言》，那时他三十一岁；《四部稿》完成于万历四年（1576），王世贞五十岁；《续稿》的主体部分是王世贞创作于"丙子至庚寅"③之间的作品，即 1576—1590 年，这属于王世贞的晚年时期。所以我们可以发现王世贞的作品创作和其人生轨迹以及"性灵"一词出现的频率完全吻合，其晚年更是经常提及。如在《贞靖周先生传》中，王世贞说道："然汉郭林宗声垂千古，其年尚减先生五岁，人似不在长年，藉令天假余龄，出而用世，亦事功粗迹耳。倘所谓精意流行，性灵常在，亦讵于今日有加损哉。"④对于外在的功名，王世贞看得很淡，他更加追求内心的自然本性，认为只要这种本性常在，外在的一切相对于目前而言也就都无所谓了，这也是王世贞晚年的写照，是其"性灵"常在的证明。

"性"乃为"性灵"概念的核心部分，指人的本性、本心、性格，喜怒哀乐惊恐悲之源，"灵"则是在"性"基础之上的深发。对于"性灵"说的内涵，黄卓越做过一个概括，他认为这个概念的含义大致有以下几种：即性灵源于心性本体；性灵为一种心理的灵明或虚明状态；性灵无始无

---

① [明]王世贞:《弇州山人四部稿》卷一百二十六《答王新甫》，美国哈佛大学燕京图书馆藏明刻本，第 8 页。
② [明]王世贞:《弇州山人四部稿》卷一百二十八《答周俎》，美国哈佛大学燕京图书馆藏明刻本，第 19 页。
③ [明]王世贞:《弇州山人续稿附》卷四《刘绍兴介徵》，浙江图书馆藏明刻本，第 15 页。
④ [明]王世贞:《弇州史料后集》卷六，上海图书馆藏明刻本，第 11 页。

终;性灵具有心理的原真性、个体性、自适性;性灵发为一种本色的灵趣或意趣等等。① 这些概括非常全面,就王世贞而言,其中晚年的创作更加注重主体的生命感受,内心真性情的流露,体现生活中的情趣意味,故而王世贞"性灵"的取向在于追求心灵的自适、真我,并将其融入社会生活之中,使心灵得到娱乐和释放,一种本色的趣味。这与同时期的李贽有所不同,李贽虽然没有明确提出"性灵"一词,不过其"童心说"对袁宏道"性灵说"的形成具有直接影响,有其互操作性。李贽认为"天下之至文,未有不出于童心焉者也",而"童心"就是"真心","绝假纯真,最初一念之本心也"②,李贽将"童心"作为文学创作的本源,有真假之分,并突破了文学创作的功利色彩,直指作者内心之真我、真性情,甚至是一种至情,如他说道:"凡人作文皆从外边攻进里去,我为文章只就里面攻打出来,就他城池,食他粮草,统率他兵马,直冲横撞,搅得他粉碎,故不费一毫气力而自然有余也。"③在这种思想的指引下,文学创作走向了为己,表达自己的真情实感。李贽进一步分析道:"夫私者,人之心也,人必有私而后其心乃见,若无私,则无心矣。"此心即人之心,与人之童心相维系。文学创作在于为己、自适,与儒家的仁义礼智信、社会的理性无关。虽然王世贞也受到过王阳明"心学"的影响,如他年少时喜爱王阳明和三苏之作,并且后来与王学后人王畿有所交往④。于创作也注重真我、真性情的体现,但是他同时注重文章创作基本法则对情性的约束,力求文章彬彬之态,并强调文学创作的社会性,这就使文学创作没有彻底摆脱功利性的色彩。然而,值得肯定的是王世贞不仅在复古文风之下追求心灵的情性、神明以及真我,他还提出了"性灵"一语,做出了有益的探索和反思,具有自身特色,这对"性灵"说的发展有重要意义,主要体现在以下几个方面。

---

① 黄卓越:《明中后期文学思想研究》,北京大学出版社 2005 年版,第 238—239 页。

② [明]李贽:《焚书》卷三《童心说》,张建业等注:《李贽全集注》第 1 册,社会科学文献出版社 2010 年版,第 276 页。

③ [明]李贽:《续焚书》卷一《与友人论文》,张建业等注:《李贽全集注》第 3 册,社会科学文献出版社 2010 年版,第 21 页。

④ 王世贞在其《弇州山人续稿》卷二百三《答王龙溪》一文中有所交代,如"自辛未夏获一奉,颜色于今,七改岁朔矣"。

首先,王世贞强调自然万物对内心情性的娱乐。从前面对性灵发展和演变所做的溯源中,我们可以知道,性灵发展之初,与人的自然天性和世界万物有关。人虽然更大程度上是具有社会性的特征,然而归根结底又与自然万物有着密不可分的联系,庄子逍遥于自然,阮籍逃遁社会,走向自然,人们在自然界中能够获得内心的娱乐,甚至是重新展现本真的自我。对于此,王世贞注重内心世界和自然世界的融合,使内心世界在自然风光中得到娱乐。他认为:"山郁然而高深,水悠然而广且清,而不悦吾之性灵哉。"①他还说道:"诸所以黼黻泉石,娱快性灵者,种种来谕,谓发尚纯鬃,健嗷雅步。"②内心世界在自然界中得到娱乐,即内心情性得到满足和释放,王世贞将"性灵"回归到其最初的本义,追求人之本性与社会和自然的合一。

　　其次,王世贞强调文学创作中性灵的体现。在文学复古之风的影响之下,众人一味通过对法度和格调的把握,以求与古人合,"文必秦汉,诗必盛唐",从而使文学创作在古人身后亦步亦趋,成为古人的影子,这不利于作者自身情感的抒发,因为文学毕竟是作者内心情感的外在表现形式。而随着王世贞复古热情的褪去,他在创作中更加强调真我、真性情的表现,甚至是反对创作时的多思,以求性灵尽情的释放,如"逸宕散真我,多思凿性灵"③,这和庄子的反智思想类似,注重直追对象最自然、最真实的本性、自我。王世贞还在《湖西草堂诗集序》中对"性灵"进行详细阐述:

　　　　顾其大要在发乎兴,止乎事,触境而生,意尽而止,毋凿空,毋角险,以求胜人而刿损吾性灵。以故翁之诗出,不能暴取名,而其存者,和平爽畅,有君子风,即置之唐长庆、宋元祐间,庶几无愧色矣。翁之不为凿空角险,以求胜人而刿损其性灵,此于摄生家甚

---

① [明]王世贞:《弇州山人四部稿》卷七十一《古今名画苑序》,美国哈佛大学燕京图书馆藏明刻本,第21页。
② [明]王世贞:《弇州山人续稿》卷二百三《胡观察伯安》,美国普林斯顿大学东亚图书馆藏明刻本,第19页。
③ [明]王世贞:《弇州山人续稿》卷七《古体寿钱澹庵翁八十》,美国普林斯顿大学东亚图书馆藏明刻本,第19页。

要，故老而神明之用不衰。①

即王世贞认为文章创作应该是由兴而发，源于真情，并融入境、意、格调等因素，各因素在文章中都要相得益彰，服务文章整体，但不能为求胜过他人而自损性灵，不损性灵的创作是衡量文章的重要标准。且看王世贞自己的诗作：

> 遥望白华山，山石郁嶙峋。中有白华吟，吟声何悲辛。之子怀永慼，结庐在丘闉。荆榛初往蹊，松柏自成邻。念彼长夜台，痛此百岁人。挥泪循修垄，高恸逮萧晨。晨猿无停和，垄草不易春。悲风吹北陆，惨日就西斋。重冥稀生构，九陌绝幽轮。音容旷不接，志意邈难伸。朝露夕自霜，暮兰旦为薪。憎结令中耗，安能延子鬓。非虞仲举谪，冀全嗣宗真。弧矢庶可扬，竹素将不泯。（《张幼于庐墓》）②

在诗歌的发展历程中，感伤故人之作，比比皆是，如杜甫的《梦李白》、孟浩然的《夏日南亭怀辛大》等等。然而王世贞并没有为了胜过古人而有损自己内心之感，也没有为了突出张献翼和自己的情感而大写特写。此诗是王世贞有感而作，发乎兴，止乎事，将张献翼的生平和与自己的交往一一道来，行文和平爽畅，从而使王世贞的真性情也得到自然而然的流露。

从真我、真情出发，表达内心性灵，这样的文章，能与古文相媲美而无愧色。与之相应，王世贞对于他人在创作中能够抒发性灵表示赞赏，如王世贞认为余曰德早年的文章"片语出而重邯郸之价"，有可取之处，但这不是余曰德内心的真实体现，复古之时，"未免蹊径之累"。然而余曰德晚年的创作却不尽一样，王世贞云："归田以后，于它念无所复之，益搜刿心腑，冥通于性灵，神诣独往之句，为于鳞所嘉赏。然于鳞遂不得而有先生，其又稍晚运斤弄丸之势，往往与自然合，或于鳞或不佞，或

---

① ［明］王世贞：《弇州山人续稿》卷四十六《湖西草堂诗集序》，美国普林斯顿大学东亚图书馆藏明刻本，第 12 页。

② ［明］王世贞：《弇州山人四部稿》卷十五《张幼于庐墓》，美国哈佛大学燕京图书馆藏明刻本，第 19 页。

大历，或贞元，要不可以一端目之，大要突然而自为德甫，然置之古人中，固居然亡愧色也"①。这样源于内心神明、体现真我的佳作更是被王世贞所喜爱。通过上述两例我们可以发现，王世贞在赞赏他人性灵之作时，都将他们放于古人之中，而且都是"无愧色"，需要说明的是，这并不是王世贞文论主张的倒退，而是与时代评判标准有关。因为在文学复古运动之中，众人学法古人，复古派更是将与古人对比而无愧色作为文章创作的最高评判标准。故而王世贞对于自己遭家难前后所创作的远离性灵的作品，表示不满，他认为："中更家罹，兼抱书癖，侵剥肺腑，雕漓性灵。"②所以王世贞能够对他人的性灵之作给予肯定，在当时的环境下，已经是巨大的进步，也足可见他对性灵的重视。

另外，王世贞强调"诗以陶写性灵"③。对于诗歌的表现功能，"诗言志"一说早已有之，而对于"志"的具体含义，历来说法不一。《左传》《尧典》《论语》中的"诗言志"侧重政治志向和抱负，庄子的"诗以道志"则侧重情感、意愿的抒发和表达。后来的《毛诗序》将志向和情感两者并提，其中说道："诗者，志之所之也，在心为志，发言为诗，情动于中而形于言。"而王世贞在《题刘松年大历十才子图》中主张："诗以陶写性灵，抒纪志事而已。"即认为诗歌的主要功能在于表达作者主体情感，使真我、真性情得以体现。他在《邓太史传》中借邓俨之口，认为："喜为诗，谓其能发性灵，开志意，而不求工于色象雕绘，君子以为知言。"④创作时要注重真实地呈现作者的内心世界、抒发情感，而不需要人为的雕琢、绘色。在这方面，王世贞推崇的是陶渊明，如他的《经彭泽有怀陶公》一诗：

　　陶公辞彭泽，亦复聊其生。磬折岂足劳，而以事躬耕。安能如旅葵，百谷产中庭。鼎鼎百年内，贵在愿与并。浊醪佐新诗，聊以

① ［明］王世贞：《弇州山人续稿》卷五十二《余德甫先生诗集序》，美国普林斯顿大学东亚图书馆藏明刻本，第3—4页。
② ［明］王世贞：《弇州山人续稿》卷一百四十四《为新旧疾病大作，不能供事，旷职负恩，乞赐罢斥归里疏》，美国普林斯顿大学东亚图书馆藏明刻本，第10页。
③ ［明］王世贞：《弇州山人续稿》卷一百六十八《题刘松年大历十才子图》，美国普林斯顿大学东亚图书馆藏明刻本，第13页。
④ ［明］王世贞：《弇州山人续稿》卷七十三《邓太史传》，美国普林斯顿大学东亚图书馆藏明刻本，第19页。

娱性灵。偶然获为人,偶获千载名。名者自随之,获者安所营。窃窥逸民言,令人愧浮荣。①

在王世贞眼中,陶渊明生活在真我之中,一副悠然自得、无拘无束的景象,"浊醪佐新诗,聊以娱性灵",其诗歌创作也不过是自身性灵的自然流露而已。陶渊明开创的田园诗风,对内心情感、真性情的表达不受约束,趋于自然,是性灵之旨。他虽然没有直接关于"性灵"的文学理论,可是从他的人生态度和诗歌创作中,我们可以感受到他对性灵的追求,对自然的向往。如"暖暖远人村,依依墟里烟。狗吠深巷中,鸡鸣桑树颠。户庭无尘杂,虚室有余闲。久在樊笼里,复得返自然"。陶渊明不仅为后人开辟了一条隐士之道,更为后人描绘了一幅性灵之境。

而对于自身的真我、真性情,王世贞通过诗歌创作,也将其展现得淋漓尽致。试观他的两首诗作:

> 醉乡懒侯治生涯,青山十亩水倍之。弇州堂背一片绮,不减卫府芙蓉池。稍西九曲面山出,恍若螺髻堆琉璃。刺篙中流月破碎,回棹小港花追随。银鳞泼刺跳波响,朱顶嘹唳从风移。主人醉眠客行乐,客眠主醒鸡喔喔。早闻青鸟唤葫芦,除却白衣无剥啄。壶中天地不长情,画里江山难着脚。以兹母若归去来,虎头为汝开丘壑。②

> 庭前众枯得春发,不病胡为但忽忽。久成清世齿外人,可作时贤眼中物。千言辨讳讳奈何,六州铁铸错更多。今朝中酒昨朝醉,西邻哭死东邻歌。男儿扪腹一太息,安能低眉望颜色。仕宦宁堪生耳车,归来亦岂无瑕石。不烦公家费俸钱,亦不愿使篇章传。支颐抱膝看山色,更有一计销残年。③

在这两首诗作中,我们可以看到一个悠然自得、充满生活情趣的王世贞,这是王世贞真实心灵的写照。

---

① [明]王世贞:《弇州山人四部稿》卷十《经彭泽有怀陶公》,美国哈佛大学燕京图书馆藏明刻本,第16页。
② [明]王世贞:《弇州山人四部稿》卷二十二《九友斋十歌·其二》,美国哈佛大学燕京图书馆藏明刻本,第13—14页。
③ [明]王世贞:《弇州山人四部稿》卷二十二《思归吟》,美国哈佛大学燕京图书馆藏明刻本,第9页。

复次，王世贞强调对性灵泛滥的约束。"性灵"在文学创作中多为不受约束，尽情表现真我、真性情，这固然有利于作品情感的凸显，可是物极必反，凡事走上了极端，必定会带来更多的弊端，对"性灵"的追求也是如此。陶渊明自认为"质性自然，非矫厉所得"，不过他非常讲究炼字，能够做到琢磨之极、妙亦自然的境界。如其名句"采菊东篱下，悠然见南山"，"悠然"一词，生动地刻画了陶渊明远离世俗生活后的自我舒适，"见"字传神，更是细化了陶渊明自我舒适的具体内涵，突出其劳作后生活的惬意和自得。故而如果没有陶渊明式的才情，一味地追求性灵，创作时任由自身情感喷发，往往会使创作适得其反。王世贞则借颜之推之口对性灵做出了反思：

　　　　颜之推云："文章之体，标举兴会，发引性灵，使人矜伐，故忽于持操，果于进取。"今世文士，此患弥切，一事惬当，一句清巧，神厉九霄，志凌千载，自吟自赏，不觉更有傍人。加以砂砾所伤，惨于矛戟；讽刺之祸，速于风尘；深宜防虑，以保元吉。吾生平无进取念，少年时，神厉志凌之病，亦或有之。今老矣，追思往事，可为扪舌。①

　　可见，文章创作如果只追求性灵而不顾法度、格调等其他要素的持操，局限于一事一句的超然，往往会孤芳自赏，觉得无人出其左右，目中无人，这是创作中的大忌。王世贞后来对此深有反思，其早年编写的《艺苑卮言》，被李攀龙等人称为"英雄欺人"语，他也认为"未为定论"，并"随事改正，勿令误人而已"②。因此王世贞强调在法度和格调等要素具备的基础上，再注重真我、真性情的抒发，从而使情感不至于泛滥，性灵也有章可循。如他告诫晚辈颜廷愉时说道："至于诗，古体用古韵，近体必用沈韵，下字欲妥，使事欲稳，四声欲调，情实欲称。觳率规矩定，而后取机于性灵，取则于盛唐，取材于献吉、于鳞辈，自不忧落夹矣。"③王世贞的这些反思和主张，对于诗歌创作而言是有益的，文学创作在于

① ［明］王世贞：《弇州山人四部稿》卷一百五十一《艺苑卮言八》，美国哈佛大学燕京图书馆藏明刻本，第22—23页。
② ［明］王世贞：《读书后》卷四《书李西涯古乐府后》，上海图书馆藏明刻本，第7页。
③ ［明］王世贞：《弇州山人续稿》卷一百八十二《颜廷愉》，美国普林斯顿大学东亚图书馆藏明刻本，第4页。

表现主体的情感、真性情,诗文作为一种文体,自然有其自身的法则,这也是诗文之所以为诗文而不是他物的客观属性。如创作五言律诗时,不能任由情感的表达而掺杂七言或者九言诗句。反之,遵守了基本的法则,再注重情感的抒发,使文章妙亦自然,则是源于性灵的佳作。试观王世贞的两首诗作:

> 仲冬好风日,故山嘉树林。信履触幽赏,改席就清阴。青葱冒霜草,啁唧先候禽。人生贵所适,毋为悬别心。①

> 凉色推篷后,潮声进艇中。青山两岸合,银汉一江通。岂谓清凉界,犹残老病翁。羞闻暂养翮,谓可纵秋风。②

这是王世贞的两首五言律诗,符合五言律诗创作的基本规则,如隔句押韵、三四五六句对仗等等,但又皆为有感而发,源于内心情性,情景合一,不过王世贞并没有使自己的情性喷薄而出、一泻千里,而是随之娓娓道来。

第五节　内心对白居易的雅慕

明人刘凤曾在王世贞《弇州山人续稿序》中言及:"(世贞)以疾乞归,病遂大作。予往问焉,则见其犹恒手子瞻集。"③由此揭开了后人议论王世贞晚年服膺苏轼的序幕,对此,学界研究成果也颇多④。而王世贞一向视苏轼与白居易同类,并为文坛巨匠。基于资料的钩沉,我们发

①［明］王世贞:《弇州山人四部稿》卷二十九《冬日憩舟嘉树林小饮》,美国哈佛大学燕京图书馆藏明刻本,第1页。

②［明］王世贞:《弇州山人四部稿》卷二十九《江行病起即景有感》,美国哈佛大学燕京图书馆藏明刻本,第16页。

③［明］刘凤:《弇州山人续稿》序,美国普林斯顿大学东亚图书馆藏明刻本,第4页。

④ 对于刘凤所言及一事,《明史·王世贞传》亦云:"病亟时,刘凤往视,见其手苏子瞻集,讽玩不置也。"此论也成为后人讨论的重要话题。如徐复观先生主张"王世贞本人晚年亦渐造平淡。病亟时,刘凤往视,见其手持《苏子瞻集》讽玩不置。这便与袁宗道以白苏名斋,同其趋归了。"(徐复观:《中国艺术精神》,华东师范大学出版社2001年版,第250页);孙学堂在《王世贞与性灵文学思想》一文中强调王世贞对苏轼的喜爱代表了其对性灵文学的转变(《苏州大学学报》2002年第4期,第50—53页);魏宏远在《钱谦益"弇州晚年定论"发覆》一文中认为王世贞对苏轼不是完全的否定,但也算不上是推崇(《上海交通大学学报》2013年第5期,第76—85页);等等。

现王世贞不仅对白居易的诗歌创作有着独特的见解,甚至是自我陶醉于白家门风而进行创作。如果说王世贞晚年手持苏轼文集透露了他心折苏轼的信息,那么他文集中反复出现的白居易影像更是让人感到他对白居易的雅慕。王世贞雅慕白居易现象既关系到王世贞诗歌创作的评价,同时也有助于反思白居易诗歌创作之得失,值得深入探讨。

"学而优则仕",是士大夫为达不朽而做出的选择,白居易和王世贞均未能免于此,不约而同地在仕途中来回穿梭。如白居易,十五岁知有进士后发奋读书,二十九岁及进士第,三十七岁被授左拾遗,从八品上;四十四岁时由正五品的太子左赞善大夫贬为江州司马,正六品上;后历经起伏,先后为杭州刺史、苏州刺史、刑部侍郎等职,七十一岁以刑部尚书致仕,七十五岁卒于洛阳履道里第时被追赠尚书右仆射,从二品。此等履历,可谓丰富,王世贞亦有相似之处。王世贞二十二岁时就中进士,开始进入仕途,二十三岁时就为刑部主事,正六品,三十一岁任按察司副使,正四品,可谓春风得意,但在随后的十八年,即四十九岁时才改官太仆卿,从三品,六十四岁时以南京刑部尚书之职致仕,正二品。

唐朝和明朝的官员品级不一样,白居易和王世贞均从底层做起,最终都官至刑部尚书,起点和终点均相似,但是过程和心态却不尽一样。从官位升迁的轨迹来看,白居易仕宦生涯,跌宕起伏,高峰和低谷都非常明显,而王世贞的升迁进程虽然有时快,有时慢,但总体而言却是呈现出稳步上升的态势。不过白居易虽有不如意之时,如被贬江州司马,或是"时天子荒纵不法,执政非其人,制御乖方,河朔复乱。居易累上疏论其事,天子不能用,乃求外任"[①],他尚能保持独立人格,穷则独善其身,游山玩水,与友朋相互酬唱,此时也是其诗情和才情展现之时,千古名篇《琵琶行》《长恨歌》等文章均创作于被贬期间。当然,白居易达时则兼济天下,"欲以生平所贮,仰酬恩造"[②],在好友元稹将贬之际,便上书直言三不可。对于此,王世贞徒有羡鱼情,如他论述道:

余少读《归去来辞》,虽已高其志,而窃难其事,以为非中人所

①〔后晋〕刘昫等:《旧唐书》卷一百六十六《白居易传》,中华书局 1975 年版,第 4353 页。
②〔后晋〕刘昫等:《旧唐书》卷一百六十六《白居易传》,中华书局 1975 年版,第 4341 页。

能。后得白乐天《池上篇》，览之，颇有合，谓此事不甚难办，此文不甚难构，而千百年少俪者，何也？苏长公云，乐天事事可及，唯风流一事不可及。余则云，风流亦可及，唯晓进退不可及也。①

白居易之诗歌和风流之事，王世贞认为可及，但是其政治中的进退之术则不可及也，对白居易而言，政治其实是根本，诗歌乃是依托根本之上的事情，如其言"仆志在兼济，行在独善，奉而始终之则为道，言而发明之则为诗"②。王世贞赞赏白居易政治上的"晓进退"，并非对白居易的恭维之词，实乃肺腑之言。因为在政治仕途的选择上，王世贞唯有进，没有退的余地。他一生多历情变，子女夭折，官场不顺，但最大的打击莫过于其父被严嵩陷害，其曾言及"王子之生趣尽而犹有生晷，所谓欲哭则不敢，欲泣则近于妇人"③，父亲去世，整个家族的重担全部转移到王世贞的肩上，再大的苦难他也必须自己承受，不多时便有"幽忧之疾"④。在目睹一切之后，才深刻地感受到"所目睹乃大谬不然者"⑤，王世贞想选择远离官场，回归早年的诗书之业，然而他早已经失去了选择权，在这方面，白居易就比他幸运多了，王世贞曾向汪道昆苦言道：

> 公别后，亡何，而上书人归，书寝弗下。宰公者贻札数百言，责仆以大义，谓当出相公，言则少而辞加峻。已又属乡人郭吏部坐一介吾家，谓不出。何以复宰公命？时仆尚未脱布帽鹿裘，枕《维摩》《楞严》而卧，室人娓娓交谪矣，固强弗应。乃窃闻老母为损匕箸曰："吾何以供而之食客也？"又弗应。则又曰："而不念而父之事未竟也，而拂造物者。夫造物者造而父，而拂之以自完则可，吾何赖于后？"不获已，乃姑为若出者。⑥

---

① ［明］王世贞：《弇州山人四部稿》卷一百二十九《题池上篇彭孔嘉钱叔宝书画后》，美国哈佛大学燕京图书馆藏明刻本，第 12 页。

② ［后晋］刘昫等：《旧唐书》卷一百六十六《白居易传》，中华书局 1975 年版，第 4350 页。

③ ［明］王世贞：《弇州山人四部稿》卷七十一《幽忧集序》，美国哈佛大学燕京图书馆藏明刻本，第 9 页。

④ ［明］王世贞：《弇州山人四部稿》卷一百二十九《王山人西湖诗后》，美国哈佛大学燕京图书馆藏明刻本，第 1 页。

⑤ ［明］王世贞：《弇州山人四部稿》卷七十一《王氏金虎集序》，美国哈佛大学燕京图书馆藏明刻本，第 4 页。

⑥ ［明］王世贞：《弇州山人四部稿》卷一百十九《汪伯玉》，美国哈佛大学燕京图书馆藏明刻本，第 2 页。

即王世贞已经厌倦官场,在他萌生退意之时,不仅亲朋好友责怪他,甚至连母亲都要求他出仕,一来他肩负着为父亲平反的重担,二来他是整个家族赖以生存发展的希望,至于自我,则只能牺牲之。而在白居易的肩膀上,则没有这么多的压力,其即使被贬,更多的只是对自我仕途的担忧,怀才不遇的感慨,故而他能在被贬之地,尽情地享受生活,还能进行文学创作,"静读古人书,闲钓清渭滨。优哉复游哉,聊以终吾身"①,这是白居易生活的真实写照。但是矛盾的心理和现实,却时常伴随王世贞左右,以致其屡次上书乞归,渴望悠然的生活,但又屡次被迫出仕。

因此仕途轨迹看似相近,白居易和王世贞的生命体验却截然不同。王世贞对白居易的羡慕之情,在其欣赏《九老图》之际,更是流露无疑。《九老图》即描绘白居易、刘真、张浑等九人告老还乡后于洛阳聚会之盛况,除卢贞外,均七十有余,长者胡杲甚至达八十九岁高龄,虽然酬唱的生活,是白居易的常态,但是如此盛况却世间少有,如白居易所言"洛社耆英会也"。对于此,王世贞自我抒怀道:"吾生平雅慕乐天,自纳节来,颇治弇山园,以希十五年后,耆英之盛。"②这朴实的言语,其实是王世贞内心的呐喊之声。在王世贞的心目中,他一直希冀白居易的酬唱生活,向往《池上篇》中所言的悠然自得,奈何父难及家族的原因,让王世贞往往不自得,也因此在其欣赏和治理弇山园时,可见白居易的影子。

王世贞曾言:"愚尚友古昔,请得以白香山而拟埒,彼其迈世轶尘之度,难进易退之节,诗则长庆取其宏,而岩居取其洁,固已易世而殊辙矣。"③王世贞生平雅慕白居易,甚至是当作友人相待,这已经为其走进白居易的诗学世界打下了坚实的基础。白居易也曾对自己的诗歌特点进行全面的分析,他认为:"自拾遗来,凡所遇所感,关于美刺兴比者;又自武德至元和,因事立题,题为'新乐府'者,共一百五十首,谓之'讽谕

① [唐]白居易撰,朱金城笺校:《白居易集笺校》卷六《咏拙》,上海古籍出版社 1988 年版,第 334 页。
② [明]王世贞:《弇州山人续稿》卷一百六十八《宋画香山九老图》,美国普林斯顿大学东亚图书馆藏明刻本,第 10 页。
③ [明]王世贞:《弇州山人四部稿》卷一百四《祭学士华先生文》,美国哈佛大学燕京图书馆藏明刻本,第 18 页。

诗'。又或退公独处，或移病闲居，知足保和，吟玩性情者一百首，谓之'闲适诗'。又有事物牵于外，情理动于内，随感遇而形于叹咏者一百首，谓之'感伤诗'。又有五言、七言、长句、绝句，自一百韵至两百韵者四百余首，谓之'杂律诗'。"①其中杂律诗占诗歌总数的一半左右，但是白居易所注重的是"讽谕诗""闲适诗""感伤诗"，而时人所喜的却是"杂律诗"，不过白居易的杂律诗"或诱于一时一物，发于一笑一吟，率然成章，非平生所尚者，但以亲朋合散之际，取其释恨佐欢，今铨次之间，未能删去"②，杂律诗虽然不是白居易诗作的全部，也是白居易自认为不擅长，甚至是可以删除的，奈何其传播甚广，以致这些率性之作，造就了白居易诗作浅易的特点，也是后人诟病之处。如释惠洪曾言："白乐天每作诗，令一老妪解之。问曰：解否？妪曰解，则录之；不解，则易之。故唐末之诗，近于鄙俚。"③祇园南海(1677—1751)在《诗诀》一书中批评白居易"一生之诗以俗总之"④。

对此，王世贞也颇有微词，其在早年的《艺苑卮言》中言及："元轻白俗，郊寒岛瘦，此是定论。"⑤在分析钱琦的诗作之时，言及"其合者，出入于少陵、左司之间，而下亦不流于元白之浮浅"⑥。当然，王世贞对白居易诗作特点的认知，并没有停留在表面的俗或浮浅之上，白居易之所以能够与李白、杜甫相提，有其可取之处，如王安石认为白居易之诗"看似寻常最奇崛，成如容易却艰辛"⑦，道出了平淡浅易背后的不易，因此王世贞批判后人只是一味地学习白居易诗作中表层的浮浅，如他言及："吾吴中盛文献彬彬，阛阓诗书矣，然好推尊其时显重者耳，传而共为其名，以故一徐庾出而语语月露，一元白贵而人人长庆，沿好成格，沿格成

---

① [唐]白居易撰，朱金城笺校：《白居易集笺校》，上海古籍出版社1988年版，第2794页。

② [后晋]刘昫等：《旧唐书》卷一百六十六《白居易传》，中华书局1975年版，第4350页。

③ [宋]释惠洪：《冷斋夜话》卷一，上海古籍出版社2012年版，第5页。

④ [日]祇园南海：《诗诀》，《日本诗话丛书》第一卷，文会堂书店1922年版，第25页。

⑤ [明]王世贞：《弇州山人四部稿》卷一百四十七《艺苑卮言四》，美国哈佛大学燕京图书馆藏明刻本，第12页。

⑥ [明]王世贞：《弇州山人续稿》卷四十一《钱东畬先生集序》，美国普林斯顿大学东亚图书馆藏明刻本，第9页。

⑦ [宋]王安石：《临川先生文集》卷三十一《题张司业诗》，中华书局1959年版，第341页。

俗,而不可挽也。"①"今之操觚者,日哓哓焉,窃元和长庆之余似,而祖述之气则漓矣,意纤然露矣,歌之无声也,目之无色也,按之无力也,彼犹不自悟悔"②。王世贞徜徉于白居易的诗学世界时,虽然对其浅俗也是以接受为主,但是他并没有停留在表层,而是进入了这背后的世界,富有一家之言,主要体现在以下几个方面。

首先,肯定白居易之作是至雅寓于俗者。在王世贞看来,白居易之作虽然浮浅、俗者之作颇多,如《中隐》《秋游原上》等等,但并不是每一首诗作都是如此,如《卖炭翁》《红线毯》等文章不乏情至之语,关注社会现实,同情百姓,发扬古乐府精神,都是值得肯定的。况且白居易之俗,有其自身内涵,王世贞论及:

> 然于大历元和中,韦公之冲雅,白公之宏爽,吾不能第其于李杜若何,固非十才子所可肩并也……史固称左司性高简所至,多焚香燕坐,翛然物虑之表,香山数以直言谪外,晚节与缁黄相还往,通晓其理,知足少欲不愧名字,余尝一再接龚君,虽不能尽得其人,于其诗见一斑矣。操觚之士,间有左袒左司者,以左司澹,而香山俗,第其所谓澹者,寓至浓于澹,所谓俗者,寓至雅于俗,固未可以皮相尽也,当与龚君共味之。③

即白居易之俗,亦可见其宏爽,与李杜相比,尚有所不足,但是却在大历十才子之上,而又与韦应物之作有所出入。韦应物更多的是在"翛然物虑之表",注重诗歌整体的"冲雅"之风,白居易却是以直言被贬,其诗作风格与其性格一致,晚年受佛道的影响,尤其是道家,讲究"通晓其理",挖掘日常事务之至理,如《适意》中有云:"终日一蔬食,终年一布裘"④,《初除户曹喜而言志》中曾曰:"唯有衣与食,此事粗关身。苟免饥

① [明]王世贞:《弇州山人四部稿》卷六十八《潘润夫家存稿序》,美国哈佛大学燕京图书馆藏明刻本,第12页。
② [明]王世贞:《弇州山人四部稿》卷六十五《徐汝思诗集序》,美国哈佛大学燕京图书馆藏明刻本,第6页。
③ [明]王世贞:《弇州山人续稿》卷四十七《龚子勤诗集序》,美国普林斯顿大学东亚图书馆藏明刻本,第3—4页。
④ [唐]白居易撰,朱金城笺校:《白居易集笺校》,上海古籍出版社1988年版,第318页。

寒外,余物尽浮云"①,等等。这类诗作,看似庸俗至极,却"有着深层的思想内涵,也是道家重视个体生命的一种体现"②,元好问曾言"陶渊明,晋之白乐天"③,这种理,这种感悟,源于生活的真情实感,是白居易诗作至雅的体现,也能看见陶渊明的影子。因此王世贞认为白居易诗作是"寓至雅于俗",故而欣赏诗作,"未可以皮相尽也",须深入玩味之,才能更加接近诗人和诗作本身。

其次,认为白居易诗作是浅率中存辞达。诗学属于文学,而文学又与人学息息相关,诗学是人们情感的外在展现。王世贞在《章给事诗集序》一文中论述道:"自昔人谓言为心之声,而诗又其精者。予窃以诗而得其人,若靖节之言,澹雅而超诣,青莲之言,豪逸而自喜,少陵之言,宏奇而饶境,左司之言,幽冲而偏造,香山之言,浅率而尚达,是无论其张门户,树颐颃,以高下为境,然要自心而声之,即其人,亦不必征之史,而十已得其八九矣。"④即在王世贞看来,了解他人不必从史书中寻找,翻阅他人之诗,熟读之,其人自现。白居易的诗歌"浅率而尚达",是王世贞对其诗歌特点的高度概括,也是白居易一生的真实写照。浅率而作,符合白居易创作杂律诗的率性特征,不过这种率性不是放任自流,而是辞能达意即可,如苏轼所言"大略如行云流水,初无定质,但常行于所当行,常止于所不可不止,文理自然,姿态横生"⑤,这也是王世贞所追求的创作境界,他说道:"孔子曰:'辞达而已矣。'又曰:'修辞立其诚。'盖辞无所不修,而意则主于达。"⑥以致王世贞认为曹植的文学创作不如其父兄的古直和本色,因为曹植"材太高,辞太华"⑦,超出了"辞达"的意表。白居易的创作特色和王世贞的诗学主张不谋而合。

---

① [唐]白居易撰,朱金城笺校:《白居易集笺校》,上海古籍出版社1988年版,第288页。
② 文艳蓉:《白居易生平与创作实证研究》,上海古籍出版社2016年版,第313页。
③ [元]元好问:《元遗山诗集笺注》,人民文学出版社1958年版,第525页。
④ [明]王世贞:《弇州山人四部稿》卷六十九《章给事诗集序》,美国哈佛大学燕京图书馆藏明刻本,第5页。
⑤ [宋]苏轼撰,孔凡礼点校:《苏轼文集》卷四九《与谢民师推官书》,中华书局1986年版,第1418页。
⑥ [明]王世贞:《弇州山人四部稿》卷一百四十四《艺苑卮言一》,美国哈佛大学燕京图书馆藏明刻本,第18页。
⑦ [明]王世贞:《弇州山人四部稿》卷一百四十六《艺苑卮言三》,美国哈佛大学燕京图书馆藏明刻本,第3—4页。

此外,向往白居易诗作的另一个原因是为诗不失时政。白居易和王世贞都不仅仅是一个纯粹的诗人,还有着兼济天下的政治情怀。白居易"谓之讽谕诗,兼济之志也;谓之闲适诗,独善之义也"①,其目的性非常明确,也正因为此,白居易在仕途顺利、深受皇上赏识之时,其讽谕诗作较多,而在被贬外地、政治不顺时,退而求其次,诗作以闲适诗、杂律诗为主,政治生涯的起伏没有让白居易停止诗歌创作,而是相得益彰,都取得了公认的成就,如其杭州筑堤,造福万民,诗歌通俗,独树一帜。对于白居易的为诗不失时政,王世贞是非常赞赏的,如其言:"唐之诗人,独韦左司、白香山皆连典剧郡,皆为吾苏州刺史,而白公又为杭州,皆有惠利之政,其政不为诗所夺,而至于诗故翘然于大历、元和中。"②"白乐天、苏子瞻之刺杭州,亦名能工吏事,不废客,于古文辞最为博丽矣。"③这其实也是王世贞内心世界的外化,他早年就怀着"尚庶几铅刀之割,以少吐文士气"④的志向,奈何中遭家难,仕途受阻,郁郁不得志。王世贞一生的诗作颇多,《弇州山人四部稿》中的"诗部"有五十二卷,诗作共计 4524 首,《弇州山人续稿》中的"诗部"则有二十四卷,诗作共计 2137 首,还有部分诗作分散在《弇州山人续稿附》等文集之中,以及部分散佚诗作,初略估计王世贞的诗作近 7000 首⑤。然而王世贞在当时既不以政术显,又不以诗作名。故而其在《玄峰先生诗集序》中更是称赞章美中屡治严嵩家奴横行及藩王不法之事,以治绩荐于朝廷,且为诗尚骨、气雄,世人称赞,王世贞最终感叹道:"诗与政如是,足死矣。"⑥

　　当然,就王世贞的整体诗学观而言,他也不是一味地推崇白居易,

① [后晋]刘昫等:《旧唐书》卷一百六十六《白居易传》,中华书局 1975 年版,第 4350 页。
② [明]王世贞:《弇州山人续稿》卷四十七《龚子勤诗集序》,美国普林斯顿大学东亚图书馆藏明刻本,第 3 页。
③ [明]王世贞:《弇州山人续稿》卷四十七《喻邦相杭州诸稿小序》,美国普林斯顿大学东亚图书馆藏明刻本,第 11 页。
④ [明]王世贞:《弇州山人四部稿》卷一百一十九《汪伯玉》,美国哈佛大学燕京图书馆藏明刻本,第 7 页。
⑤ 王世贞散佚之作,尚没有辑录完整,目前个人辑录诗作 20 首,文 32 篇,部分已经发表,参考拙文《王世贞诗文拾遗》,《经学文献研究集刊》2016 年第 16 辑,第 156—162 页。
⑥ [明]王世贞:《弇州山人四部稿》卷六十六《玄峰先生诗集序》,美国哈佛大学燕京图书馆藏明刻本,第 17 页。

虽然其明确地提出"诗不必尽盛唐,以错得之渢渢乎,岑李遗响哉"①,即在学习好盛唐之外,还要旁及他作,这已经比李攀龙等人尺寸古法、诗必盛唐的复古主张更为宽泛,王世贞所谓的中晚唐佳者,或是大历而后者,当首推白居易,如其早年复古时说道:"诗自正宗外,如昔人所称广大教化主者,于长庆得一人曰白乐天,于元丰得一人焉,曰苏子瞻,于南渡后得一人曰陆务观,为其情事景物之悉备也。"②可惜的是,王世贞对白居易诗学世界的阐释过于零散,分散于序、跋等文章之中,缺少系统而全面的论述,在此借用清人叶燮之论,以应王世贞之论,叶燮论述道:

> 白居易诗,传为"老妪可晓"。余谓此言亦未尽然。今观其集,矢口而出者固多;苏轼谓其"局于浅切,又不能变风操,故读之易厌"。夫白之易厌,更甚于李;然有作意处,寄托深远。如《重赋》《不致仕》《伤友》《伤宅》等篇,言浅而深,意微而显,此风人之能事也。至五言排律,属对精紧,使事严切,章法变化中条理井然,读之使人惟恐其竟,杜甫后不多得者。人每以易视白,则失之矣。元稹作意胜于白,不及白舂容暇豫。白俚俗处而雅亦在其中,终非庸近可拟。③

更为可贵的是随着白居易诗学的传播,日本人伊藤仁斋(1627—1705)对白居易之诗也有着相似的看法,如他认为:"诗家有'郊寒岛瘦,元轻白俗'之称,予以为其以俗目白,此白氏之所不可及,但少伤冗耳。盖诗以俗为善,所以《三百篇》之所以为经者,亦以其俗也。诗以吟咏性情为本,俗则能尽情……后山谓'书当快意读易尽',予以为读易尽者,天下之至言也。若《长恨歌》《琵琶行》是已,才诵首二三句,后必读到终篇,句句如新,不觉其终,以其近俗故也。"④这不仅对白居易之俗进行了肯定,还将其与《诗经》进行比较,极大地提高了俗的历史韵味和内涵。

① [明]王世贞:《弇州山人续稿》卷五十《周叔夜先生集序》,美国普林斯顿大学东亚图书馆藏明刻本,第20页。
② [明]王世贞:《弇州山人四部稿》卷一百四十七《艺苑卮言四》,美国哈佛大学燕京图书馆藏明刻本,第21—22页。
③ [清]叶燮:《原诗》,凤凰出版社2010年版,第60页。
④ [日]伊藤仁斋:《题白氏文集后》,《古学先生诗文集》卷三,株式会社出版社1985年版,第70—71页。

四库馆臣在翻阅前人文集时曾有过这样的感叹："考自古文集之富,未有过于世贞者。"①王世贞在检讨自己创作的大量诗文时也认为:"仆于诗大历而后者,阑入十之一,文杂贞元者,二十之一,六朝者百之一。"②并言及:"仆之病在好尽意而工引事,尽意而工事,则不能无入出于格,以故诗有堕元白或晚季近代者,文有堕六朝或唐宋者,仆亦自晓之,偶不能割爱,因而灾木行,当有所删削也。"③由此可知,王世贞诗作取法广泛,注重以意为先,然后工事,以致部分诗作不符合盛唐之格调,落于元白之间,他也知如此并非为诗之正宗,奈何不忍舍弃而刊刻行之天下。而这些独立于汉魏、晋宋、初盛唐诸名家之格外的诗作,亦王世贞有意为之,是其诗学世界的重要组成部分,具有其独特的价值。其"堕元白"之作主要分为以下几类。

　　首先,自我之"白家门风"。如前所论,王世贞在历史长河中找到了白居易这一镜像,并对其诗作有着自我认知,"除却香山叟,谁能共我狂"④,这是穿越时空对白居易的喊话,对当下的反思,同时也是自我情性的展现。这种自我的情性又可分为两个境界,其一乃有意为之,如王世贞言及:

　　　　风寒济南道中,兀坐肩舆,不能开卷,因即事戏作俳体六言解闷,数之,政得三十首,当唤白家老婢读之耳。

　　　　有论已乖养性,无书自成绝交。且从李耳视舌,不与陶潜斗腰。(其一)

　　　　爱弟策名京兆,严君奏捷未央。不才也能随例,年年管领长枪。(其三)⑤

① [清]永瑢等撰:《四库全书总目》卷一百七十二《弇州山人四部稿》,美国哈佛大学燕京图书馆藏明刻本,中华书局 2003 年版,第 1508 页。
② [明]王世贞:《弇州山人四部稿》卷一百二十八《答吴瑞谷》,美国哈佛大学燕京图书馆藏明刻本,第 9 页。
③ [明]王世贞:《弇州山人续稿》卷二百《屠长卿》,美国普林斯顿大学东亚图书馆藏明刻本,第 2 页。
④ [明]王世贞:《弇州山人续稿》卷十三《小轩新构枕白莲池即碧莲也一丘岿然池上三方皆竹闲居偶成四章》(其二),美国普林斯顿大学东亚图书馆藏明刻本,第 8 页。
⑤ [明]王世贞:《弇州山人四部稿》卷四十六《六言绝句一百首》,美国哈佛大学燕京图书馆藏明刻本,第 6—7 页。

王世贞端坐后戏作解闷,似游戏之作,但意图性却很强,诗作语言通俗,率性自然,白家门风跃然纸上,且多达三十首,即使"白家老婢"读之,估计也很难辨识是谁所作。

其二乃无意为之,这是王世贞内心白家门风的最高境界,进入了无我之境,如其言:

> 署中独酌,先后共得十首,颇有白家门风,不足存也。
>
> 醉即高眠醒便歌,世人无计奈吾何。一飧鱼菜欣然饱,双眼莺花到处多。梦里乾坤谁束缚,闲中风月任差科。唯余气习消难尽,强半陈编与耗磨。(其一)
>
> 九十韶光半已孤,揽衣推枕自支吾。诗名不傍新诗长,酒病全须浊酒扶。漫笑吴儿书咄咄,虚劳赵女和乌乌。蒸酥细薤香秔饭,为问先生得也无。(其二)①

此组组诗乃王世贞以酒浇心中之磊块后而作,是真性情的不羁释放,所言为日常生活感悟,俗事俗趣,却回归本真。王世贞认为这十首诗作"不足存也",符合其盛唐为则的诗学主张,不过王世贞还是难以舍弃,姑言"右十五篇,调格稍异,聊存之,以见一体"②,即将这些诗作以单独的文体形式存在,而在王世贞的文学观念中,辨体为先,其《艺苑卮言》的文学评论即从文体体例入手,其《弇州山人四部稿》一书的"四部"更是分为赋部、诗部、文部、说部,在这之前,尚无人如此分类,其中"诗部"诗歌 4524 首,包含三言古诗、六言绝句、七言排律、杂体等文体 18 种,杂体又包含八音、集句、离合等 20 种文体。这类学白之作,从"不足存也"到"聊存之,以见一体"的态度转变,可见王世贞对这组组诗的重视和喜爱。

其次,览《长庆集》后而作。对白居易的雅慕,必定通过文集的阅览以探寻古人之精神,进而仿效之,力求与古人相近。王世贞在闲暇之余,屡屡翻阅《长庆集》,并且都有感而作,如其言"秋日官舍无事,携元

---

① [明]王世贞:《弇州山人四部稿》卷四十四《署中独酌,先后共得十首,颇有白家门风,不足存也》,美国哈佛大学燕京图书馆藏明刻本,第 6 页。

② 王世贞所言"右十五篇",不仅包括此组组诗十首,另有"信笔为杂体三首"和"戏为江左变体二首"。

白《长庆集》,阅一遍,题此二绝句,后置之箧中矣"①,"偶览元白《长庆集》有感逝者"②,等等,王世贞览后而作,最为集中的感慨当数《归弃多暇,读白香山〈长庆集〉况然有感》一诗:

> 香山白居士,不贪将相权。晚栖履道里,望者谓神仙。蓄书近万卷,赋诗踰千篇。携酒坐杯竹,远身攒管弦。风流凤所慕,讵敢便夤缘。二十通朝籍,一纪赋归田。约略踬起迹,与公不相悬。公领留尹篆,余佐留枢铨。及余解印日,是公分司年。刑部两尚书,独不请俸钱。初招陶潜径,泊乘范蠡船。三山高下峰,二水红白莲。禽鱼既怡适,卉木尽澄鲜。回桡云破碎,岸帻月婵娟。突尔出岩壑,宛然自山川。生无红粉好,双僮卧床前。青灯渐寂寂,鼓腹俄便便。以此甘我偏,亦不望公全。偶诵《长庆集》,因展《四部》编。才情焉能拟,俱为俗耳传。公应容我后,我当让公先。颇闻韩忠献,醉白慕公贤。定册拥三朝,杖钺清八埏。自顾身不得,垂死但流涎。公辞海山院,要登兜率天。输公在此事,安分辟支禅。③

此诗乃王世贞晚年之作,无华丽之词,却将白居易的一生进行了略述和肯定,还将自我对白居易的爱慕之情全盘托出。王世贞感慨自己的仕途轨迹和白居易相仿,"与公不相悬",然而白居易能够任性洒脱,辞去官职走进佛道世界,自己却身不由己,被困世俗,"输公在此事,安分辟支禅"。

再者,有意效体之作。王世贞在诗歌创作之时,受白居易的影响,有意效仿其诗体,且白家门风韵味十足。主要分为两个方面,其一,效"长庆体","长庆体"缘于白居易、元稹的文集名字,后用来泛指两人诗歌的体式与风格,语言通俗易懂,直抒胸臆。王世贞擅长此类诗作,信手捏来,如《酒房戏为长庆体示四郎侄》诗中有言:"且问吾家小杜康,泼醅浓醹许谁尝。软炊新稻真珠粒,细压寒槽白玉浆。泻出流霞偏让色,

---

① [明]王世贞:《弇州山人四部稿》卷五十一《秋日官舍无事,携元白〈长庆集〉,阅一遍,题此二绝句,后置之箧中矣》,美国哈佛大学燕京图书馆藏明刻本,第9页。
② [明]王世贞:《弇州山人四部稿》卷五十二,美国哈佛大学燕京图书馆藏明刻本,第10页。
③ [明]王世贞:《弇州山人续稿附》卷一《归弃多暇,读白香山〈长庆集〉况然有感》,第2页。

滴来甘露有生香。休论染指涎先下，任遣持螯手自忙。"①诗作的意象尽是日常事务，贴近生活。其二，效白体，即直接与白居易原作相契合，从其诗意出发，写自我内心之感。王世贞晚年应酬之作颇多，写诗祝寿更是常事，他曾言及"杜清甫丈九十矣，而矍铄如少年，曾忆白香山赠裴淄州云：九十不衰真地仙，因倚起语寿之"②，白居易这一起语，王世贞还在与骆广州、金白屿、宗履湖等人的祝寿诗作中均用之。如《再用香山居士起语，寿骆广州先生》诗云："九十不衰真地仙，五朝清晏即人天。难逢拜老中兴日，忆得悬弧孝庙年。薄宦陆生无粤橐，归心贺监有湖田。乡吟捉鼻从清浊，社酒胶唇且圣贤。大笑武公箴自苦，长夸荣启乐仍偏。如传篮笋来莲社，应许门人任一肩。"③且看白居易原作《春夜宴席上戏赠裴淄州》："九十不衰真地仙，六旬犹健亦天怜。今年相遇莺花月，此夜同欢歌酒筵。四座齐声和丝竹，两家随分斗金钿。留君到晓无他意，图向君前作少年。"④白居易原作略带游戏之语，却又是直抒真性情，王世贞虽仿效之，亦得诗作之精髓。

由以上诗作可知，王世贞的内心与白居易有相契之处，他不仅取法白居易，还大量运用于具体的创作实践。

第六节 "弇州晚年定论"之论

对王世贞复古行径的再思考，以及对其文学追求的探究，让我们更加意识到王世贞文学思想的复杂性，他的文学思想既不能以"文必秦汉、诗必盛唐"的笼统复古主张来概括，也不能以一味地追求源于内心真性情抒发的创作来拔高，这也导致了后人对其文学思想认知的多样性。

被王世贞寄予厚望的"末五子"之一李维桢，与王世贞有着深入的

---

① ［明］王世贞：《弇州山人四部稿》卷四十四《酒房戏为长庆体示四郎侄》，美国哈佛大学燕京图书馆藏明刻本，第 12 页。

② ［明］王世贞：《弇州山人续稿》卷二十，美国普林斯顿大学东亚图书馆藏明刻本，第 8 页。

③ ［明］王世贞：《弇州山人续稿》卷二十《再用香山居士起语，寿骆广州先生》，美国普林斯顿大学东亚图书馆藏明刻本，第 8 页。

④ ［唐］白居易撰，朱金城笺校：《白居易集笺校》，上海古籍出版社 1988 年版，第 418 页。

交流，他在《读苏侍御诗》一文中曾言及："余友邹孚如尝言，王元美先生《艺苑卮言》抑白香山诗太过。余谓此少年未定之论。晚年服膺香山，自云有白家风味，其《续集》如白趣更深。"①在《黄友上诗跋》中也曾论及："今言诗莫盛于吴，吴得一弇州先生名世，天下翕然宗之。余尝疑'杜子美不肯有十王摩诘'语，窃以为轩轾太过，后见先生晚年定论，殊服膺摩诘，又极称香山、眉山，非后人所可轻议。"②李维桢作为复古后学的领袖，他对王世贞诗学的评论影响甚大，"少年未定之论""晚年定论"的判定，让他人更加注重王世贞文学思想早年和晚年的差异性。与之同时期的焦竑，认为王世贞晚年皈依苏轼，一改对待宋文的态度，与早年写作《艺苑卮言》时不同。钱谦益更是在此基础之上，旗帜鲜明地提出"弇州晚年定论"之说。钱谦益认为王世贞中晚年的文论思想和早年不同，有其"自悔"，如他说道："弇州晚年赞熙甫画像曰：'千载有公，继韩、欧阳。余岂异趋，久而自伤。'识者谓先生之文至是始论定，而弇州之迟暮自悔，为不可及也。"③而王世贞对归有光的评论如下：

> 先生于古文辞虽出之自《史》《汉》，而大较折衷于昌黎、庐陵。当其所得，意沛如也。不事雕饰，而自有风味，超然当名家矣。其晚达而终不得意，尤为识者所惜云。
>
> 赞曰：风行水上，涣为文章。当其风止，与水相忘，剪缀帖括，藻粉铺张。江左以还，极于陈、梁。千载有公，继韩、欧阳，余岂异趋，久而始伤。④

钱谦益所言为"久而自伤"，而王世贞所言为"久而始伤"，一字之差，语气不同，句意也相差甚远。"自伤"表达的是自己对前论的幡然悔悟，"始伤"则表达的是对当下的不满。王世贞之前在《读书后》中认为归有光的文章"所不足者，起伏与结构"⑤。从王世贞的本意出发，他肯

① ［明］李维桢：《大泌山房文集》，《四库全书存目丛书》集部第 153 册，齐鲁书社 1997 年版，第 623 页。
② ［明］李维桢：《大泌山房文集》，《四库全书存目丛书》集部第 153 册，齐鲁书社 1997 年版，第 681 页。
③ ［明清］钱谦益撰，许逸民等点校：《列朝诗集》丁集十二《震川先生归有光》，中华书局 2007 年版，第 5218 页。
④ ［明］王世贞：《弇州山人续稿》卷一百五十《像赞》，美国普林斯顿大学东亚图书馆藏明刻本，第 12 页。
⑤ ［明］王世贞：《读书后》卷四《书归熙甫文集后》，上海图书馆藏明刻本，第 5 页。

定归有光的才华时也不过是在"当其所得"的条件之下,整体上而言,他对归有光的文章创作还是抱有微词。

而围绕王世贞晚年文学是否"自悔"这一问题,历来争论不断,至今尚没有最终的答案。如四库馆臣从王世贞晚年阅读苏轼文集的角度,认为王世贞论文主宋,突破了复古诗学的藩篱;陈田则从王世贞乐府诗创作着手,特别是强调王世贞晚年对李东阳乐府诗作态度的转变;今人魏宏远从王世贞晚年文学主张及创作与早年之不同的角度入手,分析其中的变化;均肯定"弇州晚年定论"。钱锺书则批评钱谦益将"始伤"误改为"自伤",人为夸大王世贞晚年对早年文学思想的"悔悟",因此"牧斋谈艺,舞文曲笔,每不足信"①;卓福安认为钱谦益有意树立复古文学和反复古流派之间的对立,并以王世贞作为事例说明复古之劣势;李光摩则从钱谦益的利益出发,认为王世贞晚年的"自我救赎",更隐含着对陈子龙及追随者的批评和劝诫②;均否定"弇州晚年定论"。

由以上可知,持"弇州晚年定论"者,大多从王世贞晚年手持苏轼文集着手,探究晚年论文主宋和早年主秦汉之间的差异,进而肯定宋文的价值,尤其是肯定苏轼的独特地位。而否定该说者,更多地是从钱谦益之论出发,探寻其提出该论的目的性,肯定王世贞文学思想的整体性。无论支持还是反对,其持论均有所不足。

其一,肯定者从苏轼入手研究,具有不确定性。持论者所持均为刘凤探病后所言,然而其所见是否真实,其叙述又是否真实,则需打上一个大的问号。诚如崔瑞德等所言:"在王世贞病重期间,他的爱好被掐头去尾地收入对他也许是虚假的报道中,说他在虔诚地阅读北宋伟大的'文'的倡导者苏轼的著作。"③因此不能完全相信他人言语,更不能就此作为重要的论据。

其二,否定者从钱谦益入手探究,偏离王世贞的实际。固然钱谦益明确地提出"弇州晚年定论",不过在他之前,李维桢、焦弘等人早就注意到王世贞晚年文学的独特性,单独从钱谦益提出该论的目的性出发,

---

① 钱锺书:《谈艺录》,中华书局1984年版,第386页。
② 李光摩:《钱谦益"弇州晚年定论"考论》,《文学遗产》2010年第2期,第110页。
③ [英]崔瑞德、[美]牟复礼编:《剑桥中国明代史》,中国社会科学出版社2006年版,第758页。

而不深入地研究王世贞自身文学主张和创作实际,重心离开了研究对象本身,恐有不妥之处。

再者,无论是支持者还是反对者,均注重王世贞早年和晚年,或者早中晚年思想的异同,其中,他们采取的早年标准都是王世贞从事复古运动时期,这种论述恐失之偏颇。毕竟,王世贞的中晚年思想肯定是在早年思想基础之上发展演变而来的,过于强调它们之间的异同,很容易割裂不同时期文学思想之间的联系,只见树木不见森林。况且,王世贞从事复古运动时已经是中进士之后,虽然王世贞年少成名,但是此时已有 22 岁了,其自身已有一定的文学造诣,将此时期还定义为早年,也似乎有不妥之处,况且"早"的定义,也有模糊的界限。

基于此,"弇州晚年定论"还有很多有待商榷之处,结合王世贞的复古行径和文学追求,笔者对于"弇州晚年定论"中王世贞晚年文学的"自悔"问题,不敢苟同,拟从以下三个方面进行论述。

第一方面,王世贞对苏轼的情感颇为复杂,在王世贞的文集中,也屡屡看到王世贞对苏轼文章的评论。如王世贞曾言及:"余于宋,独喜此公才情,以为似不曾食宋粟人,而亦有不可晓者。"①在他眼中,"苏公才甚高,蓄甚博,而出之甚达而又甚易,凡三氏之奇尽于集,而苏公之奇不尽于集。故夫天下而有能尽苏公奇者,亿且不得一也"②。这是对苏轼的崇拜之情,其中需要颇为注意的是,王世贞强调苏轼似不曾食宋粟,意即苏轼的文学成就实在一代宋人之上,这就涉及王世贞对宋代文学的评价。王世贞曾在《宋诗选序》中回味宋诗的发展历程后指出:"余所以抑宋者,为惜格也。"③不过,全文自始至终,并没有提及苏轼之诗,在此似乎是有意回避之,而"格"始终是王世贞取法的重要标准,他在指导后学时说道:"六朝以前所不论,少陵、昌黎而后,苏氏父子亦近之,惜

① [明]王世贞:《弇州山人四部稿》卷一百二十九《书苏长公司马长卿三跋后》,美国哈佛大学燕京图书馆藏明刻本,第 19 页。
② [明]王世贞:《弇州山人续稿》卷四十二《苏长公外纪序》,美国普林斯顿大学东亚图书馆藏明刻本,第 13 页。
③ [明]王世贞:《弇州山人续稿》卷四十一《宋诗选序》,美国普林斯顿大学东亚图书馆藏明刻本,第 20 页。

为格所压，不得超也。"①即不论苏轼才情如何，新奇如何，终究为"格"所压，不同于盛唐之"格"高。也正因为此，王世贞自述道："当吾之少壮时与于鳞习为古文辞，其于四家殊不能相入。晚而稍安之，毋论苏公文，即其诗最号为雅变杂糅者，虽不能为吾式，而亦足为吾用。其感赴节义，聪明之所溢散，而为风调才技，于余心时有当焉。"②即苏轼之诗，不能成为王世贞恪守的学习对象，只能当作平常之用，这是王世贞对苏轼诗文的整体评判。

王世贞对苏轼的认知，还体现在其对以议论为诗的评判上。严羽在《沧浪诗话》中总结唐宋诗歌的特点时，认为："盛唐诸人惟在兴趣，羚羊挂角，无迹可求。故其妙处，透彻玲珑，不可凑泊……近代诸公乃作奇特解会，遂以文字为诗，以才学为诗，以议论为诗。夫岂不工，终非古人诗也，盖于一唱三叹之音，有所歉焉。"③严羽已对"以议论为诗"的行为有所不满，其后在对此进行阐释时，他进一步指明了"近代诸公"的代表是苏轼和黄庭坚，严羽对苏、黄诗作特点的概括十分准确，苏轼的以议论为诗的创作之法也常常被后人批判，如张戒论及："自汉魏以来，诗妙于子建，成于李杜，而坏于苏黄……子瞻以议论作诗，鲁直又专以补缀奇字，学者未得其所长而先得其所短，诗人之意扫地矣。"④诗歌主性情，以议论为诗会有损作者情性的表达，使行文缺少神情韵味，而对于以议论为诗，王世贞对此也有着自己的见解：

> 吾向者妄谓乐府发自性情，规沿风雅，大篇贵朴，天然浑成，小语虽巧，勿离本色，以故于李宾之《拟古乐府》，病其太涉论议过尔，抑剪以为十不得一。自今观之，亦何可少。夫其奇旨创造，名语迭出，纵不可被之管弦，自是天地间一种文字。若使字字求谐于房中铙吹之调，取其声语断烂者，而模仿之，以为乐府在是，毋亦西子之

---

① ［明］王世贞：《弇州山人续稿》卷一百八十一《答华孟达》，美国普林斯顿大学东亚图书馆藏明刻本，第 4 页。
② ［明］王世贞：《弇州山人续稿》卷四十二《苏长公外纪序》，美国普林斯顿大学东亚图书馆藏明刻本，第 14 页。
③ ［宋］严羽：《沧浪诗话》，［清］何文焕辑：《历代诗话》，中华书局 2004 年版，第 688 页。
④ ［宋］张戒：《岁寒堂诗话》，丁福保辑：《历代诗话续编》2006 年版，第 455 页。

襞、邯郸之步而已哉。①

言即王世贞刚开始对李东阳创作的咏史、乐府等议论常出之诗,很是不满,后来王世贞的态度有所转变,肯定了李东阳创作诗歌时议论之处的价值,并赞赏这些议论是天地间的一种文字。王世贞在肯定诗歌创作主性情之余,正视议论于诗的独特价值,但是他并没有深入分析,而后人沈德潜则做出了有益探索,他在《说诗晬语》中进一步分析道:

> 人谓诗主性情,不主议论,似也,而亦不尽然。试思二《雅》中何处无议论?老杜古诗中《奉先咏怀》《北征》《八哀》诸作,近体中《蜀相》《咏怀》《诸葛》诸作,纯乎议论。但议论须带情韵以行,勿近伧父面目耳。戎昱《和蕃》云:"社稷依明主,安危托妇人。"亦议论之佳者。②

> 王维、李顾、崔曙、张谓、高适、岑参诸人,品格既高,复饶远韵,故为正声。老杜以宏才卓识,盛气大力胜之。读《秋兴》八首、《咏怀古迹》五首、《诸将》五首,不废议论,不弃藻绩,笼盖宇宙,铿戛韶钧,而横纵出没中,复合蕴藉微远之志。目为"大成",非虚语也。③

沈德潜远追《诗经》、二《雅》,近看唐朝诗人,指出他们诗歌中或多或少具有议论之处,并以杜甫为代表,深入分析其诗歌的议论特点,如其《秋兴》等诗,都为议论之佳者,且行文时做到了情感、辞藻等因素的彬彬之态,可谓"大成"。

沈德潜在评论王维、杜甫等人之时,也注意到王世贞对待议论入诗的态度,并对王世贞的态度转变有所称赞,如他说道:

> 李西涯咏史、乐府,王凤洲病其太涉议论,既又称为奇旨创造,名语迭出,而以规模古格者,为西子之襞,邯郸之步,是初议之而终许之也。西堂明史乐府虽宗其体格,而音节古奥,别白是非,审断功罪,则又过之,诚天地间别开一种文字也。④

---

① [明]王世贞:《读书后》卷四《书李西涯古乐府后》,上海图书馆藏明刻本,第7页。
② [清]沈德潜:《说诗晬语》,凤凰出版社2010年版,第127页。
③ [清]沈德潜:《说诗晬语》,凤凰出版社2010年版,第108页。
④ [清]沈德潜:《清诗别裁集》,上海古籍出版社2013年版,第444页。

沈德潜在认识王世贞态度转变之时，将王世贞作为有力的佐证，意在说明议论之于诗歌创作的重要性。

因此，整体而言，王世贞并没有一味地推崇苏轼，在"格"这个师法的标准之下，苏轼只能屈尊到"用"的地位，如前所言，王世贞言及："夫医师不以参苓而捐溲勃，大官不以八珍而捐胡禄障泥，为能善用之也。"①故而即使刘凤真的看到了手握苏轼文集的王世贞，也是在情理之中，但这种情理，不能作为王世贞服膺苏轼的铁证。

第二方面，从王世贞"学白"这一事实出发（前文虽然有所提及，但此处论述角度有些不同，且全面辨析"弇州晚年定论"时，不能忽视王世贞"学白"的具体行径），立足其本身的文学取向，我们可知：

首先，王世贞"学白"是其崇尚情性之学的体现。前已论及，《艺苑卮言》虽为复古而作，但是里面已经蕴含着性灵说和神韵说的影子，这体现在众多方面，其对白居易的认知就是其中之一。在王世贞看来，白居易和苏轼实为一家，被王世贞称为广大化教主的有三位：白居易、苏轼、陆游，他们的最大特点恰恰是"为其情事景物之悉备也"②，其诗，亦情性之诗，对于诗作的功用，王世贞更是直言："诗以陶写性灵，抒纪志事而已。"③如其所作《初春偶成自嘲》《岁暮家居有感》和《漫兴八首》，等等，王世贞曾言"岁暮事稀，偶展白傅《长庆集》，不觉有入，戏作"，该作为"亦知忧造物，衰怯未辞官。薄禄消无计，微名损甚难。书斋陶甓旧，灯火白诗残。依约中人业，青天可见宽"④。看似戏作，却是自身情性的无意喷发，性灵的陶写。且王世贞和白居易之情性有相通之处，如其言：

第所谓"女伴莫话孤眠，六宫罗绮三千，一笑皆生百媚，宸游教

---

① ［明］王世贞：《弇州山人续稿》卷四十一《宋诗选序》，美国普林斯顿大学东亚图书馆藏明刻本，第20页。

② ［明］王世贞：《弇州山人四部稿》卷一百四十七《艺苑卮言四》，美国哈佛大学燕京图书馆藏明刻本，第12页。

③ ［明］王世贞：《弇州山人续稿》卷一百六十八《题刘松年大历十才子图》，美国普林斯顿大学东亚图书馆藏明刻本，第13页。

④ ［明］王世贞：《弇州山人四部稿》卷二十六《岁暮事稀，偶展白傅〈长庆集〉，不觉有入，戏作》，美国哈佛大学燕京图书馆藏明刻本，第8页。

在谁边",亦有情语,余每诵之,及乐天绝句云:雨露由来一点恩,争能遍却及千门。三千宫女如花面,几个春来无泪痕。辄低回叹息古之怨女弃才何限也。①

白居易诗作名为《后宫词》,王世贞也有感后宫的苦楚,曾大力创作正德宫词、西城宫词等诗作以抒情怀。王世贞自我分析道:"于诗质本不近,而意甚笃好之,然聊以自愉快而已。"②以我手写我心,其对情性之学的推崇贯穿一生,只不过是不同时期所展现的程度有所不同罢了。

其次,王世贞"学白"是一个持续的过程,并不是始于晚年。通过对王世贞文集中"学白"诗作的相关考证,可知亦如其所言"生平雅慕乐天"。如"风寒,济南道中"时所作"有论已乖养性"等三十首,即作于嘉靖三十五年岁末赴青州途中经济南,③王世贞时年三十一岁;"岁暮事稀,偶展白傅《长庆集》,不觉有入,戏作"篇,根据在文集中的位置和王世贞诗作的编排顺序,此诗处在《移司顺义有作》(嘉靖三十五年察狱京畿事)与《将赴青州道别医友王昌年》(嘉靖三十五年岁末赴青州任事)之间,应作于嘉靖三十五年岁末,王世贞亦时年三十一岁。另外王世贞曾于秋日官舍无事,携《长庆集》,阅一遍后所创作的"十口官贫不遣随"等两首诗,作于隆庆三年浙江作参政任上,该诗前有《岘山有朋寿堂盖为大司空……》,岘山是浙江湖州一山,王世贞隆庆三年同吴峻伯、范伯桢等友人游玩,后有《塘栖道中得转山西报自嘲》一诗,是写王世贞隆庆三年秋升山西按察使一事,且此卷诗作皆为隆庆三年所作,王世贞时年四十四岁。王世贞还用香山居士起语,寿骆广州先生的"九十不衰真地仙,五朝清晏即人天"篇应作于万历九年,依万历九年时骆居敬寿九十之语,王世贞时年五十六岁。另一个重要的参照是王世贞创作《艺苑卮言》的历程,通行的版本为万历四年《四部稿》中的十二卷本,即正文八卷,附录四卷,不过《艺苑卮言》的成书过程不是一蹴而就的,而是历经

---

① [明]王世贞:《弇州山人四部稿》卷一百五十二《艺苑卮言附录一》,美国哈佛大学燕京图书馆藏明刻本,第2页。

② [明]王世贞:《弇州山人四部稿》卷一百二十八《答周妲》,美国哈佛大学燕京图书馆藏明刻本,第19页。

③ 周颖:《王世贞年谱长编》,上海三联书店2016年版,第196页。

多次删减而成,嘉靖三十六年《艺苑卮言》六卷本初稿形成,王世贞时年三十二岁;隆庆元年《艺苑卮言》八卷本初稿形成,王世贞时年四十二岁;①然而王世贞创作的《艺苑卮言》是"作为前后七子文学复古运动的代表性理论专著,《艺苑卮言》无疑具备着最鲜明的'复古'特性……正担当了复古运动中'武器的批判'的角色。"②通过对比我们可以发现,王世贞"学白"时,亦与复古路径相吻合,复古并没有泯灭其对情性之学的追求,"学白"之举伴随着他的一生,具有持续性,只不过早晚年的创作有所不同。

另外,王世贞"学白"符合其诗学主张和批评。如前所论,盛唐诗作是王世贞的取法之则,但他同时学习中晚唐之佳者的白居易,其在宣扬复古理论之时就主张"捃拾宜博"③,师法各家,至晚年仍未局限于盛唐诗学,很好地处理了"学白"和复古之间的矛盾。也正因为此,王世贞的诗作虽多,不过其诗格却未能达到盛唐之上,故而作为文坛领袖的他深知自己取法对他人的影响,他告诫道:"至于仆诗,门径尤广,宜采不宜法也。"④即自己的诗作只能作为广泛采纳研读的对象,而不是取法之则的代表。王世贞生活的时代是复古之学再次走上高峰之际,然而"学白"者举不胜举。王世贞从"学白"之举对他们的诗作进行相关的评论,为我们把握他人诗作打开了一扇大门。如王世贞认为白坪高"晚节又似白香山,若谈儒理则言近而指远"⑤;言及沈封时,指出他将自我的郁闷之情寄托于诗作的吟咏,且"近师香山"⑥;在评论沈周之作时,直言他"喜为诗,其源出白香山、苏眉州,兼情事,杂雅俗"⑦,此类评论,符合他

---

① 参见拙文:《〈艺苑卮言〉成书考释》,《文献》2016年第6期,第148页。

② 郦波:《王世贞文学研究》,中华书局2011年版,第151页。

③ [明]王世贞:《弇州山人四部稿》卷一百四十四《艺苑卮言一》,美国哈佛大学燕京图书馆藏明刻本,第13页。

④ [明]王世贞:《弇州山人续稿》卷一百八十二《徐孟孺》,美国普林斯顿大学东亚图书馆藏明刻本,第17页。

⑤ [明]王世贞:《弇州山人续稿》卷四十三《白坪高先生诗集序》,美国普林斯顿大学东亚图书馆藏明刻本,第16页。

⑥ [明]王世贞:《弇州山人续稿》卷一百五十三《祭沈封君铁山文》,美国普林斯顿大学东亚图书馆藏明刻本,第10页。

⑦ [明]王世贞:《弇州山人续稿》卷一百四十七《像赞》,美国普林斯顿大学东亚图书馆藏明刻本,第11页。

们各自的创作实际,如《明史》中评价沈周是"文摹左氏,诗拟白居易、苏轼、陆游"①。不仅如此,王世贞更是欣慰自己的孩子在阅读自己的书籍之时,能够自主地去研读白居易之诗,不落入他人俗套,如其叙述道:"三儿大小俱能读父书,幸于司马文园、白香山多矣,安能更遂人眉眼风尘自没耶。"②

可见,王世贞"学白"是性情之学的体现,且是一生之举,并运用到具体的诗歌创作之中,但"学白"是王世贞诗学正宗之外的取法,符合他的诗学主张和批评,其复古主张并没有因此而发生根本性的变化。一来,此类诗作集中于王世贞中晚年时期,相对于王世贞一生的创作,从数量和内容上而言,尚不是主体部分,且部分仿效诗作乃为游戏之作,使其价值有所减损。二来,白居易诗作之格不及盛唐李杜等人,格调越低,越容易见其浅俗,而王世贞始终推崇盛唐之格,即使晚年逐渐走向性灵③,但他却是在注重篇法、句法和字法的基础之上,才进而追求不法而法的境界。诚如郑利华所论:"综观王世贞的文学态度,前后不同时期固然发生过某些变化,反映出不断成熟的趋向,但其基本的立场并没有因此而改变。"④也如廖可斌所言:"王世贞的文学思想虽然发生了一些变化,但最终没有放弃和否定其复古的基本主张。"⑤

第三方面,许多学者在研究王世贞一生的文学思想时,通常将王世贞的"早年"文学思想定格到其为复古文学运动摇旗呐喊之时,特别是王世贞撰写《艺苑卮言》的时候。如孙学堂指出:"对《艺苑卮言》的自我评价显示,王世贞否定了早年关注外在艺术风貌的审美视角。"⑥裴世俊认为:"他(王世贞)的一些文学主张在晚年有较大的改变,逐步走出保守的文学意识,兼容并包,冲破复古束缚,符合其一生多变的实际。"⑦魏

---

① [清]张廷玉等撰:《明史》卷二百九十八《沈周传》,中华书局1974年版,第7630页。
② [明]王世贞:《弇州山人续稿》卷一百八十三《林近夫》,美国普林斯顿大学东亚图书馆藏明刻本,第1页。
③ 参见拙文:《复古派领袖王世贞:"性灵派"的先驱》,《求索》2016年第11期,第139页。
④ 郑利华:《王世贞研究》,学林出版社2002年版,第214页。
⑤ 廖可斌:《明代文学复古运动研究》,上海古籍出版社1994年版,第299页。
⑥ 孙学堂:《〈读书后〉与弇州晚年定论》,《南开学报》2000年第2期,第36页。
⑦ 裴世俊:《试析钱谦益的"弇州晚年定论"——兼及钱锺书对"定论"的评价》,《山东师范大学学报》2004年第2期,第54页。

宏远论述道:"一般而言,晚年心境与早年相比会有所不同。在经历人生诸多风雨之后,人的锐气会减弱,甚至消失,取而代之的则是一种旷达或心气平和,诗歌创作也会臻于不烦绳削、自然天成的境界……王世贞晚年诗歌写作较之早年有了很大转变。"①等等。诚然,王世贞复古时期的文学思想是研究其整体文学思想的重要抓手,对其走上文坛,进而引领文坛有着关键性的作用,但细论之,王世贞嘉靖二十七年冬与李攀龙相遇时已经二十三岁,古人在此年纪早就有了一定的文学积累,甚至已形成自己的文学主张,如王勃、李贺等诗人二十余岁离世,但是留下不少名篇,并有自我的创作风格。翻阅王世贞文集,我们固然找不到王世贞遇到李攀龙之前有系统的文学理论主张的证据,不过通过王世贞自述的少年时期,可以窥探一二。如:

> 余十四岁,从大人所得《王文成公集》,读之,而昼夜不释卷,至忘寝食,其爱之出于三苏之上。稍长,读秦以下古文辞,遂于王氏无所入,不复顾其书,而王氏实不可废。②

> 吾生平无进取念,少年时,神厉志凌之病,亦或有之。今老矣,追思往事,可为扪舌。③

> 余少年时,称诗盖以盛唐为鹄云,已而不能无疑于五言古,及李于鳞氏之论曰:"唐无古诗,而有其古。"诗则洒然悟矣。④

> 仆数奇自放,不能为人间完人,而又多少年偏嗜,堕绮语障,今过五十始知悔,然无及矣。⑤

> 陈公甫先生诗不入法,文不入体,又皆不入题,而其妙处有超乎法与体与题之外者。予少年学为古文辞,殊不能相契,晚节始自会心。偶然读之,或倦而跃然以醒,不饮而陶然以甘,不自知其所

---

① 魏宏远:《论王世贞晚年诗歌写作的转变》,《浙江社会科学》2009年第11期,第98页。

② [明]王世贞:《读书后》卷四《书王文成集后》,上海图书馆藏明刻本,第3页。

③ [明]王世贞:《弇州山人四部稿》卷一百五十一《艺苑卮言八》,美国哈佛大学燕京图书馆藏明刻本,第23页。

④ [明]王世贞:《弇州山人续稿》卷五十五《梅季豹居诸集序》,美国普林斯顿大学东亚图书馆藏明刻本,第18页。

⑤ [明]王世贞:《弇州山人续稿》卷一百八十三《陆山人》,美国普林斯顿大学东亚图书馆藏明刻本,第4页。

以然也。若邵尧夫非不有会心处，而沓拖跋种种可厌，譬之剥荔枝、荐江瑶，以佐蒲萄之酒，而馁鱼败肉，枭羹蛙炙，杂然而前，进将掩鼻，抶喉呕哕之不暇，而暇辨其味乎。然公甫乃极推重庄孔旸，又尧夫下也，而公甫亦自沾沾，则不能尽出无意，以此小让陶先生。①

通过以上材料，我们可知王世贞热爱文学创作，并且行文多少年意气、雄心壮志，喜欢华丽的辞藻，同时，王世贞对文学的追求有着自己的认知，在结识李攀龙之前，就推崇盛唐诗作，并且喜好王阳明、三苏之文，而王阳明是"心学"的代表，注重自我主体性的存在，苏轼的行文创作无拘无束，如行云流水，尽情地展现内心情感，使"真我"得到自然流露。另外，需要注意的是，王世贞强调少年时期文体与法度的疑惑，到"晚节始自会心"，或者认为自己早年追求绮语有所不对，这些都意味着王世贞晚年自成一家主盟文坛之时，仍然注重少年时期的文学之路。

由此可知，王世贞在复古之时所流露出的性灵说和神韵说等文学主张，其实是其少年文学思想的外在体现和发展，其晚年对少年文学之路的回顾和反思，也更说明了其少年文学思想之于自我整体文学思想的重要性。少年文学思想的突出，也更加否定了王世贞"早年"文学思想的模糊定义。王世贞从事文学复古运动，如果硬要进行分期划分的话，复古时期的王世贞应该属于"青年"时期，如前所论，其创作的《艺苑卮言》也不是一蹴而就的，该书屡经修改，从初稿到定稿花费近二十年，伴随着王世贞青年的成长过程。

通过对"弇州晚年定论"所涉概念的辨析可知，王世贞对苏轼既有肯定，也有否定，"学白"甚至是"雅慕"白居易则是既定的事实，王世贞对其少年文学思想的反思和注重，让所谓的"弇州晚年定论"之说，摇摇欲坠。毕竟"弇州晚年定论"之说主要在于对王世贞文学思想进行分期探讨，肯定其晚年诗学主张，进而认定其对所谓的早年文学主张有所"悔悟"，如此研究，有不妥之处，亦说明不能简单地分期研究王世贞诗学内涵。王世贞的文学思想经历过少年、青年、中年和晚年这四个时

---

① ［明］王世贞：《读书后》卷四《书陈白沙集后》，上海图书馆藏明刻本，第11页。

期,存在内在的同一性,其所从事的文学复古运动也并不是其文学思想的开端,更不存在其早年和晚年文学思想的对立。

王世贞"性灵说"种子的生根和发芽,以及平生对白居易的"雅慕",让我们感受到他引领文学复古运动之外的文学追求,这种追求,是王世贞源自内心对真性情的抒发,也体现了其文学思想的多面性和复杂性,所谓的"弇州晚年定论"是他人在具有明显目的的驱使下对王世贞文学思想进行的错误认知,对"弇州晚年定论"的反思,更让我们理解了王世贞对文学复古运动中格调、法度等理论主张的突破,揭示了其基于至情理论文学思想的整体性。

结　语

　　概而论之，王世贞一生跌宕起伏，在充满传奇性的同时，也具有平民性。他出生于名门望族，具有琅琊王氏的光环，十五岁时即以《宝刀歌》一鸣惊人，在走科举之路、背诵四书五经之时，亦放不下对王阳明、苏轼等人文集的喜爱。他此时虽然没有形成明确的文学主张，但是内心的取向明确，已经种下了"真性情"的种子。他年少成名中科举后，便从科举的桎梏中走了出来，广交天下好友，一起游玩名胜、摆宴畅饮、诗歌唱和，甚是快哉。年少轻狂，再加上父亲王忬的叮嘱，令他不肯攀附权贵，始终保持着独立人格。初任刑部时，便秉公执法，搜查锦衣卫都督陆炳府邸，将杀害妇人的阎某逮捕归案，名噪一时。后经李先芳的介绍，王世贞认识了李攀龙，两人在深谈之后，更是惺惺相惜，一同走上了取法古人的诗文之道，此后力倡复古文学，成立七子阵营，成为文坛上重要的流派。

　　王世贞出京巡察狱事后，升任山东按察司副使，兵备青州，在任上他积极募兵，屡次为百姓争取利益，减免兵役，重视文化建设，以致青州乡试通过率名列省内前茅。然而父难突发，打乱了他原有的规划，他便上疏请退，带弟王世懋一起赶赴京师，匍匐于严嵩门前，拦路于官员们所经之道，问计于徐阶等人，想尽一切办法为之奔走相救，体会人世间的冷暖，其情足以感天动地。奈何其父最终被杀，这彻底改变了他对朝廷的看法，以及对自己未来之路的选择。按礼制，王世贞为父守丧三年，这期间，他与王世懋住在墓旁，恪守礼制，粗衣淡食，谢绝友人拜访和酒宴相邀，即使期满，他也不主动回归朝廷。

隆庆元年，新皇登基，大赦天下，王世贞与王世懋上京为父亲申冤，到了八月，朝廷便下诏为其亡父平反，使其内心的愧疚有所小解，始得为人子。隆庆三年正月，王世贞在亲朋好友的劝谏之下，肩负着家族发展的希望，赴任浙江参政，一到任，他就裁撤贪吏，对巨富不仁之人进行打击，深得百姓爱戴。十二月，王世贞被朝廷新任命为山西提刑按察司按察使，次年因母亲离世，而急忙赶赴家中，却未能见到最后一面，内心自责颇深，同时上疏朝廷乞休。后又被朝廷先后任命为湖广按察使、广西右布政使，并于万历二年九月，被朝廷任命为都察院右佥都御史，督抚郧阳，这是他为官任上的重大突破，他开始主政一方。在任上，他坚持一贯的作风，勤政为民，铲除匪患，不畏权贵，秉公处理张居正妻弟王生一事，郧阳大治，面貌一新。同时，其文业未断，有求不朽之志，《四部稿》面世，迎来一片赞誉，士子们争相购买，成为必读书目。万历六年八月他新任应天府尹一职，在被弹劾后便归里待命。

归里后，王世贞有慕于昙阳子修道一事，又与王锡爵相善，经其引荐，他便拜昙阳子为仙师。之后他更是与王锡爵一道居于城外，远离家人，潜心修道。万历十二年，王世贞先后被朝廷任命为应天府府尹、南京刑部右侍郎之职，他坚决不肯出仕，接连上疏朝廷乞休，不过他同时也开启了为亡父请恤之路。直到万历十五年二月，礼部才同意王世贞之请，对王忬赐祭二坛，造坟安葬，以供后人瞻仰。十一月，王世贞被朝廷新任命为南京兵部右侍郎，虽然此次他还是上疏乞休，但是他有感于国恩，内心有所松动，以致在来年二月，便前往南京赴任。闰六月十四日，王世懋逝世，再加上家人生病，自己身体日衰，他开始多次上疏朝廷乞休。然而朝廷不仅没有批准他的请求，还升他为南京刑部尚书一职，到万历十八年三月，在王锡爵的帮助下，朝廷才最终同意他暂时回家调理。同年，其史学著作《弇山堂别集》刊刻，这算是完成了自己治史的夙愿。在病中，他请胡应麟为其校对《续稿》，最后遗之少子王士骏。十一月二十七日，王世贞与家人告别后病逝，终年六十五。

终其一生，王世贞在文业上，与李攀龙一道倡导复古文学，组建复古阵营，大力提携后劲，使复古之风吹遍整个文坛，其《艺苑卮言》《四部稿》《续稿》《弇山堂别集》等文集先后问世，成一家之言，让他不朽于后世,对明清文学、史学的发展,产生了深远影响。在为官上,他虽然先后辗转于京师、山东、湖广、南京等地,但是无论在何处任何职,均能恪守职责,不攀附权贵,秉公办案,重视文化教育,始终以百姓的利益为先,获得众多同僚和百姓的肯定和赞誉。在家族上,虽然自己有时追求闲适的生活,但是始终把家族的发展重担放在个人享乐之上,为父奔走相救、平反、请恤等等,并多次为了家族更好的发展,放下悠闲生活而选择出仕。由此可见,王世贞是有情有义之人,是有理想抱负之人,是为官为民之人,他一生的行迹,完全不辱没琅琊王氏之名,甚至是光大之,足以留名青史,受后人敬仰。

附录一 著述书目

　　王世贞由于盛名已久,成为天下士子争相学习的对象,以致其文集被不断刊刻,对明人文集进行较为集中整理与收藏的当数清朝编订的《四库全书》系列,在《四库全书》中,王世贞著述文本被选 17 种,分别是《弇山堂别集》、《嘉靖以来首辅传》、《弇州史料》、《史乘考误》、《画苑》及《画苑补益》、《王氏书苑》及《书苑补益》、《弇州山人题跋》、《异物汇苑》、《汇苑详注》、《觚不觚录》、《世说新语补》、《弇州山人四部稿》及《续稿》、《读书后》、《凤洲笔记》、《弇州稿选》、《尺牍清裁》及《补遗》、《全唐诗说》及《诗评》,基本囊括了王世贞的主要著述文本,其中属于史部的有 4 种,属于子部的有 7 种,属于集部的有 6 种,符合王世贞的整体创作分布情况。依据《四库全书总目》所载①,其相关的书目信息主要有:

1.《画苑》十卷、《画苑补益》四卷(浙江鲍士恭家藏本)

　　《画苑》十卷,明王世贞编。《画苑补益》四卷,詹景凤编。世贞有《弇山堂别集》,已著录。景凤字东图,休宁人。由举人官至平乐府通判。世贞所录,凡谢赫《古画品录》一卷,李嗣真《续画品录》一卷,沙门彦悰《后画录》一卷,姚最《续画品》一卷,裴孝源《贞观公私画史》一卷,沈括《图画歌》一篇,荆浩《笔法记》一篇,王维《山水论》一篇,张彦远《历

---

① 本书限于篇幅,只叙述《四库全书总目》中所涉及的王世贞书目情况,至于王世贞一生文集创作及其被他人编纂的情况,在许建平编著的《王世贞书目类纂》(凤凰出版社 2012 年版)中有详细的论述和数据统计,他将王世贞书目情况分为 7 类,“自撰自编书目”类有 11 种,“自撰被他编单行本”类有 99 种,“自撰被他人汇编本”类有 61 种,“自撰与他撰合编本”类有 13 种,“自编、评点他人著作”类有 61 种,“王世贞著作被存疑书目”类有 22 种,“托名王世贞的伪作”类有 32 种,共计 299 种。在此不能对该书所列王世贞书目的情况进行一一引用和说明,具体情况可以参见该书。

代名画记》十卷,刘道醇《宋朝名画评》三卷,朱景元《唐朝名画录》一卷,陈询直《五代名画补遗》一卷(案:此书刘道醇作陈询直,乃沿《文献通考》之误,语详本条下),邓椿《画继》十卷,黄休复《益州名画录》三卷,米芾《海岳画史》一卷,计十五篇。景凤所补,凡梁元帝《山水松石格》一篇,王维《画山水秘诀》一篇,荆浩《论画山水赋》一篇,李成《山水诀》一篇,郭熙《林泉高致》一卷,淳思《画论》一卷,《纪艺》一卷,宣和《论画杂评》一卷,韩纯全《山水纯全集》一卷,李澄叟《画山水诀》一卷,无名氏《论画山水歌》一篇,李廌《画品》一卷,华光和尚《梅谱》一卷,李衎《竹谱详录》一卷,张退公《墨竹记》一篇,董迫《广川画跋》六卷。计十六种。①

2. 《王氏书苑》十卷、《书苑补益》八卷(浙江鲍士恭家藏本)

是书亦明王世贞编,詹景凤续编。初,世贞纂《古书家言》多至八十余卷。抚郧阳时,择取十数种付梓,版藏襄阳郡斋。因水涨漂失,寻复以刻本五种畀王元贞,翻刻于金陵,题曰《王氏书苑》。万历辛卯,元贞与詹景凤续刻八种,题曰《书苑补益》。世贞《书苑》五种,曰张彦远《法书要录》十卷,米芾《海岳书史》一卷,苏霖《书法钩玄》四卷,黄伯思《东观余论》二卷,黄訒《东观余论附录》一卷。《景凤补益》八种,曰孙过庭《书谱》一卷,姜夔《续书谱》一卷,米芾《宝章待访录》一卷,欧阳修《试笔》一卷,宋高宗《翰墨志》一卷,曹士冕《法帖谱系杂说》二卷,吾邱衍《学古编》二卷,刘惟志《字学新书摘抄》一卷。诸书皆有别本单行,世贞特裒合刻版,遂自立名目,是则明人锢习,虽贤者不免矣。朱国《涌幢小品》曰:王弇州不善书,好谈书法。其言曰,吾腕有鬼,吾眼有神。此说一倡,于是不善画者好谈画,不善诗文者好谈诗文,极于禅元,莫不皆然。古语云:知者不言,言者不知。吾友董思白,于书画一时独步,然对人绝不齿及也。其诋諆世贞至矣。然世贞品题书画,赏鉴家实不以为谬,殆以好谈致谤欤。如此书及《画苑》,皆其好谈之一徵也。②

3. 《弇州山人题跋》七卷(安徽巡抚采进本)

明王世贞撰。考《弇州四部稿》有杂文跋、墨迹跋、墨刻跋、画跋、佛

---

① [清]永瑢等撰:《四库全书总目》子部卷一百一十四,中华书局 2003 年版,第 974 页。
② [清]永瑢等撰:《四库全书总目》子部卷一百一十四,中华书局 2003 年版,第 975 页。

经跋诸类,此本惟墨迹跋三卷,墨刻跋四卷。其文与稿中所载又颇详略不同,疑当时抄撮以成帙,其后又经删定入集。如《集古录》有真迹、集本之殊也。①

4.《弇山堂别集》一百卷(两江总督采进本)

明王世贞撰。世贞字元美,太仓人,嘉靖丁未进士,官至南京刑部尚书,事迹具《明史·文苑传》。是书载明代典故。凡《盛事述》五卷;《异典述》十卷;《奇事述》四卷;《史乘考误》十一卷;《表》三十四卷,分六十七目;《考》三十六卷,分十六目。世贞《自序》云:是书出,异日有裨于国史者,十不能二。耆儒掌故取以考证,十不能三。宾幕酒筵,以资谈谑,参之十,或可得四。其用如是而已。然其间如《史乘考误》及《诸侯王百官表》,《亲征》《命将》《谥法》《兵制》《市马》《中官》诸考,皆能辨析精核,有裨考证。盖明自永乐间改修《太祖实录》,诬妄尤甚。其后累朝所修实录,类皆阙漏疏芜。而民间野史竞出,又多凭私心好恶,诞妄失伦。史愈繁而是非同异之迹愈颠倒而失其实。世贞承世家文献,熟悉朝章。复能博览群书,多识于前言往行。故其所述,颇为详洽。虽征事既多,不无小误。又所为各表,多不依旁行斜上之体,所失正与雷礼相同。其盛事、奇事诸述,颇涉诙谐,亦非史体。然其大端可信,此固不足以为病矣。②

5.《凤洲笔记》二十四卷、《续集》四卷、《后集》四卷(两淮盐政采进本)

明王世贞撰。世贞有《弇山堂别集》,已著录。是集乃隆庆己巳黄美中所编。前有美中《序》,称世贞著作不能尽见,会从其侄孙少川子得此集,因编刻以公天下,盖当时摘选之本也。然命诗文曰《笔记》,其称名可谓不伦矣。③

6.《弇州稿选》十六卷

明王世贞撰,沈一贯选。一贯有《易学》,已著录,世贞才大学博,自谓靡所不有,方成大家,故其正、续四部稿,颇伤芜杂。晚年悔其少作,而未及手自删定。一贯是编,别裁澄汰,意在撷其菁华,而宗旨所归,仍

① [清]永瑢等撰:《四库全书总目》子部卷一百一十四,中华书局2003年版,第975页。
② [清]永瑢等撰:《四库全书总目》史部卷五十一,中华书局2003年版,第466页。
③ [清]永瑢等撰:《四库全书总目》集部卷一百七十七,中华书局2003年版,第1595页。

尊秦、汉，而薄唐、宋，终未能弃短取长也。①

7.《弇州山人四部稿》一百七十四卷、《续稿》二百七卷（两江总督采进本）

明王世贞撰。世贞有《弇山堂别集》，已著录。此乃所著别集。其曰"四部"者，《赋部》《诗部》《文部》《说部》也。《正稿·说部》凡七种，曰《劄记内篇》，曰《劄记外篇》，曰《左逸》，曰《短长》，曰《艺苑卮言》，曰《卮言附录》，曰《宛委余篇》，皆世贞为郧阳巡抚时所自刊。《续稿》但有《赋》《诗》《文》三部，而无《说部》。则世贞致仕之后，手哀晚岁之作以授其少子士骏，至崇祯中其孙始刊之。考自古文集之富，未有过于世贞者。其摹秦仿汉，与七子门径相同。而博综典籍，谙习掌故，则后七子不及，前七子亦不及，无论广续诸子也。惟其早年，自命太高，求名太急，虚憍恃气，持论遂至一偏。又负其渊博，或不暇检点，贻议者口实。故其盛也，推尊之者遍天下；及其衰也，攻击之者亦遍天下。平心而论，自李梦阳之说出，而学者剽窃班、马、李、杜；自世贞之集出，学者遂剽窃世贞。故艾南英《天佣子集》有曰："后生小子不必读书，不必作文，但架上有《前后四部稿》，每遇应酬，顷刻裁割，便可成篇。骤读之，无不浓丽鲜华，绚烂夺目；细案之，一腐套耳"云云。其指陈流弊，可谓切矣。然世贞才学富赡，规模终大。譬诸五都列肆，百货具陈，真伪骈罗，良楛淆杂，而名材瑰宝，亦未尝不错出其中。知末流之失可矣。以末流之失而尽废世贞之集，则非通论也。②

8.《读书后》八卷（浙江巡抚采进本）

明王世贞撰。此书本止四卷，为世贞《四部稿》及《续稿》所未载，遂至散佚。其侄士骐得残本于卖饧者，乃录而刊之，名曰《附集》。后吴江许恭又采《四部稿》中书后之文为一卷，《续稿》中读佛经之文为一卷、读道经之文为二卷，并为八卷，重刻之。而陈继儒为之序，称其如吕氏《读书记》、晁氏《读书志》。案晁公武《读书志》每书皆详其卷数撰人，以及源流本末。世贞此书则九十五篇之中，为跋尾者四十二，为史论者五十

---

① ［清］永瑢等撰：《四库全书总目》集部卷一百七十七，中华书局 2003 年版，第 1595 页。
② ［清］永瑢等撰：《四库全书总目》集部卷一百七十二，中华书局 2003 年版，第 1508 页。

三;而四十二篇之中又皆议论之文,无一考证之语,与晁氏书南辕北辙。继儒殆未见《郡斋读书志》,而偶闻其名,妄以意揣度之,谓亦如此书之跋尾耳。《书影》记世贞初不喜苏文,晚乃嗜之,临没之时,床头尚有苏文一部。今观是编,往往与苏轼辨难,而其文反覆条畅,亦皆类轼,无复摹秦仿汉之习。又其跋《李东阳乐府》与《归有光集》《陈献章集》,均心平气和,与其生平持论不同。而《东阳乐府跋》中自称"余作《艺苑卮言》时,年未四十,方与于鳞辈是古非今,此长彼短,未为定论。至于戏学《世说》,比拟形似,既不切当,又伤儇薄。行世已久,不能复秘。姑随事改正,勿令多误后人而已"云云。然则此书为晚年进境,以少许胜多许矣。其第五卷为《四部稿》中题跋二十五篇。其中如《读亢仓子》,不知为王士元所作,则未考《孟浩然集序》;《读三坟》,以为刘炫作,则未考《隋书·经籍志》;《读元命苞》一篇所言乃卫元嵩之元包,尤为荒谬,则犹早年盛气,不及检校之作。许恭摭续此编,毋乃非世贞意欤。以原刻所有,姑并存之。至是编杂论古书而究为杂著,非目录之比。无类可附,今仍著录《集部》焉。①

9.《弇州史料》三十卷(左都御史张若溎家藏本)

明董复表编。复表字章甫,华亭人。是书皆采掇《王世贞文集·说部》中有关朝野记载者,裒合成书,无所考正。非集非史,四库中无类可归,约略近似,姑存其目于传记中,实则古无此例也。然世贞本不为史,强尊为史,实复表之意。胡维霖《墨池浪语》称,《弇州史料》,凡请弇州作传志者,虽中材亦得附名。未请传志,虽盖代勋名节义亦所不载。后之耳食,未可以此为定案云云。是又误以为出世贞之意,非其实矣。②

10.《嘉靖以来首辅传》八卷(浙江汪启淑家藏本)

明王世贞撰。世贞有《弇山堂别集》,已著录。是编乃纪世宗、穆宗、神宗三朝阁臣事迹。案明自太祖罢设丞相,分其事权于六部。至成祖始命儒臣入直文渊阁,参与机务,但称阁臣而不以相名。其后阉竖干政,阁臣多碌碌充位。至嘉靖间,始委政内阁,而居首揆者责任尤专。

凡一时政治得失，皆视其人为轻重。故世贞作此书，断自嘉靖为始，以明积渐所由来。前有《总序》，称阁臣沿革始末，已具年表者，即指《弇山堂别集》中之《百官表》也。其所载始杨廷和，讫申时行，皆以首辅为主，而间以他人事迹附之。于当时国事是非，及贤奸进退之故，序次详悉，颇得史法。惟世贞与王锡爵同乡，锡爵家尝妄言其女得道仙去，世贞据为作传。当时劾锡爵者或并及世贞。世贞作此书时，仍载入昙阳子事，不免文过遂非。其余所纪，则大抵近实，可与正史相参证。不以一节之谬，弃其全书也。①

11. 《史乘考误》十卷（两江总督采进本）

明王世贞撰。世贞有《弇山堂别集》，已著录。是书一曰《二史考》，凡八卷；二曰《家乘考》，凡二卷。二史者，国史、野史也，皆胪举讹传，一一考证。已载入《弇山堂别集》中，此其单行之本也。②

12. 《异物汇苑》五卷（直隶总督采进本）

旧本题明王世贞撰。世贞有《弇山堂别集》，已著录。是书分二十七门，大抵捃摭类书，冗碎无绪，且删改原文，多失本意。世贞著述，牴牾失实或有之，亦何至陋劣如此乎？其伪不待问矣。③

13. 《汇苑详注》三十六卷（内府藏本）

一名《类苑详注》。旧本题明王世贞撰，邹善长重订。善长不知何许人。其书成于万历乙亥，《明史·艺文志》亦著录。凡二十七部，首列引用书目，似乎浩博，其实就唐、宋诸类书采掇而成。观官职门中所列，皆用宋制，知为剿剟《事文类聚》《合璧事类》而成矣。疑亦托名世贞者也。④

14. 《觚不觚录》一卷（安徽巡抚采进本）

明王世贞撰。世贞有《弇山堂别集》，已著录。是书专记明代典章制度，于今昔沿革尤详。自序谓伤觚之不复旧觚，盖感一代风气之升降也。虽多纪世故，颇涉琐屑，而朝野轶闻，往往可资考据。若徐学谟《博

---

① ［清］永瑢等撰：《四库全书总目》史部卷五十八，中华书局 2003 年版，第 524 页。
② ［清］永瑢等撰：《四库全书总目》史部卷九十，中华书局 2003 年版，第 762 页。
③ ［清］永瑢等撰：《四库全书总目》子部卷一百三十七，中华书局 2003 年版，第 1168 页。
④ ［清］永瑢等撰：《四库全书总目》子部卷一百三十七，中华书局 2003 年版，第 1168 页。

物典汇》载高拱考察科道,被劾者二十七人,并载名氏,说者谓其谙于故事,而是书并详及诸人所以被劾之故,为学谟所不及载。于情事首尾,尤为完具。盖世贞弱冠入仕,晚成是书,阅历既深,见闻皆确,非他人之稗贩耳食者可比,故所叙录,有足备史家甄择者焉。①

15.《世说新语补》四卷(江西巡抚采进本)

旧本题明何良俊撰补,王世贞删定。良俊有《四友斋丛说》,世贞有《弇山堂别集》,皆已著录。前有康熙丙辰富阳章绂序,称云间何元朗仿《世说新语》为《语林》,甚为当时所称,但其词错出,王弇州麟州又取而删定之,改名《世说新语补》。几百年来,梨枣不啻数十易。惟吴兴凌初成原刻,悉遵古本,分为六卷,附以王世贞所订,名曰鼓吹云云。良俊《语林》三十卷,于汉、晋之事全采《世说新语》,而撼他书以附益之,本非补《世说新语》,亦无《世说补》之名。凌濛初刊刘义庆书,始取《语林》所载,削去与义庆书重见者,别立此名,托之世贞。盖明世作伪之习,绂从而信之,殊为不考。然绂序字句鄙倍,词意不相贯属,疑亦出书贾依托。观其所刊目录,列补编于前,列原书于后,而三十六门之名,一页中重见叠出,不差一字,岂识黑白者所为哉!②

16.《尺牍清裁》六十卷、《补遗》一卷(内府藏本)

明王世贞编。世贞有《弇山堂别集》,已著录。是书盖因杨慎原本而增修之。慎所录自左、史迄于六朝,共为八卷。世贞益为二十八卷,复采唐代至明之作通为六十卷。又旁搜稗史,得梁、隋以前佚作四十余条,为补遗一卷。然真赝错杂,简择未为尽善也。慎书本作赤牍,世贞改为尺字。赵崡《石墨镌华》曰:"宋游师雄墓志,书只尺作只赤,赤与尺通。杨用修以尺牍为赤牍,本之禽经雉上有丈,鷃上有赤。"王元美又引《华山石阙云》:"高二丈二赤。"平等寺碑云:"高二丈八赤。"而疑其隐僻,故改作尺牍。据此志则宋已多用之,非僻也云云。崡好金石之文,故字体喜于从古。然书契之作,将使百官治而万民察。原取其人人共喻,必用假借之古字,使学士大夫读之而骇。义虽有据,事实难行。如

---

① [清]永瑢等撰:《四库全书总目》子部卷一百四十一,中华书局 2003 年版,第 1204 页。
② [清]永瑢等撰:《四库全书总目》子部卷一百四十三,中华书局 2003 年版,第 1222 页。

欧阳书作欧羊,亦有汉碑可证,庐陵之族其肯从之改氏乎?况文之工拙,书之善否,亦不绝在字之古今。平心而论,正不必是慎而非世贞矣。①

17.《全唐诗说》一卷、《诗评》一卷(编修程晋芳家藏本)

旧本题明王世贞撰。世贞有《弇山堂别集》,已著录。是二书载曹溶《学海类编》中。实则割剥世贞《艺苑卮言》,钞为两卷。世贞著作,初无此二名也。

① [清]永瑢等撰:《四库全书总目》集部卷一百九十二,中华书局 2003 年版,第 1749—1750 页。

附录二　传记资料选录

　　自王世贞逝世后，关于他的传记资料颇多，其中最权威者莫过于《明史》中记载的王世贞事迹，最详细者莫过于王士骐《明故资政大夫南京刑部尚书赠太子少保先府君凤洲王公行状》，本书在写作过程中，对二者也有诸多引用，为了方便读者查阅参考，特将这两篇文章陈列于此。

　　《明史》中言及：

　　　　王世贞，字元美，太仓人，右都御史忬子也。生有异禀，书过目，终身不忘。年十九，举嘉靖二十六年进士。授刑部主事。世贞好为诗古文，官京师，入王宗沐、李先芳、吴维岳等诗社，又与李攀龙、宗臣、梁有誉、徐中行、吴国伦辈相倡和，绍述何、李，名日益盛。屡迁员外郎、郎中。

　　　　奸人阎姓者犯法，匿锦衣都督陆炳家，世贞搜得之。炳介严嵩以请，不许。杨继盛下吏，时进汤药。其妻讼夫冤，为代草。既死，复棺殓之。嵩大恨。吏部两拟提学皆不用，用为青州兵备副使。父忬以滦河失事，嵩构之，论死系狱。世贞解官奔赴，与弟世懋日蒲伏嵩门，涕泣求贷。嵩阴持忬狱，而时为谩语以宽之。两人又日囚服跽道旁，遮诸贵人舆，搏颡乞救。诸贵人畏嵩不敢言，忬竟死西市。兄弟哀号欲绝，持丧归，蔬食三年，不入内寝。既除服，犹却冠带，苴履葛巾，不赴宴会。

　　　　隆庆元年八月，兄弟伏阙讼父冤，言为嵩所害，大学士徐阶左右之，复忬官。世贞意不欲出，会诏求直言，疏陈法祖宗正殿名庆恩义宽禁例修典章推德意昭爵赏练兵实八事,以应诏。无何,吏部用言官荐,令以副使涖大名。迁浙江右参政,山西按察使。母忧归,服除,补湖广,旋改广西右布政使,入为太仆卿。

张居正枋国,以世贞同年生,有意引之,世贞不甚亲附。所部荆州地震,引京房占,谓臣道太盛,坤维不宁,用以讽居正。居正积不能堪,会迁南京大理卿,为给事中杨节所劾,即取旨罢之。后起应天府尹,复被劾罢。居正殁,起南京刑部右侍郎,辞疾不赴。久之,所善王锡爵秉政,起南京兵部右侍郎。先是,世贞为副都御史及大理卿、应天尹与侍郎,品皆正三。比擢南京刑部尚书,御史黄仁荣言世贞先被劾,不当计俸,据故事力争。世贞乃三疏移疾归。二十一年卒于家。

世贞始与李攀龙狎主文盟,攀龙殁,独操柄二十年。才最高,地望最显,声华意气笼盖海内。一时士大夫及山人、词客、衲子、羽流,莫不奔走门下。片言褒赏,声价骤起。其持论,文必西汉,诗必盛唐,大历以后书勿读,而藻饰太甚。晚年,攻者渐起,世贞顾渐造平淡。病亟时,刘凤往视,见其手苏子瞻集,讽玩不置也。

世贞自号凤洲,又号弇州山人。其所与游者,大抵见其集中,各自标目。曰前五子者,攀龙、中行、有誉、国伦、臣也。后五子则南昌余曰德、蒲圻魏裳、歙汪道昆、铜梁张佳胤、新蔡张九一也。广五子则昆山俞允文、濬卢楠、濮州李先芳、孝丰吴维岳、顺德欧大任也。续五子则阳曲王道行、东明石星、从化黎民表、南昌朱多煃、常熟赵用贤也。末五子则京山李维桢、鄞屠隆、南乐魏允中、兰谿胡应麟,而用贤复与焉。其所去取,颇以好恶为高下。①

王士骐在《明故资政大夫南京刑部尚书赠太子少保先府君凤洲王公行状》中言曰:

先府君大司寇以万历庚寅卒,有司讣闻于朝。上特赠太子少保,予祭坛二,旋遣中书舍人视葬,赐金肆伯镪。不肖孤士骐仰承

① [清]张廷玉等撰:《明史》卷二百八十八,中华书局1974年版,第7379—7381页。

先府君微志，祔葬先大司马墓之昭位，而以疏辞葬金。奉旨："祭葬乃朝廷恩恤，不准辞。"于是不肖孤饬亭修隧，砻墓道之石，以乞不朽于大人先生，而敢挍泪属草为之状。先府君讳世贞，字元美，别号凤洲，晚又自号弇州山人。自《弇州四部稿》之行于世也，世之学者又多称弇州先生。

吾王之称琅琊，自汉而迨晋，为太保元公祥、贞子览。贞子之嫡孙曰丞相始兴文献公导，始渡江。而宋初有军事衔推仁镐者，仕钱氏，居浙之分水。至司谏公缙而以族著。数传为古川公梦声，应行省辟，署昆山儒学正，几四十年，遂为昆山人。昆山之割而隶太仓也，又徙为太仓人。古川公有三子，其中子绝，而少子最能世其家，五传而为赠公辂。公三子，而少者为司马质庵公，讳倬，历官至南少司马，以政术行谊为弘治间名臣。少司马季子讳忬，为思质公，由行人御史至都察院右都御史，历督抚蓟辽诸军。中权奸殁，最后复故官，加赠大司马。

府君生而韶秀，岸然玉立。少长，不好美，宛若成人。六岁出就傅，辄取稗官野史及古文之易晓者读之，凡数万言。大司马心异之。十岁而举太常叔，珠玉交映，大司马喜甚，曰："吾闻东海有凤麟洲，而兄弟其庶几乎？"于是署其读书之室曰凤洲，而督令习举子业。府君心厌薄之，辄弃去。大司马忧之曰："儿好读古书，如异日鼓瑟齐门何？"于是苦相禁制。府君窃挟古文辞，阴避大司马，从帐中厕上读之。盖十五而读书已半袁豹矣，然未尝习韵语。偶有买宝刀者，山阴骆先生限韵试府君。府君报应声曰："少年醉舞洛阳街，将军血战黄沙漠。"骆大惊诧，以为二语亦何减郭代公《宝剑篇》，亟言于大司马而称之。

居一年，出应小试。时州大夫冯公汝弼、督学使者杨公宜俱有文名，号知人者，咸有奇童之目，遂以高等应应天试。午塘闵公、鸿山华公读府君文七篇，异之，读论、表，惊叹以为奇绝，已复发所对策，纵横上下，条答无余，心更自疑，以为："此岂老于场屋者耶？不然，何该博如是？"名小次于后。比引见，弱冠少年也。两公始大悔恨不以冠多士。时府君虽弱冠，便已陵厉一世，古色苍然，不作经生一语。其论今载《四部稿》中。是岁，大司马以行人使竣还朝，府君侍行。入礼闱，文奇甚，不录。府君失意归，遂纵心千古，溢而为诗歌，间呼酒人，放于寥廓。司马公闻之，弗善也。

府君乃俯首故业，旋举丁未进士。举进士后，自公署散归，闭门读书而已，绝不与闻馆试事。一日，以燕间谒座师王先生。先生好谓曰："子能诗乎？即诗无益也，必有为两相公道地者而后可。"府君乃前曰："夫馆试，储材以为他日大用者也。托人道地，则失己；相公求材而得道地者，则失人。毋若信其一日之长短以去取，可乎？"先生面赪不答，府君亦不获与试。

需次久之，选刑部主事。固安崔令持法严，厂校以事谒者，不为礼。而会猾吏具牍诬崔盗库，督厂大珰捕之狱，煅炼无所得，复送法曹。府君奋曰："吏为盗，更诬令。令，一邑长也，少不当校意，而嗾其长缚之若孤豚，又罗织加罪焉，则环京师数百里鱼肉矣。"竟按吏戍之，而崔还职如故。锦衣校阎某者，司礼文书珰佽也。有外嬖，殴妇死。府君下兵马逮之。兵马辱于缇帅者，再匿不出。府君索出之。缇帅炳不能庇，至流涕诉诸执政徐公，以语府君。府君曰："三尺法，人主所以共天下者也。奈何私一锦衣校？吾知奉天子法耳，安知陆公？"徐公无以应。

壬午秋，审决淮扬，癸丑，还里。倭奴蹢海上，府君择乡中豪子弟二三百人，授以方略。贼跳而前，或击之，歼二三人，以其首献，倭遂遁去，乡人借以活者万计。未几还部，迁云南司郎中，司所隶京辇中外以罪至者投牒如猬，而动有所掣曳。尚书何公初难府君，曰："王郎中诗人，岂任狱吏耶？"府君曰坐公署，狱至，为详谳。度得情，辄手补牍，竟则付吏，趣书之。不三日而毕，各以轻重决遣，圄无旬系、庭无宿证者。尚书更大喜曰："吾始难王郎中，今不更易耶？"然府君竟以与锦衣缇帅抗失当路意。而会分宜更用他事，衔府君刺骨。铨部以中州督学请，寝弗报。继又以闽请，分宜弗悦曰："此生日抵掌讥我辈，而若昵之，不虞七闽士子麋耶？"

又半岁，稍迁青州佥兵使。青多大盗侠，探丸杀吏，处处作剧。江南征兵，羽书百道下，民鸟兽散，而采矿使者复侵寻焉。府君出按阅营曰:"夫青齐兵以雄闻天下,今马如羖羊、矛如铁锥耳。"乃身系裤褶,集强壮教之射。又申饬保甲法,重悬购盗之赏,而时以意擿发之。部民雷龄狡黠阴忮,善捕盗。尝挟诈莱潍间,事发,海道宋君购之急,而遁。宋以恳府君,侦者言雷龄在某所。府君即属令掩取以报,时独有王尉立阶下,微闻之。捕者至,则龄又遁矣。还报府君,府君阳曰:"置之。"又旬月而王尉获他盗胜常。府君心知其为龄力也。忽屏左右,召王尉诘之曰:"若奈何匿雷龄?当死。"王叩首伏,复促之,令飞骑骑而往。俄捧龄至,龄大恐,府君曰:"女去当死。然女能执所善某所某盗偕来,女生矣。"龄又叩首伏。乃令王尉为之日期,果得盗。府君遂以还宋君,而请宽之,宋果如府君言。缇帅陆公为盗劫奇宝以去,后济南获他盗言曰房四者,妄言前劫陆公。诸公津津道其事,府君摇首曰:"狡贼欲缓死耳。陆公即闻之,责山东追失物,何以应命?"乃诘房四曰:"若盗陆公耶?"曰:"然。""然则陆公之物安在?"曰:"在四党所。第毋苦四,四请得其人而追之。"曰:"若获陆公何状?"曰:"髯而肥。""何衣?"曰:"衣朱而围玉。"府君笑曰:"若奈何妄言劫陆公,希觊旦夕命乎?陆公实不髯而肥,又初丧母,若之何其红玉也?"房四嗫不能答,第搏颡耳。诸公鼓掌曰:"何神也!"又官校捕盗七人,逸其二,而盗首以所逸之主名献。俄缚一人至,盗首指其姓名贯址甚详。府君叱缚者将之庭柳下,稍远,伏而向上。盗首在柏树下,数窥其后足,盖蹑丝履也。府君乃曰:"得之矣。"使蒙其首,出之门外,而后诘盗首曰:"识之乎?"曰:"与共事,胡弗识也?"乃使诉者以绿履易外卒之青履,而与十人偕立,俾盗者证之。盗首即执绿丝履者,而曰:"与尔共香火,而今胡畏死耶?"府君大笑,乃出诉者与相质,盗首惭服。

徐进道者,尝从总督征倭,剽悍狠戾人也。好蓄养亡命,铸冶掘冢,一方畏而怨之。适横占伎女,女家诉之府君。府君第令益都邑令、颜神镇倅捕焉,不报。俄倅邑令请间言事,曰:"进道且反矣。闭门造甲械,收召部曲,曰吾不能坐青州狱。即坐,王府耳。"府君笑曰:"彼罪不至死,宁反耶?且独不畏死哉!"不听。既密伺之,果如倅令言。适附邑有失盗者,始行倅宥进道,令缚贼自赎,且来见。

以是谋益解，得不发，然竟不缚贼及来见也。府君念："已之，则彼益横，而令不行；欲发，则惧因小而激大。"又半岁，总督牒来募兵。其人邢中军镇也，出一纸愿效者，则进道姓名在焉，颔之。次日，探进道以二千长枪营城外七里余。顾部曲有与进道友李卿者，家近营所，谓曰："汝为徐某友耶？为我疑而诱之来。即不来，及有他，立杖杀汝矣。"卿应命去。俄有报进道饭某所矣。府君遣飞骑二十往缚取之，而以一骑入营檄曰："元恶就毙。诸义勇赴纛下听选，违者死。"顷有缚进道来，两腋膝各挟利刃二。府君数其罪，亡以答，第云："死分耳，乃以一烟花害英雄，可恨也。"府君趣杖杀之。余众惴惴听选，亡一人敢哗者。阖城欢声如雷，曰："公方为一方剪大害，吾辈始帖枕矣。"青之为盗薮也，藉豪右营窟，而左右吏胥以下多有为贼耳目者。故小有发，辄骤露，不能获，甚或有剽御国门者。去道百里而近，而郡县务为隐匿，不能报。府君既严其禁，而选其素习盗者委之，使充捕。得盗，惟核其真伪而已，所获盗橐，悉以充赏。稍剧有名者，则亲为赐花币，鼓吹而迎之。纵贼，觉辄立杖死。告失盗者首者，或阳为不允，而阴使人随而捕之，报者未至，已就擒。故盗或有方谋而获者、有盗中即我所遣谍应者、有露而自经者。

至于各州县，画为四方或八方，以义官统之，始有分地。严悬其赏格：以夜拒贼，当时捕获者，为上；逐而不出境获者，次之；拒不能劫者，又次之；凡盗从其所起而不觉察者、经其所而夜巡不传捕者，罚。行之期年，而盗衰止。抚臣丁公每谓人曰："有王君在，吾岂复有东顾忧哉？"则以询府君。府君曰："凡捕盗者，其才勇狡黠，过盗一等者也。吾严其诈害之禁，而复事掣之。彼袖手不为我出死力矣，是纵盗也。吾知赏其功而事姑息之，则彼之毒民也甚于盗，是益盗也，故操而纵之术于此曹尤不可已也。"盗既解散，铃铎夜绝，无论奸豪屏迹，即藩贵无不敛手。汉阳王创三层楼，下瞰人私室。衡王亦禁之，而未听也。府君出见曰："谁为汉阳密戚者？"曰："张某。"府君捕张，而首引祖训"藩王不得造离宫别馆"。张既执，使妻子哭谓汉阳曰："王不知兵道如雷霆耶？以王故，立虀粉矣。"衡王又使人切责，即日毁楼，而遣书谢不能教子。府君能令汉阳毁楼，善教孰大焉。汉阳王能从王改过，亦贤子也。吾为释张某，一日事耳。府君既负神明声，长安贵人忌者弥炽，鼻息横吹，以为刀俎间物。府君逡巡不怿。而适闻先太常叔又以己未得隽，府君曰："嘻！可以归矣。是造物忏吾于道家之忌，而脱以三尺之喙也。"将飘然挂冠东归，而先大司马之变作。先是，府君观政大理，分宜才府君，罗而致之。一日招府君饮，握手煦煦，强沃之醉，归而咄嗟至夜半，泣数行下，乃赋《离闵》之诗。分宜又数遣其子世蕃以酒食交欢，府君辄自匿不赴，分宜固已疑之。而杨忠愍公亦以露劾分宜忤旨系狱，府君入狱访公，饮泣歔欷，且以六尺孤相托。是岁举不肖，公复贻一金钱为贺。而明年，公竟论报矣。府君谓事急，踉跄驰骑谋之前座师王太常。太常许为营救。凌晨入西苑直，见分宜，语甚恳。分宜曰："上未必有意杀之，而何以救为？"太常曰："旨迫矣。"分宜谓："汝不为法曹，而不安所觇旨之有异。"太常迫，则曰："门人刑部王某言之。"分宜复色变，曰："何与彼事？"王太常乃曰："王某之爱师，而不意其有此举也，与材偶同耳。"分宜乃不复言。而杨夫人之代死也，府君又为笔削奏章。及就义之次日，匍匐出宣武门，躬自含敛，炙鸡斗酒，且酹且哭，损橐装赙之，而遣一介护丧以归。先大司马闻报，亦弹指出血，北向唾骂不已。而分宜又以妖人事曲杀沈公炼。大司马对客辄泣，酒后诃詈竣于前。客诇之以媚分宜，分宜怒，故遣私客索贿大司马，不得。分宜大怒曰："吾必阱而王氏父子。"于是遂缘边事摇上心，逮下狱。府君亟解青斋绶，奔燕中。身脆弱不任策塞，且行且踬，沙垢覆面。间关十日而至京。与太常叔抱持日夜泣，将伏欧刀叩阙下请代。大司马公闻而急止之曰："毋速我死。主上怒方烈，而汝曹欲沃之膏耶？"府君度无可奈何，相与楚服，扳车遮道，哀吁于诸贵人。手调囊饘，进而视大司马疾，退而洗泪，更颜色以侍郁夫人。至两兄弟背地相视，未尝不吞声饮泣，中夜蹶起也。迨庚申，大司马中祸。府君痛剧，死而苏者再。步扶丧车，下潞河，荒迷震眩，几不能死。

　　杖据二月而始归。归则方苦大水，盗啸于乡，乃谋请郁太夫人城居，而身自剃茅，庐于藁葬左右。居丧三年，呕血骨立，奄奄苫块间。不茹荤，不入内，不入领外事。虽公除而后，葛巾苴屦，陶觯瓦器，谢绝人间一切宴会声乐，惟时时托之诗，以写其牢骚郁勃之气。然投笔欲废，临镜自掷，若死若生，转侧梦寐，无日不为先司马吁天者。幸庄皇帝升革之会，嘉与天下维新。府君方病瘖，与先太常买舴艋至彭城，坐卧与二而扶之，羸瘠不能起。至都门外，匿迹萧寺，泣章疏。其略曰："臣父某夙以孤忠受简世庙，八奉玺书，六更大镇，驰驱南北，屡立战功。十年之间，手披荆棘，躬冒矢石。间关万死，不敢少懈。屡蒙褒谕，超擢荫赏。不幸数以口语抵触权相，致成仇隙，巧构祸端，阴讽私人，掊拾父罪。而给事中袁汝是、御史凌儒等详核军情，参酌物论，每于覆勘疏内极口荐扬臣父，至有'白首筹边，赤心报国'等语。嵩与世蕃益愧且恨，势必甘心。然唯时明旨止令带罪防秋，是先皇帝未尝欲杀臣父也；御史方辂止劾臣父病悸，是御史未尝欲杀臣父也；吏兵二部复奏臣父回籍，是吏兵二部未尝欲杀臣父也；法司上慑威断，止拟臣父照张珩例，是法司未尝欲杀臣父也；臣父下狱一年有余，节经科道部属勘覆军饷练兵事体，一毫不及臣父，是中外公论未尝欲杀臣父也。而嵩与世蕃止以睚眦不根之隙，巧诽阴胁，必致臣父死地。累尧舜知人之明，损国家好生之德，开邪细侥幸之门，解豪杰任事之体，此臣父所以茹血腐心死，而不瞑目于九泉之下也。臣父督发辽东总兵杨照等大破虏贼，斩首八百余级。自永乐以后，并无获级至八百者。嵩与世蕃欲重臣父之罪，而遂没无前之功；欲没臣父之功，而并轻杨照之赏。臣父失事既轻，获功复重。如近年以来，福建连没郡县，提督止是罢官；陕西杀将覆军，总督仅令听勘。臣父不敢望威宁之封，独不可从二地之宥乎？严嵩误国之罪，上通于天，纵子谋逆情状显著，自当剖棺戮尸，阖门寸斩，以谢天下，非臣区区私仇所当言。独念死者不可复生，臣父临没遗言：我所不负国，但功罪未明，切不可祔先人之穴。即今藁葬道傍，蒸尝失所，举家苦块，寝食不宁。伏惟皇上离照当天，群隐悉露，曲体先帝之遗衷，尽洗累年之宿蠹。而臣父独以权之奸陷害至死，冤状未白，功次未叙，存有向隅之悲，没无敝帷之盖。为此泣血叩阍,不胜感切。"疏上,举朝太息,至有为之泣下者。

徐文贞公心怜之,以语该部可为早覆。而新郑方修徐文贞公之郄,波及以为市恩,几格。太宰杨襄毅公谓:"且缓图之,以需后命。"府君上书杨公曰:"某即死,死都门外三尺地耳,必不归死先人目也。"无何,新郑去国。边臣行勘者以辽左功状闻,而大司马之事始白。府君谓:"吾即死,可以见大司马矣。"时南北两台垣荐府君者亦旁午,上起官大名。府君自分万万无出理,而又念草上余生受上湔拔,恐一旦溘先朝露,何以报上恩。会庄皇帝下诏求言,府君乃以原官上书,词甚切直,曰法祖宗以弘圣德,正殿名以尊治体,酌恩义以处宗室,宽禁例以求才哲,修典章以彰国纪,推德意以昭大劝,明爵赏以来异勋,练兵实以重根本。疏既上,府君谓:"庶几可借以报塞万一。"而坚谢朝命。乃大冢宰遗札责府君以大义,而文贞公直云:"司马之冤白,而高卧不出,是仇君也。君可仇乎?"郁太夫人闻之,为损匕箸,迫之出。

不得已,至京口,辄复上书乞归。寝不报,府君乃勉强之官。问俗于石拱辰先生。先生曰:"吾魏人疲于婚丧。婚者之将嫁也,则其姻族相聚而共酒食之,多者至匝月不止,其费各不可訾。既嫁,则婿家亦如之。盖一婚而中人之产去半也。丧家之有丧也,则姻族相聚而来奠,食前之为方丈者,恒以十数。盖一丧而中人之产去半也。魏安得不贫?"府君乃衷其数而戒饬焉,今其俗一变矣。大名州邑十有一,而真定三十余,以军兴论供输,则大名之与真定各半。而是时,大名阙饬兵使,其治真定者复委十之六于大名,曰:"大名饶而真定瘠。"府君力争于抚按曰:"为真定者,以饶瘠而概之,是以大名六而真定四。使为大名者,以州邑之数而衡之,则大名二而真定八。今请无论郡,论州县可也。论州县,亦不必大名与真定埒,大约大名无下等,真定无上等。取大名之中者与真定之上者并赋,而大名之上者与真定之下者各自为赋。衡之,则大名尚不得四,而真定六。"于是大名乃不果增。

居一年,量移浙江参政。府君下车,摘一二墨吏讼师,而巨室有长蛇封豕蚕食小民者,少裁抑之。所治吴兴久雨,田尽瓯脱。府君廉其郡富人粟山积,而故闭籴,欲使之踊贵,以收其赢。府君曰:"岁且侵,吾不为劝输以肉丘壑,待尽之民谁为活者?"首捐俸五十,郡县长而下次之。又募民入粟廪中,给以冠服,旌其间。及冬,庚人报粟得三万石,可以贷贫下户赋额,而赈亦足。府君又上疏曰:"吴越六郡,自二十年来倭变起,而草莽之臣不披冠者,一二耳。殿工海饷,供亿浩繁,而民之囊橐存者,十无一矣。郡邑之所鸠积与狱讼之余镪,四御史出而扫地无余矣。皇上念国家根本,议将三郡起运或折或蠲,而于内府内官大小监,汰其冗食,京营行伍锦衣诸卫之寄籍,汰其老弱,而大司农不虞匮也。皇上节宫中一事之费,则可以存东南数十家之产;去左右一时之蠹,国家百千年之利;发一念爱人之诚,则可以活千万人之命;下一言爱人之诏,则可以收千万人之心。"人谓:"抚按不言,而分守言之,可为咋舌。"府君不顾也。吴兴竟得改折十五万,民赖以全。未几,自浙参长晋桌。属郁太夫人方病,而新郑复以相国起掌铨,府君以是用母疾乞休。新郑弗为覆也,而缓其限,语人曰:"吾出而彼归者,何也?是将卧而待迁乎?"会郁太夫人疾良已,赴晋入棘,二书义、一序、五策皆出府君手,为诸生道冠,诸生诵式之至今。甫毕,闻太夫人病,仓皇移文两院,且投乞休疏。中途讣闻,却食袒括,昼夜驰,仅余食息。而新郑得讣,乃曰:"向者其母真病也?而吾也乃谓其恨我,我故不为长者。"于是却抚按所上牍,不听休。而南床已先伺高公旨,有中伤语矣。举朝为府君不平,而考功郎穆公文熙者,素负直气,为言于高公,发上指冠。高公改容谢之,府君遂赖之以不动。

服未除,以荐补楚桌。再入楚棘,楚之录如晋。旋迁广西辖,未一月入领冏卿。府君为郎时,精神奕奕逼人,或非同调者,时见白眼。自遭家难,固已摧刚为柔。至是,更和其光,以与公卿大夫接,靡不爱重府君者。府君每入朝,轩轩霞举。间与公卿大夫称述先朝典章略世务,闇闇侃侃,班耸听以为可备密勿参赞云。越八月,以中丞节督治郧阳。楚郧阳故简僻,前是,中丞每卧而治之。府君振刷精神,不遑自逸。性恶墨吏,向备位藩桌,未得自由,至是,甫下车,遂以一守一令指漏网大察者露章劾之。百城相望,咸解印绶去。郧故有兵,而闲节制,府君号令诗施,旌旗变色,郧阳遂隐然为重镇。

郧驿忽以一纸报府君,中开韩府乐平王次子奉高皇帝御容、宗牒及金牒出家,随喜天下名山,郡县驿传敕以甲仗迎谒。府君谓:"藩王有宗正条,锢城中不得出,而诗张如此,悍肆如此。"因使轻骑至光化禁止之,而拘其从恶者李汝贵及秦太两人,供言王子挟巫邪御女之术以游崇王,赐棱轿红杖,遂所至慑守令,索金钱、骡骑,而汝贵为之翼。府君参奏于朝,已而得旨鞠之,则平凉民贺禄也,置之辟。前中丞奏留边饷以卫郧镇,府君谓:"皇上威德薄海内外,罔不率从,虽闾阎不无干隔之警,而萑苻可少窥美之虞。其于大兴,似在可免。惟是荆襄一十八州,民壮弓校改编实力,为楚干城。而又核卫所屯田,以本色备荒,以折色充饷,郧固不乏金汤也,何必辍国家充边之资,坐之空虚无用之地哉?"报可。初,留都给事为中人殴辱,有旨切责欺凌幼主,镌级补外。府君贻书江陵曰:"小珰所犯至琐,给事疏诚激。然欺凌幼主语,殊不类王言,恐司礼中贵为之,则政柄旁落。"盖阴以讽江陵也。江陵意不怿,手书数百言谓:"吾在事,中贵人谁敢有干预者?此正吾拟耳。夫一小珰误犯给事中,随奉旨逮治,而群咻主上,以求必胜。主上方幼冲,非欺凌而何?"

府君在武昌臬,楚地大震,荆州之公私室庐摧圮十之一,而匿不以闻。先君心恶之。至丙子春,复大震。府君乃上疏乞罢,而引李固、京房、《易·飞侯》为证,盖本占有所谓"臣道太盛,虽忠亦有所不宜"语,江陵大怒,盛气而诟之于朝。楚诸生恃其乡大相,有群噪而辱邑令者。府君参奏诸生,而以王化者为首祸,化故江陵妇弟也。江陵拟旨无赦法,而贻书数百言,为王化代辩甚横,衅益深矣。初,府君北闱,时江陵下府君才名,数前席,至欲以史局相处,露其意于汪司马伯玉。伯玉微言之。府君曰:"词林诸公方耽耽吾辈,奈何越樽而代之?纵相公知我,而人且以为私我,清议可畏。何可作此?"乃遂移书辞于江陵。江陵以府君有心自远,弗悦也。前是,江陵秉政犹清,至是则浸淫耳目之好,藉藉都门。吾宗人有为京宦者,江陵年家子也。府君偶以书抵之,中有"相公情窦渐开,恐非宗社之福"等语。宗人骇甚,以书示江陵私人。其人乃府君同年也,初以府君楚中发策讥诃伪学,自疑为彼而发,衔恨已久,乃偻行见江陵曰:"师相其慎起居,不闻郎中月旦耶?"江陵积前后怒,遂欲甘心府君,授意于南琐,于是杨给事之疏上矣。府君已移南大理,里居,寻得旨:"某既操守未亏,着回籍听候别用。"府君心知所以,杜门塞允,不通一京朝书。

越一载而犹以前旨仅补应天府尹,府君且辞且辨,疏辞甚激。江陵禁舍人子,弗得上,而以危辞动府君。府君不得已,强出之丹阳道中,而给事良心、御史许之之章复上矣,又加府君污浊不根事,仍得旨解职候用。府君不胜冤,具疏乞置狱勘,而后请死。既而叹曰:"此江陵始终簸弄我也。我前疏辨而辞,彼许余辞,余快也。怒余辩而禠之,亦快也。今故止我,而又使人齮龁我。吾须眉粗具,乃为楚人所买耶? 即吾矢口而辨,彼且以我鸡肋一官也。吾且休矣。"于时默默不自得,念世法中无可破除,而向所慕竺乾氏之教,又不得其端倪,心摇摇如悬旌焉,而无所终薄。适闻吾州昙阳子者以贞女立化,意甚快之,遂于城南结龛,奉大士像,与今太原相公为逍遥游,一瓢一褐、道书数卷而已。人或谓府君:"且仙乎?"府君谢曰:"吾何人哉? 吾倦于官,则思息;倦于酬,则思默然;倦于饮食,则思饥;倦于名,则思掩耳;倦于家,则思避之墙东耳。吾平生享用,谓何而敢希大道乎? 断欲却饮,少延岁月可耳。"先是,江陵虽阴恨府君,而阳厚之,谓:"主上一时伸言路耳,官必再起。"府君置之不答,江陵内惭,而适有女贞事,言者遂以之中府君,主上明圣,弗问也。

居二年,江陵死,诸党次第败。上怒甚,追夺江陵官,诸子俱削籍,有遣戍者,甚则群疏锋镞,至欲以无将加之,人人为府君快心。府君独慨然曰:"江陵罪诚有之,然大要始于激、成于满,而左右前后无一正人以为之夹持,故至此。今交结二字,一足一网掩之,何至加以覆载间必无之事? 书上所不必敢萌之念,而令凿混沌窍、伤肱股体乎?"府君之平心恩怨如此。俄用两京台省荐,起官京兆,旋晋南少司寇。是时海虞赵先生方与诸君子慷慨帜正论,而选部孙公又正人也,岩穴高贤推毂几尽,遂以府君同升。府君以清时可出,而义不负心,抗疏力辞,旋以侍郎予告。前是,不肖举壬午乡荐,府君匿迹不出,而柴门昼掩,已不免有剥啄声。至是,则迹之者愈众。府君不胜其喧,谋徙之于乡。不肖遂修饬约圃以居,朝夕侍侧,欣欣如也。间出而与田父野老课桑麻、量晴雨。少暇,则以古诗进之。府君舆到,则为丹铅。至所品阅杜子美集,语语出人意表,盖神情所寄也。每过鸟啼花落,欣然自得,顾谓不肖:"吾当老是乡矣。"俄而里中小有夜警,至阑入书斋,狼籍经卷。府君心恶之。而不肖复迫上公车,遂奉府君入城,栖止弇山园。居恒叹息:"当此宽大显信之世,而先君子仅以故官就土。人子死则已,不死,何以自安?"而会台使陈情,当宁垂悯,饬域鼎祭。遂同六卿,玉诰金书,正位司马。郁太夫人仅四品封,亦两与同祭,于是将天子命焚黄墓上,邦君大夫及戚执至者,车骑如云,男女夹道观音,千余人啧啧叹赏。府君捧诵纶音,感极而痛,率子姓雁行,望阙九顿首。盖谢疏在国门之外,而征书又下矣。府君仰而叹曰:"主上之恩渥矣。往者雷霆之威,更而为日月之照。今循顶至踵,又靡匪雨露也。臣安所报称而被德若是?自唯昔者为大名时,郡政简,可以日晏坐堂皇,不移晷而决,然未尝不五鼓起坐也。食味减家十之五,酒亦减十之八,非大阅祭未尝敢御服色也。理亭障,简练士卒,视墨吏若仇,未若敢传舍其官也。吾岂性好为此哉!思一二有以报塞,而况今日乎?东西南北,惟上所使,而忍堙塞明诏,以退为高?吾老矣,即以沟渎之残立碎人齿牙,吾固不恤。盖吾道是也。"

于是出赴留钥,旋上封事,其一曰:"武学之设,专罗异材,若有明识博览、绰绰乎艺文之表者,即杜预之拙不穿札,韦睿之弱不习骑,间亦破格收之。又唐宋以来,天下郡国俱设太公望庙,配以穰苴、孙吴、韩信、诸葛诸名将。今独两都有武学,而南不为太公立庙,非典也。"其一曰:"国公之初制,侯以下上马不得用杌,衣去地不过五寸,非直以其骄贵而裁之,盖欲备缓急也。今武臣无不两驺肩拥,而蓄马之枊寡矣。积偷成懒,积懒成忘,浮慕荐绅博褒之风,綦养纨绔骄惰之态，尚安望其披坚执锐，分士卒横草之功；抑控从送，上工疆场趋之风之技哉？"其一曰："明有天下二百余祀，匈奴解辫愿为臣妾。今辇毂之下，乃复因仍犬羊之故名，希领加例之给赐，呼者不以为怪，应者不以为耻。在京及真保等处诸卫，今俱有之。又惟会夷色目人等散处郡邑，不啻数十万，饮食丧葬全用故俗。通邑大都之中，公造寺宇尊崇满剌，手口之间俱有暗号，千里之外，所至如归。万一有风尘之警，狼子野心安能保其必无邪？敕两京中外悉革故俗，务遵华风，以寓防微杜渐之意。"其一曰："南之参赞，重于北之协理。协理缺，则兵部为之请署。参赞缺，则守备当请之九卿。若苟徇一月之便，罔思留钥之重，相沿成习，不行会请，岂所以慎几微、裁横肆哉？"其一曰："勾军之苦应勾者，孱弱之民就毙道路，奸黠之辈甫至即逃。且以一军而致累押解二人，使之无罪而废庐产、鬻子女，触冒寒暑，凌历瘴险，以与军共一旦之命于万里之外。请令于原籍五百里内从便改补，则以天下之兵补天下之伍而已。"其一曰："留都辇毂之地，赋役烦苦。遇有编役，则请五城直指及京兆二邑令画一裁定，庶几私弊肃清，而人心协服。"其一曰："上元、江宁二县，高皇帝仿古长安、洛阳二令之制，而高其秩为正六品，非特标异赤县，实欲昭重神京。其后更以秩高，不得与台谏之选，且在京辇之下，类多牵掣，遂使甲科推避，而类以举贡充之。甚者事权日轻，体面日杀，甚非高皇帝标重神京赤县意也。此后京邑令阙，除授甲科，政绩卓异，不妨内擢。"其一曰："近年以来，圣恩旷荡。不论朝觐考察，径行复官，至因而加级者有矣。朝觐虽极贪酷，有旨不行提问矣。贪酷去官矣，不追原领诰敕矣，此何以激惩百吏、慰服众心？改正可也。"其一曰："苏、松、常三府，财赋甲天下半，而簿书期会，狱讼兵防，往往称是。旧止以一饬兵观察统之。而台长下车，必谒；出巡，必送必迎；其岁时小有吉凶之事，必参。是尽收饬兵使者之日力而委道路也。请以新设水利量加参政兼督税粮员，覆行之。"

而未几转为南大司寇，府君之未闻司寇命也，以考满谒长安，至淮阳而闻新命，盖府君屈指自郧阳中丞迄于南少司马，三载矣。

先后起田间，俱出廷推，且袁安节公特荐以自代，不得以调除比也。咨诸主爵者，主爵者以为文章行谊无玷公评，不得以大计论劾比也。而言事之臣偶不谐于例，且方与吏部哄，乃以此指摘为吏部欺罔，而并及府君。太宰杨公辨甚悉，而考功郎邹君孚如奋然特疏为府君申理，其词甚媺，识者韪之。上亦卒与官诰，荫一子入胄。府君郁郁不乐，谓："吾三世任而大官，方愧无以报，而更以儿子故，为少年所螫。吾何以自解于天下？"垂死且遗命，曰："滥受国恩，死不瞑目，不可复希身后之荣。裸身而葬，以见先灵，吾志也。"盖怏怏至殁云。前是，诸大臣合击巨珰，而府君为之草，其辞愤激，中不无有小憾者。府君谓："吾曹此举，万一圣心有毫发之悟，二三元老宽为纳约，改玉改趋，固大幸也。即触颔下而有加于首事之人，必具实自陈，附义同日。死且不畏，况去官哉？"疏上，乞骸之章继之。三请乃得归。人谓："阖门养重乃大臣体。"府君笑却之。

方召故人相与挥觞道素，拟以六月息者，而时已微有病色。初，府君之赴留邑也，以为避世金马门，可以少谢客。而啖名者愈见娬，几无所逃足音。又日程案牍，手决过苦，而寻遘先太常之痛，以是愈惫，不两月而竟不起矣。不肖时在车驾，念欲请告归觐府君。而府君作报："饮食啖如常。且西北告警，汝曹郎调赤白羽不暇，而奈何轻去其官？"乃忽闻府君病状。不肖痛心之极，恨不能并日略以归。归至高邮，陡报讣音，号顿屡绝，真不欲生，而讵意犹强颜称人也。呜呼哀哉！府君事郁太夫人庄甚，迨老犹作孺子慕。与太常叔中更多难，尤极友爱，往往曲意先施。太常叔感之，始终无间言。从叔世望颇急人伦，府君以为有心，爱之不减太常叔。府君灵心慧性，殆若知者。酒酣辄举僧法昭偈，曰："一回相见一回老，能得几时为弟兄？"泛滥久之，或至泣下，座客咸不解其故。盖未几而从叔与太常叔相继殁矣。女弟之归于张者，当大司马之变，病甚而绝，府君心伤之，为志其墓。更十余年，犹为文以祭，凄怆若新。其待不肖诸孤也，虽凛凛义方，而杯酒膝下，竟日熙然。每谓客："敬美自言能教儿，然天伦之乐不如吾远矣。"府君视诸侄子，非若他人之徒挂齿牙者。亡弟士骊以谨厚最得府君心，每一往哭，不自觉其恸也。太常叔方抱病，士骥弟试辄冠诸生，府君喜甚，每稽首祝天："愿此子一捷，以快病者心，诸儿非所急耳。"

府君为童子，神明焕发，辨难锋起，里中塾师无不避席去者。府君迨壮，而犹庄事之，老而馈养之，殁犹周恤其子孙焉。如巡训导之朱先生、县令之姜先生、司理骆先生、泉州守之周先生，六十年如一日也。观察使季先生以耆斗硕德，尤为府君所尊礼，白首八座，依然北面弟子时。季先生每自叹，以为古道在今矣。府君性如食中有蝇，吐之乃已，乃其胸中了无宿怨。南中台省一二相继诬府君，府君夷然不屑，迨计偕都下，且以书见命曰："彼曹子虽误听，然自举职耳，非有私恨我为也。即相值，毋废交；若某者无故辱我太深，不与交可也，然不可横一毫报复意。"府君宽然长者，与物无兢，而不肯面谀人，亦不喜下人谀。居青州时，筑颜神城，省而工速。父老欲立祠，为尸祝计，府君曰："我何得其人，必杖而流之。夫城城者，守土责也，何功之有？且彼为此以媚上人，他日必阴操上之权也。"

吴兴淫雨，府君投词谒于坛，立止，诸绅衿相率而为歌诗，以昭神之贶与府君之诚感。府君曰："久雨，故当得晴，偶会耳。诗册来，我必面付澍融氏。"郧阳以久旱，府君素服，却驺从，走坛所，为文而告之。甫毕，即有云覆坛上。归至院，雨澍下，浃日不已。而客有以诗见投府君，府君睹其标目，不读，乃还之，曰："异日需君诗，今不敢需也。"客逡巡而退。

府君弘奖后进，尤好激扬古人。尝谒于少保祠，咨询奓孽倾圮陵替，因具牍抚台，欲援岳武穆改谥忠武事例，锡以嘉名，并隆荫秩，整饬祠墓。其词极淋漓感慨。又以颖国傅友德、宋国冯胜，泯泯中绝，请考金匮石室之藏，覆其勋绩，或追崇王爵，或加赠上公，赐以易名之典，而仍求子孙录之。又以郧阳故尚书原公杰，为镇时筚路蓝缕，以启山林，其功德最大，殁后，虽有赠而无谥。河南属省太康县故御史大夫顾公，优为先朝持宪，直节侃侃，至其殁也，并赠谥无之，因具疏以请，而礼部先复顾公得赠少保、谥端肃矣，而原公竟以年远罢，不谥。又以张睢阳故南阳人也，睢阳与许远俱祀彰德，张死事尤烈，独海宁有许祠，而南阳无张祠，非所以褒忠魂而激臣节,请得专祠如海宁。又以铁公铉亦南阳人也,革除之际有功无过,其死义几与睢阳相当,请得合祠而祀之。又请祠额,请颁降御祭文。江陵谓:"抚臣无一事可为,而纷纭作此,无益也。"至戊子孔庙一疏,则府君素志云。府君尝自言:"吾拥书万卷,而未尝从六经入,每欲褰衣而窥廊庑之末,则世人龌龊皋比,招摇门户而聚生徒者,吾方耻之。吾虽未闻道,然诵法一念,迄死未尝敢忘。"故留都抗疏曰:"世宗皇帝下明诏,易像为主,易王称师。此固万古不易之令典,然柄臣骤贵,曲加迎傅,遂以佾舞笾豆之数皆有所裁损,下同诸侯王,而大成殿名更为先师庙,上不得与释道并。绅衿之士入舆骏奔色沮而不敢吐者,六十年矣。天下后世不免有所窥见,以圣主隆师重道之盛心,附末世尊君卑臣之微指,窃以为奉行者之过也。"疏上,寝不行,而辇上君子且有以斥及宰予、戏为考察古人者,府君力争之于政府曰:"以我为考察古人,由宋至明,进退两庑者,谁非考察古人,而奈何独咎予?且尊师重道,右文之朝第一美事,以言出予口而阂不行,天下事尚有可言者乎?"于是求去益力。

府君虽生于世阀,然雅重名教,虽究心内外典,然实服膺孔氏家法,虽不与于讲学之列,然实不言而躬行,以故房栊阒然,粉黛削迹,家人子内外数百指,无一人晓音然律者。居官一介不取,居乡亦然,而伤惠则有之。此质之神明者。惟是家有故山,偶动愚公之兴,家干又缘而为利,日增月侈,遂吾弇园者乎?然出入而几吾侈者众矣。客至吾门,而有不索《四部稿》者乎?然退而忌吾名者众矣。少嗜古图籍及三代彝鼎、名墨、酒枪,中年好客,晚岁好道,半去为他人有,不问也。虽恋恋弇园,然与众共之,拆我凤条,未尝诃叱。少司马质庵公有义田千亩,府君割膏腴益之几倍,又为祠专祀晋即丘子、始兴文献公,而配以宋左司谏、元学正公,岁时伏腊,率族人跪拜惟谨。族人彬彬咸知礼,则贫者冠婚丧祭,一取足义田。至有非时乞索者,府君割囊中装,应之不倦。中外亲戚故人之子,待府君举火者几百余家,府君一一周之,人人相忘若外府也。府君殁,而亲戚始知德云。府君一腔恻隐,触境而发,方对客举杯,而偶见故乡水旱,饥莩狼籍,辄走之书当道,为万姓请命,或罥霩覆杯而止。每谓不肖："吾甚恶杀生，而不能简客，以此为恨。吾轻去弇园而欲逃之寂寞之乡者，以此。"府君生平经国之略，踯躅世路，而耻不尽其才，哕心腐骨，顿错幽忧，逃于醉乡，冀泯知觉，而耻称酒德；贤豪借名，饥寒借色，而耻天下以文章为知己。尝曰："小子识之，人故不可以无友。吾少与于鳞、伯玉、明卿、两张甫辈，定交燕市，旗鼓相当，至于老而交不废。吾与元驭相国，交最晚而最深，兄弟不若也。赵汝师名位已高，仪朝北面师我，而实吾友也。吾名赖二三君子而立。吾之不淄于江陵，赖赵汝师及门；而白吾先人九泉之冤与十七以后昭旷之典，又得徐、申两相及元驭之力，而逝者、生者两无憾，小子识之。"又曰："吾自束发即负大志；既举进士，有所见闻，即负大虑；己未以后难作矣，即负大痛；戊辰以后有所迫，而不能固匹夫之节，即负大惭；庚辰以后，觉而悟前懵也，即负大悔。吾他无深嗜，颇读书文及嗜酒。酒损吾德，而幽滞际亦复赖以活。文章稍益吾身后，而实小之。且吾以酒得生，以生得讥，以文章得誉，以誉得谤，以讥谤得挫。挫之与讥谤也，盖天之所以怜我，而我之所以自解于辟者也。"嘻！此府君之自为状也。

　　府君病起时，延盛君治之。盛君，神医也，能立断人生死，而独失之府君，谓府君病无恙，数日可起。府君心倚之，内外子弟欢声若雷。久之，其言稍不效，府君颇躁，谓："我命在我，不在盛君。何以汤药为？"强进之，挥去，已而忽然若大悟者曰："死生旦暮耳，吾何恋此幻躯？"为敕左右，并不得进食。辟谷数日，气息奄然，诸子环床而泣，以食进，府君摇手曰："哭何为？徒乱人意。吾胸中一丝不挂久矣。"诸子前请命，府君大声曰："儿辈好自立。传语骐儿，去懒去偏，中立不倚，是吾子也。吾强作世情语，吾甚悔之。"仍敕左右："吾神去时，妇女勿得近我。"即吾母匍匐饮泣，不敢前。碧瞳荧荧，谈笑而逝。于时弟辈方昏愦失次，而赖府君爱甥曹子念者遵奉遗言，周身棺殓皆以布素，启手启足，遂无遗憾。呜呼痛哉！孤至彭城，遇吾州毛君大理，谓府君声音琅琅，相对亹亹不倦，必无可虑。旋授府君手书曰："闻若已请告，吾犹能忍死以待，第万虑俱空，见犹不见耳。吾不食，儿辈亦不食，吾强为之进一餐，都无所苦,吾自不欲食耳,冲寒冒雪,可善护两孙。"手虽小战,然书法不异平常,孤方持李见罗先生所遗药,尚谓可以立起,讵意此书竟为绝笔也。痛哉!孤为小官,进退可以自如,而精感不足,见几不早,遂至生不及侍汤药、死不及含殓。终天之痛,虽引刀自残,何能自解?府君遗教数十款,大率以简澹为主。匪直训家,可以仪世。孤辈泣奉而行之。又以垂殁之言微惠于远近亲友,毋以革血及门,所全活生命甚众,此可以见府君身后之仁矣。府君遗戒勿乞恩于朝,以故两台见询者,宛转止之。既而清夜自思,赠官祭葬可辞,而易名之典必不可缺。几欲吁天泣请,而恐悠悠之谈有以两相公私其乡人者,掩抑而止。嗣闻大宗伯覆议,谓有待以已公论之定。不肖孤之后死,而从府君于地下者,有日矣。

府君生于嘉靖丙戌十一月初五日,卒于万历庚寅十一月二十七日,享年仅六十五。娶嫡母魏氏,以府君三品满封淑人。有三女:一适礼部主事华叔阳,卒,一适武进士朱绂,一适太学生华之文。骐母李氏,有二子,长即骐,次士骏。士骐举己丑进士,授兵部车驾司主事,今娶马氏。士骏,州学生,娶严氏。士骐有子二人、女二人,俱先娶沈氏出。瑞庭聘潘氏,瑞谷聘董氏,殇,未聘。女一适凌必谦,一适严材。士骈之母高氏,娶潘氏,高氏早卒。一女适诸生袁曼容,已卒。嗟乎!不孝骐执笔摛叙,固有捶心泣血,恨不即从先府君于地下而偷生人世者矣。所著有《弇州四部稿》,行于世,《续稿》与前埒。外有《续琬琰录》《觚不觚录》《朝野异闻集》及别稿之未删定者,藏于家。不肖孤以乙未十二月二十六日奉先府君柩,卜葬于项泾,以祔于先大司马赐域之左,从遗志也。不肖孤骐不文,不足以阐扬先德,而又至痛在心,多所遗忘,惟是邀灵于华衮之辈,以为不朽者,义不可已。故敢泣血具状,以俟大人先生怜而采焉。不肖孤等死且幸甚!先君亦死且幸甚!不胜哀吁恐惧之至。通家子王衡填讳,不肖孤子王士骐泣血谨述。①

① [明]王士骐:《明故资政大夫南京刑部尚书赠太子少保先府君凤洲王公行状》,[明]王士骐、[明]屠隆、[明]王锡爵撰:《王凤洲先生行状》,上海图书馆藏明刻本,第1—22页。

主要参考文献

一、古代典籍

1. [汉]司马迁:《史记》,中华书局 1982 年版。
2. [汉]许慎:《说文解字》,中华书局 2013 年版。
3. [梁]刘勰著,詹锳义证:《文心雕龙义证》,上海古籍出版社 1989 年版。
4. [梁]萧统编,李善注:《文选》,上海古籍出版社 2011 年版。
5. [梁]钟嵘著,周振甫译注:《诗品译注》,中华书局 2013 年版。
6. [后晋]刘昫等撰:《旧唐书》,中华书局 1975 年版。
7. [宋]郭茂倩编:《乐府诗集》,中华书局 2009 年版。
8. [宋]严羽:《沧浪诗话》,中华书局 2014 年版。
9. [明]胡应麟:《少室山房集》,上海古籍出版社 1993 年版。
10. [明]黄景昉著,陈士楷、熊德基点校:《国史唯疑》,上海古籍出版社 2002 年版。
11. [明]黄宗羲:《明儒学案》,中华书局 2008 年版。
12. [明]李东阳著,周寅宾点校:《李东阳集》,岳麓书社 1984 年版。
13. [明]李东阳著,钱振明辑校:《李东阳续集》,岳麓书社 1997 年版。
14. [明]李攀龙著,包敬第标校:《沧溟先生集》,上海古籍出版社 2014 年版。

15. ［明］李维桢：《大泌山房集》，上海图书馆藏明刻本。

16. ［明］李维桢：《凤洲文抄注释》，美国哈佛大学燕京图书馆藏明刻本。

17. ［明］沈德符：《万历野获编》，中华书局 1959 年版。

18. ［明］屠隆撰，李亮伟、周萍校注：《由拳集校注》，浙江大学出版社 2016 年版。

19. ［明］屠隆著，汪超宏主编：《屠隆集》，浙江古籍出版社 2012 年版。

20. ［明］汪道昆：《太函集》，黄山书社 2004 年版。

21. ［明］王世贞：《弇州山人四部稿》，美国哈佛大学燕京图书馆藏明刻本。

22. ［明］王世贞：《弇州山人续稿》，美国普林斯顿大学东亚图书馆藏明刻本。

23. ［明］王世贞：《弇州山人续稿附》，浙江图书馆藏明刻本。

24. ［明］王世贞：《读书后》，上海图书馆藏明刻本。

25. ［明］王世贞：《觚不觚录》，上海图书馆藏明刻本。

26. ［明］王世贞：《古今法书苑》，美国哈佛大学燕京图书馆藏明刻本。

27. ［明］王世贞：《凤洲笔记》，上海图书馆藏明刻本。

28. ［明］王世贞撰，魏连科点校：《弇山堂别集》，中华书局 2006 年版。

29. ［明］王世贞：《弇州史料》，美国哈佛大学燕京图书馆藏明刻本。

30. ［明］王世懋：《王奉常集》，上海图书馆藏明刻本。

31. ［明］王锡爵：《王文肃公文集》，上海图书馆藏明刻本。

32. ［明］吴国伦：《甔甀洞稿》，上海图书馆藏明刻本。

33. ［明］吴讷：《文章辨体序说》，人民文学出版社 1998 年版。

34. ［明］徐中行：《天目先生集》，上海图书馆藏明刻本。

35. ［明］俞允文：《仲蔚先生集》，上海图书馆藏明刻本。

36. ［明］袁宏道著，钱伯城笺注：《袁宏道集笺校》，上海古籍出版社 2008 年版。

37. ［明］袁宗道：《白苏斋类集》，上海古籍出版社 2007 年版。

38. ［明］张居正著，［明］张嗣修、张懋修等编撰：《张太岳集》，中国书店 2019 年版。

39. ［明］宗臣：《宗子相文集》，上海图书馆藏明刻本。

40. ［清］陈田辑：《明诗纪事》，上海古籍出版社 1993 年版。

41. ［清］丁福保：《历代诗话续编》，中华书局 2006 年版。

42. ［清］何文焕辑：《历代诗话》，中华书局 2004 年版。

43. ［清］李慈铭：《越缦堂读书记》，上海书店出版社 2000 年版。

44. ［清］刘熙载撰，袁津琥校注：《艺概》，中华书局 2009 年版。

45. ［清］钱谦益撰，许逸民等点校：《列朝诗集》，中华书局 2007 年版。

46. ［清］阮元校刻：《十三经注疏》，中华书局 2011 年版。

47. ［清］沈德潜：《说诗晬语》，凤凰出版社 2010 年版。

48. ［清］沈德潜：《明诗别裁集》，上海古籍出版社 2013 年版。

49. ［清］沈德潜：《唐诗别裁》，上海古籍出版社 2013 年版。

50. ［清］沈德潜著，潘务正点校：《沈德潜诗文集》，人民文学出版社 2011 年版。

51. ［清］王夫之：《明诗评选》，上海古籍出版社 2011 年版。

52. ［清］严可均：《全上古三代秦汉三国六朝文》，中华书局 2009 年版。

53. ［清］袁枚：《随园诗话》，人民文学出版社 2006 年版。

54. ［清］袁枚：《小仓山房诗文集》，上海古籍出版社 2009 年版。

55. ［清］永瑢等撰：《四库全书总目》，中华书局 2003 年版。

56. ［清］张廷玉等撰：《明史》，中华书局 1974 年版。

57. ［清］朱彝尊：《静居志诗话》，人民文学出版社 1990 年版。

二、近人著述

1. 陈书录：《明代前后七子研究》，江西人民出版社 1994 年版。

2. 陈国球：《明代复古派唐诗论研究》，北京大学出版社 2007

年版。

3. 褚斌杰：《中国古代文体概论》，北京大学出版社 1990 年版。

4. 郭绍虞主编，于北山、罗根泽校点：《文章辨体序说》，人民文学出版社 1982 年版。

5. 黄卓越：《明中后期文学思想研究》，北京大学出版社 2005 年版。

6. 何宗美、刘敬：《明代文学还原研究：以〈四库全书〉明人别集提要为中心》，人民出版社 2014 年版。

7. 郦波：《王世贞文学研究》，中华书局 2011 年版。

8. 李春祥：《乐府诗鉴赏辞典》，中州古籍出版社 1990 年版。

9. 李壮鹰主编：《中华古文论释林》，北京大学出版社 2011 年版。

10. 廖可斌：《明代文学复古运动研究》，上海古籍出版社 1994 年版。

11. 蒋寅：《中国诗学的思路与实践》，广西师范大学出版社 2001 年版。

12. 罗宗强：《明代后期士人心态研究》，南开大学出版社 2006 年版。

13. 蒋寅：《中国诗学的思路与实践》，广西师范大学出版社 2001 年版。

14. 牟宗三：《才性与玄理》，吉林出版集团有限责任公司 2010 年版。

15. 沈乃文主编：《明别集丛刊》，黄山书社 2013 年版。

16. 孙学堂：《崇古理念的淡退——王世贞与十六世纪文学思想》，天津古籍出版社 2004 年版。

17. 孙卫国：《王世贞史学研究》，人民文学出版社 2006 年版。

18. 王英志：《袁枚评传》，南京大学出版社 2002 年版。

19. 王运熙：《中国文学批评史新编》，复旦大学出版社 2007 年版。

20. 王运熙主编：《中国文学批评通史》，上海古籍出版社 1996 年版。

21. 汪涌豪：《范畴论》，复旦大学出版社 1999 年版。

22. 魏宏远：《王世贞文学与文献研究》，上海古籍出版社 2017 年版。

23. 吴兆路：《性灵派研究》，甘肃教育出版社 2001 年版。

24. 许建昆：《李攀龙文学研究》，台湾文史哲出版社 1987 年版。

25. 许建平：《李贽思想演变史》，人民出版社 2005 年版。

26. 许建平：《王世贞书目类纂》，凤凰出版社 2012 年版。

27. 徐朔方：《晚明曲家年谱·苏州卷》，浙江古籍出版社 1993 年版。

28. 杨恩品：《中医疮疡病学》，科学出版社 2017 年版，

29. 叶晔：《明代中央文官制度与文学》，浙江大学出版社 2011 年版。

30. 袁震宇：《明代文学批评史》，上海古籍出版社 1991 年版。

31. 章培恒、骆玉明：《中国文学史》，复旦大学出版社 1997 年版。

32. 詹福瑞：《中古文学理论范畴》，中华书局 2005 年版。

33. 詹福瑞：《论经典》，人民文学出版社 2016 年版。

34. 张伯伟：《全唐五代诗格汇考》，江苏古籍出版社 2002 年版。

35. 张建业主编：《李贽文集》，社会科学文献出版社 2000 年版。

36. 郑利华：《王世贞年谱》，复旦大学出版社 1993 年版。

37. 郑利华：《王世贞研究》，学林出版社 2002 年版。

38. 郑利华：《前后七子研究》，上海古籍出版社 2015 年版。

39. 朱东润：《中国文学批评史大纲》，武汉大学出版社 2009 年版。

40. 周颖：《王世贞年谱长编》，上海三联书店 2016 年版。

41. 左东岭：《王学与中晚明士人心态》，人民文学出版社 2000 年版。

42. ［德］H. R. 姚斯、［美］R. C. 霍拉勃著，周宁、金元浦译：《接受美学与接受理论》，辽宁人民出版社 1987 年版。

43. ［美］刘若愚著，杜国清译：《中国文学理论》，江苏教育出版社 2006 年版。

44. ［美］Kenneth James Hammond，History and Literati Culture：Towards an Intellectual Biography of Wang Shizhen（1526—90），

Harvard University，May，1994.

45. ［美］牟复礼、［英］崔瑞德编，张书生等译：《剑桥中国明代史》，中国社会科学出版社 1992 年版。

46. ［美］叶维廉：《中国诗学》，生活·读书·新知三联书店 1992 年版。

47. ［美］宇文所安著，贾晋华译：《初唐诗》，上海三联书店 2004 年版。

48. ［日］吉川幸次郎著，李庆译：《宋元明诗概说》，中州古籍出版社 1987 年版。

三、期刊论文

1. 陈俊堂、张晖：《王世贞文学理论与其书法理论的联系》，《山西大同大学学报》2011 年第 1 期。

2. 陈书录：《俚俗与性灵：王世贞的文学创作在士商契合中的转向》，《江海学刊》2003 年第 6 期。

3. 陈书录：《王世贞散文简评》，《苏州大学学报》2001 年第 3 期。

4. 陈永标、刘伟林：《王世贞美学思想平议》，《苏州大学学报》1985 年第 3 期。

5. 邓新跃：《王世贞对前七子诗学辨体理论的发展》，《船山学刊》2006 年第 3 期。

6. 何诗海：《王世贞与吴中文坛之离合》，《文学评论》2018 年第 4 期。

7. 金霞：《论"后王世贞"时代的复古派领袖之争》，《南昌大学学报》2017 年第 2 期。

8. 李树军：《王世贞"才、思、调、格"的文体意义》，《江汉论坛》2008 年第 3 期。

9. 郦波：《"鲜华"与"腐套"——论王世贞的应用文创作》，《南京师范大学文学院学报》2006 年第 4 期。

10. 郦波、丁晓昌：《从"文必秦汉"到"文盛于吴"——论王世贞的文章学观念实践》，《苏州大学学报》2007 年第 4 期。

11. 鲁茜:《王世贞晚年"格调"的深化与坚守》,《河南师范大学学报》2016 年第 2 期。

12. 罗仲鼎:《从〈艺苑卮言〉看王世贞的诗论》,《文史哲》1989 年第 2 期。

13. 欧阳珍:《王世贞词学思想论略》,《文学界》2011 年第 6 期。

14. 〔韩〕朴均雨:《诗文之"法"论——王世贞的诗文复古理论研究之一》,《文学前沿》2003 年第 1 期。

15. 〔韩〕朴均雨:《王世贞南北文学异同论与文学批评调和论》,《文学前沿》2008 年第 2 期。

16. 李桂奎:《明代士人的雅文化立场与文坛尚雅共谋》,《天津社会科学》2018 年第 6 期。

17. 罗仲鼎:《从〈沧浪诗话〉到〈艺苑卮言〉——严羽与王世贞诗论之比较》,《浙江学刊》1990 年第 3 期。

18. 孙卫国:《论王世贞〈弇山堂别集〉对〈史记〉的模拟》,《南开大学学报》1998 年第 2 期。

19. 孙学堂:《王世贞才思格调说辨析》,《聊城师范学院学报》2000 年第 1 期。

20. 孙学堂:《王世贞与性灵文学思想》,《苏州大学学报》2002 年第 4 期。

21. 涂育珍:《论王世贞诗乐相合的文体观》,《中南大学学报》2018 年第 5 期。

22. 汪正章:《王世贞文学思想论析》,《广西大学学报》1995 年第 4 期。

23. 王润英:《论王世贞书序文的书写策略》,《文学遗产》2016 年第 6 期。

24. 吴晟:《王世贞对江西诗的批评》,《学术研究》2016 年第 5 期。

25. 魏宏远:《论明代中后期"吴风""楚调"之嬗替》,《学术界》2012 年第 2 期。

26. 魏宏远:《论王世贞晚年诗歌写作的转变》,《浙江社会科学》2009 年第 11 期。

27. 魏宏远:《王世贞〈弇州山人续稿附〉发覆》,《文献》2008 年第 2 期。

28. 魏宏远:《王世贞〈艺苑卮言〉的文本生成及文学观之演进》,《陕西师范大学学报》2016 年第 6 期。

29. 魏宏远:《王世贞晚年文学思想转变三说平议》,《浙江社会科学》2008 年第 4 期。

30. 魏宏远:《王世贞为文的唐宋笔法及恬淡旨趣——以持论之文为例》,《文艺新论》2010 年第 1 期。

31. 魏宏远:《王世贞诗文集的文献学考察》,《文学遗产》2020 年第 1 期。

32. 熊沛军:《论王世贞文论与书论的相似性联系》,《广西师范大学学报》2011 年第 3 期。

33. 徐朔方:《论王世贞》,《浙江学刊》1988 年第 1 期。

34. 许建平:《〈弇州山人四部稿〉的最早版本与编纂过程》,《文学遗产》2018 年第 2 期。

35. 薛欣欣、朱丽霞:《王世贞与唐宋派关系新辨》,《苏州大学学报》2017 年第 6 期。

36. 姚蓉:《太仓两王氏诗人与晚明清初的诗坛流风》,《上海大学学报》2006 年第 5 期。

37. 叶晔:《"五子"诗人群列与王世贞的文学排名观》,《文学遗产》2016 年第 6 期。

38. 叶晔:《"诗史"传统与晚明清初的乐府变运动》,《文史哲》2019 年第 1 期。

39. 岳淑珍:《王世贞的词学观及其对明代词学的影响》,《南京师范大学学报》2011 年第 5 期。

40. 张世宏:《王世贞述评〈西厢记〉之价值》,《文献》1999 年第 1 期。

41. 张仲谋:《论〈艺苑卮言〉的词学史意义》,《中山大学学报》2018 年第 6 期。

42. 赵永纪:《王世贞的文学批评》,《苏州大学学报》1984 年第

4 期。

43. 郑静芳:《论王世贞折衷调剂的审美观念》,《北京化工大学学报》2010 年第 2 期。

44. 郑利华:《论王世贞的文学批评》,《复旦学报》1989 年第 1 期。

45. 郑利华:《后七子诗法理论探析——以王世贞、谢榛相关论说考察为中心》,《中国韵文学刊》2009 年第 3 期。

46. 郑利华:《王世贞与明代七子派诗学的调协与变向》,《文学遗产》2016 年第 6 期。

47. 周锡山:《杰出的晚明文坛领袖王世贞及其文艺观述论》《江苏大学学报》,2017 年第 4 期。

48. 周颖:《王世贞创作实践与文学思想的演进历程及分期问题新议》,《上海交通大学学报》2016 年第 2 期。

后　记

　　在本书写作之前，远有清人王瑞国《琅琊凤麟两公年谱合编》和钱大昕《弇州山人年谱》，近有徐朔方先生在撰写三十九种晚明曲家年谱时的《王世贞年谱》、郑利华先生单独著述的《王世贞年谱》以及周颖博士的《王世贞年谱长编》，他们对王世贞人生经历的详细叙述为本书写作提供了翔实的资料，特别是郑利华先生和周颖博士，我在写作本书时，多次向他们请教，他们均耐心细致地解答，在此表示感谢。

　　当然，本书不是对前人成果的简单复述，而是有所创新，自有特色。一是在写作方式上，采取文白相间的方式，并注重文献的引用，以叙述为主，从而使内容既有根有据，又方便一般读者阅读。二是得益于自己近年来对王世贞散佚文献的搜集，部分资料能够进一步充实王世贞的人生轨迹，如从台北"故宫博物院"所藏王世贞题跋《薛道祖杂书卷》来看，王世贞与周天球、黄姬水、徐学谟、张献翼等人在嘉靖甲子八月纵游西山，并有唱和，此事不见于前人年谱。三是增加现代的研究成果，使古今互通，如王世贞作《红倒挂鸟赋》，本书对于倒挂鸟的解释，采用了欧佳、王化平在《自然科学史研究》2017 年第 1 期上发表的研究成果。四是对部分公案进行评判，以为王世贞研究提供更多的参考，如在王世贞和张居正相交的问题上，本人认为两人间隙的产生，源于各自做事风格的不同，所以王世贞虽然对张居正抱有微词，但最终还是能以"国体"之名去为张居正辩护。五是合理调整全书结构，增加对王世贞文学思想的认知，王世贞以文鸣世，在其人生轨迹外，把握其文学创作，有助于对其人生的全面了解。

本书的顺利完成，还要感谢江苏省社科规划办和省社科院文脉院的立项资助，这为本书的写作提供了强有力的支持和保障。感谢评审专家提出的宝贵意见，从而使书稿质量得以大幅提升。

在叙述王世贞的人生经历时，我也时常会想起自己的学术之路。感谢詹福瑞老师和许建平老师不嫌弃我的才学疏浅，让我成为他们联合培养的博士生，给了我一次从政府部门到学校的再学习机会，进而可以到南通大学工作，这是我人生中的重大转折，也点亮了我人生的前进方向。独学而无友，则孤陋而寡闻，幸运的是，我能够遇到廖可斌、朱万曙、郑利华、虞万里、李桂奎、沙先一、马昕、程苏东、叶晔、孙羽津、陈斐、孙超、白云娇、魏宏远、王红霞、南江涛、杜文婕、黄飞立、周颖、肖志涛、张扬等良师益友，他们真诚的指点和分享，使我受益匪浅。

家人，始终是人生路上最大的港湾，王世贞的起起伏伏，皆与琅琊王氏、江苏太仓有着紧密联系，我读博至今，一路走来，也得益于家人的大力支持。感谢双方父母的辛勤付出，感谢爱人的鼓励，感谢两个小宝贝带来的快乐，让我可以一直喜爱学术之路。

贾飞

2023 年 3 月记于南通勉斋

后记